라틴아메리카로 이주한 아시아계 종족 이야기

라틴아메리카의 아시아계

이 책은 2012년 정부(교육부)의 재원으로 한국연구재단의 지원을 받아 수행된 연구 결과임(NRF-2012S1A6A4017388)

이 도서의 국립중앙도서관 출판예정도서목록(CIP)은 서지정보유통지원시스템 홈페이지(http://seoji.nl.go.kr)와
국가자료공동목록시스템(http://www.nl.go.kr/kolisnet)에서 이용하실 수 있습니다.
CIP제어번호: CIP2017005561(양장) CIP2017005676(학생판)

라틴아메리카로 이주한 아시아계 종족 이야기

라틴아메리카의 아시아계

김기현 지음

한울
아카데미

일러두기

1. 이 책에 나오는 외국의 인명, 지명의 표기는 국립국어원 외래어표기법을 따랐으나, 경우에 따라서는 관용적 표현을 사용했다.
2. 기업명은 현지에서 통용되는 발음에 따라 표기했고, 한 시대의 특정 용어는 당시 발음에 따라 표기했다.
3. 본문에서 외국의 인명과 지명은 처음에 나오는 곳에 원어를 병기했으나, 크게 중요하지 않은 인명과 지명은 원어 병기를 생략했다.
4. 인물의 직책이나 지역 또는 조직의 상황은 시기에 따라 다소 차이가 있을 수 있다.

차례

라틴아메리카의 아시아계를 주제로 책을 써야겠다는 생각을 한 것은 꽤 오래전 일이다. 대학원 시절 라틴아메리카 연구를 본격적으로 시작하면서부터 다양한 분야에서 만나게 되는 아랍계와 유대계의 존재감은 결코 작지 않았다. 경제, 정치, 특히 문화 분야에서 그들의 영향력은 인구수에 비해 과도할 정도로 크다는 생각을 늘 해왔다. 1990년대에 들어 페루에서는 일본계 대통령이 탄생했으며, 이로써 라틴아메리카에서 동아시아계의 존재도 조금씩 크게 느껴지기 시작했다.

멕시코를 처음 접할 때부터 지금까지 멕시코의 레바논계에 대한 이야기를 끊임없이 들어왔다. 대통령 선거가 있을 때면 레바논계가 어느 후보를 지원하는지가 늘 관심의 대상이었다. 또한 아르헨티나 유대계의 영향력에 대한 소문, 그리고 그들과 아랍계와의 갈등에 대한 뉴스도 자주 들려왔다. 라틴아메리카로 향한 한국인의 이민을 이야기할 때는 항상 브라질 일본계의 활약이 비교 차원에서 언급되었다. 19세기 라틴아메리카 국가에서 아프리카 노예무역이 중단되면서 그 대안으로 쿠바와 페루에 대량 유입된 중국인 쿨리의 역사도 항상 흥미를 자극했다. 오늘날 멕시코의 레바논계, 아르헨티나의 유대계, 브라질의 일본계, 페루의 중국계는 라틴아메리카에서 가장 두드러지는 4대 소수 종족으로 꼽힌다.

이들 말고도 경제 중심지인 과야킬의 정치와 경제를 지배하면서 중앙 정치에서 2명의 대통령을 배출한 에콰도르의 레바논계, 한때 섬유 산업을 지배했고 의료계에서도 두각을 나타내는 브라질의 아랍계, 정치적 격변기마다 정치의 중요한 축 가운데 하나인 군부에서 핵심적인 역할을 수행했던 아르헨티나의 시리아계, 경제계의 3대 핵심 그룹 가운데 하나로 성장한 칠레의 팔레스타인계, 좌우 양쪽에서 문화계를 주도하는 멕시코의 유대계 등도 흥미와 관심을 유발했다. 이러한 관심의 영향으로 나는 줄곧 언젠가는 한 번 이들에 대한 글을 써야겠다는 생각을 해왔다.

인종에 따라 살펴보면 라틴아메리카 사회구조는 기본적으로 유럽계 백인이, 기존에 살고 있던 원주민과 아프리카에서 노예로 데려온 흑인을 지배하는 형태다. 물론 그 사이에 수많은 혼혈이 이루어졌고, 정부의 인종 통합 정책 등의 영향으로 지금은 이러한 지배 구조가 많이 희석되었다고는 하지만 그래도 여전히 라틴아메리카 사회 곳곳에 인종에 따른 계급 구조가 남아 있음을 부인할 수 없다. 이런 사회구조 아래 19세기부터 이주해 온 아시아계는 초기에 매우 힘든 삶을 살았다. 그들은 유럽계 백인과 달리 처음부터 정복자로 온 것이 아니었기 때문에 가난하고 멸시받는 이민자로서 라틴아메리카에서의 삶을 시작했다. 그러한 처지는 유대인도 마찬가지였다. 라틴아메리카로 이주한 유대인 가운데는 처음부터 풍부한 자금을 가지고 새로운 사업 영역으로 라틴아메리카를 선택한 극히 일부를 제외하고 나머지 대부분은 동유럽과 러시아 출신의 빈곤한 사람들이었다.

그런데도 이들 대부분은 불과 100년도 지나지 않아 경제적으로 라틴아메리카의 최상류층에 진출했고, 정치적으로도 최고의 지위에 올랐다. 가난하고, 무시당하고, 차별받던 아시아계 이민자가 사실상 유럽계 백인 후손이 지배하는 라틴아메리카 사회에서 어떻게 오늘의 위치에 오를 수 있었을까?

이에 대한 답을 찾는 과정은 간단하지 않다. 이는 단순히 아시아계 이민자의 특성뿐만 아니라 라틴아메리카 전체 상황과 그들의 적응 과정을 복합적으로 이해해야만 가능한 일이다. 19세기 말에서 20세기 초까지의 1차 산업 수출 경제, 세계 대공황 이후 수입대체산업화 과정, 외채 위기 이후 세계화에 따른 신자유주의 경제 등의 상황 변화는 아시아계 이민자의 경제적 부상 과정과 밀접한 관련이 있다. 그들의 정치적 성공 또한 라틴아메리카 정치의 본질을 알지 못하면 제대로 이해할 수 없다. 정치적으로 성공한 아시아계 이민자는 지방 정치에서 기반을 구축하는 것이 중앙 정치에서의 성공을 위한 중요한 초석

임을 누구보다 잘 알았고 이를 적극 활용했다. 때에 따라서는 포퓰리즘을 적절히 활용할 줄 알았고, 필요한 경우 군부에 들어가 권력 기반을 다질 줄도 알았다. 그들은 라틴아메리카의 정치적 특성에 자신의 종족적 정체성의 장점을 누구보다 잘 적응시켜 정치적 성공을 이루어낼 수 있었다. 따라서 아시아계 이민자의 성공을 이해하는 것은 라틴아메리카 정치, 경제, 사회, 문화, 역사 전반을 보다 심도 있게 인식하는 데도 유용하다.

이는 매우 흥미롭고 유용한 작업이었지만 500쪽에 달하는 방대한 저술 작업을 혼자서 수행하는 것은 결코 쉬운 일이 아니었다. 최근 3~4년 동안에는 다른 논문은 거의 손도 대지 못한 채 이 저술 작업에만 매달려야 했다. 인터넷이나 현지 방문을 통해 방대한 자료를 수집하는 작업도 즐거웠지만 쉽지는 않았다.

저술 출판에 대한 한국연구재단의 지원이 없었다면 이 작업은 사실상 불가능했다. 한국연구재단의 저술출판지원사업은 전문 서적을 쓰는 것이 여러 이유로 쉽지 않은 대학 소속 연구자들이 저술 작업을 하는 데 그나마 내리는 작은 단비와 같다. 결과물의 출판도 쉬운 일은 아니었다. 한울엠플러스(주)의 대표인 김종수 사장의 과감한 결정이 아니었다면 이 책이 지금의 형태로 빛을 보기는 어려웠을 것이다. 출판을 결정하고 졸고를 이렇게 멋진 책으로 만들어준 한울엠플러스(주) 편집부에 이 자리를 빌려 감사의 말씀을 드린다. 특히 교정과 디자인 등 모든 것을 꼼꼼히 챙겨준 김초록 씨에게 특별한 감사의 마음을 전한다.

마지막으로 라틴아메리카에 관심이 있는 모든 사람에게, 그리고 아랍계, 유대계, 동아시아계 디아스포라 문제에 관심이 있는 사람들에게도 이 책이 작은 도움이 되었으면 하는 바람을 가져본다. 더불어 언젠가 라틴아메리카에서 한국계 대통령이 탄생될 날을 기대해본다.

2017년 3월 김기현

|서론|

원주민, 아프리카계를 넘어 아시아계로

라틴아메리카의 다문화주의를 이야기할 때 우리는 일반적으로 원주민과 아프리카계의 정체성 문제를 생각한다. 하지만 라틴아메리카의 다문화주의는 단순히 이들만의 문제가 아니다. 그것은 원주민과 아프리카계의 문제를 넘어 훨씬 더 복잡한 요소들을 내포한다. 라틴아메리카의 다문화주의 연구는 원주민과 아프리카계 정체성만으로 충분하지 않다.

라틴아메리카인은 기본적으로 유럽계 백인, 원주민(인디오), 아프리카계, 그리고 이들 사이에서 탄생한 혼혈 메스티소, 물라토, 삼보로 구성된다. 각 인종 비율은 국가마다 차이가 크지만 기본 구성에는 큰 차이가 없다. 대부분 국가에서 이들은 전체 인구의 95% 이상을 차지한다. 따라서 지금까지 라틴아메리카 다문화주의 담론에 관해, 주로 유럽계 백인이 지배하는 사회에서 소외된 원주민과 아프리카계의 정체성 투쟁을 다루어온 것은 당연하다.

하지만 라틴아메리카에 이들만 존재하는 것은 아니다. 비록 소수이지만 한국계, 중국계, 일본계 등 동아시아인도 있고 레바논, 시리아, 팔레스타인 등 중동 기원의 아랍인도 있으며, 유대인도 있다. 〈표 서론-1〉에서 나타나듯이, 사실 이들의 수적 비중은 그다지 크지 않다. 이와 관련해 종족의 범위를 규정하는 것은 쉽지 않고 시대별로 차이가 크며 자료마다 차이가 크기 때문에 이들의 정확한 수를 파악하는 것은 어렵다. 어쨌든 최대로 추정해보면 라틴아메리카 전체 인구에서 아랍계 백인이 차지하는 비중은 대략 4.0%, 유대계 비중은 0.08%, 아시아인 비중은 0.7% 수준에 불과하다.

〈표 서론-1〉 라틴아메리카의 인종 구성(%)

인종	원주민	백인			아프리카계	혼혈인			아시아인
		유럽계	아랍계	유대계		메스티소	물라토	삼보	
비중	9.2	32.0	4.0	0.08	3.2	30.3	20.3	0.2	0.7

<표 서론-2> 주요 국가별 아랍계·유대계 인구

아랍계			유대계		
국가	인구(명)	전체 인구 대비(%)	국가	인구(명)	전체 인구 대비(%)
브라질	15,000,000	7.9	아르헨티나	182,000	2.0
아르헨티나	1,300,000	3.2	브라질	107,000	0.2
멕시코	1,100,000	1.0	멕시코	40,000	0.1
콜롬비아	840,000	1.9	베네수엘라	35,000	0.2
칠레	800,000	5.0	칠레	25,000	0.1
베네수엘라	600,000	2.0	파나마	20,000	0.3
에콰도르	97,000	0.7	우루과이	17,000	0.9

　국가별로 살펴보면 상황은 조금 다르다. 〈표 서론-2〉에서 볼 수 있듯이 브라질의 아랍계는 최대 약 1500만 명으로 전체 인구의 7.9%에 달한다. 아랍계는 칠레, 아르헨티나, 베네수엘라에서도 최대 각각 전체 인구의 5.0%, 3.2%, 2.0%를 차지한다. 특히 브라질 아랍계의 70%, 멕시코 아랍계의 50%, 에콰도르 아랍계의 대부분이 레바논계로, 이들은 인종적으로 매우 강력한 공동체를 형성하고 있다. 아르헨티나의 유대인 또한 약 18만 2000명으로 전체 인구의 2%를 차지한다. 특히 이들은 대부분 수도 부에노스아이레스Buenos Aires에 거주하고 있기 때문에 이 도시에서 유대인의 비중은 더욱 크다.

　〈표 서론-3〉에서 나타나듯이 동아시아인도 중국계 비중이 페루, 파나마, 쿠바에서 각각 약 4.4%, 6.0%, 1.0%로 1%를 넘어선다. 특히 페루에서 중국계 수는 최대 약 130만 명으로 수적으로도 강력한 종족을 형성한다. 19세기 쿨리 coolie. 스페인어로는 Culi*의 영향으로 쿠바인의 3분의 1은 많든 적든 중국인의 피

----

* 쿨리의 어원은 불분명하다. 노예를 뜻하는 터키어 '쿨(qul)'에서 유래한 것이라고 추정하기도 한다. 어쨌든 쿨리라는 용어가 본격적으로 사용된 시기는 포르투갈인이 '인도에서 고용한 인부'를 '쿨리(Cule)'라고 부르면서부터다. 그 후 인도인뿐만 아니라 중국인을 포함해 아시아 출신의 저임금 계약노동자를 모두 쿨리라고 부르게 되었다.

<표 서론-3> 주요 국가별 동아시아계 인구

중국계			일본계		
국가	인구(명)	전체 인구 대비 비중(%)	국가	인구(명)	전체 인구 대비 비중(%)
페루	1,300,000	4.41	브라질	1,405,685	0.73
파나마	200,000	6.02	페루	90,000	3.05
브라질	151,649	0.08	아르헨티나	35,000	0.08
아르헨티나	130,000	0.32	멕시코	35,000	0.03
쿠바	113,828	1.01	볼리비아	12,000	0.11

를 가지고 있다는 말도 있다. 일본계는 페루에서만 최대 3%를 넘어설 뿐 다른 국가에서는 모두 1% 미만에 불과하다. 그러나 브라질에서 일본계 인구는 최대 약 140만 명으로, 라틴아메리카에서 동아시아인으로는 단일 국가에서 가장 큰 종족을 형성한다. 또한 브라질은 세계에서 일본 다음으로 일본인이 많이 주거하는 나라이기도 하다. 한국계 비중은 라틴아메리카 어떤 나라에서도 0.1%를 넘지 않는다. 수적으로 가장 많은 경우가 브라질의 4만 8000명 정도로 아직까지 라틴아메리카에서 중국계와 일본계에 비해 한국계 비중은 상대적으로 크지 않다.

이들은 원주민도 아니고 아프리카계도 아니다. 또한 라틴아메리카의 지배 세력인 유럽계 기독교도 백인도 아니다. 19세기 중반부터 두 차례의 세계대전을 거치면서 라틴아메리카로 이주해 온 아랍인, 유대인, 중국인, 일본인은 대체로 라틴아메리카에서 '달갑지 않은undesirable' 또는 '유해한injurious' '이방인'으로 간주되었다. 대부분 유럽에서 이주해 온 유대인조차 기독교도 백인이 지배하는 라틴아메리카 사회에서 그러한 대접을 받기는 마찬가지였다. 물론 유럽 기원의 유대인을 '아시아계' 범주에 포함하는 것은 무리가 있다. 하지만 일부 유대인은 중동에서 오기도 했고, 유대인의 뿌리 역시 아시아에서 시작되었으며, 또 여기서 사용하는 '아시아'라는 개념이 문화적 일체성을 가지는 엄격한 개념적 틀도 아니기 때문에 필자는 유대인도 '아시아계' 종족에 포함한다.

따라서 필자가 다루는 '아시아계' 종족은 라틴아메리카의 주된 종족인 유럽계 기독교도 백인, 원주민, 아프리카계, 그리고 그들 사이의 혼혈인이 아닌 아시아에 뿌리를 둔 또 다른 종족을 모두 의미하는 포괄적 개념이다. 이들을 하나로 묶는 공통점은 아시아에 뿌리를 두었다는 것 외에 기독교도 백인이 지배하는 라틴아메리카에서 소수 이민자 그룹으로서 '치노chino' 또는 '투르코turco, 터키인'로 불리며 배척받아온 비주류였다는 점이다.

왜 우리는 지금 라틴아메리카의 아시아계에 주목하는가?

수적으로 보면 소수 종족임에도 불구하고, 우리가 이들에게 주목하는 것은 최근 라틴아메리카에서 아시아계 종족의 정치적·경제적·사회적·문화적 영향력이 인구 비중에 비해 매우 크게 성장하고 있기 때문이다. 이들은 대부분 국가에서 소수 종족이지만, 사회 다방면에서 강력한 영향력을 행사한다. 특히 멕시코의 레바논계, 브라질의 일본계, 페루의 중국계, 아르헨티나의 유대계는 라틴아메리카에서 가장 영향력이 큰 4대 비非유럽계 소수 종족으로 간주된다.

레바논계 멕시코인 카를로스 슬림Carlos Slim은 2011년 미국 경제전문지 《포브스forbes》가 발표한 세계 갑부 순위에서 미국의 빌 게이츠를 누르고 2년 연속 세계 부자 1위의 자리에 올랐다. 멕시코에서 레바논계의 영향력은 단지 슬림 한 사람에 그치지 않는다. 멕시코 사람들은 자국에서 대통령이 되기 위해서는 반드시 레바논계와 손잡아야 한다고 말한다. 문화 방면에서도 멕시코 대표 음식 타코Taco의 가장 대표적 메뉴인 '타코 알 파스토르Taco al Pastor'가 레바논 이주자에 의해 전파되었다. 심지어 멕시코 동부 지역을 장악한 마약 카르텔cartel 세타Zeta에서도 레바논계가 주도적인 역할을 맡고 있다. 멕시코에서 마약 카르텔과 아랍계 사이의 연관은 공공연한 비밀이다. 1억 명이 넘는 멕시코 인구 가운데 약 50만 명 정도에 불과한 레바논계가 사회 전반에 미치는 영향력은 상식적으로 이해할 수 없는 수준이다.

에콰도르에서는 겨우 10만 명도 되지 않는 레바논계가 경제를 주도하는 세력으로 성장했다. 그들은 이러한 경제력을 기반으로 1990년대 이후 2명의 대통령(압달라 부카람Abdala Bucaram, 하밀 마우아드Jamil Mahuad)을 배출했다. 1996년 대선에서 부카람과 맞선 야당의 기독교사회당PSC: Partido Social-Cristiano 후보도 아랍계였다. 또한 1989년부터 1999년까지 아르헨티나 대통령을 지낸 사울 메넴Saúl Menem은 시리아계이고, 2004년 엘살바도르에서 대통령에 당선된 안토니오 사카Antonio Saca와 1998년 온두라스의 대통령이 된 카를로스 로베르토 플로레스Carlos Roberto Flores는 팔레스타인계다. 그리고 최근 브라질에서 지우마 호세프Dilma Rousseff가 탄핵되면서 부통령에서 대통령이 된 미셰우 테메르Michel Temer도 레바논계다. 칠레에서는 팔레스타인계가 3대 경제 그룹에 속한다. 이렇듯 아랍계는 라틴아메리카 여러 나라에서 경제적 성공뿐만 아니라 인구 비중에 비해 훨씬 더 큰 정치적 영향력까지 행사하고 있다.

라틴아메리카의 유대인 수는 매우 적다. 그런데도 그들의 영향력은 결코 작지 않다. 특히 아르헨티나의 유대인은 부에노스아이레스의 주요 상권을 장악하며, 경제 분야에서 인구 비중에 비해 과도한 힘을 보유해 사회적 질시의 대상이 되기도 한다. 이들은 경제권을 장악했을 뿐만 아니라, 정치적으로도 강력한 영향력을 발휘한다. 언론 또한 상당 부분 그들의 지배 아래에 있다. 멕시코에서는 불과 0.1%도 되지 않는 유대인이 멕시코 최대 제조업체 몬테레이 그룹을 지배하며, 멕시코 최대 방송사 텔레비사Televisa도 장악했다. 특히 문화 영역에서 그들의 영향력은 결코 작지 않다. 예컨대, 멕시코 벽화주의 미술가 디에고 리베라Diego Rivera도 가톨릭으로 개종한 유대인converso으로서 자신의 유대인 정체성을 감추지 않았다.

최근 아시아계도 영향력을 확대하고 있다. 페루의 중국계는 인구의 절대적 수나 비중 측면으로 봐도 중요할 뿐만 아니라, 초기의 열악한 노동조건에서 벗어나 점차 중소 자영업을 통해 성공함으로써 경제적으로 무시할 수 없는 영향력을 가지게 되었다. 특히 이들이 페루의 음식 문화에 미친 영향은 매우 크다. 중국계는 카리브에서도 존재감을 드러내고 있다. 쿠바의 저명한 예술가 윌프레도 람Wilfredo Lam이 가장 두드러진 사례다.

페루에서는 10만 명도 되지 않는 일본계가 알베르토 후지모리Alberto Fujimori 대통령 당선을 계기로 강력한 정치적 세력을 형성했다. 또 일본계는 브라질에서 라틴아메리카의 가장 큰 아시아계 종족 공동체를 형성했다. 이들은 페루의 중국계와 마찬가지로 이주 초기에는 커피 농장에서 가혹한 노동에 종사했지만, 그 후 브라질의 이민자 그룹 가운데 가장 빨리 경제적·문화적으로 성공을 거둔 종족이 되었다. 심지어 모국의 발전에 힘입어 일본계는 과거의 무시에서 벗어나 사회적 명망을 누리는 수준까지 이르렀다.

비록 가장 마지막으로 라틴아메리카에 이주한 아시아계 그룹이지만 한국인 역시 특유의 생존 경쟁력을 바탕으로 브라질과 아르헨티나에서 가장 단기간에 경제적으로 성공한 종족으로 부상했다. 아직은 그 수가 매우 적기 때문에 정치적 영향력을 발휘할 수 있는 수준은 아니지만 앞으로 영향력을 증대해나갈 것으로 보인다.

이렇듯 라틴아메리카에서는 아랍계, 유대계, 중국계, 일본계, 한국계 등 아시아에서 기원한 종족들이 수적으로는 절대적 열세임에도 불구하고 유럽계 기독교도 백인이 지배하는 사회에서 그들 특유의 민족성을 살리고, 최근의 정치적·경제적 변화를 적절히 활용하면서 놀랄 만한 성공을 거두었다. 또한 이들이 음식, 예술 등 라틴아메리카 문화 다방면에 미친 영향도 결코 작지 않다. 따라서 라틴아메리카의 다문화주의에 포괄적으로 접근하기 위해서는 원주민과 아프리카계를 넘어 아시아계 종족에 대한 이해가 반드시 이루어져야 한다.

이민사와 정체성 문제를 넘어 정치적·경제적 성공 요인의 탐색

라틴아메리카 다문화주의 연구에서 아시아계 소수 종족에 대한 연구는 거의 주변적이었으며 지속적이지도 않았다. 라틴아메리카에서 아시아 종족에 대한 연구가 부재한 이유는 본질적으로 아시아 자체에 대한 라틴아메리카의 명백한 무관심에서 찾을 수 있다. 물론 유대인에 대한 연구는 상대적으로 활발하게 이루어졌지만 이 또한 유대인 자신들만의 제한적 연구 공간에서 수행된 것이고, 라틴아메리카의 일반적인 종족성 연구와 관련된 것은 아니다.

지금까지 실행된 많지 않은 아시아계 종족 연구는 주로 이민사와 정체성 차원에서 이루어졌다. 이들의 주요한 연구 주제는 그들이 언제, 왜 라틴아메리카로 이주하게 되었는가? 그들은 어떻게 정착하고, 지역사회에 통합되었는가? 그들은 라틴아메리카 각국의 민족적 정체성이라는 조건 아래에서 어떻게 자신들 고유의 종족적 정체성을 유지하고, 변화시키고 또 새로이 형성해왔는가? 하는 문제들이었다.

하지만 최근 아시아계 종족의 정치적·경제적 부상과 함께 그들에 대한 관심도 단순히 이민사와 정체성 문제를 넘어 그들의 정치적·경제적 성공 요인으로 넘어가고 있다. 그것은 한때 '달갑지 않은' 또는 '유해한' 이민자로 배척받던 '이방인' 그룹이 어떻게 라틴아메리카의 주요 국가에서 엘리트 지위까지 오르게 되었는지를 이해하는 작업이다. 이는 억압받고 소외된 종족의 정체성 회복 투쟁이라는 기존의 다문화주의 연구 방식에서 한 발 나아가 라틴아메리카 다문화주의 연구에 새로운 틀을 제시하는 작업이다.

라틴아메리카에서 아랍인은 태생적으로 상업적 감각을 가진 이방인, 즉 국가의 부를 증가할 수도 위협할 수도 있는 존재로 인식되었다. 그들은 초기 마약 판매원 같은 직업에서 점차 상점 주인 또는 기업가로 발전했다. 이러한 경제적 성공에는 이면이 있었는데, 이들은 기존 유럽계 백인 엘리트와 일반 시민의 불신과 조롱의 대상이 되기도 했다. 이런 과정에서 아랍인은 자신들의 고유문화를 지역 문화와 적절하게 절충해 정치적·경제적 성공을 달성했다. 그런 과정에서 멕시코의 카를로스 슬림은 고유의 아랍 문화를 계승하고 발전시키는 동시에 멕시코 지역 문화와도 적절히 동화함으로써 멕시코의 대표적 '민족주의자'로 간주되기도 한다.

따라서 필자는 아시아계 종족에 대한 이 연구를 통해 단순히 이들의 정체성 회복이라는 문제를 다루는 것이 아니라, 어떻게 소수 종족이 주류 문화와 소통하여 정치적·경제적으로 성공을 거두었고 ― 비록 아시아계 종족에 속한 모든 사람이 성공을 거둔 것은 아니지만 ― 나아가 사회적·문화적으로 영향을 미치게 되었는지를 살펴본다. 즉, 아시아계 종족이 성공할 수 있던 한 요인으로 자신의 문화와 현지 문화와의 소통 과정을 일차적으로 분석하고자 했다. 다시 말해, 그들이 현실적 필요에 따라 현지 국가의 문화를 어떻게 받아들였는지, 나아가 그들의 고유문화가 현지 국가의 정치, 비즈니스 문화 형성에 어떤 영향을 미쳤는지 등의 문제를 다룬다.

　물론 최근에 달성한 아시아계 종족의 성공은 단순히 문화적 차원의 문제는 아니다. 따라서 그들의 성공을 분석하기 위해 앞서 언급한 문화 사이의 적절한 소통 과정 외에 세계 시스템의 변화와 같은 정치적·경제적 요인도 동시에 고려했다. 즉, 세계 시스템의 변화가 라틴아메리카 각국과 그에 속한 아시아계 종족의 관계를 어떻게 바꾸어 놓았는지의 문제는 이 책의 또 다른 주요 주제다. 보호주의 정책에서 신자유주의 개방정책으로 변하는 경제적 여건 아래에서 아시아계 종족이 어떤 혜택을 누렸는지를 중점적으로 분석했다.

　전통적으로 상업과 무역에 재능이 있고, 모국과의 국제적 네트워크를 보다 쉽게 가질 수 있는 아시아계 종족의 상당수 인물은 세계화에 힘입어 각국의 정치적·경제적 엘리트라는 특권적 지위에 오르게 된다. 이런 과정을 통해 많은 라틴아메리카 국가에서 아시아계 종족은 주변적 위치에서 벗어나 특권적 위치에 오르게 되었다. 이에 따라 이들은 라틴아메리카에서 소외된 주변부 종족이라는 이미지에서 벗어나 당당하게 자부심을 느끼는 종족으로 성장하게 되었다. 나아가 현지 국가의 정치 문화, 비즈니스 관행 등에도 많은 영향을 미치게 되었다. 물론 이런 과정에 부정적 측면도 존재한다. 아랍계의 부족주의 같은 가족 또는 친인척 중심주의 문화가 라틴아메리카 정치와 비즈니스에 만연한 부패와 밀접히 관련된 것은 우연이 아니다.

이런 현실은 정치적·경제적 현실과 연결된 종족성 연구라는 새로운 접근 방식을 제시한다. 즉, 정체성 탐구라는 문화적 차원의 인문학적 종족 연구를 넘어 정치적·경제적 현실과 밀접히 연결된 사회과학적 종족 연구의 가능성을 보여준다.

포괄적 개념의 아시아계 종족은 내부적으로 다양한 문화적 특성을 가진다. 이들 문화를 모두 아시아라는 하나의 틀 안에서 생각하는 것은 불가능하다. 따라서 이 책에서는 아시아적 기원, 즉 비유럽계 문화라는 공통점에도 불구하고 아랍계, 유대계, 중국계, 일본계, 한국계를 각각의 고유문화적 공동체로 간주한다. 그리고 이에 따라 이들 종족이 라틴아메리카 주류 집단의 편견과 박해에 어떻게 대응해왔는지, 현지 문화에 어떻게 동화되고 또 자신들의 고유문화를 유지해왔는지, 시대적 변화를 어떻게 자신들의 것으로 만들어가는지 등을 살펴본다. 즉, 라틴아메리카라는 공통의 조건 아래, 아시아계 종족들 각각의 특별한 성공 방식을 분석한다. 이는 종족 사이의 비교 연구를 가능하게 해 라틴아메리카 다문화주의를 깊이 있게 이해하는 데 기여할 수 있을 것이다.

라틴아메리카 다문화주의의 새로운 틀

이 책은 라틴아메리카의 이해를 위해 필수적인데도 지금까지 다른 큰 주제에 밀려 국내 연구자들이 전혀 관심을 가지지 않았던 주제를 다룬다. 라틴아메리카의 아시아계 종족에 대한 연구는 무엇보다 이 지역의 비즈니스 문화를 새로운 시각에서 이해하는 데 기여할 것이다. 아랍계와 유대계, 동아시아의 중국계와 일본계는 라틴아메리카 경제의 새로운 세력으로 부상하고 있다. 라틴아메리카에서 사업을 하게 되면 이들과 만나는 것이 불가피하다. 따라서 이들의 영향력을 파악하고 이들의 비즈니스 행태를 이해하는 것은 매우 중요하다. 이 책은 무엇보다 라틴아메리카의 비즈니스 문화에 관심이 있는 사람들에게 흥미로운 내용을 제시한다.

경제력을 바탕으로 라틴아메리카 아시아계의 정치적 영향력도 증가하고 있다. 최근 연이은 아랍계와 일본계 대통령 당선은 이를 상징하는 사건이다. 비즈니스 영역뿐만 아니라 정치, 나아가 언론이나 문화 방면에 걸친 이들의 네트워크와 영향력은 매우 크다. 가족 중심주의, 패거리주의, 신뢰 우선 등 자신들의 규범을 라틴아메리카의 정치 상황에 매우 유효하게 적용해 라틴아메리카 정치 문화를 형성하는 데 큰 영향력을 미쳤다. 따라서 이들을 이해하는 것은 라틴아메리카의 정치 문화를 이해하는 데도 도움이 될 것이다.

연구와 관련해 이 책은 원주민과 아프리카계 중심의 라틴아메리카 다문화주의 연구의 빈 공간을 채우는 역할을 한다. 이를 통해 우리가 아시아계 종족을 라틴아메리카의 당당한 일원으로 간주하게 될 수 있기를 기대한다. 나아가, 라틴아메리카 사회에서 이루어낸 아랍계, 유대계, 중국계, 일본계의 성공 이야기는 아직은 이 지역에서 소수에 불과한 한국계 이민자에게 하나의 행동 모델을 제시해줄 수 있다. 이민자들이 주류 사회와 라틴아메리카 대중의 외국인 혐오증과 견제를 어떻게 극복했고, 현지 주류 사회에 어떻게 진입할 수 있었으며, 현지 문화와의 적응과 동화 과정은 어떠했는지를 살펴봄으로써 이 책이 한국계 이민자의 현지 적응에 하나의 지침이 되었으면 한다.

라틴아메리카에서 이루어진 아랍계의 성장 과정에 대한 연구는 보다 다양해지는 국내의 다문화주의에 관한 연구에도 기여할 수 있다. 한국에서도 무슬림 이민자가 증가하는 상황이다. 라틴아메리카에서 이들이 어떻게 발전했는지, 그 과정을 살펴보면 국내에서 이들의 정착 과정을 이해하는 데 도움이 될 것이다.

| 제1부 |
라틴아메리카의 아랍계

제1장 세계 제1 부자를 배출한
멕시코의 레바논계

1. 멕시코의 아랍인들: 이주, 출신 지역, 주요 거주지

1880년대부터 본격화된 '투르코'의 멕시코 이주

아랍인이 최초로 멕시코 땅에 들어온 것은 식민지 시대(1521~1821년)부터다. 16세기 중반부터 17세기에 걸쳐 스페인에 남았던 무어Moor족 가운데 소수가 누에바 에스파냐Nueva España로 이주해 왔다. 그중에는 톨레도 지역에서 건너온 아보아브Aboab 가문이 가장 두드러진다. 그의 후손들은 이슬람교를 전파하려다 1621년 종교재판에 의해 처형당했다(Kahhat y Moreno, 2009: 318).

이와 같이 식민지 시대의 아랍인 이주자는 주로 종교적 목적을 가진 사람들이었다. 정확한 자료는 없지만 식민지 시대에 무어족 이주자가 존재한 것은 분명한 사실처럼 보인다. 그들은 몇 세대에 걸쳐 자신의 문화와 언어를 유지하다가 점차 누에바 에스파냐 사회에 동화되었다.

19세기 초 멕시코의 아랍인 존재에 대해서는 보다 구체적인 자료가 존재한다. 탐피코 시 고문서보관소에는 1826년 "베라크루스 세관에서 투르코인 밤부르Bambur가 이의를 제기했다"라고 명시된 문서가 있다. 그 외에도 당시 탐피코 시의 여러 문서에는 살레메Saleme, 아사시Issasi, 다르키Darquí, 살람Salam과 같은 아랍계 성姓이 등장한다. 이는 멕시코 독립 직후인 19세기 초에 이미 아랍인이 멕시코에 들어오기 시작했다는 증거다(Zeraoui, 1997: 267).

이들은 주로 미국으로 들어와 텍사스를 거쳐 멕시코에 도착한 사람들이다. 19세기 중반까지 이들 대부분은 당시 그들이 속한 오스만Ottoman제국의 국적을 감추고, 대신 멕시코에서 보다 잘 받아들여지는 다른 나라의 국적을 선택했다. 따라서 그들의 존재를 명확하게 파악하는 것은 쉽지 않다. 다만 성으로 그들의 존재를 확인할 뿐이다.

1863년에서 1867년 사이 프랑스군 2차 개입 시 나폴레옹 2세가 끌어들인 용병들 중에도 알제리 출신이 있었다. 그중 일부가 멕시코에 정착한 것으로 추정된다. 레바논계 공동체에서 내려오는 구전에 따르면 그들이 인정하는 최초의 아랍인 이주민은 1878년 베라크루스 항에 도착한 마론파 신부인 부트로스 라포울Boutros Raffoul이다. 그러나 멕시코 문서에 공식적으로 등록된 최초의 아랍인 이주민은 1878년 캄페체 주 카르멘 시Ciudad del Carmen에 거주할 것을 결정한 안토니오 부딥Antonio Budib이었다.

멕시코에서 아랍인의 이민이 본격화한 것은 1880년대부터다. 그들은 주로 이슬람 원리주의자와 거리가 있는 시리아 지방의 마론파Maronites* 또는 드루즈파Druzes** 교도였다.

....

* 마론파는 가톨릭의 한 분파로 5세기 무렵에 설립되었다. 현재 추종자는 약 150만 명으로 추정되며 이들 중 약 85만 명이 레바논에 거주한다. 마론파는 특이한 그리스도론을 가져 한때 이단으로 취급되기도 했으나, 십자군 전쟁 당시 이슬람 제국에 맞서 십자군 측에 합류해 로마교회와 관계를 회복했다. 하지만 지금도 그들은 로마교회와 다른, 자신들 고유의 예배 전통을 가진다. 이슬람교의 박해와 그들과의 지속적 갈등 때문에 마론파 교도들은 1944년 프랑스 통제 아래에 있는 마운트 레바논 지역을 중심으로 시리아에서 완전하게 독립한 레바논 국가를 설립하는 데 중추적인 역할을 담당했다.

** 드루즈파는 11세기 초 파티마 왕조의 제 6대 칼리프 하킴을 신격화해 시아파 가운데 하나인 이스마일파에서 분파한 소수 종파다. 이슬람교, 유대교, 그리스도교, 불교를 절충해 하킴의

당시 멕시코에서는 1878년 포르피리오 디아스Porfirio Díaz가 권력을 장악한 이래 외국자본의 유입과 개방을 통한 경제 발전을 추구했는데, 이는 노동력 부족 사태를 초래했다. 원주민이나 메스티소가 게으르고 생산력이 떨어진다는 선입견에 따라 멕시코는 필요한 노동력을 유럽계 이민자로 충당하려 했다. 그들은 인종주의적 편견에 따라 유럽계 이민자의 유입이 멕시코 사회에 진보를 가져오고, 이로써 경제 발전을 이룰 수 있을 것이라고 기대했다. 따라서 디아스 정부는 1886년부터 유럽 이민자를 유입하기 위해 세금 면제와 토지 양도와 같은 혜택을 제공했다. 하지만 유리한 조건에도 불구하고 유럽인은 멕시코가 불안정하고 같은 대륙의 미국, 아르헨티나, 브라질보다 덜 매력적이라는 이유를 들어 멕시코로 이주하는 것을 꺼렸다.

한편 멕시코는 유럽계가 아닌 중국인 쿨리와 같은 다른 인종의 유입에 거부감을 가졌다. 멕시코는 그들의 이민을 제한하는 여러 노력을 기울였다. 결국 1927년에는 자국의 일자리를 보호한다는 명분으로 흑인, 인도인, 시리아인, 레바논인, 아르메니아인, 팔레스타인인, 아랍인, 터키인, 중국인의 이민을 제한하는 법률을 제정했다.

이러한 제한적 조치와 인종차별적 법률에도 불구하고 1880년부터 1930년까지 아시아계 이민자 수는 수천 명에 달했다. 그중 '투르코'라고 불린 오스만제국 소속 아랍인은 국립문서보관소AGN: Archivo General de la Nación에 기록된 사람들만 수백 명에 달한다. 당시 레바논, 시리아, 팔레스타인 이민자는 그들이 소속된 오스만제국의 입국 서류를 가지고 있었기 때문에 '터키인', 즉 투르코라고 불렸다. 제라위Zeraoui의 조사에 따르면 1895년 당시 멕시코에 거주하는 레바논인과 시리아인의 94.55%가 투르코로 불렸다(Zeraoui, 1997: 270). 이후 1900년대에는 서류상으로 투르코 이민자의 절대적 수가 364명에서 559명으

재림과 인간의 윤회, 전생을 믿고, 경전으로 코란을 배척하며 독자적 교리를 가진다는 이유로 이슬람 종파에서 이단시되고 있다.

로 증가했는데, 그중에서 자신을 투르코라고 규정하는 사람의 비율은 58.9%로 감소했다.

한편 당시 멕시코로 들어온 아랍인 이민자 상당수는 비공식적 통로를 이용하거나 공식적으로 입국하는 경우에도 차별을 피하기 위해 국적을 속이고 이름을 멕시코식으로 바꾸는 일이 흔했다. 따라서 당시 얼마나 많은 아랍계 이주민이 멕시코로 들어왔는지 정확한 수를 파악하는 것은 매우 어렵다. 게다가 멕시코 정부는 1908년에 비로소 이주자의 입국을 공식적으로 등록하기 시작했으며, 심지어 그것도 정확하지 않아 이주민 수를 추정하는 어려움은 더욱 크다.

멕시코의 아랍계 인구와 출신지별 분포

AGN 자료에 따르면 1878~1899년 사이 멕시코로 들어온 아랍인 이민자 수는 약 133명으로 나타난다. 이는 1905년 한 해에 유카탄으로 1천 명 이상 입국한 한국인 이민자 수보다 훨씬 적다. 하지만 비밀리에 입국했거나 국적 또는 성을 바꾼 사람이 수백 명도 더 되기 때문에 실제 수는 그보다 훨씬 더 많을 것이라고 추정한다(Zeraoui, 1997: 283~295에서 재인용).

AGN 문서에 근거를 두고 1935년 로요Loyo가 추정한 자료에 따르면 1930년 멕시코에 거주하는 아랍인과 이들의 후손 수는 이미 1만 5043명에 달한다. 인구조사에 따르면 1895~1950년까지 누적 아랍계 이민자 총수는 2만 2054명으로 집계되었다(Kahhat y Moreno, 2009: 324~326에서 재인용).

한편 1948년 살림 아부드Salim Abud와 율리안 나스르Julián Nasr가 작성한 레바논계 명부Directorio Libanés*에 따르면 멕시코에 이주한 아랍인 가운데 레바논 출신이 80% 이상으로 압도적으로 많음을 알 수 있다(〈표 1-1〉). 다음으로 팔레

---

* Censo General de las colonias libanesa, palestina, siria, residente en la República Mexicana.

<표 1-1> 출신지별 아랍인 분포(1948)

출신지	인구(명)	전체 대비 비중(%)
레바논	16,043	82.46
팔레스타인	1,775	8.92
시리아	1,463	7.35
이라크	191	0.96
요르단	44	0.22
이집트	16	0.09
총	19,892	100

자료: Páez Oropeza(1976: 30)에서 재인용.

스타인 출신과 시리아 출신이 각각 8.92%와 7.35%로 뒤를 잇는다. 그 외 아랍
지역 출신은 1% 미만에 불과하다.

　출신지별로 이들의 성향을 살펴보면 우선 레바논 이민자 대다수는 상대적
으로 번영하던 해안 지역 출신이었다. 그런데도 그중 상당수는 농민 출신이었
으며, 대부분 마론파 기독교도였다. 시리아 이민자는 주로 도시 출신의 유대
교를 믿는 아랍인이었다. 팔레스타인 이민자 대부분도 농민 출신이었지만 일
부 예루살렘 출신 가운데는 상업에 종사한 사람도 있었다.

　1980년부터 멕시코 인구조사에서는 이민자 출신지가 더 이상 표기되지 않
았다. 하지만 멕시코의 레바논계 공동체Centro Libanés는 인터넷*을 통해 그들
구성원의 등록을 계속하고 있다. 멕시코에 거주하는 아랍계 가운데 레바논계
비중이 80%를 넘기 때문에 그 수치를 통해 우리는 멕시코의 아랍계 인구를 어
느 정도 추정할 수 있다. 이 자료에 따르면 2000년 멕시코에 거주하는 레바논
계 수는 약 38만 명으로 추정된다(Kahhat y Moreno, 2009: 334에서 재인용).** 따

----

* 　http://www.emigrantelibanes.com/cgi-bin/Inmi

** 　일부 통계는 멕시코의 아랍계 수를 전체 인구의 1%, 즉 100만 명 이상으로 계산한다(http://

라서 아랍계 전체 수는 많아야 멕시코 전체 인구의 0.5% 미만인 50만 명 정도가 될 것이다.

아랍인 이주자의 멕시코 지역 분포

1895년 인구조사에 따르면 당시 아랍인 385명 중 61%가 유카탄 주에 거주했고, 9%가 그 옆의 캄페체 주에 거주했다. 나머지 6%는 베라크루스 주에 거주했으며, 수도인 멕시코시티에는 5%만이 거주했다. 아랍인이 유카탄 반도에 집중적으로 거주한 것은 당시 그곳이 에네켕henequem 산업의 중심지로 멕시코에서 가장 번성한 곳이었고, 베라크루스에는 입국항이 있었기 때문이다.

1920년대와 1930년대에 아랍인 이민자는 미국과 지리적으로 가깝고 석유산업 붐이 일어나던 북부 지역의 주(타마울리파스, 누에보 레온, 코아우일라, 치와와)로 이주해 왔다. 1940년대에 들어서 이들은 새로운 경제 중심지로 부각된 멕시코시티로 다시 이주했다. 1950년대 멕시코시티로 이주한 아랍인 비중은 전체 아랍인의 52%에 달했다.

이러한 지역별 이민자 유입 흐름은 멕시코 경제 발전사와 밀접히 연결된다. 물론 정치적 요인도 일부 작용했다. 1895년에서 1930년대까지 아랍계 이주자는 주로 에네켕 산업이나 석유 산업이 번창하던 남부 지역의 유카탄 반도나 멕시코 만 연안 주에 자리 잡았다. 특히 남부 지역은 멕시코혁명의 소용돌이에서 벗어나 있어 이민자에게 보다 매력적인 곳이기도 했다.

당시 멕시코에 존재했던 가장 큰 아랍인 공동체는 푸에블라와 타마울리파스에 설립되었다. 19세기 말 푸에블라는 수도인 멕시코시티와 멕시코의 가장 큰 항구인 베라크루스를 연결하는 상업 중심지로 발전하고 있었기 때문에 역시 아랍계가 많이 유입되었다. 한편 타마울리파스에서 아랍인은 주로 멕시코로 들어오는 가장 중요한 항구도시 가운데 하나인 탐피코에 자리를 잡았다.

---

www.worldstatesmen.org/Mexico.htm).

1930년대부터 남부 지역의 에네켕 산업이 몰락한 반면, 북부 지역에서는 멕시코 만을 중심으로 새로운 유전이 발굴되고, 누에보 레온의 몬테레이 시를 중심으로 산업이 발전하면서 아랍인 이민자의 이주도 주로 이 지역을 향했다. 따라서 팔레스타인 출신 이민자는 주로 몬테레이 시에서 상업 활동을 시작했으며, 레바논 출신 이민자는 주로 멕시코시티와 북부 지역을 연결하는 산루이스 포토 시를 선택했다.

이 시기에는 경제적으로 쇠퇴하고, 토지 소유에 관한 갈등이 빈번한 유카탄 지역을 떠나 멕시코시티로 가는 아랍인도 많았다. 이들 대부분은 이미 유카탄에서 초기 상업 활동을 통해 어느 정도 자본을 축적한 중산층 출신이었다.

결과적으로 1985~1950년까지 아랍인 이민자가 주로 거주했던 지역의 누적 통계를 보면(〈표 1-2〉), 1950년 2만 3053명의 아랍인 가운데 약 28%인 6378명

〈표 1-2〉 지역별 아랍인 분포(1950)

주	누적 인구수(명)	비중(%)
멕시코시티	6,378	27.7
베라크루스	2,835	12.3
유카탄	2,248	9.8
푸에블라	1,286	5.6
코아우일라	1,243	5.4
치와와	980	4.3
타마울리파스	867	3.8
캄페체	744	3.2
누에보 레온	675	2.9
두랑고	532	2.3
할리스코	516	2.2
오아하카	505	2.2
그 외	4,244	18.3
총	23,053	100

자료: Zeraoui(1997: 287).

이 거주하는 멕시코시티가 1위, 약 12%인 2835명이 거주하는 베라크루스 주가 2위, 약 10%인 2248명의 유카탄 주가 3위, 5.6%인 1286명의 푸에블라 주가 4위, 5.4%인 1243명의 코아우일라 주가 5위, 4.3%인 980명의 치와와 주가 6위, 3.8%인 867명의 타마울리파스 주가 7위, 3.2%인 744명의 캄페체 주가 8위, 2.9%인 675명의 누에보 레온 주가 9위를 각각 차지한다. 이 외에도 두랑고 주, 할리스코 주, 오아하카 주에도 상대적으로 많은 아랍인이 거주했다.

2. 멕시코로 이주한 아랍인의 문화적 동화:
'레바논계 멕시코인' 정체성 형성

멕시코에서 아랍인이 경제적으로 성공할 수 있었던 요인은 무엇인가? 행상으로 시작한 그들이 이민 초기에 어떻게 멕시코 농민에게 다가가 물건을 파는 데 성공할 수 있었는가? 또 최근에 그들은 어떻게 멕시코의 정치적 지배계급과 신뢰 관계를 형성하고, 이를 바탕으로 민영화 과정에서 큰 혜택을 누릴 수 있었는가? 이에 대한 첫 번째 답은 그들의 문화적 동화에서 찾을 수 있다.

그들은 멕시코 사회에서 거부감을 줄 수 있는 아랍, 무슬림, 두르즈파 등의 정체성을 거부하고 거부감이 덜한 레바논계 정체성을 통해 자신의 민족을 단합하고 나아가 멕시코 사회와의 통합을 시도했다. 그들이 내세우는 정체성은 '페니키아인의 뿌리를 가진 레바논계 기독교도', 즉 '레바논계 멕시코인'이다. 이러한 레바논계 정체성은 아랍인 이주민 수와 경제적 영향력을 바탕으로 오늘날 멕시코에 거주하는 중동 출신 이민자를 대표하는 정체성이 되었다.

이와 관련해, 멕시코 거주 아랍인을 연구하는 알파로벨캄프Alfaro-Velcamp는 자신의 책 제목을 "알라와는 너무 멀고, 멕시코와는 너무 가까운 멕시코의 중동 출신 이민자들So Far from Allah, So Close to Mexico. Middle Eastern Immigrants in Modern Mexico"이라고 붙였다(Alfaro-Velcamp, 2007).

종교적 동화: 기독교성 강조

초기 아랍인 이민자는 그들의 독특한 복장 때문에 호기심 어린 시선을 받았으며, 어린아이에게는 조롱의 대상이 되기도 했다. 이민 당시 그들은 오스만제국에 속했기 때문에 '투르코'라고 불렸다. 초기 투르코의 이미지는 '떠돌이 상인', '큰 메부리코', '양 끝이 올라간 콧수염', '사기꾼'과 같이 부정적이거나 우스꽝스러운 것이 대부분이었다(Alfaro-Velcamp, 2002: 278).

〈사진 1-1〉 라틴아메리카로 이주한 초기 아랍인 모습

자료: ARCHIVO GENERAL DE LA NACIÓN DE ARGENTINA.

또한 열악한 생활환경 때문에 19세기 멕시코의 보수적인 상류층 사회에서 '더러운sucio' 사람으로 배척당하기도 했다. 하지만 그들이 멕시코 문화에 쉽게 동화되고, 사회적으로 완전히 통합될 수 있던 가장 중요한 요인은 무엇보다 종교였다. 아랍계 이민자의 종교는 중동에 존재하는 종교만큼이나 다양했다. 그런데도 그들 대부분은 기본적으로 기독교 신자였으며 단지 일부만이 이슬람이나 유대교 신자였다.

〈표 1-3〉은 1878~1950년까지 등록된 아랍인 가운데 종교를 밝힌 사람들에 관한 통계자료다. 이 자료에 따르면 '가톨릭'이라고 밝힌 사람이 4529명으로 압도적으로 많았고, 다음으로 '동방정교회' 신자라고 한 사람이 467명을 차지했다. 아랍 가톨릭의 종파인 '마론교도'라고 밝힌 사람 95명과 가톨릭으로 간주되는 '로마니스타'라고 밝힌 사람 84명을 더하면 가톨릭 신도는 모두 5175명으로 전체 6177명 중 84%에 달한다. 반면에 유대교는 27명, 이슬람교도는

<표 1-3> 종교별 아랍계 이민자 분포(1878~1950)

종교	수(명)
무신론자	93
영국국교(anglicano)	4
뱁티스트(bautista)	20
가톨릭(católico)	4,529
기독교(cristiano)	45
모세교(hebreo)	122
유대교(judío)	27
자유사상가	28
이슬람교(musulmán)	345
프리메이슨(masón, 종교 아님)	3
마론교(maronita)	95
동방정교회(ortodoxo)	467
프로테스탄트(protestante)	49
드루즈교(druso)	157
로마니스타(romanista)	84
기타	109
총	6,177

자료: Zeraoui(1997: 288).

345명에 불과하다.

　멕시코로 이주한 아랍인의 종교 분포에서 이슬람교보다 가톨릭을 비롯한 기독교가 절대적으로 많은 비중을 차지한 것은 그들 상당수가 19세기 중반 다마스쿠스의 종교전쟁 이래 이슬람의 박해를 피해 이주한 기독교도였기 때문이다. 그들에게는 가톨릭이 절대 다수를 차지하는 가톨릭 국가인 멕시코가 특히 매력적인 곳으로 간주되었을 것이다.

　특히 로마 가톨릭에 속하는 마론교도가 대부분인 레바논계는 그들의 종교적 유사성 덕분에 멕시코 사회에 문화적으로 동화되는 것이 보다 쉬웠다. 물론 그들이 제식에서 로마 가톨릭과 달리 라틴어를 사용하지 않고 셈족 언어인 아람어를 사용하는 것에 의심의 눈초리를 보내는 멕시코 사람도 있었지만, 큰 문제가 되지는 않았다.[*] 레바논계 마론파교도와 멕시코 가톨릭교도 사이에 이루어진 동화의 한 사례로, 19세기 두 교도 사이에서 기적을 행하는 마론파 사제 찰블 말로프Charbel Mahlouf에 대한 숭배가 빈번했다는 점을 들 수 있다.

반면 신교도나 동방정교회 신도는 멕시코 사회에 동화되는 데 좀 더 어려움을 겪어야 했다. 소수였던 그들은 멕시코 가톨릭교도에게 항상 낯선 존재였다. 역시나 소수였던 무슬림의 존재도 미약했다. 팔레스타인계가 대부분이었던 무슬림은 멕시코에 정착하기보다 단기적으로 돈을 벌기 위해 건너온 경우가 대부분이었다. 따라서 무슬림 공동체는 멕시코에서 거의 발전할 수 없었다. 유일한 예외적 사례에 속하는 사람들이 북부 코아우일라 주 토레온Torreón 시에 자리를 잡은 소규모의 레바논계 수니파 무슬림 공동체다.[**]

반면 이슬람교가 이단으로 취급하는 또 다른 이슬람 분파인 드루즈파 무슬림은 멕시코시티에 사원을 건립하는 등 상대적으로 멕시코 사회에 잘 적응했다. 그런데도 전반적으로 무슬림은 가톨릭 신도가 대부분인 멕시코에서 항상 종교적으로 의심의 눈초리를 피할 수 없었다.

아랍인 이민자 가운데 가장 많은 차별과 박해를 받은 사람들은 시리아 출신

---

[*] 1910년 마론교의 파블로 볼로스 란디(Pablo Boulous Landi) 신부는 마론파 제식에 따라 미사를 집전해도 된다는 교황의 공식 허가를 획득했다.

[**] 무슬림 이주자는 종교적 포용성이 상대적으로 큰 멕시코 북부 지역의 코아우일라와 두랑고 지역에 집중되었다. 현재 멕시코의 유일한 이슬람 사원도 코아우일라 주 토레온에 있다. 토레온에 거주한 레바논계 무슬림 1세대는 이슬람 신앙을 유지하고 동족결혼을 선호했다. 그러나 이민 2세대에 이르면서 이러한 현상도 많이 줄어들었다. 그들은 다른 신앙을 가진 사람과 결혼하는 경우에도 전통에 따라 무슬림식 결혼을 선호했다. 현재 멕시코에 있는 소수의 무슬림은 회교 사원에 나가지 않더라도 최소한 집에서 이슬람 의식을 실천한다. 또한 아랍어를 읽지 못하기 때문에 번역된 코란을 사용하고, 이슬람 율법에 따라 돼지고기와 술을 먹지 않는다. 그러나 그들은 이러한 종교적 실천에도 불구하고 자신의 정체성을 '멕시코인'이라고 분명하게 규정한다. 최근에는 아랍 세계의 정치화에 힘입어 자신을 '멕시칸' 또는 '무슬림'이라고 부르기보다 '아랍인'으로 규정하는 사람도 있다(AlfaroVelcamp, 2002: 284~285).

의 유대교도였다. 유대교도는 이미 식민지 시대부터 아메리카에서 종교재판의 희생자였다. 1840~1867년 사이 다마스쿠스에서 발생한 종교들 사이의 살육을 피해 멕시코로 이주한 유대교도는 아랍인 중에서도 가장 종교적인 색채가 강했다. 그들은 자신들만의 종교 모임을 유지했다. 멕시코 가톨릭 사회에 종교적으로 동화될 수 없던 유대교도 아랍인은 1929년부터 멕시코 사회에서 외국인 혐오증이 드러나고 이민자에 대한 통제가 시작되자 적응하는 데 더욱 어려움을 겪었다. 인종 단체는 유대교도 상인을 공격하기 시작했다. 1937년 정부가 멕시코 사람에게만 상업을 허용하는 등 국가적으로도 인종차별적 분위기가 고조되었다. 이러한 유대교도 아랍인에 대한 반감은 아랍인 전체에 대한 반감으로 확대되었다. 멕시코 사회에서 빈곤층으로 전락한 사람들을 대상으로 상업을 통해 부를 축적한 아랍인은 '더럽고, 탐욕스럽고, 투기적'인 존재로 인식되기 시작했다. 1930년대에 멕시코시티를 비롯해 푸에블라 시와 몬테레이 시에서 아랍인 이민자에 반대하는 움직임들이 일어났다.

이를 계기로 아랍인 공동체 내부에서도 변화가 일어났다. 1930년대 이전까지 멕시코의 아랍계는 모두 출신 지역에서 종교적 억압을 받았다는 동질감을 가지고 있었기 때문에 그들 사이에 종교적 차이는 큰 문제가 아니었다. 그러나 1930년대 이래 외국인에 대한 멕시코 사회의 반감이 심해지면서 가톨릭교도 아랍인은 보다 적대시되던 유대교도와 거리를 두기 시작했다. 이에 1948년 레바논계 명부도 더 이상 유대교도 아랍인의 등록을 받지 않았다. 이때부터 유대교도 아랍인 이민자는 멕시코의 아랍인 이민자 역사에서 배제되기 시작했다.

부유한 레바논계를 대표하는 조직 레바논 센터Centro Libanés와 레바논계 청년 조직 레바논계 멕시코청년전국연합JOMALI: Unión Nacional de Jóvenes Mexicanos de Ascendencia Libanesa은 무슬림과 드루즈파의 존재를 무시하고 자신들이 기독교도임을 공식적으로 강조한다. 기독교를 강조하는 정체성은 멕시코인 사이에서 아랍인의 멕시코적 정체성을 가장 잘 보여줄 수 있는 도구가 되었다.* 비록 멕시코시티 폴란코 구역에는 무슬림 외교관과 무슬림으로 전향한 멕시코인이 가는 회교 사원이 있지만 레바논 센터는 이들 무슬림 아랍계를 무시한다. 멕시코의 레바논계 조직과 신문, 교회는 모두 자신들이 기독교도임을 강조한다.

결론적으로 기독교도 아랍계 특히 레바논계는 멕시코 문화에 보다 쉽게 동화될 수 있었는데, 이들이 멕시코 사회에 쉽게 동화될 수 있었던 가장 중요한 이유는 무엇보다 그들의 종교적 유사성이었다.

문화적 동화: '엘 바이사노 할릴'

종교 외에 아랍인이 멕시코 문화에 쉽게 동화될 수 있던 또 다른 문화적 요인은 가족을 중요하게 생각하는 문화다. 실제로 아랍인과 멕시코인은 가족을 소중하게 여기는 문화적 전통에서 큰 차이가 없다. 양자 모두 가족을 중시하면서 한편으로는 가부장적이다. 아랍계의 가족 중시 문화는 그들이 멕시코 사회에 문화적으로 동화되는 데 도움을 주었을 뿐만 아니라 경제적 성공을 획득하는 데도 크게 기여했다.

사실 아랍인 이민자는 초기의 편견과 차별을 극복하기 위해 강력한 가족적 연대를 형성해야만 했다. 그들은 가족 기업을 통해 함께 일했고, 이로써 가족적 연대의 중요성은 더욱 강화되었다. 가족적 연대의 중요성을 강조하는 아랍계 문화는 가족이 강력하게 단합되어 있어야 한다는 멕시코인의 생각과 잘 맞아 떨어졌다.

다음으로 주목할 만한 것은 음식 문화다. 멕시코 대표 음식 가운데 하나인 타코 알 파스토르가, 레바논인이 멕시코에 전수한 샤와르마shawarma(터키식으

---

* 현재 멕시코에 마론파 교회는 멕시코시티 센트로의 발바네라 성모교회(Iglesia de Nuestra Señora de Balvanera), 멕시코시티 코이오아칸의 레바논 성모교회(Nuestra Señora de Líbano)가 있다. 한편, 동방정교회 교회는 멕시코시티 콜로니아 로마에 산호르헤 교회(Iglesia San Jorge)가 있다.

〈사진 1-2〉타코 알 파스토르

© Matt Saunders
자료: 위키피디아.

로는 케밥)와 멕시코 원주민의 식재료인 토르티야가 합해져 만들어진 퓨전 음식이라는 사실에서 알 수 있듯이 아랍계 음식은 멕시코 중산층은 물론이고 상류층의 미각까지 자극했다.

한편 멕시코 사회, 특히 상류층이 아랍인을 받아들이는 데 가장 크게 기여한 것은 〈동포 할릴Baisano Jalil〉*이라는 영화다. 1942년에 제작된 이 영화는 행상과 할부판매 등을 통해 자본을 축적하고 대형 백화점까지 운영하게 된 레바논계 이민자 할릴 파라드Jalil Farad가 어떻게 멕시코 상류사회에 통합되어가는지를 보여준다. 처음에 파라드 가문 사람들은 돈이 급히 필요한 멕시코 상류층의 한 가문과 접촉하는데, 그들은 이 아랍인들을 '출세 지향적 외국인'으로 인식할 뿐 쉽게 받아들이지 않는다. 하지만 파라드 가문 사람들은 자신들의 가톨릭 신앙을 보여주고, 멕시코 상류층이 존경하는 포르피리오 디아스 전 대통령에 대한 존경심을 표시하고, 파티에 마리아치 복장을 입고 가는 등 다양한 노력을 통해 끝내 멕시코 상류사회가 그들을 받아들이게 만든다.

이 영화는 멕시코 대중에게도 공감을 얻어내면서 1930년대 멕시코 사회에

----

* 'baisano'는 '동포'라는 뜻의 스페인어인 'paisano'의 'p'를 'b'로 바꾼 것으로, 그렇게 발음하는 아랍계를 풍자한 것이다. 영화의 자세한 내용은 496쪽 부록을 참고하라.

제1부 라틴아메리카의 아랍계

서 발생했던 외국인에 대한 반감을 많이 누그러뜨렸다. 특히 레바논계 이민자는 이 영화를 통해 기존의 '더럽고 탐욕스런' 사람들이라는 이미지에서 벗어나 정직하고, 근면하고, 가족을 중시하는 사람들이라는 새로운 이미지를 멕시코 대중에게 확립할 수 있었다.

다양한 아랍계 단체도 문화적 동화에 기여했다. '마론교도 부인들Damas Maronitas' 같은 자선단체는 아랍계의 사회적 기여 이미지를 창출했으며, 경제적으로 성공한 레바논계 엘리트의 스포츠 사교 모임인 '레바논계 클럽Club Libanés'은 그들이 멕시코 상류사회와 교류하는 데 기여했다.

레바논계는 후손의 철저한 현지화를 위해 자녀에게 아랍어를 가르치는 데 큰 관심을 두지 않았다. 유대교도 아랍계를 제외한 아랍계 대부분은 아랍어와 그들의 전통문화를 가르칠 학교도 설립하지 않았다. 아랍계 이민자의 최우선 목표는 멕시코 사회에서 경제적으로 성공하는 것이었다. 따라서 이들은 고유 문화를 후손에게 전수하는 데 큰 관심을 기울이지 않았다.

이러한 과정을 통해 멕시코에 거주하는 아랍계 대부분은 멕시코 사회에 문화적으로 완전히 동화되었고, 나아가 '아랍계 멕시코인' 정체성을 확립했다. 비록 이들이 음식이나 종교적 축제와 같은 부문에서는 여전히 아랍 문화의 전통을 부분적으로 유지하지만, 그러한 문화적 전통의 실현은 멕시코인이라는 큰 범주 내에서 이루어지는 추가적인 의미만 가질 뿐이다.

특히 멕시코 아랍계의 대다수를 차지하는 레바논계는 이민 2세대를 거치면서 멕시코 사회에 적극적으로 동화되기 시작했다. 현재 레바논계의 종족적 정체성은 개인과 가족에 따라 다양하게 나타나지만 그 어떤 레바논계도 폐쇄적 공동체로서 레바논인의 정체성만을 강조하는 사람은 없다. 어떤 가문에서는 여전히 레바논계 종족 내부의 결혼을 선호하고, 일부는 여전히 전통 음식 문화를 유지하지만 대부분은 멕시코 현지 문화에 거의 완전하게 동화된 것으로 보인다.

페니키아인의 후손으로서 '레바논계 멕시코인' 정체성 형성

성공한 레바논계는 자신의 종족적 정체성을 오히려 강조하는 경향이 있다. 멕시코의 아랍계는 1918년 오스만제국이 붕괴되고, 1926년 레바논이 시리아에서 분리되어 자치권을 획득하는 등* 중동의 역사적 과정에 따라 다양한 형태로 불렀다. 처음에는 일반적으로 '투르코 행상인'으로 불리다가 다음에는 '아랍계 상인'으로, 프랑스의 위임통치 시기에는 '시리아-레바논계 상점 주인'으로, 최근에는 '레바논계 기업가'로 불리고 있다. 멕시코에서 레바논계는 경제적으로 가장 성공했고, 정치적으로 가장 영향력 있는 아랍계 종족이다. 현재 레바논계는 멕시코의 아랍계 사이에서 지배적인 목소리를 내고 있다. 따라서 멕시코의 아랍계는 대부분 레바논계 정체성을 강조한다.

무슬림이 자신을 주로 '아랍계'라고 하는 반면, 레바논 출신 이주민은 자신을 '레바논계' 또는 '페니키아계'라고 부르는 것을 선호한다. 물론 레바논계 정체성의 형성은 제1차 세계대전 이후 중동에서 이루어진 마론파와 프랑스 사이의 강력한 연합에 따른 것이다. 마론파 중심의 레바논 출신 이주민이 레바논계 정체성을 확립하는 것은 무슬림이 지배하는 시리아와 다른 아랍계 종족에서 자신들을 구분하는 수단이기도 하다. 이러한 기독교도 레바논계의 정체성 형성은 전 세계의 레바논계로 확산되었다(Zamir, 1999: 111~112).**

유럽 문화, 특히 프랑스 문화를 동경한 멕시코의 문화적 전통에 따라 프랑스와 밀접한 관련성을 가진 레바논계 정체성은 문화적 정당성을 확보하는 데

....

* 고대 페니키아인들이 거주했던 레바논은 이후 바빌로니아, 페르시아, 로마 등의 지배를 받았으며, 7세기 이후에는 셀주크 투르크, 오스만 투르크 등 이슬람의 지배를 받았다. 제1차 세계대전 이후 1918년 오스만제국이 붕괴되자 레바논은 시리아에 편입되어 프랑스의 위임통치령이 되었다. 1926년에는 시리아에서 분리 독립해 자치권을 획득했고, 1944년 1월 정식으로 독립했다.

** 물론 레바논 본국에서 기독교도 레바논인의 정체성은 1975~1991년에 걸친 내전 이후 상당히 약화되었다. 이제 레바논에서 기독교도의 지배는 과거의 일이 되었다.

도 유리하게 작용했다. 비록 1990년대 이후 레바논에서 기독교도의 지배가 약화되었지만 멕시코의 레바논계는 여전히 무슬림을 배제하고, 기독교도 레바논계 또는 '페니키아인의 후손' 정체성을 강화하고 있다.

아시엔다hacienda*의 백인 지주 그리고 원주민과 혼혈인 출신의 페온peón, 날품팔이 농민이 거의 전부였던 20세기 초반까지 멕시코 사회에서 레바논 출신 이민자는 자신의 역할을 상인으로 설정했다. 이를 통한 경제적 성공으로 그들은 자신들이 페니키아인의 후손으로서 장사와 금융에 특별한 자질을 가지고 있다는 생각을 하게 되었다. 6천 년에 걸친 교역의 역사를 가지며, 로마자 알파벳을 만든 자랑스러운 페니키아인의 후손이라는 생각은 레바논계 멕시코인을 하나로 묶는 구심점이 되었다.

이렇게 상류층 레바논계는 자신들의 부의 원천이 페니키아인의 후손으로서 레바논계의 문화적 뿌리에 있다고 믿으며, 이것을 종족적 자부심의 원천으로 삼았다. 이러한 문화적 뿌리에 대한 인식에는 다소 임의적인 측면이 있지만, 이를 통해 그들이 자신의 뿌리에 자부심을 가지게 된 것은 분명하다. 또한 이러한 인식은 동족을 하나의 공동체로 묶는 역할을 하는 것이 분명하다. 페니키아인 후손으로서 레바논계 멕시코인의 정체성 확립은 그 근거의 타당성을 떠나 경제적으로 성공한 이들의 자부심의 표현이자 그에 따른 종족 공동체 형성의 기반이 되었다.** 또한 그들은 자신의 종족적 정체성을 드러내는 것이 멕시코 상류사회에 가입하는 데 보다 유리하다고 판단한다.

....

* 아시엔다는 라틴아메리카에서 대토지 소유자의 농장 또는 목장을 뜻한다. 16세기 스페인의 정복부터 시작해 20세기 초반까지 이 지역의 전형적인 토지 소유 형태로 이 시기 경제의 근간이 되었다. 대부분 봉건적 자급자족 경제구조였으나 19세기 후반부터 일부 아시엔다는 수출형 농업을 전개했다.
** 레바논계는 자신들의 경제적 성공 요인이 바로 페니키아 상인의 후손이라는 뿌리와 자신들의 특별한 근면성에 있다고 주장하지만, 일부 멕시코인들은 레바논계의 비도덕적인 비즈니스 관행을 그들 성공의 주요인으로 꼽는다.

레바논 센터와 JOMALI를 통한 레바논계 정체성 강화

페니키아인의 후손이라는 특별성의 신화는 신문, 교회, 영화, 교민회 등을 통해 강화되었다. 1922년에는 호세 헬루José Helú에 의해 최초로 레바논 지역 출신 아랍인 교민회 '레바논계 동맹Liga Libanesa'이 설립되었다. 1926년 레바논이 시리아에서 분리된 이후 1927년에는 시리아계연합위원회Syrian Union Committee가 라구나 지역 레바논계연합Unión Libanesa de la Laguna으로 바뀌었다. 이 연합의 목적은 멕시코 레바논계의 의사를 결집하고, 그들 사이에 상부상조하는 조직을 형성하는 것이었다. 동시에 그러한 과정에서 레바논계 문화를 유지하는 역할을 수행했다. 멕시코의 레바논계는 이들 조직뿐만 아니라 ≪에미르Emir≫나 ≪리바노Líbano≫ 같은 신문과 잡지를 통해 지속적으로 레바논계 정체성 형성을 시도했다.

레바논계 정체성은 1959년 레바논 센터의 설립으로 더욱 공고화되었다. 센터 설립에 앞서 시리아계가 재정적 지원을 약속하면서 그 클럽의 이름을 시리아-레바논 센터로 하기를 원했으나 레바논계 공동체는 제안을 받아들이지 않았다. 레바논계는 그들만의 클럽을 조직하기를 원했기 때문에 클럽 이름에 시리아라는 단어가 들어가는 것을 좋아하지 않았다. 이는 멕시코에서 시리아계와 레바논계 사이에 갈등이 존재한다기보다 레바논계가 시리아계의 재정적 도움이 필요 없을 만큼 이미 자체적으로도 충분한 부를 가지고 있었음을 의미한다. 실제로 멕시코에서 레바논계와 시리아계는 결혼을 통해 통합된 가정을 이루고 있는 경우가 적지 않다. 그런데도 레바논계는 그들만의 정체성을 강조하려 한다(Alfaro-Velcamp, 2007: 148).*

제2차 세계대전 기간과 그 이후 멕시코의 섬유 산업은 푸에블라를 중심으

----

* 최근에 멕시코의 레바논계는 멕시코를 넘어 보다 다국적 차원에서 미국, 아르헨티나, 브라질 등에 있는 아랍계를 하나로 묶는 연결 조직을 형성하려고 시도하고 있다. 그들은 '아메리카 대륙의 아랍계(American Arab)' 또는 '아메리카 대륙의 레바논계(Lebanese American)'로서의 정체성 형성을 시도하고 있다.

로 호황을 이루었는데, 여기에 투자한 많은 레바논계가 큰 수익을 얻었다. 이를 통해 부를 축적한 레바논계가 주도해 설립된 레바논 센터는 멕시코 전역에 걸쳐 호화스러운 지부를 가지고 있다. 레바논 센터는 레바논계 멕시코인의 정체성을 확립하면서 나아가 이를 멕시코인 전체를 위한 경제적 본보기로 만들려 했다. 그들은 경제적 성공을 가능하게 한 레바논계의 특성으로 '책임감', '근면성', '멕시코 사람보다 더 가족을 더 중요시하는 가치관' 등을 강조했다.

1983년에는 레바논 센터의 하부 조직으로 JOMALI가 설립되었다. 그들은 매년 전국적인 모임을 통해 레바논계 문화의 우수성을 인식하고, 남녀 사이에 만남의 장을 마련한다. 아마도 JOMALI의 가장 실제적인 의미는 레바논계 청춘 남녀가 미래의 짝을 만날 기회를 제공해 종족 내의 결혼을 고취하는 데 있다. 현재 JOMALI와 레바논 센터는 멕시코에서 레바논계 멕시코인의 정체성을 강화하는 가장 활동적인 조직이라고 할 수 있다.

상류층은 멕시코인보다 레바논계, 중산층 이하는 레바논계보다 멕시코인

최근 상류층을 중심으로 레바논계는 멕시코인보다 레바논계 정체성을 강화하려는 경향이 있다. 따라서 멕시코에 완전히 동화된 사람들을 그들만의 공동체에서 배제하려는 경향도 나타난다.

레바논계 정체성을 강조하는 경향은 종족 내 결혼에서 나타난다. 1948년 조사된 레바논계 명부에 따르면 레바논계의 종족 내 결혼 비중은 72.6%로 매우 높다(Páez Orpeza, 1984: 124). 이러한 경향은 특히 성공한 중산층 이상에서 더 강하게 나타났다. 반면 빈곤층은 경제적인 사정 때문에 신부를 구하기 위해 중동에 다녀올 수 없었고, 이에 현지인과의 결혼이 일반적이었다. 경제적으로 성공한 레바논계일수록 종족 내 결혼을 통해 종족성을 유지하려는 경향이 강하게 나타난다. 그들은 다른 종족과의 결혼이 페니키아 후손으로서의 자랑스러운 문화적 유산을 파괴하는 행위라고 생각한다. 그들은 순수한 혈통을 유지하기를 원한다. 이 때문에 일부 가문에서는 사촌 사이의 결혼도 흔하게 이루어진다. 사촌 간의 결혼에는 혈통을 유지하려는 목적 외에도 재산을 가문 내에서 유지하려는 의도도 있다(Alfaro-Velcamp, 2007: 140~141).

1940년대 이후 레바논계에서는 고등교육을 받은 후 가족 기업을 떠나 전문직에 종사하는 사람도 증가했다. 이에 따라 레바논계 상류층에서도 아랍계 종족을 벗어나 멕시코 현지인과 결혼하는 경우가 적지 않다.

레바논계 정체성 강조에 따라 요구되는 바람직한 여성상은 가족 기업을 지원하는 동시에 문화적 전통을 유지하는 것이다. 레바논계 여성은 아랍인 전통에 따라 대부분 가사에 종사하거나 가족 기업에서 남편 또는 부친을 돕는다. 수입에 대한 통제권도 대부분 여자들이 가진다. 레바논계 가족은 대부분 가부장적 구조를 가지고 있지만, 여성을 포함한 가족 구성원은 가족 기업의 수익을 최대화하기 위해 각자의 기능을 수행하는 공생적 구조를 형성한다. 이러한 경제적 단위에서 여성은 종족적 정체성의 창조와 보전을 위해 필요한 문화적 전통을 유지하는 역할까지 담당한다. 또한 레바논계 공동체는 여성에게 육체적으로 매력적이면서도 도덕적으로 정직한 여성상을 요구한다.

반면, 중산층 이하의 레바논계에게 그러한 종족적 정체성과 문화는 큰 의미가 없다. 그들은 일반적으로 레바논계 정체성을 유지하려고 노력하지 않는다. 생존을 위해서는 멕시코 사회에 문화적으로 동화되는 것이 유리하기 때문이다. 이들 계층에서는 종족적 정체성을 강조하면 오히려 현지 사회에서 배제될 위험이 있다. 따라서 레바논계의 종족적 정체성은 계층에 따라 각각 다른 의미를 가진다. 부를 축적하지 못한 레바논계 대부분은 오늘날 레바논계 정체성과 거의 어떤 연결 고리도 가지고 있지 않다.

한편 기독교도 레바논계 정체성 확립의 결과로, 중동문제에서도 레바논계는 일반적으로 멕시코인과 유사한 입장을 취한다. 다만 아랍계 가운데 팔레스타인계 후손은 팔레스타인과 이스라엘의 갈등에 대해 세대에 따라 각각 다른 입장을 취한다. 초기 이민자 세대는 이 문제에 대해 매우 슬프게 생각한다고 말했지만, 이들의 후손 세대는 이 문제를 심각하게 생각하지 않거나 심지어 갈등 자체에 관심을 가지지 않는 경우도 적지 않다. 레바논 내전에 대해서도 레바논계 멕시코인은 다른 멕시코 사람과 마찬가지로 인도적 차원에서 관심을 가지는 정도이고, 갈등의 본질인 종파적 문제에 대해서는 관심조차 없다. 이러한 아랍계 멕시코인의 성격 때문에 미국에서 발생한 9·11 테러 직후 멕시코에서 무슬림에 대한 부정적 여론이 잠시 일기도 했으나 계속해서 크게 확대되지는 않았다.

반면, 미국의 이라크 침공에 대해서는 멕시코의 아랍계 대부분이 반대 입장을 취했다. 이는 아랍계로서 특별한 입장이라기보다 멕시코인의 전반적 입장과 유사하다. 실제로 여론조사에서 멕시코인의 80%가 미국의 이라크 침공에 대해 반대 입장을 표명했다. 이렇게 멕시코의 아랍계는 중동문제에 대해 종족성에 기반을 둔 특별한 입장을 취하기보다 일반적으로 멕시코인의 보편적 생각과 유사한 입장을 취한다(Kahhat y Moreno, 2009: 359~360).

3. 레바논계 멕시코인의 경제적 성공

할부판매하는 '부호네로스'로 시작

멕시코로 이주한 아랍인 대부분은 출신 국가에서 농사일을 하던 사람들이었다. 봉건적 아시엔다 구조가 지배하는 당시 멕시코에서 이들이 농업에 종사하기 위해서는 아시엔다의 페온이 되는 것 말고는 다른 길이 없었다. 토지를 구매하기 위한 자본을 가지지 못한 아랍인 이민자가 자영농이 되는 것은 거의 불가능했다. 이에 초기의 아랍인 이민자 대부분은 페온이 되기보다 상업에 종사하는 길을 선택했다. 처음에는 점포를 가지는 것이 어려웠기 때문에 그들은 주로 도시나 농촌에서 운반하기 쉬운 직물이나 장신구 등을 파는 행상을 시작했다. 이에 따라 초기의 아랍인은 '부호네로스buhoneros, 싸구려 물건을 파는 행상인'라고 불렸다.

그들이 행상을 통해 성공을 거둘 수 있던 가장 중요한 요인은 신뢰에 기반한 할부abono판매 시스템을 도입한 것이다. 할부판매 시스템은 공식적인 금융 시스템 없이도 서민이 원하는 물건을 언제든지 구매할 수 있는 신용을 제공해주었다. 이를 통해 아랍인은 구매력이 떨어지는 서민과 중산층에 접근할 수 있었다. 이 시스템은 소비 증가의 효과와 함께 가격 상승의 효과도 가져왔다. 할부판매는 아랍인 상인의 상징처럼 여겨졌다. 아랍인 상인을 다른 말로 '아보네로스aboneros, 할부판매하는 행상인'라고 부른 것은 바로 이 때문이다.

당시 아시엔다에 속한 농장주가 운영하는 '티엔다스 데 라야tiendas de raya'*는 주로 음식 같은 생필품을 판매했다. 따라서 잡화를 취급하는 아랍계 상인의 활동은 아시엔다 체제 아래에서 허용될 수 있었다. 멕시코의 가난한 농민은 생필품 외에 그들이 원하는 물건을 할부판매 시스템을 통해 아랍계 행상인에게 구입할 수 있었다. 아랍계 상인은 아시엔다 체제에서 바로 이러한 틈새를 파고들었다. 멕시코 농촌에서 아랍인은 외국 상인이라는 이미지를 벗어나 발전하는 시장경제의 새로운 공급자 역할을 담당할 수 있었다.

부유층을 상대하는 유럽계 상인과 달리
농촌 빈곤층의 틈새시장을 파고든 아랍계 상인

이민 초기 이들에 대한 멕시코인의 반응은 지역과 계급에 따라 차이가 있었다. 예를 들어 북부의 토레온 같은 지역에서는 아랍인을 적극적으로 받아들였고, 심지어 도와주기까지 했다. 어떤 멕시코인은 멕시코혁명 당시 외국인에 대한 폭력이 발생하자 자신의 집에 아랍인을 숨겨주기도 했다. 반대로 유카탄에서 아랍인은 차별을 당했다. 이 때문에 유카탄에 거주하는 아랍인은 스스로를 지역사회에서 격리했다. 그 결과, 이후에는 반대로 아랍인이 유카탄 사람

---

* 줄을 긋는 상점이라는 의미로, 상점을 이용하는 노동자들이 글자를 몰라 장부에 사인을 할 수 없어 대신 '줄(raya)'을 그었기 때문에 그렇게 불렸다.

을 차별하게 되었다(Alfaro-Velcamp, 2007: 134).

멕시코 전역에서 아랍계 공동체와 멕시코 중산층 사이에 긴장이 고조되자 아랍인은 주로 가난한 농민을 대상으로 장사를 시작했다. 상류층에 필요한 물건을 파는 스페인계와 바르셀로니트의 프랑스계 이민자와 달리 아랍계 행상은 주로 가난한 농민과 거래했다. 따라서 아랍인의 인적 유대 관계는 주로 시골에서 형성되었다. 이러한 관계는 상호 생존 전략을 강화한다는 차원에서 매우 전략적인 관계였다. 가난한 농민은 아랍계 행상을 통해 제한적이나마 구매의 자유를 누릴 수 있었고, 아랍계 행상은 이를 통해 낯선 외국 땅에서 정착할 수 있는 기반을 마련할 수 있었다.

결론적으로 틈새시장 공략은 아랍계 상인이 보수적인 멕시코에서 성공할 수 있던 첫 번째 요인이었다. 멕시코에서 다른 외국계 상인과 달리 아랍인 이민자는 빈곤층, 즉 전통적으로 소외된 계층을 주요 소비자층으로 삼았다. 그리고 그들의 소비를 촉진할 수 있는 수단으로 할부판매 시스템을 개발했다. 이러한 틈새시장 공략이라는 전략은 초기에 자본이 부족했던 아랍인에게 가장 효과적인 사업 수단이 되었다.

최고의 덕목은 신뢰 형성

이민 초기 아랍계 이민자는 외국인 혐오증에 종종 직면했다. 멕시코에서 외국인은 대부분 경제적 성공과 동일시되는 경향이 있었고, 이에 따라 멕시코인은 외국인의 부에 반감을 가지고 있었기 때문이다. 실제로 멕시코 역사를 통해 외국인은 국내외의 무역을 지배해왔다. 외국 상인의 이러한 전통은 한편으로 아랍인에게 돈을 벌 수 있다는 자신감을 심어주었고, 외국인으로서의 엘리트 의식도 가지게 했다.

이민 초기, 멕시코인이 아랍인 이민자를 달갑게 생각하지 않는 상황에서도 아랍계 상인은 그들을 만족시키는 방법을 터득했다. 그것은 멕시코인에게 자신이 믿을 만한 판매자라는 확고한 신뢰를 심어주는 것이었다. 소비자로서 멕시코인은 신뢰할 수 있는 사람에게서 상품을 구입하려는 경향이 있다. 상업 거래에서 상품 가격이나 질보다 거래 당사자 사이의 신뢰를 무엇보다 중요하게 생각하는 것은 멕시코의 중요한 문화적 관례. 아랍인 상인은 신뢰를 최우선으로 하는 전략을 선택해 멕시코 상거래의 주역으로 성장할 수 있었다. 신뢰 형성은 틈새시장 공략과 함께 아랍인 상인이 이민 초기에 경제적으로 성공할 수 있던 또 다른 중요한 요인이었다. 사업에서 이러한 신뢰성 구축은 지금까지 멕시코 아랍계의 중요한 자산이 되고 있다.

종족 네트워크

행상을 통해 축적된 자본으로 아랍인 이민자는 작은 점포를 구입했다. 물론 그러한 자본을 축적한 데는 아랍인의 절약성도 중요한 바탕이 되었다. 이렇게 아랍인 이민자 1세대는 1920년대까지 주로 행상을 하면서 근검절약을 통해 부를 축적했다.

한편 멕시코시티에 자리 잡은 이민자 후손이나 1930년대 이후에 온 새로운 이민자는 이민 초기에 부모나 먼저 온 이민자들이 설립한 상점에 소속되어 일을 시작하는 경우가 많았다. 새로운 이민자는 이미 점포를 가진 초기 이민자(이들은 서로 친척 관계인 경우가 대부분이다)에 고용되어 그들의 물건을 떠돌아다니며 판매하는 일에 종사했다. 자본이 없는 새로운 이민자는 신용 거래를 통해 기존 이민자가 판매할 상품을 제공받아 행상을 시작했다. 이미 점포를 가진 기존 이민자는 판매를 위해 자신이 직접 마을을 돌아다닐 필요가 없게 되어 이러한 시스템은 상호 도움이 되었다.

아랍계 상인은 장사와 수익의 원천이 가족과 친구의 네트워크에 크게 의존한다고 믿는다. 네트워크 이민은 기존 이민자와 새로운 이민자 사이에 복잡한 관계를 형성했다. 물론 일부는 그것이 불공정한 착취 구조였으며, 따라서 그들 사이에 불평등을 영구화하는 구조였다고 주장하기도 한다. 즉, 이민자들 사이에서 종족 내 연대와 상호부조는 단순히 서로의 이익을 충족하는 구조가 아니라 현지인을 착취할 수 없는 이민자들이 같은 종족의 새로운 이민자를 착취하는 구조라는 것이다. 따라서 모든 이민자 사이에서 종족 내 연대는 포용을 의미하는 동시에 배제를 의미하는 것이라는 틸리Tilly의 이론은 멕시코의 아랍계 이민자들의 관계 구조에도 적용될 수 있다(Tilly, 1990: 92).

이러한 관계가 종족의 모든 구성원에게 특별한 기회를 제공하는 자선적 관계가 아니었음은 분명하다. 그것은 비록 종족 네트워크였음에도 불구하고 상호 개인적 이익에 바탕을 둔 비즈니스 관계였다. 그렇지만 많은 아랍계 이민자가 이러한 관계를 통해 사업적 성공의 기반을 마련할 수 있었던 것은 사실이다. 아랍계 상인을 상징하는 할부판매 시스템도 바로 초기 이민자에게 자본을 빌려주는 종족 네트워크 기반 위에서 가능한 것이었다. 따라서 종족 네트워크는 그것의 성격에 대한 다양한 평가에도 불구하고 아랍인 상인의 경제적 성공의 또 다른 중요한 기반이었음을 부정할 수는 없다.

금융업(대부업)으로 진출

한편, 멕시코혁명 같은 사회적 갈등은 아랍인 이민자에게 외국인 혐오증 같은 어려움을 가져다주었다. 하지만 한편으로는 그러한 혼란이 초래한 거대한 리스크를 극복하는 과정에서 아랍인이 자신의 경제적 전략을 추구할 수 있는 자유로운 공간을 확보할 수 있었던 것도 사실이다. 아랍계 상인은 멕시코혁명의 혼란을 틈타 상품과 서비스를 더욱 많이 팔 수 있었다. 혁명의 영향으로 물품이 부족하게 되고, 이로써 상품 가격이 치솟자 아랍인 상인은 상품 가격을 마음껏 올릴 수 있게 되었다. 그들은 이러한 혼란을 경제적 부를 축적하는 중요한 계기로 삼았다. 이러한 방식을 통해 사업을 확대하고 큰 수익을 올린 초기 이민자는 지속적인 근검절약을 통해 더욱 큰 자본을 축적했다. 이렇게 큰 자본을 축적한 사람들은 부동산에 투자하거나 아랍계 공동체 내부에서 대부업을 시작했다. 이에 따라 1930년대에 들어 떠돌이 행상에 종사하는 아랍계 수는 현격하게 줄어들었다. 이제 그들 대부분은 자신의 점포를 가진 정착 상인이었고, 나아가 일부는 의류 공장과 같은 제조업으로 사업을 확장하기도 했다(Páez Oropeza, 1976: 173).

특히 유카탄의 아랍계는 축적된 자본으로 부동산을 대량 구입했다. 이는 후에 막대한 이익을 안겨주었다. 북부 지역에서는 대부업이 아랍계 이민자의 새로운 사업으로 자리 잡기 시작했다. 혁명 후 경제적으로 어려운 상황에서 아랍인 이민자는 멕시코 현지인에게도 생존에 필요한 자금을 대출해주기 시작했다. 혁명 이후 혼돈의 시기에 이들은 할부판매 시스템의 경험과 축적된 자본을 바탕으로 제도권 금융기관에 접근할 수 없는 일반 서민을 대상으로 대부업을 발전시킬 수 있었다. 이러한 과정을 통해 1937년 북부 지역 토레온에서는 최초의 아랍계 은행Banco Aboumrad이 설립되었다. 비슷한 시기 푸에블라에서도 또 다른 아랍계 은행이 문을 열었다. 이렇게 아랍계는 혁명 이후 새롭게 국가를 건설하는 과정에서 멕시코 경제가 생존하고 발전하는 데 필요한 공식적·비공식적 금융 서비스를 제공했다.

제조업 진출: 멕시코 섬유 산업 지배

일부 아랍계는 제조업에도 진출했다. 대표적으로 푸에블라의 아랍계를 들수 있다. 그들은 북부·남부 지역의 아랍계 이민자와 마찬가지로 행상으로 시작했지만 자본을 축적한 다음에는 제조업에 진출해 기업가가 되었다. 그중에는 일찍이 1907년 푸에블라에 타이츠tights 공장을 건립한 사람이 있으며, 1909년에는 양말·타이츠 생산 회사 무살렌과 체반Sociedad Musalen y Cheban이 설립되었다. 이러한 초기 기업가들이 1920년대 중반 이후 아랍계의 제조업 진출을 위한 기반을 닦았다. 대략 1920년대 중반에서 1940년대까지 아랍계의 제조업 투자 규모는 상당히 컸다. 1928~1929년 대공황의 여파로 많은 공장이 파산했을 때 아랍계는 이들 공장을 헐값에 인수했다. 이후 1930년대 보호무역주의가 강화되면서 아랍계의 제조업은 크게 번창할 수 있었다.

이때부터 자본을 축적한 많은 아랍계 상인이 자신의 의류 공장에 납품할 직물 공장을 설립하면서 제조업 분야에서 영역을 확대해나갔다. 이러한 과정을 거치면서 아랍계는 가장 저렴한 가격으로 천과 의류를 생산하고, 그것을 소비시킬 수 있는 판매망을 갖출 수 있었다. 한때 아랍계는 사실상 멕시코 섬유 산업을 통제했으며, 나아가 멕시코의 섬유 산업을 국제적으로 경쟁력 있는 수준까지 발전시킬 수 있었다(Kahhat y Moreno, 2009: 356).

4. 유카탄 레바논계의 성공 사례

레바논계 이민자가 가장 먼저 정착하기 시작한 곳은 유카탄이다. 유카탄에서 이루어진 레바논계의 성공은 멕시코에서 아랍계 경제 엘리트의 가장 전형적인 모습을 보여준다. 따라서, 멕시코에서 레바논계의 경제적인 성공을 구체적으로 이해하기 위해서는 그들의 경제적 성장 과정을 세밀하게 살펴보는 것이 중요하다.

유카탄의 레바논계는 현재 약 3천 명 정도로 추정된다. 수적으로 그다지 많지는 않지만 초기에 상업을 통해 축적한 자본을 바탕으로 기업을 발전시켜 지역 엘리트로 성장했다. 따라서 지금도 유카탄에서 레바논계는 정치적·경제적으로 매우 중요한 위치를 차지한다. 현재 10여 개의 레바논계 가문과 10여 개의 유카탄 토착 가문이 유카탄뿐만 아니라 멕시코 동남부 전역의 민간 기업을 주도하고 있다.

유카탄의 프로그레소 항은 베라크루스, 탐피코와 더불어 이민자가 가장 많이 거쳐 온 입국항이다. 1905년 유카탄의 에네켕 농장으로 이주한 한국인들도 이 항구를 통해 입국했다. 당시 유카탄에서는 에네켕 산업이 번성하고 있었기 때문에 멕시코 정부는 유카탄에 외국인 노동력 유입을 적극적으로 추진했다. 이에 따라 한국인, 일본인, 중국인 등도 계약노동자 조건으로 유카탄에 많이 이주해 왔다.

한편 레바논계는 계약노동자라는 제한적인 조건이 아니라 독립적인 자격으로 이주했다. 그들은 주로 농민 출신이었는데도, 또한 에네켕 농장에서 노동력을 많이 필요로 하고 있었는데도 농장에서 일하지 않았다. 그들은 계약노동이라는 조건이 벗어나기 힘든 족쇄라는 것을 알았으며, 그곳에서 일하는 마야 원주민의 힘든 삶을 보고서 농장 생활을 선택하지 않았다(Ramírez, 1994: 461).

하지만 이들은 토지를 매입해 자영농이 되기에는 자본도 없었고, 또 당시 멕시코 사회가 그들을 허용하는 분위기도 아니었다. 따라서 유카탄의 아랍인 이민자도 다른 지역의 아랍계와 마찬가지로 초기에 행상과 할부판매를 통해 자본을 축적했다.

자본이 축적되면서 유카탄의 레바논계도 주로 도시 중심에 속옷이나 의류를 판매하는 작은 점포를 개설할 수 있었다. 그리고 이들도 마찬가지로 친척이나 동향 출신의 신규 이민자를 활용해 사업을 성장시킬 수 있었다(Ramírez, 1994: 462).

이민자가 증가하면서 유카탄의 주요 도시인 메리다 시장이 포화 상태에 이르자 레바논계는 에네켕 농장 지역으로 판매망을 확대했다. 1914년 페온 체제가 종결된 이후 채무로 묶여 있던 노동자들이 농장에서 해방되었다. 이전에 그들은 '티엔다스 데 라야'라는 농장 소속 상점에서만 물품을 구입할 수 있었다. 이후 멕시코혁명의 영향으로 그러한 속박에서 벗어난 이들은 비록 구매력이 크지는 않지만 레바논계 행상인이 파는 생필품과 싸구려 장식품의 주요 소비자가 되었다. 1920년대와 1930년대 초 이런 과정을 통해 레바논계는 유카탄 반도 전 지역의 상권을 장악하게 되었다.

1930년대부터 대공황의 여파로 유카탄의 경제도 쇠퇴하기 시작했다. 따라서 아랍계 일부는 멕시코시티로 다시 이주했다. 메리다에 뿌리를 내린 레바논계 상인 일부는 다른 지역의 섬유 공장에서 천을 매입해 소매상점에 넘기는 천 도매업을 시작했다. 그중 자본력을 가진 사람들은 상업을 지속하면서 방직공장을 설립하거나 부동산에 투자했다. 당시 에네켕 산업의 쇠퇴로 가격이 하락한 부동산을 매입하는 것은 최대의 수익을 올릴 수 있는 투자였다. 또 일부는 양조장을 운영하거나 고리대금업에 종사했다. 이들은 미래를 위해 자녀 교육에도 많은 투자를 했다. 이런 과정을 통해 레바논계는 유카탄에서 경제적 지배 세력으로 성장했다.

유카탄에서 레바논계의 성공 열쇠는 다른 지역에서의 성공 요인과 크게 다르지 않다. 첫째, 마론파 종교에 기반을 둔 절약하는 소비 윤리다. 유카탄의 레바논계 이민자는 절약으로 축적한 돈을 점포를 매입하거나, 사업을 확장하거나, 어음을 할인하거나, 귀금속 또는 외국환을 매입하거나, 부동산을 매입하는 데 사용했다. 중요한 것은 그러한 투자를 하는 동시에 현금 유동성을 항상 보유했다는 점이다. 그들은 보유한 현금의 유동성을 이용해 1940년대와 1950년대 부동산이나 자산 가격이 하락할 당시 그것들을 헐값에 대량 매입함으로써 대규모 수익과 자본을 축적했다. 풍부한 자본력과 상업적 신뢰를 바탕으로 레바논계는 유카탄 반도를 중심으로 멕시코 동남부 섬유 시장의 판매망을 완전히 장악하게 되었다.

두 번째 요인은 역시 동족 내 상부상조 관계의 형성이다. 이민 초기 레바논계 이민자는 메리다 시 중심의 50번가에 모여 살면서 사업상 상호 의존관계를 형성했다. 그들 또한 종족 내의 신용, 신뢰, 상호 이익을 증진하는 사업 전략을 통해 종족적 통합을 유지하면서 경제적 이익을 극대화할 수 있었다.

실제로 오늘날에도 레바논계 기업인들의 가족적 조직 성향은 유카탄 토착 기업인에 비해 훨씬 더 강력하다. 그들이 정체성을 강조할 때 그것은 언어, 복장, 종교와 같은 문화적 성격의 무엇이라기보다 레바논계 성을 가짐으로써 하나의 소속감을 누린다는 의미가 강하다.

세 번째 요인은 성공한 레바논계의 집단 거주지라는 공간을 넘어 더 큰 사회적 공간에서 사회적·문화적 통합을 이루었다는 점이다. 후손 수가 증가하면서 레바논계 인구가 늘어났고, 이에 따라 레바논계 내부에서도 경제적 수준의 차이가 심화했다. 따라서 1950년대 이후 메리다의 레바논계 집단 거주지는 점진적으로 해체되기 시작했다. 하지만 경제적으로 성공한 사람들은 종족적 통합을 넘어 레바논계의 계급적 통합을 위해 멕시코 레바논계 스포츠 클럽Club Deportivo Libanés Mexicano을 설립했다. 이 클럽은 1988년 회원 가족 413가구 가운데 57%인 238가구가 레바논계일 정도로 레바논계가 주축을 이루었다. 당시 유카탄에 정착한 레바논 가구가 총 587가구로 추정되기 때문에 유카탄 레바논계의 약 40%가 이 모임에 참여했다고 할 수 있다. 이 스포츠 클럽은 유카탄의 레바논계 상류층 대부분이 참여하는 지역 상류층의 계급적 사교 모임이었다. 이와 같은 모임을 통해 레바논계는 종족을 넘어 멕시코의 전통적 상류층과도 다양한 유대 관계와 신뢰 관계를 형성함으로써 더욱더 성장할 수 있는 계기를 마련했다(Ramírez, 1994: 470~471).

5. 멕시코의 아랍계 엘리트 기업인

부를 축적한 아랍계 엘리트 기업인들 가운데 일부는 자신의 사업을 지속적으로 확장하는 동시에 주식 투자 같은 금융업으로 진출하기 시작했다. 특히 이들은 1990년대 민영화 과정에서 멕시코 정치 계급과의 개인적 친분을 바탕으로 주요 은행이나 통신업과 같은 국영기업을 저렴한 가격에 인수해 세계적 수준의 부호로 등극했다.

대표적 사례는 멕시코 국영통신회사 텔멕스Telmex 인수를 시작으로 ≪포브스≫가 선정한 세계 최고 부호에 이른 카를로스 슬림이다. 이민 2세대로 1940년 멕시코시티에서 태어난 카를로스 슬림은 26세에 부모에게서 많지 않은 토지와 현금을 유산으로 물려받았다. 그 돈을 기반으로 그는 1960년대 중반 부동산 회사 카르소Carso와 투자 회사 인부르사Inbursa를 설립했다. 카르소와 인부르사는 오늘날의 그를 만든 두 축이다. 현재 카르소는 멕시코 주요 도시의 중심지에 가면 어디서나 볼 수 있는, 잡화와 멕시코 음식을 주로 판매하는 소규모 백화점이다. 카르소는 고급 식당 산본스Sanborn's, 음반 도소매점인 믹스업Mixup, 시어스Sears 백화점 등으로 구성되어 있다. 인부르사는 은행, 보험, 투자, 증권 거래 등을 주로 하는 종합 금융 그룹이다. 그는 이들 회사를 통해 자본을 확보하고 투자가로서의 능력을 발휘하기 시작했다.

그렇지만 무엇보다 오늘날 그를 세계 제1 부자로 거듭나게 한 가장 중요한 요인 가운데 하나는 레바논계인 슬림이 누구보다 더 멕시코적인 기업인이라는 사실이다. 슬림은 문

〈사진 1-3〉카를로스 슬림

© Barrett90035

자료: Crop of Kurt Rappaport, Carlos Slim.jpg.

화적으로 레바논 센터를 재정적으로 지원하는 등 페니키아의 후손으로서 레바논계 정체성을 강화했다. 카를로스 슬림의 사별한 전 부인 소우마야 도미트 헤마옐Soumaya Domit Gemayel은 레바논 전 대통령 아민 헤마옐의 조카로 슬림 가문의 레바논계 문화적 뿌리를 공고화하는 데 크게 기여했다. 카르소라는 회사명은 자신의 이름 카를로스와 아내의 이름 소우마야('Soumaya'의 'Ouma'는 아랍어로 하늘을 의미한다)의 각각 첫음절을 따서 만든 것이다. 이러한 회사 이름에는 그의 가족 중시 가치관과 레바논계 뿌리에 대한 자부심이 잘 드러난다(Reyes, 2003: 24).

슬림은 자신의 레바논계 정체성을 확립하는 동시에 자신의 멕시코성 또한 강조했다. 멕시코를 대표하는 문화적 코드인 가족 중심의 집단주의 문화는 레

바논계 문화와 일맥상통하는 측면이 있다. 따라서 그는 레바논 문화와 멕시코 문화의 전통을 이어받아 가족을 비롯한 인간관계를 매우 소중하게 다루었다. 흔히 "멕시코에서 비즈니스로 성공하려면 우선 친구를 사귀라"라고 말한다. 카를로스 슬림은 그러한 멕시코 기업 문화에 가장 잘 어울리는 인물이었다. 그는, 인생의 최고 가치는 가족과 좋은 친구를 두는 것이라고 늘 강조한다. 그는 다음과 같이 말한다.

> 나는 성공이 경제적인 것에 있지 않다고 믿는다. 나는 어떤 사람이 비즈니스를 잘하고, 전문적인 경력을 가지고, 학교에서 100점을 받았다고 해서 그가 성공한다고 믿지 않는다. 그러한 것들은 사실 크게 가치 있는 것이 아니다. 정말로 가치 있는 것은 가족과 친구다(Reyes, 2003: 33).

따라서 슬림에게 비즈니스는 단순히 돈의 문제가 아니라 인간적 신뢰의 산물이다. 슬림의 이러한 멕시코식 비즈니스 철학은 결국 성공의 가장 중요한 자산이 되었다.

따라서 슬림 가문은 다른 멕시코 경제 엘리트 가문과 달리 자손들이 미국의 유명 대학에서 학위를 받는 것을 그다지 선호하지 않는다. 그를 비롯해 그의 자녀들도 대부분 멕시코에서 대학을 나왔다. 슬림은 영어를 구사하지만 공식적인 자리에서 영어를 사용하는 경우는 매우 드물다. 또한 미국에서 공부한 테크노크라트technocrat들이 제시하는 신자유주의 경제 원칙에 공공연히 반대 입장을 표명한다. 그는 비즈니스를 하는 방식에서도 미국식보다 전통적인 멕시코식을 더 선호한다.

결국 오늘날 그가 거부로 성장할 수 있던 결정적 계기도 인간적 신뢰 관계의 형성이었다. 슬림이 단순한 거대 자본가에서 세계적인 기업가로 성장하게 된 계기는 바로 1990년 텔멕스 인수였다. 당시 카를로스 살리나스 정부는 비효율적인 국영기업으로 간주되던 텔멕스를 민영화하는 것을 추진했다. 그 과정에서 슬림은 많은 경쟁자를 누르고 기업을 인수하는 데 성공했다. 물론 슬림이 텔멕스를 인수할 수 있던 것은 규정에 따라 가장 많은 액수를 제시했기 때문이다. 하지만 대부분 멕시코 사람들은 그것을 가장 중요한 이유라고 믿지 않는다. 슬림의 텔멕스 인수를 두고서 여러 비판적인 추측이 많이 나오고 있다. 그중 대표적인 것이 텔멕스가 매우 싼 가격에 매각되었으며, 이 과정에서 발생한 수익의 상당 부분이 살리나스 대통령의 형인 라울 살리나스에게 들어갔다는 설이다. 물론 이러한 주장을 뒷받침하는 명확한 증거는 없다. 하지만 멕시코인들은 대개 그것을 당연한 사실로 받아들이고 있다. 어쨌든 여기서 중요한 것은 슬림이 텔멕스를 인수하게 된 배경에 슬림과 살리나스 가문 사이의 신뢰 관계가 결정적인 요인으로 작용했다는 점이다.

슬림과 정치인의 관계는 멕시코를 사실상 지배해왔던 제도혁명당PRI 정치인에 제한되지 않는다. 그는 2000년 대선에서 승리한 우파 국민행동당PAN의 비센테 폭스 대통령의 선거 자금을 지원했으며, 2006년 대선에 좌파 민주혁명당PRD 후보로 나선 전 멕시코 시장 안드레스 마누엘 로페스 오브라도르Andrés Manuel López Obrador의 여러 공공사업에도 지원을 아끼지 않았다.

어쨌든 슬림은 텔멕스를 인수하면서 세계 최고의 부자가 되는 기반을 마련했다. 슬림이 52.7%의 주식을 소유한 텔멕스는 지금도 멕시코 유선 전화 시장의 95%를 장악하며, 이를 바탕으로 인터넷 서비스와 장거리 전화에서도 거의 독점적 지배를 형성하고 있다. 유선통신 시장의 지배를 기반으로 슬림은 무선 전화 시장에도 진출해 큰 성공을 거두었다. 현재 슬림 그룹의 이동통신사 텔셀TELCEL은 멕시코 이동통신 시장의 80% 이상을 장악하고 있다. 국내 통신 시장의 독점적 지배에서 발생하는 막대한 이익은 또한 그에게 해외에서의 급속한 성장을 가능하게 했다.

슬림이 해외 통신 시장으로 진출하기 위해 2000년에 설립한 아메리카 모빌América Móvil은 과감한 인수 합병을 통해 단기간에 급속한 성장을 이루었다. 설립 당시 미주 시장에서 20% 초반을 차지하던 시장점유율은 현재 40% 선까지 상승했다. 아메리카 모빌은 현재 미국을 포함해 중남미 17개국에서 1억 8천만 이상의 가입자를 보유한, 중남미 최대의 이동통신사가 되었다. 이 회사는 가입자 수로만 보면 중국의 차이나 모바일China Mobile, 영국계 보다폰Vodafone에 이어 세계 3위를 차지한다.

언론에도 관심이 많았던 슬림은 1999년 텔레비사의 모기업 텔레비센트로 Televicentro 주식의 24%를 매입했다. 또한 텔레비사의 자회사이자 멕시코 케이블 방송 최대 기업인 카블레비시온Cablevisión의 주식도 49%나 보유하고 있다. 2008년에는 미국 ≪뉴욕 타임스New York Times≫ 보통주의 6.4%를 매입해 소유주와 그의 관계인들을 제외하고는 최대 주주로 부상했다. 심지어 2009년에는 ≪뉴욕 타임스≫에 2억 5천만 달러의 신용을 제공해 그의 인수 가능성이 점쳐지기도 했다.

현재 카를로스 슬림은 카르소, 인부르사, 텔멕스, 아메리카 모빌 네 그룹을 중심으로 산하에 약 200개 기업을 거느리고 있다. 그의 자산은 멕시코 국내총생산GDP의 약 6.3%에 해당한다. 텔멕스의 주식은 멕시코 전체 주식시장 가치의 25%를 넘어선다. 따라서 텔멕스의 위기는 멕시코 주식시장의 위기로 나타나기도 한다.

결론적으로 슬림이 그러한 부를 축적할 수 있던 가장 중요한 요인은 가족 중심주의적 집단주의 문화에서 나오는 신뢰 중심의 비즈니스 문화를 가장 잘 실천한 데 있다고 할 수 있다. 부유한 이민자 후손으로 시작해 지금의 그룹을 형성하기까지 슬림은 사회적·정치적·경제적 변화를 헤쳐나가기 위해 가족적 신뢰 관계를 무엇보다 중요시했다. 그는 신뢰를 중시하는 멕시코의 비즈니스 문화를 누구보다 잘 활용한 인물이었다.

한편으로 그러한 비즈니스 관행 때문에 그는 여러 비판에 직면해 있다. 이뿐만 아니라 텔멕스가 독점으로 부당 이익을 취한다는 비난도 지속적으로 받고 있다. 물론 독점이 그만의 문제는 아니다. 맥주, 방송, 시멘트, 석유, 전기 등등 많은 분야에서 멕시코 기업들은 독점적 지위를 누린다. 슬림의 텔멕스도 그러한 기업 가운데 하나다.

최근 멕시코 정부가 반독점 규제를 강화한 결과 슬림은 2014년부터 세계 제1 부자 자리를 빌 게이츠에게 다시 내주었다. 게다가 2015년에는 달러 강세로 페소화 평가절하까지 더해져 자산 가격이 22%나 하락해 ≪포브스≫ 부자 순위에 오른 인물 가운데 최대로 손실을 입어 부자 순위에서도 5위까지 밀려났다(Forbes Mexico, 2015).

슬림의 사촌 알프레도 하르프 헬루Alfredo Harp Helú도 세계 최고 부자 대열에 올라 있다. 그는 2013년 자산 10억 달러로 ≪포브스≫ 부자 순위 세계 1153위, 멕시코 10위에 올랐다. 멕시코시티에서 태어난 그는 1971년에서 1991년 사이 투자 회사인 멕시코 악시온네스 이 발로레스 증권사Casa de Bolsa Acciones y Valores de México의 최고경영자를 지냈다. 그는 1991년 라틴아메리카 최대 은행인 바나멕스Banamex가 민영화될 때 다른 투자자들과 함께 은행을 인수해 주목받았다. 바나멕스는 2001년 시티그룹에 매각되어 아르프 헬루에게 10억 달러 정도의 부를 안겨다 주었다. 또한 그는 1994년 바나멕스를 기반으로 통신사 아반텔Avantel을 설립해 운영하기도 했다. 아반텔은 텔멕스에 이어 멕시코에서 두 번째로 큰 통신사였다. 따라서 멕시코 통신사업은 2명의 레바논계에 의해 좌우되었다고 해도 과언이 아니다. 또한 아반텔은 2006년 악스텔Axtel에 매각되어 그에게 엄청난 부를 가져다주었다. 현재 그는 2008년부터 스포츠 용품 판매사인 마르티 그룹Grupo Marti을 운영하고 있다. 또한 그는 야구광으로서 멕시코 프로 구단 2개와 미국 메이저리그 구단(산디에고 파드레스) 1개에 운영 또는 지분 소유 형태로 참여하고 있다. 아르프 헬루는 1994년에 납치되었다가 3천만 달러의 몸값을 주고 풀려난 전력도 가지고 있다.

멕시코전력회사 사장을 지낸 알프레도 엘리아스 아유브Alfredo Elias Ayub의 막냇동생이자 카를로스 슬림의 사위인 아르투로 엘리아스 아유브Arturo Elias Ayub도 경제계에서 주목할 만한 레바논계 기업인이다. 그는 현재 텔멕스의 전략적 제휴 담당 이사와 사회복지를 위한 텔멕스재단의 이사장을 맡고 있으며, 언론사 우노 노티시아스Uno Noticias의 이사직을 맡고 있다. 아나우악 대학을 졸업하고 멕시코 최고의 경영대학인 판아메리카나 대학의 이파데IPADE 경영대학원을 졸업했다.

레바논계 기업인 사이에서 가장 문제적인 인물은 카밀 나시프 보르헤Kamil Nacif Borge*다. 레바논계로 푸에블라에서 사업을 하는 그는 직물 수입상에서 시작해 섬유 왕국을 건설함으로써 멕시코 '직물계의 왕El Rey de la Mezclilla'으로 불린다. 1999년에는 칠레, 중국, 태국, 한국, 미국 등에 지사를 가진 세계적인 청바지 기업 태런트 어패럴 그룹Tarrant Apparel Group과 동업을 시작했으며, 2004년에는 태런트 어패럴 그룹을 100% 인수했다. 하지만 나시프는 여러 면에서 물의를 일으키고 있다. 그는 세계에서 가장 유명한 도박꾼 가운데 한 명으로 잘 알려져 있으며, 최근에는 마약 유통과 무기 밀매에도 개입되었다는 설이 나오고 있다. 또한 구제 금융을 위한 특별 프로그램을 이용해 500만 달러의 소프트론을 받아 정치인들과의 유착 관계도 의심받고 있다. 2005~2006년에는 같은 레바논계 기업인 잔 수카르 쿠리Jean Sucar Kuri의 미성년 성폭력 사건에 연루되기도 했다.

언급된 잔 수카르 쿠리 역시 유카탄의 대표적인 레바논계 기업인이다. 비교적 최근에 이민해온 그는 칸쿤에서 관광업으로 성공을 거두었다. 이민 초기 음료수 가판대로 시작한 그는 짧은 시간에 대규모 호텔 경영자로 성장했다. 이런 성공 배경에는 분명히 어두운 그림자가 있다. 결국 2011년 그는 2005년에 저지른 어린이 성폭력 죄로 112년형을 선고받았다.

이삭 사바 라포울Issac Saba Raffoul은 시리아 출신의 유대계 기업인이다. 그는 한때 멕시코 최고 부자로 간주되기도 했다. 2008년 사바가 사망한 후 현재 그의 가문은 엑스트라 그룹Grupo Xtra을 소유하고 있다. 멕시코 최대 의약품 유통

----

* 영화 〈에덴의 악마들(Los Demonios del Eden)〉은 멕시코의 레바논계 기업인들의 문제적 행위를 잘 보여준다. 영화의 자세한 내용은 496쪽 부록을 참고하라.

<표 1-4> 멕시코의 주요 아랍계 경제인

이름	종족	주요 이력
카를로스 슬림	레바논계	- 세계 제1 부자(2013) - 카르소, 인부르사, 텔멕스, 아메리카 모빌 소유
알프레도 하르프 헬루	레바논계	- 세계 1153위, 멕시코 10위 부자(2013) - 바나멕스 은행 인수 후 매각, 아반텔 설립 후 매각 - 마르티 그룹 소유
아르투로 엘리아스 아유브	레바논계	- 전 멕시코전력회사 사장의 동생이자 슬림의 사위 - 텔멕스 전략적 제휴 담당이사
카밀 나시프 보르헤	레바논계	- 멕시코 직물계의 왕 - 민영화 이전 멕시코 최고 부자 가운데 한 명
잔 수카르 쿠리	레바논계	- 칸쿤에서 대규모 호텔업
이삭 사바 라포울	시리아계	- 엑스트라 그룹, 엘 우니베르살, 카사 사바 소유 - 메리어트 호텔, 항공사 아에로마르 소유 - 민영화 이전 멕시코 최고 부자 가운데 한 명

기업인 카사 사바Casa Saba도 사바 가문의 소유다. 그 밖에 사바 가문은 섬유업이나 부동산 개발에도 투자하고 있으며, 칸쿤과 푸에르토 바야르타의 메리어트Marriot 호텔도 소유하고 있다. 관광업에도 관심이 많아 멕시코 항공사 아에로마르Aeromar를 소유하고 있다. 언론에도 진출해 멕시코 최대 신문사 가운데 하나인 엘 우니베르살El Universal에 이사로 참여하고 있으며, 한때 제너럴 일렉트릭 멕시코General Electric Mexico사와 새로운 텔레비전 방송국 개국을 시도하기도 했으나 기존 방송국들의 반발에 밀려 포기한 바 있다.

6. 아랍계 멕시코인의 정치적 참여와 사회적·문화적 영향

아랍계 멕시코인은 스스로 정치 세력을 형성하려고 노력하지 않았다. 따라서 그들은 자신의 경제력을 바탕으로 독자적인 압력 그룹이나 로비 그룹을 형

〈사진 1-4〉 터키 시계

© Marrovi
자료: 위키피디아.

성하지 않았다. 아랍계는 막강한 멕시코의 정치 계급에 도전하기보다 그들을 지지하고 함께 어울려 자신의 이익을 추구하는 전략을 택했다. 앞서 언급한 아랍계의 문화적 동화가 이러한 정치적 선택을 가능하게 한 기본 조건이 되었다.

아랍계는 집합적으로 종족성을 드러내지 않으려고 노력했지만, 그러한 활동이 전혀 없었던 것은 아니다. 한 예로 1910년 멕시코 독립 100주년 기념일에 멕시코시티에 정착한 오스만 공동체(당시 아랍계는 오스만

제국의 통치 아래에 있었다)는 자신들을 받아준 감사의 표시로 멕시코시티 중심가에 '터키 시계reloj turco'라고 알려진 상징적 기념물을 기증하기도 했다.

독자적인 정치 세력을 형성하지 않은 멕시코의 아랍계 사이에서도 정치 활동에 뛰어든 사람은 있었다. 일부는 멕시코혁명 당시 에밀리아노 사타파 편에 가담했다. 그중 펠릭스 파야드Félix Fayad 장군은 사파타가 가장 신뢰하는 인물 중 한 명이었다. 안토니오 레타이프Antonio Letayf는 베누스티아노 카란사 대통령의 보좌관을 지냈다. 카예스 대통령 시절에는 기업인 네기브 시몬Negib Simón 과 알프레도 아지즈Alfredo Aziz가 하원의원을 지냈다. 특히 네기브 시몬은 멕시코에 있는 세계 최대 규모의 투우장인 멕시코 투우 광장Plaza de Toros México을 건립하기도 했다.

멕시코에서 100년에 걸쳐 쌓은 아랍계의 경제 기반은 1980년대 이후 이민

제1부 라틴아메리카의 아랍계

2세대, 3세대가 정계로 활발히 진출할 수 있는 발판이 되었다. 그러나 1910년 멕시코혁명 이후 혁명 가문 중심의 제도혁명당이 지배하는 멕시코 정치 구조 아래에서 아랍계가 정치 영역의 핵심에 파고드는 것은 쉽지 않았다. 따라서 소수의 인물이 대사 또는 주지사가 되거나 중앙정부의 내각에 들어가는 정도로 만족해야 했다. 물론 중앙 정치의 핵심인 연방 상원과 하원에도 다수의 아랍계가 있으며, 지방정부나 지방의회에는 더 많은 수의 아랍계가 진출해 있다. 아랍계는 비록 멕시코 정치의 주도권을 행사하는 수준에 이르지는 못했지만, 레바논계의 지지 없이는 멕시코의 주요 정치인들조차 선거에서 성공할 수 없다는 인식을 심어줄 정도로 막강한 막후 영향력을 가지게 되었다.

정관계에 진출한 대표적인 인물 중에서 대사를 지낸 사람으로는 1987년부터 1989년까지 주 콜롬비아 대사를 지낸 레바논계 피게로아 아라모니Figueroa Aramoni와 주 사우디아라비아 대사를 지낸 역시 레바논계 리카르도 비야누에바Ricardo Villanueva가 있다.

주지사 선거에서는 지금까지 총 7개 주에서 아랍계 주지사가 탄생했다. 그중 6명은 레바논계다. 주로 1990년대 이후 주지사직을 차지한 그들은 부모나 조부모가 경제력을 확보한 가문의 이민 2세대 또는 3세대다. 그런데 한 가지 흥미로운 점은 이들이 대부분 멕시코 남동부 주의 선거에서 승리했다는 사실이다. 공식적으로 아랍계는 주로 멕시코시티, 베라크루스, 푸에블라 등에 거주한다. 따라서 캄페체, 킨타나루, 모렐로스, 오아하카와 같은 남부 지역의 주에서 아랍계가 주지사에 당선되었다는 사실은 이 지역에 불법적으로 이주해 온 아랍인이 매우 많았다는 것을 의미한다.

아랍계 전·현직 주지사들 가운데 현재 정치적으로 가장 영향력 있는 인물로는 에밀리오 추아이페트Emilio Chuayffet를 꼽을 수 있다. 1951년생인 그는 멕시코 주 톨루카 출신으로 멕시코 국립대UNAM 법학과를 나와 변호사로서 같은 대학의 교수직을 지냈다. 그 후 멕시코 시 베니토후아레스 구 부구청장을 시작으로 1983년에는 톨루카 시장, 1993년에는 멕시코 주지사, 1995년에는 세디요 정부 아래에서 내무부 장관을 지냈으며, 2011년에는 하원의원으로 당선되어 제도혁명당 원내 대표에 이어 하원의장을 지냈다. 2012년에는 같은 주 출신의 대통령 엔리케 페냐 니에토 아래에서 교육부 장관을 맡았다.

오아하카 주지사를 지낸 호세 무라트 카사브José Murat Casab도 중요한 인물이다. 그는 부계가 레바논계이지만 익스테펙Ixtepec에 정착한 이라크계*의 피도 물려받았다. 무라트 카사브는 멕시코 국립대 법대를 나와 제도혁명당 소속으로 오아하카 주지사와 연방 하원의원을 지냈다. 제도혁명당 대표이자 2006년 당 대선 후보였던 로베르토 마드라소의 최측근이기도 하다.

또한, 레바논계로는 주지사와 페냐 니에토 정부의 검찰총장을 지낸 헤수스 무리요 카람Jesús Murillo Karam이 있다. 그는 법률가이며, 제도혁명당 소속으로 이달고 주지사를 지냈으며, 2000년 대선에서는 라바스티다 후보의 선거 캠프에서 일했다. 2006년 상원의원으로 당선되었고, 2007년 당 사무총장을 거쳐, 2012년에는 하원의장에 임명되었다. 페냐 니에토 정부에서 검찰총장직을 수행한 후 2015년 농업·국토·도시발전부 장관에 올랐다.

주지사뿐만 아니라 중앙정부의 내각에 들어간 사람들도 있다. 대표적으로 앞서 언급한 에밀리오 추아이페트와 헤수수 무리요 카람이 있으며, 이 외에도 페르난도 라풀Fernando Rafful은 1990년대에 어업부 장관을 지냈다.

엄격한 의미에서 관료나 정치인이라고는 할 수 없지만 멕시코에서 국영석유회사PEMEX 다음으로 강력한 국영기업인 멕시코전력회사의 사장을 지낸 알프레도 엘리아스 아유브도 정치적으로 주목할 만한 인물이다. 그는 제도혁명당의 세디요 정부 시절 멕시코전력회사의 사장에 임명되어 국민행동당으로

---

* 대부분의 아랍계가 철저한 현지화를 통해 아랍어를 잊어버렸지만 오아하카 주의 익스테펙에 정착한 이라크계는 그와 달리 아주 특이한 현상을 보여주었다. 익스테펙은 사포텍 원주민의 강력한 전통을 가진 마을이다. 따라서 이곳에 들어온 이라크계는 현지인과의 혼인 관계 또는 원주민에게 물건을 판매해야 하는 경제적 이유 등으로 사포텍어를 배워야 했고 그런 과정에서 사포텍어, 아랍어, 스페인어를 혼합한 새로운 언어를 만들어냈다.

정권이 바뀐 후에도 계속해서 직위를 유지했다. 사실 그는 제도혁명당 소속으로 국민행동당 정부 아래에서 요직을 지낸 몇 안 되는 사람 가운데 한 명이다. 시리아-레바논계로 멕시코 아나우악Anáhuac 대학 공대를 졸업하고 하버드 비즈니스 스쿨을 우수한 성적으로 졸업했다. 정치적으로는 멕시코 주지사를 지낸 알프레도 델 마소의 개인 비서를 지낸 인연으로 그의 카마리야 제도혁명당 내의 사적 파벌 그룹에 속해 있다. 그의 막냇동생 아르투로가 한때 세계 제1 부자였던 레바논계 멕시코인 카를로스 슬림의 딸 요하나 슬림Johana Slim과 결혼해 멕시코 레바논계 엘리트 그룹의 가장 강력한 네트워크에 들어갔다. 한편 경제적으로도 도시 발전 촉진 그룹IDUSA: Grupo Impulsor del Desarrollo Urbano, 이데울반 건설 회사Constructora Ideurban, 도시 개발 진흥 회사Promociones Metrópolis 같은 기업체의 주주이자 이사를 맡고 있다.

이 외에 정치적으로 주목할 만한 아랍계 인물로는 다음과 같은 사람들이 있다. 레바논계가 가장 먼저 정착하고 성장하기 시작한 유카탄에는 리카르도 다헤르 나훔Ricardo Dájer Nahum이 두드러진다. 그는 경제적 성취를 바탕으로 메리다 레바논 클럽Lebanese Club of Mérida 회장, 메리다 상공회의소 회장을 지냈으며, 전국적으로는 멕시코 전국 상공회의소 이사, 전국 레바논계 상공회의소 회장직을 역임했다. 정치적으로는 제도혁명당 소속으로 1995년 유카탄 주 메리다 시의 시장 선거에 나섰으나 패배했다.

오마르 파야드Omar Fayad는 1962년생으로 떠오르는 레바논계 정치인이다. 이달고 주 제도혁명당 리더로서 하원의원을 거쳐 같은 주의 파추카 시장에 당선되었다. 라틴아메리카 텔레비전의 '드라마의 여왕'이라고 불리는 빅토리아 루포Victoria Ruffo가 그의 부인이다.

레바논계와 덴마크계 혼혈인 알폰소 페테르센 파라흐Alfonso Petersen Farah는 다른 레바논계 정치인과 달리 제도혁명당이 아닌 국민행동당 소속이라는 특별한 이력을 가지고 있다. 의학박사로서 할리스코 주의 보건 장관을 지낸 후 2007~2009년에는 과달라하라 시장을 역임했다.

<표 1-5> 멕시코의 주요 아랍계 정치인

이름	종족	주요 이력
에밀리오 추아이페트	레바논계	- 전 멕시코 주지사 - 페냐 니에토 정부 교육부 장관
호세 무라트 카사브	레바논-이라크계	- 전 오아하카 주지사 - 제도혁명당에서 영향력 행사
알프레도 엘리아스 아유브	시리아-레바논계	- 전 멕시코전력회사 사장 - 카를로스 슬림 가문과 사돈 관계
리카르도 다헤르 나훔	레바논계	- 메리다 상공회의소 회장 - 전국 레바논계 상공회의소 회장
오마르 파야드	레바논계	- 이달고 주 제도혁명당 리더 - 현 파추카 시장
헤수스 무리요 카람	레바논계	- 전 이달고 주지사 - 페냐 니에토 정부 시기 검찰총장, 장관 역임
알폰소 페테르센 파라흐	덴마크-레바논계	- 의학박사 - 전 과달라하라 시장
파우지 함단	레바논계	- 치아파스 주 상원의원
엔리케 다우	레바논계	- 전 과달라하라 시장
마르타 사하군	레바논계	- 비센테 폭스 전 대통령 부인 - 자선단체 바모스 멕시코 설립

그 외에도 치아파스 주 상원의원을 지낸 파우지 함단Fawzi Hamdán, 과달라하라 시장을 지낸 엔리케 다우Enrique Dau 등이 있다.

또한, 멕시코혁명 이후 제도혁명당이 아닌 정당(국민행동당) 소속으로는 최초로 2000년에 대통령으로 당선된 비센테 폭스 전 대통령의 부인 마르타 사하군Martha Sahagún도 레바논계다. 역시 국민행동당 당원이었던 그녀는 이전 대통령 부인들과 달리 정치에 적극적으로 참여했다. 그녀는 영부인으로서 자선단체 바모스 멕시코Vamos México를 설립해 활동함으로써 남편에 이어 다음 대선에 도전할 것으로 예상되기도 했다. 아랍계 정치인의 가장 큰 특징은 대부분 제도혁명당 소속이라는 점이다. 이들은 카마리야를 통한 멕시코의 전통적 정치 행태에 매우 익숙하다. 신뢰와 인간관계를 통한 정치는 아랍계의 전통문화

제1부 라틴아메리카의 아랍계

와도 일치한다. 경제적 부와 문화적 동화라는 바탕 위에서 아랍계 정치인들은 멕시코 전체 인구에서 1%도 되지 않는 소수 종족임에도 오늘날 페냐 니에토 정부에서 교육부 장관과 검찰총장이라는 요직을 차지했다.

한편 문화영역과 학문·스포츠 분야에서도 아랍계의 영향은 적지 않다. 대표적 인물로는 1989년에서 1997년까지 멕시코 국립대 총장을 지낸 호세 사루칸José Sarukhán과 멕시코의 대표 시인 하이메 사비네스Jaime Sabines를 들 수 있다. 특히 대중문화 영역에서 아랍계의 진출은 두드러지는데, 그중 최근 아카데미 여우주연상 후보까지 오른 살마 하이에크Salma Hayek와 수많은 연기자를 배출한 레바논계 비치르Bichir 가문이 대표적이다. 비치르 가문의 데미안Demián은 아카데미 남우주연상 후보로 지명되기도 했다. 또한 '카풀리나capulina(검은 독거미라는 별명으로 잘 알려진 멕시코의 대표적인 코미디언 가스파르 헤나이네Gaspar Henaine)'도 잘 알려진 레바논계 대중문화인이다. 스포츠 분야에서는 복싱 부분 세계 최대 프로모터인 돈 킹과의 밀접한 관계를 기반으로 세계복싱위원회WBC 회장을 지낸 호세 술라이만José Sulaimán이 있다.

| 참고문헌 |

Alfaro-Velcamp, Theresa. 2002. "Mexican Muslims in the Twentieth Century: Challenging Stereotypes and negotiating Space." Yvunne Yazbeck(ed.). *Muslims in the West: From Sojourners to Citizens.* Oxford University Press.

_____. 2007. *So Far from Allah, So Close to Mexico. Middle Eastern Immigrants in Modern Mexico.* Austin, TX: University of Texas Press.

Casab Rueda, Ulises. 1999. "La comunidad caldeo-iraquí." Rebeca Inclán(et al.). *El Medio Oriente en la Ciudad de México. Serie Babel. Ciudad de México, núm. 4.* México: Secretaría de Cultura del Gobierno del D.F.

Kahhat, Farid y José Alberto Moreno. 2009. "La Inmigración Árabe hacia México(1880-1950)." Akmir, Abdeluahed(ed.). *Los árabes en América Latina. Historia de una emigración.* Madrid: Siglo XXI, pp. 317~363.

Martínez Montiel, Luis María. 1992. "The Lebanese Community in Mexico: its Meaning, Importance and the History of its Communities." A. Hourani y N. Shehadi (eds.). *The Lebanese in the World: A Century of Emigration.* London: The Center for Lebanese Studies. I. B. Tauris Publishers.

Mouhanna, Antonio. 1999. "La comunidad árabe en la ciudad de México: la comunidad libanesa." Rebeca Inclán(et al.). *El Medio Oriente en la Ciudad de México. Serie Babel. Ciudad de México, núm. 4.* México: Secretaría de Cultura del Gobierno del D.F.

Paéz Oropeza, Carmen Mercedes. 1976. *Los Libaneses en México: Asimilación de un grupo étnico, Tesis de Maestría.* México: Escuela Nacional de Antropología.

_____. 1984. *Los Libaneses en México: Asimilación de un grupo étnico.* México: INAH, Colección Científica.

제1부 라틴아메리카의 아랍계

Ramîrez Carrillo, Luis Alfonso. 1994. "De buhoneros a empresarios: la inmigración libanesa en el sureste de México." *Historia Mexicana*, Vol.43, No.3, pp. 451~486.

_____. 1994. *Secretos de familia: Libaneses y élites empresariales en Yucatán.* México: CONACULTA.

Reyes, Gerardo. 2003. "Carlos Slim Helu." Gerardo Reyes(ed.). *Los dueños de América Latina.* México: Ediciones B, pp. 19~37.

Tilly, Charles. 1990. "Transplanted Networks." Virginia Yans-McLaughlin(ed.). *Immigration Reconsidered: History, Sociology, and Politics.* NY: Oxford University Press.

Zamir, Meir. 1999. "From Hegemony to Marginalism: The Maronites of Lebanon." Ofra Bengio and Gabriel Ben-Dor(ed.). *Minorities and the State in the Arab World.* Boulder: Lynne Rienner.

Zeraoui, Zidane. 1997. "Los árabes en México: el perfil de la migración." en Marîa Elena Ota Mishima. *Destino México: un estudio de las migraciones asiáticas a México, siglos XIX y XX.* México: El Colegio de México.

온라인 자료

Forbes Mexico. 2015. "Slim, el gran perdedor de la lista Forbes en 2015." http://www.forbes.com.mx/carlos-slim-es-el-billionaire-que-mas-perdio-en-2015/

제2장 두 명의 대통령을 탄생시킨
에콰도르의 레바논계

1. 경제적 부와 정치적 권력을 모두 가진 에콰도르의 레바논계

레바논계는 에콰도르에 발을 들여놓은 지 100년도 채 되지 않아 경제적·정치적으로 놀라운 성공을 거두었다. 전통적인 엘리트 계층이 지배하는 수도 키토가 아닌 카카오와 바나나 수출로 호황을 이룬 해안 도시 과야킬에 기반을 둔 레바논계는 경제적으로는 상업, 제조업, 금융업에서 두각을 나타냈으며, 정치적으로는 과야킬은 물론 중앙 정치에서도 중심적인 역할을 했다.

레바논계의 가장 성공한 가문 가운데 하나인 이사이아스Isaias 가문은 1970년대 이래 에콰도르에서 금융 제국을 설립했다. 이사이아스 가문을 제외하고는 에콰도르의 금융업을 이야기할 수 없을 정도다. 에콰도르에서 이사이아스 가문은 '부자'와 동일어로 인식된다.

레바논계의 정치적 활약은 더욱 돋보인다. 특히 1979년 민주화 이후 에콰도르 정치에서 레바논계는 항상 정치의 중심에 있었다. 과야킬 시의 정치에서는 레바논계가 가장 영향력 있는 세력으로 성장했다. 따라서 민주화 이후 과야킬 시장은 대부분 레바논계가 차지했다. 중앙 정치에서도 레바논계는 매번 대통령 선거의 중심에 있었다. 결과적으로 이미 2명의 대통령과 1명의 부통령을 배출했다. 이 때문에 레바논계에 적대적인 세력은 에콰도르 정치가 '베두인(아랍계 유목민)화' 되어간다고 우려할 정도다.

2. 에콰도르의 아랍계

아랍인 이민자가 선호하지 않던 나라, 에콰도르

에콰도르를 포함해 베네수엘라, 콜롬비아 같은 남미의 안데스 국가들은 아랍인 이민자가 가장 선호하는 이민국은 아니었다. 19세기 말 아메리카 대륙에서 아랍인이 가장 선호한 이민국은 미국이었으며, 라틴아메리카에서는 멕시코, 브라질, 아르헨티나, 칠레가 그중 선호하는 국가였다. 파나마운하가 개통되기 전 1880년대 초기 아랍 이주자는 에콰도르와 콜롬비아의 태평양 연안에 도달하기 위해서 남미 남단의 마젤란해협을 통해 남미 대륙을 완전히 한 바퀴 돌아야만 했다.

남미의 태평양 연안 국가 중에서 아랍인 이민자가 가장 먼저 들어온 나라는 칠레였다. 주로 팔레스타인 출신이 마젤란해협을 돌아 칠레로 이주해 왔다. 이들 중 일부는 1884년 페루로 넘어갔다. 또 그중 일부는 에콰도르까지 진출했다. 따라서 에콰도르에 처음 발을 들인 아랍인은 팔레스타인 출신이었다.

결과적으로 에콰도르의 아랍인 이민자 수는 다른 라틴아메리카 국가에 비해 상대적으로 많지 않았다. 20세기 초 라틴아메리카의 아랍인 인구조사에 따르면 에콰도르의 아랍인 인구는 1060명으로 브라질, 아르헨티나, 멕시코, 쿠바, 칠레보다 훨씬 적고, 심지어 같은 안데스 국가인 콜롬비아와 베네수엘라보다도 적었다(〈표 2-1〉).

에콰도르를 비롯한 안데스 국가들은 처음에 아랍계 이민자를 환영했다. 아랍계 이민자가 환영받을 수 있던 것은 첫째, 당시 이들 국가가 전통적인 봉건

국가	조사 연도	인구(명)
브라질	1926	162,000
아르헨티나	1914	64,369
멕시코	1930	15,000
쿠바	1930	9,000
칠레	1930	6,703
콜롬비아	1926	3,767
베네수엘라	1926	3,282
에콰도르	1926	1,060

자료: Akmir(2009: 20).

적 농업국가에서 1차 생산품 수출 경제로 나아가는 새로운 발전 단계에 진입하고 있었기 때문이며, 둘째, 이들 국가로 들어온 아랍계 이민자 대부분이 레바논계 마론파 가톨릭교도로 현지인과 종교적 이질감이 없었기 때문이며, 셋째, 아랍계 이민자나 안데스 국가의 중상류층 모두 프랑스 문화를 보편적인 것으로 받아들이고 있었기 때문이다(Nweihed, 1997: 237).

초기 아랍인 이민자는 정부의 간섭도 거의 받지 않았다. 안데스 국가들은 사회 통합이라는 이름으로 이민자를 통제하려 하지 않았기 때문에 초기에 이들은 완전한 행동의 자유를 누릴 수 있었다.

시리아, 레바논, 팔레스타인 출신 사람들의 안데스 국가 이민은 출신지의 상황에 따라 이민 시기를 크게 3단계로 나눌 수 있다. 첫 번째 시기는 1880년에서 제1차 세계대전이 종식된 1919년까지다. 당시 아랍인 이민자는 오스만제국의 여권을 가지고 있었다. 두 번째 시기는 양차 대전 사이의 시기로 1920년에서 1945년 사이를 말한다. 이 시기에 아랍인 이민자는 각 지역을 통치한 유럽 국가의 여권을 소유하고 있었다. 따라서 시리아와 레바논 출신은 프랑스 여권을, 팔레스타인과 요르단 출신은 영국 여권을 소유했다. 세 번째 시기는 제2차 세계대전 이후부터 레바논 내전이 종식된 1990년까지다. 이 시기에 아

〈표 2-2〉 에콰도르 거주 아랍 국적자의 종족별 분포(1950)

종족	인구(명)	비중(%)
사우디아라비아	18	3.2
이라크와 팔레스타인	54	9.5
시리아	59	10.4
레바논	436	76.9
총	567	100

자료: Almeida(1998: 64)에서 재인용.

랍계는 각각 출신지 국가, 즉 레바논, 시리아, 요르단, 팔레스타인의 여권을 소유하게 되었다.

1907년부터 본격화된 레바논인의 과야킬 이주

에콰도르에 아랍인이 본격적으로 들어오기 시작한 것은 1907년부터다. 이 시기에 들어온 이민자 가운데는 팔레스타인 출신도 있었지만, 대부분 레바논 출신이었다. 따라서 에콰도르 아랍계의 절대적 다수는 레바논인이다. 1950년의 인구조사는 이러한 사실을 잘 보여준다. 1950년 에콰도르에 거주하는 외국인 수는 총 2만 3489명으로 당시 전체 인구 320만 명의 0.7%를 차지했다. 〈표 2-2〉에서 볼 수 있듯이 그중 아랍인은 567명*으로 전체 외국인의 2.4%에 불과하다. 이 중에서 레바논인은 436명(76.9%)으로 대부분을 차지했다.

초기 이민자는 대부분 과야킬에 정착했다. 북으로는 콜롬비아와 파나마, 남으로는 칠레와 페루를 연결하는 중간 기착지였던 과야킬은 주로 상업에 종사하는 이민자에게 최적의 조건을 제공해주었다. 에콰도르의 유일한 항구 도시

----

* 아랍인 수가 앞서 1926년 조사 때보다 줄어든 것은 정체성보다 국적으로 조사되었기 때문이다. 따라서 이 수치에는 현지 국적을 취득한 에콰도르 태생의 아랍계 후손은 포함되지 않았다. 게다가 기존 아랍인 가운데 본국으로 귀국 또는 사망하거나 현지 국적을 취득한 사람들도 있었기 때문에 아랍인 국적자 수가 줄어든 것으로 나타난다.

과야킬은 안데스 산맥 중앙에 위치한 수도 키토와 달리 상업 중심지였다. 따라서 초기 이민자는 대부분 키토보다 과야킬에 정착하기를 원했다.

1908년 과야킬과 키토를 잇는 철도 건설 이후 많은 아랍인 이민자가 키토에 진출하기 시작했다. 하지만 키토의 급속한 발전에도 불구하고 다수의 아랍인 이민자는 여전히 과야킬에 머무는 것을 선호했다. 이뿐만 아니라 고지대로 간 아랍인도 키토를 비롯한 고지대에서 상업 활동의 활성화가 기대했던 만큼 이루어지지 않자 상당수가 다시 과야킬로 돌아왔다.

따라서 1926년 당시 레바논과 시리아 지역을 지배한 프랑스 영사관에서 조사한 해외 레바논인과 시리아인 인구조사 결과에 따르면 에콰도르의 경우 키토에 350명, 과야킬에 1천 명이 거주하는 것으로 나타났다. 이러한 지역적 분포 비율은 그 후에도 같은 수준으로 유지되었다(Hashimoto, 1992: 92).

시간이 지나면서 과야킬과 키토에 거주하는 아랍인의 종족성에도 차이가 나타나기 시작했다. 과야킬에는 레바논인과 시리아인이 주로 정착했으며, 키토나 암바토 같은 안데스 내륙 도시에는 팔레스타인 출신이 자리를 잡았다.

조사 자료가 없어 현재 에콰도르에 거주하는 레바논인 후손 수는 정확히 알수 없다. 하지만 1982년 레바논 외교부 자료에 따르면 에콰도르의 레바논계 수는 약 2만 명 정도로 추정된다. 이는 당시 에콰도르 전체 인구 약 800만 명의 0.25%에 달하는 수치다. 에콰도르의 아랍계는 레바논계가 80% 정도를 차지하기 때문에 아랍계 전체를 합하더라도 전체 인구의 0.3%를 넘지 않을 것으로 추정된다(Almeida, 1998: 78).

3. 레바논계의 경제적 부상

과야킬에 진출한 부유한 수입상들

레바논인 이민자가 처음 들어온 과야킬은 당시 카카오 수출로 경제적 호황을 누리는 곳이었다. 이민 당시 충분한 자본을 가지고 있던 부유한 레바논 이민자는 일찍이 자리를 잡았으며, 나아가 외국무역이나 국내 지점 설치 등을 통해 급속히 성장할 수 있었다. 그들은 프랑스 파리에 정기적으로 방문해 사치품을 수입했으며, 이를 카카오로 돈을 번 에콰도르의 부유층에 판매했다.

심지어 프랑스에서 장사를 하던 가브리엘 파라Gabriel Farah 같은 레바논계 프랑스인 상인은 에콰도르로 이주해 직접 상점을 열기도 했다. 그는 레바논계 특유의 상술과 가족적 응집력을 활용해 크게 성장할 수 있었다. 특히 자녀들의 종족 내 혼인을 통해 다른 레바논계와도 관계를 강화함으로써 경제 기반을 공고히 했다. 캐시미어 양모, 비단, 면 등을 파는 그의 가게는 1920년대에 이미 과야킬에서 가장 크고 호화스러운 가게로 성장했다(Pineo, 1986).

수입품의 수요는 더욱 증가했다. 에콰도르에는 제조업이 거의 존재하지 않았기 때문에 일부 수공예품을 제외하면 거의 모든 물품을 수입에 의존할 수밖에 없었다. 특히 의류는 대부분 수입에 의존했다. 과야킬에 존재하는 제조업이라고는 미국인이 운영하는 담배 공장과 맥주, 얼음, 과자, 캔디 공장 등이 전부였다. 카카오로 벌어들인 수입은 새로운 제조업 육성에 투자되지 않았다. 1929년 대공황이 라틴아메리카 경제를 고립하면서 아르헨티나와 칠레 같은 나라에서는 수입대체산업화가 본격화되었지만 에콰도르에서는 이러한 산업화조차 본격적으로 추진되지 않았다. 대신 에콰도르는 카카오를 대신할 커피, 쌀, 바나나와 같은 새로운 수출 작물을 개발했다. 에콰도르에서 자라는 야자수와 비슷한 나뭇잎으로 만든 파나마모자가 에콰도르의 새로운 수출품으로 등장했다.

수출 경제가 활성화되면서 에콰도르의 수입 의류 시장도 더욱 확대되었다. 키토를 중심으로 일부 섬유 제조 공장이 생겨나기도 했지만 섬유제품의 대부분은 수입에 의존했다. 아랍계는 당시 의류 생산의 중심지인 영국 맨체스터의 시리아계와 연결 고리를 통해 보다 저렴한 의류를 대량 수입할 수 있었다.

그 결과 1925년 과야킬에서 10만 수크레sucre* 이상의 자산을 가진 개인 또는 기업 46개 중 3개(명)(프레레스 파라Freres Farah, 프레레스 나하스Freres Najas, 파야드 회사Fayad & Co.)가 레바논인이거나 레바논인 소유였다.** 물론 여기에는 당연히 포함되어야 할 부카람Bucaram 가문과 안톤Antón 가문은 포함되어 있지 않다(Roberts, 2000: 76~77).

어쨌든 1920년대 레바논인은 에콰도르에서 수적 비중으로는 거의 존재감이 없었지만, 인구 10만 명의 과야킬에서는 이미 수십 개의 번성하는 수입 상점을 운영하고 있었다. 다른 라틴아메리카 나라와 달리 에콰도르의 레바논인은 처음부터 자본을 가진 수입상으로 출발한 사람이 많았다.

과야킬에서 상업으로 성공을 거둔 레바논인 가문은 부카람, 두Dumet, 다이크Dahik, 다숨Dassum, 토르바이Torbay, 디아프Diaf, 크론플레이Kronfley, 나메Name, 안톤, 아켈Akel, 유에즈Juez, 엘 유레El Jure, 마수흐Massuh 등 매우 많다.

종족 네트워크를 통해 내륙으로 진출한 레바논인 행상

이민 초기, 자본이 없었던 많은 레바논 이민자는 행상에 종사할 수밖에 없었다. 그들은 자본을 통해 이미 자리를 잡은 친지의 가게에서 물건을 받아 내륙의 작은 도시로 물건을 팔러 다녔다. 그들은 당시 에콰도르 경제에 필요한 작지만 중요한 공간을 파고들었다. 중동의 사막에서 유목 생활을 통해 다져진 상술, 낯선 곳으로 여행하는 자신감, 열대의 강이나 안데스의 고지대에서 살아남을 수 있는 체력 등이 행상에서 그들의 성공을 보장해주었다.

초기에 레바논 행상이 정착하는 데는 친지나 동포의 도움이 결정적이었다. 현지에서 차별받는 종족으로서 아랍인은 상호 강력한 응집력을 통해 불리한 상황을 극복할 수 있었다. 종족 네트워크야말로 생존의 필수 조건이었다. 이

---

* 당시 수크레의 달러 환율이 1달러 당 약 4수크레 정도였으니 10만 수크레면 약 2만 5천 달러 정도가 된다. 현재 원화 가치로는 약 3천만 원 정도이니 1920년대 가치로는 엄청난 돈이다.
** 그중 6개는 이탈리아계, 5개는 중국계, 3개는 독일계 소유였으며 나머지는 스페인계 또는 에콰도르 크리오요(criollo)의 소유였다.

미 정착한 이민자는 새로 들어온 이민자를 환영하면서 그들에게 돈을 빌려주고, 상품을 신용으로 제공해주고, 물건을 팔기 위한 상술을 가르쳐주고, 먼 곳으로 물건을 팔러갈 때는 경험이 많은 다른 행상인과 함께 보냈다. 다른 나라와 마찬가지로 에콰도르에서도 신용거래는 장사를 위해 필수적이었으며, 가난한 레바논 행상에게 동족의 신용제공은 이러한 거래를 가능하게 하는 필수 조건이었다.

초기 행상에서 수익을 올린 레바논인 이민자는 보다 고립된 지역으로 진출하기 위해 그 돈을 노새나 카누를 사는 데 사용했다. 고립된 지역에서의 장사는 접근하기 어려운 만큼 경쟁은 약하고 수익은 더 컸다. 이렇게 자본을 축적한 초기 이민자는 지방 도시나 과야킬에서 자신의 상점을 개업하고, 나아가 도매상이 되었다. 이들은 여기에 머물지 않았다. 그들의 최종 목표는 외국무역에서 수입업자가 되는 것이었다. 당시 과야킬에서 수입업은 가장 수익성 높은 사업으로서 카카오 수출보다 더 많은 돈을 벌 수 있는 일이었다.

한 가지 흥미로운 점은 이 시기에 여성도 가족 사업에 적극적으로 참여했다는 것이다. 여성은 길에서 물건을 직접 팔기도 했으며, 남편이 물건을 팔러가면 상점을 지키기도 했다. 상황이 나아졌을 때도 여성은 가게 계산대를 지키거나 상점에서 물건을 파는 일을 도왔다. 1970년대까지 과야킬에서 레바논계 상점의 문을 여는 사람은 여성이었다. 이들은 남편이 다른 사업을 벌이거나 물건을 구입하기 위해 상점을 떠나 있는 동안 상점 문을 열고 가게를 지켰다. 비록 조그만 상점을 운영하더라도 그들은 가족 간의 협업을 통해 사업을 발전시켰다.

제2차 세계대전 이후 수입대체산업화의 주도 세력이 된 레바논계

레바논계는 상업에만 종사하지 않았다. 에콰도르의 레바논계는 일찍이 농업으로도 진출했다. 그들은 상업을 통해 얻은 수익으로 토지를 매입했다. 에콰도르에서 토지를 소유한다는 것은 그들에게 새로운 민족적 정체성이 부여된다는 의미뿐만 아니라 식민지 시대 이래 성공한 크리오요*의 상징이었던 아시엔다의 소유주가 된다는 의미도 있었다. 무엇보다 그들이 토지를 매입한 것은 경제적으로 수익성이 있었기 때문이다. 그들은 이러한 토지에서 쌀이나 과일 등 수출 가능한 작물을 생산해 충분한 수익을 올릴 수 있었다. 1920년대에는 이미 해안 지역에서 레바논인 28명이 토지를 매입해 농업에 종사하고 있었다(Roberts, 2000: 94).

토지에 대한 레바논 상인의 투자는 1947년 정부가 소규모 바나나 농장을 육성하기 위해 공적 자금과 공공 토지를 가용할 수 있게 함으로써 더욱 증가했다. 이것의 여파로 상점을 계속 유지하면서 동시에 농장도 운영하는 레바논계가 많이 생겨났다.

제2차 세계대전 이후 레바논 국내 정세의 혼란으로 많은 레바논인이 이민의 길을 떠났다. 이때 당시 경제적 호황 덕분에 상대적으로 정치적 안정을 이루었던 에콰도르에도 많은 레바논 이민자가 들어왔다. 하지만 국가적으로 저명한 레바논계는 일찍이 이주해 와 상업적으로 성공을 거둔 이민자의 후손이었다. 이들은 이 시기에 이미 자본축적을 통해 사업을 그룹 수준으로 성장시켰으며, 이로써 에콰도르의 비즈니스 엘리트 계층에 가입하기 시작했다.

제2차 세계대전 이후 에콰도르는 바나나 수출로 새로운 경제 호황을 맞이했다. 1950년대에는 이미 세계 최대의 바나나 수출국이 되었고, 이러한 지위는 1983년까지 유지되었다. 에콰도르는 과거 카카오 수출과 같은 호황을 누렸다. 바나나 수출에 따른 경제적 호황은 정치적 안정도 가져왔다.

1960년대에는 동부 아마존 지역에서 유전이 발견되면서 1970년부터 석유가 생산되었다. 석유 수출은 지속적으로 증가했고, 이에 따라 에콰도르는 남미에서 베네수엘라 다음으로 큰 석유 생산국이 되었다. 석유 수출은 1980년

---

* 크리오요는 중남미 현지 출생의 백인을 말한다. 스페인 출신 백인(Peninsulares)에 맞서 라틴아메리카의 독립을 쟁취하고 그 후 지배 세력이 되었다.

제1부 라틴아메리카의 아랍계

에콰도르 수출의 62%에 이르렀다.

한편 이러한 수출 호황 덕분에 국내 수요가 증가하면서 정부는 이를 활용해 수입대체산업화를 추진했다. 에콰도르 정부는 다른 라틴아메리카 국가보다 늦은 1952년에 수입대체산업화 정책을 추진했다.

에콰도르 지배층의 상당수가 수출로 벌어들인 달러를 매입해 해외로 빼돌리는 동안 레바논계를 포함한 소수의 사람은 국내 산업화에 투자했다. 에콰도르의 토착 지배층은 정부의 수입대체산업화 정책의 지속성에 확신이 없었기 때문에 국내 산업에 투자하기보다 해외로 돈을 빼돌리는 한층 안전한 길을 택했다. 그런 틈에 레바논계는 정부의 보호와 육성 정책에 힘입어 음식 가공업, 플라스틱 제조업, 섬유업 등에 투자해 성공을 거두었다. 이제 그들은 단순한 상업에서 벗어나 제조업까지 포함하는 기업 그룹을 형성하게 되었다.

맥주나 담배 공장을 제외하면 레바논계가 1955년에 설립한 섬유 공장은 과야킬에서 규모가 제법 큰 최초의 제조업 공장이었다. 그들은 국제무역에서의 노하우를 발휘해 해외에서 섬유기계를 가져와 국내에 효과적으로 도입했으며, 상업망을 통해 국내에서도 원자재 등을 최저 비용으로 매입할 수 있었다. 이는 레바논계 제조업의 경쟁력으로 나타났다. 국내 섬유업에서 경쟁이 심화되자 레바논계는 투자 확대를 통해 고품질의 제품을 생산함으로써 사업 경쟁력을 유지했다. 이뿐만 아니라 루트팔라흐 코즈하야Lutfallah Kozhaya 같은 일부 레바논계는 미국 대학에서 교육받은 자녀와 함께 사업을 다각화했다. 이제 이들은 섬유기계 부품, 건축자재를 생산하는 영역까지 나아갔으며, 에콰도르에서 석유 수출 호황이 일자 주조 공장과 알루미늄 제조업에도 뛰어들었다.

1970년대 레바논계가 상업 외에 진출한 사업 영역을 살펴보면 제분, 의류, 건축, 수출 농업, 산업기계, 철강, 자동차 부품, 의약품, 건축자재, 호텔, 부동산 개발 등 매우 다양하다.

언론과 방송 사업 진출: 전통 지배계급이 소유한 언론사 매입

1970년대와 1980년대에 레바논계는 언론과 방송 사업으로도 진출했다. 이러한 분야는 인맥에 의존하는 전통적인 사업 방식이 통하지 않는 영역이었기 때문에 라디오와 텔레비전 방송, 컴퓨터 등에 익숙한 이민자는 새로운 사업에 보다 쉽게 뛰어들 수 있었다. 레바논계는 해외에서 방송 사업의 기술을 누구보다 빨리 확보해 이 분야에서도 성공을 거둘 수 있었다.

이사이아스 가문은 라디오 방송국 6개와 텔레비전 채널 2개를 매입했으며, 과야킬 최초 석간신문인 ≪라 라손La Razón≫도 인수했다. 안톤 가문은 ≪라 프렌사La Prensa≫ 신문을 매입했으며, 1986년에는 과야킬에서 두 번째로 큰 신문사인 엘 텔레그라포El Telégrafo도 손에 넣었다. 이 언론사는 대통령을 지낸 레온 페브레스 코르데로León Febres Cordero와 오토 아로세메나Otto Arosemena와 같은 에콰도르의 전통 엘리트 가문이 소유하던 것이었기 때문에 레바논계가 그것을 매입한 것은 매우 의미 있는 일이었다. 특히 안톤 가문은 새로운 기술과 현대적 기계, 젊고 능력 있는 인력을 투입해 엘 텔레그라포를 과야킬에서 가장 경쟁력 있는 언론사로 만들었다.

금융업 진출을 통해 에콰도르 지배 세력으로 성장

레바논계의 금융업 진출도 적지 않았다. 과야킬의 금융업자들은 군부, 고지대 지주와 함께 사실상 에콰도르를 통제하는 그룹이다. 따라서 레바논계의 금융업 진출이 의미하는 바는 작지 않다. 레바논계의 금융업 진출은 대개 1950년대부터 시작되었다. 당시 미겔 두마니Miguel Dumani는 민간 투자 회사인 에콰도르 신탁신용회사Financiera Ecuatoriana de Mandato y Crédito를 설립했다. 이사이아스 가문은 제2 금융권 은행인 필란트로피카Filantrópica를 매입했다. 그들은 서비스의 현대화를 통해 1960년대에 이 은행을 제1 금융권에 속하는 디스쿠엔토 은행Banco Discuento을 능가하는 규모로 발전시켰으며, 가톨릭 교회와 함께 키토의 제1 금융권 은행인 피친차 은행Banco Pichincha의 대주주가 되었다. 1973년 이 은행은 과야킬에 지점을 개설한 후 얼마 지나지 않아 도시의 최대 예금 유치 은행으로 발전했다. 또한 레바논계는 1970년대에 과야킬의 가장 현대화된 은행인 퍼시픽 은행El Pacifico Bank의 주식을 매입해 1982년 레바논계 로돌포 크론플레Rodolfo Kronfle가 은행 이사진에 속하게 되었다. 코자야스Kozhayas 가문은 오래된 테리토리알 은행Banco Territorial의 주식을 매입해 주요 주주가 되었다. 안톤 가문은 민간 은행인 소시에다드 헤네랄Sociedad General을 매입했다. 이러한 금융업 진출을 통해 레바논계는 에콰도르 경제계의 핵심 세력으로 성장했다.

결론적으로 카카오 수출 호황이 한창인 19세기 말에서 20세기 초 에콰도르에 이주해 온 레바논계 사이에는 처음부터 자본을 가진 수입상이 많았다. 레바논계로서의 상인 기질과 그들이 가진 세계적 네트워크는 그들이 국제무역에서 성공을 거두는 데 크게 기여했다. 성공한 레바논계는 본국에서 가족을 데려오고, 이를 통해 사업을 더욱 확대된 가족 기업으로 성장시켰다. 내륙으로의 진출도 이런 종족 네트워크를 통해 가능했다.

그 후 레바논계는 에콰도르 제조업 발전에서도 주역을 담당했다. 수입상과 섬유 판매업으로 부를 축적한 이사이아스 가문은 에콰도르의 전통 엘리트에게 부족한 기업가 정신을 발휘해 제조업에 뛰어들었다. 그는 섬유 제조업을 시작으로 다양한 제조업 분야로 사업 영역을 확대했다. 이와 같은 레바논계의 기업가 정신은 에콰도르 제조업이 산업화하는 데 가장 큰 동력이 되었다.

제조업에 투자한 레바논계는 1970년대 오일 붐에 따른 에콰도르 국내 수요의 확대로 큰 수익을 올릴 수 있었다. 이후 1980년대에는 경제적 위기에 처한 에콰도르가 국영기업을 민영화하기 시작하자 풍부한 자본을 가지고 있던 레바논계가 이 기업들을 매입했고, 이로써 그들은 에콰도르 경제의 핵심으로 성장할 수 있었다. 특히 레바논계는 금융업 진출을 통해 에콰도르 경제 피라미드의 꼭대기까지 올랐다. 1990년대 레바논계 이사이아스 가문이 소유한 은행은 에콰도르 최대의 은행으로 성장했다. 약 300개 가문이 지배하는 에콰도르 재계에서 레바논 가문은 무시할 수 없는 세력으로 성장했다.

이사이아스 제국의 설립

이사이아스 가문은 에콰도르의 레바논계 가운데 경제적으로 가장 성공한 가문이다. 에콰도르에서 '이사이아스'라는 성은 부자를 상징할 정도다. 그들은 상업에서 시작해 경제의 거의 모든 영역으로 사업을 확대했다. 이사이아스 가문이 운영하는 회사 수는 약 150개 정도에 이른다.

그들도 처음에는 과야킬에서 상업으로 시작했다. 가문의 수장인 에밀리오Emilio는 과야킬의 중심지에 가게를 열고 미국, 일본, 영국 등에서 섬유제품을 수입해 판매했다. 이후 일찍이 키토로 진출해 섬유 공장을 설립했다. 설탕 공장의 지분을 다수 매입하기도 했다. 그의 아들 가운데 나임Nahim과 후안Juan이 가업을 물려받아 기업을 발전시키는 동안 또 다른 아들인 에스테파노Estefano는 IBM과 외국 자동차 회사의 국내 사업권을 따내기도 했으며, 페드로Pedro는 필란트로피가 은행Banco La Filantrópica을 인수해 금융업 진출의 기반을 닦았다. 또 다른 아들 알프레도Alfredo는 마카로니와 캔디 공장을 설립했다.

금융업은 가문의 기업을 획기적으로 확장하는 바탕이 되었다. 그들은 은행에 첨단 기술을 도입하고 새로운 마케팅 기법을 적용해 기업 대출 분야의 최대 은행으로 성장시켰다. 또한 기업 대출을 통해 돈을 빌려준 채무 기업이 파산할 경우 그 기업을 인수하는 방식으로 사업을 다각화할 수 있었다.

이사이아스 가문은 방송과 언론에도 적극적으로 진출했다. 그들은 TV 채널인 '채널 10', 신문사 '디아리오 오이Diario Hoy', 라디오 방송국 '볼리바르Bolivar', '카루셀Carrusel' 등을 인수했다. 그 외에도 인쇄업, 보험, 부동산 개발, 도로 건설, 신용카드 등의 사업 분야로 진출했다. 이로써 이사이아스 가문은 에콰도르의 '바나나 왕'이라 불리는 루초 노보아Lucho Noboa에 이어 에콰도르에서 두 번째로 큰 기업 제국을 건설했다.

이러한 성공에는 무엇보다 가족주의가 중요한 역할을 했다. 이들은 현대 자본주의사회에서 활동하고 있었지만 전통적인 가족 유대의 강화를 통해 가문 소유의 기업 제국을 만들어갔다. 가문에 대한 충성은 개인주의를 넘어섰으며, 이는 축적된 자산이 분산되지 않고 가족 기업 형태로 잘 유지되도록 했다. 또한 가문의 3세대가 현지 엘리트들과 혼인하게 만들어 현지 지배층과의 조화를 추구한 것도 이사이아스 가문이 성공하는 데 작용한 중요한 요인이다.

후손을 비즈니스에 필요한 전문가로 육성

이민 2세대부터 레바논계는 전문직에 진출하기 시작했다. 한 집에 전문직 종사자 1명을 두는 것은 가문의 명예로 생각했기 때문에 레바논계는 자녀의 교육에도 많은 투자를 했다. 그들은 에콰도르 국내 또는 해외에서 건축학, 경제학, 공학, 법학, 심리학, 의학 등에서 석·박사 학위를 받아 그 분야의 전문가가 되었다.

에콰도르의 레바논계는 사업에 필요한 분야의 전문가를 원했다. 따라서 의사나 변호사가 된 사람은 다른 나라의 레바논계에 비해 많지 않다. 변호사가 되더라도 변호사 사무실을 열기보다 가족 기업을 위해 일하는 것을 선호했다. 석유가 가져다준 부에 의해 도시가 변모하는 과정에서도 레바논계는 건축과 설계 분야에서 중요한 역할을 맡았으며, 국가 주도의 석유 산업에서도 기술자로서 중요한 역할을 수행했다.

키토의 레바논계

에콰도르의 레바논계는 주로 과야킬에 근거지를 두고 있었다. 따라서 수도인 키토에서 레바논계의 존재는 과야킬보다 훨씬 약했다. 1920년대 과야킬에 있는 레바논인 상점 수가 32개였던 것에 비해 키토에서는 단지 8개에 불과했다. 당시 키토는 수도임에도 불구하고 이민자가 돈을 쉽게 벌 수 있는 곳은 아니었다(Pérez Marchanti, 1931).

그렇지만 레바논계는 키토에서도 성공을 거두었다. 1890년에 이미 몇몇의 레바논인이 키토에 가게를 열기 시작했으며, 대략 20년 후에는 지역 상점 가이드북에 레바논계의 이름이 나타나기 시작했다. 성공한 레바논인은 키토의 산 프란시스코 광장에 자신의 상점을 가지고 있었는데, 이들 상점은 주로 의류를 판매했다. 한편 이삭 아보아드Issac Aboad 같은 사람은 1917년 당시 키토의 최고급 호텔이었던 키토 메트로폴리탄 호텔Quito Hotel Metropolitano을 개업하기도 했다. 카카오 수출 호황이 수도인 키토에도 영향을 미치면서 이 지역에서도 소비가 증대하기 시작했다. 이에 따라 과야킬의 수입업자가 키토에 직접 상점을 개설하기 시작했다.

키토에는 레바논인 수가 적었기 때문에 이들은 과야킬의 레바논인보다 현지 에콰도르인과 더욱 가깝게 지냈다. 성공한 레바논인은 일찍이 에콰도르 엘리트와의 혼인 관계 등을 통해 현지 상류사회에 통합되기 시작했다.

키토에서 섬유업은 주로 아시엔다 내부에서 자급자족 형태로 이루어져 왔는데, 카카오의 부가 키토로 몰려들자 일부 아시엔다가 그들의 공장을 근대화해 섬유업에 뛰어들었다. 섬유업에서 충분한 노하우를 가진 레바논인 역시 키토의 섬유업에 참여했다. 1928년 살림 다숨Salim Dassum이 키토에서 최초의 섬유 제조 공장 '태평양의 진주La Perla del Pacifico'를 설립했다. 그 후 많은 레바논계가 나일론 스타킹 공장 등 다양한 섬유 관련 제품의 제조 공장을 설립했다.

키토에서 경제적으로 성공한 레바논계 가문은 코우레Koure, 다숨, 이사이아스, 나데르Nader, 라아드Raad, 체드키아크Chedkiak, 가르소시Garzozi, 바르켓Barket 등이다. 키토의 레바논계 가문들은 주로 과야킬에서 성공한 가문들과 같은 뿌리를 가지거나 그들과 밀접한 연결 고리를 가진 사람들이었다.

1930년대에 이미 키토의 성공한 레바논인들은 자신들만의 클럽인 '아랍 문화 클럽Club Cultural Arabe'을 결성했다. 1940년대에 이들 일부는 키토의 에콰도르인 상인회의소나 기업인 단체의 회원이 되었다.

1991년 레바논 영사관의 조사에 따르면 당시 키토에는 레바논계 약 1500명이 살았던 것으로 나타난다. 이들은 수적으로 소수에 불과했지만 다른 이민자 그룹과 함께 영향력이 점차 감소하는 키토 전통 엘리트를 대신하기 시작했다. 1970년대 에콰도르의 석유 생산이 새로운 투자 호황을 가져왔지만 키토의 전통 엘리트는 위험을 무릅쓰고 자산을 과감히 투자하는 용기를 내지 않았다. 이런 틈새를 활용해 레바논계는 광산, 화학, 의약, 플라스틱, 식품 가공 등에 투자했다. 그들은 미국의 자동차 회사 대리점을 맡았으며, 키토의 주요 신문인 ≪오늘Hoy≫의 대주주가 되었다. 레바논계는 상업과 제조업을 통해 부를 축적한 다음, 키토 인근의 아시엔다를 매입하기도 했다. 그곳에서 그들은 전통 에콰도르 아시엔다 지주처럼 목축업을 시도하기도 했지만 보다 수익성이 높은 사업을 찾아 아프리카 야자를 심어 야자유를 생산하기도 했다.

1980년대에 키토의 레바논계는 섬유업과 관련된 모든 분야에 진출해 있었다. 그들이 키토에서 최초의 섬유 제조업자는 아니었지만, 그들은 이 사업을 보다 근대화해 시장을 거의 지배하는 수준에 이르렀다. 예를 들어 아브라함 한달Abraham Handal의 내셔널 텍스타일Textiles Nacionales은 키토에서 두 번째로 큰 섬유 공장이었다.

1980년대에 그들은 금융업에도 진출했는데, 쿠엔카의 아수아이 은행Banco del Azuay, 아우스트로 은행Banco del Austro, 피친차 은행 등의 대주주가 되었다.

1950년대부터 키토의 레바논인은 정치에도 적극적으로 참여하기 시작했다. 그들은 주로 포퓰리스트 정당인 민중세력연합Concertación de Fuerzas Populares에 소속되어 정치 활동을 시작했다. 그중 아사드 부카람Assad Bucaram은 1971년 대선 후보로 나와 독특한 선거 캠페인을 벌여 키토 사람들에게 충격을 주었다. 이 때문에 그는 해외로 추방되었지만 키토인의 많은 지지를 받았다. 그 후 더 많은 레바논계가 정계로 진출하기 시작했다.

과야킬과 키토 외에도 남쪽 도시 쿠엔카에서는 레바논계 쿠오리Khouri와 쿠레Kure가 성공한 가문으로 꼽힌다. 한편 암바토에서는 팔레스타인계 아베드라보Abedrabbo와 투마los Tuma 가문, 요르단계인 카미스Khamis와 세이단Zeidán 가문이 경제적으로 성공을 거두었다(Nweihed, 1997: 273).

4. 아랍계의 정치적 진출

1950년대 이전의 제한적인 정치적 참여: 공산당의 리더 페드로 사아드

에콰도르는 아랍계의 정치적 참여를 콜롬비아보다는 늦게, 베네수엘라보다는 빨리 허용했다. 그 결과 1940년대에 이미 에콰도르의 아랍계는 하원의원 호세 살림José Salim과 상원의원 페드로 사아드Pedro Saad를 배출했다. 이들은 모두 공산당Partido Comunista 소속이었다. 사아드는 레바논계 최초의 국회의원으로 1947년에는 에콰도르 공산당의 리더가 되었다.

하지만 1950년대 이전까지 레바논계는 경제적 부를 획득하는 데 치중했고 정치적 참여에 적극적이지 않았다. 1950년대 정치적 참여를 시작하게 된 계기도 주로 자신의 비즈니스 환경을 강화하고 정치를 통해 부의 확대를 한층 더 원활하게 하는 것이었다. 반면, 완전한 정치인의 길로 접어든 사람도 있었다. 후자의 경우는 주로 포퓰리스트를 표방하는 정당에 소속되어 이루어졌다.

에콰도르 포퓰리즘을 주도한 레바논계: 부카람 가문

19세기 카카오 산업의 호황이 자유당에 힘을 실어주었다면 1950년대 바나나 호황은 포퓰리즘 정당의 성장을 이끌었다. 에콰도르의 포퓰리즘은 대부분의 다른 라틴아메리카 국가와 달리 수입대체산업화의 산물이 아니라 바나나 수출로 호황인 과야킬에 몰려든 도시 빈민을 대표할 정치 세력의 필요성에 따라 등장했다. 이 과정에서 과야킬에 기반을 둔* 포퓰리즘 정당인 '민중 세력의 집결CFP: Concentración de Fuerzas Populares'이 탄생했다. 초기의 레바논계 정치인은 주로 CFP를 통해 정치에 입문하기 시작했다.

바나나 산업의 호황에서 비롯된 과야킬의 팽창과 이에 따른 도시 외곽 빈민층의 증가는 에콰도르 정치에서 그들을 대변할 새로운 정치적 리더십의 부상을 요구했다. 이들의 정치적 지지를 얻기 위해서 포퓰리즘적 후견인주의는 유

---

* 에콰도르의 정치는 키토 중심의 산악 지역 엘리트와 과야킬 중심의 해안 지역 엘리트 사이에 형성되는 권력투쟁 구도로 이루어진다. 20세기 중반까지 키토 엘리트의 정치적 대표성이 훨씬 더 컸으며, 또 이들이 에콰도르 중앙 정치를 지배하고 있었다. 따라서 산악 지역의 엘리트가 해안 지역에서 공직을 맡을 수는 있었으나, 그 반대는 허용되지 않았다. 하지만 키토의 지배는 과야킬 엘리트의 경제적 이익을 손상하지 않는 범위 내에서 인정되었다.

효한 방법이었다. 에콰도르와 유사한 가부장 문화를 가진 레바논계는 이러한 형태의 정치에서 기존의 에콰도르의 정치인을 능가했다. 일부 레바논계는 에콰도르의 전통 정치인과 달리 빈민층 출신이라는 점을 선거에서 효과적으로 활용할 수 있었다.

레바논계는 가족주의, 후견인주의 같은 고유 전통을 유지하면서 현대적인 정치 스타일을 접목하는 유연성을 보여주었다. 특히 그들은 가족주의와 부족주의에 기반을 둔 아랍계 전통의 후견인주의적인 정치적 기술을 20세기 에콰도르의 변화하는 정치 상황에 잘 적용할 줄 알았다. 기존의 라틴아메리카 정치인이 당내 특권과 서열 등을 중요시하는 당내 정치에 익숙해 있던 반면, 에콰도르의 레바논계 정치인은 새로운 사회 세력을 보다 자유롭게 대변할 수 있었다. 기존 정치인들이 엘리트 계층의 이익에 반하는 급진적 변화를 요구하는 사회 세력과 거리감을 두는 동안 레바논계 이민자 출신 정치인들은 그러한 요구를 적극적으로 끌어안았다(Roberts, 2000: 155~157).

레바논계 정치인은 종족적 집단을 형성하지 않았으며 종족의 표에 의존하지도 않았다. 그들은 레바논계로서가 아니라 개인 자격으로 정당에 가입하고 선거에 참여했다. 그들은 선거를 통해 종족의 이익을 대변하기보다 국가적 문제를 다루는 데 더 치중했다.*

당시 이러한 레바논계 정치인을 대표하는 사람이 아사드 부카람이다. 에콰도르 레바논계 정치인의 대부로 불리는 아사드 부카람은 에콰도르의 암바토에서 태어나 과야킬에서 성장했다. 부카람 가문의 대표적 인물인 호르헤 엘리아스 부카람Jorge Elias Bucaram은** 경제적으로 큰 성공을 거두었지만 정작 아사

---

* 하지만 레바논계의 정치적 부상은 에콰도르 사회에 인종 편견과 증오를 불러왔으며, 인종적 공격도 있었다.
** 호르헤 엘리아스 부카람은 1908년 에콰도르에 이주해 왔다. 그는 레바논 베이루트에서 사업하던 사람으로 이미 충분한 자본과 상업적 재능을 보유하고 있었다. 따라서 그는 행상 같은 과정을 거치지 않고 도착한 그해 바로 수입업을 시작할 수 있었다. 그의 사업은 현지인 수입

드 부카람은 그들과 관계도 없었고 부자도 아니었다.

아사드 부카람의 아버지인 압달라 부카람은 산악 지역에서 과야킬로 수입품을 가져와 소매상에게 파는 중개상이었다. 소년 시절 아사드는 과야킬로 이주해 교육열 높은 부모 덕분에 엘리트 학교에 들어갔으나 산악 지역 출신이고, 레바논계이며, 게다가 큰 부자도 아니었기 때문에 항상 소외되었다. 이 학교에서 느낀 빈부 격차에 따른 소외감은 뒷날 그를 엘리트 사회에 도전하는 포퓰리즘 정치인으로 성장하게 하는 기반이 되었다.

아사드 부카람은 1956년 포퓰리즘 정당인 CFP에 가입하면서 정계에 입문했다. 그리고 곧 CFP의 2인자가 되었다. CFP는 정당이라기보다 노동자, 농민, 실업자, 일반인 등 사회 기층민에 속하는 다양한 세력을 하나로 묶는 거대한 조합 형태의 단체였다. CFP는 전통적 정당과 달리 지금까지 투표를 하지 못한 계층을 지지층으로 삼았다. 아사드는 이런 조직에 기반을 두고 과야킬 시장과 하원의원을 거쳐 하원의장까지 올랐다. 대선에는 여러 번 도전을 시도했으나 그때마다 여러 장벽에 부딪혀 목적을 이룰 수 없었다.

그렇지만 1978년 조카 사위인 하이메 롤도스 아길레라Jaime Roldós Aguilera를 도와 그를 대통령에 당선시키는 데 성공을 거두었다. 이후 1981년 의문의 비행기 사고로 대통령 롤도스와 그의 처이자 아사드의 조카인 마르타Martha가 사망했고, 같은 해에 아사드도 사망했다. 비록 그는 스스로 에콰도르 대통령이 되는 꿈을 이루지는 못했지만, 일생 동안 에콰도르 정치에서 가장 영향력 있

업자를 누르고 몇 년 만에 크게 번성했다. 그는 동생들까지 데려와 확대된 가족 기업을 형성했으며, 과야킬뿐만 아니라 에콰도르 전역에 걸쳐 수입품을 제공했다. 1936년 부카람 가문은 에콰도르에서 가장 근대화된 상업 조직을 형성하고 있었다. 그들은 잘 훈련된 직원을 통해 신속한 최상의 서비스를 제공했다. 그는 끊임없이 유럽을 여행했으며, 후에는 미국과 일본까지 가서 근대적 사업 방식 등을 익혀와 에콰도르 사업에 적용했다. 1933년 그의 회사는 에콰도르 전역에 판매망을 가진 수입품 판매 회사로 성장했다. 1933년 가문의 수장인 호르헤 엘리아스가 사망하자 그의 아들 엘리아스 호르헤 부카람(Elîas Jorge Bucaram)이 가문의 수장이 되었고, 회사 이름도 카사 부카람(Casa Bucaram)으로 변경했다.

는 사람 가운데 한 명으로 간주되었다. 나아가 라틴아메리카 전체에서도 가장 두드러지는 아랍계 정치인으로 평가받고 있다.

현재 그의 아들인 아베로에스Averroes는 CFP의 리더를 맡고 있다. 아베로에스는 1990년 과야스 주 하원의원으로 선출되었다. 아사드의 동생인 하코보의 자손이 CFP에서 분리해 나갔기 때문에 현재 CFP는 에콰도르의 주요 정당에 속하지 않지만 아베로에스는 아버지의 정적政敵들 그리고 CFP에서 분리되어 나간 사촌들과의 정치적 동맹을 통해 국회의장에 오르기도 했다.

부카람 가문은 아사드 말고도 그의 동생 하코보Jacobo의 자손들이 정치적으로 크게 성공해 에콰도르 최대의 정치 가문으로 성장했다. 하코보의 딸 마르타는 앞서 언급한 것처럼 롤도스 대통령의 부인이 되었고, 다른 딸 엘사Elsa는 과야킬 최초의 여성 시장으로 당선되었다. 큰 아들 하코보는 하원의원을 거쳐 2002년 대선 후보로 나서기도 했으며, 막내아들인 압달라Abdalá는 과야킬 시장을 거쳐 1996년 에콰도르 대통령으로 당선되었다. 압달라의 또 다른 형인 산티아고Santiago와 아돌포Adolfo도 1986년 국회의원으로 당선되었다. 즉, 남자 형제 5명 중 4명이 국회의원 또는 대통령 후보 또는 대통령을 지낸 것이다.

에콰도르 정치에서 부카람이라는 성은 마술적인 힘을 가진다. 그러한 힘은 증가하는 도시 빈민과 후원자적 관계를 형성할 줄 아는 능력 그리고 엘리트 계층과 당당히 맞서는 가문의 강인함에서 나왔다.

그중 대통령에 당선된 압달라의 정치 경력은 1970년대에 시작되었다. 처음에 그는 롤도스 정부 아래에서 과야킬 시가 속해 있는 구아야스 주의 경찰 책임자직을 맡았다. 이때 그는 종교적 도덕주의자로서 매춘부와 동성애자를 동시에 검거한 일로 유명해졌다. 롤도스가 의문의 사고로 죽은 후 CFP의 주도권을 그의 사촌이자 아사드의 아들인 아베로에스가 잡자, 압달라는 당내의 롤도스파 세력을 모아 CFP를 탈당한 다음 에콰도르 롤도스파 정당PRE: Partido Roldo-sista Ecuatoriano을 설립하고 지배권을 장악했다.

1984년 선거부터는 문맹자에게도 선거권이 부여되었는데, 압달라는 이 기회를 통해 과야킬 시장으로 선출되었다. 이 시기에 압달라는 군부와 기업인 그리고 과두 지배층과 과감히 맞서는 강인한 모습을 보이며 대중에 강한 인상을 주었다. 그러나 공금횡령 혐의로 17개월 만에 파나마로 망명했다.

그리고 1987년 귀국 후 세 차례에 걸친 도전 끝에 마침내 1996년 8월 대통령으로 당선되었다. 사실 그는 포퓰리스트 정치 때문에 부유한 레바논계의 지지를 받지 못했다. PRE 내부에서도 키토 세력은 구아야스 주지사를 지낸 레바논계 알프레도 아둠Alfredo Adum을 지지했다. 그러나 압달라는 그와의 정치적 고리를 노리는 일부 부유층의 든든한 재정적 지원과 그의 포퓰리즘 정치에 매료된 도시 빈민층의 절대적 지지로 대통령에 당선될 수 있었다.

1996년 대선 결선 투표에서 압달라와 경쟁한 후보 역시 같은 레바논계인 하이메 네보트였다. 그는 기독교사회당 소속의 대표적인 보수파 레바논계였기 때문에 이들의 경쟁은 신자유주의와 포퓰리즘의 대결로 진행되었다. 1차 투표에서 2위를 한 압달라는 키토 등 산악 지역에서 원주민의 지지를 받는 프레디 엘러스Freddy Ehlers와의 동맹을 통해 안데스 원주민의 지지를 얻을 수 있었다. 압달라는 그와 함께 안데스 산악 지역의 마을을 돌아다니며 록밴드와 함께 춤추고 노래하면서 유세를 벌였다. 그 결과 압달라는 과야킬과 키토를 제외한 지방의 모든 주에서 승리해 최종적으로 대통령에 당선될 수 있었다.*

압달라는 대통령에 당선되자 먼저 인척으로 구성된 내각을 구성했다. 사회복지부 장관에는 형 아돌포, 재무부 장관에는 매부 파블로 콘차Pablo Concha, 그의 정부의 가장 큰 공공사업인 구아야스 강 유역 개발 사업에는 역시 그의 매부인 카를로스 만수르Carlos Manzur, 사회보장연금 이사장에는 사촌 호르헤 부카람을 각각 임명했다. 또한 에너지 장관에 레바논계 알프레도 아둠을 임명했

....

* 압달라는 콜롬비아의 훌리오 세사르 투르바이(Julio César Turbay, 1978~1982년)와 아르헨티나의 카를로스 사울 메넴(1989~1995년, 1995~2000년)에 이어 라틴아메리카에서 세 번째로 아랍계 대통령이 되었다.

다. 이에 대한 여론은 실질적으로 능력 있는 사람들로 내각이 채워졌다는 평과 부패한 정치인들이 내각의 80%를 차지했다는 평으로 나뉘었다.

압달라의 문제는 이런 인사 문제보다 나라 전체가 경제적 어려움에 처한 시점에 포퓰리스트 정치인으로서 할 수 있는 일이 아무것도 없다는 것이었다. 그는 금융계의 불안을 의식해 보수적 금융인과 기업인을 끌어들여 정통과 경제정책을 지속할 것을 시사했지만 그의 정부에 대한 불신은 사라지지 않았다.

결국 그는 대선 캠페인 당시 또는 재직 시 행한 기이한 행동을 원인으로 언론에서 '미친놈el Loco'으로 몰리기 시작했고, 키토 시에서는 그의 정책에 실망한 원주민의 대중 시위가 격화되었다. 끝내 그는 의회에 의해 '정신적으로 통치 불능incapacidad mental para gobernar' 판정을 받아 취임 후 1년도 되지 않은 1997년 2월에 사임해야만 했고, 다시 파나마로 정치적 망명을 떠나야 했다. 파나마에서 그는 국제망명법이 금지하는데도 정치적 견해를 밝히는 등 사실상 PRE를 원격 조종하고 있다. 게다가 현재 그의 아들 압달라 '달로' 부카람Abdala 'Dalo' Bucaram도 국회의원으로 활동하고 있다.

민주화 이후 에콰도르 정치를 주도하는 레바논계

레바논계 후손의 정치적 진출은 1979년 군부독재가 종식되면서 본격화되었고, 1990년대에 정점에 이르렀다. 1979년 총선에서 레바논계 7명이 국회에 진출했으며, 그러한 비중은 이후에도 계속 유지되었다(Roberts, 2000: 186).

민주화 이후 레바논계는 권력의 핵심에 점차 접근하기 시작했다. 1979년 대통령에 당선된 하이메 롤도스 아길레라의 부인이 레바논계였으며, 그가 소속되었던 CFP는 사실상 레바논계가 주도하는 정당이었다. 1984년 대통령에 선출된 레온 페브레스 코르데로가 소속된 PSC 또한 레바논계 기업인이 가장 많이 참여하는 정당이었으며, 그의 정부가 추진하는 경제정책은 사실상 레바논계가 주도했다. 1988년 대선에서 승리한 민주좌파ID: Izquierda Democrática의 사무총장도 레바논계였다. 특히 1988년 대선에서는 2위를 한 PRE의 압달라, 3

위를 한 민중민주당DP: Democracia Popular의 하밀 마우아드가 모두 레바논계였다. 1992년 대선에서는 마침내 레바논계가 부통령으로 선출되었으며, 2위를 한 정당의 부통령 후보도 레바논계였고, 3위를 한 정당에서는 대통령 후보가 레바논계였다. 결국 1996년에는 레바논계인 압달라 부카람이 대통령으로 선출되었으며, 그가 탄핵된 후에 치러진 1998년 대선에서도 레바논계가 다시 대통령으로 선출되어 에콰도르 정치에서 레바논계의 진출이 정점에 이르렀다.

에콰도르의 레바논계 정치인의 특징은 종족적 연대보다 가문에 충실하다는 점이다. 따라서 그들의 정치적 성향도 다양하다. 레바논계 주요 정치인 가운데 가난한 상인 집안 출신으로 포퓰리즘 정치를 하는 사람부터 부유한 가문 출신으로 미국의 명문 대학에서 박사 학위를 받은 정치인, 에콰도르의 전통 엘리트 가문과 레바논계 어머니 사이에서 태어난 우파 정치인 등 다양한 유형의 정치인이 있다. 따라서 그들의 소속 정당도 좌파에서 우파까지 다양하다.

레바논계 정치인의 지역적 기반은 주로 과야킬이다. 과야킬 시에서 가까운 지역일수록 레바논계의 정치적 진출도 보다 활발하게 이루어졌다. 레바논계 정치인이 가장 많이 관여한 정당 역시 과야킬 시에 기반을 둔 CFP였다. 아사드 부카람에 의해 조직된 이 포퓰리즘 정당을 통해 많은 레바논계 정치인이 정치를 시작했다. 특히 부유한 가문 출신이 아닌 레바논계는 대부분 CFP를 통해 정치에 입문했다. 민주화 이후 1990년까지 CFP의 배경을 가진 레바논계 가운데 5명이 과야킬 시장에 선출되었다.

한편 부유한 가문 출신의 레바논계는 과야킬의 기업인을 대변하는 정당인 PSC에 소속되었다. PSC는 CFP 다음으로 레바논계가 많이 소속된 정당이었다. 부카람 가문이 포퓰리즘에 기반을 두고 있었다면 다른 대부분의 아랍계 정치인은 보수 성향을 지니고 있었다.

보수 성향의 레바논계 정치인: 하밀 마우아드

보수 기반을 가진 에콰도르 아랍계 정치인을 대표하는 인물로는 1992년에서 1995년 사이 부통령을 지낸 알베르토 다히크 가르소시Alberto Dahik Garzozi를 들 수 있다. 유럽에서 학위를 받은 경제학자였던 그는, 1950년 이후 과야킬 출신 보수파 정치인으로는 최초로 1984년 대통령에 당선된 PSC 소속 레온 페브레스 코르데로에 의해 통화위원회 의장에 임명되어 사실상 에콰도르 경제를 주도했다. 그 후 에콰도르 보수당PCE: Partido Conservador Ecuatoriano의 리더 역할을 맡으면서 1992년 대통령에 당선된 PCE 소속 식스토 두란 바옌Sixto Durán Ballen 정부에서 레바논계로는 최초로 부통령을 지냈다.

아랍계 보수파 정치인을 대표하는 또 다른 인물로는 하밀 마우아드가 있다. 레바논계 부친과 독일계 모친 사이에서 태어난 마우아드는 노동부 장관, 하원의원, 키토 시장 등을 거쳐 정직하고 깨끗한 이미지와 기술 관료적 능력을 인정받아 1998년 대통령에 당선되었다. 부카람 가문이 과야킬을 기반으로 삼았다면 그는 키토에 정치 기반을 두고 있었다. 대통령으로 당선된 후 그는 좌파와 연합하지 않고 PSC와 연합해 의회를 장악한 다음 금융 위기에 직면한 에콰도르에 달러통용화를 도입했다. 이후 경제적 실패와 사회적 빈곤의 확대 등으로 원주민 단체의 시위가 격화되고, 루시오 구티에레스Lucio Gutiérrez를 중심으로 한 청년 장교들의 군사 반란이 일어나자 임기를 채우지 못하고 2000년 대통령직을 사임했다. 현재 그는 미국에 거주하며 대학에서 강의를 하고 있다.

아버지가 스페인 카탈루냐 출신이고, 어머니가 시리아-레바논계인 하이메 네보트 사이디Jaime Nebot Saadi는 비록 스스로 레바논계라고 생각하지는 않지만 크게 보아 레바논계 정치인으로 분류된다. 그는 중도우파인 PSC 소속으로 과야스 주지사와 하원의원을 거쳐, 1992년 대선에서 PSC의 부통령 후보로 나왔으며, 2000년 이후 과야킬 시장에 당선되었다. 지금까지 그는 최고의 과야킬 시장으로 간주되는 등 정치적 역량을 발휘하면서, 좌파인 라파엘 코레아Rafael Correa 정부에 맞서는 야당의 리더 역할을 맡고 있다.

그 외 아랍계 보수파 정치인으로는 팔레스타인계 하원의원 아베드라보 레온Abedrabbo León, 로드리고 보르하Rodrigo Borja 정부에서 행정부 장관을 지낸 경

<표 2-3> 에콰도르의 주요 아랍계 정치인

이름	주요 이력
페드로 사아드	- 1940년대 공산당 리더
아사드 부카람	- 과야킬 시장, 하원의장 - 에콰도르 정치에서 가장 영향력 있는 정치인
압달라 부카람	- 아사드 부카람의 조카, 과야킬 시장, 1996년 대통령 당선
엘사 부카람	- 압달라의 여동생, 과야킬 최초 여성 시장
하밀 마우아드	- 키토 시장, 1998년 대통령 당선, 보수파
알베르토 다히크 가르소시	- 식스토 두란 바엔 정부 시기 부통령, 보수파
하이메 네보트 사아디	- 과야킬 시장, 좌파 코레아 정부에 맞선 야당의 리더

제학자 훌리오 투르바이Julio Turbay 등이 있다.

한편 압달라 부카람, 하밀 마우아드와 함께 주요 레바논계 정치인으로는 비록 3일 동안의 임시직이었지만 대통령에 올랐던 훌리오 테오도로 살렘 가예고스Julio Teodoro Salem Gallegos를 들 수 있다.

최근 부상하는 아랍계 청년 정치인

최근 부상하는 아랍계 청년 정치인으로는 에콰도르 최고의 명문 축구팀 에멜렉Emelec 소속의 축구선수 출신으로 현재 국회의원인 압달라 부카람 주니어, 국회의원 후보 에스테파노 아둠Estefano Adum, 국회의원 니콜라스 이사 와그너 Nicolás Issa Wagner, 통상부 장관과 안데스의회 의장 등을 지낸 이본느 바키Ivonne Baki 등이 있다.

정리하면, 1979년 민주화 이후 레바논계는 대통령 2명(압달라 부카람, 하밀 마우아드)과 1명의 임시 대통령(훌리오 테오도로 살렘 가예고스), 부통령 1명(알베르토 다히크 가르소시)을 배출했다. 그 외 비록 당선되지는 않았지만 대통령 후보로 나왔던 사람도 2명(아사드 부카람, 하코보 부카람)이 있다. 또한 하이메 롤로스 대통령과 레온 페브레스 대통령의 부인도 레바논계였다. 이렇게 레바논계는 에콰도르 권력의 핵심에 접근했다. 이 외에도 레바논계의 정치적·경제적 거점이라 할 수 있는 에콰도르 최대 도시 과야킬 시장은 현 시장을 포함해 5명이 레바논계였으며, 코레아 정부에 맞선 야당의 리더 또한 레바논계다. 이렇게 레바논계는 소수임에도 불구하고 에콰도르 정계에서 가장 영향력 있는 종족으로 성장했다. 이에 따라 1990년대 에콰도르 언론에서는 에콰도르 정치의 '아랍 유목민화Bedouinization'를 우려하는 목소리까지 나왔다.

문화 분야의 아랍계

문화 분야에서도 에콰도르의 아랍계는 탁월한 모습을 보여주었다. 여기에는 아랍문학의 거장이라고 할 수 있는 아민 막하레아Amin Mcharrea와 호르헤 엘리아스 프란시스코 아돔Jorge Elias Francisco Adoum이 에콰도르에 체류했었다는 사실이 결정적인 기여를 했다. 두 사람 모두 레바논계로 막하레아는 개혁파 시인이고, 아돔은 시인이자 의사이며 철학자였다.

아돔은 제1차 세계대전에 참전한 이래 미국으로 정치적 망명을 떠났다가, 말년에 브라질로 가기 전 에콰도르에서 20년 동안 머물렀다. 지금 그의 형제와 후손이 에콰도르에 거주하고, 그의 주요 활동 상당 부분이 에콰도르에서 이루어졌기 때문에 여러 번 거주지를 이전했는데도 그는 여전히 많은 사람에 의해 에콰도르와 결부되어 기억된다. 그는 심리학과 관련된 많은 책을 통해 인간의 심리를 파악하는 데 천부적인 재능을 가졌음을 보여주었다. 그의 아들 호르헤 엔리케 아돔Jorge Enrique Adoum은 소설가이자 시인으로서 다양한 정치·외교 활동을 했다. 그는 칠레의 노벨상 수상 시인 파블로 네루다의 개인 비서를 지냈으며, 유네스코UNESCO에서 일하기도 했다. 사회문제를 지적한 그의 소설은 스페인어권 최대의 문학상인 세르반테스상 후보로 지명되기도 했다. 그는 에콰도르 최고 지성인 가운데 한 명으로 간주된다(Raad, 1996: 103~104).

미술 분야에서는 에콰도르를 넘어 레바논과 유럽에서도 저명한 이본느 유에즈 압델바키Ivonne Juez Abdelbaki가 있으며, 음악 분야에는 바이올리니스트 호르혜 사아데Jorge Saade가 있다.

대중문화 영역에서는 과야킬에 대한 대중 찬가에 가사를 붙인 음악가 니카시오 사파디Nicasio Zafady, 인기 탤런트이자 방송 진행자로 활약한 디에고 스포토르노Diego Spotorno가 레바논계다. 1992년 미스 에콰도르 마리아 솔레다드 디아브Maria Soledad Diab와 2013년 미스 에콰도르 콘스탄자 바에즈Constanza Báez도 레바논계다.

스포츠 분야에서는 레바논계 나시브 네메Nassib Neme가 현재 에콰도르 최고의 명문 축구단인 과야킬의 에멜렉 구단을 소유하고 있다.

어쨌든 에콰도르에서 레바논계는 정치적·경제적 성공에 비해 문화 분야에서는 크게 두각을 나타내고 있지 않다. 다른 라틴아메리카 국가에서 이루어진 아랍계의 문화적 성과에 견주어도 에콰도르 레바논계의 문화적 성과는 보다 미약한 것으로 보인다.

5. 에콰도르 레바논계 성공의 문화적 요인

친족 중심의 가족 경영

에콰도르에 이주해 온 레바논인은 과야킬의 상인과 지주 계급, 키토의 정치적 지배계급과 경쟁이 불가피했다. 레바논계 이민자가 가지는 전통적 가치는 그들과의 경쟁에서 승리하거나 살아남는 데 큰 기여를 했다. 레바논계의 전통적 가치 가운데 가족적 응집력이야말로 그들 성공의 필수 조건이었다고 해도 과언이 아니다. 봉건적 뿌리에서 시작된 가족적 응집력은 레바논계를 지배하는 가치다. 레바논계는 가족적 정체성 없이는 자신의 존재를 설명할 수 없다. 가족에 속하지 않는 레바논인은 무의미한 것으로 간주된다. 가족 내 윗사람에 대한 존중은 레바논인에게 신성한 가치다.

따라서 사업 형태도 가부장의 지휘에 따라 가족적 단위로 이루어진다. 레바논계, 보다 크게는 아랍계의 사업 성공 사례를 보면 가족 경영이 결코 비효율적으로 보이지만은 않는다. 특히 법과 제도가 엄격하게 지켜지지 않는 라틴아메리카와 같은 조건에서 신뢰를 바탕으로 형성된 가족적 경영은 오히려 장점이 많다. 라틴아메리카에서 아랍계의 가족 기업은 전통에 머물지 않고 시대의 변화에 따라 새로운 기술과 경영 방식을 받아들이는 데도 적극적이었다. 기업의 경영권 또한 가문의 후손 가운데 경영 능력을 인정받은 사람에게 상속되었다. 친자식이라고 무조건 경영권이 상속되는 것은 아니었다. 가족 네트워크는 초기 이민자에게 사업 자금을 대출해주거나, 사회적 필요성을 충족시켜 그들이 성공적으로 정착하는 데 기여했다.

레바논계는 자신들의 봉건적 가족 구조와 가장 중심의 권위적 가족 문화를 현대사회에 긍정적으로 적용했다. 친족중심주의와 후견인주의는 현대적 기업과 금융업 경영에 효과적으로 적용되었다. 특히 종족 내 혼인을 통해 가족 구조를 확대함으로써 제3세대에 이르자 성공한 레바논계 가문 대부분이 혼인 관계로 연결되어 있었다. 이는 상호 경제적 의존과 밀접한 사회적 관계를 형성해 경쟁 사회에서 훌륭한 장점으로 작동했다.

근면성과 끊임없는 도전 정신

가족적 응집력과 함께 레바논계가 가진 또 다른 전통적 가치는 근면성이다. 레바논인은 일하지 않는 것을 부끄럽게 생각했다. 유럽의 봉건 지주와 귀족들 또는 라틴아메리카의 대지주와 달리 사막의 거친 환경에서 살아온 레바논인은 사람이 일하기 위해 태어났다고 생각하면서 일생 동안 끊임없이 노동에 종사했다. 그들은 현실에 안주하지 않고 늘 위험을 감수하면서 더욱 낳은 삶을 위해 노력했다. 이러한 근면성이야 말로 레바논계가 에콰도르에서 성공할 수 있던 또 다른 문화적 요인이다.

에콰도르에 이주한 레바논인 대부분은 이미 앞서 레바논의 베이루트로 이주해 상업 활동 등으로 충분한 부를 획득한 사람이었다. 자본축적에 따라 자신감도 충만했다. 더욱이 그들은 레바논인 전통의 근면성, 상업 활동 중시, 가족적 가치 존중, 가족 기업이라는 긍정적인 측면들을 보유하고 있었다. 따라서 그들이 에콰도르의 과야킬 항구에 도착했을 때 그들은 과거 레바논의 산악지대에서 도시인 베이루트로 이주할 당시 느꼈던 것처럼 그곳을 새로운 기회의 땅으로 생각했다.

마침 레바논계가 이주한 20세기 초는 키토 지주계급의 부와 영향력이 쇠퇴하고, 과야킬 같은 해안 지역의 아시엔다 소유주가 카카오를 통해 벌어들인 부를 프랑스를 비롯한 해외에서 낭비하던 시기였다. 따라서 에콰도르의 부는 지주계급에서 카카오 수출업자와 은행가에게로 서서히 이전하고 있었다. 이런 과도기에 놓여 있던 과야킬은 젊고 야망에 찬 레바논인에게 재산 증식을 위한 최적의 조건을 제공해주었다.

근대화 과정에서 전통에서 벗어나는 행위는 보다 개혁적인 경우가 많다. 전통 가치에서 벗어나 있는 이민자는 현지인보다 개혁적이었다. 그들은 전통 가치에 따른 제한을 거의 받지 않았으며 따라서 그들 고유의 가치를 유지하면서 현지에서 완전히 새로운 것을 추구할 수 있었다. 에콰도르에서 레바논 이민자는 현지 문화를 많이 흡수했지만 사업에서는 에콰도르 전통을 이어받지 않고 자신들의 전통 방식을 고수했다. 그들은 수입과 판매 전략으로 공격적이고 개혁적인 방식을 채택해 현지의 기존 상인을 압도할 수 있었다. 나아가 정치적으로도 그들은 도전적인 형태를 취해 성공을 거두었다. 즉, 전통에 따라 도전적이고 공격적인 사업·정치 형태는 에콰도르에서 레바논계의 성공을 설명하는 중요한 요인이다. 한편으로 이와 같은 방식은 현지인의 분노를 야기하기도 했는데, 이러한 문화적 충돌은 지금까지 계속되고 있다.[*]

----

* 레바논계 정치인의 파격적인 정치 행보와 이것에서 비롯된 갈등은 앞서 언급한 압달라 부카람과 하밀 마우아드 두 대통령의 일화에서 잘 드러난다.

제1부 라틴아메리카의 아랍계

사교 클럽을 통한 인맥 형성

레바논계가 사업적으로 성공을 거두면서 이들은 사회적으로도 엘리트 계층과 밀접한 관계를 맺기 시작했다. 성공한 레바논계는 자녀를 최고의 학교에 보내 토착 엘리트의 자녀와 우정을 쌓게 하고, 나아가 그들 가문과 혼인 관계를 맺기도 했다.

젊은 레바논계 후손은 자신들이 태어난 에콰도르 사회에 완전히 통합되기를 원했다. 이러한 통합 과정은 학교와 클럽, 나아가 혼인을 통해 이루어졌다. 레바논계가 배타적인 토착 엘리트의 클럽 멤버가 되는 것은 쉽지 않았다. 이러한 클럽의 회원권은 제한되어 있었고, 또 자녀에게 유산되었기 때문에 기존의 엘리트 클럽에 가입하는 것은 아무리 돈이 많은 레바논계라도 쉽지 않았다. 따라서 그들은 자신들의 클럽을 새로 만들었고 이를 통해 레바논계 또는 현지인과의 인맥을 형성했다.

에콰도르에서 아랍계 인구수는 상대적으로 많지 않기 때문에 그들만의 클럽도 다른 라틴아메리카 나라에 비해 많지 않다. 1940년대 이후부터 아랍계 문화단체가 생겨났으며, 1940년대 후반에는 과야킬에서 레바논계 동맹 클럽Club de la Unión Libanesa이라는 아랍계 문화단체가 조직되었다. 이 클럽에는 시리아계도 함께 참여했다. 1986년에는 키토에서 팔레스타인계 후손이 주도해 아랍-에콰도르 클럽Club Arabe-Ecuatoriano을 설립했다. 이러한 클럽들은 종족 간, 나아가 현지 엘리트와의 인맥 형성에 기여해 아랍계, 레바논계의 경제적·정치적 성공에 또 다른 중요한 요인이 되었다.

Akmir, Abdeluahed. 2009. "Introducción." Abdeluahed Akmir(coord.). *Los árabes en América Latina. Historia de una emigración*. Madrid: Siglo XXI, pp. 1~59.

Almeida, Mónica. 1998. "Los sirio-libaneses en el espacio social ecuatoriano: cohesión étnica y asimilación cultural." *Íconos. Revista de FLACSO-Ecuador*, No.5, Agosto, pp. 62~83.

Hashimoto, Kohei. 1992. "Lebanese Population Movement 1920-1939: Towards a Study." A. Hourani & N. Shehadi(eds.). *The Lebanese in the World: A Century of Migration*. Lodon: Centre for Lebanese Studies and I.B. Tauris, pp. 65~107.

Nweihed, Kaldone G. 1997. "La emigración de sirios, libaneses y palestinos a Venezuela, Colombia y Ecuador: Balance cultural de una relación sostenida durante 110 años." Raymundo Kabchi(coord.). *El mundo arabe y América Latina*. Madrid: Ediciones Libertarias/Prodhufi, pp. 235~282.

Pineo, Ronn F. 1986. "Primeros Comerciales instalados por libaneses en Guayaquil." *El Universo*, November 22.

Pérez Marchanti, Branilo. 1931. "Los Colonias Syria, Libanesa y Palestina en el Ecuador." *Registro Artistica del Canton de Quito*, Número 9, Libro 33.

Raad B., Ana María. 1996. "Los libaneses en el Ecuador de Hoy." *Vistazo*, August 15, pp. 98~104.

Roberts, Lois J. 2000. *The Lebanese Immigrants in Ecuador: A History of Emerging Leadership*. Colorado: Westview Press.

제3장 세계에서 가장 많은 아랍계 이민자가 거주하는 나라, 브라질

1. 브라질에서 아랍계의 중요성

브라질에는 세계에서 가장 많은 시리아-레바논계 이민자와 그 후손이 거주한다. 그들의 수는 적게는 약 250만 명에서 많게는 약 1천만 명 정도로 추정된다. 레바논계가 70% 이상으로 최대로 추정해보면 본국인 레바논보다 더 많은 레바논계가 브라질에 살고 있는 것이다. 하지만 2억 명이 넘는 브라질 인구를 감안할 때 시리아-레바논계가 브라질 전체 인구에서 차지하는 비중은 많아야 5% 정도다.

그런데도 브라질에서 시리아-레바논계의 존재감은 결코 작지 않다. 우선 그들은 경제적으로 상파울루 시의 대표 상업지역인 베인치신쿠 데 마르수_{Rua 25 de Março} 가의 상권을 거의 장악하고 있다. 그 외에도 리우데자네이루 시, 파라과이와 아르헨티나와의 국경도시 등의 상권을 장악하고 있다. 최근에는 현대적 유통업에도 진출해 전국적인 판매망을 가진 유통 기업들을 소유하고 있다.

상업을 통한 성공을 바탕으로 후손들의 전문직 진출도 눈에 띈다. 특히 법조·의료 분야와 토목·건축 분야로의 진출이 두드러진다. 예컨대 브라질 최고 대학인 상파울루 대학USP의 의학대학 전임교수의 3분의 1, 상파울루 시 전체 변호사의 15% 이상이 시리아-레바논계다. 그들은 상파울루에만 대형 병원 4개를 설립했는데, 그중 시리아-레바논 병원Hospital Sirio-Libanés은 라틴아메리카에 있는 최고 수준의 병원으로 간주된다.

정치 분야에서도 시리아-레바논계의 성공은 두드러진다. 지금까지 브라질에서 그들은 부통령 2명을 배출했으며, 브라질 대표 정당인 브라질민주운동당PMDB: Partido del Movimiento Democrático Brasileño과 브라질사회민주당PSDB: Partido Social-Democrático de Brasil의 당 대표와 대선 후보를 각각 맡기도 했다. 이 두 정당에 미치는 시리아-레바논계의 영향력은 매우 크다. 또한 그들은 연방 하원의원의 7%를 차지한다. 특히 상파울루에서 이들의 정치적 영향력은 거의 절대적이다. 상파울루 시의원의 20%, 1980년대 이후 상파울루 시장 9명 중 3명이 시리아-레바논계였다.

2. 아랍계의 브라질 이주

아랍인의 브라질 이민 역사

브라질에 아랍인의 이주가 본격적으로 시작된 것은 19세기 말이다. 1892년부터 증가하기 시작한 이주는 1898년 최고 수준에 달했고, 1903년부터 1930년까지지도 많은 아랍계 이민자가 들어왔다. 특히 시기별로 1904년에서 1913년까지 10년 동안은 아랍계 이민자의 브라질 유입이 가장 많던 시기다.

몬테네그로Montenegro에 따르면 아랍계의 브라질 이민은 시기별로 크게 네 단계로 나뉜다(Montenegro, 2009: 241). 첫 번째 시기는 1880~1920년 사이로 당시 이민자는 주로 오스만제국의 억압을 피하고 새로운 경제적 기회를 찾으려는 현재 레바논 지역의 기독교도들이었다. 아랍계 이민이 가장 활발했던 시기도 바로 이때다. 두 번째 시기는 1920~1940년 사이로 대부분 경제적 이유로 이민이 이루어졌다. 당시 이민자 사이에는 기독교 신도도 있었고 무슬림도 적지 않았다. 지역적으로는 대부분 시리아와 레바논 출신이었지만 팔레스타인 출신도 있었다. 이 시기가 첫 번째 시기에 이어 다음으로 이민이 활발했던 때다. 세 번째 시기는 1940~1975년 사이로 제2차 세계대전 이후 경제적 어려움과 출신지에서 발생한 종교적·정치적 갈등을 피하기 위한 이민이 주를 이루었다. 종교적으로는 기독교도와 무슬림이 고루 분포했다. 네 번째 시기는 1975~2000년 사이로 1970년대 레바논 내전 같은 군사적 갈등을 피하기 위한 정치적 이민이 주를 이루었다. 이 시기의 이민자들 다수는 무슬림이었다.

19세기 말부터 브라질 정부는 인구 증가뿐만 아니라 농업·광업의 발전, 나아가 상업·제조업의 활성화를 위해 이민자의 유입을 적극적으로 추진했다. 특히 광대한 영토의 실질적인 지배를 공고히 하기 위해 이민자(이 경우 특히 이탈리아인과 독일인을 선호했다)를 끌어들여 변경 지역에 정착시켰다. 이를 위해 당시 브라질 정부는 토지 부여, 여행 경비 보조, 국내 행상의 자유 보장 등 다양한 편의를 제공하기도 했다.

특히 페드로 2세는 1870년대와 1880년대 사이 아랍 국가들을 방문했을 때 안전과 번영을 약속하면서 레바논인에게 이민을 촉구하기도 했다. 이는 오스만제국 아래서 정치적·경제적·종교적 압박을 받던 레바논의 많은 마론파 교도가 브라질로의 이민을 적극적으로 고려하는 계기가 되었다. 한편 미국으로 가기 위한 우회로로 브라질을 선택한 사람도 있었다. 하지만 브라질을 통한 미국 입국이 생각처럼 쉽지 않아 이들 중 상당수가 브라질에 정착했다.

초기 이민자 가운데는 종교적·정치적 압박을 피하기 위해 이민을 선택한 경우도 있었지만 대부분 이민자의 목표는 경제적 목적, 즉 돈을 벌어 부자가 되는 것이었다. 이런 초기 이민자가 어느 정도 자리를 잡기 시작하자, 그들은 고향의 친지나 친구를 끌어들였다. 이는 신뢰할 만한 사람과 같이 일하려는 기존 아랍인 이민자의 바람 때문이었다. 이에 따라 이후에 이주해 온 사람들은 고립되지 않고 초기 이민 생활의 어려움을 극복하는 데 많은 도움을 얻을 수 있었다. 이른바 '유인망cadena de llamadas'이라 불리는 이러한 과정은 아랍계 이민 유입의 가장 큰 동력이었다.

시리아-레바논계의 브라질 이민은 다양한 경로를 통해 이루어졌다. 그들이 들어온 대표적 항구는 파라 주의 벨렝, 페르남부코 주의 헤시피, 바이아 주의 사우바도르, 히우지자네이루 주의 리우데자네이루, 상파울루 주의 산투스, 산타카타리나 주의 산 프란시스코 두 술, 히우그란지두술 주의 히우그란지 등이다. 브라질로 합법적인 이주가 어려워진 1970년대에는 내륙의 파라과이와 볼리비아 국경을 통한 이주도 많이 이루어졌다.

다른 라틴아메리카 국가들과 달리 아랍인의 브라질 이민은 1900년대 중반 이후 현재까지 비록 간헐적이지만 계속되고 있다.

이민자 수: 세계에서 가장 많은 아랍계 이민자가 거주하는 나라 브라질

브라질은 이민자의 나라라고 할 수 있다. 식민지 시대에 포르투갈인과 노예로 들어온 아프리카인 외에 19세기 들어 다양한 지역에서 이민해 왔다. 19세

⟨표 3-1⟩ 종족별 브라질 이민자 수(1880~1969)

기간	포르투갈인	이탈리아인	스페인인	독일인	일본인	중동인	기타
1880~1889	104,690	277,124	30,066	18,901	-	-	17,841
1890~1899	219,353	690,365	164,293	17,084	-	4,215	103,017
1900~1909	195,586	221,394	113,232	13,848	861	26,846	50,640
1910~1919	318,481	138,168	181,651	25,902	27,432	38,407	85,412
1920~1929	301,915	106,835	81,931	75,801	58,284	40,695	181,186
1930~1939	102,743	22,170	12,746	27,497	99,222	5,549	62,841
1940~1949	45,604	15,819	4,702	6,807	2,828	3,351	34,974
1950~1959	241,579	91,931	94,693	16,643	33,593	16,996	87,633
1960~1969	74,129	12,414	28,397	5,659	25,092	4,405	47,491
총(명)	1,604,080	1,576,220	711,711	208,142	247,312	140,464	671,035
비율(%)	31	30	14	4	5	3	13

자료: Lesser(1999: 8).

제1부 라틴아메리카의 아랍계

기 말부터 포르투갈인 외에 이탈리아인, 스페인인, 독일인, 일본인의 이민이 대량으로 이루어졌다. 아랍인은 이들 다음의 여섯 번째로, 1880년에서 1969년 사이 총 14만 464명이 이주해 전체 이민자의 3%를 차지한다(〈표 3-1〉).

〈표 3-1〉에서 '중동인Medio-orientales'으로 분류된 이들은 다양한 아랍 국가 출신으로 구성된다. 하지만 1923년까지 공식 통계에는 아랍인 대부분이 '시리아인' 또는 '터키인'으로 분류되었다. 아랍계가 지금처럼 다양한 종족별로 구분되기 시작한 것은 1924년 이후다. 따라서 1884년에서 1939년까지 브라질로 이주한 아랍인을 종족별로 살펴보면(〈표 3-2〉), '터키인'으로 분류된 사람이 7만 8455명(73%)으로 가장 많고, 다음으로 시리아인이 2만 507명(19%)으로 두 번째를 차지하며, 다음으로 레바논인이 5174명(5%)으로 세 번째다. '터키인'으로 분류된 사람들 대부분(90% 이상)이 현재의 시리아와 레바논 지역 출신이라는 것을 감안하면 전체 브라질 아랍인 이민자의 90% 이상이 시리아와 레바논 출신임을 알 수 있다.

〈표 3-2〉 출신 종족별 브라질의 아랍인 이민자 분포(1884~1939)

출신 종족	인원(명)	비율(%)
알제리	1	-
아르메니아	826	-
이집트	645	-
이란	129	-
이라크	10	-
레바논	5,174	5
모로코	328	-
팔레스타인	677	-
페르시아	383	-
시리아	20,507	19
'터키'	78,455	73
총	107,135	100

자료: Lesser(1999: 49).

오늘날 확실하게 인정할 수 있는 브라질의 아랍인 이민자 수는 14만에서 20만 명 정도다. 하지만 아랍계 단체들은 확실한 근거 없이 후손을 포함해 브라질의 아랍계가 약 600만에서 900만 명까지 도달할 것이라고 주장한다(Luxner and Engle, 2005).

이러한 과장에는 브라질 사회에서 위상을 강화하려는 시리아-레바논계의 의도가 담겨 있다. 이에 따라 2001년 브라질의 주요 일간지 ≪폴 하데 상파울루Folha de São Paulo≫가 발간하는 주말 문화 잡지는 브라질 내 아랍계가 레바논계 700만, 시리아계 300만으로 거의 1천만 명에 육박한다는 기사를 게재하기도 했다(Yuri, 2001: 8). 이는 브라질 전체 인구의 약 5%에 달하는 규모다. 이에 따르면 브라질은 세계에서 가장 많은 아랍계 이민자가 거주하는 나라다.*

하지만 〈표 3-1〉에서 보았듯이 1880년에서 1969년까지 브라질로 이주한 아랍인 수가 14만 464명이고, 1970년대 이후 브라질로 이주한 아랍인 수를 모두 더해도 700명 이하로 그다지 많지 않음을 고려하면, 앞의 주장들은 다소 과장된 측면이 있다. 따라서 이민자 수를 고려해 그들의 후손까지 브라질 아랍계의 인구수를 추정해보면 약 250만 명 정도로 평가된다(Suleiman, 1999: 2).

지역별 이민자 분포: 상파울루 시 베인치신쿠 지 마르수

아랍인은 다양한 경로를 통해 입국했는데도, 오늘날 브라질 시리아-레바논계 이민자 대부분은 남동부의 상파울루 주와 리우데자네이루 주에 집중적으로 거주한다. 1940년대 상파울루 시에 거주하는 아랍계 비중은 전체 아랍계의 약 50% 정도였다(Luxner and Engle, 2005).**

....

* 중동 이외의 지역에 거주하는 아랍계 수는 최대 약 5천만 명 정도로 추정된다. 가장 많은 아랍계가 거주하는 나라는 브라질로 약 900만 명 정도로 추정되며, 그다음으로 프랑스(350만), 미국(350만), 아르헨티나(330만), 베네수엘라(160만), 멕시코(110만), 칠레(100만), 콜롬비아(80만), 영국(50만), 캐나다(35만) 등이 있다(Wikipedia).

** 해당 부분과 관련해서는 496쪽 부록에 있는 영화 〈아버지의 왼편(Lavoura Arcaica)〉의 내용

특히 1930년대 상파울루 시 중심가의 베인치신쿠 데 마르수 가 구역, 세Sé 구역, 산타이피제니아Santa Efigenia 구역, 리우데자네이루 시의 알팡데 가, 주제 마우리시우, 부에노스아이레스 가는 아랍계의 집단 거주지로 유명했다. 하지만 상파울루 시의 성공한 아랍계 사업가들은 보다 좋은 환경의 빌라 마리아나 Vila Mariana 또는 파울리스타 가Avenida Paulista로 이주했다. 현재 아랍계 기업인의 가장 중요한 단체에 속하는 브라질 아랍 상공회의소CCAB: Cámara de Comercio Árabe Brasileña의 본부도 상파울루 시의 금융 중심지인 파울리스타 가에 위치한다.

한편 비교적 최근에 이주한 다수의 레바논계 무슬림은 대부분 남부 파라나 주의 포스두이구아수 시와 론드리나 시에 거주한다.

3. 아랍계의 사회적 통합과 '시리아-레바논계 브라질인' 정체성 형성

아랍계에 대한 브라질 사회의 부정적 인식 그리고
기독교도 백인 정체성을 추구한 아랍계

이민 초기 브라질 사회는 아랍계에 무관심하거나 부정적 시각으로 바라보았다. 그들은 아랍인을 위생 상태가 좋지 않고, 투기꾼 기질을 가졌다고 생각했다. 특히 일부 아랍계의 일부다처제와 이슬람교는 브라질 사회에 거부 반응을 일으켰다. 유럽에서 이주해 온 사람들이 과학과 진보의 전수자로 여겨진 것에 비해 아랍인 이민자는 초기에 브라질 사회에서 철저히 무시당했다.

게다가 그들은 종교 활동, 사회 스포츠 클럽, 아랍 학교 등을 통해 종족의 전통문화와 가치를 유지하려 했다. 그들은 가족과 친지 사이에서 아랍어를 사용하고, 동족과 결혼하고, 아랍의 관습을 행하는 것을 당연한 일로 간주했다. 따라서 초기 아랍인 이민자가 브라질 사회에 통합되는 것은 매우 어려웠다.

을 참고하라.

아랍계에 대한 브라질 사회의 부정적 인식은 아랍계가 상업을 통해 일정한 부를 획득한 이후에도 사라지지 않았다. 이에 따라 초기 아랍계 이민자는 흑인과 백인으로 나뉜 당시 브라질 사회에서 차별을 피하기 위해 아랍 정체성을 완화하고 백인 정체성으로 자신을 포장할 필요성을 느꼈다. 사실 외모상으로 아랍인은 브라질의 백인과 큰 차이가 없었으며, 문화적으로도 유사점이 많았다. 예를 들어 가부장중심주의(아버지의 권위, 아내의 순종, 아버지에 대한 자녀의 존경과 복종, 친척 사이의 연대)는 시리아-레바논계 가족과 브라질 가족 문화에서 똑같이 나타나는 현상이다.

게다가 아랍계는 과거 중세 무어족이 이베리아 반도를 정복할 당시 포르투갈 문화에 녹아든 그들의 영향을 강조하면서 백인 정체성을 정당화했다.* 이들은 비非백인적 요소, 무슬림 전통 등과 거리를 두면서 자신을 철저히 근대화된 기독교도 서구인으로 보이려 했다. 심지어 일부 시리아계 이민자는 사회적 편견을 피하기 위해 가족의 성을 포르투갈식으로 바꾸기도 했다.**

이러한 노력에도 불구하고 아랍계에 대한 브라질 사회의 부정적 인식은 쉽게 사라지지 않았다. 무엇보다 브라질의 전통 엘리트는 통합을 위한 아랍계의

---

* 무어인의 이베리아 정복, 유럽인의 광적인 재정복과 과도한 종교재판, 포르투갈어에 미친 아랍어의 영향 등 다양한 역사적 사건으로 말미암아 브라질의 백인 엘리트 사회는 중동인에게 매우 특별한 감정을 가지고 있었다. 포르투갈 출신의 브라질 백인 엘리트에게 중동인은 적이자 친구였으며, 이국적이지만 한편으로 친숙한 존재였다. 이와 관련해 브라질의 인종민주주의를 창시한 사회학자이자 인류학자인 지우베르투 프레이리(Gilberto Freyre)는 "브라질인의 속성 가운데 많은 부분은 유럽적이지도 않고, 원주민적이지도 않다. 그렇다고 아프리카와의 직접적인 접촉에서 생긴 결과도 아니다. 식민지 시대를 거쳐 브라질인의 삶 깊숙이 녹아든 것들 가운데 많은 부분은 무어인들에게서 온 것들이다"(Freyre, 1977).

** 이름은 주로 의미나 발음에 따라 바꾸었다. 예를 들어 대장장이를 의미하는 아랍계 성 하닫(Haddad)은 역시 같은 의미의 포르투갈 성인 페헤이라(Ferreira)로, 아마드(Ahmad)는 같은 발음의 포르투갈식 성인 아마도(Amado)로 바꾸는 방식이다. 압둘마히드 다우(Abdulmajid Dáu)의 경우 에레메네지우두 다 루스(Hermenegildo da Luz)로 바꾸었는데, 이는 이름은 발음에 따라 성은 의미에 따라('다우'가 뜻하는 '빛'의 포르투갈어는 '루스') 바꾼 경우다.

노력을 믿지 않았다. 그들은 아랍계가 종족 중심으로 공동체를 형성하는 것을 항상 의심스러운 눈으로 바라보았다.

공동체 활동을 통한 아랍계 정체성 유지

1940년대까지 초기 아랍인 이민자는 다양한 공동체 활동을 통해 전통문화를 유지했다. 그들은 상파울루나 리우데자네이루와 같은 대도시의 특정 구역에 모여 살면서 아랍어를 계속 사용했고, 같은 종족 사람과의 결혼을 선호했으며, 종교적 사원을 건립하고 종교적 공동체를 형성했으며, 문화 공동체, 자선단체, 향우회 등을 조직해 교민 신문이나 문학잡지 등을 발간했다. 이를 통해 아랍인 이민자는 공동체적 삶을 공고히 했다. 1930년대 이와 관련된 아랍인 공동체 수는 상파울루에서만 120개 이상에 이르렀다. 이들 공동체는 대부분 얼마 지나지 않아 사라졌지만 그중 일부, 특히 무슬림 후손의 종교적 공동체는 오늘날에도 활발하게 활동하고 있다(Montenegro, 2009: 245).

공동체 활동을 통해 전통문화를 유지하는 데 가장 큰 기여를 한 것은 다양한 사회 스포츠 성격의 클럽이었다. 이러한 클럽을 통해 시리아-레바논계는 종족 내 교류를 활성화했고, 아랍계 사이의 결혼을 적극적으로 추진했다. 그들은 이를 통해 후손들이 전통 가치를 계속 유지해주기를 원했다. 이러한 이민자 모임은 거주 지역별 또는 출신지별로 다양하게 조직되었다.

종교적 공동체는 초기 이민자에게 일상 문제를 해결할 수 있는 중요한 통로였다. 이에 따라 종교 활동을 통한 조직화는 공동체 삶을 유지하는 또 다른 중요한 형태가 되었다. 20세기 초반까지 초기 아랍계 이민자 85% 이상이 마론파, 멜키타파, 동방정교회, 시리아 정교 등의 기독교도였다. 하지만 20세기 중반 이후 아랍계 이민자 가운데는 무슬림 수도 적지 않았다. 마론파, 동방정교회 소속 기독교도뿐만 아니라 이슬람교도도 자신의 교회를 설립했고, 이를 통해 종교적 공동체를 형성했다.

1940년 인구조사에 따르면 브라질 아랍계 중에서 동방정교회 소속은 약 4

만 명 정도로 추정된다. 현재 그들의 정확한 수는 알 수 없지만 적지 않은 동방정교 교회가 존재하는 것으로 볼 때 신도 역시 여전히 많을 것으로 추정된다. 이들은 주로 상파울루 시와 리우데자네이루 시의 시리아-레바논계다. 마론파 신도도 동방정교회 신도와 비슷한 수준일 것으로 추정된다. 1897년 상파울루 시에 아랍계를 위해 최초로 설립된 교회도 마론파 소속 교회였다. 1940년 인구조사에 따르면 멜키타파는 상파울루 시와 리우데자네이루 시에 신도 약 7500명이 있는 것으로 파악되었다. 시리아 정교회 소속은 소수에 불과하다. 한편 무슬림은 약 2만 2천 명 정도로 추정되나, 무슬림 공동체는 60만 명에 이른다고 주장한다. 브라질 전역에 걸쳐 나타나는 이슬람 사원이 이들의 존재를 증명한다. 아랍계 기독교도는 가톨릭 국가인 브라질 사회에 상대적으로 쉽게 통합될 수 있었다. 반면 무슬림은 브라질 사회와 통합하고 문화적으로 융화하는 것에 보다 많은 어려움이 있었다(Montenegro, 2009: 249~251).

신문 같은 매체도 아랍계 공동체의 삶을 유지하는 중요한 통로였다. 이들은 정보를 제공하는 기능 외에도 아랍 문화를 전파하는 역할을 수행했다. 1895년 상파울루에서 아랍어로 발간된 최초의 신문 ≪알 파이아Al-Faiha≫가 창간된 이후, 1901년에는 이미 브라질에 아랍계 신문 5종이 생겼다. 1917년에는 상파울루에 13종, 리우데자네이루에 5종의 아랍계 신문이 존재했다. 이러한 아랍계 신문이나 잡지는 1930년대에 전성기를 맞이했다. 그 후 1941년 바르가스 정부가 외국어로 된 간행물 출판을 금지하는 조치를 내리면서 아랍계 언론도 쇠퇴기에 접어들었다. 4년 후 금지 조치가 폐지되었지만, 살아남은 아랍계 신문과 잡지는 소수에 불과했다(Montenegro, 2009: 245~248).

현재 남아 있는 아랍계 언론은 대부분 무슬림 계통에 소속된 것이다. 상파울루 무슬림 자선단체 소속 잡지 ≪알 우루바트Al-Urubat, 아랍식≫는 70년 전에 처음 발간되어 지금까지 유지되는 대표적인 아랍계 잡지다. 이는 브라질에서 이루어지는 무슬림 공동체의 활동과 축제 등에 대한 소식을 전할 뿐만 아니라, 아랍 국가들의 갈등 같은 정치적 문제도 다룬다. 1997년 처음 발간된 신문

≪아 보즈 아라베A Voz Árabe, 아랍의 목소리≫는 파라나 주 론드리나 시의 무슬림 공동체와 연결된다. 이 신문은 팔레스타인 문제, 레바논 갈등, 이라크 전쟁 등 주로 중동문제를 다룬다.

그 외에도 무슬림 소속이 아닌 아랍계 정기간행물로는 ≪샴스Chams≫, ≪레바논의 서신Carta do Libano≫ 같은 잡지가 있다. ≪샴스≫는 1990년대에 처음 발간된 잡지로 종교적 독립성을 가지며, 브라질에 거주하는 아랍계 공동체에서 일어나는 다양한 일과 브라질 문화와의 소통 문제 등을 주로 다룬다. ≪레바논의 서신≫은 레바논계와 브라질 사회의 문화적 소통 공간의 역할을 자처한다. 그 밖에 CCAB는 인터넷을 통해 브라질 아랍 통신사Agencia de Noticias Árabe Brasileña 역할을 수행한다.

언론을 이끌어간 이들은 상업에 종사하면서 문학에도 재능을 가진 지식인이었다. 이들을 중심으로 아랍계 문인 협회가 만들어졌으며, 아랍계 이민문학이 탄생하기도 했다. 그들은 주로 떠나온 고향에 대한 그리움과 새로운 땅에서 행하는 정체성 설정 같은 문제를 다루었지만, 그 외 보편적 성격의 철학적·종교적 문제까지 주제를 확대했다. 특히 상파울루의 문인 협회인 안달루시 동맹Liga Andalusi과 그들이 발간한 아랍어 잡지 ≪알-우스바Al-´Usba≫는 브라질뿐만 아니라 아메리카 대륙의 다른 아랍계들, 나아가 그들의 출신지인 중동 국가에도 배포되었다. 이와 관련된 아랍계 지식인 수는 거의 80명에 달했다.

아랍 학교도 공동체 삶을 유지하는 중요한 수단이었다. 1897년 상파울루에서 최초의 아랍 학교가 설립된 이래 1920년까지 리우데자네이루 주, 북부의 파라 주, 중서부의 고이아스 주 등에 수많은 아랍 학교가 설립되었다. 초기 이민자는 자신들의 문화를 보전하기 위해 자녀를 아랍 학교에 보내는 것을 선호했다.

아랍계의 브라질 사회 통합, 그리고 최근의 아랍 정체성 재강화 노력

1940년대에서 1960년대 사이 아랍계는 더 이상 아랍 문화와 밀접한 관계를 유지하려 하지 않았다. 나아가 아랍계의 경제적 성공과 함께 이들의 사회적 통합이 본격적으로 이루어졌다. 따라서 이 시기에 아랍계의 전통문화와 브라질 문화와의 혼종이 대대적으로 이루어졌다. 이 때문에 해당 시기에 많은 아랍 학교가 문을 닫았으며, 아랍어 강의는 일부 사람들 사이에서 개인적인 차원의 개인 교습 형태로 이루어졌다.

1970년대에는 이미 다른 종족과의 결혼이 많이 진행되었고, 따라서 공동체 차원에서 전통문화를 유지하려는 노력도 거의 사라졌다. 현재 브라질의 기독교도 아랍계 후손은 브라질 사회에 거의 통합되었다고 할 수 있다. 그리고 그들은 명백한 브라질인 정체성을 확립하고 있다. 이와 관련해 브라질의 아랍계 베스트셀러 작가 밀턴 하톰Milton Hatoum은 다음과 같이 말한다.

> 나는 내가 살고 있는 도시 마나우스의 이민자가 어떻게 브라질 사회에 통합되었는지에 관한 문제를 간단히 언급하려 한다. 이제 우리에게 더 이상 레바논과 관련된 향수는 존재하지 않는다. 브라질의 이민자 자녀 가운데 그들이 분리된 공동체에 소속되어 있다고 느끼는 사람은 아무도 없다. 그들은 이미 자신을 브라질인으로 생각한다. 한 예로 나의 가족 중에서 다른 아랍계 이민자의 자녀와 결혼한 사람은 한 명도 없다. 우리 가운데 자신을 레바논계 브라질인 또는 일본계 브라질인이라고 생각하는 사람은 아무도 없다. 우리는 모두 단지 브라질인일 뿐이다(Luxner and Engle, 2005).

외모상으로 브라질인과 확연한 차이를 보이는 동아시아계 이민자와 달리 시리아-레바논계 이민자는 브라질 사회로 통합하는 것이 보다 유리했다. 따라서 처음에는 이름만 바꾸어도 브라질인이 된 것처럼 보이기도 했다. 하지만 그 후 현지인과의 결혼 등을 통해 진정으로 브라질인 정체성이 형성되었다.

최근 신자유주의 개방화와 함께 브라질화된 시리아-레바논계는 종족 내부적 연대와 국제적 연대의 필요성을 느끼게 되었다. 이에 따라 브라질의 시리아-레바논계도 아랍 정체성을 다시 강화하려는 움직임을 보인다. 최근 아랍계 후손 사이에서 개인적인 차원으로 선조의 문화적 가치를 탐구하고 계승하려는 노력이 다시 일어나고 있다. 아랍 정체성을 다시 강화하는 움직임은 주로 문화적 차원에서 이루어지는데, 클럽이나 문화센터에서 아랍 전통 음식이나 댄스 등을 배우고 즐기는 것이 대표적 사례다. 같은 맥락으로 상파울루 대학과 리우데자네이루 연방대학UFRJ에서는 아랍어 과정이 새로 개설되었으며, 상파울루 대학에서는 아랍문학 수업이 개설되기도 했다. 중등교육 과정에서도 아랍어가 정규 과목으로 공식 허용되었다.

시리아-레바논계 정체성 형성

초기 아랍인 이민자는 내부적인 구분 없이 '터키인' 또는 '중동인' 등으로 광범위하게 분류되었다. 외부인이 느끼는 '터키인'의 전형적 이미지는 '선천적 상인', '종족 내 결혼', '일부다처제' 등의 부정적인 것들이었다.*

하지만 아랍계 내부에서는 출신지와 종교에 따라 다양한 차이가 나타난다. 예를 들어 사회적으로 성공한 기독교도 레바논계는 페니키아의 후손이라는 자신들만의 정체성을 공고히 하려 한다. 반면 시리아계, 동방정교회 소속 아랍계, 무슬림 레바논계는 범시리아 또는 범아랍민족주의 정체성을 강조한다.

레바논이나 시리아 출신 이민자는 초기에 오스만제국 여권을 가졌기 때문에 '터키인'으로 불렸을 뿐이고 엄밀하게는 '터키인'이 아니다. 따라서 그들은 경제적으로 어느 정도 위치에 오르게 되자 스스로를 '터키인'이 아니라 '레바논인' 또는 '시리아인'으로 규정하기 시작했다(Truzzi, 1994: 18).

브라질에서는 아랍계의 정체성과 관련해 경제적 지위에 따른 다음과 같은

---

* 이민 초기 아랍인을 통칭했던 '터키인'이라는 용어는 대부분 경멸적인 표현으로 사용되었다. 그러나 오늘날 '터키인'이라는 용어는 더 이상 차별적인 의미로 사용되지 않는다. 오늘날 브라질 사람이 아랍계를 '터키인'이라고 부를 때 그것은 종종 농담 또는 애정 표현이다.

분류가 흔히 농담처럼 이루어진다. "처음 중동에서 이주해 온 사람은 '터키인' 이고, 그들이 안정적인 직업을 가지게 되면 '시리아인'이 되고, 그들이 가게나 공장을 개업하게 되면 '레바논인'으로 변한다"(Lesser, 1999: 49~50).

최근에는 사회적 신분을 암시하는 '터키인', '시리아인', '레바논인'과 같은 표현보다 사회적 신분 관계를 의도적으로 숨기려는 '시리아-레바논계'라는 새로운 용어가 일반적으로 널리 사용된다. 브라질의 아랍계 이민자는 사적 영역에서는 시리아계 또는 레바논계, 심지어 출신 도시에 따라 알레포 출신, 다마스커스 출신, 자흘레 출신, 베이루트 출신 등 자신의 정체성을 세분해서 생각하지만, 공적 영역에서는 광범위한 시리아-레바논계 정체성을 흔히 표방한다 (Lesser, 1999: 42~55).

아랍계 무슬림들

한편 아랍계 무슬림은 종교적 정체성을 매우 중요하게 생각한다. 따라서 아랍계는 종교에 따라 사회적 통합 과정에서 큰 차이를 보인다. 특히 1960년대 이후 이주한 아랍계 무슬림 이민자는 여전히 자신의 정체성을 유지한다. 이들은 주로 브라질 남부 히우그란지두술 주와 파라나 주로 들어왔는데, 대부분 레바논, 팔레스타인, 요르단 등에서 왔다. 2010년 브라질 인구조사에 따르면 현재 브라질에 거주하는 무슬림은 3만 5167명으로, 이들은 주로 상파울루 지역과 파라나 주에 거주한다. 한편 브라질에 거주하는 소수의 팔레스타인계는 히우그란지두술에 집중되어 있다(IBGE, 2010).

처음에 파라나 주의 아랍계는 파라나구아 시로 들어와 다른 도시로 확산되었다. 특히 현재 파라나 주에서 가장 큰 아랍인 타운은 포스두이구아수 시에 있다. 여기에 거주하는 아랍계 수는 약 1만 2천 명 정도로 추산되며, 이들 대부분은 레바논 내전을 피해 해외 이주를 선택한 레바논 지역의 무슬림이다. 따라서 이 지역에는 이슬람교와 관련된 공동체가 많다. 현재 포스 두 이구아수에는 무슬림 공동체 2개가 있으며, 아랍어와 포르투갈어를 함께 가르치는 아랍 학교도 2개나 있다.

이들은 대부분 아직까지 아랍어를 사용한다. 이 때문에 아르헨티나, 브라질, 파라과이 국경무역이 이루어지는 트리플레프론테라Triple Frontera에서는 교역하는 과정에서 아랍어가 흔히 통용된다. 파라과이나 아르헨티나 국경에서 활동하는 무역 상인 사이에도 아랍계가 많기 때문이다. 파라과이 국경도시 시우다드델에스테Ciudad del Este의 상권도 아랍계가 장악하고 있다.

물론 무슬림 공동체 내부에도 출신지나 수니파 또는 시아파와 같은 종교적 분파에 따라 다양한 정체성이 형성되어 있다. 브라질의 무슬림 대부분은 수니파이지만 최근에는 시아파의 이민이 증가했다. 따라서 이들 아랍계 무슬림을 하나의 정체성으로 일반화할 수 없다.

미국에서 9·11 테러가 발생한 이후 포스 두 이구아수에 거주하는 무슬림과 테러리스트와의 관련설이 제기되어 브라질 사회 전반에서 아랍계 무슬림에 대한 의구심이 증가했다. 이에 브라질의 무슬림은 '테러리스트'라는 이미지를 벗기 위해 많은 노력을 해야 했으며, 주 정부나 연방 정부 역시 이들에게 쏟아질 수 있는 비난을 사전에 차단하기 위해 많은 노력을 했다.

아랍계의 테러리스트 이미지를 지우는 데는 방송 매체의 행한 기여가 적지 않았다. 우려에도 불구하고 브라질 소년과 모로코 출신 무슬림 여자와의 금지된 사랑을 주제로 한 드라마가 글로보 TV에서 계획대로 방영되면서 아랍계에 대한 브라질 사회의 인식이 다시 좋아졌다. 심지어 이 드라마를 통해 브라질 사회에 아랍의 춤, 의상, 장신구가 유행하기도 했다.

아랍 문화가 브라질 사회에 미친 영향

아랍계는 브라질 사회에 문화적으로 완전히 동화되었지만 그런 과정에서 아랍계가 브라질 사회에 미친 문화적 영향도 적지 않다. 특히 음식, 음악, 건축, 의상, 언어에서 아랍 문화의 영향이 두드러진다.

아랍 문화가 브라질 문화에 가장 큰 영향을 미친 것은 아마도 음식이다. 아랍

〈사진 3-1〉 브라질에서 가장 인기 있는
아랍 기원 요리 '키베'

© Miansari66
자료: 위키피디아.

인의 식사 관습은 브라질 상류사회까지 확산되었다. 아랍 문화의 영향을 받은 음식으로 브라질에서 가장 인기 있는 요리는 '키베quibe',* '에스피하esfiha, 고기 케이크' 등이다. 현재 아랍 음식을 제공하는 하비브Habib는 브라질에서 두 번째로 큰 패스트푸드 체인점이다. 상파울루 요식업·호텔업조합에 따르면 상파울루 시 레스토랑에서 매일 제공되는 음식의 25%가 아랍 요리라고 한다(Yuri, 2001: 8).

지명에서도 아랍계의 영향은 드러난다. 현재 브라질에는 아랍인 이주자의 이름을 딴 길, 광장, 지역, 도시들이 존재한다. 특히 그러한 지명은 상파울루에 많은데, 예를 들어 에밀 사아드 광장Plaza Emil Saad, 코멘다도르 압도 차인 가 Calle Comendador Abdo Chain, 케멜 타운Barrio Kemel, 바디바시트 시Ciudad Bady Bassit 등이 있다. 심지어 상파우루 시의 시의회 건물 이름도 아랍계 무슬림 시의원이었던 모하마드 무라드Mohammad Murad의 이름과 같다. 이 이름은 브라질 정부가 사회에 공헌한 저명한 아랍계를 기리기 위해 붙인 것이다. 또한 일부 브라질 가족들은 아랍계와의 개인적인 친분에 따라 그들에 대한 존중의 표시로 자녀에게 아랍계 이름(소라리아Soraria, 야스민Iasmine, 레일라Leila, 오마르Omar 등)을 붙이기도 한다(Neif Nabhan, 1997: 231~232).

* 다진 소고기와 다른 재료들을 둥글게 만들어서 요리한 일종의 알본디가스(albondigas).

4. 시리아-레바논계의 경제적 부상

'마스카테'에서 상점 주인으로: 브라질 주요 상권의 형성

19세기 말에서 20세기 초 초기 아랍 이민자는 유럽 이민자에 비해 환영받지 못한 존재였다. 유럽인이나 일본인의 이민이 국가사업에 따라 토지 부여 같은 여러 혜택과 함께 체계적으로 이루어졌다면, 아랍인의 이민은 대부분 국가의 지원 없이 독자적으로 이루어졌다. 따라서 그들은 농촌과 도시의 변경 지역 개발을 위한 정부 공식 프로그램의 혜택을 받지 못했다. 그 결과 초기 아랍인 이민자 대부분은 도시에 거주하면서 상업에 종사하게 되었다. 19세기 말 브라질에서 노예제가 폐지되면서 국내시장이 점차 확대되기 시작했고, 이에 따라 도시를 중심으로 상업이 발전했다. 이런 상황 아래 브라질에 들어온 초기 이민자는 대부분 고향에서 농업에 종사했는데도 현지 상황에 맞춰 상업을 생업으로 선택했다.

그들은 가져온 자본이 없었기 때문에 행상에 종사할 수밖에 없었다. 이렇게 행상에 종사하는 초기 아랍계 이민자는 흔히 '마스카테Mascates, 행상'라고 불렸다. 1893년 상파울루 시 상업연감에 나타나는 떠돌이 행상 '마스카테' 가운데 90%가 중동 출신이었다(Truzzi, 1997: 49).

아랍계 떠돌이 상인이 주로 판매하는 상품은 조그만 크기의 잡화가 대부분이었다. 그 밖에 비단 조각, 바늘, 침대보, 소금 등 소비자가 필요할 물건이면 거의 모든 것을 취급했다. 이런 물건과 함께 그들은 주로 2명씩 짝을 지어 브라질 전국을 누비면서 물건을 팔고 다녔다. 특히 종교적·공식적 축제가 열리는 곳이면 어디든지 빠지지 않고 찾아다녔다. 초기에는 상품이 든 가방을 머리나 어깨에 메고 다녔지만, 얼마 지나지 않아 당나귀나 말에 실어 운반했다. 이후에는 트럭 같은 운송 수단을 사용하는 수준에 이르렀다.

시골에 아직 화폐경제가 발달하지 않았을 때는 물물교환을 통해 그들 스스로가 판매자이자 구매자가 되었다. 그들은 천이나 잡화를 가축이나 쌀, 술 심지어 귀금속 등과 교환해 더 큰 이익을 올리기도 했다.

초기 행상에서 아랍인이 성공할 수 있었던 요인은 다른 나라에서와 마찬가지로 종족 내 신뢰에 바탕을 둔 상호 협력 관계였다. 초기 아랍인 이주자는 가족 없이 단신으로 왔으며, 또 돈을 모아야 하는 절박함을 가지고 있었다. 따라서 그들은 일정한 거주지를 정하기보다 도시를 떠돌아다니며 현지인의 집에서 먹고 자는 것을 해결하기도 했다. 이는 여행자를 환대하는 브라질의 잘 알려진 전통과 더불어 아랍인 특유의 붙임성과 사교성 때문에 가능했다. 그들은 이렇게 번 돈을 대부분 고향으로 보내거나 저축했다.

이런 과정을 통해 그들은 얼마 지나지 않아 고정된 상점을 열 수 있을 만큼 충분한 자본을 축적할 수 있었다. 행상을 그만 두고 상점을 여는 것은 모든 초기 이민자의 꿈이었다. 이러한 꿈은 이미 20세기 초부터 현실로 나타나기 시작했다. 예를 들어 상파울루 시 상업연감에 등록된 시리아-레바논계 소유 상점 수는 1895년 6개에서 1907년 315개로 증가했다(Truzzi, 1991: 8~9).

처음에 이들은 도시의 요지에 거의 모든 생필품을 취급하는 일종의 잡화점을 열었다. 이들이 집단적으로 상점을 개업한 지역은 주로 도시의 중심가와 역 사이에 있는 값싸고 전략적인 장소였다. 아랍인은 그들이 소유하거나 임차한 건물 아래층에 상점을 열고 위층에는 자신들이 거주했다.

이렇게 정착한 상점 주인들은 고향에서 가족과 친지를 불러들였고, 상부상조를 통해 사업을 확장했다. 아랍인이 모여 상점을 열고 거주하기 시작한 곳은 곧 각 도시의 상업 중심지가 되었다.

특히 섬유업에서 아랍계 상인은 모든 도시의 상권을 장악했다. 1930년 시리아-레바논계는 상파울루 시 소매상점 800개 가운데 468개, 도매상점 136개 가운데 67개를 소유했다(Knowlton, 1961: 143).

아랍계 상인이 상권을 장악한 브라질의 대표 상업지역으로는 상파울루 시 바리오 메르카도Barrio Mercado의 베인치신쿠 데 마르수Rua 25 de Março 가와 바리오 데 브라스Barrio de Brás의 오리엔치Oriente 가, 그리고 리우데자네이루 시의 사아라Saara로 잘 알려진 후아데아우판데가Rua de Alfândega 등이 있다.

섬유 제조업 진출: 브라질 섬유 산업 주도

아랍계의 상업적 성공은 제조업으로 확장하는 계기가 되었다. 1차 산업 중심이던 브라질에도 1910년부터 산업이 발전하기 시작했다. 1930년대 바르가스 대통령이 보호주의를 통한 수입대체산업화를 추진하면서 비약적인 발전계기가 마련되었다. 이 과정에서 일찍이 섬유 제조업에 진출했던 아랍계 기업인도 크게 성장할 수 있었다. 그 결과 1945년 섬유 제조업에서 시리아-레바논계 성을 가진 사람들이 소유한 공장 수는 전체 413개 가운데 112개로 27% 정도를 차지했다. 특히 레이온(인조견) 직물 부문에서는 215개 공장 가운데 90개를 아랍계가 소유해 전체의 40%를 차지했다(Topik Karam, 2007: 27).

섬유 제조업에서 이룩한 성공으로 아랍계는 브라질 섬유업에서 생산과 유통을 연결하는 하나의 망을 형성하게 되었다. 즉, 아랍계가 생산한 직물이 아랍계 도매상을 통해 아랍계 의류업자에게 넘어가고, 또 그들이 생산한 의류가 아랍계 상인을 통해 판매되는 구조다. 이런 방식을 통해 1960년대 상파울루 베인치신쿠 데 마르수 가의 아랍계 상인은 브라질 섬유업 도매상이 벌어들이는 전체 수익의 약 60%를 차지하는 수준에 이르렀다(Gazeta Mercantil, 2000). 이런 과정을 통해 큰 부를 축적한 아랍계는 기존의 상업이나 제조업을 더욱 확대하거나 금융업으로 이전하기도 했다. 특히 1930년대와 1940년대에 아랍계 부자들은 그들 가문 사이의 혼인을 통해 획득한 부를 유지하고, 재정 능력을 확대했다. 또한 경제적으로 성공한 아랍계는 상업지역을 벗어나 부유한 동네로 이사해 화려한 집을 짓고 살았다. 성공한 아랍계에게 사는 동네와 사는 집의 외양은 성공의 증표가 되었다.

19세기 말에 비해 1960년대에 들어 아랍계 브라질인의 위상은 크게 달라졌다. 1930년대까지 전반적으로 농업국가였던 브라질에서 떠돌이 상인이었던 아랍계의 위상은 매우 미약했으며, 그들은 브라질의 전통적 지주 엘리트에게 무시당했다. 그러나 1960년대 브라질 사회에서 아랍계의 위상은 과거와 같지 않다. 이미 농업국가에서 산업국가로 전환한 브라질에서 상인 또는 제조업자로서 성공한 아랍계의 위상은 높아졌다. 그들은 성공한 기업인으로 사회에서 존중받기 시작했다. 하지만 그때까지도 아랍계의 상인 기질과 상업적 수단에 대해 브라질 전통 엘리트들이 보내는 의심의 눈초리는 여전했다(Topik Karam, 2007: 28).

경제적 성공을 넘어 전문직으로 진출: 의사하면 아랍계

경제적으로 성공한 아랍계는 단순히 경제적 성공에 만족하지 않고 자녀의 교육을 통해 새로운 신분 상승을 시도했다. 그들은 교육을 통해 후손을 상업뿐만 아니라 공직이나 전문직에 진출시키기를 원했다. 그들은 자녀를 브라질 최고 수준의 학교에 보냈으며, 이를 위해 기존의 아랍계 공동체 구역을 떠나 더 좋은 환경의 지역으로 이주하는 것을 마다하지 않았다. 그들은 교육에 대한 투자가 가까운 미래에 성과를 볼 수 있는 가장 효과적인 투자라고 생각했다. 이를 통해 후손이 의사나 변호사 같은 전문직에 진출함으로써 경제적 성공에도 불구하고 여전히 남아 있는 아랍계에 대한 브라질 사회의 부정적 인식이 사라지기를 원했다. 교육을 통한 후손의 전문직 진출은 그러한 목적을 위한 가장 효과적인 수단이었다.

그들이 특히 관심을 가진 분야는 의학, 법학, 공학이었다. 브라질 최고 대학인 상파울루 대학 법대 졸업생 가운데 아랍계 비중은 1940년 졸업생 206명 중 9명(4.5%), 1960년 졸업생 280명 중 16명(5.7%), 1985년 졸업생 374명 중 28명(7.5%)으로 계속 증가해왔다. 상파울루 대학 의대의 경우 아랍계는 1940년 졸업생 80명 중 6명(7%), 1960년 졸업생 80명 중 5명(6.3%), 1980년 졸업생 180명 중 10명(5.5%)으로 지속적으로 높은 비중을 차지해왔다(Topik Karam, 2007: 74~75).

이렇게 양육된 자녀들은 브라질 최고 수준의 의사, 법률가, 기업인, 정치인 등으로 성장했다. 1940년대와 1950년대에 경제적으로 성공한 아랍계 가문에는 한 가구당 최소한 1명의 박사학위자가 있었다. 이러한 과정을 거치면서 그들은 경제적 부를 넘어 사회적 명성까지 획득할 수 있었다(Neif Nabhan, 1997: 216~217).

교육을 강조하는 경향은 중산층까지 확대되었다. 그들은 교육을 일종의 유산이라 생각했고, 이에 따라 대부분 자녀에게 대학 교육을 받게 했다. 최근까지도 브라질의 대학 진학률이 불과 25% 수준인 것을 고려하면 교육에 대한 아랍계의 열의는 대단히 높은 것으로 짐작해볼 수 있다.

그 결과 아랍계의 전문직 진출이 크게 늘어났다. 특히 의학 분야에서 이룩한 성공은 눈부신데, 상파울루 대학 의대 전임교수의 3분의 1이 아랍계일 정도다(Topik Karam, 2007: 85~86). 국제적 명성을 획득한 걸출한 의사들도 나왔다. 면역학자로서 1960년 노벨 의학상을 공동 수상한 피터 메더워Peter Medawar도 레바논계 브라질인 사업가 아버지와 영국인 어머니 사이에서 태어났다. 아랍계는 재능 있는 의사를 많이 배출했을 뿐만 아니라 상파울루에만 대형 병원(시리아-레바논 병원Hospital Sirio-Libanês,* 코라상 병원Hospital do Corazón, 7월 9일 병원9 de Julho, 아비세나 병원Hospital Avicena, 무슬림계 병원) 4개를 건립하기도 했다. 그 결과 브라질에서 아랍계에 대한 전반적 이미지가 과거 '떠돌이 상인'에서 최근에는 '의사'로 바뀌기까지 했다(Safady, 1972).

법조 분야에서는 특히 상법 부문에서 아랍계의 진출이 눈에 띈다. 상파울루 주 변호사협회 이사급 90명 중 14명, 상파울루 주 전체 변호사의 15% 이상이 시리아-레바논계다. 법조 분야로 진출한 아랍계의 성과는 단순히 변호사 수가 증가하는 수준을 넘어선다. 공적 분야에서 아랍계 판사와 검사 수도 점차 중

----

* 시리아-레바논 병원은 1992년 규모 면에서 브라질 최고 병원으로 성장했다. 현재 60개 전문 분야에 2500명의 전문의를 보유하고 있으며, 하루 평균 약 50건의 수술을 시행한다. 시리아-레바논 병원은 라틴아메리카 전체를 통틀어 기술적·윤리적 측면에서 최고의 병원 가운데 하나로 간주된다.

가하고 있다(Topik Karam, 2007: 85). 아랍계는 공학, 특히 건설 부문에서도 두 각을 나타낸다. 특히 일부 아랍계 건축가는 서민 주거지 건립으로 대중적인 영향을 미치기도 했다. 문학·예술 분야에서도 아랍계는 탁월함을 보여주었 다. 특히 문학, 영화, 연극, 텔레비전, 음악, 미술 영역에서 아랍계 존재는 두드 러진다. 문학에서 조르지 아마두Jorge Amado와 기마랑이스 호자Guimarães Rosa는 브라질뿐만 아니라 세계적으로도 널리 알려진 인물이다.

아랍계의 전문직 진출 덕분에 그들에 대한 과거의 편견은 많이 사라졌다. 하지만 최근 들어 전문직도 세계적인 경쟁에 노출되면서 어려움에 직면하게 되었다. 그리고 전문직에 진출하는 것이 과거에 가업을 계승하는 것보다 더 많은 경제적 부를 가져다주지도 않았기 때문에 최근에는 전문직으로 진출했 던 아랍계 후손이 다시 전통적 상업으로 회귀하는 경향도 나타난다. 한편 전 문직을 가진 아랍계 상당수는 변호사 사무실, 병원, 건축설계 사무소 등을 유 지하면서 동시에 가문의 전통 사업을 계승하는 재능을 보여주기도 한다.

신자유주의 시대의 시리아-레바논계: 수출 역군으로 브라질 엘리트 계급과 동맹

1980년대 이래 시장개방화와 민영화로 대표되는 신자유주의 정책은 브라 질을 더욱 세계적인 국가로 만들었다. 이런 조건에서 브라질의 시리아-레바논 계 후손은 수출업자로서, 윤리적인 정치인으로서, 다양한 전문가로서 새로운 도약의 기회를 맞이했다. 이에 따라 그들은 과거의 부정적인 이미지에서 벗어 나 경제적 개방, 정치적 투명성, 소비의 다각화라는 새로운 시대의 조건에 어 울리는 새로운 정체성을 형성하기 시작했다.

1952년 아랍계 섬유업자들이 주도해 설립된 CCAB는 세계화 과정에서 브 라질과 아랍 국가들 사이의 교역을 촉진하는 역할을 담당했다. 다른 외국계 상공회의소의 목적이 주로 국내시장 개방을 촉진하기 위한 것이라면, CCAB 는 아랍 국가로 브라질 상품과 서비스의 수출을 증진하는 역할을 맡았다. 세 계화 시대를 맞이해 기존의 미국과 유럽 시장을 넘어 수출 시장의 다각화 필요성이 제기되는 상황에서 브라질의 아랍계 상인은 CCAB를 통해 브라질 상품을 중동 시장으로 진출시키고 시장을 확대하는 데 크게 기여했다. 이에 따라 2001년 당시 카르도수 대통령은 CCAB에 아랍 세계와의 교역 증대에 대한 감사를 표하기도 했다. 이는 신자유주의 시대에 브라질의 엘리트와 아랍계 사이에 전략적 동맹이 이루어졌음을 의미한다.

이로써 아랍계 상인에 대한 브라질 사회의 인식도 크게 변했다. 이전까지 브라질의 아랍계 상인이 주로 수입에만 치중해 브라질 사회의 따가운 눈총을 받았다면, 이제는 브라질 상품의 수출 증가에 기여한 공로자로서 새로운 대접을 받게 되었다. 한때 경제적으로 버림받은 떠돌이 상인, 최근까지 음흉한 상점 주인으로 폄하되었던 아랍계 상인이 이제 브라질 사회 엘리트의 사업 파트너로서 새롭게 인식되기 시작했다. 그들은 수출국 브라질이라는 새로운 경제적 목표를 실현하는 데 없어서는 안 될 존재로 부각되었다. 오늘날 브라질 엘리트에 의해 최근까지 무시되었던 아랍계의 상인 기질은 수출 확대가 절박한 상황에서 이제는 환영받는 요소가 되었다(Topik Karam, 2007: 24).

주요 아랍계 기업인과 경제 단체

브라질의 아랍계 기업인으로서 세계적으로 가장 유명한 사람은 프랑스-일본 자동차 제휴그룹 르노-닛산의 CEO에 오른 카를로스 곤Carlos Ghosn이다. 그의 조부는 레바논에서 브라질과 볼리비아 국경에 있는 로도니아 주로 이주했다. 브라질에서 태어난 카를로스 곤은 6세가 되던 1960년 모친, 형제와 함께 레바논으로 다시 이주했다. 그곳에서 중등교육을 받은 카를로스 곤은 이후 프랑스로 가 대학 교육을 받았다. 졸업 후 그는 유럽계 자동차 타이어 회사 미쉘린Michelin에서 18년 동안 근무했다. 그때 리우데자네이루로 파견되어 적자에 허덕이던 브라질의 미쉘린을 회생시켜 역량을 인정받았다. 그 후 미국의 미쉘린 CEO를 거쳐 르노와 제휴한 일본 자동차 회사 닛산의 구조 조정을 성공적으로 이끌었다. 이것의 영향으로 그는 글로벌 비즈니스와 정계의 가장 유명한

<표 3-3> 브라질의 주요 아랍계 기업인

이름	주요 이력
카를로스 곤	- 르노-닛산 CEO
사프라 가문 형제들	- 레바논 태생 유대계 금융인, 브라질 최고 부자 그룹 일원
알베르투 두아립	- 상파울루 명문 축구단 코리치앙스 파울리스타 소유주
시우비우 산투스	- 브라질에서 두 번째로 큰 텔레비전 방송사 SBT 소유주
아빌리우 지니스	- 슈퍼마켓 체인 팡 지 아수카르의 CEO
파울루 안토니우 스카프	- 상파울루 주 제조업자연맹 회장
파이자우 아모드	- 고급 브랜드 유통업체 모날리자 그룹 소유주

50인으로 선정되기도 했다. 또한 그는 브라질 이타우 은행Banco Itaú의 이사직을 맡고 있다. 현재 그는 브라질과 프랑스 양국의 이중 국적을 가지고 있다.

금융업자로서 브라질 최고 부자 그룹에 속하는 사프라Safra 가문의 형제들 에드몬드Edmond, 모이제Moise, 조제프Joseph도 레바논 베이루트 출신의 아랍계다. 아랍계이지만 유대계도인 이들에 대해서는 제8장 '올리가르키아에까지 진출한 브라질의 유대계'에서 자세히 다룬다.

그 외에도 경제 영역에서 두드러지는 아랍계 인물은 수도 없이 많다. 대표적 인물로는 2012년 FIFA 월드컵에서 우승한 브라질 상파울루의 명문 축구단 코리치앙스 파울리스타Corinthians Paulista 스포츠 클럽을 소유한 알베르투 두아립Alberto Dualib, 브라질에서 두 번째로 큰 규모의 방송사 SBT의 소유주 시우비우 산투스Silvio Santos, 슈퍼마켓 체인 기업 팡 지 아수카르Pão de Açucar의 CEO 아빌리우 지니스Abilio Diniz, 상파울루 주 제조업자연맹São Paulo State Federation of Industries 회장 파울루 안토니우 스카프Paulo Antônio Skaf, 고급 브랜드 전문 유통·제조 기업 모날리자 그룹Grupo Monalisa의 설립자 파이자우 아모드Faisal Hammoud 등을 들 수 있다.

특히 아모드는 레바논 내전을 피해 1968년 상파울루에 이주해 온 후기 이민자 그룹에 속한다. 그는 브라질에 이주한 지 4년 만에 모날리자 그룹의 첫 번째 가게를 개업했다. 이후 전시용 가구 제조 회사 홈 데쿠Home Deco를 설립해 기업을 급속도로 확장시켰다. 1990년대 초반 아모드 가문의 형제들은 마이애 미에 해외 영업점을 개업했으며, 나아가 남미 3개국에 명품 소매 판매점 아프 로지치 보치키Aphrodite Boutique를 개점하기도 했다. 아모드는 레바논 내전 종식 이후 베이루트 재건을 위해 가장 많은 자금을 투자했다.

현재 브라질 사회와 아랍계 사이의 소통을 위한 대표적인 기업가 연합으로 는 1952년 상파울루에서 브라질 시리아-레바논계 상공회의소Câmara de Comercio Sirio-Libanesa de Brasil라는 이름으로 설립되었다가, 1975년 이름을 바꾼 브라질 아랍 상공회의소CCAB를 들 수 있다.

현재 CCAB는 기업적 농업, 금융업, 제조업, 석유업, 소매유통업, 섬유업, 관광업, 통신업 등의 분야에서 회사를 운영하는 기업인 3천 명을 회원으로 보 유하고 있다. CCAB는 브라질과 아랍 국가 사이의 소통을 목표로 아랍어와 포 르투갈어를 동시에 사용하는 아랍-브라질 통신사Agência de Noticias Brasil-Arabe를 운영하고 있다.

5. 아랍계의 정치적 진출

바르가스 대통령 시기부터 정계 진출 시작

20세기 후반에 이르면서 아랍계 후손의 브라질인 정체성 확립은 강력한 민 족주의 정서 아래 더욱 강화되기 시작했다. 아랍계의 브라질인 정체성 확립의 중요한 현상 가운데 하나는 정계 진출이었다. 아랍계 정치인은 일률적으로 특 정 정파와 연결되기보다 각자의 정치적 성향에 따라 다양한 정당에 소속되었 다. 정계에 진출한 아랍계는 지방정부 수준을 넘어 연방 정부 수준까지 이르 렀으며, 주요 장관직과 부통령을 차지하는 수준에 이르렀다.

아랍계가 정계로 진출하기 시작한 것은 바르가스 대통령 시절부터다. 1930

년대 바르가스 대통령의 신국가 체제는 전통 엘리트를 정치 영역에서 소외시 켰는데, 이와 같은 권력의 공백을 틈타 고등교육을 받은 시리아-레바논계의 후손이 정치에 참여하기 시작했다. 1960년대에는 이미 이들의 정치적 부상이 가시적으로 드러나기 시작했다. 1962년에서 1966년 사이 시리아-레바논계는 상파울루에서 선출된 연방 하원의원과 주의원의 각각 17%와 10%를 차지했 다. 이러한 아랍계의 정치적 부상은 그 후 20년 동안 군사정권에서도 지속되 었고,* 1980년대 민주화 이후에도 계속되었다(Truzzi, 1995: 59).

최대로 상정해도 인구의 5%에 미치지 못하는 시리아-레바논계는 2000년 총선에서 연방 하원 의석 513석 가운데 38석(약 7%)을 차지했다. 상파울루 시 에서는 시의원의 20%가 시리아-레바논계다. 파라과이 국경인 중서부 지역의 마토그로수두술 주에서는 주 출신 연방 하원의원의 37%, 주의원의 21%, 주도 인 캄푸그란지Campo Grande에서는 시의원의 30%가 아랍계였다(Varella, 2000). 특히 상파울루 시에서는 1980년대 이후 지금까지 시장 9명 중 3명, 즉 파울루 말루프Paulo Maluf(1993~1996년), 지우베르투 카사브Gilberto Kassab(2006~2012년), 페르난두 아다드Fernando Haddad(2013년~현재)가 아랍계다.

'부패한 비이성적인 포퓰리스트'

아랍계의 정치적 성공은 물론 교육을 통한 전문성 확보가 주된 요인이지만, 한편으로는 아랍인 특유의 인간관계를 중시하는 후견인주의적 정치 문화가 중요한 요인으로 작용했다. 따라서 아랍계 정치인은 정치적 부패 스캔들에 많 이 연루되기도 했다. 대표적 인물이 상파울루 시장과 상파울루 주지사를 지낸 파울루 말루프다. 레바논계 이민자 후손으로 상파울루에서 태어나 상파울루

---

* 민주화 이전 브라질 군사정권에서 두각을 나타낸 아랍계 인물로는 조아웅 피게레이두(João Figuereido) 대통령 아래에서 법무부 장관을 지낸 이브라임 아비 악켈(Ibrahim Abi-Ackel), 외무부 차관을 지낸 오즈마르 쇼피(Osmar Chohfi), 카스테요 브랑쿠(Castello Branco) 대통 령 아래에서 부통령을 지낸 조제 마리아 아우크밍(José María Alkmin) 등을 들 수 있다.

대학에서 토목공학을 전공한 말루프는 1950년대 경마 클럽에서 코스타 이 시우바Costa e Silva 장군과 맺은 우정을 계기로 정치에 참여하게 된다. 군사정권 시기 1967년에서 1969년 사이 대통령이 된 코스타 이 시우바는 젊은 말루프를 상파울루 시장으로 임명한다. 그 후 30년 동안 그는 브라질의 중요 정치인으로 활약했다. 1969년에서 1971년까지 상파울루 시장을 지낸 말루프는 그 후 상파울루 주지사(1979~1982년)를 거쳐, 1989년에는 우파인 진보당PP: Partido Progresivo 소속으로 민주화 이후 최초로 실현된 대통령 직접선거에서 보수파의 대통령 후보로 나서기도 했다. 1993년에는 상파울루 시장으로 선출되어 1996년까지 시장직을 수행했다.

그의 정치적 성공에서 주된 요인은 물론 그의 개인적·정치적 재능이지만, 그는 부패한 정치인의 대명사로 꼽히기도 한다. 그의 정치 행태는 흔히 말루피스모Malufismo로 불리는데, 이는 '부패했지만 일은 되게 만드는rouba mas faz' 말루프식 포퓰리즘을 말한다.

이러한 말루프의 정치 행태는 같은 아랍계 포퓰리스트 정치인 아르헨티나의 사울 메넴 전 대통령, 에콰도르의 압달라 부카람 전 대통령의 정치 행태와 더불어 라틴아메리카의 아랍계 정치인에게 '부패한 비이성적인 포퓰리스트'라는 이미지를 씌워놓았다. 브라질 아랍계 정치인은 이러한 이미지를 벗기 위해 많은 노력을 하고 있지만, 아직까지 그러한 인식이 완전히 사라진 것 같지는 않다.

상파울루를 지배하는 아랍계 정치인

1990년대 이후 상파울루 시와 상파울루 주는 말루프를 비롯해 사실상 아랍계 정치인에 의해 거의 통치되어왔다 해도 과언이 아니다. 페르난두 아다드는 중도좌파인 노동자당PT: Partido de los Trabajadores 소속으로 2005년에서 2012년까지 PT 정부의 교육부 장관을 지냈으며, 2012년 선거에서 브라질 사회민주당의 대선 후보였던 조제 세하José Serra를 물리치고 상파울루 시장에 당선되었다.

그는 그리스정교를 믿는 레바논계다.

2006년에서 2012년까지 상파울루 시장을 지낸 지우베르투 카사브는 가장 잘 알려진 레바논계 브라질인에 속한다. 그도 하다드와 마찬가지로 그리스정교 커뮤니티에 소속되어 있다. 그러나 하다드와 달리 카삽은 중도파인 PSDB 소속이다.

상파울루 주에서는 PSDB 설립자 가운데 한 명으로 2001년에서 2006년까지 상파울루 주지사를 역임한 제라우두 아우크밍Geraldo Alckmin이 있다. 그는 주지사 시절 주 민영화 프로그램을 적극적으로 추진해 이름을 알렸고, 2006년 대선에서는 PSDB의 대통령 후보로 선출되어 PT의 룰라를 상대로 예상 밖의 선전을 펼쳤다. 그 후 2011년에는 다시 상파울루 주지사로 선출되었다.

한편 미셰우 테메르는 법률가로서 중도우파인 PMDB의 당 대표다. 그는 상파울루 주 하원의원으로서 하원의장을 역임했으며, 2010년 대선에서는 PT의 후보 지우마 호세프의 러닝메이트running mate로 활약했고, 이를 계기로 2011년에 호세프 정부의 부통령에 임명되었다. 그는 군사정권 시기의 조지 마리아 아우크밍José Maria Alkmin에 이어 브라질에서 두 번째로 레바논계 부통령이 되었다. 그는 최근 호세프의 탄핵으로 그녀의 남은 임기 동안 대통령직을 맡게 되어 브라질에서 아랍계로는 최초로 대통령직을 수행하게 되었다.

이렇듯 브라질 아랍계는 3개의 주요 정당(PT, PSDB, PMDB 가운데 2개 PSDB, PMDB)에서 중심적인 역할을 하고 있다.

새로운 경향의 아랍계 정치인

아랍계 정치인 대부분이 상파울루 지역을 기반으로 삼는 것에 비해 타수 제레이사치Tasso Jereissati는 북동부 세아라Ceará 주를 기반으로 삼는다. 제레이사치는 PSDB 소속으로 1987년에서 1991년까지, 1995년에서 2002년까지 북부 세아라의 주지사를 지내면서 기존의 코로넬coronel* 정치를 종식하고, 긴축과 투명성에 기반을 둔 정치, 행정의 근대화, 보건 교육 등 인간개발지수HDI 향상,

이름	주요 이력
파울루 말루프	- 우파 PP 소속, 전 상파울루 주지사, 전 상파울루 시장 - 1989년 대선 후보
페르난두 아다드	- PT 소속, 룰라 정부의 교육부 장관 역임, 현 상파울루 시장
지우베르투 카사브	- PSDB 소속, 전 상파울루 시장 - 레바논계 정치인을 대표하는 인물
제라우두 아우크밍	- PSDB 설립자 중 한 명, 상파울루 주지사 역임 - 2006년 대선 후보
미셰우 테메르	- PMDB 당 대표 - 상파울루 주 연방 하원의원 출신으로 하원의장 역임 - 2010년 대선 당시 호세프의 러닝메이트로 활약 - 호세프 정부 부통령
타수 제레이사치	- PSDB 소속, 북부 세아라 주 주지사 역임 - 현 세아라 주 연방 상원의원
페르난두 가베이라	- 녹색당 소속, 리우데자네이루 주 연방 하원의원 역임 - 언론인이자 작가로 유명

지속 가능한 개발 모델 적용 등을 추진하면서 국제적인 주목을 받기도 했다. 현재는 세아라 주의 연방 상원의원이다.

　언론인이자 작가이기도 한 페르난두 가베이라Fernando Gabeira는 군부독재 아래에서 자신의 무장투쟁 이야기와 자신이 연루된 미 대사 납치 사건을 다룬 글 「동지, 이게 뭐지?¿O que é isso, companheiro?」로 유명세를 탔다. 이를 바탕으로 1995년 이후 리우데자네이루 주 연방 하원의원을 지냈고, 리우데자네이루 시장에 도전했다가 낙선했다. 브라질 녹색당 공동 설립자로서, 2002년에는 룰라의 노동자당에 가입했다가 그의 실용적 노선에 반대해 노동자당을 탈퇴했으며 최근 녹색당에 다시 가입했다.

---

* 충성의 대가로 혜택을 부여하는 후원자 시스템에 따라 정치하는 지역의 봉건적 우두머리.

| 참고문헌 |

Freyre, Gilberto. 1977. *Casa Grande e Senzala*. Rio de Janeiro: José Olympio Editora.

Gazeta Mercantil. 2000. "Comércio atacadista desaparece da cadeia têxtil." *Gazeta Mercantil*, August 25.

Knowlton, Charles. 1961. *Sîrios e libaneses em São Paulo*. São Paulo: Editora Anhembi.

Lesser, Jeffrey. 1999. *Negotiating National Identity: Immigrants, Minorities, and the Struggle for Ethnicity in Brazil*. Durham NC: Duke University Press.

Montenegro, Silva. 2009. "Comunidades árabes en Brasil." Abdeluahed Akmir(coord.). *Los árabes en América Latina*. Madrid: Siglo XXI, pp. 235~279.

Neif Nabhan, Neuza. 1997. "La comunidad árabe en Brasil: tradición y cambio." Raymundo Kabchi(coord.). *El Mundo Arabe y América Latina*. Madrid: Ediciones UNESCO, pp. 199~234.

Safady, J. A. 1972. *Imigração Arabe no Brasil, tesis de doctorado en Historia*. São Paulo: USP.

Suleiman, Michael(ed.). 1999. *Arabs in America: Building a New Future*. Philadelphia: Temple University Press.

Topik Karam, John. 2007. *Another Arabesque: Syrian-Lebanese Ethnicity in Neoliberal Brazil*. Philadelphia: Temple University Press.

Truzzi, Oswaldo. 1991. *De mascates a doutores: Sîrios e libeneses em São Paulo*. São Paulo: Editora Sumaré.

_____. 1994. "Etnicidade e diferencição entre imigrantes sîriolibaneses em São Paulo." *Estudios Migratorios Latinoamericanos*, Vol.9, No.26, pp. 7~46.

_____. 1995. "Sîrios e libaneses em São Paulo: A anatomia da sobre-representação."

Boris Fausto(ed.). *Imigração e Política em São Paulo*. São Paulo: Editora IDESP/Sumaré, pp. 27~69.

_____. 1997. *Patrícios: Sírios e Libaneses em São Paulo*. São Paulo: Editora Hucitec.

Varella, Flavia. 2000. "Patrîcios, dinheiro, diploma, e voto: A saga da imigração á rabe." *Veja*, October 4, pp. 122~129.

Yuri, Débora. 2001. "O nosso lado árabe." *Revista da Folha*, September 23, p. 8.

온라인 자료

IBGE. 2010. "Censo 2010." http://www.ibge.gov.br/home/

Luxner, Larry and Douglas Engle. 2005. "The Arabs of Brazil." *Saudi Aramco World*, Vol.56, No.5, September/October. http://www.saudiaramcoworld.com/issue/20 0505/the.arabs.of.brazil.htm

Wikipedia. "Arab diaspora." http://en.wikipedia.org/wiki/Arab_diaspora

제4장 군부와 정계에서 막강한 영향력을 가진
아르헨티나의 아랍계

1. 아르헨티나 아랍계의 특징과 중요성

아르헨티나의 아랍계는 다른 라틴아메리카 국가의 아랍계와 다른 몇 가지 특이점을 가진다. 첫째는 경제보다 정치에서 두각을 나타낸다는 점이다. 둘째는 아랍계가 중동문제에 민감하게 반응해 정치적 갈등을 야기하는 수준까지 이르렀다는 점이다. 셋째는 시리아계가 다수를 차지하고, 종교적으로도 이슬람교도가 상대적으로 많다는 점이다.

아르헨티나에서도 아랍계는 다른 나라에서와 마찬가지로 행상과 섬유업을 통해 부를 축적했다. 그렇지만 멕시코, 브라질, 칠레에서와 같이 섬유업에서 지배적 수준까지 이르지는 못했다. 대신 아르헨티나의 일부 아랍계 가문은 북서부 지역을 중심으로 지역 정치를 지배하는 가문으로 성장했다. 네우켄 주의 사파그Sapag가, 라리오하La Rioja 주의 메넴Menem가, 카타마르카 주의 사아디Saadi가 등이 대표적이다. 이들은 자신의 아성인 주에서 주지사와 상원의원 등을 독차지하면서 중앙 정치까지 영향력을 확대했다. 메넴 가문의 카를로스는 대통령이 되었으며, 그의 동생 에두아르도는 상원의장을 지냈다. 사아디 가문의 수장 비센테는 페론 좌파의 리더였다. 아랍계와 페론을 연결하는 호르헤 안토니오는 페론과 메넴 정부 아래에서 경제계와 페론당을 연결하는 최측근 역할을 수행했다.

군부에서도 아랍계의 영향력은 막강하다. 근래 아르헨티나 역사의 중요 변곡점에서 아랍계는 항상 그 중심에 있었다. 1976년 군사 쿠데타를 이끈 핵심 인물 중에도 아랍계가 있었으며, 1982년 말비나스 전쟁에서도 아랍계 군인이 중심 역할을 했다. 특히 민주화 이후 군부의 인권 탄압에 대한 재판 과정에서 그에 반대해 군사 반란을 일으킨 청년 장교 그룹 '카라스 핀타다스caras pintadas'를 이끈 군인도 아랍계다.

2. 아랍인의 아르헨티나 이민

아랍인의 아르헨티나 이주

아르헨티나에서 국가 발전을 위해 이민이 필요하다는 인식은 1853년 헌법에서부터 나타난다. 1870년 제정된 법률에는 이민자를 북유럽과 중부 유럽 출신으로 제한한다는 내용이 담겨 있었다. 하지만 제1차 세계대전 이전까지 국가 발전을 위해 이민자의 유입이 절박했던 아르헨티나 정부는 북유럽 이민에만 의존할 수 없었다. 따라서 1876년 당시 니콜라스 아베야네다Nicolás Avellaneda 대통령은 자신의 이름을 단 '일반 이민법Ley General de Inmigración'을 통해 이민 조건의 제한을 폐지했다. 아베야네다 법은 19세기 중반 아르헨티나 일부 지식인이 선호했던 북유럽 출신 이민자를 통한 '인종 정화'의 열망을 극복하고, 모든 유럽인에게 문호를 개방하기 위해 특정 국가를 언급하지 않았다. 더욱 많은 이민자를 끌어들이기 위해 농업 이민을 선호한다는 조항 외에 인종이나 출신 지역에 대한 차별 조항을 모두 폐지한 것이다. 그뿐만 아니라 미국과 달리 아르헨티나 정부는 유럽 이민자에게 직업 소개, 배편 무료 제공, 의료 서비스 제공, 초기 숙식 제공과 같은 좋은 조건도 제시했다.

그 결과 1876년에서 1927년 사이 다양한 국가에서 아르헨티나로 이민이 몰려들었다. 이들의 출신 국가를 살펴보면 이탈리아 46.21%, 스페인 33.88%, 프랑스 3.51%, 러시아 3.1%, '그 외'가 14.29%다. 아랍계는 '그 외' 중에서 일부를 차지한다(Devoto, 1992: 90).

아르헨티나에서 이민과 관련된 관심은 대부분 이탈리아, 스페인, 프랑스 이민자에게 집중되었다. 아랍인 이민자에 대한 관심은 1980년대에 들어서 비로소 시작되었다. 따라서 '그 외'로 간주되었던 아랍계 이민자에 대한 정보도 부족할 수밖에 없다.

애크미르Akmir의 조사에 따르면 아르헨티나에서 '터키인'*의 존재는 1889년부터 나타나기 시작한다(Akmir, 1997: 63~68). 1895년부터 1903년의 시기에 아랍인의 아르헨티나 이주가 본격적으로 시작되었다. 1899년 한 해에만 3196명의 '터키인'이 등록되었고, 그중 92%가 아르헨티나에 정착했다. 이 시기에 이민자로 등록된 '터키인' 수는 약 1만 4145명으로 파악되었다.

아랍인의 아르헨티나 이주가 가장 활발했던 시기는 1904년부터 1914년까지다. 이 시기 등록된 아랍계 수는 11만 4217명으로 이들 중 81%가 아르헨티나에 정착했다. 이들 중 상당수는 '터키인' 대신 '오스만인'으로 등록되었다.**

제1차 세계대전 발발 이후 1930년까지 아랍인 이민자 수는 크게 줄었다. 전

....

* 다른 라틴아메리카 국가에서와 마찬가지로 아르헨티나에서도 아랍인 이민자는 '터키인'으로 불렸다. 이들이 이 표현을 좋아하지 않았고, 또 중동 출신 이민자의 다양한 성격을 파악하는 데 이 표현이 적절하지 않았음에도, '터키인'이라는 호칭은 오늘날까지 아랍계를 부르는 가장 흔한 표현이다. 물론 과거에 '터키인'이라는 호칭이 부정적인 의미를 많이 내포했지만, 오늘날 이 호칭은 단지 애정 어린 또는 친근한 의미로 널리 사용된다.
** 1911년 아르헨티나와 터키가 외교 관계를 수립하면서 관련 협정에 의해 아르헨티나에서 한때 터키 대신 오스만제국이라는 명칭이 공식적으로 사용되기도 했다. 이에 따라 당시 인구조사에 '오스만인(otomano)'이라는 이름이 나타났다. '오스만인'이라는 표현은 오스만제국이 제1차 세계대전에서 패해 중동 지역 땅을 모두 잃어버리는 1920년까지 계속 사용되었다.

쟁 기간에는 항해의 위험 때문에 이민이 급감했으며, 전쟁 이후에는 오스만제국의 억압이 사라지면서 오히려 이민 생활을 청산하고 귀국하는 사람도 적지 않았다.

1930년부터 1945년 사이에도 아랍인 이민은 과거처럼 다시 크게 증가하지 않았다. 1929년 세계 대공황이 발생해 이민을 위한 경제적·사회적 여건이 형성되지 않았고, 1930년 아르헨티나에 군사정권이 들어서면서 이민이 제한되었기 때문이다. 이 시기에 팔레스타인인, 시리아인, 레바논인으로 입국이 등록된 아랍인 수는 1만 4086명이고, 터키인으로 등록된 수는 1만 2536명이다. 그중 단지 7%만이 아르헨티나에 정착했다. 특히 제2차 세계대전 발발 이후 아랍인 이민자 수는 급감했다.

1946년 이후에도 이민자 수는 다시 증가하지 않았다. 이 시기에 시리아인, 레바논인, 팔레스타인인, 아랍인으로 입국한 사람은 모두 3만 5293명이고, 그중 7%만이 이민자로 정착했다. 이때 이미 아르헨티나는, 더 이상 이민자가 '아메리칸 드림'을 꿈 꿀 수 있는 낙원이 아니었다.

시리아계가 주를 이루는 아르헨티나의 아랍계

19세기 말 아르헨티나에 거주하는 외국인 이민자 30만 명 가운데 아랍계는 약 2천 명 정도로 파악되었다. 이들은 다른 라틴아메리카 국가에서와 마찬가지로 주로 도시에 거주하면서 전국을 떠돌아다니는 행상으로 활동했다. 아랍계의 이러한 활동은 주로 농촌 개발을 위한 농업 이민을 추구했던 아르헨티나의 이민정책과 상반된 것이었다. 하지만 많은 이민이 이루어지는 당시 상황에서 현실적으로 이를 제대로 통제하는 것은 불가능했다. 따라서 아랍계 이민은 비록 환영받지는 못했지만 지속적으로 증가했다.* 그 결과 1910년에는 이미

---

* 아랍인 이민에 대한 견제는 1920년대에도 계속되었다. 예를 들면, 부에노스아이레스에 도착한 외국인 이민자 대부분이 첫날을 보내는 이민자 호텔(Hotel de Inmigrantes)에서 아랍인

아랍인 이민자 수가 6만 명을 넘어섰을 것으로 추정된다(Bertoni, 1994).

1914년 인구조사에 따르면 아르헨티나 전체 인구 788만 5237명 중 외국인 총수는 235만 7952명이다. 그중 '터키인' 또는 '오스만인'은 6만 4369명, 이집트인 130명, 모로코인 802명, 알제리인 125명으로 아랍인 총수는 6만 5426명이다. 따라서 아랍계가 당시 전체 인구에서 차지하는 비중은 1%에도 미치지 않는다. 하지만 전체 외국인 이민자 수에서 차지하는 비중은 약 3% 정도에 달했다(Montenegro, 2009: 64).

1920년까지 아랍인 이민자 대부분은 다른 라틴아메리카 국가에서와 마찬가지로 '터키인'으로 불렸다. 그런데도 당시의 인구조사 결과에 일부 시리아인, 아르메니아인, 알바이나인이 나타난 것은 이민자의 언어 사용에 따른 이민 기록 당국자의 혼돈 때문이기도 하지만, 한편으로 이민자의 출신 지역에 대한 민족적 감정의 표현이기도 하다. 당시 아랍인 이민자 상당수는 오스만제국의 억압을 피해 이민을 선택한 사람이었기 때문에 이들은 이민자 등록 시 자신의 국적이 '터키인'이라고 기록되는 것을 거부하고, 출신 지역에 따라 기록되는 것을 선호했다.

당시 오스만제국이 통치한 영역이 중동 국가 대부분을 포함해, 아르메니아, 마케도니아, 알바니아까지 이르렀기 때문에 '터키인' 또는 '오스만인'이라는 구분은 이민자의 출신 지역을 정확하게 나타낼 수 없다. 이뿐만 아니라 오스만제국이 사라지고 이민자 출신 지역이 보다 세분화된 1920년 이후에도 레바논인은 흔히 시리아인으로 구분되었다. 레바논은 1918년 제1차 세계대전에서 오스만제국이 패배한 이후 프랑스의 위임통치령 아래 시리아에 편입되었기 때문이다. 이러한 상태는 1926년 레바논이 시리아에게 자치권을 획득할 때까지 지속되었다.

이 점을 고려해 1920년에서 1945년 사이 아르헨티나에 들어온 아랍인 이민

의 숙박은 금지되었다.

<표 4-1> 아랍계 이민자의 출신 지역 분포(1920~1945)

종족	비중(%)
시리아인	77.98
레바논인	16.43
팔레스타인인 또는 아랍인	5.58

자료: Akimir(1997: 63).

자의 출신 지역을 살펴보면 〈표 4-1〉과 같다. 시리아인이 77.98%로 단연 압도적으로 많고, 다음으로 레바논인이 16.43%를 차지한다. 따라서 1920년대 레바논 출신이 흔히 시리아인으로 인식된 사실을 고려하더라도 아르헨티나에는 레바논인보다 시리아인이 훨씬 많음을 알 수 있다.

또 다른 연구도 아르헨티나에서는 아랍인 가운데 시리아인이 수적으로 압도적임을 말해준다. 연구 결과에 따르면 1947년 아르헨티나의 아랍계 중에서 시리아계가 3만 2789명으로 가장 많고, 레바논계가 1만 3505명으로 그다음을 차지하는 것으로 나타난다(Bestene, 1988: 239~267). 브라질이나 멕시코와 달리, 이는 아르헨티나의 아랍계 사이에 레바논계보다 시리아계가 수적으로 더 많음을 다시 한 번 나타낸다. 따라서 아르헨티나에 거주하는 아랍계 사이에서 주도적인 역할을 하는 것도 다른 국가와 달리 레바논계가 아니라 시리아계다.

한편 아르헨티나의 아랍인은 출신 지역도 한두 개 도시에 집중되지 않고 다마스커스, 알레포, 홈스, 하마, 베이루트, 트리폴리, 하이파, 안티오키아 등 매우 다양하다. 같은 출신 사람들끼리 긴밀한 네트워크를 형성하는 아랍계의 특성을 고려할 때 이러한 출신 도시의 다양함은 한두 개 도시에서 집중적으로 이민을 간 다른 라틴아메리카 국가의 아랍계에 비해 아르헨티나 아랍계의 종족적 통합성이 훨씬 더 느슨함을 말해준다.

아랍계의 지역적 분포: 부에노스아이레스와 북서부 지역

아르헨티나에서 아랍계는 주로 부에노스아이레스 시와 북서부 지역에 집중된 것으로 알려진다. 하지만 실제로 아랍계는 전국적으로 널리 분포되어 있다. 알려진 것과 달리 북서부 지역에 거주하는 아랍계는 전체 아랍계 인구의 20% 수준에 불과하다. 그런데도 산티아고델에스테로Santiago del Estero, 카타마르카Catamarca, 라리오하 같은 북서부 도시에서 아랍계 존재가 더 부각되는 것은 이 지역에는 다른 종족, 특히 유럽인의 이민이 상대적으로 적었기 때문이다(Jozami, 1987: 57~90).

실제로 현재 아르헨티나에서 아랍계가 가장 많이 거주하는 곳은 부에노스아이레스, 산타페Santa Fe, 코르도바Córdoba다. 북서부 지역에서는 투쿠만과 산티아고델에스테로 정도에서만 의미 있는 수준의 아랍계가 거주한다. 부에노스아이레스, 산타페, 코르도바를 제외하고 아랍계 대부분이 북서부 지역에 거주하게 된 것은 칠레와의 국경무역에 유리했기 때문이다. 특히 칠레의 아랍계와 연결된 무역업은 아르헨티나의 아랍계에게 특별히 유리한 조건을 제공해주었다.

초기에 아랍계 이민자는 대부분 부에노스아이레스에 정착했다. 이곳에서 그들은 주로 행상에 종사하면서 부를 축적했다. 내륙 지역을 향한 진출은 철도가 건설되면서부터 시작되었다. 처음 진출한 곳은 부에노스아이레스 주와 인접한 산타페와 코르도바 주였다. 아랍계는 이 지역의 중심 도시로 경제활동 영역을 확대했으며, 그 후 멘도사 같은 북서부 지역으로 점차 뻗어나갔다.

따라서 1895년 지역별 '터키인' 분포(〈표 4-2〉)를 보면 부에노스아이레스에 38.5%, 산타페에 13.69%, 코르도바에 5.82%가 거주하는 것으로 나타난다. 그 외 28%는 투쿠만, 산티아고델에스테로, 살타, 후후이, 카타마르카, 라리오하 같은 북서부 지역에 거주했다. 특히 북서부 지역에서도 투쿠만과 산티아고델에스테로에 북서부 지역 아랍계의 54.5%가 집중되어 있었다.

1914년 인구조사에서도 여전히 아랍계(당시 표현으로는 '오스만인')의 50%가

〈표 4-2〉 지역별 아르헨티나 아랍계 분포(1895, 1914)

지역	1895(%)	1914(%)
부에노스아이레스	38.5	50.0
산타페	13.69	15.78
코르도바	5.82	-
멘도사	-	8.04
투쿠만		6.49
산티아고델에스테로		2.74
살타	28	1.28
후후이		0.87
카타마르카		0.72
라리오하		0.53

자료: Censos Nacionales(1898; 1916).

부에노스아이레스에 거주하며, 산타페에 15.78%, 멘도사에 8.04%가 거주하
는 것으로 나타난다. 다음으로 아랍계가 많이 거주하는 곳은 북서부 지역으로
투쿠만에 전체 아랍계 인구 중 6.49%, 산티아고델에스테로에 2.74%, 살타에
1.28%, 후후이에 0.87%, 카타마르카에 0.72%, 라리오하에 0.53%가 각각 거
주했다. 이때 이미 북서부 지역 이민자 그룹에서 아랍계 비중은 스페인계, 볼
리비아계, 이탈리아계 다음으로 네 번째를 차지했다.

아랍계는 거의 대부분 상업에 종사했기 때문에 거주지도 주로 도시 중심 지
역에 위치했다. 하지만 일부 아랍계는 농업에 종사하기 위해 농촌 지역으로
가기도 했다. 1906년에서 1915년 사이 아르헨티나 이민 당국의 정책에 따라
'오스만인' 2866명이 전국 각지의 농촌 지역으로 떠났다. 특히 멘도사 주에서
는 아랍인 이민자의 43.58%가 농촌 지역으로 이동해 포도 재배업에 종사했
다. 하지만 이러한 아르헨티나 당국의 정책적 유도에도 불구하고 1914년 인구
조사에서 아랍계의 72.78%는 여전히 도시 지역에 거주하는 것으로 나타났다
(Censos Nacionales, 1916).

지금부터는 아랍계가 가장 많이 거주하는 부에노스아이레스, 산타페, 코르도바와 함께 북서부의 산티아고델에스테로 주를 중심으로 이들 지역에서 이루어진 아랍계 이민자의 성장과 현재의 위상을 간단히 살펴본다.

부에노스아이레스

현재 가장 많은 아랍계가 거주하는 곳은 부에노스아이레스 시다. 따라서 이곳에 아랍계 단체 역시 가장 많다. 현재 부에노스아이레스 시를 포함한 부에노스아이레스 주 지역에만 아랍계 단체 약 50개가 존재하는 것으로 알려진다. 여기에는 이민자 보호를 목표하는 시리아-레바논 자선단체Patronato Sirio Libanés de Protección al Inmigrante가 있다. 라틴아메리카에서 가장 오래되고 중요한 아랍계 단체에 속하는 이 단체는 이민자 출신으로는 처음으로 아르헨티나 대통령이 된 이폴리토 이리고엔Hipólito Irigoyen을 명예 회장으로 추대하고, 아랍계 이민자의 이익 증진을 위해 많은 노력을 했다. 1925년 라틴아메리카 최초로 아랍 이름을 가진 은행 리오데라플라타 시리아-레바논 은행Banco Sirio Libanés del Río de la Plata을 설립한 모이세스 조세 아시세Moisés José Azize가 이 단체를 후원하고 있다. 그 외 마론파, 시리아 정교파, 무슬림 등 종교적 성격을 지닌 단체도 있다. 한편 팜파스 지역인 부에노스아이레스 주에는 '작은 시리아'라 불리는 '라 앙헬리타La Angelita' 마을이 눈에 띈다. 아랍 이민자와 그 후손으로만 구성된 팜파 지역의 이 마을은 사람 수보다 마을의 특성 때문에 흥미롭다. 이 마을에는 시리아계 이민자와 그 후손 약 400명이 살고 있는데, 이들은 모두 무슬림이다. 그들이 거주하는 땅은 처음에는 임대였으나 지금은 상당 부분 그들의 소유다. 그들은 이 마을에 집단적으로 거주하면서 아랍어를 사용하고, 이슬람 경전을 배우고, 종교의식을 행하고, 자신들만의 관습을 유지하는 고립된 삶을 살아간다.

코르도바

코르도바에 아랍계 이민자가 처음 들어온 시기는 1885년이다. 처음에 이들은 시장 근처에 정착해 상업에 종사했다. 그 후 시리아, 레바논, 팔레스타인 등지에서 많은 이민자가 유입되었다. 이들은 대부분 코르도바 시 북동쪽 지역에 자리 잡았고, 80% 이상이 상업에 종사했다. 이민 초기에 이미 고정된 상점을 내는 사람도 일부 있었지만 대부분은 코르도바 주 내륙 곳곳으로 물건을 팔러 다니는 떠돌이 상인이었다. 이들 중에서 특히 시리아계와 레바논계는 상업을 통해 경제적 부를 획득했다. 코르도바에서 경제적으로 자리 잡은 시리아계와 레바논계는 카라Kara, 도우마Douma, 바하르Bajar 출신으로 고향 사람을 지속적으로 끌어들여 세를 확대했다. 코르도바의 아랍계는 대부분 기독교도였지만, 이슬람교도도 있었다. 어쨌든 처음에 이들은 종교적 다양성, 출신 지역의 다양성, 교육 수준의 차이 등 때문에 하나의 정체성을 확보하기가 쉽지 않았다. 그런데도 종교에 기반을 둔 다양한 사회단체를 조직해 정체성을 유지하려 했다. 오늘날에도 코르도바에는 여러 아랍계 종교 또는 시민 단체가 존재한다.

산타페

중부의 산타페 주에도 많은 아랍계가 거주한다. 특히 이 주의 주도인 산타페 시와 아르헨티나 두 번째 도시 로사리오 시에 많은 아랍계가 거주한다. 이들은 다양한 종교 또는 민간단체를 조직해 다양한 문화적 활동을 펼침으로써 아랍계 정체성을 유지한다.

산티아고델에스테로

산티아고델에스테로에 아랍계의 이주가 본격적으로 시작된 것은 1919년부터 1930년까지다. 레바논계가 처음으로 들어왔지만 이후에는 시리아계의 이민이 많았다. 특히 시리아의 하마 지역 출신이 많았다. 아르헨티나 내 아랍계 이민자의 불과 20% 정도가 산티아고델에스테로를 비롯한 북서부 지역에 들어왔다. 이들은 지역 전체 인구의 불과 3%밖에 미치지 못하는데도, 존재감은 결코 작지 않다. 처음에 그들은 천이나 잡화를 파는 상업에 종사했는데, 도시와 근교, 농촌을 잇는 아랍계만의 가족적 판매망을 통해 사업을 발전시켰다. 1930년대부터는 이미 상당수가 상점을 가지게 되었고, 일부는 부동산에도 투자했다. 유럽인의 이민이 상대적으로 적었던 이 지역에서는 아랍계의 정치적 진출도 활발했다. 1928년에 레바논계 이민자로서는 처음 지방의원으로 선출된 이후 1958년에는 이 지역 몇몇 도시에서 아랍계 시장이 배출되었다. 현재 산티아고델에스테로를 비롯해 아르헨티나 북서부의 몇몇 주에서 정치적으로 영향력 있는 인물의 10~35%는 시리아 또는 레바논계다. 특히 네우켄, 카타마르카, 라리오하 같은 주에서는 특정 아랍계 가문이 지역 정치를 완전히 장악하고 있다고 해도 과언이 아니다.

3. 아랍계 아르헨티나인의 사회적 통합

아르헨티나는 이민의 나라다. 라틴아메리카의 다른 나라도 대부분 이민을 받아들였지만 아르헨티나와 같은 규모로 이민을 받아들인 나라는 없다. 세계적으로 아르헨티나 수준의 이민을 받아들인 나라, 따라서 국가적 정체성이 이민에 의해 결정된 나라는 미국, 오스트레일리아, 캐나다 정도에 불과하다. 따라서 아르헨티나의 국가적 정체성은 매우 복잡하다.

처음에 아르헨티나의 엘리트 관료들은 모든 인종을 하나로 녹이는 인종 도가니 정책을 취했다. 그들은 교육을 통해 각 이민 종족의 언어적·문화적 특수성을 동질화하려는 노력을 했다. 그 결과 아르헨티나는 다른 어떤 라틴아메리카 국가보다 이민자의 통합을 성공적으로 이루어냈다. 아랍계 이민자 고유의 관습과 제도, 문화적 특성이 이러한 동화 과정에서 많이 희석되었다.

하지만 아랍계 이민자가 아르헨티나 사회와 통합되는 과정은 그렇게 간단하지 않았다. 특히 제2차 세계대전 이후 아랍민족주의의 고조와 함께 정치적·종교적 성향이 강한 아랍 단체들이 다시 고개를 들고 있다. 아르헨티나에서 이러한 성향을 가진 단체는 강력한 영향력을 가진 유대계 공동체와의 갈등을 야기했다.

아르헨티나 아랍계의 종교적 정체성

아르헨티나 아랍계 이민자의 종교적 정체성은 매우 복잡하다. 관련 자료가 거의 없으며 그나마 있는 자료 역시 부정확하다. 라틴아메리카 이민연구센터 CEMLA: Centro de Estudios Migratorios Latinoamericanos 자료에 따르면 1882년에서 1925년 사이 조사 대상 아랍인 이주자 3만 2328명 중 마호메트교와 무슬림을 합친 이슬람교 신도가 1만 4762명으로 가장 많았고, 가톨릭 신도는 마론파, 그리스정교회, 동방정교회 등을 포함해 1만 4221명 정도로 이슬람교 신도 수와 비슷한 수준으로 나타났다(Jozami, 1994).

하지만 자료에 종교를 언급하지 않고 단순히 아랍인, 터키인, 아르메니아인 등으로 표시된 사람도 많고, 조사되지 않은 사람도 많기 때문에 전체적으로는 기독교도가 더 많았을 것으로 추정된다. 실제 1912년 주 아르헨티나 오스만제국 총영사인 에미르 아민 아스란Emir Amin Arslan의 아랍 이민자 동향 보고에 따르면, 당시 아르헨티나에 거주하는 아랍계의 80%가 기독교도이며, 15%가 무슬림이고, 5%가 유대인인 것으로 파악되었다(Delval, 1992: 262).

이민자의 종교적 분포를 정확히 파악하는 것은 쉽지 않다. 어쨌든 다른 라틴아메리카 국가와 달리 아르헨티나에 이민 온 초기 아랍인들 사이에 무슬림의 비중이 적지 않았다는 점은 주목할 만하다.

라틴아메리카 최대의 아르헨티나 무슬림

아르헨티나 내 무슬림 수는 정확하지 않다. 널리 알려진 바에 따르면 초기 이민자들 가운데 무슬림 수는 많지 않았다고 한다. 오스만제국의 박해를 받아 이민을 선택한 사람이 대부분 기독교도였기 때문이다. 하지만 어떤 자료에 따르면 초기 이민자 가운데 이슬람교 신도 수가 30%에 달했다고도 한다(Brieger and Herszkowich, 2002).

하지만 이들 상당수가 결혼 등을 통해 아르헨티나 사회에 통합되는 과정에서 이슬람교를 상실했다. 초기 이민자는 종족의 결속을 강조했고, 종교는 그다지 중요한 가치로 생각하지 않았다.

그런데도 2010년 국제연합난민기구의 국제종교자유 리포트에 따르면, 아르헨티나 내 무슬림 수는 40만에서 50만 사이로 추정되며, 이는 아르헨티나 전체 인구의 약 1% 정도다(UNHCR, 2010).* 즉, 이는 아르헨티나가 라틴아메리카에서 가장 많은 무슬림 인구를 가지고 있음을 나타낸다.**

최근 아르헨티나의 무슬림은 다시 종교성을 강조하기 시작했다. 이에 따라 종교적 성격을 가진 단체의 활동도 강화되었다. 그중 특히 시리아 출신의 시아파교도가 중심이 되어 부에노스아이레스에 설립한 단체 3개(시아파연합협회 Asociación Unión Alauita, 이슬람시아파자선협회Asociación Islámica Alauita de Beneficiencia, 이슬람범시아파협회Asociación Pan Alauita Islámica)가 중요한 역할을 하고 있다.

1992년 설립된 라틴아메리카 이슬람 사무소Oficina Islámica para América Latina도 중요한 단체다. 이 단체는 아르헨티나 내 무슬림의 상호 관계를 증진하기 위해 설립되었다. 현재 이 단체는 아르헨티나뿐만 아니라 라틴아메리카 전역에서 무슬림의 목소리를 대변한다.

무슬림 모스크mosque로는 1986년에 세워진 아르헨티나 이슬람센터Centro Islámico de la República Argentina 소속의 알 아흐메드Al-Ahmed와 2001년 문을 연 레이

----

* 한편으로는 아르헨티나에 거주하는 무슬림 인구가 5만 명을 넘지 않을 것이라는 주장도 있다(Montenegro, 2009: 89).
** 아르헨티나와 함께 가장 많은 무슬림 인구를 가진 브라질의 경우 2010년 인구조사에 따르면 무슬림 수는 3만 5207명으로 나타났다(IBGE, 2010).

파흐드Rey Fahd가 유명하다. 특히 레이 파흐드 사원은 사우디아라비아 대사관이 세운 것이다. 2천만 달러 정도의 가치를 가진 사원의 땅은 원래 부에노스아이레스 시 소유였는데, 1995년 시리아계 아르헨티나 대통령이었던 사울 메넴이 이를 사우디아라비아 대사관에 무상으로 기부하면서 구설수에 오르기도 했다.

아르헨티나의 주요 아랍계 단체들: 아랍민족주의 반영

이민 초기에 아랍인은 종족적 결집을 목표하는 단체를 많이 조직했다. 하지만 최근 들어 이들 단체는 과거 종족의 배타적 성격에서 벗어나 일반적인 사교 클럽의 역할을 수행한다. 이민 초기 종족성에 기반을 둔 단체의 성격은 이제 거의 사라졌다고 할 수 있다. 출신지를 강조하는 것은 더 이상 이민 3세대 또는 4세대 후손을 끌어들이는 매력 요인이 되지 못한다. 따라서 최근 아르헨티나 아랍계의 새로운 문화단체는 종족적 정체성을 재조직한다. 이들은 시리아계 또는 레바논계의 종족적 특수성을 강조하기보다 아랍계라는 포괄적인 범주를 선호한다. 아랍계 후손이나 아랍계가 아닌 사람도 이와 같은 단체에 참여해 아랍 춤을 배우거나, 아랍 음식을 맛보거나, 아랍어를 배우거나, 스포츠를 즐긴다. 즉, 최근의 아랍계 문화단체는 아랍 문화회관 또는 사회 클럽의 역할을 담당한다.

최근 아르헨티나 아랍계 단체에서는 종교적 성격에 따른 분열 양상이 나타나고 있다. 과거에는 무슬림이든 기독교든 간에 같은 종족일 경우 같은 단체에 모이는 경향이 있었다. 그러나 수십 년 전부터 이러한 단체에서 종족성보다 종교적 차이가 더 중요해졌다. 이에 따라 과거에 한 단체에 모였던 레바논계 기독교도와 레바논계 무슬림은 종교에 따라 분열해 각각 자신의 단체를 만들었다. 무슬림 레바논계가 만든 단체에는 무슬림으로 개종한 아르헨티나인도 참여한다(Montenegro, 2009: 84).

아르헨티나 아랍계 단체에서 나타나는 또 다른 현상은 정치적 성격의 강화다. 최근에는 중동에서의 정치적 갈등을 반영해 해외에 거주하는 아랍계도 종족성에서 벗어나 광범위한 아랍 정체성을 강화하는데, 이는 아랍민족주의의 반영으로 정치적 성격을 띤다.

이러한 성격의 아랍계 단체들 가운데 가장 중요한 조직이 아르헨티나 아랍단체동맹FEARAB Argentina: La Federación de Entidades Árabes de Argentina이다. FEARAB 아르헨티나의 설립 기원은 1965년 시리아 다마스쿠스에서 열린 해외이민자대회다. 여기에서 각국의 아랍계 단체들이 하나의 동맹을 결성할 필요성을 논의했다. 이에 따라 1972년 아르헨티나에서 이들을 하나로 묶는 FEARAB 아르헨티나가 설립되었다. 이 단체는 부에노스아이레스에서 범미주 아랍대회를 개최했다. 이를 계기로 1973년 아메리카의 아랍단체동맹FEARAB América이 설립되었다. FEARAB 아메리카는 2년마다 한 번씩 범미주 아랍대회를 개최한다. 주요 목적은 미주 국가와 아랍 국가 사이에 문화, 경제, 정치, 인적자원의 교류를 확대하는 것이다. 특히 중동에서의 걸프전 이후 아랍민족주의의 강화와 함께 이들의 정치적 성격도 강화되었다. 이들 단체는 중동에서 일어나는 정치적 갈등에 대해 명확한 의사를 표명한다.

아르헨티나 아랍청년대회Congreso de las Juventudes Árabes de Argentina는 아르헨티나 아랍계 후손을 결집하는 역할을 한다. 이들 단체 역시 최근 아르헨티나에서 불고 있는 아랍계의 정치적 정체성을 재확립하는 경향의 일환이다.

중동문제를 둘러싼 아랍계의 갈등

아르헨티나의 아랍계는 중동문제와 관련해서도 각각의 정치적 입장을 명확히 했다. 따라서 정치적 입장에 따라 발생하는 아랍계 사이의 갈등도 다른 라틴아메리카 국가에 비해 심했다. 첫 번째 갈등은 오스만제국과 관련된다. 제1차 세계대전 시기 아르헨티나의 아랍계에서는 오스만제국을 지지하는 세력과 비非터키인 칼리파를 지지하는 아랍민족주의 세력 사이에 갈등이 발생했다. 한편 오스만제국 지지 세력은 프랑스와 영국 등 동맹국을 지지하는 기독교도 아랍인을 종교적인 적으로 간주했고, 이에 따라 그들 사이에 유혈 충돌이 발생하기도 했다. 심지어 오스만제국을 지지하는 아랍계는 동맹국을 지지하는 아르헨티나의 이탈리아, 프랑스 이민자와도 충돌했다. 제1차 세계대전이 오스만제국의 패배로 끝나면서 오스만제국 지지자 상당수는 부에노스아이레스의 '터키 타운'을 떠나 다른 곳으로 이주해야 하는 처지에 놓였다.

제1차 세계대전 종식 이후 칼리파 체제에 반대하는 기독교도 아랍계와 칼리파 체제 아래 아랍-시리아 왕국의 건립을 추구하는 민족주의 계열 사이에 갈등이 발생했다. 아르헨티나의 아랍계 기독교도인 마론파 신도는 오스만제국 이후 프랑스의 시리아 지역 위임통치를 받아들였는데, 이 때문에 아랍-시리아 왕국을 추구하는 민족주의 세력과 충돌했다. 대부분 레바논 출신인 아르헨티나의 마론파 신도는 대ㅅ시리아 왕국을 건립하는 데 반대하며, 레바논의 분리 독립을 추구했다. 이들은 아랍민족주의에 대한 반대의 표시로 자신의 레바논계 정체성을 강조했다. 이에 따라 이때부터 아르헨티나에도 이민자 등록이나 아랍계 언론에서 '레바논인'이라는 표현이 자주 등장하기 시작했다.

어쨌든 시리아 출신이 다수를 차지하는 아르헨티나의 아랍계에서 터키인이 아닌 새로운 칼리프를 중심으로 시리아, 레바논, 요르단, 팔레스타인을 하나로 묶는 대ㅅ아랍왕국의 건설이라는 민족주의 계열의 주장은 다수의 지지를 받았다. 하지만 이러한 시도가 실패로 돌아가자 지지 세력은 이 지역을 통치하는 영국과 프랑스의 제국주의적 태도를 비판하기 시작했다. 이에 반대하는 시위를 조직하고, 아르헨티나 언론에 항의의 뜻을 전달하기도 했다. 이런 과정에서 민족주의 세력은 프랑스의 통치를 지지하는 마론파 아랍계와 충돌하기도 했다.

시리아와 레바논이 프랑스의 통치에서 벗어나 독립하자 아랍계는 시리아, 레바논, 요르단, 팔레스타인을 하나로 묶는 대ㅅ시리아를 건설하려는 세력과 레바논을 비롯해 각국의 분리 독립을 지지하는 세력으로 다시 양분되었다. 한편 대ㅅ시리아를 건설하려는 시도는 제2차 세계대전 이후 프랑스 군이 철수하고 요르단, 시리아, 레바논이 각각 분리 독립을 선언하고, 팔레스타인에서 이스라엘과의 분쟁이 시작되면서 수포로 돌아갔다. 이런 상황에서 레바논계는 전후 분리 독립된 레바논의 재건을 위해 막대한 기금을 지원했다. 1955년 전 세계에 퍼져 있는 레바논계가 레바논의 재건을 위해 보낸 기금은 당시 가치로 4834만 달러, 즉 795만 파운드로 그해 레바논 전체 외화 소득의 72%에 달했다(Akmir, 1997: 109).

1950년대 말부터는 이집트에서 나세르 장군의 등장과 함께 아랍 국가들의 통합을 추구하는 아랍민족주의가 다시 강조되었다. 이들은 제국주의를 아랍 민족 최대의 적으로 인식하고, 아랍 민족의 통합을 제국주의와 맞설 최대의 무기라고 주장했다. 나아가 반反제국주의를 아랍 세계 밖으로 몰고 가 전 세계적으로 비동맹국들의 단합을 촉구했다. 특히 수에즈운하의 국유화 이후 아르헨티나의 아랍계 사이에서 나세르의 인기는 더욱 높아졌다. 지금까지도 나세르의 아랍민족주의는 아르헨티나의 상당수 아랍계에 많은 영향을 미친다.

이런 상황에서 일부 아랍계는 아르헨티나의 페론 대통령을 나세르에 비교하기도 했다. 이와 관련해 시리아계 아르헨티나 기업인이자 정치인으로 페론과 아랍계를 연결하는 역할을 수행했던 호르헤 안토니오Jorge Antonio는 1986년 한 인터뷰에서 다음과 같이 말했다.

> 마드리드 추방 시절 페론은 아랍 국가에 큰 호의를 가지고 있었고, 그들과 많은 관계를 맺었다. 그와 나세르는 편지를 자주 주고받는 친구 사이였다. 나는 이들 사이에 통역을 맡았으며, 페론과 나세르의 주고받는 일을 해결하기 위해 마드리드와 이집트를 자주 오고 다녀야 했다(Akmir, 1997: 111).

어쨌든 시리아계가 다수를 차지하는 아르헨티나의 아랍 이민자 사회에서 아랍민족주의는 다수의 지지를 획득했다.

아르헨티나 아랍계와 유대계의 갈등

아르헨티나는 라틴아메리카에서 유대계의 영향력이 가장 강한 나라다. 한편으로는 라틴아메리카에서 가장 많은 무슬림 인구를 가지고 있기도 하다. 따라서 라틴아메리카 국가들 가운데 아르헨티나에서 아랍계와 유대계의 갈등이 가장 많이 나타나는 것은 당연한 일이다.

아르헨티나에서 아랍계와 유대계가 처음부터 갈등 관계였던 것은 아니다. 19세기 말 이민 초기 유대계는 종교보다 출신지에 따라 형성된 단체에 가입했다. 그들은 모두 시리아-레바논계 상공회의소 회원이었으며, 아랍계 주요 단체인 조국과 명예 클럽Club Honor y Patria 회원이기도 했다.

제2차 세계대전 종식 이후 팔레스타인에 이스라엘을 건국하는 문제를 놓고 아르헨티나의 아랍계와 유대계의 관계는 완전히 다른 양상으로 전개되었다. 국제적 문제가 아르헨티나 내부의 아랍계와 유대계의 관계에 그대로 반영된 것이다. 이러한 문제에 직면한 아르헨티나의 아랍계 민족주의자는 자신들이 소유한 아랍계 언론을 통해 유대인에게 명백한 적대감을 표시하기 시작했다. 1946년 아르헨티나의 아랍계 일간지 ≪시리아-레바논 신문Diario Sirio-libanés≫ 은 아르헨티나 정부가 이 문제에 관해 국제연합에서 취할 입장에 영향을 미치기 위해 아르헨티나의 시리아-레바논계 유대인 단체들이 시오니즘Zionism에 반대하는 입장을 취할 것을 요청했다. 이러한 호소에도 불구하고 유대계는 결국 이스라엘 건국을 지지하는 입장을 취했고, 이를 계기로 유대계는 출신지와 상관없이 아랍계가 참여하는 다양한 단체와 멀어졌다. 결국 이스라엘 건국 문제 때문에 아르헨티나의 아랍계와 유대계의 관계는 과거 우호적인 관계에서 갈등적인 관계로 변했다.

아랍계에서 멀어진 유대계는 그 후 이스라엘 국가 건설을 위한 선전 활동을 적극적으로 전개했고, 이로써 아랍계와의 갈등도 점차 폭력적으로 변모했다. 그 결과 부에노스아이레스에서 유혈 충돌이 일어났고, 유대인 단체와 레바논 단체의 건물에서 폭발 테러가 발생하기도 했다.

최근에는 아르헨티나 국내에서 발생한 사건이 이들 사이의 갈등을 다시 증폭시켰다. 1992년 3월 아르헨티나의 이스라엘 대사관 건물에서 폭발이 일어났다. 건물이 완전히 붕괴되었으며, 29명이 사망하고 200명이 중경상을 입었다. 이들 중에는 외교관도 포함되어 있었다. 더욱이 이 사건의 전말도 제대로 밝혀지지 않은 상황에서 1994년에 유대계 단체인 이스라엘 상호협의회AMIA: Asociación Mutual Israelita Argentina 건물에서 또 다른 테러가 발생했다. 85명이 사망하고 200명이 중경상을 입었다. 이 사건에 대해 조사 당국은 이슬람 무장 단체인 헤즈볼라Hezbollah의 소행이라 결론짓고, 부에노스아이레스에 있는 시아파 사원 아트-타우이드At-Tauhid의 이슬람 지도자를 겸임하고 있던 주 아르헨티나 이란 대사관의 문화공보관을 사건의 주모자로 지목했다.

조사 결과는 아르헨티나의 이슬람 종교 단체들의 강력한 반발을 가져왔다. 그들은 이것이 무슬림에 대한 차별이자, 나아가 아랍계 전체에 대한 차별이라고 주장하면서 이번 사건이 아르헨티나 무슬림 단체와는 무관함을 주장했다. 유대계 언론은 무슬림 단체에게 사과를 요구했고, 반면 무슬림 단체들은 자신들의 무관함을 주장했다. 그런 가운데 무슬림 종교 지도자들이 협박을 받았고, 2001년에는 아트-타우이드 사원에서 작은 폭발이 일어나기도 했다. 이런 과정에서 아르헨티나의 아랍계와 유대계의 갈등이 당시 시리아계 대통령 사울 메넴과 연결되면서 아르헨티나 정치와 언론의 주된 관심사가 되기도 했다. 현재는 조사가 미진한 가운데 갈등은 수면 아래로 가라앉은 듯이 보인다. 하지만 사건의 원인에 대한 새로운 사실이 알려지거나, 유대계 단체들이 간혹 성명을 발표할 때마다 문제가 다시 불거지곤 한다(Montenegro, 2009: 91~95).

4. 아랍계의 경제적 부상

행상에서 '볼리체'로: 종족 내 상업 네트워크의 형성

다른 라틴아메리카 국가에서와 마찬가지로 아르헨티나에서도 아랍계는 대부분 대도시에 거주하면서 상업에 종사했다. 1880년에서 1900년까지 초기 이민자의 약 98%가 상업에 종사했다(Akmir, 1997: 73).

그들이 상업에 종사하게 된 것은 무엇보다 당시 아르헨티나에서 행상은 수익성 좋은 직업이었기 때문이다. 원래 아르헨티나에서는 이미 이탈리아인이 행상을 하고 있었지만 1889년부터 아랍인 이민이 본격화되면서 주도권이 아랍인에게 넘어갔다. 그 후 새로 이민 온 아랍인은 선배 이민자의 모델을 따라 상업에 종사하는 것을 당연시했다. 당시 이민자 상당수의 목표는 일정한 부를 축적한 다음 고향으로 돌아가는 것이었다. 따라서 농업보다 수익성이 높고 쉽게 청산할 수 있는 상업을 주로 선택했다. 농업은 수익성이 낮을 뿐만 아니라 농지 구입 시 자본도 많이 들고, 귀국 시 청산도 쉽지 않았다. 또한 낯선 땅에서 필요한 농업 기술도 부족했으며, 특히 아랍계는 정부 지원도 받을 수 없었기 때문에 농업을 선호하지 않았다.

이른바 '연쇄 이민cadena de llamadas'*을 통한 아랍계 이민이 급증하면서 19세기 말 행상을 위한 부에노스아이레스의 시장은 포화 상태에 이르렀다. 경쟁이 심화되면서 수익성도 감소했다. 그러나 아랍계는 판매 상품의 다각화와 상업 활동 영역의 확대를 통해 어려움을 극복했다. 이들은 부에노스아이레스 시를 넘어 내륙 도시로 진출하기 시작했다.

1900년부터 1920년까지는 아랍계 상업 활동의 황금기였다. 아랍계 이민자는 현지 언어에 익숙해졌고, 아르헨티나 관습도 익혔기 때문에 아르헨티나 각지를 돌아다니며 상업 활동을 전개하는 데 문제가 없었다.

---

* 먼저 정착한 이민자가 고향의 친지나 지인을 이민으로 끌어들이는 형태.

행상을 통해 부를 축적한 아랍 이민자는 개인 상점을 열기 시작했다. 1883년부터 1885년 사이에 이미 레바논계는 '볼리체boliche'라 불리는 최초의 아랍계 상점을 열었다. 그 후 '볼리체' 수는 현저히 증가해 1889년 부에노스아이레스 시에서만 그 수가 35개에 이르렀다(Akmir, 1997: 78).

아르헨티나 경제는 농업과 자원을 바탕으로 발전했다. 하지만 19세기 말 이후 개방화와 함께 무역 활동이 증가하면서 밀려들어 온 유럽 상품은 이러한 국내 산업을 붕괴시켰다. 아랍계는 이와 같은 상황을 신속히 인식하고 변화하는 환경에 적극적으로 대처했다. 그들은 수입품을 취급하는 상점을 열었다. 일부 도매업자는 직접 수입을 하기도 했다. 도매업자에서 소매업자 그리고 행상까지 이어지는 아랍계의 전국적 상업 네트워크는 이와 같이 변화하는 상황에서도 잘 적응했다.

이러한 상업 네트워크 형성에는 무엇보다 앞서 언급한 '연쇄 이민'이 가장 중요한 역할을 했다. 사업 규모가 고정된 점포인 '볼리체'의 주인 아래에 있는 행상의 수에 따라 결정되었고, 신용거래를 위해서는 신뢰할 만한 행상이 필요했다. 따라서 상점 주인은 이민 비용을 지불하면서까지 동향 출신 가운데 같은 종교를 가진 친지나 지인을 적극적으로 끌어들였다. 이에 따라 네트워크가 커질수록 사업 규모도 확대되고 수익도 늘어났다.

이런 과정을 통해 초기 아랍계 이민자는 종족 내에 상점과 행상을 묶는 하나의 상업 네트워크를 형성했다. 그 결과 1917년 아랍계가 소유한 상점 수는 143개로 늘어났다. 그들이 주로 취급하는 품목은 직물, 잡화, 신발, 식품 등 다양했다. 또한 대부분 상점이 전국적인 판매망을 보유하고 있었다(Montenegro, 2009: 70).

제조업으로 진출

1929년 세계 대공황 이후 선진국들이 보호무역주의를 채택하면서 아르헨티나도 국내 산업을 육성하기 시작했다. 특히 섬유 산업 같은 경공업이 발전하기 시작했는데, 이를 주도적으로 수행한 사람들이 바로 이민자였다. 특히 상업을 통해 부를 축적한 아랍계는 1930년대부터 제조업에 투자해 큰 수익을 올렸다. 이들은 다양한 경공업 부문에 투자했는데, 특히 섬유업에 많은 투자를 했다.

아랍계가 섬유 제조업에 많은 관심을 가진 것은 이미 상업을 통해 섬유 유통망을 확보하고 있었기 때문이다. 이를 기반으로 한 섬유 제조업 진출은 섬유 부문에서 상호 협력을 가능하게 만드는 강력한 종족적·문화적 네트워크의 형성을 가능하게 했다.

그 결과 아랍계는 1930년대 초 아르헨티나 섬유업의 50%를 장악하게 되었다. 1935년부터 아랍계는 아르메니아인, 중동 지역 출신 유대인과 함께 아르헨티나 섬유 산업을 주도했다. 1930년대 보호무역주의의 영향으로 외국산 섬유제품의 수입이 감소하고, 아르헨티나에서 생산한 섬유제품의 질이 점점 향상되면서 아르헨티나의 섬유 제조업은 호황을 누렸다. 이에 따라 아랍계도 큰 부를 축적할 수 있었다(Cámara de Comercio Sirio-Libanesa, 1936: 6).

제2차 세계대전 시기 유럽 제품의 수입이 어려운 틈을 타 아랍계는 섬유업에서의 지배력을 보다 강화했다. 특히 이때 국내 제조업을 아직 육성하지 못한 다른 일부 라틴아메리카 국가에도 유럽 수입품을 대신해 아르헨티나 섬유제품을 수출하기 시작하면서 사업을 확대할 수 있었다.

아르헨티나 경제계의 주요 아랍계 기업인

유대인이 경제를 장악하고 있는 아르헨티나에서 아랍계는 경제계보다 정계에서 두각을 나타냈다. 따라서 아르헨티나에는 멕시코의 카를로스 슬림, 에콰도르의 이사이아스 가문, 칠레의 야루르Yarur 가문과 같이 크게 두드러지는 경제인이 없다. 또한 대표적인 기업인들이 부를 축적한 과정 역시 다른 라틴아메리카 국가에서 아랍계 대표 기업인들이 해왔던 일반적인 방식과는 조금 다른 면을 가진다.

아르헨티나 경제계에서 돋보이는 아랍계 인사로는 먼저 다니엘 하다드Daniel Hadad를 들 수 있다. 그는 상업과 섬유 제조업을 통해 부를 축적한 전통적인 아랍계 경제인과는 다른 방법으로 부를 축적했다. 그는 대학에서 법학과 언론학을 전공했으며, 스페인과 미국에서 유학했다. 귀국 후 1991년 하다드는 언론인으로서 라디오 아메리카Radio América의 모닝쇼 사회를 맡으면서 아르헨티나 국민에게 이름을 알리기 시작했다. 그 후 라디오 토크쇼 〈아침을 여는 첫 번째 토크 쇼El Primero de la Mañana〉를 맡으면서 유명세를 탔다.

이러한 기반을 통해 1998년 메넴 대통령의 방송 민영화 사업이 진행될 당시 AM 라디오 청취율 1위인 '라디오 10'을 인수했고, 2002년에는 경제 위기를 틈타 부에노스아이레스 1위 방송사 '채널 9'의 주식 50%를 획득했으며, 그 후 나머지 50%도 인수했다. (2007년 '채널 9'의 주식은 멕시코 투자가에게 전부 매각되었다.) 현재 그는 라디오 10 외에도 '채널 5', '인포바에Infobae' 온라인 뉴스, 팝 라디오, 메가 98.3, FM 발레 97.5, TKM Radio 등 다양한 언론 매체를 소유해 아르헨티나 언론의 중심인물로 부상했다.

기업인이자 정치인인 호르헤 안토니오가 부를 축적한 방식도 다른 나라 아랍계 기업인의 전통적 방식과 다르다. 그는 부에노스아이레스 보카 지역에서 태어났으며, 그의 부친은 시리아계로 19세기 말 아르헨티나로 이주했다. 1942년 안토니오는 국립군사아카데미Colegio Militar de la Nación에서 의무병으로 근무했는데, 그때 페론을 알게 되었고, 페론의 처남인 후안 두아르테Juan Duarte와 우정을 맺게 되었다. 그는 이러한 관계를 통해 페론 정부 시기에 엄청난 부를 축적할 수 있었다.

안토니오는 정치인과의 인연을 기반으로 처음에 GM과 메르세데스 벤츠의 아르헨티나 지사 대표를 맡았다. 1949년 그는 페론의 가장 중요한 측근이 되었는데, 이런 인연을 통해 1950년대에 라디오 방송사인 라디오 벨그라노Radio Belgrano, 채널 7, 텔람Telam 통신사 등을 인수했다. 또한 기업식 농업과 금융업 등에도 투자했다. 페론 집권기에 그의 재산은 열 배로 불어나 1955년 자산 총

액이 당시 가치로 2억 5천만 달러에 달했다. 페론을 비판하는 사람들은 이러한 안토니오의 사례를 페론 정부가 행한 정실 인사의 상징으로 여긴다. 또한 안토니오는 나치가 해외로 빼돌린 금과 관련된 아돌프 아이히만Adolf Eichman을 자신의 회사에 고용하면서 나치와의 관련성이 제기되기도 했다.

1955년 페론 정권이 붕괴된 후 그는 망명을 거부하다 체포되었고, 그의 재산은 군사정권에 의해 몰수되었다. 2년 후 그는 페론주의 동료들과 함께 탈옥해 칠레로 망명했다가, 그 후 20년 동안 쿠바와 스페인에서 거주했다. 스페인에서 안토니오는 역시 망명해 있던 페론을 다시 만났다. 페론의 새로운 부인 이사벨과 그들 부부의 최측근인 호세 로페스 레가Jose López Rega의 강력한 반대에도 불구하고 안토니오는 페론의 중요한 조언자이자 재정적인 후원자 역할을 맡았다. 하지만 1973년 페론이 귀국하고 다시 대통령이 되었을 때 그는 로페스 레가에게 밀려나 스페인에 계속 머물러야 했다.

1977년 귀국한 그는 1990년대 같은 시리아계 대통령 카를로스 사울 메넴과의 친분을 통해 그의 재임 기간에 아르헨티나 경제계에서 영향력 있는 인물로 다시 부상했다. 메넴과의 친분은 그가 1964년 메넴을 페론에게 소개하면서부터 시작되었다. 그러나 메넴이 임기 동안 전통적 페론주의를 포기하고 신자유주의로 전환하면서 안토니오와 메넴과의 관계도 멀어졌다.

또 다른 주요 아랍계 경제인은 알란 파에나Alan Faena다. 파에나 가문은 아랍계의 전통적 성공 방식인 섬유 제조업을 통해 성장했다. 특히 파에나 가문의 장남 알란 파에나는 1985년 패션 기업 비아 바이Via Vai의 설립을 통해 세계화와 개방에서 비롯된 국내 섬유 제조업의 위기를 극복하려 했다. 그런데도 결국 1996년 그는 비아 바이를 매각할 수밖에 없었다. 그 후 2000년 알란은 프랑스 디자이너, 뉴욕의 투자가와 힘을 합쳐 부에노스아이레스의 낙후된 항만을 호텔, 문화, 거주 복합 지역으로 개발하는 부동산 개발업에 뛰어들었다. 이를 통해 그는 부동산 개발·호텔업 중심의 파에나 그룹Grupo Faena을 설립했다.

현재 파에나 그룹이 운영하는 주요 사업체는 2004년에 설립한 파에나 호텔,

<표 4-3> 아르헨티나의 주요 아랍계 경제인

이름	주요 이력
다니엘 하다드	- 언론인 출신 - 주요 TV, 라디오 방송사 소유
호르헤 안토니오	- 기업식 농업, 금융업, 언론업 등으로 부를 축적 - 후안 페론의 최측근
알란 파에나	- 섬유 제조업에서 시작해 부동산 개발업 진출 - 파에나 그룹 소유

2011년에 문을 연 파에나 예술 센터 등이다. 또한 파에나 그룹은 해외에도 진출해 미국의 마이애미 해변에 호텔, 문화센터, 상업지역을 포함하는 복합 단지를 개발했다.

5. 아랍계의 정치적 진출

대학 교육: 사회적 신분 상승 도구

19세기 말 초기 이민자에게 대학 교육은 그다지 중요한 목표가 아니었다. 그들 대부분의 최대 목표는 돈을 벌어서 귀국하는 것이었다. 그러한 목표를 빨리 달성하기 위해서 자녀에게는 부모의 사업을 돕는 것이 더 중요했다. 이에 따라 초기 아랍인 이민자는 자녀를 교육할 필요성을 느끼지 않았다.

하지만 몇몇 경제적으로 안정되거나 지식인 계층의 아랍인 후손은 자녀를 대학에 보냈고, 1914년 무렵에는 대학에 진학한 아랍인이 최초로 등장했다. 이에 따라 1920년대에 대학을 졸업한 아랍인이 배출되었으며, 대학에 들어가는 아랍인 수도 점차 늘어났다. 이들이 선호하는 분야는 의학과 법학이었다.

당시 대학 학위를 가진 사람은 아랍계 이민 사회뿐만 아니라, 아르헨티나 전체 사회에서도 높은 사회적 명성을 누릴 수 있었다. 아랍 이민자 사회에서도 학위를 가지는 것은 교포 신문에 실릴 정도로 칭송받는 일이었다. 당시에는 이민자 출신이 상류 계급 가문과 혼인이나 우정의 관계를 맺는 것은 아무리 돈을 많이 벌어도 쉬운 일이 아니었는데, 학위를 가지는 것은 콧대 높은 아르헨티나 상류사회에 접근할 수 있는 유일한 길이었다. 따라서 대학에 진학하는 것은 그러한 일을 가능하게 하는 유일한 수단이기도 했다.

실제로 대학 학위를 가진 아랍계는 1925년부터 아르헨티나 사회에서 중요한 위치에 오르기 시작했다. 1926년에는 아르헨티나 아랍계 최초의 의사인 호세 토비아스José Tobías가 대통령 주치의에 임명되었다. 이는 아랍계 이민 사회에 충격으로 받아들여졌고, 이로써 교육의 가치를 평가하는 이민자의 생각도 완전히 달라졌다. 그때부터 아랍계 이민자 사회에서 자녀의 학위 취득이 최고의 목표가 되었다. 나아가, 사회적 신분 상승은 물론이고 이민자 사회에서 자존심을 지키기 위해서라도 필수적인 것으로 인식되기 시작했다. 이 시기부터 비록 부를 획득하더라도 대학을 졸업한 자녀가 없으면 그 가문은 존중받지 못하는 분위기가 형성되었다.

이런 분위기 아래에서 1930년대부터 아랍계 후손의 대학 진학이 크게 늘어났다. 이들이 선호하는 분야는 여전히 의학과 법학이었으며, 일부는 가문의 사업과 관련해 공학이나 물리학 등을 전공하기도 했다.

군인: 아르헨티나 정치의 중심에 다가서는 또 다른 길

아르헨티나 사회에서 군부는 매우 특별한 의미를 가진다. 과두 지배층이 존재하는 사회에서 군인은 중산층 출신의 전문가 그룹으로서 사회적 명성을 누릴 수 있었다. 이들은 변혁의 주체로 사회 변화 과정에 적극적으로 개입해 20세기 중반부터 페론주의자와 함께 아르헨티나 정치의 양 축을 형성했다.

하지만 아랍계 후손이 군인이 되는 것은 쉬운 일이 아니었다. 유럽계와 다른 취급을 받던 아랍계는 사관학교에 들어가는 것조차 쉽지 않았다. 그런데도 1930년대부터 이런 어려움을 감수하고 기꺼이 사관학교에 들어가 직업 군인의 길을 택한 아랍계 후손이 생겨났다. 1935년에는 아랍계 가운데 최초로 사관학교 졸업생이 배출되었다. 1937년 아르헨티나 아랍계 최초로 공군 전투기 조종사가 된 라몬 아브르힘Ramón Abrhim은 1956년 전투비행단 사령관으로 승진했으며, 결국 공군부 장관에 올랐다.

1940년대 페론 정부의 도래는 아랍계 후손이 사관학교에 대거 입학하는 계기가 되었다. 이때 사관학교에 들어간 사람들은 아르헨티나 군부의 핵심 세력으로 성장해 아르헨티나 역사의 중요한 순간에 주된 역할을 수행했다. 하지만 아이러니하게도 페론 정부의 도래를 계기로 군인이 된 아랍계는 그 후 페론주의자와 맞서는 첨병이 되었다.

야밀 레스톤Llamil Reston 장군은 1976년 3차 페론 정부를 무너뜨리는 쿠데타의 핵심 인물이었다. 그 후 그는 군사정부에서 노동부 장관, 육군참모총장, 내무부 장관 등을 지냈다. 1982년 말비나스 전쟁을 주도한 군인도 아랍계 아메리코 다헤르Américo Daher 장군이었다. 민주화 이후 1988년과 1990년에, 비록 실패했지만, 군부 쿠데타를 주도했던 장교 그룹 '카라스 핀타다스'의 리더도 아랍계 모하메드 알리 세이넬딘Mohamed Ali Seineldín 대령이었다. 레바논계인 세이넬딘은 이슬람 분파인 드루즈파 집안에서 태어났다. 하지만 그는 젊은 시절 이슬람교에서 로마 가톨릭으로 개종했다. 그 후 독실한 가톨릭 신자가 된 그는 군인으로서 평생 국가와 기독교 신앙을 위해 투쟁해왔다고 말한다.

세이넬딘은 1982년 말비나스 전쟁 시 다헤르 장군 아래에서 활약해 단번에 전쟁 영웅으로 등극했다. 민주화 이후 1988년에는 군사정권의 인권 남용에 대한 당시 라울 알폰신 대통령의 법적 소송을 멈추려고 군사 반란을 주도하다가 체포되기도 했다. 그는 군부 내 청년 장교 그룹의 리더로서 1990년 사울 메넴 정부 아래에서도 같은 이유로 군사 반란을 주도했다. 이 사건 때문에 민간인을 포함해 14명이 사망했다. 세이넬딘은 종신형을 선고받았지만 2003년 에두아르도 두알데Eduardo Duhalde 정부에 의해 사면되었다. 그는 2009년 75세의 나이에 심장마비로 사망했다.

<표 4-4> 아르헨티나 군부의 주요 아랍계 인사

이름	주요 이력
야밀 레스톤	- 1976년 군사 쿠데타 핵심 인물 - 군사정권 육군참모총장, 내무부 장관 역임
아메리코 다헤르	- 말비나스 전쟁 주도 인물
모하메드 알리 세이넬딘	- 민주화 이후 군사 반란을 주도한 청년장교그룹 '카라스 핀타다스'의 리더
바실리오 라미 도조	- 공군참모총장 - 1981~1982년 군사평의회 멤버

말비나스 전쟁에서 공군참모총장으로 중요한 역할을 수행한 바실리오 라미 도조Basilio Lami Dozo 장군도 아랍계다. 그는 아랍계가 정치적으로 강한 영향력을 발휘하는 북서부 지역의 산티아고델에스테로 주 출신이다. 그는 1976년에서 1983년 사이 군사정권에 참여했고, 1981년에서 1982년 사이에는 제3차 군사평의회의 멤버로 아르헨티나를 통치하기도 했다. 민주화 이후 1985년 군사평의회에 대한 재판에서 그는 인권 남용 혐의로 기소되었지만 무죄 판결을 받았다. 이후 1989년에는 말비나스 전쟁에 대한 재판에서 8년 형을 선고받았지만 1990년 메넴 대통령에 의해 사면되어 현직에 복귀했다. 2003년에는 군사정권 시기 스페인 사람에 대한 인권 유린 혐의로 스페인 법원에 의해 국외 소환되었다.

페론과 함께 성장한 아랍계 정치인

1930년 이리고옌 정부를 무너뜨리고 성립된 군사정부의 파시스트적 억압시기에 대학은 독재에 반대하는 유일한 비밀 저항 기지 역할을 수행했다. 당시 대학에는 교육의 가치를 인식한 많은 아랍계가 입학해 있었는데, 이들 중 일부는 군사정부에 반대하는 학생운동의 리더가 되었다. 그중에는 이후 아르헨티나 공산당 중앙위원회 위원이 되는 페르난도 나드라Fernando Nadra, 페론당의 당수를 지낸 비센테 사아디Vicente Saadi와 같은 인물도 있었다.

대학 졸업 이후 정치에 뛰어든 아랍계 후손은 셀 수 없이 많다. 처음에 그들은 중산층 중심의 급진시민연합UCR: Unión Cívica Radical, 급진당에 주로 소속되었다. 보수 정당이 주로 상류사회 출신 정치인의 전유물이었고, 좌파 정당도 크게 발전하지 못했기 때문에 처음에 아랍계 정치인은 중산층을 기반으로 한 급진시민연합에 가입했다. 하지만 1946년 페론의 등장과 함께 급진시민연합이 보수당과 손을 잡자 아랍계는 페론에게 눈을 돌리게 되었다.

페론 또한 아랍계 정치인을 끌어들이기 위해 많은 노력을 했다. 페론은 아랍계의 근면성과 단합 능력을 틈날 때마다 칭송했고, 아랍 공동체의 거주지에서 열리는 파티 등에 참석하면서 아랍계의 환심을 사고 그들의 지도자와 관계를 맺으려 했다. 앞서 언급한 호르헤 안토니오는 페론과 아랍계 공동체를 연결하는 대표적 인물이었다. 페론이 아랍계에 관심을 가진 이유는 또한 그들의 단합된 힘이었다. 아랍계 공동체 사회는 후손의 정치적 성공을 공동체의 자랑으로 생각했으며, 따라서 그러한 성공을 위해 아랍계 정치인에게 표를 몰아주는 경향이 있었다(Akmir, 1997: 119).

아랍계에 대한 페론의 관심과 정성에 반응해 다른 정당에 속했던 아랍계가 그의 당으로 이적했으며, 새로 정치에 뛰어드는 아랍계도 대부분 페론당을 선택했다. 이러한 과정을 통해 아랍계는 페론당 내부에서 주도적인 역할을 담당하게 되었을 뿐만 아니라, 과두 지배층 중심의 아르헨티나 정치에서 이전에는 절대 오를 수 없었던 지위까지 도달할 수 있었다. 1949년 앙헬 카자히아Angel Kazahia는 국회 내에서 페론주의자의 리더가 되었으며, 호르헤 카시스Jorge Kasis 는 외교부 장관으로 임명되었다.

북서부 지역을 정치적으로 지배하는 아랍계 가문

북서부 지역의 몇 개 주에서 주요 아랍계 가문은 페론주의를 통해 정치적 지배 가문으로 성장했다. 라리오하 주의 메넴 가문, 네우켄 주의 사파그 가문,

카타마르카 주의 사아디 가문 등이 대표 사례다. 이들은 출신 지역에서 페로니즘을 통한 후견인 정치를 이용해 절대적인 영향력을 키웠다. 이들 가문은 자신들의 지역에서 어떤 세력도 자신들의 정치적 지배력에 도전할 수 없을 만큼 힘을 구축했고, 이를 통해 중앙 정치로 나아갈 수 있는 기반을 구축했다.

네우켄 주에서 사파그 가문은 1963년부터 1999년까지 37년 동안에 다섯 차례에 걸쳐 총 21년 동안 주지사직을 차지했으며, 2007년에는 사파그 가문의 4세대 호르헤 사파그Jorge Sapag가 다시 주지사직을 차지했다. 이뿐만 아니라 주를 대표하는 상원의원도 사파그 가문이 거의 독점하다시피 하고 있다.

레바논 출신인 사파그 가문은 일찍이 네우켄 주에 들어와 사업으로 성공을 거두었다. 가문의 수장은 3세대의 엘리아스 사파그Elias Sapag로 동생들과 함께 아랍계정착지원회를 이끌어가면서 네우켄에 있는 아랍계 공동체의 리더가 되었다. 그리고 페론당에 가입해 공동체 지지를 기반으로 지역의 가장 영향력 있는 정치인으로 성장했다. 군사정권에 의해 페론당의 활동이 금지되자, 사파그 가문 사람들은 1961년 네우켄 국민운동Movimiento Popular Neuquino이라는 지역 정당을 설립해 정치에 계속 참여했다. 엘리아스가 당수에 올랐으며, 1963년에는 네우켄 주의 상원의원으로 선출되었다. 1966년 군부에 의해 상원의원직을 박탈당한 그는 1973년 다시 상원의원으로 재선되었다가 1976년 군사정권의 도래로 다시 상원의원직을 잃었다. 1983년 민주화 이후 다시 한 번 상원의원 직에 올라 1993년 사망할 때까지 계속 유지했다. 그는 아르헨티나에서 가장 오랜 기간 상원의원을 지낸 인물 가운데 한 명이다.

엘리아스 사파그는 자녀 7명을 두었는데, 아들 로돌포 사파그Rodolfo Sapag는 그의 뒤를 이어 네우켄 주의 상원의원으로 선출되었으며, 딸 루스 마리아 사파그Luz Maria Sapag도 시장과 하원의원을 거쳐 2001년 상원의원으로 선출되어 상원 환경위원회 상임위원장을 맡았다. 또 다른 아들 호르헤 사파그Jorge Sapag 는 2007년 삼촌 펠리페의 뒤를 이어 네우켄의 주지사에 선출되었다. 엘리아스의 동생이자 로돌포, 루스, 호르헤의 삼촌인 펠리페 사파그Felipe Sapag는 1963

년에서 1999년 사이 다섯 차례에 걸쳐 네우켄 주의 주지사로 선출되었다. 그는 2003년 선거에서 당의 반대에도 불구하고 사파그 가문이 같은 아랍계인 메넴 대신 네스토르 키르치네르를 지지하게 하는 데 결정적으로 기여했다.

카타마르카 주에서는 1940년대 이래 사아디 가문이 정치적으로 절대적인 영향력을 행사하고 있다. 사아디 가문은 시리아 벨렌 출신이다. 가문의 수장인 비센테 사아디는 처음에 급진시민연합에 참여했으나 이후 페론주의자가 되었다. 비센테는 페론당 소속으로 1946년 카타마르카 주 상원의원으로 선출되었으며, 1949년에는 주지사에 당선되었다. 하지만 '족벌주의와 폭정'의 비판을 받으면서 페론 대통령에 의해 당에서 추방되어, 일정 기간 수감 생활을 하기도 했다.

그러나 그는 1973년 페론주의자들이 이끄는 프레홀리Frejuli 동맹을 통해 상원의원으로 재선되었다가 1976년 군부 쿠데타로 다시 물러났다. 1970년대에 비센테는 극좌파 무장 단체인 몬토네로스Montoneros를 지지하기도 했다. 민주화 이후 그는 1983년 다시 상원의원으로 재선되었고, 상원에서 다수당이 된 페론당을 이끌었다. 1980년대에 그는 페론당의 부대표로 선출되었다. 1987년에는 상원의원 후보를 자신의 아들 라몬Ramón에게 넘겨주고, 자신은 주지사에 다시 당선되었다.

이렇듯 비센테 사아디는 출신 주인 카타마르카의 정치를 장악했을 뿐만 아니라, 중앙 정치에서도 페론 좌파의 리더로서 당내에 막강한 영향력을 행사했다. 비록 그의 통치 방식이 과격해 '카우디요caudillo*'라고 인식되기도 하지만 그는 아르헨티나에서 가장 영향력 있는 정치인에 속했다.

그의 아들 라몬 사아디는 1977년 부에노스아이레스 대학 법대를 졸업한 후, 카타마르카 주 청년 페론주의자의 리더가 되었다. 1983년에는 불과 35세의 나이로 카타마르카 주지사에 선출되었다. 1987년에는 아버지의 뒤를 이어 상

----

* 폭력적인 수단에 의존하는 정치적 우두머리.

〈표 4-5〉 아르헨티나의 주요 아랍계 정치인과 정치 가문

이름	주요 이력
메넴 가문	- 라리오하 주 지배 가문 - 형 카를로스는 대통령, 동생 에두아르도는 상원의장 역임
사아디 가문	- 카타마르카 주 지배 가문 - 아버지 비센테와 아들 라몬이 대를 이어 주지사와 상원의원 역임 - 비센테는 페론 좌파의 리더
사파그 가문	- 네우켄 주 지배 가문 - 가문 전체가 주지사와 상원의원직을 수십 년간 독점
호르헤 안토니오	- 기업인 출신으로 후안 페론의 최측근 - 아랍계와 페론당의 연결 고리 역할 - 메넴 정부 경제 고문으로 활동

원의원이 되었다가, 1988년에 아버지의 죽음으로 공석이 된 카타마르카 주지
사에 다시 선출되었다. 그러나 라몬은 살인 사건에 연루되어 1991년 주시자직
에서 물러났다. 그 후 그는 1991년에서 2003년 하원의원을 거쳐, 2003년에는
같은 아랍계 메넴과의 인연을 뒤로 하고 키르치네르와의 연합을 통해 다시 상
원의원으로 선출되었다. 이런 과정을 통해 라몬은 아버지 비센테의 뒤를 이어
카타마르카 주에서 사아디 가문의 정치적 영향력을 계속 유지하고 있다.

카를로스 메넴 전 대통령은 아르헨티나 아랍계의 정치적 영향력을 보여주
는 가장 상징적인 인물이다. 메넴은 라리오하 주를 기반으로 삼아 주지사를
거쳐 1989년 대통령에 당선되어 1999년까지 재임했다. 그의 동생 에두아르도
메넴Eduardo Menem 역시 민주화 이후 1983년에서 2005년까지 수차례 라리오하
주의 상원의원으로 선출되었으며, 형의 대통령 재임 기간인 1989년에서 1999
년까지 상원의장을 지냈다. 그는 상원의장으로 재임하는 동안 1994년 메넴의
재선을 허용하는 헌법 수정을 위한 제헌의회 의장직을 수행하기도 했다.

라리오하의 메넴 가문, 카타마르카의 사아디 가문, 네우켄의 사파그 가문만
큼은 아니지만, 같은 북서부 지역인 산후안 주에서 아랍계 알프레도 아벨린

시리아계 대통령 카를로스 메넴

아르메니아 지역 출신인 메넴 가문은 일찍이 시리아 지역으로 이주했다가 그곳에서 아르헨티나로 다시 이주했다. 이에 따라 메넴은 시리아계로 간주된다. 이민 초기 그는 부친을 따라 상업에 종사했으며, 대학에서는 법학을 전공했는데, 이 시기에 강경파 페론주의자가 되었다.

그는 졸업 후 페론주의자로 활동하다 1955년 페론을 몰아내는 쿠데타 이후 잠시 구속되기도 했다. 1973년에는 자신의 아성인 라리오하 주의 페론당 리더가 되는 동시에 주지사로 선출되었다. 주지사 시절 그는 보수적인 로마 가톨릭 대신 해방신학 계열의 라리오하 주교와 친분을 맺는 등 급진적 행보를 이어갔다. 이 때문에 1981년에는 군사평의회에 의해 다시 구속되어 고문을 당하기도 했다. 민주화 이후 1983년 그는 다시 라리오하 주지사에 선출되었고, 1987년에는 재선되었다. 두 번째 임기에 메넴은 과감한 법인세 면제 등을 통해 지역에 제조업을 대거 유치했으며, 임금 인상으로 대중적인 인기도 얻었다.

1988년에는 대통령 후보 당내 경선에서 강한 개성을 무기로 페론당의 오랜 리더 안토니오 카피에로Antonio Cafiero를 물리치고 대선 후보로 선출되었다. 그리고 1989년 대선에서 47.5%의 득표율로 UCR의 후보를 누르고 대통령에 당선되었다. 그는 선거전에서 페론당의 전통 지지 세력인 노조를 끌어들이기 위해 '생산 혁명'과 임금 인상을 약속했다. 하지만 현실적인 어려움 때문에 메넴 정부는 강력한 신자유주의 긴축정책을 펼칠 수밖에 없었다. 긴축정책이 성과를 거두면서 그는 재선에 성공했고, 1999년에는 삼선까지 노렸지만 세 번 연임을 금지하는 헌법 규정에 따라 대통령직에서 물러났다. 이후 그는 2003년 대선에 다시 도전했는데, 그가 실행한 신자유주의 정책에서 비롯된 경제 위기에도 불구하고, 1차 투표에서 24%의 지지를 획득했다. 하지만 같은 아랍계 정치인의 이탈을 포함해 인기가 급락하면서 1차 투표에서 22%를 획득한 같은 당의 키르치네르 후보에게 결선 투표에서 패배할 것이 확실시되자 스스로 후보에서 물러났다.

2004년 메넴은 다시 페론당 내에 새로운 파벌을 형성하고, 2007년 대선에 도전할 의사를 밝혔다. 하지만 2005년 사실상 메넴파는 자신의 아성인 라리오하 주 선거에서조차 키르치네르 파에 패배해 상원의석 3석 중 1석을 겨우 차지하는 데 그쳤다. 이로써 메넴은 가까스로 상원의원이 될 수 있었다. 이후 2007년에는 라리오하 주지사 선거에 나왔다가 떨어졌는데, 이는 그의 30년 정치 인생에서 최초의 패배였다. 그의 정치적 아성인 라리오하 주에서조차 패배한 것은 그의 정치적 영향력에 큰 손상이라 할 수 있다.

Alfredo Avelin 역시 나름대로 정치적 영향력을 가진다. 레바논계 후손인 아벨린은 코르도바 대학에서 의학을 전공했으며, 이후 다른 사람들과 함께 산후안 주에 의학대학Colegio Médico de la Provincia을 설립했다. 그는 다른 아랍계 정치인과 달리 페론주의자가 아니었으며, 따로 지역 정치단체를 구성해 정치에 참여했다. 이를 통해 그는 1958년 31세의 나이로 시장에 선출되었으며, 1989년에는 하원의원, 1992년에는 상원의원에 선출되었다. 그는 메넴 정부의 신자유주의에 반대하는 중도좌파의 대안으로 UCR과 좌파 정당의 연합 전선에 소속되어 1999년 산후안 주지사로 선출되었으나 2002년 경제 위기 이후 일어난 대중 시위에 의해 주지사직에서 물러났다. 그렇지만 이후 그의 딸 낸시 아벨린 Nancy Avelin 역시 산후안 주의 상원의원을 지내는 등 아벨린 가문은 산후안 주의 영향력 있는 정치 가문으로 성장했다.

한편 크리스티나 페르난데스Cristina Fernandez 정부 아래에서 가장 주목 받은 아랍계 정치인은 후안 루이스 만수르Juan Luis Manzur다. 그는 레바논계 마론파로 투쿠만 출신이며 외과의사로서 투쿠만 주 보건부 장관과 부지사를 거쳐 보건부 장관을 지냈다.

이와 같이 아르헨티나에서 아랍계 정치인은 지방 정치뿐만 아니라 중앙 정치에서도 강력한 영향력을 발휘한다. 아르헨티나에서 아랍계 인구의 비중이 상대적으로 크지 않은 것을 생각하면 아랍계의 이러한 정치적 부상은 놀라운 일이다.

Akmir, Abdelouahed. 1997. "La inmigración árabe en Argentina." Raymundo Kabchi- (coord.). *El Mundo Árabe y América Latina*. Madrid: Ediciones UNESCO/Liberta- rios/Prodhufi S. A., pp. 57~121.

Bertoni, Liliana Ana. 1994. "De Turquîa a Buenos Aires. Una colectividad nueva a fines del siglo XIX." *Estudios Migratorios Latinoamericanos*, año 9, núm. 26, abril, pp. 67~94.

Bestene, Jorge O. 1988. "La inmigración sirio-libanesa en la Argentina. Una aproxi- mación." *Estudios Migratorios Latinoamericanos*, año 3, núm. 9, agosto, pp. 239~268.

Brieger, Pedro and Enrique Herszkowich. 2002. "The Muslim Community of Argentina." *The Muslim World*, Vol. 92, Issue 1~2, March, pp. 157~168.

Cámara de Comercio Sirio-Libanesa. 1936. *Informe de Cámara de Comercio Sirio- Libanesa*. Buenos Aires: Cámara de Comercio Sirio-Libanesa.

Censos Nacionales. 1898. *Segundo Censo de la República Argentina 1895*. Buenos Aires: Taller Tipográfico de la Penitenciaría Nacional.

_____. 1916. *Tercer Censo Nacional 1914*. Buenos Aires: Talleres Gráficos de L.J. Rosso y Cia.

Delval, Raymond. 1992. *Les musulmanes en Amérique Latine et aux Caribes*. Parîs: L'Harmattan.

Devoto, Fernando. 1992. *Movimientos Migratorios: historiografîa y problemas*. Buenos Aires: Editor de América Latina.

Jozami, Gladys. 1987. "Aspectos demográficos y comportamiento espacial de los migrantes árabes en el NOA." *Estudios Migratorios Latinoamericanos*, años 2, nú

m. 5, abril, pp. 57~90.

_____. 1994. "Identidad religiosa e integración cultural en cristianos sirios y libaneses en Argentina 1890-1990." *Estudios Migratorios Latinoamericanos*, año 9, núm. 26, abril, pp. 95~113.

Montenegro. 2009. "Panorama sobre la Inmigración Árabe en Argentina." Abdeluahed Akmir. *Los árabes en América Laina. Historia de una emigración.* Madrid: Siglo XXI, pp. 61~97.

온라인 자료

IBGE. 2010. "Censo 2010." http://censo2010.ibge.gov.br/es/

UNHCR. 2010. "2010 Report on International Religious Freedom-Argentina." http://www.refworld.org/docid/4cf2d0b873.html

제5장 칠레 경제 3대 엘리트 그룹에 속하는
팔레스타인계

1. 칠레 아랍계의 특징과 중요성

칠레의 아랍계는 전체 인구의 약 5% 정도를 차지한다. 이 비중은 라틴아메리카 국가들 가운데 가장 높다. 이들의 영향력은 인구 비중을 넘어선다. 특히 아랍계는 칠레의 경제계에서 3대 엘리트 그룹을 형성할 정도로 강력한 힘을 가진다. 1980년대 이전 아랍계는 사실상 칠레 섬유 산업을 거의 지배하다시피 했으며, 현재는 금융업으로 진출해 칠레 민간 부문에서 돈줄을 상당 부분 장악하고 있다고 해도 과언이 아니다. 나아가 정계나 종교계에서도 영향력이 크며, 문화계에서도 칠레 영화를 대표하는 인물이 아랍계일 정도로 존재감이 있다. 이렇듯 아랍계는 경제적 부를 바탕으로 칠레 사회에서 가장 영향력 있는 종족 가운데 하나가 되었다. 즉, 칠레에서는 전통적 지배계급인 바스크 그룹, 특별한 영향력을 가진 독일계, 그리고 아랍계가 사실상 경제적으로 지배하고 있다.

칠레에서 아랍계 이민이 본격적으로 시작된 것은 20세기 초반 40년 동안이다. 현재 지명으로 보면 이들은 팔레스타인, 시리아, 레바논 등 다양한 지역에서 이주해 왔다. 이들 중 칠레에서 가장 큰 아랍계 종족은 팔레스타인계다.

이와 같이 출신 지역이 다양함에도 불구하고 칠레의 아랍계는 하나의 정체성을 가진 그룹을 형성했다. 물론 아랍계 이민자 내부에 차이가 존재하지만 이러한 차이는 대부분 이주자들 거주 지역의 상이함에 따른 것이다. 즉, 이주자의 거주 지역이 산티아고나 발파라이소 같은 대도시인지, 또는 농촌인지에 따라 아랍계 내부에서도 약간의 문화적 차이가 나타난다. 하지만 이들은 종족의 차이와 무관하게 크게 보아 하나의 정체성을 형성한다.

칠레에서 아랍계 이민자가 초기부터 현재의 경제력을 가진 것은 아니다. 당시 유럽 이민자를 선호하는 칠레 당국의 정책 때문에 아랍계는 다른 유럽 이민자에 비해 훨씬 열악한 상황에 놓였다. 19세기 말부터 20세기 초반까지 그들은 '터키인'으로 불리며 무시당하기 일쑤였다.

칠레에서 초기 아랍계 이민자들은 주로 행상에 종사했다. 그러나 곧 상업과 섬유업으로 이전해 부를 축적했다. 특히 칠레에서 섬유업이 발전하는 데 아랍계가 기여한 공로는 매우 크다. 아랍인 이민자와 그들의 후손은 칠레의 산업화에도 많은 기여를 했다.

1980년대부터 개방화가 진행되면서 칠레 아랍계의 경제적 역할에도 변화가 일어났다. 개방화는 칠레 섬유업에 큰 타격을 주었고, 이에 따라 섬유업을 장악한 아랍계 기업은 많은 어려움을 겪을 수밖에 없었다. 그들은 이에 대응해 상업으로 돌아가 타고난 상업적 재능을 바탕으로 원자재를 국제적으로 판매하고, 외국 공산품을 수입하는 것으로 업종을 전환했다. 일부는 금융업에 진출해 큰 성공을 거두었다.

어쨌든 아랍계 이민자는 이민한 지 50년도 채 지나지 않아 칠레 경제에서 가장 영향력 있는 그룹으로 성장했고, 지금도 영향력을 유지하고 있다.

2. 팔레스타인 출신이 중심이 된 칠레의 아랍계

환영받지 못한 아랍인 이민자

독립 이후 칠레는 아시엔다 중심의 반半봉건사회였다. 당시 유럽의 합리성과 과학을 통해 진보하기를 원했던 칠레의 엘리트들은 유럽 이민자를 받아들이기를 희망했다. 1824년 공식적으로 최초 발표된 이민정책의 기본 목적은 외국인의 유입을 통해 국가 경제를 발전시키는 것이었다. 따라서 경제적·기술적·과학적 진보에 기여할 수 있는 기업인이나 학자 같은 전문가의 유입을 적극적으로 추진했다. 즉, 이는 외국인을 통한 근대화 프로젝트라고 할 수 있다.

이를 위해 칠레 정부는 선택적인 이민정책을 취했다. 칠레는 유럽 이민자 중에서도 특히 독일인과 영국인을 최우선 유입 대상으로 삼았다. 반면 남부 유럽의 프랑스인, 이탈리아인, 스페인인에 대해서는 약간의 거부감이 존재했다. 이와 관련해 니콜라스 팔라시오스Nicolás Palacios는 자신의 저서『칠레의 인종Raza chilena』을 통해 남부 유럽인은 상업 활동에서 정직성과 상품의 질보다는 친절함, 공손함, 화술 등을 더 중요하게 활용해 상업을 왜곡하며, 그런 상술을 통해 대도시에서 칠레인의 일자리를 빼앗아간다고 밝혔다. 따라서 19세기 칠레 이민정책에서 남부 유럽인은 중국인, 일본인, 아랍인 또는 터키인과 함께 선호 대상이 아니었다(Palacios, 1918: 105~183).

선택적 이민정책에 따라 1845년부터 칠레 남부의 발디비아Valdivia, 오소르노Osorno, 양키우에Llanquihue 같은 지역에 독일인 이민이 적극적으로 추진되었다. 당시 독일은 정치적으로는 봉건적 성격에서 벗어나지 못하고 있었으나 경제적·과학적으로는 충분히 근대화된 모습을 보여주었다. 따라서 칠레는 독일인 유입을 통해 독일식 근대화 과정을 흡수하고, 나아가 독일인의 잘 알려진 노동 윤리까지 흡수하려 했다. 이를 위해 칠레 정부는 남부의 토지를 독일 이민자에게 무상으로 제공하는 등 이민을 적극 추진했다. 이를 통해 낙후된 지역의 농업 발전을 추구하는 것 역시 칠레 정부의 목표였다.

한편 국가의 정책적 지원 아래 이루어진 독일인 이민과 달리 아랍인의 이주는 비조직적으로 이루어졌다. 이들은 토지를 제공받지 못했으며, 다른 어떤 이민 장려 정책의 혜택도 받지 못했다. 특히 초기 아랍계 이민자는 정부 정책에 따라 대도시로 들어가지 못하고, 경제적으로 낙후하고 사람이 많이 거주하지 않는 지역으로 갈 수밖에 없었다.

1900년대 초반 초석 붐에 따른 아랍인의 칠레 이주

아랍계 이민자 수 역시 대규모라고 할 수는 없다. 당시 정부의 공식 자료는 없지만 당시의 인구조사나 토지대장 등을 바탕으로 로렌소 아가르가 조사한 자료에 따르면, 아랍인의 이민이 본격적으로 시작된 1885년부터 1940년까지 약 8천 명에서 1만 명 정도의 아랍인이 칠레로 이주한 것으로 추산된다(Agar, 1997: 287).* 특히, 칠레 초석 산업 경기가 정점에 달했던 1900년에서 1914년 사이에 아랍계 이민자의 50% 이상이 유입되었다. 그중에서도 제1차 세계대전이 발발하기 전 몇 년은 칠레에서 아랍인의 이민이 가장 활발한 때였다.

그 결과, 팔레스타인 클럽Club Palestino의 후원을 받아 1941년 아마드 하산 마타르Ahmad Hassan Mattar가 조사한 아랍인 인구통계에 따르면,** 당시 칠레에 거주한 아랍인은 총 2994가구, 인구수로는 총 1만 4890명이었다(Hassan Mattar, 1941: 379). 이 중 85%가 이민 1세대이고, 칠레에서 태어난 이민자의 후손은 약 15% 정도였다.

---

* 1885년 이전 아랍인의 칠레 이주는 극소수에 불과했다. 1854년 인구조사에서 처음으로 아랍인(당시 '터키' 국적 소유) 2명이 등장했다. 1865년과 1875년 인구조사에서도 단지 3명의 '터키인'이 조사되었을 뿐이다. 1885년 인구조사에서 '터키인' 수는 조금 늘어났지만 29명에 불과하다(Olguín y Peña, 1990: 70).

** 아랍인 이민자에 대한 정부의 공식 통계가 없던 당시 상황에서 이러한 민간 조사는 가장 신뢰할 만한 자료라고 할 수 있다. 물론 조사 당시 거주자만을 대상으로 했기 때문에 이민자의 유출입을 정확히 파악할 수 없다는 한계가 있다.

초기 아랍인 이민자는 다른 나라에서와 마찬가지로 '터키인'으로 불렸지만 실제로 아랍인 이민자 가운데 진짜 터키 출신은 많지 않았다. 주로 현재의 레바논, 시리아, 팔레스타인 지역 사람인 초기 아랍인 이민자는 비록 터키 여권을 소유하고 있었지만 자신의 정체성을 터키가 아니라 자신의 출생 마을이나 도시에 두고 있었다. 이들은 부족 공동체 의식이 매우 강했기 때문에 자신의 정체성 역시 그곳에서 찾으려 했다. 제1차 세계대전이 끝나고 터키 오스만제국이 사라지자 이들 지역은 다시 유럽 열강의 지배 아래 들어가거나 독립국이 되었다. 이때부터 이 지역 출신 사람들은 보다 세분화된 새로운 정체성을 형성하기 시작했다. 1920년의 인구조사에서부터는 기존의 '터키인'과 '아랍인'* 외에 시리아인, 팔레스타인인, 레바논인 등이 나타나기 시작했다.**

팔레스타인 사람이 중심이 된 아랍인의 칠레 이주

20년 후 1941년 하산의 조사에 따르면 아랍인 이민자 가운데 팔레스타인 사람이 1206가구에 6590명(약 44%)으로 가장 많은 것으로 드러났고, 시리아인이 706가구에 3520명(약 24%)으로 두 번째, 레바논인이 448가구에 2129명(약 14%)으로 세 번째를 차지했다. 반면 '터키인'이나 '아랍인'으로 자신의 정체성을 표시한 사람은 극소수에 불과했다(Hassan Mattar, 1941: 379).

1930년대부터 시리아인과 레바논인의 이민이 감소하기 시작했다. 오스만

....

* '아랍인'으로 자신의 정체성을 표시한 사람 대부분은 대시리아(Greater Syria, 현재 시리아, 레바논, 요르단, 이스라엘, 팔레스타인 자치구를 포함하는 지역을 말한다. 제1차 세계대전 이후 오스만제국이 붕괴되자 시리아 민족주의자들에 의해 '대시리아'가 선포되었으나 프랑스 위임통치 이후 현재와 유사한 형태로 분리되었다) 소속임을 주장하는 아랍민족주의자다.

** 1920년 인구조사에 따르면 아랍인 이민자 5514명 가운데 자신의 정체성을 팔레스타인인이라고 밝힌 사람은 1164명, 시리아인 1204명, 레바논인 15명, 터키인 1282명, 아랍인 1849명이었다. 1930년 인구조사에서 터키인이라고 밝힌 사람의 수는 더욱 감소했는데, 이들의 수는 각각 팔레스타인인 3156명, 시리아인 1345명, 레바논인 0명, 터키인 526명, 아랍인 1634명으로 나타났다(Olguín y Peña, 1990: 71~72).

종족	주요 출신 지역	가구 수	
팔레스타인	베트잘라(Bet-Jala)	430	1,206(44%)
	베들레헴(Betlehem)	417	
	기타	359	
시리아	홈스(Homs)	322	706(24%)
	기타	384	
레바논	아쿠라 등	448(14%)	
기타		634(18%)	
총		2,994(100%)	

자료: Hassan Mattar(1941: 379).

제국이 사라지고, 프랑스의 지배와 독립을 거치면서 이 지역 기독교도의 삶의 조건이 개선되었고, 이에 따라 이들의 이민 동기가 줄어들었기 때문이다. 반면 자신의 거주지에 유대인의 나라가 건립된 팔레스타인인의 경우 1950년대에도 이민이 지속되었다. 1970년대에 칠레의 아랍계에서 그들의 비중은 60%를 넘어섰다.

아랍계의 칠레 이주는 대부분 인척 관계에 따라 연쇄적으로 이루어졌다. 일반적으로 같은 마을 출신의 한 친척이 이주해 정착하면 그가 거쳐 온 동일한 경로를 따라 이주하는 경우가 대부분이었다. 따라서 칠레에 이주한 아랍계 대부분은 이미 칠레에 가족이나 지인이 있는 경우가 대부분이었다. 가족 범위에는 배우자와 자녀를 넘어 조부, 형제, 그 밖의 친척까지 포함되었는데, 이에 따라 아랍계 이민은 흔히 대가족 이민 같은 형태를 띠게 되었다.

따라서 칠레의 아랍인 이민자 사이에는 출신 지역이 같은 경우가 많다. 특히 팔레스타인계의 경우 1206가구 가운데 약 36%인 430가구가 베트잘라 출신이며, 35%인 417가구는 베들레헴(스페인어로는 벨렌Belén) 출신이었다. 한편 시리아계는 46%인 322가구가 홈스 출신이었다. 반면 레바논계에서는 출신 지역의 동일성이 크지 않았다.

3. 아랍계의 사회적 통합

농업 사회인 칠레에서 행상으로 활동하는 '터키인'에 대한 차별

이민 초기 칠레 사회는 아랍인 이민자에게 우호적이지 않았다. 당시 칠레 정부는 독일 같은 중부 유럽인의 이민을 선호했다. 반면 아랍인은 비난의 대상이었다. 심지어 당시 스페인 카스티야와 바스크 지역 출신이 주축인 칠레의 과두 지배층은 아랍인을 열등한 종족으로 보기까지 했다. 당시 아랍인은 언론이나 문학에서 또 학자들 사이에서 경멸의 대상이 되기도 했다.

이민을 받아들이는 국가 입장에서 이민자에 대한 인식은 순전히 자신의 가치 기준에 의해 이루어질 수밖에 없었다. 특히 아랍인 이민자는 초기에 대부분 소규모 상업에 종사했기 때문에 당시 농업이 지배적이었던 칠레 전통 사회에서 이들의 존재는 부정적·경멸적으로 비춰질 수밖에 없었다. 당시만 해도 생산자와 소비자를 연결하는 중재자 역할에 대한 가치는 높이 평가되지 않았다. 따라서 아랍인 이민자가 비록 종교적으로(로마 가톨릭), 문화적으로(가족과 근면성 중시) 칠레인과 유사점을 가지고 있었지만, 초기에 이들의 관계는 원활하지 않았다(Agar, 2009: 118).

물론 그러한 차별은 아직 경제적으로 낮은 수준에 머물고 있는 아랍인에 대한 칠레 지배계급의 계급적 차별이기도 했다. 하지만 그러한 차별이 다른 종족에게 적용될 때 그것은 또 다른 문화적·인종적 차별이라는 의미를 가진다. 따라서 아랍인의 절약 정신, 근면성, 적극성, 가족 중심주의와 같은 긍정적 요소조차 차별의 요인이 되기도 했다.

이 때문에 초기 아랍인 이민자를 지칭했던 '터키인'이라는 호칭은 경멸적인 의미를 나타냈다. 심지어 오늘날까지 칠레에서 이러한 호칭은 아랍계를 무시하기 위해 사용되기도 한다.

보수적·배타적 성격이 강한 칠레 엘리트 그룹의 아랍계 차별

물론 이러한 차별은 아랍계의 경제적 성공과 사회적·문화적 통합 노력 덕분에 많이 사라지기는 했다. 칠레 아랍계 앙케트 조사EPOA: Encuesta a la población de origen árabe en Chile 2001 자료에 따르면 학생 그룹의 8%, 학자 그룹의 15%, 기업인 그룹의 19%만이 여전히 차별이 존재한다고 답했을 뿐이고 나머지 대부분은 차별을 느끼지 않는다고 답했다. 학교에서 '터키인'이라고 불려본 경험이 있느냐는 질문에는 학생 그룹의 36%, 학자 그룹의 62%, 기업인 그룹의 81%가 그런 적이 있다고 답했다. 나아가 그렇게 불린 데서 모욕감을 느꼈느냐는 질문에는 앞서 터키인으로 불려본 적이 있다고 응답한 사람 중에서 학생 그룹의 29%, 학자 그룹의 43%, 기업인 그룹의 55%가 그렇다고 답했다. 나머지는 대부분 그러한 호칭에 별 느낌이 없거나, 일부(기업인 그룹의 6%)는 애칭으로 들리기도 했다고 답했다(Agar, 2009: 166~167).

여기서 한 가지 흥미로운 사실은 학생이나 학자 그룹보다 기업인 그룹에서 차별을 느끼는 사람이 더 많다는 점이다. 즉, 상류계급일수록 아랍계에 대한 차별의 뿌리가 더 깊다는 것을 의미한다. 이는 경제적·정치적·문화적으로 독점적인 지위를 누리던 칠레의 과두 지배층이 자신의 독점적 권력을 나눠야 하는 데 따른 불편함이 존재한다는 것을 말해준다. 21세기 3대 아랍계 부호 가문에 속하는 사이드Said가의 리더 호세 사이드José Said가 칠레 상류계급의 배타적 클럽인 클럽 데 골프Club de Golf에 가입을 신청했다가 거부당한 일화는 칠레 과두 지배층의 배타성과 보수성, 특히 아랍계에 대한 거부감을 상징적으로 보여주는 사건이다(Millas, 2005: 526).

칠레의 대표적인 보수 일간지 ≪엘 메르쿠리오El Mercurio≫ 또한 과거 한때 아랍계의 피부색을 언급하는 등 그들을 경멸적으로 다루었다. 이러한 태도는 아직까지 완전히 사라지지 않았다. 이는 사실상 언론계를 독점했던 영국계 에드워드Edward 가문이 아랍계인 사이에Saieh 가문의 강력한 도전을 받고 있는 사실과 무관하지 않은 듯하다.

물론 칠레에서 아랍계를 추방하려는 의도가 있었던 적은 한 번도 없다. 비록 이민자 전반에 대한 거부감이 공적으로 제기된 적은 있었지만, 아랍계를 대상으로 특정한 외국인 혐오증 같은 현상이 발생한 적은 없었다. 최근 아랍계 기업인에 대한 칠레 과두 지배층의 거부(칠레의 과두 지배층은 호세 사이드가 그들이 존중하는 가치를 함께 하지 않는다는 이유를 들어 그의 클럽 가입 신청을 거부했다)는 경제적으로 자신의 독점적 영역을 침해당했다고 느낀 칠레 과두 지배층의 불편함이 우회적으로 표현된 것이었다.

가족적 일체감, 공동체 소속감이 강한 칠레의 아랍계

아랍 문화에서 가족 관계는 매우 중요한 역할을 한다. 이민 역시 이런 가족적인 연결 고리에 의해 이루어졌다. 특히 팔레스타인인과 시리아인의 경우 이민자 대부분은 같은 마을이나 같은 도시 출신의 인척 관계를 가진 사람이었다. 같은 마을 출신의 인척이라는 요인은 연쇄 이민에 영향을 미쳤을 뿐만 아니라 칠레에서의 정착 형태에도 결정적인 영향을 미쳤다. 강력한 가족적 일체감, 출신 지역의 공동체 일원으로서 확고한 소속감, 종교적 이유에 따른 출신 지역에서의 분리 경험 등은 아랍인 이주자의 칠레 사회 통합 과정에서 중요한 변수로 작용했다.

칠레의 아랍인 이민자의 가장 두드러진 특징은 공동체 소속감, 가족적 일체감, 강력한 종교적 믿음이었다. 이러한 특징은 후손에게도 이어져 현재 이들 역시 그러한 전통을 중시한다. 그들은 과거와 단절하기 위한 것이 아니라, 오히려 출신지의 정치적·사회적 변화 과정에서 자신들의 고유한 삶의 형태를 유지하고 보존하기 위해 이민했다고 해도 과언이 아니다.

따라서 이들은 종족 내 결혼을 선호했고, 이를 통해 가족적 결속을 강화하고, 전통을 유지하려 했다. 가족적 결속은 가족 중심적 비즈니스 형태로도 잘 나타난다. 가족 내부에서 가장 중요시되는 덕목은 책임감이다. EPOA 2001 자료에 따르면 가장 중요하게 생각하는 덕목 3개를 선택하는 항목에서 응답 대상자 중 학생의 64%, 기업인의 63%, 학자의 62%가 책임감을 꼽았다. 이는 아랍계 칠레인이 가장 중요하게 생각하는 덕목이 여전히 책임감이라는 사실을 알 수 있다. 책임감은 신뢰를 의미하고, 신뢰성은 사실상 아랍계가 비즈니스에서 성공할 수 있었던 가장 큰 요인 가운데 하나였다(Agar, 2009: 170).*

종족 내 혼인을 통한 정체성 유지

초기 이민자는 종족 내 혼인을 통해 자신들의 삶의 형태를 유지하려는 경향이 컸다. 특히 초기 아랍인 이민자가 자리 잡았던 도시 빈민 지역의 여성이 보여주는 자유분방한 행동은 가정에서 보수적인 아랍인 남성이 칠레 여성을 신뢰할 수 없게 만들었다. 게다가 아랍인은 서로의 가족을 잘 알고 부모가 허락한 사람과 결혼하려는 전통이 강했으며, 언어 소통의 어려움, 현지인과의 상호 불신 등의 이유로 칠레 여자와의 결혼이 쉽지 않았기 때문에 초기 이민자는 같은 나라, 같은 마을, 심지어 서로 아는 가문의 신부를 주로 선택했다. 같은 아랍계 신부를 얻기 위해서 그들은 새로 유입되는 이민자의 딸에게 관심을 가지거나 자신의 고향까지 직접 가서 신부를 구해 오기도 했다.

따라서 초기 이민자 가운데 비≠아랍인과 혼인한 사람의 비중은 1910년에서 1919년 사이에는 11.6%, 1920년에서 1929년 사이에는 16.3에 불과했다(Zedan, 1994: 6). 즉, 당시 아랍인 남성의 80% 이상은 아랍인 여성을 신부로 맞이했다. 동족 내 결혼은 아랍계가 전통과 관습을 유지하고 아랍 정체성을 유지하는 데 크게 기여했다. 칠레의 아랍계는 칠레 사회에 적응하기 위해 노력했지만 동시에 이를 통해 자신들의 전통을 유지하려는 의지도 강했다.**

---

* 다음으로 많은 사람이 선택한 덕목으로는 학생의 36%가 선택한 '근면', 기업인의 28%가 선택한 '종교적 믿음', 학자들의 35%가 선택한 '관용' 등이 있다.

** 동족 내 결혼에 대한 아랍계의 의지를 보여주는 사례로 팔레스타인계의 가장 성공한 기업인 가운데 한 명인 야루르 가문의 사례를 들 수 있다. 야루르 가문 기업의 설립자인 후안 야루르 롤라스(Juan Yarur Lolas)의 장남 카를로스 야루르 바나(Carlos Yarur Banna)는 배우자로

로마 가톨릭과 동방정교회라는 종파 차이가 존재하는데도 아랍계와 칠레인은 종교적으로 기본 가치를 공유한다. 따라서 중장년층이나 기업가와 같이 사회적으로 성공한 그룹에서는 여전히 종족 내 결혼에 높은 가치를 두는 사람이 많이 있는 반면, 학자 그룹이나 젊은 층에서 그러한 가치는 점점 중요성을 잃어가고 있다.* 그렇지만 전반적으로 보수적인 성향이 강한 칠레의 아랍계 사이에서 현지인과의 혼인은 느리게 진행되고 있다.

결과적으로 최근 EPOA 2001 자료에 따르면 최근까지 칠레의 아랍계 가운데 부모 모두 아랍계인 경우는 61%로 비교적 높게 나타난다. 부계만 아랍계인 경우는 26%, 모계만 아랍계인 경우는 13%였다. 특히 중장년층이 대부분인 기업인의 경우 부모 모두 아랍계인 비중은 86%로 월등히 높았다. 반면 주로 청년층인 학생의 경우 부모 모두 아랍계인 비중은 28%로 나타났다(Agar, 2009: 164).

아랍계 정체성을 유지하면서
칠레 사회의 법과 문화적 규범을 따르는 불완전 형태의 통합

아랍계가 칠레 사회와 통합하는 과정에는 다른 나라 또는 다른 종족에 비해 몇 가지 유리한 점이 있었다. 첫째, 칠레의 자연환경이 칠레에 이주한 아랍계가 이전에 살았던 고향의 자연환경과 매우 유사했다. 이는 초기 아랍인 이민자에게 매우 편안함을 가져다주었고 현지에 정착하는 데 큰 도움을 주었다. 둘째, 과거 700년 동안 아랍 세계가 스페인을 지배한 결과로 스페인 문화에는

동족 여성을 선택하지 않고 칠레 여자와 결혼한 대가로 가문의 사업을 승계할 수 없었다. 따라서 둘째 아들인 호르헤(Jorge)가 가문의 기업을 이어받았다. 하지만 최근에는 이런 전통도 많이 완화되었다. 그 결과 카를로스의 아들 루이스 엔리케(Luis Enrique)는 비록 아랍계가 아닌 여자와 결혼했는데도 삼촌에 이어 다시 가문의 기업을 책임지고 있다.

* EPOA 2001 통계에 따르면 아랍계 기업인의 55%는 자녀의 배우자가 아랍계 사람인 것이 매우 중요하다고 답했다. 반면 학자 그룹의 경우 24%가 중요하다고 답했다(Agar, 2009: 132).

제1부 라틴아메리카의 아랍계

아랍 전통이 많이 녹아 있었는데, 이에 따라 스페인의 식민지 지배를 통해 형성된 칠레 문화나 삶의 방식에도 아랍적인 것이 많았다. 비록 정치나 경제 제도는 출신지의 그것과 매우 달랐지만 문화적 측면에서 아랍계는 큰 이질감을 느끼지 않았다. 셋째, 종교적 일치는 아랍인이 칠레에서 큰 문화적 충격 없이 통합될 수 있었던 중요한 요인이었다. EPOA 2001 자료에 따르면 칠레의 아랍계 가운데 69%가 로마 가톨릭, 14%가 동방정교회, 11%가 무교, 6%가 타종교(그중에서도 무슬림은 소수에 불과)로 나타난다(Agar, 2009: 162). 여기서 한 가지 흥미로운 사실은 기업인만 따로 보면 로마 가톨릭이 70%, 동방정교회가 22%, 타종교가 5%, 무교가 3%로 기업인들 사이에는 동방정교회 신도가 상대적으로 많다는 것을 알 수 있다. 따라서 이민 초기 아랍인이 모여 사는 구역에는 동방정교회의 교회가 많이 건립되었다. 로마 가톨릭과 동방정교회의 근본적인 신앙 체계에는 큰 차이가 없기 때문에 로마 가톨릭 전통이 강한 칠레에서 아랍인은 문화적 측면에 적응하는 데 큰 어려움을 겪지 않았다.

그런데도 현재 아랍계가 칠레 사회에 완전히 통합되었다고 볼 수는 없다. 그들은 칠레 문화에 완전히 동화되기보다 자신들의 전통문화를 유지하면서 경제적 목적에 따라 통합에 필요한 문화적 규범을 배우고 칠레 사회에 '적응'했다. 즉, 아랍계와 칠레인의 상호 관계는 진정으로 통합된 관계라기보다 법과 규범에 의해 좌우되는 관계다(Daher, 1986: 28~29).

아랍계가 칠레 사회와 통합하는 과정에서 가장 중요한 역할을 한 것은 가족적 연대망이다. 그들이 이주를 한 이유도 가족적인 고리에 의한 것이었고, 칠레에서의 정착도 이러한 고리에 따라 이루어졌다. 이민과 정착 과정에서 친척, 넓게는 같은 마을 출신 사람 사이에 보호와 상호 지원의 관계는 지속되었다. 따라서 그들은 칠레에서도 현지에 통합되기보다 같은 곳에 살면서 그들끼리 뭉쳐서 사는 것을 선호했다. 하지만 직업적인 이유로 칠레 사회의 행동 규범을 배우고 따를 수밖에 없었다. 생존하기 위해서는 현지 사회와 소통하고 그들의 행동 양식을 따라야 했기 때문이다. 이에 따라 아랍계는 전통을 유지하는 동시에 칠레 사회의 규범에 점차 적응해나갔다.

4. 아랍계의 경제적 부상

'코사 텐다'를 파는 행상인: 종족 연대와 할부판매를 수단으로

아랍인 이민자 대부분은 당시 칠레 정부가 원하던 숙련노동자가 아니었다. 게다가 그들은 칠레 정부가 불신을 가졌던 비유럽 출신이었다. 그들은 칠레 정부의 이민 지원 정책이 끝날 무렵 본격적으로 유입되었다. (1907년부터 이민에 대한 칠레 정부의 공식적 관심은 현저히 감소했다.) 따라서 아랍계 이민자는 정부의 보호를 받을 수 없었을 뿐만 아니라 토지도 부여받을 수 없었다.

이렇게 경제적으로 가장 열악한 조건에 있던 아랍계가 불과 20~30년 만에 경제적으로 성공한 이민자 그룹으로 부상하고, 나아가 칠레 경제를 지배하는 3대 종족을 형성하게 되었다는 사실은 매우 흥미롭다.

여러 어려운 여건에도 불구하고 칠레 정부가 이민자에게 경제활동 분야를 제한하지 않은 것은 오히려 장점이 되었다. 사실 칠레에 들어온 아랍인 이민자는 종교적 순례자에게 수공예품을 팔던 벨렌 출신의 팔레스타인인을 제외하고는 대부분 상업 경험이 없었다. 그런데도 이민 초기 그들은 다른 나라에서와 마찬가지로 대부분 상업에 종사하게 되었다.

이민 초기에 아랍인은 비록 현지 언어나 관습, 지리에 대한 충분한 지식이 없었지만 손짓 발짓을 해가며 지리도 익숙하지 않은 칠레 각지의 길거리에서 잘 알려진 '코사 텐다cosa tenda, cosas de tienda', 즉 상점 물건을 외치며 물건을 팔러 다녔다. 그것은 결코 쉬운 일이 아니었다. 범죄에 노출되었을 뿐만 아니라, 당시 아랍인 이민자에게 쏟아지는 모욕도 참아내야 했다. 그런 과정에서 아랍계는 몸으로 부딪혀 스페인어를 익히고 칠레인의 삶의 형태를 조금씩 배워나갔다.

새로운 이민자들은 기존 아랍계 이민자의 사업 영역에 들어가 그들과 경쟁하기보다 새로운 판매망을 개척해 새로운 고객을 찾았다. 이런 방식을 통해 아랍인 이민자는 칠레 전국에 걸쳐 작은 마을까지 구석구석 판매 영역을 확대했다. 할부판매 방식은 칠레에서도 아랍인들이 행상에서 성공을 거둘 수 있었던 중요한 요소였다.

고정 상점 개업

아랍인의 행상 활동은 오래가지 않았다. 특유의 근검절약하는 삶을 바탕으로 자본을 축적한 아랍인은 다음 단계로 고정 상점을 개업했다. 상점을 개업하지 못한 사람도 점원으로 고용되거나, 고정된 자리에서 노점상을 하는 경우가 많았다.

이민 후 얼마 지나지 않아 아랍인은 칠레의 각 도시에 다양한 상점을 개업할 수 있었다. 그들은 상점을 개업한 이후에도 행상을 했을 때처럼 주로 잡화를 취급했다. 사람들이 많이 다니는 곳에 조그만 규모의 상점을 열고 온갖 값싼 물건을 판매했다. 이러한 상점에서도 일은 행상만큼이나 힘들었다. 그들은 아침 일찍 상점 문을 열고, 사람들이 다니지 않을 때까지 문을 닫지 않았다. 상점을 닫고 나서도 물건을 정리하고, 심지어 판매할 의류를 직접 만들기도 했다.

상점 운영을 통해 더욱 많은 돈을 벌어들인 사람은 더 큰 상점을 개업하거나, 취급 품목을 수익성 높은 상품으로 전문화하거나, 도매상 또는 수입상으로 발전하기도 했다. 따라서 아랍인의 칠레 이민이 본격화된 지 50여 년이 지난 1941년 한 통계자료에 따르면 상업에 종사하는 아랍계 비중은 전체 아랍계 2440가구 중 1803가구, 즉 73.89%로 여전히 상업 종사자가 압도적으로 많았다(Hassan, 1941; Olguín y Peña, 1990: 145). 그때까지 행상을 하는 가구 수는 전체 상업 종사 가구의 1.16%에 불과했다. 반면 국가의 허가가 필요한 호텔업에 종사하는 가구는 1.39%, 보석상 또는 시계상 같은 전문 분야에 종사하는 가구

<표 5-2> 아랍계 상업 활동 분야(1941)

상업 분야	가구 수	비중(%)
상업	798	44.26
다품목	92	5.10
잡화점	410	22.74
단일 품목(채소 가게, 구두 판매점 등)	408	22.63
행상	21	1.16
호텔업	25	1.39
보석상·시계상	15	0.83
도매상	34	1.89
전체	1,803	100.00

자료: Olguín y Peña(1990: 145).

는 0.83%, 도매업을 하는 가구는 1.89%를 차지했다. 호텔업이나 도매업, 보석
상이나 시계상을 하는 가구는 칠레 아랍계 사이에서도 경제적으로 가장 부유
한 그룹을 형성했다.

섬유업 장악을 통해 칠레 3대 경제 그룹으로 부상

아랍계가 제조업에 뛰어든 시기는 1930년대부터다. 팔레스타인계를 대표
하는 야루르 가문이 섬유업을 시작한 시기도 1935년이다.

칠레 산업화 과정에서 아랍계는 주로 섬유업에 종사했다. 수익성 높은 자원
산업이나 주요 기간산업은 국가가, 대규모 자본과 기술이 필요한 산업은 외국
기업이, 그 외 수익성 높은 산업은 전통 엘리트 그룹이 차지했기 때문에 제조
업 부문에서 이민자가 할 수 있는 분야는 제한적이었다. 아랍계는 자본, 정부
지원, 언어 측면에서도 독일계나 스페인계 신규 이민자에 비해 열악한 상황이
었다. 따라서 섬유업은 당시 제조업 분야에서 아랍계가 진출할 수 있는 거의
유일한 부문이었다.

또한 아랍계는 이전의 상업에서도 천이나 의류 같은 섬유 계통을 많이 다루

었기 때문에 제조업에서도 섬유 부문을 다루는 것이 효과적이었다. 특히 시리아의 홈스 출신은 고향에서도 중세적 방식이지만 면이나 비단 같은 천을 짜는 일에 종사했었기 때문에 이 일이 낯설지 않았다.

초기 상업을 통해 자본을 축적한 일부 아랍계는 처음에 주로 칠레 수도인 산티아고 시의 파트로나토Patronato 구역에서 섬유업을 시작했다.* 당시의 섬유업은 주로 면직업이었다. 처음에는 대부분 가내공업 수준이었으나 그중 일부는 기업 수준으로 사업을 발전시키기도 했다. 아랍계 이민자의 경제활동은 상업이든 제조업이든 간에 주로 파트로나토가 소속된 레콜레타Recoleta 코무나comuna**를 중심으로 발전했다.*** 이를 기반으로 아랍계는 1980년대 개방과 함께 수입 천이 들어오기 전까지 사실상 칠레의 섬유업을 장악하는 수준에 이르렀다. 1980년대 초 전화번호부를 통한 조사에서 칠레 의류 제조업의 23%, 섬유업의 48%가 아랍계 가문의 소유로 드러났다(Agar, 2009: 151).

1930년대부터 1980년대까지 칠레 섬유업을 장악했던 대표적인 아랍계 가문은 수마르Sumar, 야루르, 히르마스Hirmas, 코만다리Comandari, 사이드 등이다. 1960년대 이들은 칠레 전체 제조업 부문에서 강력한 영향력을 가진 그룹으로 성장하는데, 대표 기업으로는 제조업 부문 5위인 수마르 가문의 수마르 직물Sumar Products, 12위 야루르 가문의 칠레 야루르 면직물Yarur Chilean Cotton Products, 13위 히르마스 가문의 히르마스 면직물Hirmas Cottons, 21위 역시 야루르 가문의

....

* 앞서 올긴과 페냐(Olguín y Peña, 1990: 147)에서 인용한 자료에 따르면 1941년 제조업에 종사하는 아랍계는 185가구로 전체 아랍계 2440가구의 7.58%를 차지한다.

** 한국 대도시의 구에 해당하는 행정구역.

*** 지금도 아랍계 기업들은 대부분 산티아고 시 중심의 레콜레타와 산티아고(Santiago) 코무나에 집중되어 있다. 칠레의 상공회의소 역할을 하는 SOFOFA(Sociedad de Fomento Fabril)의 자료에 따르면, 아랍계 기업 479개 중 88%인 421개 기업이 산티아고 대도시 지역에 집중되어 있다. 특히 23%인 110개 기업은 레콜레타 코무나에, 21%인 102개 기업은 산티아고 코무나에 소재한다. 즉, 전체 아랍계 기업의 44%가 두 코무나에 집중되어 있다(Agar, 2009 재인용).

카우폴리칸 섬유Caupolicán Textilesm, 27위 사이드 가문의 사이드 레이온과 화학 섬유Said Rayon and Chemicals Industries, 32위 역시 야루르 가문의 프로그레소 섬유 Progreso Textiles 등이 있다(Zeitlin and Ratcliff, 1988: 46~48).

특히 이들 가문은 칠레 엘리트 그룹의 전통과 같이 서로 연합해 보다 큰 친족 그룹을 형성해 거대 엘리트 그룹으로 성장했다. 당시 칠레에서 야루르를 중심으로 한 아랍계 기업인 친족 그룹은 클라로-마테-비알Claro-Matte-Vial, 에드 워즈Edwards, 브라운-메넨데스Braun-Menéndez, 헬프만Helfman, 시모네티Simonetti, 호칠드Hochschild 가문과 함께 칠레의 가장 영향력 있는 7대 친족 그룹이 되었다. 그중 특히 클라로-마테-비알 그룹, 에드워즈 그룹, 야루르 그룹은 3대 핵심 그룹에 속했다(Correa Sutil, 2011: 32~33).

1980년대 개방정책에 따라 칠레 경제는 천연자원을 수출하고 외국 공산품을 수입하는 구조로 전환되었다. 이에 따라 보호무역주의 아래 국내 수요에 의존했던 아랍계의 섬유업은 밀려오는 값싼 수입품과의 경쟁으로 위기에 직면했다. 이에 대응해 아랍계 기업은 단순한 방적이나 직물업에서 부가가치가 높은 의류 제조업으로 이전하거나,* 소매유통업으로 진출하기도 했다. 특히 아랍계 최상층 엘리트 그룹은 그동안 축적된 거대 자본을 바탕으로 지금까지 칠레의 전통 엘리트들이 지배하던 금융업이나 언론으로 진출하기 시작했다.

5. 주요 아랍계 기업인

아랍계 기업 가운데 2005년 자산 규모 기준으로 칠레 30대 기업에 속하는 기업은 야루르 가문의 BCIBanco de Crédito e Inversiones(금융, 12위), 사이드 가문의

---

* 2000년 섬유업에서 아랍계 비중은 1982년 48%에서 36%로 12%p 감소한 반면, 의류 제조업에서 아랍계 비중은 1982년 23%에서 33%로 10%p 증가했다(Agar, 2009: 151).

제1부 라틴아메리카의 아랍계

엠보테야도라 안디나Embotelladora Andina(식음료, 19위), 사이에 가문의 코르프방카Corpbanca(금융, 25위) 등이다.

특히 금융 부문에서 스페인 은행 산탄데르와 BBVA, 국영은행인 칠레은행 Banco de Chile을 제외하면 국내 민간은행으로서 야루르 가문의 BCI와 사에이 가문의 코르프방카는 크로아티아계인 룩식Luksic 가문의 방코 델 에스타도Banco del Estado와 함께 칠레 3대 은행을 형성한다. 따라서 칠레 국내 민간은행은 사실상 아랍계가 장악하고 있다고 해도 과언이 아니다(Fazio Rigazzi, 2005: 159).

BCI의 경영진에 과거 피노체트 시절의 장관들이 자리 잡고 있는 것을 보면 그들과 야루르 가문의 연결 고리를 알 수 있다. 코르프방카는 1995년 사이에 가문에 인수된 이후 강력한 구조 조정을 통해 오늘의 위치에 올랐다. 2002년 부터 코르프방카에는 블랙스톤Blackstone과 JP 모건과 같은 미국계 자금이 대거 유입되었다.

금융계에서 사이에 가문과 함께 아랍계를 대표하는 야루르 가문은 팔레스타인계로 과거 칠레 섬유업의 제왕에서 현재 금융업으로 성공적으로 이전하면서 여전히 칠레의 팔레스타인계를 대표하는 기업 가문으로 남아 있다.

최근 언론 분야에서도 아랍계의 영향력은 두드러진다. 사회적으로 언론의 영향력이 큰 칠레에서 일간지 ≪라 테르세라La Tercera≫를 중심으로 한 사이에 가문의 언론사 코페사Copesa는 영국계 에드워드 가문의 회사 엘 메르쿠리오와 함께 칠레 언론의 양대 산맥을 형성한다.

에드워드 가문과 달리 사이에 가문은 언론 분야의 경험과 전통을 가지고 있지 않았다. ≪라 테르세라≫는 원래 급진당과 연결된 대중지였으나 사이에 가문에 인수된 이후 방향을 완전히 보수적으로 전환했으며, 현재는 여전히 정치와 경제에 중요성을 두면서도 사회의 새로운 경향과 미래 기술을 소개하는 데역점을 두고 있다. 이는 전통과 문화적 소재를 강조하는 엘 메르쿠리오와 다른 점이라고 할 수 있다.

코페사를 운영하는 알바로 사이에Álvaro Saieh는 팔레스타인계로 칠레 5대 상

야루르 가문

성장 과정이나 영향력 등으로 볼 때 야루르 가문은 칠레의 팔레스타인계를 대표한다고 할
수 있다. 한때 야루르 가문은 칠레의 섬유업을 장악해 칠레 3대 엘리트 그룹에 속했으며,
현재는 칠레 3대 민간은행 가운데 하나인 BCI를 소유하고 있다.

그들은 팔레스타인 벨렌 출신으로 그곳에서 농업에 종사하며 종교 관련 제품을 만들어 성
지 방문객에게 판매하는 가족 기업을 운영했다. 1914년 당시 18세이던 장남 후안 야루르
롤라스는 아메리카 대륙으로 이주했는데, 처음에는 결혼해서 칠레로 이주한 누나가 살고
있는 시골 마을 산페르난도로 들어갔다. 하지만 그곳에 만족하지 않고 또 다른 친척이 있
는 볼리비아의 오루로로 이동했는데, 주석 광산 가까이에 있는 오루로는 후안 야루르에게
많은 기회를 제공해주었다.

그곳에서 그는 팔레스타인에서 가져온 금화를 이용한 이자 놀이를 통해 돈을 벌었고, 곧
조그만 상점을 개업했다. 그는 수입 양모로 만든 침구와 담요 등을 취급했는데, 고도
3700미터 이상에 위치한 마을의 낮은 기후 덕분에 상품은 불티나게 팔렸다. 그는 광산에
필요한 물건을 알아내는 데 천부적인 재능을 보였고, 할부판매를 통해 매출을 확대했다.

그곳에서 돈을 번 후안 야루르는 페루의 아레키파로 이주해 역시 벨렌 출신으로 어릴 때
친구였던 살바도르 사이드와 함께 섬유 공장을 건립했다. 1928년에는 볼리비아에도 섬유
공장을 세웠다. 이들은 차코 전쟁 시 군복을 납품해 많은 돈을 벌었다. 그 후 1934년 후안
야루르는 다시 칠레 산티아고로 이주해 1936년 칠레 야루르 면직물 제조사Yarur Manufac-
turas Chilenas de Algodón를 설립했다. 이 회사는 1950년대 남미의 방적과 직물 부문에서
가장 근대화된 공장으로 발전했으며, 한때 칠레 방적과 직물 총 생산의 60%를 차지하기
도 했다.

1937년에는 금융업에 진출해 BCI를 설립했다. 칠레에서 BCI는 설립 이래 단 한 번도 주
인이 바뀌지 않은 유일한 은행이다. 이때부터 야루르 가문은 또 다른 팔레스타인계로 섬
유업에 종사하는 슈마르Sumar 가문, 사이드 가문과 연합해 칠레 3대 엘리트 그룹을 형성
했다.

이런 과정은 결코 쉽지 않았다. 칠레는 식민지 시대부터 내려오는 전통 지주계급이 지배
하는 귀족 사회였다. 따라서 이민자는 부를 획득하더라도 귀족 사회에 편입할 수 없었으
며 무시당하기 일쑤였다. 특히 아랍계가 부를 축적하기 시작하자 칠레 전통 지주계급의
반감은 더욱 커졌다. 한 예로 칠레 상류계급의 전통적인 사교 클럽인 유니온 클럽Club de la

Union은 후안 야루르의 가입을 거부하기도 했다. 아직까지 이들에 대한 차별은 사라지지 않았는데, 21세기에 들어서도 사이드 가문의 리더인 호세 사이드가 상류계급의 배타적 모임인 골프 클럽에서 가입이 거부되기도 했다.

한편 1960년대와 1970년대 초 계급 갈등이 심화되는 과정에서 당시 주요 아랍계 기업인들이 정치와 거리를 둔 데 반해 야루르 가문은 도전을 피하지 않고 반좌파, 반아옌데 정치 노선을 분명히 했다. 이 때문에 1971년에는 강경 좌파에 의해 그의 공장이 점거되기도 했다. 이렇게 야루르 가문은 자신의 재산을 지키기 위해 양보와 타협 없이 투쟁도 마다하지 않는 성격을 가지고 있었다.

한편 성공한 아랍계 가문은 동족과의 결혼을 고집했다. 따라서 이를 거스르고 칠레 현지인과 결혼한 후안 야루르의 장남 카를로스는 사업에서 배제되었다. 이에 따라 차남인 호르헤와 삼남인 아마도르Amador가 금융업과 섬유업을 각각 이어받았다. 아마도르가 맡은 섬유업은 개방화와 함께 소멸되었지만, 호르헤가 맡은 BCI는 이후 칠레 3대 민간은행 가운데 하나로 성장했다.

그 외에도 한때 야루르 가문은 칠레의 전통적 지주계급이 지배했던 포도 농장과 와인 산업에도 뛰어들어 윅셔너리 모란데Viña Morandé의 다수 지분을 보유하고, 호텔업에도 진출했으며, 자동차 할부 금융 회사 포럼Forum도 운영하고 있다.

한편 후안 야루르의 남동생인 니콜라스Nicolás와 사바Saba도 칠레로 이주해 왔는데, 그들의 후손 역시 모두 기업인 등으로 성공을 거두었다. 특히 사바의 손자 다니엘 야루르 엘사카Daniel Yarur Elsaca는 칠레 대학을 졸업하고 하버드에서 박사학위를 받은 후 엘윈Aylwyn 정부에서 증권보험 감독원장을 지냈는데, 이는 야루르 가문에서 최초로 고위 관직에 진출한 사례다.

현재는 호르헤와 아마도르의 자녀가 사업에 관심을 보이지 않아 한때 사업에서 배제되었던 카를로스의 아들 루이스 엔리케가 야루르 그룹을 이끌어가고 있다. 이는 야루르 가문의 가족적 일체감을 보여주는 좋은 사례라고 할 수 있다.

이렇게 야루르 가문은 가족의 일체감, 성실성, 적절한 동맹 관계와 후계자 선정 등의 방식을 통해 가문의 재산과 영향력을 유지하고 발전시켜왔다. 최근에는 교육에 중점을 두어 후손들이 기업인 외에 관료, 변호사, 디자이너, 예술가, 학자, 기자 등 다양한 분야로 진출해 가문의 영향력이 더욱 확대되었다(Millas, 2005).

업은행에 속하는 코르프방카의 소유자이기도 하다. 칠레 대학을 졸업하고, 미국 시카고 대학에서 경제학 박사학위를 받은 후 칠레 대학에서 학장을 지내기도 했다. 그는 전통 엘리트 그룹에 속하는 야루르 가문 사람들과 달리 피네라 대통령처럼 자신의 능력으로 성장한 신세대 기업인이다. 풍부한 지적 능력과 대학에서의 인맥을 바탕으로 1980년대 중반 오소르노 은행Banco Osorno을 인수하면서 본격적으로 기업 활동을 시작했다. 그 후 연금 펀드 등을 운영해 축적한 자본으로 1996년 코르프방카를 인수하고 오늘날 칠레 5대 은행으로 성장시키면서 칠레 금융업의 대표 인물로 성장했다.

사이에는 현재 금융업과 언론사 외에도 산티아고 시의 그랜드 하얏트 호텔과 부에노스아이레스 시의 포시즌 호텔을 소유하고 있다. 2007년에는 소매유통업에도 진출해 오늘날 칠레 3대 소매 유통 회사에 속하는 우니마르크Unimarc도 운영하고 있다. 현재 그는 순 자산 30억 달러로 ≪포브스≫가 선정한 세계 부자 458위, 칠레 10위에 올라 있다. 그는 기본적으로 피노체트 체제를 지지하지만, 칠레 대학에서 근무하는 동안 쌓은 인맥으로 좌파와 중도파에도 많은 우호 세력을 가지고 있다. 이와 같이 그는 재력과 함께 쌓은 다양한 정치적 인맥, 무엇보다 언론을 통한 영향력 등으로 현재 칠레에서 가장 영향력 있는 인물 순위에서 6위로 선정되었다(Melnick y Hales, 2009: 256).

또 다른 팔레스타인계 기업인 호세 사이드는 아랍계 기업인의 전통적 형태에 가깝다. 베들레헴에서 페루로 이주한 조부 이사 사이드Isa Said에서 시작된 사이드 가문은 먼저 페루에서 상업을 통해 자본을 축적했다. 그리고 칠레의 대표적인 팔레스타인계 기업인 야루르 가문과 손을 잡고 페루와 볼리비아에서 섬유업을 시작했다. 1940년대에는 칠레로 이주해 섬유업을 발전시켰는데, 페루 아레키파 출신인 호세 사이드도 그때 칠레로 이주해 왔다.

야루르 가문과 마찬가지로 호세 사이드도 1960년대에 이미 금융업으로 진출해 당시 칠레 5대 은행에 속했던 노동은행Banco del Trabajo을 경영했다. 1979년에는 쇼핑몰 등 부동산 개발 전문 회사 파르케 아라우코Parque Arauco를 설립하고, 1982년에는 당시 칠레 최대 쇼핑몰인 파르케 아라우코 케네디를 오픈했다. 1990년대에는 아르헨티나로 진출해 그곳의 부동산 개발 회사인 IRSA와 합작해 다수의 복합 쇼핑몰을 열기도 했다. 그 밖에 칠레 식음료 부문 1위이자 자산 규모로 칠레 20대 기업에 속하는 엠보테야도라 안다나를 소유하고, 금융업에서도 BBVA의 지분을 보유하고 있다. 또한, 좌파와 우파에 걸친 폭넓은 인맥을 가진 그는 오늘날 칠레의 가장 영향력 있는 인물 41위로 선정되기도 했다(Melnick y Hales, 2009: 259).

호르헤 아와드Jorge Awad는 유통과 건설 부문에서 자신의 기업을 소유하고 있지만 그보다는 전문 경영인으로서 더욱 두각을 나타낸다. 그는 1890년대에 시리아에서 칠레로 이주해 온 시리아계다. 칠레 대학에서 공학경영을 전공하면서 기독교민주당DC 청년 조직에 참여해 당과 깊은 인연을 맺었다. 에두아르도 프레이 몬탈바 전 대통령과는 오래전부터 가족 간에 아는 사이였다. 그런 인연으로 아와드는 1968년 대학을 졸업하자마자 당시 기독교민주당 프레이 정부에서 일을 시작했다. 그 후에는 칠레가톨릭 대학에서 부총장을 지냈으나 1974년 군사정권의 개입으로 사임했다. 이 시기에 그는 칠레의 추기경 라울 실바 엔리케스와도 밀접한 관계를 맺었다. 1975년부터는 민간 회사로 이동해 란칠레LanChile를 비롯한 다양한 회사를 경영했다. 그는 비록 중도파인 기독교민주당과 밀접한 관계를 가지고 있지만 가장 보수적인 기업인들과도 좋은 관계를 유지했다. 1993년에는 다시 에두아르도 프레이 루이스-타글레 기독교민주당 후보의 선거전에 참여해 선거 자금을 책임졌다. 이러한 인연으로 이후 칠레국영방송국TVN: Televisión Nacional de Chile, 칠레국영구리회사CODELCO, 칠레 정부가 지분의 69%를 소유한 일간지 ≪라 나시온La Nación≫ 등의 경영을 책임졌다. 최근에는 다시 민간 부문으로 나와 기업연합 단체 이카레Icare의 회장을 거쳐, 현재 칠레금융인연합회Abif: Asociación de Bancos e Instituciones Financieras 회장직을 맡고 있다. 그는 칠레의 가장 영향력 있는 인물 40위에 올라 있다.

이 외에도 오늘날 칠레의 주요 아랍계 기업인으로는 사이에가 운영하는 언

론과 은행에 투자한 카를로스 아브모호르, 시리아계 기업인이자 정치인 호르
헤 매수드 사르키스, 금융 지주회사 UCB를 소유한 리시마게Rishmague, 팔레스
타인계 부호 클럽인 팔레스타인 클럽의 회장이자 리스·팩토링 금융업의 프로
그레스 금융 서비스Servicios Financieros Progreso를 소유한 쿰시에 후안 파블로 디
아스Cumsille Juan Pablo Díaz 등이 있다.

이와 같이 아랍계는 불과 한 세기 만에 경제적으로 가장 밑바닥에서 가장
높은 곳까지 도달했다. 그들은 초기에 행상으로 시작해 가게를 개업하고, 섬
유업으로 발전해 금융업과 언론계에 이르렀다. 현재 이들 대기업 그룹은 칠레
의 국경을 넘어 라틴아메리카 지역 그룹으로 성장하는 중이다.

아랍계의 경제적 성공의 배경에는 앞서 살펴본 대로 근검절약의 정신, 시대
의 변화에 따라 과감한 변신을 시도하는 창조와 도전 정신 등이 있다. 한편 초
기에 정부 지원의 부족, 언어 능력의 미비 등으로 농업이나 고용직을 선택하
기보다 상업 같은 자영업을 선택하게 된 것도 자본의 조기 축적과 경제적 성
공에 중요한 요인이 되었다. 이민 초기 아랍계가 국가로부터 토지를 양도받아
농업에 종사했거나, 스페인어에 능숙해 국영기업 등에 고용될 수 있었더라면
오늘날과 같은 기업인으로 경제적 성공에 도달하지 못했을 지도 모른다.

또한 아랍계의 가족 중심주의와 가족 중심의 기업 문화도 칠레의 전통문화
와 잘 맞아떨어졌다. 초기 정착 과정뿐만 아니라 대기업으로 발전하는 과정에
서 아랍계의 강력한 가족 중심주의는 매우 중요한 역할을 했다. 가족적 신뢰
와 책임감을 중시하는 문화는 칠레 같은 기업 환경에서 큰 무형자산이 되었
다. 가족 중심주의는 동족의 연합으로 확대되었다. 섬유업에서 야루르 가문과
사이드 가문의 협력이나, 금융업에서 아랍계의 연합은 잘 알려져 있다. 현재
사이에가 경영하는 코르프방카는 섬유업이 사양화되면서 금융업이 새로운 살
길이라고 판단한 아랍계 부호 10명이 아부모호르의 주도로 모여서 만든 은행
이다. 또한 이들 중 일부는 역시 연합해 기업형 농업에도 진출했는데, 1997년
카빌도Cabido사를 설립하고 루팡코 농장Hacienda Rupanco을 매입해 현재 칠레의

이름	종족	주요 이력
루이스 엔리케 야루르	팔레스타인계	- 칠레 팔레스타인계를 대표하는 야루르가의 3세대 리더 - 칠레 3대 민간은행에 속하는 BCI 소유
카를로스 아브모호르	팔레스타인계	- 자산가로서 은행, 언론, 부동산에 투자 - 사이에가 경영하는 금융 회사 코르프방카와 언론사 코페사의 다수 지분 소유, 오소르노 은행 소유
호세 사이드	팔레스타인계	- 칠레 최대 식음료 회사 엠보테야도라 안디나 소유 - 부동산 개발 회사 파르케 아라우코 소유 - 칠레의 영향력 있는 인물 41위
호르헤 아와드	시리아계	- 현 칠레금융인연합회 회장 - 기독교민주당 정부 시기 국영기업 TVN, 코델코(Codel-co), 라 나시온 경영 - 칠레의 영향력 있는 인물 40위
호르헤 매수드 사르키스	시리아계	- 기업인이자 정치인
알바로 사이에	팔레스타인계	- 칠레 5대 은행에 속하는 코르프방카와 2대 언론사에 속하는 코페사 소유 - 《포브스》 세계 부자 순위 458위, 칠레 10위 - 칠레의 영향력 있는 인물 6위

최대 우유 생산업체 가운데 하나로 만들었다. 이렇게 아랍계는 서로 경쟁하기보다 연합 전선을 통해 함께 성장하는 전략을 취했다. 이러한 종족의 단합이야말로 아랍계의 성공에 가장 중요한 요인이다.

6. 아랍계의 정치적 참여

칠레에서 아랍계의 정치적 진출은 경제적 성공에 비해 활발하지 않다. 현재 칠레에서 아랍계 수는 최소 10만에서 최대 80만 명 정도로 추정된다. 따라서 칠레 전체 인구에서 차지하는 비중은 5% 이하다. 아랍계는 주로 몇몇 지역에 집중되어 있어 아랍계의 정치적 진출은 이들 지역을 중심으로 이루어졌다.

아랍계의 이주가 주로 친인척 관계에 따라 이루어졌고, 이들의 생업이 대부분 연결되었기 때문에 초기 이민자는 주로 특정 지역에 모여 살았다. 이들이 거주하는 지역은 생활비와 거주비가 적게 드는 도시 외곽 지역이었다. 유럽인과 달리 아랍인에게 거주지는 매우 중요한 개념이다. 아랍의 각 마을은 대부분 한 가문에 소속되기 때문이다. 따라서 아랍인에게 거주지는 단순히 생활하는 곳을 넘어 자신의 정체성을 공고히 하는 곳이다. 즉, 아랍인에게 거주지는 인척 관계를 유지하는 동시에 종교와 문화를 공유하는 곳이다. 특히 거주지에서 가족 관계로 맺어진 상호 신뢰성은 초기 정착과 생업에 큰 도움을 주었다.

초기에 아랍인 이주자는 대부분 산티아고 시에 거주했다. 1940년 산티아고에 거주하는 아랍계는 전체 아랍계의 약 40% 정도였다. 그중에서도 아랍계가 가장 많이 집중된 코무나는 레콜레타Recoleta(26%), 산파블로(16%),* 산티아고 센트로(11%)로 산티아고 시에 거주하는 아랍계의 50% 이상이 세 코무나에 모여 있었다. 특히 팔레스타인계 경우 산티아고 시 거주 가구의 37%가 레콜레타에 집중되어 있었다. 특히 팔레스타인의 베트잘라와 베들레헴, 시리아의 홈스 출신이 레콜레타에 집중적으로 거주했다(Agar, 2009: 140).

이들 지역은 아랍계의 이주와 함께 칠레의 대표적인 상업지역이자 섬유 공장 지역으로 변모했다. 이에 따라 레콜레타 코무나에 속한 파트로나토 구역은 오늘날에도 아랍계와 동일시되고 있다.

이후 아랍계 후손은 거주 영역을 점차 확대하기 시작했다. 대표적으로 아랍계 후손의 16%는 인근 뉴뇨아Ñuñoa에 거주하는 것으로 나타났다. 이는 당시

....

* 원저에서 언급된 '산파블로'는 현 산티아고 시 행정구역에서는 나타나지 않는다. 세 코무나가 인접해 있다는 원저의 언급으로 볼 때 산파블로 역이 있는 '로프라도(Lo Prado)'일 것으로 추정된다.

〈그림 5-1〉 칠레 산티아고 시의 코무나

ⓒ Osmar Valdebenito

자료: 위키피디아.

부를 축적한 아랍계가 사회적으로 보다 부유한 계층이 거주하는 지역으로 확산되었음을 나타낸다. 아랍계의 경제적 지위가 높아지면서 이들이 부유층 거주 구역인 동쪽 지역으로 이전하는 현상은 점차 두드러졌다(Agar, 2009: 140).

그 결과 2001년 EPOA 조사에 따르면 산티아고 시 거주 아랍계의 56%가 동쪽 지역 코무나(로바르네체아Lo Barnechea, 비타쿠라Vitacura, 라스콘데스Las Condes, 프로비덴시아Providencia)에 사는 것으로 나타났다. 특히 기업인 그룹의 66%가 이지역에 거주하고 있었다(Agar, 2009: 162).

2008년 기준 칠레의 시장alcalde직* 342개 가운데 12개(3.5%)**를 아랍계가 차지했다. 산티아고 시에서는 특히 아랍계가 많이 거주하는 뉴뇨아 코무나와 산티아고 중심의 에스타시온 센트랄 코무나에서 아랍계 시장이 선출되었다. 또한 전통적으로 팔레스타인계가 많이 거주하는 발파라이소의 칼레라 시에서도 아랍계 시장이 선출되었다. 아랍계 시장을 배출한 지역 가운데 산티아고 시의 뉴뇨아와 에스타시온 센트랄을 제외하면 나머지는 모두 지방의 중소도시다. 이들 지역은 모두 초기 아랍계 이주민이 정착했던 곳이다.

칠레 아랍계의 정치적 성향은 주로 우파다. 12명의 시장 가운데 9명이 우파 연합인 칠레를 위한 동맹Alianza por Chile에 소속되어 있다. 좌파 연합인 콘세르타시온Concertación 소속은 3명에 불과하다. 한편 상원과 하원에 진출한 각각 2명, 총 4명의 아랍계도 모두 우파 동맹 소속이다.

정치 분야의 주요 인물로는 팔레스타인 크리스천 마을인 베이트잘라Beit yala 출신의 초기 이민자 후손으로 발파라이소 상원의원에 오른 프란시스코 차후안Francisco Chahuán을 들 수 있다. 그는 실용적 우파 정당인 RN 소속으로 2005년 비냐 델 마르 지역 하원의원으로 시작해 현재 발파라이소 상원의원까지 올랐다. 그는 또한 RN의 부총재를 맡고 있기도 하다.

보다 보수적인 우파 정당인 UDI 소속으로 라플로리다 코무나와 산티아고 코무나 시장을 지낸 파블로 살라케트 사이드Pablo Zalaquett Said도 역시 주목받는 팔레스타인계 정치인이다. 아랍계가 주로 지방의 중소도시에서 시장에 선출된 것에 비해 수도 산티아고에서 시장으로 선출된 몇 되지 않는 아랍계 정치인 가운데 한 명이다. 그는 2013년 산티아고 서부 지역 상원의원에 도전했으나 실패했다.

북부 지역에 위치한 타라파카Tarapacá 주 상원의원인 세르히오 비타르 차크

---

* 시장이라고 하지만 실제로 중소도시의 시장과 대도시의 구청(코무나)장이 모두 포함된다.
** 2008년 당시 아랍계가 시장이었던 12개 시 또는 코무나는 다음과 같다. 칼레라(Calera), 야이야이(Llay Llay), 푸타엔도(Putaendo), 산펠리페(San Felipe), 에스타시온 센트랄(Estación Central), 라플로리다(La Florida), 마리아핀토(María Pinto), 뉴뇨아, 마찰리(Machalí), 카우케네스(Cauquenes), 카브레로(Cabrero), 칠레치코(Chile Chico).

<표 5-4> 칠레의 주요 아랍계 정치인

이름	종족	주요 이력
프란시스코 차후안	팔레스타인계	- 우파 RN 부총재 - 발파라이소 주 상원의원
파블로 살라케트 사이드	팔레스타인계	- 우파 UDI 소속 - 산티아고 시 리플로리다 코무나, 산티아고 코무나 시장 역임
세르히오 비타르 차크라	범시리아계	- 좌파 PPD 소속 - 파라파카 주 상원의원 - 아옌데, 라고스, 바첼렛 정부 시기 광업부, 교육부, 공공사업부 장관 역임

라Sergio Bitar Chacra도 주목받는 아랍계 정치인이다. 그는 범시리아계로 사회민주주의 계열인 민주당PPD: Partido por la Democracia 소속이다. 좌파 아옌데, 라고스, 바첼렛 정부 아래서 각각 광업부, 교육부, 공공사업부 장관을 지냈다.

아랍계는 칠레 엘리트 계급의 중요한 축인 종교계에서도 영향력을 발휘한다. 종교계에서 주목할 만한 아랍계 인물로는 우선 산티아고 시 보좌 주교였던 세르히오 발렉Sergio Valech을 들 수 있다. 시리아계로서 피노체트 정권의 인권 탄압 조사를 위한 8인 위원회를 이끌고 그 결과를 보고한 '발렉 보고서'로 잘 알려져 있다. 그는 2010년에 사망했다. 또한 레바논계로서 콘셉시온 대주교인 페르난도 초말리Fernando Chomali도 종교계에서 두드러지는 아랍계다.

한편 칠레 영화계를 대표하는 인물인 미겔 리틴Miguel Littin은 팔레스타인계 아버지와 그리스인 어머니 사이에서 태어났다. 니카라과 내전을 배경으로 만든 〈알시노와 콘도르Alcino y el Condor〉는 아카데미 영화제 최우수 외국어영화상 후보에 지명되기도 했다. 최근에는 같은 아랍계 정치인 세르히로 비탈의 수감 생활을 다룬 영화 〈도슨 이슬라 10Dawson Isla 10〉을 만들기도 했다. 그는 고향인 중부 지역 팔미야Palmilla 시에서 1992부터 1994년까지, 1996년부터 2000년까지 두 번에 걸쳐 시장을 지내기도 했다.

| 참고문헌 |

Agar Corbinos, Lorenzo. 1997. "La Inmigración árabe en Chile: Los caminos de la integración." Raymundo Kabchi(Coord.). *El Mundo Árabe y América Latina*. Madrid: Ediciones UNESCO, pp. 283~309.

_____. 2009. "Inmigrantes y Descendientes de Árabes en Chile: Adaptación Social." Abdeluahed Akmir(coord.). *Los Árabes en América Latina: Historia de una Emigración*. Madrid: Siglo XXI, pp. 99~170.

Correa Sutil, Sofía. 2011. *Con las riendas del poder. La derecha chilena en el siglo XX*. Santiago de Chile: DEBOLSILLO.

Daher, María Teresa. 1986. *Exploración psico-social de la inmigración libanesa en Chile*. tesis para optar al grado de Psicólogo. Santiago de Chile: Universidad Católica de Chile.

Fazio Rigazzi, Hugo. 2005. *Mapa de la extrema riqueza al año 2005*. Santiago de Chile: LOM Ediciones.

Hassan Mattar, Ahmad. 1941. *Guía Social de la Colonia Árabe en Chile*. Santiago de Chile: Ahues Hnos.

Melnick, Sergio and Jaime Hales. 2009. *Los 100 que mandan en Chile*. Santiago de Chile: Aguilar.

Millas, Hernan. 2005. *La Sagrada Familia: La historia secreta de las diez familias más poderosas de Chile*. Santiago de Chile: Planeta.

Olguín, Myriam y Patricia Peña. 1990. *La inmigración árabe en Chile*. Santiago de Chile: Instituto Chileno-Árabe de Cultura.

Palacios, Nicolás. 1918. *Raza chilena tomo II*. Santiago de Chile: Editorial Chilena.

Zedán, Marcela. 1994. *La presencia de la mujer árabe en Chile*. Santiago de Chile:

제1부 라틴아메리카의 아랍계

Centro de Estudios Árabes, Universidad de Chile.

Zeitlin, Maurice and Richard Earl Ratcliff. 1988. *Landlords & Capitalists: The Dominant Class of Chile.* New Jersey: Princeton University Press.

온라인 자료

Wikipedia. "Arab Chileans." http://en.wikipedia.org/wiki/Arab_Chielans

제6장 중미의 팔레스타인계와
쿠바의 아랍계

1. 아랍인의 중미·쿠바 이민

팔레스타인 사람의 중미(온두라스) 이주

중미에서는 코스타리카의 레바논인 이민을 제외하면 주로 팔레스타인 사람의 이주가 많이 이루어졌다. 팔레스타인 사람의 중미 이주는 19세기 말에서 20세기 초에 집중적으로 이루어졌다. 당시 이들은 오스만제국에 속해 있었기 때문에 '터키인'으로 간주되었다. 실제로 라틴아메리카 모든 나라에서 아랍인 이민자는 레바논인이든 시리아인이든 팔레스타인인이든 상관없이 대부분 '터키인'으로 불렸다.

팔레스타인 사람이 자신의 수공예품을 팔기 위해 해외로 진출하기 시작한 것은 1860년대부터이지만 이들이 중미에 발을 들인 시기는 1890년대다. 초기 이민자는 이주 전 기독교의 성지Tierra Santa에 거주한 경험을 이점으로 삼아 직접 만든 교회 용품에 대한 수요를 기대하고 중미 지역으로 들어왔다.

이들이 중미에서 처음 도착한 곳은 엘살바도르였는데, 이후 엘살바도르에만 머물지 않고 코스타리카를 제외한 다른 중미 3개국(온두라스, 과테말라, 니카라과)으로 퍼져나갔다. 그중 팔레스타인 이민자가 가장 많이 이주한 나라는 온두라스였다.

팔레스타인 사람들이 중미, 특히 온두라스를 이민지로 선택한 이유는 무엇인가? 정확히 알 수는 없지만 여러 정황을 살펴보면 미국이나 멕시코로 들어온 아랍인 이민자들 가운데 특히 팔레스타인 사람이 그들 사이의 경쟁을 피해 중미로 들어왔다고 할 수 있다. 아랍인의 사업이 주로 가족 기업 형태로 진행되어 이미 미국이나 멕시코에 정착한 레바논인과 시리아인의 공동체에 비해 상대적으로 밀리는 팔레스타인 사람들이 새로운 개척지로 중미를 선택했을 가능성이 있다. 또한 당시 중미에는 성지에 거주했던 팔레스타인 사람들이 만든 종교 용품에 대한 기독교도의 수요가 있다는 소문이 떠돌았다. 물론 그러한 수요가 소문처럼 충분한 것은 아니었지만 어쨌든 중미로 들어간 팔레스타인 사람은 행상 등을 통해 그곳에서 경제 기반을 구축할 수 있었다. 일단 초기 이민자들이 경제 기반을 구축하자 다음은 아랍인 이민의 전형적 형태인 가족과 친지를 끌어들이는 과정을 통해 이민이 확대되었다(González, 1992: 64~66).

특히 온두라스는 1906년 이민자에게 호의적인 이민법을 제정해 중미의 팔레스타인 이민자를 끌어들일 수 있었다. 온두라스에 팔레스타인 이민자가 처음 등록된 시기는 1899년이었으며, 그 후 이민이 드문드문 이루어졌다. 그리고 1906년 온두라스 정부가 이민법을 제정하면서 본격적으로 이민이 시작되었고, 1922년에서 1931년 사이 초기 이민자의 가족이나 친지의 이주가 시작되면서 가장 활발히 이루어졌다.

결과적으로, 〈표 6-1〉에 나타나듯이 현재 중미 각국에서 나타나는 팔레스타인계 성姓의 수를 보면 가장 많은 곳이 온두라스이고, 그다음으로 엘살바도르, 니카라과, 과테말라 순이다.

세계 대공황으로 잠시 주춤했던 팔레스타인 사람의 온두라스 이주는 1933년부터 다시 시작되었다. 1936~1937년에 외국인 거주자로 등록된 팔레스타인 이민자 수는 812명으로 조사되었다(Crowley, 1974: 137~142). 그 후 이민자

<표 6-1> 중미 국가에 존재하는 팔레스타인 성의 수

국가	성의 수
온두라스	255
엘살바도르	199
니카라과	25
과테말라	23
코스타리카	2

자료: Marìn Guzman(2009: 448).

수는 조금 감소했다가 1986년 조사에 따르면 온두라스의 팔레스타인 사람 수는 1149명으로 조사되었다. 그들 대부분은 수도인 테구시갈파와 북부 지역에 위치한 온두라스 두 번째 도시 산페드로술라San Pedro Sula에 거주했다. 이 지역에 거주하는 팔레스타인 사람 수는 각각 476명과 531명으로 전체 팔레스타인계의 88%가 두 도시에 거주했다(González, 1992: 63).

1987~1993년과 2000년 이후 중동에서 일어난 팔레스타인의 저항Intifada으로 상황이 혼란스러워지자 많은 팔레스타인 사람이 온두라스로 이주해 왔다. 따라서 최근에 온두라스의 팔레스타인 인구는 크게 증가했을 것으로 추정된다. 현재 온두라스의 팔레스타인계 수는 최대 약 20만 명(2.5%)이 될 것으로 추정되기도 한다.

중미에서 온두라스 다음으로 팔레스타인계가 많은 나라는 엘살바도르다. 앞서 언급한 대로 팔레스타인 사람이 처음 들어온 중미 국가는 엘살바도르였다. 초기 온두라스의 팔레스타인 이민자 중에는 엘살바도르에서 재이주한 사람이 많았다. 따라서 엘살바도르의 팔레스타인계와 온두라스의 팔레스타인계 사이에는 인척 관계인 사람이 많다. 팔레스타인 사람의 엘살바도르 이주가 본격화된 것은 1910년에서 1925년 사이였다. 그들의 정확한 수를 알 수 있는 자료는 거의 없다. 현재 엘살바도르의 팔레스타인계 인구는 약 5만 명 정도로 전체 인구의 약 1% 정도가 될 것으로 추정한다.

제1부 라틴아메리카의 아랍계

레바논인의 코스타리카 이주

코스타리카에는 레바논인이 이주해 왔다. 그들이 처음 이주한 시기는 1887년이다. 당시 이민은 집단적이라기보다 소수의 고립된 형태였다. 1896년부터 보다 많은 수의 레바논 이민자가 들어오기 시작했고, 제1차 세계대전 시기에는 그 수가 120명에 달했다. 양차 대전 사이에도 레바논인 109명이 이주해 왔다. 이후 제2차 세계대전 시기 그 수는 급격하게 감소했다. 1938년에서 1947년 사이에 레바논인의 코스타리카 이주는 단지 10명에 불과했다. 한편 레바논 내전이 발생한 1970년대 말 레바논인의 코스타리카 이주는, 20세기 초반 수준은 아니었지만, 다시 증가했다(Marín Guzmán, 1997: 157).

현재 코스타리카의 레바논계 수는 200여 명 수준에 불과한 것으로 보인다. 그런데도 코스타리카 사회에서 그들의 영향력은 결코 작지 않다.

아랍인의 쿠바 이민

쿠바도 다른 라틴아메리카 국가와 마찬가지로 이민으로 이루어진 나라다. 콜럼버스Christopher Columbus의 아메리카 대륙 발견 이전에 거주하던 원주민에 다양한 국가의 유럽인이 더해지고, 나아가 노예로 들어온 아프리카계와 19세기 중국인 쿨리가 더해져 오늘의 쿠바 민족을 형성했다. 쿠바가 스페인의 식민지였던 시절, 스페인 총독이 백인 가톨릭 신도의 이주를 선호했는데도, 19세기에는 아랍인 이민자가 쿠바에 발을 들여놓기 시작했다.

쿠바의 공식 문서에 아랍인이 나타나는 것은 1870년대부터다. 1869년에서 1900년 사이 당시 쿠바 수도 아바나 항구의 입국자 명단을 보면 아랍인이 약 800명에 이른다. 하지만 이들은 대부분 유럽에서 아메리카 대륙으로 가는 중간 기착지로 아바나에 들어온 사람이다. 이들이 쿠바에 머문 시간은 길지 않았으며 이들 중 쿠바에 정착한 사람은 많지 않았다. 1870년대에 쿠바에 정착한 소수의 아랍인은 주로 마론파 가톨릭교 신도인 레바논, 팔레스타인, 시리아 사람이었다.

쿠바에 외국인 이주가 본격화된 것은 20세기 이후다. 1902년 신생 쿠바공화국은 심각한 노동력 부족에 직면했다. 1868년에서 1898년까지 쿠바 독립전쟁과 미국·스페인 전쟁의 소용돌이 아래에서 쿠바 인구의 출생률이 크게 떨어졌고, 실제 인구수도 감소했기 때문이다.

쿠바는 필요한 노동력을 확보하기 위해 1906년 새로운 이민법을 공포했다. 이를 통해 쿠바는 미 군정 시기에 금지했던 농업 계약노동자 제도를 다시 부활했으며, 이민 유입을 위한 기금까지 마련했다. 이때부터 아랍인의 쿠바 이민이 본격화되기 시작했고, 이로써 20세기 초 이루어진 쿠바 인구 증가에서 아랍인을 포함한 아시아인의 이민이 중요한 역할을 했다.

1902년에서 1936년 사이 쿠바에 들어온 외국인 이민자 수를 분석한 쿠바 재무부 통계국의 자료에 따르면, 새로운 이민법이 제정된 1906년에서 제1차 세계대전이 발생한 1913년 사이 쿠바에 들어온 아랍인 수는 3758명이었다. 이들의 국적은 '아랍인', '터키인', '시리아인', '이집트인' 등 다양하게 표기되었다(Menéndez Paredes, 2007: 45~46).

제1차 세계대전 기간에 아랍인의 쿠바 이주는 감소했다. 쿠바와 오스만제국이 각각 적대국 진영에 포함되어 있었고, 양국 사이에 외교 관계도 없어 전쟁 시기에 양국 사이의 이주는 소강상태에 접어들었다. 이 시기에 쿠바로 이주한 아랍인은 794명에 불과했다(Secretaría de Hacienda, 1902~1936).

이 시기에 아랍인 이민자 수가 감소했는데도, 2세대 탄생 등으로 1916년 쿠바의 아랍계 수는 약 1만 명으로 추정된다. 이때 이미 아랍계 공동체는 그들의 상업적 성공과 자선단체 조직의 영향으로 무시할 수 없는 수준에 이르렀다. 아랍계는 조직화 노력과 경제적 부상을 통해 다른 종족과는 차별된 모습을 보여주었다(Dollero, 1916: 466).

제1차 세계대전이 끝나고 쿠바는 사탕수수 가격의 상승으로 경제적 호황기를 맞이했다. 이에 따라 이민도 다시 증가했다. 당시 이민자는 주로 자메이카나 아이티 같은 다른 안티야스(서인도) 제도 국가에서 온 날품팔이 농업 노동자와 스페인계 자유 이주자였다. 하지만 시리아와 레바논에서 온 아랍인 이민자도 적지 않았다.

1920년까지 아랍인 이민자는 여전히 '터키인'으로 분류되었지만 그 후로는 레바논인, 팔레스타인인 등으로 세분해서 분류되기 시작했다. 1931년의 인구조사에 따르면 1920년부터 1931년까지 쿠바로 이주한 아랍인은 총 9337명인데, 이 중 시리아인이 6294명으로 가장 많고, 다음으로 팔레스타인인이 2439명, 레바논인이 429명, 아랍인이 175명으로 나타났다(Menéndez Paredes, 2009: 376).

시리아인으로 분류된 사람들 다수는 실제로 레바논인이다. 따라서 쿠바의 아랍인 이민자들 가운데 레바논인 비중이 가장 높았다. 아랍계가 가장 많이 거주하는 아바나 시의 아랍계를 종족별로 분석해보면 레바논계가 45.61%로 다수를 차지하고, 다음으로 팔레스타인계가 33.33%, 시리아계가 21.05%를 각각 차지하는 것으로 나타난다(Menéndez Paredes, 2007: 62).

1900년에서 1955년 사이 쿠바에서 아랍인이 주로 정착한 지역을 살펴보면 아랍인은 전체적으로 농촌보다 도시를 선호하고, 도시에서도 상업지역과 가까운 곳에 자리를 잡았음을 알 수 있다. 한편 농촌에서는 사탕수수 산업과 목축업이 발달한 마을 인근에 주로 정착했다.

결과적으로 쿠바에서 아랍계는 아바나 시에 가장 많은 24.51%가 거주하지만, 전체적으로 한곳에 집중되어 있기보다 다양한 도시에 조금씩 널리 분포되어 있었다(Menéndez Paredes, 2009: 378).

쿠바의 아랍인은 중국인이나 유대인처럼* 공간적 집중 수준이 높지 않았다. 아랍인은 식민지 시대 이래 현지인이 거주하던 센트로아바나Centro Habana와 아바나비에하Habana Vieja 같은 전통적인 구역에 자리를 잡았다. 아랍인은 이

----

* 아바나 시의 '차이나타운'과 유대인 상인의 '무라야(Muralla) 가'는 쿠바의 대표적인 소수 인종 집중 구역이다.

구역을 '시리아 타운Clolonia Siria'이라고 불렀지만,* 이 지역에는 아랍인만 집중적으로 거주하는 것은 아니었고, 쿠바 현지인과 다른 나라에서 온 이주자도 함께 살고 있었다.

아바나 시에서 아랍인이 주로 정착하기 시작한 대표적인 구역은 몬테Monte 가다. 가톨릭 교구로 말하자면 오늘날 산후다스타데오San Judas Tadeo와 산니콜라스데바리San Nicolás de Bari 구역이다. 아랍인은 이미 1880년대부터 이 지역에 정착하기 시작했다. 이곳에서 그들은 주로 상업에 종사했으나 점차 의류를 직접 제조하기 시작했다. 19세기에 이미 아랍인은 '엘 투르코El Turco'라는 이름을 붙인 의류를 제조해서 팔기 시작했다. 이 지역은 아랍인 경제활동의 중심지였을 뿐만 아니라 종교 활동의 중심지가 되기도 했다. 이 지역의 교회에는 레바논인 신부가 있었으며, 이들은 마론파 의식을 주도했다. 따라서 지방에 있는 아랍인도 세례나 결혼 같은 특별한 종교 행사가 있을 때는 이 지역의 교회로 왔다. 자연히 이 지역은 당시 아랍인의 중심지가 되었다.

그 외에 아랍인이 집중된 곳은 동부 산티아고 데 쿠바의 티볼리Tivoli와 아바나 시의 위성도시 아로요나랑호Arroyo Naranjo에 속한 산타아말리아Santa Amalia 구역이다. 산타아말리아 구역에 거주하는 아랍계는 주로 레바논계인데, 이들은 대부분 행상과 소매상을 통해 성장했으며, 일부는 지역의 사회적 엘리트로 부상하기도 했다.

현재 쿠바의 아랍계 인구를 정확히 알 수는 없다. 관련 공식 자료는 1970년 인구조사인데,** 이 통계에 따르면 쿠바의 아랍계는 단지 시리아계 421명만이 존재하는 것으로 나타나며, 또 그들의 69.5%는 65세 이상의 노년층으로 조사되었다.

....

* 현지인은 이 지역에 거주하는 아랍인을 '모로인(moros)' 또는 심지어 동유럽 출신의 유대인과 혼돈해 '폴라코(polacos, 폴란드인)'라고 부르기도 했다.
** 1970년 인구조사 이후 쿠바 혁명정부는 공식적으로 종족별 인구통계를 발표하지 않고 있다.

이러한 결과가 나타난 것은 첫째, 레바논계 이민자 상당수가 혁명 이후 미국, 푸에르토리코, 아랍계가 있는 다른 라틴아메리카 국가 또는 모국인 레바논으로 재이주했기 때문이다. 주로 레바논계 소매상, 식당 주인, 의류 상인이 쿠바혁명 이후 국가주의가 강화되자 재이주를 선택했다.

둘째, 노년층 인구가 많은 것은 1950년대 이후 대량 이민이 멈추었고, 혁명 이후 쿠바에서 태어난 이민자 후손이 종족적 정체성을 포기했기 때문이다. 즉, 1970년 인구조사에서 아랍계 후손은 통계에 아랍계로 반영되지 않았다.

이런 이유로 1970년의 인구조사는 쿠바의 아랍계 수를 정확히 반영한다고 볼 수 없다. 따라서 현재 쿠바의 아랍계 수를 정확히 알 수 있는 공식 자료는 없다. 다만 쿠바아랍연합회UAC: Unión Árabe de Cuba에 따르면 현재 쿠바의 아랍계는 약 5만 명(쿠바 전체 인구의 약 0.5%)이며, 이들 중 약 1만 명이 UAC에 회원으로 가입되어 있다고 한다(UAC).

2. 아랍계의 경제적 부상

온두라스 제2의 도시 산페드로술라의 경제를 지배하는 팔레스타인계

온두라스의 팔레스타인계는 주로 코르테스 항구Puerto Cortés, 엘프로그레소El Progreso, 산페드로술라, 라세이바La Ceiba 같은 북부의 해안 도시에 정착했다. 이 지역은 1870년부터 바나나 생산을 통해 경제적 호황이 시작되고 있었고, 이에 따라 많은 투자와 상인이 몰려들었다. 20세기 초부터 이 지역에 들어온 팔레스타인 이민자는 대부분 상업에 종사했다. 팔레스타인 사람 중에서 바나나 생산과 바나나 회사에서 일하는 노동자는 극소수에 불과했다.

초기에 상업은 주로 떠돌이 행상으로 이루어졌다. 팔레스타인 이민자는 온두라스 각 지역에 필요한 물품을 제공했다. 당시 교통 상황이 매우 열악했기 때문에 이는 매우 힘든 작업이었지만 한편으로 이를 통해 그들은 높은 수익을 올릴 수 있었다. 지금까지도 온두라스의 팔레스타인계 중에는 자동차에 물건을 실고 지방으로 가서 판매하는 일을 하는 사람이 있다.

온두라스에서 두 번째로 큰 도시로 북부 해안 지역의 상업 중심지인 산페드로술라 시는 팔레스타인계 상업 활동의 중심지가 되었다. 사실상 이러한 북부 도시는 팔레스타인계와 함께 발전했다고 해도 과언이 아니다. 1900년부터 현재까지 이 지역에서 팔레스타인 이민자는 상업에서 제조업까지 사업을 점차적으로 확대했다.

실제로 1900년에서 1949년 사이 산페드로술라가 속한 북부의 코르테스 주 Departamento de Cortés에서 팔레스타인 사람은 온두라스인 다음으로 많은 상점을 가지고 있었다. 이 시기 이 구역에 개업한 상점의 소유주를 국적별로 살펴보면 온두라스인이 240개(46%)로 가장 많고, 팔레스타인 사람이 153개(30%)로 그다음을 차지한다. 즉, 이들이 전체의 76%를 차지한다. 나머지는 스페인인이 16개(3%), 엘살바도르인이 15개(3%), 과테말라인이 6개(1%), 영국인이 5개(0.9%), 니카라과인이 4개(0.7%) 등을 차지했다(González, 1992: 70).

특히 1900년에서 1986년까지 팔레스타인 이민자가 집중된 산페드로술라 시 상업지역의 가장 중요한 6개 구역에 있는 상점 중에서는 75%가 팔레스타인계 소유였다. 산페드로술라 시 전체 상업 구역의 상점 900개 중에서는 27%가 팔레스타인계 소유였다. 또한 제2차 세계대전 이후 귀국이 어려워지면서 팔레스타인 이민자가 토지를 매입하기 시작해 이 지역 토지의 상당 부분이 팔레스타인계 소유가 되었다. 따라서 사실상 이 지역에서 팔레스타인계는 경제적으로 거의 지배적인 영향력을 행사한다고 해도 과언이 아니다.

1980년대부터 팔레스타인계는 섬유 제조업에도 진출했다. 코르테스 주 산페드로술라 시 인근의 촐로마Choloma 시에서 카탄Kattan 가문은 의류 제조업을 발전시켰다.* 나아가 카탄 그룹은 1990년대부터 촐로마 시 북쪽 지역에 인델

----

* 미국의 카리브유역정책(CBI)에 따라 1980년대에 시작된 온두라스의 섬유업은 현재 온두라

바Inhdelva 자유무역지대를 설립하고 외국인 기업을 끌어들여 그들에게 공장을 임대하는 사업을 벌이기도 했다. 카탄 가문의 제조 공장 7개 가운데 6개 또한 이 자유무역지대에 위치해 있다. 주로 외국 유명 브랜드의 임가공업을 하는 카탄 그룹은 현재 라틴아메리카 최대의 셔츠 제조 회사로 알려져 있다.

엘살바도르의 팔레스타인계 기업인

엘살바도르에서 팔레스타인 이민자는 수도인 산살바도르를 비롯해 산 미겔, 산타아나, 항구 도시 라 우니온 같은 주요 도시에 널리 퍼져 있다. 처음에 그들은 주로 의류와 신발 등을 판매하는 상업에 종사했으나 현재 다양한 분야에서 활동하고 있다. 대표적인 기업가로는 염전 사업으로 많은 돈을 축적한 라 우니온 시의 한달Handal 가문, 산 미겔 지역에서 면화 경작으로 성공한 쿠오리Khouri 가문, 식료품업으로 돈을 번 사피에Safie 가문, 복합쇼핑센터인 갈레리아스 에스칼론Galerias Escalón을 소유한 시만Siman 가문 등이 있다.

슈퍼마켓 체인점으로 성공해 현재 유통 기업으로 발전한 디스트리부이도라 살루메Distribuidora Salume를 소유한 살루메Salume 가문은 엘살바도르 최대의 모피·가죽제품 판매점도 소유하고 있다. 특히 살루메 가문의 일부는 과테말라로 넘어가 인스턴트 커피 회사를 설립해 성공을 거두었다. 과테말라로 진출한 또 다른 팔레스타인계로는 이사 미겔Isa Miguel이 있다. 그는 엘살바도르뿐만 아니라 과테말라에서도 금융업으로 성공을 거두었다. 현재 그는 과테말라 주택은행Banco de Vivienda 주식의 40%를 보유하고 있다.

코스타리카의 레바논계: 상업, 제조업, 호텔업

코스타리카의 레바논인도 상업에 종사했다. 그들 역시 처음에는 행상으로 출발해 점차 고정된 상점을 개업했다. 그들이 취급하는 품목 역시 의류가 대

스 GDP의 60% 정도를 차지한다.

부분이었다. 코스타리카인들 가운데 상업에 종사하는 사람은 주로 과일이나 야채를 취급했다. 따라서 레바논인이 의류 판매에 진출하는 데 큰 어려움은 없었다.

처음에 일부 레바논인은 농업이나 목축업에 종사하기도 했지만 곧 보다 수익성 높은 상업으로 이전했다. 물론 구아나카스테Guanacaste 지방에는 농업이나 목축업으로 성공을 거둔 레바논인도 있었다. 그렇지만 무엇보다 그들이 경제적으로 가장 활발한 활동을 전개한 분야는 상업이었다.

실제로 코스타리카 수도인 산호세와 다른 주요 도시에 있는 노베다데스 쇼핑센터Centro de Novedades, 엘 칙 데 파리스El Chic de Paris, 엘 팔라시오 데 라스 카미사스El Palacio de las Camisas, 엘 팔라시오 데 로스 팔라시오스El Palacio de los Pala-cios 같은 대규모 쇼핑센터들이 상당 부분 레바논계 후손의 소유다. 또한 유통부문에서 도매업의 디스트리부이도라 야무니Distribuidora Yamuni사가 레바논계 소유다.

제조업에서도 레바논계의 진출은 두드러지는데, 주요 제조업체로는 바르수나Barzuna, 루랄레스Rurales, 텍스틸Textil 등이 있다. 제조업 진출 분야로는 섬유업 외에 안경 제조업과 약품 제조업이 있다. 특히 바르수나의 소유주인 미겔 바르수나Miguel Barzuna는 1976년 코스타리카 증권거래소인 볼사 데 발로레스 데 코스타리카Volsa de Valores de Costa Rica를 설립하기도 했다. 뒷날 그는 대통령 예비 후보로 지명되기도 했다.

상업과 제조업뿐만 아니라 호텔업에서도 레바논계의 진출은 두드러진다. 실제 호텔 카리아리Hotel Cariari, 호텔 코로비시Hotel Corobići, 호텔 플라자Hotel Plaza 등 산호세 최고 수준의 호텔 상당수는 레바논계 소유다.

코스타리카의 레바논계 가운데 경제적으로 가장 성공한 사람은 산호세 시의 아이사Aiza 가문, 투리알바 시의 나사르Nasar 가문, 리몬 시의 호르헤 아유브 다우Jorge Ayub Dau 등이다.

혁명 이전 쿠바의 상층 부르주아계급으로 성장한 아랍계

다른 라틴아메리카 국가에서와 마찬가지로 쿠바에서도 이주 초기 아랍인은 행상에 종사했다. 19세기 말에서 20세기 초까지 아랍인은 사람이 많은 도시는 물론이고 한적한 시골구석까지 찾아다니면서 천이나 잡화를 팔았다.

행상에서 성공한 사람은 점포를 임차해 상점을 개업했다. 그들의 상점은 자본 사정에 따라 소규모 상점에서 대규모 도매상까지 다양했다. 그들이 주로 취급한 품목은 섬유제품이었다. 쿠바에서 아랍인이 행상에서 고정된 상점으로 이전한 것은 주로 20세기 초반부터이며, 이는 점진적으로 이루어졌다.

아랍인의 상업 활동에서 가장 큰 특징은 가족적 또는 친족적 관계망이다. 일단 한 사람이 성공적으로 자리를 잡으면 그는 자신의 형제, 사촌, 가까운 친척 심지어 친구까지 불러들인다. 그리고 그들 사이에 판매망을 조직한다. 이렇게 가족 간의 비즈니스를 통해 그들은 자신의 사업을 보다 성공적으로 발전시킬 수 있었다. 이런 과정을 통해 20세기 초 경제적으로 성공한 대표적인 아랍인은 루이스 아조르Luis Azor와 가브리엘 말루프Gabriel Maluf 등이다.

상업적으로 성공한 아랍계는 쿠바 사회의 영향력 있는 집단과 개인적인 관계를 통해 쿠바의 엘리트 사회와도 유착 관계를 형성할 수 있었다. 아랍계가 쿠바 경제에서 차지하는 위상이 높아지면서 쿠바의 엘리트 사회도 그들을 인정하고 호의적으로 받아들이기 시작했다. 이들 관계는 가톨릭적 대부 관계 등을 통해 이루어졌다. 대표적인 사례가 가브리엘 말루프와 1895년 쿠바 독립혁명의 지도자 중 한 명인 페르난도 피게레도 소카라스Fernando Figueredo Socarrás의 대부 관계다.

1920년대 말부터 쿠바의 아랍계는 섬유업을 넘어 가구점, 약국 등에 진출하기 시작했다. 아랍 음식점도 아랍계가 새로 사업 영역을 확대한 분야였다. 아랍계가 집중적으로 거주하는 지역의 아랍 식당은 특히 아랍계의 식문화를 유지하는 데 중요한 역할을 했다. 이뿐만 아니라 1950년대 말 쿠바의 아랍계는 전자제품 수입업, 귀금속업, 시멘트와 목재 제조업, 금융업, 호텔업 등 쿠바 경제의 상업, 제조업, 서비스업 분야의 거의 모든 영역에 진출했다. 따라서 쿠바혁명이 발생하기 전 1950년대 말 아랍계는 이미 부르주아계급으로 성장해 있었다.

3. 아랍계의 전문직 진출

중미 아랍계의 전문직 진출

오늘날 코스타리카의 레바논계는 현지 사회에 완전히 통합되어 있다. 초기에 레바논계는 자녀의 현지 사회 통합을 위해 현지 사회가 제공하는 수준 이상의 교육을 받게 했다. 레바논계 후손 상당수가 대학에 진학했으며, 일부는 외국으로 유학을 떠나기도 했다.

이들 상당수는 현재 의사, 변호사, 약사, 치과의사, 경제학자, 회계사, 간호사, 건축가, 엔지니어, 생물학자, 화학자, 언론인, 심리학자, 대학교수 등 전문직으로 진출했다. 예술가가 된 사람도 있었는데, 그중 대표적인 인물로 1985년 코스타리카 센트로아메리카 대학Universidades de Centroamérica 상을 받은 시인 오스발도 사우마Osvaldo Sauma와 코스타리카의 저명 화가 안토니에타 데 사우마Antonieta de Sauma 등을 꼽을 수 있다. 스포츠 분야, 특히 축구 종목에도 유명한 레바논계 선수가 많이 있다.

쿠바 아랍계의 전문직 진출

다른 라틴아메리카 국가에서와 마찬가지로 쿠바에서도 경제적으로 부상한 아랍계는 교육을 통해 자녀를 전문직에 진출하게 했다. 쿠바의 아랍계가 가장 많이 진출한 전문 영역은 의료 분야였다. 20세기 초부터 아바나 대학교 의대와 약대 졸업생 중에서 아랍계가 차지하는 비중은 작지 않았다.

의료 분야에서 두각을 나타낸 주요 아랍계 인물로는 우선 레바논계인 후안 코우리Juan Kouri가 있다. 그는 1904년 부모와 함께 쿠바로 이주해 왔다. 그의 부모는 동부 산티아고 데 쿠바에서 상업을 통해 자리를 잡았다. 후안 코우리는 아바나 의대를 나와 의사로서 성공을 거두었으며, 그 후 의료 분야로 진출한 아랍계의 본보기가 되었다.

또 다른 레바논계 안토니오 아사드 아유브Antonio Assad Ayub는 레바논계 자본을 이용해 1950년 '레바논의 성모Nuestra Señora del Líbano'라는 이름의 병원을 설립했다. 이란계인 필로메나 바레드Filomena Bared는 1931년 쿠바의 유명 병원이었던 갈릭스토 가르시아Galixto García의 수술 전담 최고 의사로 임명되었다.

혁명 이후에도 의료 분야에서 아랍계의 존재는 여전했다. 닥터 딥Dip은 갈릭스토 가르시아 의대의 교수로 활동했으며, 아세프Assef는 아바나 시의 의료위원회 의장을 지냈으며, 레바논계 엘리아스 할릴Elias Jalil은 쿠바의학연구센터 Centro de Investigaciones Médicas의 원장을 지냈다.

현재 쿠바의 아랍계 의사들은 대부분 쿠바아랍연합의학위원회Comisión Médica de la Unión Árabe de Cuba라는 조직에 회원으로 가입해 있다. 이 조직에는 아랍계 뿐만 아니라 아랍 국가에서 미션을 수행한 쿠바 출신 의사들도 참여하고 있다. 현재 이 조직의 리더는 레바논계 의사 호세 루이스 리베라José Luis Libera다.

언론에서도 아랍계의 진출은 돋보인다. 대표적인 인물로는 피델 카스트로와 함께 그란마호를 탔던 혁명 전사 펠릭스 엘무사 아가이세Félix Elmuza Agaisse가 있고, 오늘날 마그다 레시크Magda Resik, 후안 두플라르 아멜Juan Duflar Amel, 레이놀드 라시Reynold Rassi, 모이세스 사브Moisés Saab, 아르날도 무사Arnaldo Musa 같은 언론인들이 있다.

법조 분야 또한 많은 아랍계가 진출한 영역이다. 대표적인 인물로는 레바논계 알프레도 야부르 말루프Alfredo Yabur Maluf가 있다. 그는 산티아고 데 쿠바 고등교육기관 학생연합회Asociación de Estudiantes del Instituto de Segunda Enseñanza 회장을 지내면서 쿠바의 독재 정부에 저항했다. 1952년에는 피델 카스트로가 주도한 '7월 26일 운동'의 지지자이자 방어자로 활약했다. 혁명 이후에는 혁명정부의 법무부 장관을 맡았다. 그 외 몬카다 병영 습격 사건의 변호사로 참여한 에두아르도 엘하이에크 엘디디Eduardo Eljaiek Eldidy도 잘 알려진 아랍계 변호사다.

4. 아랍계의 정치적 참여

대통령을 배출한 온두라스의 팔레스타인계

온두라스의 팔레스타인계 후손은 전문직, 문화, 스포츠 등 다양한 분야에 진출하면서 사회적으로 통합을 이룰 수 있었다. 특히 경제적 영향력을 바탕으로 정치에도 활발한 참여를 보였다. 그 결과, 1998년에서 2002년 사이 팔레스타인계 후손 카를로스 로베르토 플로레스 파쿠세Carlos Roberto Flores Facussé가 자유당Partido Liberal 후보로 대선에 나와 대통령에 당선되었다. 미겔 안도니에 페르난데스Miguel Andonie Fernández는 1970년 온두라스의 양당 체제를 무너뜨리고 제3당인 혁신과 통합당Partido Innovación y Unidad을 설립해 1981년 대통령 후보로 나서기도 했다. 비록 대선에서는 패배했지만 그 후 1986년 국회의원에 당선되었다. 빅토리아 아스푸라Victoria Asfura는 온두라스중앙은행장을 지냈다. 그 외에도 많은 팔레스타인계 후손이 온두라스 권력의 핵심이라 할 수 있는 군부의 고위직에 올랐다.

우파 대통령과 좌파 게릴라 지도자를 함께 탄생시킨 엘살바도르의 팔레스타인계

이민자의 후손으로 갖는 여러 제약에도 불구하고 현재 엘살바도르에서 팔레스타인계 후손은 국가의 모든 전문 영역에 차별 없이 참여하고 있다. 국가기관에 진출한 아랍계로는 1989년에서 1993년 사이 경제부 장관을 지낸 호세 아르투로 사블라José Arturo Zablah, 1994년에서 1998년까지 역시 경제부 장관을 지낸 에두아르도 사블라 토우체Eduardo Zablah Touche, 국가통신청장을 지낸 후안 호세 다브도우브 압달라Juan José Dabdoub Abdallah 등이 있다.

이름	국가	종족	주요 이력
플로레스 파쿠세	온두라스	팔레스타인계	- 1998~2002년 온두라스 대통령 - 자유당 소속
사픽 한달	엘살바도르	팔레스타인계	- 좌익 게릴라 단체 FMLN 지도자
안토니오 사카	엘살바도르	팔레스타인계	- 2004~2009년 엘살바도르 대통령 - 우파 아레나 소속

정계에서는 누구보다 사픽 한달Shafik Handal의 존재를 언급해야 한다. 그는 엘살바도르 게릴라 조직 파라분도 마르티 민족해방전선FMLN의 리더로 1992년 정부와 게릴라 사이의 평화 협상을 이끈 것으로 유명하다.

사실 엘살바도르에서 팔레스타인계는 경제적 지배 계층으로 주로 게릴라의 공격 대상이었다. 실제로 이 때문에 1980년대에 희생된 팔레스타인계가 적지 않다. 이에 따라 많은 팔레스타인계가 다른 중앙아메리카 국가나 미국의 마이애미 등으로 이주한 경우도 적지 않았다. 물론 평화 협상 이후 이들은 상당수 엘살바도르로 돌아왔다.

한편 평화 협상을 통해 FMLN은 정당으로 변신했고, 그의 리더였던 한달은 2004년 대선에 대통령 후보로 출마했다. 흥미로운 점은 이 대선에 여당인 아레나ARENA당의 후보로 출마한 안토니오 사카도 팔레스타인계 후손이라는 사실이다. 사카는 대선에서 승리해 2004년부터 2009년까지 대통령직을 수행했다. 그는 우파로서 지식인과 대중의 많은 반대에도 불구하고 신자유주의 원칙에 따라 미국과 중미의 자유무역협정을 성사한 것으로 유명하다.

그 외에도 사카 정부 집권 당시 팔레스타인계 하원의원 2명이 탄생했다. 한 명은 산살바도르 시 국회의원인 민주혁신당Partido Cambio Democrático의 엑토르 미겔 다다 히레시Héctor Miguel Dada Hirezi이고 다른 한 명은 손소나테 시 국회의원인 오스카 아브라함 카탄 미야Oscar Abraham Kattan Milla다.

이렇듯 엘살바도르에서 팔레스타인계는 경제적 성공뿐만 아니라 정치적으로도 대통령을 비롯해 게릴라 지도자, 국회의원, 장관 등을 배출해 탁월한 모습을 보여주었다.

코스타리카의 레바논계

코스타리카에서 레바논계는 일찍부터 정치에 참여했다. 코스타리카에서 외국인 이민자 후손이 정치에 쉽게 참여할 수 있던 것은 정치가 불안한 중미 국가임에도 불구하고 코스타리카가 가진 민주적 전통 때문이다. 코스타리카의 레바논계는 종족성에 따라 정치적으로 단합하기보다 각자의 이해관계에 따라 극우에서 사회민주주의까지 다양한 성격의 정당에 소속되었다.

이러한 이유로 레바논계는 이미 1930년에 최초로 하원의원 미겔 알 메크벨 카론Miguel Al Mekbel Carón을 배출했다. 1970년대의 대표적인 레바논계 정치인으로는 하원의원에 당선된 미겔 아시스 에스나Miguel Asís Esna와 로사 알피나 아이사 카리요Rosa Alpina Aiza Carrillo가 있고, 1980년대에는 역시 하원의원인 호세 아리아 차후드José María Chajud 등이 있다. 1980년대에는 특히 제조업자인 미겔 바르수나가 코스타리카의 주요 정당인 민족통합당Unificación Nacional의 대선 예비후보로 지명되기도 했다. 이는 레바논계가 코스타리카 정치의 핵심에 도달하고 있음을 보여주었다. 최근에는 2006년 자유당Partido Libertario 소속으로 하원의원에 당선된 에비타 아르게다스 멕크로프Evita Arguedas Macklouf가 있다. 현재 그녀는 자유당에서 탈당해 무소속으로 활동하고 있다.

레바논계는 정치적 참여뿐만 아니라 외교 영역에도 진출했다. 미겔 야무니Miguel Yamuni는 레바논 등 다양한 중동 국가에서 외교관으로 활동했으며, 파리드 아얄레스 에스나Farid Ayales Esna는 1980년대 오스카 아리아스 정부에서 주 니카라과 대사를 지냈다. 이후 1990년대 호세 마리아 피게레스 정부 시기에 그는 노동부의 고위직에 임명되기도 했다.

쿠바 아랍계의 정치적 참여

쿠바에서 아랍계가 엘리트 사회와 처음으로 관계를 맺은 시기는 앞서 언급한 가브리엘 말루프부터다. 그를 시작으로 혁명 이전에 몇 명의 아랍계가 국회의원으로 선출되었다. 그들 중에는 1940년 라스 비야스 지방에서 선출된 레바논계 호세 차만 미야José Chamán Milla, 1946년 아바나 시에서 당선된 프리미티보 로드리게스 로드리게스Primitivo Rodríguez Rodríguez, 1948년 선거에서 선출된 오펠리아 쿠오라이Ofelia Khouray, 1954년 선거에서 바야모와 아바나 시에서 각각 당선된 디그나 엘리아스 리오스Digna Elias Ríos, 라몬 카베사스 아브라함Ramón Cabezas Abraham 등이 있다.

한편 아랍계는 '7월 26일 운동'과 같이 바티스타 독재에 맞서는 투쟁에서도 주도적인 역할을 했다. '레바논의 성모' 병원을 설립한 의사 안토니오 아사드 아유브는 7월 26일 운동에 참여해 혁명군의 군의관 장교capitán로 활동했다. 그 외에도 1957년 3월 13일 대통령궁 습격 사건에 참여한 알프레도 야부르 말루프, 펠릭스 엘무사 아가이세, 페드로 사이덴 리베라Pedro Zaidén Rivera, 호세 아세프 야라José Assef Yara 등이 있다. 그 외 쿠바혁명에 참전한 페드로 로헤나 카마이Pedro Rogena Camay, 호세 라몬 로페스 타브라네José Ramón López Tabrane, 바디 사케르 사케르Badi Saker Saker 등이 있다. 또한 쿠바 국가안보국Seguridad del Estado의 대령인 호세 부아하산 마아라위José Buajasán Maarawi도 아랍계다.

최근 쿠바 정치에서 두드러지는 아랍계로는 아바나 시장 후안 콘티노 아스람Juan Contino Aslam, 산티아고 데 쿠바 시 공산당 제1 서기 미사엘 에나모라도 다헤르Misael Enamorado Dager, 외교관 이사벨 아옌데 카람Isabel Allende Karam과 라울 로아 코우리Raúl Roa Kourí가 있다. 특히 라울 로아 코우리는 1959년에서 1976년 사이 쿠바 외교부 장관을 지낸 라울 로아 가르시아의 아들이자 아랍계 의사의 대부인 후안 코우리의 손자이기도 하다.

아랍계의 정치적 참여는 그들과 쿠바 사회와의 통합이자 문화적 동화의 산물이다. 아랍계는 이러한 활동을 통해 진정한 쿠바 시민으로 거듭났다. 후손들이 전문직에 종사해 쿠바 사회에서 보다 쉽게 사회적 계층 상승을 할 수 있기를 원했던 초기 이민자의 간절한 소망과 그것을 실현하려는 후손들의 의지와 능력 덕분에 아랍계는 쿠바 사회에 성공적으로 통합될 수 있었고 정치적으로도 중요한 역할을 할 수 있었다.

5. 중미와 카리브에서 아랍계의 연합과 사회적 통합

중미 아랍계의 연합과 사회적 통합

중미의 아랍계 후손은 자신들이 정착한 사회에 완전히 통합되었다. 그들은 스페인식 이름을 택했으며, 공공 교육기관에서 교육받고, 정치적으로도 활발히 참여했다. 이민 2세부터는 아랍어 사용도 줄어들기 시작했다. 이러한 과정을 통해 중미의 아랍계는 현지 사회에서 완전한 통합을 이룰 수 있었다.

아랍계는 종교적으로도 현지 사회에 통합되는 데 어려움이 없었다. 온두라스의 팔레스타인 이민자는 대부분 동방정교회 소속 기독교도였다. 무슬림도 약 15~20% 정도 있었지만 이들도 곧 기독교로 개종했다(Karpat, 1985: 180).*

최근 들어 중미의 아랍계 사이에서 다시 아랍어와 아랍 문화를 회복하려는 움직임이 살아나고 있다. 아랍계 3세대 가운데는 레바논, 팔레스타인 등 선조의 나라를 방문하고 아랍어를 배우려는 사람이 늘어나고 있다. 중미 각국에 존재하는 아랍 문화센터는 이들의 이런 요구를 충족하는 기능을 한다.

특히 중미의 아랍계는 아랍 전통문화 회복을 통해 중미의 다른 국가뿐만 아니라 멕시코의 아랍계와 연결망을 형성하려 한다. 그들은 다른 나라의 아랍계

---

* 현재 온두라스에는 기독교로 개종하지 않은 팔레스타인계 무슬림이 공식적으로 17가구 정도 있는 것으로 조사된다. 하지만 그 수가 보다 많을 가능성도 있다. 어쨌든 이들은 온두라스의 팔레스타인 공동체와 분리되어 고립된 생활을 하고 있다(Marín Guzmán, 2009: 450).

와 경제적·문화적·가족적 관계망을 형성하기를 원한다. 멕시코와 중미에서 아랍계의 영향력을 감안할 때 이런 노력은 비즈니스 차원에서도 큰 실익을 가져다줄 것이다.

온두라스의 팔레스타인계: 아랍 정체성과 종족 연대 재강화

온두라스의 팔레스타인계는 아랍의 전통 가옥 형태를 선호하며, 종교적으로도 로마 가톨릭보다 중동의 기독교 정교의 전통 의례를 따른다. 그들은 결혼식이나 세례식, 생일 파티 등에서 아랍 음악을 틀고 춤을 추면서 놀기를 좋아한다. 그들은 이러한 전통을 이어가고 그들 사이에 단합을 강화하기 위해 다양한 조직을 만들었다. 주로 종교 활동과 관련된 것이 많은데, 대표적으로 1963년 산페드로술라에 중미 최초의 동방정교 교회가 설립되었다. 이 교회에서 온두라스의 팔레스타인계는 로마 가톨릭의 그레고리력과 다른 율리우스력을 사용해 부활절도 로마 가톨릭교보다 한 주 늦게 맞이한다.

그들은 이런 조직을 통해 팔레스타인 피난민을 위한 기금을 모으고, 인티파다intifada 전사를 위한 미사를 올리고, 팔레스타인의 대의를 방어하기 위해 지역 신문에 광고를 내는 등 정치적으로 다양하게 참여한다. 나아가 그들 상당수는 1985년 미국 필라델피아에 설립된 베들레헴협회Asociación Belenita에 가입했고, 이 지역에서 일어나는 일을 세상에 알리는 데도 큰 관심을 가지고 있다.

이들은 팔레스타인 스포츠 클럽Club Deportivo Palestino이나 온두라스 아랍 문화 센터Centro Cultural Hondureño Árabe 같은 사회단체를 조직해 아랍 문화를 향유하고, 화합과 연대를 다진다. 경제적으로도 인베르시오네스사Inversiones S. A.를 설립해 팔레스타인계 사이의 이해관계를 공유한다.

엘살바도르의 팔레스타인계

경제적으로 성공한 엘살바도르의 팔레스타인계는 산살바도르의 고급 주택지인 라플로르 블랑카La Flor Blanca에 모여 살았다. 하지만 이 지역이 상업지역으로 변하면서 엘에스칼론El Escalón으로 옮겨 가 모여 살고 있다. 이를 통해 그들은 종족 내 연합을 유지했으며 전통문화와 관습을 이어갔다.

그들이 아랍어를 가르치고 아랍 문화를 보존하기 위해 설립한 팔레스타인 클럽과 그의 후신인 엘 프라도 클럽Club El Prado은 처음 기대한 목적을 달성하는 데는 실패했지만 팔레스타인계의 사회 활동을 위한 단체로서 역할을 충분히 수행했다. 현재 이 단체에서는 팔레스타인계 후손이 관심을 가지는 아랍 음악이나 아랍 춤 같은 문화 활동이 이루어지고 있다.

코스타리카의 레바논계

코스타리카의 레바논계 후손도 아랍의 전통문화를 회복하는 데 관심을 가지고 있다. 대부분 이민 3세대인 이들은 아랍 춤, 아랍어, 아랍 음식 등 아랍의 전통문화에 관심을 가질 뿐만 아니라 이를 통해 서로 교류하고, 나아가 다른 라틴아메리카 국가의 아랍계와도 책, 잡지, 신문 등을 교환하면서 상호 교류를 확대해가고 있다.

코스타리카에서 레바논계가 처음 설립한 조직은 1931년 시작된 레바논협회La Sociedad Libanesa다. 이 협회는 레바논회관La Casa Libanesa으로 이름이 변경되어 이어져오고 있다. 이 조직을 통해 코스타리카의 레바논계는 국내뿐만 아니라 레바논에서 일어나는 일에 대해서도 정보를 교환하고, 공동체의 연대를 형성하며, 아랍의 문화적 가치를 유지해간다.

쿠바의 아랍계: 확고한 '쿠바인 정체성' 확립,
동시에 아랍계 고유문화를 향유하고 연대감 형성

이민자는 자신들의 문화적 정체성을 유지하고, 상호부조 시스템을 구축하기 위해 다양한 조직을 형성한다. 쿠바에서 아랍계는 독립 이후 20세기 초부터 그러한 조직을 설립하기 시작했다. 1920년대와 1930년대 아바나 시에 설립된 다양한 아랍계 조직(쿠바 팔레스타인협회, 산타아말리아 레바논-시리아협회 등)은 그들의 후손에게 아랍어를 가르칠 학교를 설립하고, 아랍 춤 등 다양한 문화 활동을 펼치고, 이민자들 사이에 정기적 만남의 장소를 제공하는 등 다양한 활동을 펼쳤다. 또한 대외적으로 레바논계와 시리아계 중심의 협회들이 모여 자신의 모국인 레바논과 시리아에서 프랑스군이 철수하고 이들 국가의 완전한 독립을 보장할 것을 요구하는 공동성명을 발표하기도 했다. 한편 팔레스타인계 협회들은 제2차 세계대전 이후 유대인의 시오니즘에 따른 이스라엘 국가 건립에 반대하는 운동을 전개하기도 했다.

하지만 이들 협회는 재원 부족으로 지속해서 크게 성장하지는 못했다. 게다가 정부가 제시하는 협회 규정을 충족하지 못하면서 1950년대에는 대부분 사라졌다. 혁명 이후 설립된 아랍계 협회로 1974년 출범한 아랍 센터Centro Árabe가 있다. 이는 기존의 레바논계와 팔레스타인계 협회에 속하지 않은 아랍계 지도자들이 모여 만든 단체다. 이는 1979년 레바논계와 팔레스타인계 협회와 함께 보다 통합적인 쿠바아랍연합회UAC로 발전했다. UAC의 회장인 팔레스타인계 알프레도 데리치Alfredo Derich는 최근 한 인터뷰에서 쿠바 사회에서 수행하는 UAC의 역할을 다음과 같이 언급했다.

> UAC는 쿠바에서 아랍 공동체의 통합을 목표로 설립되었다. 이를 위해 압달라Abdala 문학상, 파야드 하미스Fayad Jamís 미술상을 제정해 수상하고, 아랍어 교육을 실시하고, 아랍 문화를 통한 만남의 장을 펼치기 위해 아랍 음식 페스티벌 같은 행사를 주도한다. 또한 UAC는 대외적으로 아랍 국가와 쿠바 사이에 경제적·문화적·상업적 교류를 위한 다리 역할을 맡고 있으며, 아메리카 전체 아랍계의 연결을 위해 아메리카 전체 아랍단체연맹Federación de Entidades Americano-Árabes에도 적극적으로 참여한다(Concepcion Pérez, 2014).

현재 쿠바의 아랍계는 문화적 정체성에서 크게 두 부류로 나뉜다. 하나는 부모의 문화적 유산을 받아들여 아랍계 단체에 적극적으로 참여하는 그룹이다. 앞서 살펴본 대로 이러한 그룹은 아랍계 전체의 약 4분의 1 정도다. 또 다른 부류는 단지 부모가 아랍계라는 것 정도만 알고 있을 뿐 아랍계 단체의 활동에 전혀 참여하지 않는 사람들이다. 어쨌든 두 부류 모두 자신을 완전히 쿠바인으로 생각하는 것은 동일하다.

그중 상당수는 아랍계 부모의 사고방식이나 음식과 같은 문화적 전통을 여전히 이어받고 있지만, 공통적으로 쿠바 사회에 완전히 통합되었으며 쿠바 시민으로서의 확고한 의식을 가지고 있다.

Crowley, William K. 1974. "The Levantine Arabs: Diaspora in the New World." *Proceedings of the Association of American Geographers*, No. 6, pp. 137~142.

Dollero, Adolfo. 1916. *Cultura cubana*. La Habana: Imprenta Siglo XXI.

González, Nancie L. 1992. *Dollar, Dove and Eagle: One Hundred Years of Palestinian Migration to Honduras*. Michigan: University of Michigan Press.

Karpat, Kemal H. 1985. "The Ottoman emigration to America, 1860-1914." *International Journal of Middle Eastern Studies*, No.17, pp. 175~209.

Marîn Guzman, Roberto. 1997. "El aporte económico y cultural de la inmigración árabe en Centroamérica en los Siglos XIX y XX." Raymundo Kabchi(coord.). *El Mundo Árabe y América Latina*. Madrid: Ediciones Libertarias/ Prodhufi S.A., pp. 155~198.

_____. 2009. "Los árabes en Centroamérica." Abdeluahed Akmir(coord.). *Los árabes en América Latina: Historia de una emigración*. Madrid: Siglo XXI, pp. 429~501.

Menéndez Paredes, Rigoberto. 2007. *Los árabes en Cuba*. La Habana: Boloña.

_____. 2009. "Los árabes en Cuba." Abdeluahed Akmir(coord.). *Los árabes en América Latina: Historia de una emigración*. Madrid: Siglo XXI, pp. 365~428.

Secretaria de Hacienda. 1902~1936. *Informe de inmigración y movimientos de pasajeros*. La Habana: Rambla y Bouza.

온라인 자료

Concepción Pérez, Elson. 2014. "Un puente de amistad cubano-árabe. Entrevista con Alfredo Deriche." http://www.granma.cu/cuba/2014-04-03/un-puente-de-amistad-cubano-arabe

UAC. "¿Quiénes somos?" http://www.unionarabecuba.org/fearabe08.html

라틴아메리카의 유대계

제7장 인구 비중에 비해 과도한 대표성을 지닌
아르헨티나의 유대계[*]

1. 아르헨티나의 권력 그룹이 된 유대계

인종적으로 라틴아메리카를 지배하는 사람은 여전히 백인 크리오요다. 최근 혼혈인이나 인디오가 권력의 상층부에 오르는 경우도 있지만 전반적으로 여전히 백인 크리오요가 라틴아메리카를 지배한다고 해도 과언이 아니다. 이들은 주로 스페인계이지만 같은 기독교도인 이탈리아계, 영국계, 프랑스계, 독일계 백인 역시 전통적인 스페인계 크리오요 지배 계층에 흡수되어 백인 중심 지배층을 형성한다.

이러한 서유럽계 기독교도 백인이 지배하는 라틴아메리카에 비유럽계, 비기독교도이면서 영향력을 가진 종족이 존재한다. 대표적으로 멕시코의 레바논계, 아르헨티나의 유대계, 브라질의 일본계, 페루의 중국계를 들 수 있다. 이들은 전체 인구에서 차지하는 비중이 크지 않음에도 인구에 비해 훨씬 큰

---

[*] 이 장의 일부는 「아르헨티나 유대인의 경제사회적 지위: 중산층 신화의 허구와 진실」이라는 제목으로 ≪라틴아메리카연구≫, 27권, 4호, 127~152쪽에 게재된 것이다.

영향력을 가진다.

아르헨티나의 유대인*은 전체 인구의 1%에도 미치지 못한다. 그런데도 이들은 아르헨티나에서 가장 강력한 권력 그룹 가운데 하나로 인식된다. 그 예로 아르헨티나의 권력 그룹에 대한 설문 조사를 들 수 있다. 이 조사에서 과도한 권력과 영향력을 가진 그룹으로 유대인을 꼽은 사람은 응답자의 17%(복수 응답 가능)에 달했다. 같은 질문에 외국인 기업을 꼽은 사람은 66%, 국내 대기업 57%, 가톨릭교회 45%, 언론 43%, 은행 35%, 정치인 34%, 노동조합 25%, 군부 20%였다(Catterberg and Vanoli, 1994: 34).

질문이 다소 부정적이기 때문에 이에 대한 응답이 아르헨티나 내 권력 그룹의 영향력을 순위별로 나타낸 것이라고 보기는 어렵지만 어쨌든 아르헨티나 사회에서 유대인이 하나의 권력 그룹으로 인식되는 것은 분명해 보인다. 아르헨티나에서 영향력을 발휘하는 또 다른 종족인 아랍계에 대해서는 8%만이 그들이 과도한 권력과 영향력을 가졌다고 답한 것을 보면 유대인의 영향력은 어느 정도 가늠할 수 있다. 이렇듯 아르헨티나에서 유대인은 1%도 되지 않는 인구에도 불구하고 강력한 권력을 가진 그룹으로 인식된다.

특히 아르헨티나의 유대인은 부에노스아이레스 메트로폴리탄 지역AMBA: Área Metropolitana de Buenos Aires에 모여 살고, 또 몇몇 직업에 집중되기 때문에 한 지역에서, 또 일부 분야에서 그들의 영향력은 한층 더 클 수밖에 없다.

....

* 제1부에서는 아랍인, 아랍계와 같이 원칙적으로 이민 초기 문화적으로 동화되기 이전, 또는 현지 국적을 취득하기 이전에는 '아랍인', 문화적으로 동화되고 현지 국적을 취득한 이후에는 '아랍계'로 구분해서 사용했다. 하지만 유대인의 경우 최근까지 문화적으로 동화되지 않은 경우가 많기 때문에 이를 구분하는 것이 쉽지 않다. 따라서 제2부에서는 유대인과 유대계를 특별한 구분 없이 혼용할 것이다.

2. 아르헨티나 유대계의 수

누가 유대인인가?

유대인을 어떻게 정의하느냐에 따라 유대인 수는 크게 달라진다. 유대인을 규정하는 기본 요인 네 가지는 혈통, 자기규정, 종교적 율법의 실천, 가족 관계다.* 데야페르골라는 이러한 기준에 따라 유대인을 정의하는 세 범주를 제시한다. 첫 번째는 핵심적nuclear 유대인 그룹이다. 자신의 정체성을 유대인으로 규정하고 유대인의 종교적·문화적 관습을 실천하는 사람이 여기에 속한다. 이들은 대부분 부모나 조부모 중 최소 한 명이 유대인 혈통을 가진 사람이다. 그렇지만 유대인 부모를 가지지 않았더라도 유대 율법에 따라 문화적 관습을 실천하고 스스로 유대인 정체성을 가진 사람도 일부 있다. 두 번째는 확대된extendida 유대인 그룹이다. 이 그룹은 부모나 조부모 중 한 명이 유대인으로서 혈통으로 보면 유대인이지만 유대인의 문화적 관습을 실천하지 않고 자신의 정체성도 유대인으로 규정하지 않는 사람까지 포함한다. 세 번째는 광범위한ampliada 유대인 그룹이다. 이 그룹은 유대인 혈통이 아니고, 유대인 정체성도 가지고 있지 않지만 결혼이나 입양 등을 통해 유대인 가족에 속하게 된 사람까지 포함한다. 예를 들어 유대인과 결혼한 비유대인 배우자는 광범위한 유대인 그룹에 속한다(Della Pergola, 2011: 327~329).

2004년 즈멜니스키와 에르데이에 의해 조사된 AMBA 유대인 수를 데야페

---

* 아르헨티나 유대계를 대상으로 한 설문 조사에 따르면 유대계 정체성을 고려하는 중요한 요인으로(중복 응답 가능) 혈통을 꼽은 사람이 88%로 가장 많았고, 문화적 동질성을 꼽은 사람이 76%로 그다음을 차지했다. 반면 종교와 국적을 꼽은 사람은 각각 55%, 40%로 상대적으로 적었다. 한편 아르헨티나의 유대계가 가장 중요시하는 문화적 관습으로는(중복 응답 가능) 할례가 74%로 가장 많았고, 다음으로 성년식(Bar Mitzva, '바르 미츠바'로 불리며 율법의 아들이 되었음을 의미함)이 60%, 유대인식의 결혼식이 59%, 유대인식의 장례식이 66%를 차지했다(Erdei, 2011: 351~358).

르골라의 분류에 따라 살펴보면 핵심적 유대인 그룹에 속하는 사람은 16만 3천 명, 확대된 유대인 그룹에 속하는 사람은 24만 4천 명으로 나타났다.* 이에 따르면 확대된 유대인 그룹에서 유대인 정체성을 가지는, 즉 핵심적 그룹에 속하는 사람의 비중은 67%다.** 다시 말해, 아르헨티나 유대인 중에서 유대인 부모나 조부모를 가지고 있지만 자신의 정체성을 유대인으로 규정하지 않는 사람이 33%에 달한다는 것이다. 구체적으로 보면 확대된 유대인 그룹에 속하는 24만 4천 명에서 부모 모두 유대인인 경우(전체의 52%)에는 그중 94%가 유대인 정체성을 표시한 핵심적 유대인인 것에 비해, 어머니만 유대인인 경우(15%) 핵심적 유대인의 비중은 33%, 할머니가 유대인인 경우(17%) 29%, 아버지만 유대인인 경우(10%) 39%, 할아버지가 유대인인 경우(12%) 17%로 부모 중 한쪽만 유대인인 경우 유대인 정체성을 표시하는 핵심적 유대인의 비중은 상대적으로 낮게 나타남을 알 수 있다(Jmelnizky y Erdei, 2005: 44~46).

아르헨티나 유대인의 경우 부모나 조부모 중 어느 한쪽만 유대인일 때 스스로를 유대인으로 규정하는 사람의 비중은 40% 이하다. 다시 말해 이 경우 스스로를 유대인으로 규정하지 않는 사람의 비중은 60%를 훨씬 넘는다.

이러한 사실에도 불구하고 유대인은 혈통을 중요시하며, 비록 다른 정체성을 가지더라도 같은 유대인 혈통에 속하는 사람들 사이에 유대감이 작지 않다.*** 따라서 유대인의 전체적인 영향력을 파악하기 위해서는 확대된 유대인

----

* 광범위한 유대인 그룹에 속한 사람은 31만 2천 명으로 추정된다(Della Pergola, 2011: 328).
** 젊은 층일수록 이러한 비율은 낮게 나타나는데, 55세 이상의 경우 80% 이상이 핵심적 그룹에 속하는 반면, 35세 미만의 경우 핵심적 그룹에 속하는 사람의 비중은 60% 이하로 나타난다(Erdei, 2011: 345).
*** 누가 유대인인가? 하는 문제는 시오니즘에 따라 이스라엘이 유대인 이민자 자격을 부여하는 과정에서 크게 부각되었다. 1950년 제정된 귀환법은 유대인을 "유대인 어머니에게서 태어난 사람이거나 또는 유대교로 개종했으며 다른 종교를 신봉하지 않는 사람"이라고 정의한다(존슨, 2005: 261). 이후 1970년 수정된 귀환법은 유대인의 범위를 확장해 부모나 조부모 중 누구 하나라도 유대인이면 유대교를 믿지 않아도 그를 포함한 그의 배우자까지 이민 자격을

그룹까지 포함해야 한다. 이런 점을 고려해 이 장에서는 확대된 유대인 그룹까지 분석 대상으로 삼는다. 광범위한 유대인 그룹은 이스라엘 이주 자격 등의 문제를 고려할 때는 의미가 있지만 아르헨티나에 주거하는 유대인의 영향력과 그들의 성공 요인을 분석하는 데는 큰 의미가 없기 때문에 분석 대상으로 삼지 않는다.

아르헨티나의 유대인 수

즈멜니스키와 에르데이의 조사에 따르면 2005년 부에노스아이레스 시의 확대된 유대인 그룹에 속하는 유대인 수는 15만 6천 명으로, 이 지역 전체 인구 277만 6138명의 6%를 차지한다. 그란 부에노스아이레스Gran Buenos Aires* 에 거주하는 유대인 수는 8만 8천 명으로 이 지역 전체 인구 868만 4437명의 1%에 해당한다. 따라서 두 곳을 합한 AMBA 전체에서 확대된 그룹에 속하는 유대인 인구 비중은 이 지역 전체 인구 1146만 572명 가운데 24만 4천 명으로 2.13%다(Jmelnizky y Erdei, 2005: 38).

아르헨티나에서 유대인 대부분(80%)이 AMBA에 몰려 있는 점을 감안하면 아르헨티나 전체에서 유대인 비중은 이보다 더 작을 수밖에 없다. 최근 조사에 따르면 2012년 기준 아르헨티나 핵심적 유대인 수는 18만 1800명으로 아르헨티나 전체 인구 4050만 명의 0.45%에 불과하다(Della Pergola, 2012: 23).**

앞서 AMBA에서 핵심적 유대인 수가 확대된 유대인 수의 약 67% 정도였는

부여했다(wikipedia). 즉, 1950년의 귀환법은 유대인의 정의를 보다 제한적인 '핵심적 유대인'으로 한정했으며, 1970년의 수정 귀환법은 이를 '광범위한 유대인'으로 확대했다.

* 부에노스아이레스 시 주변 수도권으로 부에노스아이레스 주에 속하는 24개의 위성도시 파르티도(partido, 시·군·구 단위 행정구역)를 말한다.
** 이 자료는 *American Jewish Yearbook*(2012), Chapter 6을 별도로 재구성한 자료에 따른 것이다. 미국유대인위원회(AJC: American Jewish Committee)의 책임 아래 미국에서 매년 발간되는 이 책은 핵심적 유대인과 광범위한 유대인 수만 발표하고 있으며, 확대된 유대인 수는 발표하지 않는다.

<표 7-1> 아르헨티나 내 핵심적 유대인 수 변화

연도	1960	1970	1984	1995	2005	2012
인구(명)	310,000	282,000	228,000	206,000	185,000	181,800

자료: AJC(various years).

데, 이에 따라 계산하면 아르헨티나 전체의 확대된 유대인 수는 약 27만 명 정도로 추정된다. 이는 아르헨티나 전체 인구의 0.67%에 불과하다. 즉, 아르헨티나의 유대인 수에서 핵심적 유대인은 전체 인구의 0.5%도 되지 않으며, 범위를 넓혀 확대된 유대인까지 포함하더라도 유대인이 아르헨티나 전체 인구에서 차지하는 비중은 1%가 되지 않는다.

게다가 아르헨티나의 유대인 인구는 지속적으로 감소하고 있다. 〈표 7-1〉에서 볼 수 있듯이 아르헨티나의 핵심적 유대인 수는 1960년 31만 명에서 지속적으로 감소해 2012년 18만 1800명에 이르렀다. 이러한 감소 경향은 앞으로도 지속될 것이다. 핵심적 유대인 수의 감소는 아르헨티나의 유대인 상당수가 유대인 정체성을 포기하기 때문이기도 하지만, 더 큰 이유는 많은 유대인이 아르헨티나를 떠나 이스라엘을 비롯한 다른 나라로 이주하는 것이다.

유대인이 아르헨티나를 떠나는 가장 큰 이유는 시오니즘의 영향이지만, 그와 더불어 내부적으로 군사정부의 억압과 경제 위기도 중요한 요인이다. 이들이 본격적으로 재이주를 시작한 것은 페론이 물러나고 반유대주의가 폭발하면서 군사정부의 억압이 시작된 1960년대부터다. 3차 페론 정부(1973~1976년) 시기 잠시 주춤했던 유대인의 재이주는 1978년 군사정부의 '더러운 전쟁Guerra Sucia'이 시작되면서 인권유린과 유대인에 대한 폭력이 심해지자 다시 증가했다.* 한편 2000년대 초반 아르헨티나의 극심한 경제 위기는 많은 유대인이

---

* ≪가디언(The Guardian)≫에 따르면 아르헨티나의 유대인 인구는 전체 인구의 1%가 되지 않는데도 '더러운 전쟁' 시기 군사정부의 억압에 의해 희생당한 유대인 비중은 전체 희생자

재이주를 결정한 또 다른 이유가 되었다.

아르헨티나의 유대인이 재이주를 한 나라는 시오니즘에 따라 이스라엘이 가장 많았다. 1948년에서 2007년 사이 이스라엘로 재이주한 아르헨티나의 유대인 수는 총 약 6만 7500명 정도로 계산된다. 확실한 자료가 없기 때문에 정확한 수를 파악할 수는 없으나 미국으로 향한 이주민 수도 이스라엘로 향한 이주민 수와 비슷한 수준으로 추정된다. 그 외 스페인, 캐나다, 오스트레일리아 또는 다른 라틴아메리카 국가로 향한 이주민도 일부 있었을 것으로 추정된다(Della Pergola, 2011: 325~327).

이러한 재이주에도 불구하고 아르헨티나의 유대인 인구는 라틴아메리카에서 가장 많다. 세계적으로는 이스라엘, 미국, 프랑스, 캐나다, 영국, 러시아 다음으로 일곱 번째다. 그런데도 아르헨티나 전체 인구에서 차지하는 비중은 확대된 유대인 인구로 계산하더라도 1%가 되지 않으며, 그마저도 지속적으로 감소하는 추세다. 그렇지만 아르헨티나에서 유대인의 영향력은 인구수에 비해 너무나 크다.

3. 아르헨티나 유대계의 상대적으로 과도한 영향력

유대계의 영향력과 관련된 계량화된 자료를 찾기는 매우 어렵다. 유대인 연구자는 반감을 일으킬 수 있는 연구를 하지 않으며, 비유대인으로서 유대인에 비판적인 학자 역시 유대인 조직의 반발이나 고소 등의 우려 때문에 이러한 문제에 심층적으로 접근하는 경우가 많지 않다. 따라서 아르헨티나 유대계가 가진 힘에 대한 체계적이고 심도 있는, 정확히 계량화된 학술적 연구를 찾기는 쉽지 않다.

의 12%를 차지했다(*The Guardian*, 1999).

따라서 이 장에서 제시되는 유대계의 영향력에 관한 내용은 대부분 엄밀한 계량적 분석에 따른 것이라기보다 널리 회자되는 내용을 피상적으로 정리한 것에 불과하다. 이러한 내용만으로도 전체 인구의 1%에도 미치지 못하는 아르헨티나의 유대인이 인구수에 비해 과도한 힘을 가지고 있음을 인식하는 데는 부족함이 없을 것이다.

1) 유대계의 정치적 영향력

사회주의자들

20세기 초반 처음으로 정치에 참여하기 시작한 유대인은 주로 사회당이나 공산당 소속으로 활동했다. 아돌포 디크만Adolfo Dickman과 엔리케 디크만Enrique Dickman 형제는 아르헨티나 사회당Partido Socialista의 핵심 인물로, 아돌포는 부에노스아이레스 시에서 세 차례나 하원의원으로 당선되었으며, 유대인 최초로 하원의원을 지낸 엔리케는 아르헨티나 사회주의자의 가장 중요한 잡지책인 《라 방구아르디아La Vanguardia》의 편집위원장을 맡아 사상적으로 아르헨티나의 사회주의자들을 이끌었다.

페론 정부와의 관계

페론의 등장 이후 1980년대 민주화까지 아르헨티나 정치는 페론주의와 군부의 제로섬zero-sum 게임이었다. 1946년부터 1955년까지, 1973년부터 1976년까지 아르헨티나를 통치한 페론당은 유대인의 아르헨티나 이주를 금지하는 등 유대인에게 우호적이지 않았지만 한편으로 많은 유대인을 정부에 기용했다. 페론은 아르헨티나 민족주의의 근원지인 군부 출신이었지만 반유대주의자는 아니었다. 그는 인종 문제보다 소득과 사회적 지위의 문제를 더 중요하게 생각했다. 이에 따라 중상류층 이상의 유대인은 페론주의를 지지하는 데 유보적 태도를 취했지만, 중산층 이하 노동자 계층에 속하는 유대인과 사회주의 사상을 가진 엘리트 지식층의 유대인 상당수는 페론주의를 적극적으로 지지했다(Rein, 2010).

아르헨티나 노동자총연맹CGT: Confederación General de Trabajo 사무총장 앙헬 보르레넹히Angel Borlenenghi는 비록 사회주의 사상을 지녔지만 페론을 지지해 페론 정부의 내무부 장관을 지내는 등 페론 정부의 가장 중요한 인물 가운데 한 명이 되었다. 리베르토 라비노비치Liberto Rabinovich는 변호사로 중상류층이었지만 역시 페론을 지지해 대법원장을 지냈다. 공산당 소속 기업인 호세 베르 헬바르드José Ber Gelbard 또한 3차 페론 정부에서 경제부 장관을 지냈다.

군사정권의 최대 희생자

반면 군사정권 아래에서 유대인은 법에 의해 또는 군부와 상류사회의 인종주의에 의해 공직에 오를 수 없었다(Bircz, 2012: 809). 군부와 상류사회의 민족주의자들은 유대인이 공직에 오르는 것을 전통 가치에 대한 배반으로 생각했다. 15세기 이후부터 가톨릭 전통이 강한 스페인과 그의 식민지였던 라틴아메리카에서 유대인이 기독교인을 지배하는 것은 하나의 사회적 터부taboo였다.

특히 군부는 아르헨티나에서 체제를 위협하는 운동의 뿌리가 마르크스주의와 함께 유대 민족주의인 시오니즘에 있다고 보았다(Elkin, 2011: 260~263). 따라서 유대인은 군부독재 억압의 가장 큰 희생자가 되었다. 1958년 군사정권 초기에는 유대인이 공직에 오르기도 했지만* 1966년 쿠데타 이후 1973년 3차 페론 정부까지 모든 공직에서 유대인은 사라졌다. 또 1976년 쿠데타 이후부터 1983년 민주화 이전까지 어떤 유대인도 공직에 오를 수 없었다.

1976년부터 1983년까지 군사정권 아래에서는 약 7천 명에서 1만 5천 명이

---

* 1958년 출범한 프론디시(Frondizi) 정부는 유대인 다비드 블레헤르(David Blejer)를 노동부 장관에 임명했다. 이 시기에 유대인 하원의원 4명과 유대인 주지사 2명(네우켄 주, 포르모사 주)이 선출되었다.

실종되었는데, 그중 약 1천 명에서 3천 명 정도가 유대인으로 추정된다. 이는 약 14%에서 20% 정도에 해당하는 것으로 아르헨티나 유대인 인구 비중이 1% 이하인 것을 감안하면 매우 높은 수치다(Joachim, 2009).

희생당한 유대인 대부분은 사회주의 같은 진보 사상을 가진 사람이다. 이러한 사실은 아르헨티나 좌파 조직에서도 존재감을 드러내는 유대인 비중을 잘 보여준다. 한 예로 아르헨티나 마르크스주의 무장 혁명 조직인 몬토네로스에도 많은 유대인이 참여했다. 대표 인물로는 몬토네로스 정보기관의 핵심 인물이었던 오라시오 베르비츠키Horacio Verbitsky*를 들 수 있다. 몬토네로스와 유대인의 긴밀한 관계에 따라 유대인 기업인이자 은행가인 다비드 그라이베르 David Graiver는 몬토네로스의 자금을 세탁해주기도 했다. 이렇듯 1980년대 이전 유대인은 군사정권과 상극을 이루면서 일부 진보적인 사람은 페론주의에 참여하거나 한층 급진적인 무장 혁명 조직에 가담하기도 했다. 한편 중상류층 이상의 유대인은 페론주의와 좌파 급진주의와는 일정한 거리를 두었다.

'급진 시나고그': 민주화 이후 급진시민연합당 주도

민주화 이후 유대인은 정치적으로 크게 부상했다. 특히 알폰신 대통령의 급진시민연합 정부 시기에(1983~1989년) 유대인은 핵심적 정치 세력으로 떠올랐다. 1983년 민주화 이후 최초 선거에서 유대인 6명이 하원의원에 선출되었고, 3년 후 선거에서는 하원 254석 가운데 11석을 유대인이 차지했다. 이는 전체의 4.3%에 해당한다. 이러한 성과는 유대인이 집중되어 있는 AMBA를 넘어 다양한 주에서 이루어졌다는 점에서 의미가 크다(Elkin, 2011: 264).

급진당 정부 아래에서 활동한 주요 유대계 정치인으로는 우선 세사르 하로

----

* 베르비츠키는 언론인으로서 몬토네로스 조직을 대변하는 언론 기구인 ANCLA(Agencia de Noticias Clandestina)를 주도했고, 1980년대에는 마르크스주의자들의 주간지인 ≪엘 페리오디스타(El Periodista)≫의 편집을 맡았다. 현재는 마르크스주의 경향의 친유대인 일간지 ≪파히나 도세(Página/12)≫의 정치 칼럼니스트로 활동 중이다.

스라브스키Cesar Jaroslavsky를 들 수 있다. 그는 알폰신의 중요한 정치적 지지자로서 그가 가장 신뢰하는 인물에 속했다. 그는 알폰신 정부 시절 다수당인 급진당의 하원의원을 이끄는 리더였다. 같은 시기 상원에서는 아돌포 가스Adolfo Gass가 외교위 위원장을 맡았다.

경제·교육·문화 부처의 장관직도 유대인이 차지했다. 주요 인물로는 교육부 장관을 지낸 아돌포 스투브린Adolfo Stubrin, 과학기술부 장관을 지낸 마누엘 사도스키Manuel Sadoski, 재무부 장관을 지낸 마리오 브로데르손Mario Brodersohn, 재정부 장관과 경제기획부 장관을 지낸 베르나르도 그린스푼Bernardo Grinspun 등이 있다. 그 외에 문화부 차관과 대통령 자문위원을 지낸 마르코스 아귀누스Marcos Aguinus, 정보발전부 차관을 지낸 로버트 쉬테인가르트Robert Schteingart, 연구 및 행정개혁부 차관과 대통령 자문위원을 지낸 오스카르 오슬라크Oscar Oszlak, 국립 부에노스아이레스 대학의 총장을 역임한 오스카르 수베로프Oscar Shuberoff, 중앙은행 부행장을 지낸 레오폴드 포르트노이Leopold Portnoy 등도 급진당 정부에서 주요 고위 공직자로 활동한 유대인이었다.

이와 같이 아르헨티나의 유대인은 급진당 아래에서 정부 요직에 가장 많이 등용되었다. 유대인의 이러한 과도한 대표성 때문에 한때 급진당은 '급진 시나고그Sinagoga Radical*'라고 불리기도 했다(Joachim, 2009).

페론당 재집권 이후 유대인의 정치적 참여

시리아 출신 아랍계인 메넴 정부가 들어섰을 때 아르헨티나의 유대인은 반유대주의의 확산을 두려워했다. 하지만 메넴 정부 아래에서도 유대인은 정부의 요직을 차지했다. 메넴 정부에서 장관을 지낸 대표적인 유대인으로는 1994년부터 1999년까지 내무부 장관이었던 카를로스 코라치Carlos Corach를 들 수 있

---

* '시나고그'는 유대교 회관으로 종교의식뿐만 아니라 다양한 교육, 사교, 정보 교환 등의 일이 이루어지는 곳이다.

다. 그 외 외교부 장관을 지낸 셀소 라페르Celso Lafer와 법무부 장관을 지낸 엘리아스 하산Elias Jassan도 유대인이었으며, 경제기획부 장관 모이세스 이코니코프Moisés Ikonicoff와 대통령 비서실장 알베르토 코한Alberto Kohan 모두 유대인이었지만 메넴이 가장 신뢰하는 인물이었다. 이렇듯 아랍계인 메넴 정부에서도 유대계의 영향력은 작지 않았다.

2002년 경제 위기 상황에서 에두아르도 두알데 정부는 경제부 장관에 호르헤 레메스 레니코브Jorge Remes Lenicov, 아르헨티나 중앙은행장에 마리오 블레헤르Mario Blejer 등 유대인 2명을 경제 핵심 부처에 임명하고 위기 극복을 시도하기도 했다.

그 후 키르치네르 정부에서 장관으로 활동한 유대인은 2003년에서 2007년까지 교육과학기술부 장관을 지낸 다니엘 필무스Daniel Filmus뿐이다. 크리스티나 페르난데스 정부에 들어와 유대인은 다시 경제와 외교 등 핵심 분야의 장관직에 올랐다. 2013년 이후 악셀 키실로프Axel Kicillof는 경제공공재정부 장관으로서 사실상 정부의 경제정책을 주도했다. 엑토르 마르코스 티메르만Héctor Marcos Timerman은 주미 대사에 이어 2010년에는 외교부 장관에 임명되었다.

페론 좌파인 키르치네르 부부의 정부에 참여한 유대계는 유대인보다 진보적 성향을 가진 사람들로서 현 정부와 관계를 맺었다(Halperîn, 2008).[*] 이런 진보적 성향을 가진 유대계는 혈통으로는 유대인이지만 대부분 유대교를 믿지 않는 사람들이다. 따라서 핵심적 유대인 그룹에는 속하지 않고 확대된 유

---

[*] 자영업자, 자유주의적 전문가 집단, 소상인 중심의 아르헨티나 유대계 공동체는 전통적으로 진보주의와 인본주의 사상에 기반을 둔다. 반면 메넴 정부의 신자유주의 이후로 많은 유대계가 전통적인 사회정의와 비판적 연대 의식을 상실하기 시작했다. 유대계 공동체 내부에서도 개인주의가 팽배하기 시작했고, 경쟁과 경제적 성공을 최고의 가치로 여기는 사람이 증가했다. 일부 보수주의자들 사이에서는 아르헨티나의 전통 지배계급에 들어가려고 노력하는 사람도 생겼다. 이 때문에 현재 아르헨티나 유대계 공동체는 정치적으로 진보주의 그룹과 보수주의 그룹으로 분열된 상태다(Halperîn, 2008).

대인 그룹에 속하는 사람들이다.

선출직에서 두각을 나타내는 유대인:
부에노스아이레스 시 상원의원 3명 중 2명이 유대계

최근 들어 선출직에서도 유대인은 부상하고 있다. 가장 주목할 만한 인물로는 2003년부터 투쿠만 주지사를 지낸 호세 알페로비치José Alperovich를 들 수 있다. 아르헨티나의 유대인은 주로 AMBA에 집중되어 있어 지방 정치에서는 크게 두각을 나타낼 수 없었다. 그런 의미에서 알페로비치는 예외적이다. 특히 그의 부인 베아트리스 로호케스 데 알페로비치Beatriz Rojkés de Alperovich는 투쿠만 주의 상원의원으로 대통령과 부통령의 해외 순방 중에 상원의원 임시 의장 자격으로 아르헨티나 공화국의 임시 대통령직에 오르기도 했다.

1994년 헌법 개정 이전까지 아르헨티나의 헌법은 로마 가톨릭을 국교로 삼았다. 그 후 이러한 제한 규정은 사라졌지만, 그럼에도 유대교도가 대통령에 올랐다는 사실(비록 임시직이더라도)은 놀라운 일이다. 이와 관련해 아르헨티나 유대인의 대표 조직 아르헨티나 이스라엘 협회 대표단DAIA: Delegación de Asociaciones Israelitas de Argentina*은 다음과 같은 의미를 부여했다.

> 이는 아르헨티나 역사에서 처음 있는 일이다. 아르헨티나 사회가 다원주의와 다양성이라는 측면에서 잘 나아가고 있다는 신호이며, 이는 매우 긍정적으로 평가된다. 이제 아르헨티나 사회는 더 이상 종족적·인종적 기원을 따지기보다 개인의 능력을 중시하는 사회로 나아가게 되었다(Diario Popular, 2012).

지방 정치에서의 열세에 비해 AMBA에서 유대인은 정치적으로 두드러진

----

* 아르헨티나 내 유대인 조직 140개가 여기에 가입되어 있다.

활약을 보여준다. 2007년부터 2013년까지 부에노스아이레스 시를 대표하는 상원의원 3명 중 2명(다니엘 필무스, 사무엘 카반치크Samuel Cabanchik)이 유대인이었다. 호르헤 텔레르만Jorge Telerman은 2006년에서 2007년 사이 부에노스아이레스 시장으로 선출되었으며, 아르헨티나를 대표하는 명문 축구단 보카스 주니어스의 부회장 카를로스 헬러Carlos Heller는 2009년 부에노스아이레스 시에서 하원의원으로 선출되었고, 보수주의 성향의 랍비 세르히오 베르그만Sergio Bergman은 중도우파 정당PRO: Propuesta Republicana 소속으로 2013년 역시 부에노스아이레스 시에서 하원의원으로 선출되었다.

현재 아르헨티나 상원의원 72명 가운데 3명(4%)이 유대인이며, 행정부에서는 장관 17명 가운데 2명(12%)이 유대인이다. 게다가 유대인은 경제와 외교 등 가장 주요 부처의 장관직을 맡고 있다. 유대인 상당수가 급진당과 관련된다는 점을 고려하면 페론당 정부에서 유대인이 이 정도의 비중을 차지하는 것은 놀라운 일이다.

2) 경제적 영향력

상대적으로 월등히 높은 중상류층 비율

아르헨티나 유대인의 정치적 영향력은 튼튼한 경제 기반 위에서 가능했다. AMBA 전체 거주자와 확대된 유대인 거주자의 생활수준을 비교한 즈멜니스키와 에르데이의 분석에 따르면 유대인은 확실히 경제적으로 양호한 상태에 있음을 알 수 있다.

〈그림 7-1〉에서 볼 수 있듯이 2002년 이 지역 전체 거주자 중에서 고소득층에 속하는 비율은 10%에 불과한 것에 비해 유대인은 30%가 고소득층에 속한다. 중소득층 이상 비율도 전체 거주자 중에서는 30%에 불과한 것에 비해 유대인은 대략 64%가 이 범주에 속한다.

2002년 기준 고소득층은 월 소득 3061페소 이상, 중소득층은 1326페소 이

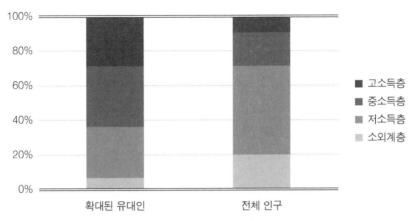

〈그림 7-1〉 AMBA 거주자의 생활수준 비교(2002)

- 고소득층
- 중소득층
- 저소득층
- 소외계층

확대된 유대인   전체 인구

자료: Jmelnizky y Erdei(2005: 41~42).

상, 저소득층은 480페소 이상, 소외 계층은 479페소 이하를 기준으로 삼았다. 당시 아르헨티나에서 빈곤층 기준이 743페소 이하라는 사실에 따라 저소득층의 절반이 빈곤층에 속한다고 보면(실제로는 그보다 훨씬 더 적을 수 있다) AM-BA 거주 유대인 중에서 빈곤층에 속하는 비율은 소외 계층 5%에 저소득층 하위 절반인 약 15%를 더해 대략 20% 정도다. 따라서 이 지역에 거주하는 유대인의 80%가 중산층 이상(상류층 30%, 중산층 50%)임을 알 수 있다(Jmelnizky y Erdei, 2005: 42). 아르헨티나 유대인 대부분이 AMBA에 집중되어 있다는 점을 고려하면 이러한 상황은 아르헨티나 전체 유대인의 상황과 크게 다르지 않다.

비록 같은 이민자 그룹 가운데 독일계, 영국계, 이탈리아계에 비해 유대계가 아르헨티나 상류사회에 진입한 경우는 상대적으로 많지 않지만, (유대계나 아랍계는 부를 축적하더라도 전통적 상류사회에 들어가는 것이 쉽지 않았다) 그들은 아르헨티나의 중상류층으로서 확고한 경제 기반을 다졌다.

금융 부문에서 두각을 나타내는 유대계

특히 금융 부문에서 아르헨티나 유대계의 경제적 영향력은 두드러진다. 아르헨티나에서 유대계는 다른 라틴아메리카 국가에서와 마찬가지로 조합을 조직해 자신의 종족이 주로 종사하는 소규모 상업과 제조업에 신용을 제공하기 위해 노력해왔다. 금융 부문에서 발휘한 탁월한 솜씨 덕분에 유대인신용조합은 비유대인 그룹의 신용기관 설립 모델이 되기도 했다. 그 결과 1970년 아르헨티나 내 신용조합 242개 중에서 절반이 넘는 124개가 완전히 또는 부분적으로 유대계 소유인 것으로 조사되었다(Elkin, 2011: 165). 이러한 전통에 따라 아르헨티나의 성공한 유대인 기업가는 대부분 금융과 연결되어 있다.

대표적인 유대계 기업인으로는 아르헨티나에서 가장 큰 부동산 개발 회사 IRSA와 농업 기업 크레수드Cresud S. A.를 운영하고, 아르헨티나 최대 모기지은행 국영 방코 이포테카리오Banco Hipotecario의 최대 지분을 보유한(민간인으로서 최대) 에두아르도 엘스타인Eduardo Elsztain을 들 수 있다. 그 밖에 주요 유대계 기업인으로는 YPF의 부회장을 역임하고, YPF가 다시 국유화되기 이전 지분의 25%를 소유했던 에너지 기업 피터슨Petersen 그룹 회장이자, 아르헨티나에서 가장 부유한 지역에서 은행 4개를 운영하는 엔리케 에스케나지Enrique Eskenazi가 있다. 그는 아르헨티나 국민에게 YPF를 산 '키르치네르의 유대인 친구'로 알려지기도 했다. 아르헨티나의 최대 밀 생산자이자, 대두 생산에서는 두 번째 위치를 차지하는 아르헨티나 최대 농업 기업 가운데 하나인 로스 그로보Los Grobo를 운영하는 그로보코파텔Grobocopatel 가문, 1970년대 아르헨티나 최대의 금융 그룹을 형성했던 다비드 그라이베르David Graiver, 한때 엘스타인의 동업자였으며 조지 소로스의 자금을 운영하는 돌핀Dolphin사를 설립하고 아르헨티나 최대의 전력 회사 에데노르Edenor를 경영하는 마르코스 마르셀로 민들린Marcos Marcelo Mindlin, 아르헨티나 최대 보험 회사 가운데 하나인 카하 데 아오로 이 세구로Caja de Ahorro y Seguro 그리고 텔레포니카Telefónica와 함께 아르헨티나 통신 시장을 양분하는 텔레콤 아르헨티나Telecom Argentina의 지분 55%를 소유한 웰

테인Werthein 가문도 아르헨티나의 대표적인 유대인 기업가들이다.

　이들 기업인이 공통적으로 가진 특징은 금융업과 연결되어 있다는 점이다. 소수 종족으로서 다른 종교를 믿는 유대인이 최종적으로 의지할 수 있는 것은 결국 자금 밖에 없었다. 그 결과, 그들의 영향력을 정확한 수치로 파악할 수는 없지만, 아르헨티나 금융업에서 유대인이 지배적인 영향력을 행사한다고 해도 과언이 아니다.

3) 문화적 영향력

아르헨티나 텔레비전 방송의 아버지

　아르헨티나에서 유대인은 문화 예술 분야에서도 두각을 나타낸다. 아르헨티나 방송에서는 처음부터 유대계가 주도적인 역할을 했다(Herszkowich, 2003: 92~93). 1951년 유대인 하이메 얀켈레비치Jaime Yankelevich는 아르헨티나 최초의 텔레비전 방송국 '카날 시에테Canal 7'를 개국해 아메리카 대륙에서 미국에 이어 두 번째로 텔레비전 방송을 시작함으로써 '아르헨티나 텔레비전 방송의 아버지'로 불린다. 그 후 그의 아들 사무엘Samuel, 손자 구스타보Gustavo, 증손자 토마스Tomás로 이어져 현재 아르헨티나 최대 방송국 가운데 하나인 텔레페 Telefe를 운영하고 있다. 아르헨티나에서 가장 인기 있는 TV 프로그램을 제작하는 회사도 유대인인 디에고 그비르츠Diego Gvirtz가 운영하고 있다.

영화·연극 산업을 주도하는 유대계

　영화 부문에서는 아르헨티나 최초의 영화 제작·배급사를 설립한 막스 글룩스만Max Glücksmann을 비롯해 수많은 영화감독, 〈오피셜 스토리The Official Story〉의 아이다 보르트닉Aîda Bortnik 등 수많은 시나리오 작가들이 유대인이다. 연극계에서는 국립 세르반테스 극장의 극장장 세사르 티엠포César Tiempo와 아르헨티나가 자랑하는 콜론 극장의 극장장 키베 스타이프Kive Staif가 대표적인 유대계다. 그 외에 다수의 유대계 유명 배우들이 있다.

클래식 음악계에서 세계적으로 알려진 아르헨티나 유대계

음악과 문학에서도 유대인의 활약은 눈부시다. 클래식, 대중음악, 탱고 등 다양한 장르에서 다수의 유명 음악가가 탄생했다. 특히 클래식에서는 〈미션 임파서블Mission: Impossible〉 등 유명 영화음악 100여 곡을 만든 랄로 쉬프린Lalo Schifrin, 세계적인 지휘자이자 피아니스트인 다니엘 발렌보임Daniel Barenboim, 20세기 후반 세계 최고의 여류 피아니스트로 간주되는 마르타 아르헤리치Martha Argerich 등이 있으며, 그 외에 수많은 유명 가수와 탱고 음악가가 있다. 다니엘 그린방크Daniel Grinbank는 아르헨티나뿐만 아니라 라틴아메리카 전역에서 공연 기획자로 유명하다. 그는 '락&팝Rock & Pop'을 비롯한 여러 개의 라디오 음악 방송국을 소유하고 있다. 문학 부문에서도 다수의 유명 작가를 배출했으며, 특히 유머 작가humorista 부문에서 유대인의 활약은 눈부시다.

언론에서 중심적인 역할을 하는 유대계

언론은 유대계가 특히 관심을 가지는 영역이다. 유대인은 율법에 따라 성인이 되기까지 스스로 율법서를 읽을 수 있어야 한다. 따라서 유대인의 문자 해독률은 다른 이민자 그룹에 비해 월등히 높다. 이러한 영향으로 이민 초기부터 유대인은 유대인을 독자로 삼는 수많은 잡지를 발간했다. 그 결과, 1920년에서 1930년 사이 발행된 간행물 수를 아르헨티나 내 이민 종족별로 비교해보면 이탈리아계가 18종, 스페인계가 15종인 것에 비해 유대계는 24종이다. 다른 그룹에 비해 훨씬 적은 유대인 이민자 수를 간주해볼 때 이는 놀라운 수준이다(Herszkowich, 2003: 96).

이러한 역사적 유산에 따라 오늘날에도 아르헨티나 유대계는 언론에서 중심적인 역할을 하고 있다. 대표적으로 아르헨티나의 ≪타임TIME≫을 추구하는 주간지 ≪프리메라 플라나Primera Plana≫와 ≪르 몽드Le Monde≫를 추구하는 일간지 ≪라 오피니온La Opinión≫을 발행하는 하코보 티메르만Jacobo Timermann 과 라디오, 텔레비전 안내 책자 『라디오란디아Radiolandia』, 『티비 기아TV Guía』 를 발행하는 출판업자 훌리오 콘Julio Korn이 있다. 군사독재 시절 인권유린 문 제를 가장 강력하게 고발한 언론 매체 ≪누에바 프레센시아Nueva Presencia≫* 의 편집인 에르난 실러Hernán Schiller도 유대계이고, 현재 아르헨티나 펜클럽PEN 회장도 유대계이며, 국제기자협회International Association of Journalists의 최초 라틴 아메리카 출신 회장도 유대계였다. 이 외에도 아르헨티나 최대 신문 가운데 하나인 ≪라 나시온La Nación≫을 비롯한 주요 언론사에 수많은 유대계 언론인 이 포진해 있다.

학계의 유대계

학계에서도 세계적인 명성을 가진 유대계가 많다. 1984년 노벨 의학상을 수상한 세사르 밀스테인César Milstein과 아르헨티나 최초로 컴퓨터를 도입해 '아 르헨티나 컴퓨터의 아버지'라 불리는 마누엘 사도스키를 비롯한 수많은 유명 유대계 학자가 있다. 특히 심리학 방면에서 우수한 유대인 학자들이 많으며, 그 외 역사, 의학, 철학, 수학 등에서도 두각을 나타낸다.

물론 성공한 사람 몇 명만을 통해 이들의 영향력을 정확히 파악하는 것은 쉽지 않다. 하지만 아르헨티나 내 유대계 비중이 0.7% 이하라는 것을 감안하 면 아르헨티나에서 유대계의 영향력은 놀랄 만한 수준임이 분명하다.

---

* 다른 하나는 로버트 콕스(Robert Cox)가 주도한 ≪부에노스아이레스 헤럴드(Buenos Aires Herald)≫다.

4. 아르헨티나 유대계의 성공 요인

1) 직업 구조

농업보다 상업과 금융업, 임금노동보다 직접 경영 선호

1985년 쉬르킨Syrquin은 라틴아메리카 유대인의 경제적 구조를 분석한 논문을 통해 유대인의 경제적 성공 이유 가운데 하나가 그들의 직업 선택에 있음을 주장했다(Syrquin, 1985). 그는 유대인이 경제적으로 성공한 것은 농업이나 제조업 같은 전통적 직업보다 상업이나 금융업 같은 보다 진취적인 직업에 뛰어들었기 때문이라고 주장한다.

〈표 7-2〉는 아르헨티나 유대계의 직업 구조가 전체 인구의 직업 구조와 명백한 차이가 있음을 보여준다. 아르헨티나 유대계에서는 무엇보다 농업에 종사하는 사람의 비중이 거의 없거나 상대적으로 작다. 전국적으로 유대계 중에서 비1차 산업 종사자는 97.7%다. 다시 말해 농업에 종사하는 유대계 비중은 2.3%도 되지 않는다. AMBA가 아닌 지방의 경우만을 놓고 보더라도 농업에 종사하는 유대계 비중은 10%가 채 되지 않는다.* 반면 전체 인구에서 농업 종사자 비중은 전국적으로 18% 수준에 달한다.

농업 이외의 분야에서 유대계는 상업과 금융업에 집중되어 있다. 이 부문에 종사하는 유대계 비중은 전국적으로 40.1%로, 전체 인구에서의 비중 15.1%와 크게 대조된다. 전체 인구의 98.3%가 비1차 산업에 종사하는 AMBA에서도 상업과 금융업 종사자 비중은 12.9%에 불과하다. 이에 따라 AMBA 전체 인구의 40.1%를 제조업 종사자로 보면 크게 틀림없을 것이다. 반면 유대계의 경우 지방에 거주하는 사람조차 상업 및 금융업 종사자 비중이 52.7%에 달한다.

....

* 농업이 발전한 아르헨티나에서 농업에 종사하는 유대계 비중은 다른 라틴아메리카 국가 유대계에 비해 그나마 높은 편이다.

<표 7-2> 아르헨티나 전체 인구와 유대인의 직업 분포(1960)

구분	전체 인구(%)		유대인(%)	
	전국	AMBA	전국	지방
비1차 산업 종사자	82.2	98.3	97.7	90.6
공업	38.9	49.5	31.8	17.3
제조업	30.5	40.1	29.9	15.5
건축업	1.3	1.7	1.6	1.5
공익사업	7.1	7.7	0.3	0.3
운송업	8.6	9.3	1.7	2.3
상업 및 금융업	15.1	12.9	40.1	52.7
상업	-	-	39.1	50.9
금융업	-	-	1.0	1.8
서비스업	37.3	28.2	26.3	27.7
공직 및 전문직	-	-	12.0	15.4
자영업 등	-	-	14.3	12.3

자료: Population Census(1960), Syrquin(1985: 118)에서 재인용.

유대인이주연합의 지원을 받은 초기 이민자

아르헨티나에 유대인의 이민이 본격화된 것은 19세기 말부터다. 유럽에서 러시아 황제의 박해를 받던 동부 유럽의 아쉬케나지Ashkenazi*는 아메리카로 이주를 시작했다. 미국으로 입국이 쉽지 않았던 아쉬케나지 상당수가 유럽 이민을 적극적으로 받아들이던 아르헨티나로 들어왔다.

아르헨티나로 이주한 초기 유대인 이민자들은 대부분 새로운 이민자에게 토지를 부여해주는 유대인이주연합JCA: Jewish Colonization Association의 지원을 받

---

* 북서부, 동부, 남부 유럽에 거주하는 유대인. 15~16세기에 서부 유럽의 유대인이 동부 유럽으로 대거 이주해 동부 유럽이 아쉬케나지의 중심이 되었다. 히브리어와 독일어를 합성한 이디시어(Yiddish)를 사용한다.

왔다. 따라서 이민 초기 이들은 엔트레리오스Entre Ríos* 주 같은 농촌 지역에서 농업에 종사했다. 하지만 JCA의 요구가 매우 가혹했고,** 더 많은 토지 획득에 정치적·법적 제한이 있었으며, 무엇보다 1930년대 대공황 이후 농업 수출 경제 위기, 농업의 저생산성, 농촌의 교육 및 인프라 시설 낙후 등의 문제가 심각했기 때문에 유대인은 농업을 지속하기보다 대부분 대도시인 AMBA로 이동했다. 이후에 들어온 신규 이민자들은 처음부터 농촌으로 가지 않고 바로 AMBA에 머물렀다.***

그 결과 JCA 정착지의 유대인 이주자 수는 1895년 1222명에서 조금씩 증가해 1940년 3609명으로 정점에 달했다가, 그 이후부터 조금씩 감소해 1960년대에는 2천 명 수준으로 감소했다(Lewin, 1974; Feierstein, 2006: 82 재인용).

---

* 1889년부터 1937년까지 아르헨티나에 건설된 JCA 정착지는 모두 부에노스아이레스 인근의 주에 집중되었다. 그중 엔트레리오스 주에 10개, 산타페 주에 1개, 부에노스아이레스 주에 1개, 라팜파 주에 2개, 부에노스아이레스와 라팜파 주에 걸쳐서 1개, 산티아고델에스테로 주에 1개의 정착지가 있었다(Feierstein, 2006: 103~104).

** 초기 아르헨티나 정착민에 대한 JCA의 역할에는 논란의 여지가 많다. 일부는 JCA가 초기 정착민에게 요구한 것이 너무 가혹하고 독재적이었다고 비판한다. 반면, 또 다른 일부는 JCA 없이 초기 정착이 불가능했으며, JCA 덕분에 유대인의 80%가 토지를 소유할 수 있었다고 말한다. 따라서 JCA는 이민자가 초기에 겪는 복지 차원의 문제를 해결하는 데도 큰 기여를 했다고 주장한다. 일반적으로 JCA에 대해 외부적으로는 긍정적인 평가가 많지만, 내부적으로는 '억압적 외부 세력'이라는 평가가 지배적이다. 어쨌든 JCA의 가혹한 요구는 초기 이민자의 도시 이주에 영향을 준 중요한 요인이다. 하지만 엘킨은 아르헨티나 유대인이 도시로 이주한 결정적 요인은 JCA의 가혹한 정책이라기보다 소규모 자작농이 발전할 수 없는 아르헨티나 농촌의 토지 소유 구조라고 주장한다(Elkin, 2011: 128~130).

*** 하지만 아르헨티나에는 다른 라틴아메리카 국가들과 달리 여전히 농업에 종사하는 유대인이 존재한다. 이들은 현재 대토지 소유자(Latifundista)로 대규모 농장을 경영하는데, 이들이 대토지 소유자가 된 것은 농촌을 떠나는 유대인의 토지를 매입했거나 도시로 나가 성공한 이후 사회적 지위를 위해 농촌의 토지를 대량 매입했기 때문이다.

도시에서의 힘든 삶

유대인에게는 도시에서의 삶 또한 쉽지 않았다. 1895년에서 1930년대까지 유대인은 공직이나 군에 들어가는 것이 쉽지 않았다. 따라서 이들은 주로 행상이나 육체노동에 종사해야 했다. 이 시기에는 도시에서도 사회적 신분 이동이 쉽지 않았다. 이 시기 유대인의 80~90%는 도시에서 숙련노동자, 하위 자영업(행상, 이발사, 전당포업자 등), 중위 자영업(보험중개인, 가내공업, 수입품 판매업 등) 세 범주에 종사했다.* 그나마 상업에 종사하는 사람은 이 시기에도 사회적 신분 상승을 이룰 수 있었지만 대부분 사람들에게 그것은 쉬운 일이 아니었다(Elkin, 1980: 215~217).

수입대체산업화 시기 경공업을 통한 신분 상승

아르헨티나의 유대인이 미국의 유대인처럼 신분 상승을 이루기 시작한 시기는 1945년 페론 정부 이후 수입대체산업화가 본격적으로 진행되면서부터다. 이 시기에 유대인은 소규모 상업에서 제조업으로 이동했다. 아르헨티나로

---

* 모험적이고 개척 정신이 강한 유대인은 이 시기에 새로운 형태의 범죄에 진출했는데, 그중 대표적인 것이 매춘업이다. 유럽에서 출발해 아메리카 전역에 걸쳐 국제적으로 성장한 매춘업은 고도의 조직적이고 치밀한 연락망을 요구하는 범죄로 유대인이 경쟁력을 가진 분야였다(존슨, 2005: 107). 이와 관련해 대표적인 조직이 바로 즈위 미그달(Zwi Migdal)이다. 초기에 '바르샤바 유대인 상호부조협회'로 불린 이 조직은 1928년 폴란드의 공식 항의를 받아 조직 설립자 가운데 한 명의 이름으로 조직명이 바뀌어 불리게 되었다. 1860년대에 설립되어 1920년대에 전성기를 누리고, 군사정권이 들어선 1931년에 붕괴되었다. 20세기 초 이민 노동자로 이루어진 아르헨티나에서 여성 인구의 절대적 부족을 이용해 사업을 성공시킨 이 조직은 한때 약 4천 명에 달하는 폴란드, 러시아, 루마니아 출신 유대인 매춘부를 보유했다. 이들은 아르헨티나를 넘어 브라질로도 진출했는데 이들 매춘녀의 국적이 대부분 폴란드였기 때문에 오늘날까지 브라질에서는 '폴란드 여자(polaca)'가 매춘녀라는 의미로 사용되기도 한다. 이러한 유대인의 매춘업 종사는 아르헨티나에서 반유대주의를 자극하기도 했다. 다른 한편으로 매춘업을 통해 부를 축적한 유대인은 극장 주인이 되는 등 대중문화 사업에 진출하기도 했다(Feierstein, 2006: 267~303).

오기 전 유럽에서 배운 섬유업 기술과 아르헨티나에서 상업을 통해 배운 판매 기술은 제조업에서 성공하는 데 훌륭한 밑거름이 되었다. 게다가 제조업은 새로 출현하는 부문이어서 기존 아르헨티나 사회에서 발생하는 경쟁도 거의 없었기 때문에 유대인에게는 매력적인 분야일 수밖에 없었다.

돈보다 권력, 권력보다 명예를 더 소중하게 생각하면서 마치 귀족처럼 행동하는 아르헨티나 지주 엘리트와 달리 유대인을 포함한 이민자는 사업상 위험을 기꺼이 감수할 준비가 되어 있었으며, 궂은일도 마다하지 않았다. 또한 이들은 지주의 후원자적 보호 아래 낙후된 농촌의 삶에 만족하면서 살아가는 하층 농민과 달리 도시로 나와 시장이라는 보다 경쟁적인 시스템에 기꺼이 뛰어들고자 했다. 농업이 지배적인 아르헨티나 사회에서 소규모 제조업은 국제 경쟁에 취약하다는 약점이 있었지만 기존 지배층과 경쟁하지 않아도 된다는 장점이 더 컸다. 따라서 이 분야는 사회적 신분 상승을 갈망하는 이민자에게 신분 상승을 가능하게 하는 유일한 영역이 되었다(Segal, 1987: 203).

제조업 부문의 직업 구조를 보더라도 유대인은 전체 인구의 직업 구조와 다른 모습을 보였다(〈표 7-3〉). 상업에서 제조업으로 이전한 경우 아르헨티나의 유대인은 19세기 유럽에서와 달리 제조업 부문의 노동자가 된 것이 아니라 소규모이더라도 직접 운영하는 회사를 차렸다. 혼자 회사를 소유하는 것이 힘들 경우 같은 업에 종사하는 유대인과 조합이나 그룹을 만들어 독립을 시도했다.

아르헨티나 유대인이 임금노동자보다 사업을 선호했다는 점은 제조업 부문에서 유대인이 집중된 부문을 보면 잘 알 수 있다. 〈표 7-3〉에서 볼 수 있듯이 제조업 중에서도 유대인은 아르헨티나 전체의 일반적인 경향과 달리 자동차, 기계 같은 중공업보다 섬유, 의류, 목재 가구, 가죽제품, 금속(보석상 포함) 등 경공업에 훨씬 더 집중했다.* 대규모 자본이 필요한 중공업에 종사하는 사람

---

* 경공업 부문에서 기존 아르헨티나의 권력자가 대규모 자본을 가지고 참여하는 식음료업에 진출한 유대인 비중은 낮다.

제조업 부문	전체 인구(1963)	유대인(1960)
식음료	17.9	3.8
섬유	8.2	19.5
의류	5.0	25.8
목재 가구	5.5	8.4
인쇄	3.6	3.0
화학제품	4.6	4.6
가죽제품	3.6	7.7
석재, 유리 등	5.1	1.0
금속	8.9	12.5
자동차와 기계류	27.0	8.2
그 외	10.6	5.5

자료: Syrquin(1985: 127).

들이 대부분 임금노동자인 것과 달리 상대적으로 규모가 작은 경공업에 종사
하는 사람들은 대부분 직접 회사를 경영했다.

실제로 경공업 부문에서 섬유업을 제외한 다른 부문에 종사하는 사람들 사
이에는 가내공업처럼 회사를 직접 운영하는 경우가 많았다. 그 결과 AMBA
전체 인구 중에서 피고용자 비중은 79%인 것에 비해 유대인의 피고용자 비중
은 46%에 불과했다. 한편 섬유업에 종사하는 유대인의 경우 임금노동자도 적
지 않았는데, 이들은 이미 유럽에서 숙련된 기술을 가져왔거나 유대인이 운영
하는 곳에서 일하는 경우였기 때문에 고용의 질이 상대적으로 높았다(Syrquin,
1985: 131~132). 회사를 운영하는 것은 그만큼 위험 부담도 크지만 한편으로
신분 상승을 이루는 중요한 수단이 되기도 했다.

한편 유대인이 주로 경공업에 치중하게 된 것은 초기 자본이 상대적으로 덜
들고,* 기존 권력 그룹과의 경쟁도 거의 없었기 때문이다. 아르헨티나의 부
유한 지주계급은 제조업에 크게 관심이 없었다. 소비재에 대한 수요가 증가하

고 수입대체산업화의 우호적 환경 아래에서 유대인은 기존 권력 그룹이 관심을 가지지 않는 이러한 틈새를 적절히 파고들어 제조업에서 큰 성공을 거둘 수 있었다.

제조업에서 신용협동조합을 기반으로 한 금융업 진출

아르헨티나의 제조업은 1950년대 중반 이후 공급 과다와 수요 부족에 따라 성장 한계에 직면했다. 이에 따라 아르헨티나의 유대인도 경공업에서 한계에 직면하게 되었는데, 이들은 브라질의 유대인처럼 중공업으로 진출하지는 못했다. 군부의 견제, 경공업과 달리 기술력에서 비교 우위 부족, 브라질과 달리 아르헨티나 중공업의 발전 전망이 높지 않은 점 등이 이유였다. 경공업 성장의 한계, 중공업 진출의 어려움 등 때문에 아르헨티나 유대인이 추진하는 제조업에서의 발전도 한계에 직면하게 되었다. 그 대신 아르헨티나의 유대인은 상업이나 금융 같은 서비스업과 전문직 등으로 활동 분야를 넓혀 갔다.

아르헨티나에서 유대인이 금융업에 뛰어든 목적은 그들의 역사적 유산과도 관련된다. 하지만 그것은 현실적으로 유대인 기업인에게 제한된 신용 문제를 극복하기 위해서였다. 이런 목적을 위해 아르헨티나에서는 은행과 더불어 수백 개의 유대인 신용협동조합이 설립되었다. 이러한 기관은 새로운 이민자에게 필요한 자금을 대출해주었을 뿐만 아니라, 기존 이민자 그룹의 상인과 기업인에게도 필요한 신용을 제공해주었다. 나아가 교육이나 정치 활동 등에도 많은 기여를 하며, 아르헨티나 유대인의 발전 과정에서 신용협동조합은 매우 중요한 역할을 했다(Syrquin, 1985: 129).

특히 페론 정부 이후 1957년 대규모 기업에 유리하게 은행법이 제정되면서

----

* 섬유업은 다른 경공업에 비해 초기에 많은 자본이 필요했다. 하지만 유대인들은 이주 전 유럽에서 획득한 기술과 노하우를 통해 자본의 열세를 극복할 수 있었다. 이로써 유대인들은 아르헨티나 섬유업이 발전하는 데 큰 기여를 할 수 있었다.

신용협동조합은 그 틈을 파고들어 중소기업 신용 대출에 집중해 급속 성장할 수 있었다. 1961년 263개(이들 중 140개가 유대인 소유였다)이던 신용협동조합은 1966년 963개로 증가했다(Syrquin, 1985: 129~130). 그 후 군사정부에 의해 신용협동조합의 성장에 제동이 걸렸다. 그렇지만 이러한 소규모 금융기관이 아르헨티나 유대인의 발전에 미친 영향은 매우 크다. 신용협동조합은 유대인이 제조업이나 상업에서 성공하는 데 기여했을 뿐만 아니라 그 자체로 금융업의 성공에도 중요한 기반이 되었다.

결론적으로 유대인의 성공 요인은 한 직종에 머물지 않고 성장 잠재력이 큰 곳을 찾아 새로운 분야에 지속적으로 도전했다는 점이다. 앞서 자세히 언급하지 않았지만 라틴아메리카 각국의 방송에서 유대인이 두각을 나타낸 것도 바로 방송이 새롭게 떠오른 분야였기 때문이다. 이는 유대인이 기존 사회 지배계층의 전통과 무관했기 때문에 가능한 일이었다. 아르헨티나 농촌의 전통적 토지 소유 구조에서 배제되어 도시로 이주해야 했고, 도시에서는 기존 지배층이 관심을 가지지 않는 상업과 제조업 영역에 진출해 부를 축적할 수 있었다. 전통에서 자유로운 유대인은 근대화 과정에서 경제적 성공의 기회를 잡을 수 있었다. 그런데도 부에 합당한 사회적 지위를 누릴 수는 없었다.

물론 이러한 성공 과정을 다양한 이민자 종족 가운데 유대인만 누린 것은 아니다. 아랍계 같은 전통에서 자유로운 대부분 이민자들이 어느 정도 그러한 과정을 통해 성공 기회를 잡을 수 있었다. 따라서 이런 측면에서 보면 유대인의 성공은 그들이 유대인이었기 때문이라기보다 오히려 전통에서 자유로운 이민자였기 때문이라고 보는 것이 정확할 것이다.

2) 교육을 통한 전문직 진출

유대인의 종교적 필수 사항 '교육'
유대인은 다른 어떤 종족보다 교육을 중요시했는데, 이는 유대인이 성공하는 데 핵심적인 기반이 되었다. 중세 유럽의 가톨릭은 신도가 성경을 직접 읽고 해석할 경우 이단에 빠질 수 있음을 두려워해 대중의 문맹을 오히려 권장하는 경향이 있었다. 반면 13세부터 율법 읽는 것을 의무화한 유대인은 교육의 중요성을 어느 종족보다 강조했다. 교육의 중요성을 강조하는 다른 종족도 많지만, 유대인에게 교육은 하느님의 섭리를 이해하기 위한 종교적 필수 사항이다. 유대교에는 하느님의 말씀을 전하는 성직자가 없고 유대인 스스로가 율법을 읽고 해석해 따라야 한다. 랍비는 단지 더 많이 공부한 사람으로서 율법의 해석에 도움을 줄 뿐이다. 유대인에게 교육은 그 자체로 종교이며, 배움은 곧 신앙이다. 율법을 읽고 해석하기 위한 교육의 중요성이야말로 유대인 성공의 핵심 요인이라고 할 수 있다(홍익희, 2013: 127~129).

교육을 통한 전문직 진출: 인종 편견을 넘어선 준비된 인재

지위가 낮은 직업에서 전문직으로 전환한 것도 교육을 통해 가능했다. 교육을 통한 전문직 진출 과정은 한 세대에 걸쳐 점진적으로 이루어졌다. 1951년 아르헨티나 유대인 공동체에서 조사된 유대인 부모와 자녀의 직업을 비교해 보면 이러한 변화는 두드러진다. 〈표 7-4〉에서 볼 수 있듯이 부모 세대의 직업은 거의 모든 공동체에서 상인이 50%를 넘고, 다음으로 모든 지역에서 수공업자가 거의 10% 이상을 차지했다. 그러나 자녀 세대에서 상인 비중은 20%대, 수공업자 비중은 5% 수준으로 내려갔으며, 부모 세대에서 많게는 25%, 적게는 5% 전후였던 행상인 비중도 자녀 세대에서는 거의 사라졌다.

반면 전문직 비중은 부모 세대에서는 10% 전후 수준이던 것이 자녀 세대에서는 라누스를 제외한 다른 모든 공동체에서 25%를 넘어섰다. 산후안처럼 많은 곳은 35%까지 이르렀다. 회사원 비중도 부모 세대에서는 대부분 5% 전후 수준이었던 것에 비해 자녀 세대에서는 대부분 10%를 넘고, 라누스처럼 많은 곳은 22.8%에 달했다. 학생 비중(18세 이상으로 대학생을 말한다)도 부모 세대에서는 거의 없던 것에 비해 자녀 세대에서는 많게는 54.2%(레시스텐시아), 적

〈표 7-4〉 아르헨티나 유대인 공동체 6개의 부모 세대와 자녀 세대 직업 구조 변화(1951, %)

유대인 공동체 (조사된 가족 수)		멘도사 (161)	산후안 (94)	라누스 (257)	코르도바 (868)	산타페 (392)	레시스텐시아 (127)
부모 세대	수공업자	11.3	18.0	12.9	14.7	15.0	10.2
	상인	59.5	57.8	49.0	53.2	52.4	76.4
	행상인	6.2	10.0	25.3	3.3	6.3	-
	회사원	3.2	5.6	4.3	5.8	11.0	4.0
	전문직	15.6	7.2	5.9	15.6	10.3	6.3
	노동자	-	-	1.5	0.8	2.0	-
	그 외	4.2	1.4	1.1	6.6	3.0	3.1
자녀 세대 (18세 이상)	수공업자	3.2	2.1	7.9	5.3	10.4	5.7
	상인	21.1	27.6	27.8	25.6	21.3	5.8
	행상인	-	-	5.9	-	1.2	-
	회사원	12.2	10.7	22.8	14.6	16.3	2.9
	전문직	31.6	35.0	12.9	28.8	27.6	28.6
	노동자/농민	1.9?	2.1	6.4	3.1	0.7	2.8
	학생	30.0	22.5	16.3	22.6	22.5	54.2

자료: Elkin(1980: 218).

게는 16.3%(라누스)에 이르렀다. 여기서 대부분 대학을 졸업한 것으로 판단되는 전문직과 대학생 비중을 합하면 1951년에 이미 거의 모든 공동체에서 자녀 세대는 50% 이상의 사람들이 대학 교육을 받았음을 알 수 있다.* 이를 통해 우리는 교육을 통한 전문직 진출이 유대인 성공의 또 다른 중요한 요인임을 알 수 있다.

실제 이민자 가정에서 자녀에게 대학 교육을 받게 하는 것은 쉬운 일이 아니었다. 이민자 자녀 가운데 남자인 맏이는 아버지의 사업을 돕거나 이어받아

* 1960년 인구조사에 따르면 AMBA에 거주하는 20~24세의 유대인 중에서 대학을 졸업했거나 다니는 사람 비중은 남자 40%, 여자 21%로 비슷한 수준으로 나타났다(Elkin, 1980: 222).

야 했다. 그들은 대부분 대학에 갈 시간적 여유가 없었다. 그 대신 아래로 내려갈수록 대학에 진학할 기회가 늘어났다. 이러한 경향은 나이대별로 아래일수록 대학 진학 비중이 더 커지는 것으로 알 수 있다. 교육의 중요성에 대한 유대인의 인식은 초등교육 이수자 비중에서도 잘 드러난다. AMBA 거주 유대인을 대상으로 한 1960년 인구조사에 따르면 15세 이상 인구 가운데 초등교육을 이수하지 않은 사람 비중이 전체 인구에서는 54%인 것에 비해 유대인에서는 18%에 불과했다(Syrquin, 1985: 124).

산업화와 근대화의 영향으로 직업에서도 점차 전문성이 요구되었다. 따라서 대학 교육을 통해 전문 지식과 기술을 습득한 이민자에게 사회적 신분 상승의 기회가 제공되었다. 전통적으로 배움의 가치를 높이 평가하고, 어릴 때부터 율법 교육을 강조해온 유대인은 그러한 전통을 직업을 얻기 위한 교육에서도 이어갔다.

유대인의 전문직 진출은 차별이 존재하는 관계보다 민간서비스 부문에서 주로 이루어졌다. 유대인의 정부 관료 진출 비중이 낮은 것은 유대인에 대한 아르헨티나 상류사회의 차별 때문이기도 했지만 유대인 스스로 불확실성 때문에 관료가 되는 것을 꺼렸기 때문이다. 하지만 민간 공공서비스 부문에서 전문직에 종사하는 유대인 수는 지속적으로 증가했다. 특히 전문직 중에서도 법, 회계, 엔지니어링 같은 분야보다 의료, 교육, 문화 분야 종사자가 절대적으로 많았다. 후자에 속하는 유대인이 전체 전문직 유대인의 62%(의료 30%, 교육 및 문화 32%)를 차지한다. 나머지는 엔지니어링 12%, 법조 6%, 회계 7%, 그 외 13% 수준이다(Syrquin, 1985: 130).

전문직에서 유대인의 성공은 근대화와 산업화를 통해 전문직에 대한 수요가 급증하는 상황에서 가능할 수 있었다. 기술적으로 숙련된 인력의 필요성이 전통적인 인종 편견을 넘어서는 순간에 교육을 통해 사회가 필요로 하는 능력을 충분히 갖춘 유대인에게 기회가 왔기 때문이다. 정부가 국민에게 충분한 교육을 제공할 수 없는 상황에서 유대인은 공동체의 지원을 받는 학교를 통해 그들 자손에게 국가 경제 발전에 참여할 수 있는 충분한 능력을 가질 수 있도록 교육할 수 있었다. 이로써 유대인은 아르헨티나의 산업화 과정에서 필요한 전문 인력을 제공하는 역할을 할 수 있었다.

3) 정체성 추구의 유연함과 사회적 통합

반유대주의가 강한 아르헨티나

아르헨티나의 반유대주의는 다른 어떤 라틴아메리카 국가보다 강하다. 아르헨티나에서는 이미 20세기 초부터 반유대주의가 시작되었다. 당시 유대인은 아르헨티나 내 사회주의, 공산주의, 무정부주의 운동의 주동자로 인식되었다. 이에 따라 반유대주의가 생겨났으며, 유대인은 지배 계층과 군부의 억압 대상이 되었다. 군부 출신인 페론은 유대인을 체제를 전복하는 급진 세력으로 간주하는 우파 민족주의에 가깝다. 하지만 그는 기본적으로 계급에 기반을 둔 정치를 했으며 인종주의를 부각하지는 않았다.

아르헨티나에서 반유대주의가 본격적으로 증폭된 시기는 페론이 물러나고 군사정부가 출범한 이후다. 군사정부 아래에서 유대인은 주요 억압 대상이었으며, 군부와 상류층은 좌파 급진주의 배후에 있는 유대인 마르크시스트Marxis들을 주목해 아르헨티나 사회에 반유대주의를 증폭시켰다(Metz, 1992: 379). 심지어 이스라엘이 아르헨티나의 파타고니아 지역을 점령해 제2의 유대인 국가를 건설하려 한다는 '안디니아 플랜Andinia Plan'과 같이 근거 없는 음모론이 아르헨티나에서 반유대주의를 부추기는 데 큰 역할을 했다.

민주화 이후 잠잠했던 반유대주의는 1992년 이스라엘 대사관 폭발 테러와 1994년 아르헨티나 이스라엘 상호협의회 건물 폭발 테러에 의해 다시 수면 위로 떠올랐다. 두 번의 테러로 각각 29명, 85명이 사망했고, 수백 명이 다쳤다. 이러한 유대인 테러 사건은 라틴아메리카는 물론이고 세상 어느 곳에서도 전례가 없는 일이다.

테러의 원인이 어디에 있든 간에 이 사건은 아르헨티나에 반유대주의 감정이 여전히 존재한다는 것을 여실히 보여주었다. 아르헨티나 반유대주의의 증거로, 2011년 실시된 부에노스아이레스 대학 지노 제르마니 연구소Instituto de Investigación Gino Germani의 여론조사 결과를 들 수 있다. 그에 따르면 조사 대상 1510명 가운데 82%가 유대인은 '돈 버는 데만 관심이 있다', 49%가 유대인은 '홀로코스트에서 일어난 일에 대해 너무 많이 말한다', 68%가 유대인은 아르헨티나 '비즈니스계에서 과도한 힘을 가진다', 22%가 '유대인이 예수를 죽였다', 그리고 다수가 '유대인은 아르헨티나보다 이스라엘에 더 충성을 바친다' 등 유대인에 대한 부정적인 입장을 밝힌다(Shefler, 2011).

또 다른 사례로는 1992년 미국유대인위원회가 진행한 설문 조사 결과가 있다. 그에 따르면 아르헨티나에 거주하는 이민자 그룹 5개(이탈리아계, 파라과이계, 한국계, 유대계, 아랍계) 가운데 유대계가 한국계 다음으로 현지 사회에서 부정적인 이미지를 가지고 있다는 사실이 드러났다. 아르헨티나 사회에 대한 기여도 관련 질문에서 한국인에 대해서는 27%, 유대인에 대해서는 19%가 부정적이라고 답했다. 이탈리아인에 대해서는 단지 6%가 부정적이라고 답했다. 정체성 관련 질문에서는 한국인에 대해서는 58%, 유대인에 대해서는 47%가 이들이 아르헨티나 국민으로 생각되지 않는다고 답했다. 이탈리아인에 대해서 역시 그러하다고 응답한 사람은 12%에 불과했다. 사회 통합 정도에 관련해서는 한국인에 대해서는 53%, 유대인에 대해서는 34%가 이들이 아르헨티나 사회에 통합되지 않았다고 보았다. 이탈리아인에 대해서 역시 그러하다고 응답한 사람은 7%에 불과했다. 국가에 대한 충성심 관련 질문에서 한국인에 대해서는 49%, 유대인에 대해서는 36%가 이들이 국가에 대한 충성도가 부족하다고 응답했다. 이탈리아인에 대해 역시 그러하다고 응답한 사람은 15%에 불과했다. 적대감 관련 질문에서는 한국인에 대해서는 16%, 유대인에 대해서는 15%가 이들이 적대감을 자극한다고 답했다. 이탈리아인에 대해서는 단지 5%가 역시 그러하고 답했다. 이웃이 되기를 원하지 않는 그룹으로 한국인을 꼽은 사람은 13%였으며, 파라과이인을 꼽은 사람은 9%, 유대인을 꼽은 사람은 8%였다. 이탈리아인을 꼽은 사람은 2%에 불과했다(Catterberg and Vanoli, 1994: 26~33).

이러한 조사는 아르헨티나 사회에서 유대인에 대한 부정적인 시각이 여전하다는 것을 말해준다. 특히 정체성, 사회 통합, 국가 충성도에서 유대인에 대한 부정적인 인식이 크다는 것을 알 수 있다.

기본적으로 종족성보다는 계급성이 더 중요한 아르헨티나 정치에서 다른 종족의 이민자들은 거의 아르헨티나인으로 받아들여지고 있지만, 유독 유대인에게는 아직도 종족성이 더 부각되고 있다. 물론 유대인 상당수는 문화적으로 동화되거나 최소한 통합을 위한 노력을 해왔다. 하지만 이들은 유대인이라는 정체성을 여전히 유지하고, 내부적으로도 강력하게 조직화되어 있다. 아르헨티나의 우파는 유대인에게만 계급보다 종족 문제를 더 부각한다. 이들에게 유대인은 여전히 '아르헨티나인'이 아니라 '외국인'인 것이다.* 따라서 이들은 유대인의 성공을 노력의 산물이기보다 종족적 응집력과 국가를 생각하지 않는 이기적인 행위의 결과로 본다(Segal, 1987: 208).

이들은 유대인이 고정자산보다 유동자산을 선호하는 것은 아르헨티나에 뿌리를 내리기보다 언젠가 다른 나라로 떠날 준비를 하고 있기 때문이라고 생각한다. 현지인과 통합하기보다 자신의 정체성을 유지하고, 조직 내 지지와 협력을 중시하며, 조직원의 경제활동을 활성화하고, 조직원에게 신용을 제공하

---

* 세갈은 유대인이 이렇게 특별한 취급을 받는 것은 이들이 근본적으로 라틴계가 아니며 가톨릭이 아니기 때문이라고 한다. 하지만 라틴계도 아니고 가톨릭도 아닌 앵글로 색슨계에 대한 특별한 반감은 존재하지 않는다. 이것은 독일계에게도 마찬가지다. 앵글로 색슨계나 독일계가 유대인과 다른 취급을 받는 것은 그들이 아르헨티나의 엘리트 계급과 경제적 이해관계를 공유하며, 존중받는 서유럽 출신이고, 엘리트 출신이 선호하는 언어를 사용한다는 점 때문이며, 이와 함께 기본적으로 예수를 믿는다는 점에서 동일하기 때문이라고 한다(Segal, 1987: 214).

는 것과 같은 유대인의 강력한 내부적 응집력은 유대인의 성공 요인이기도 하지만 한편으로는 현지인이 유대인에게 가지는 적대감의 근원이기도 하다.

세속적 유대인 정체성 추구를 통해 아르헨티나 사회와 통합하려는 세력의 증가

반유대주의의 심화 때문에 아르헨티나를 떠나는 유대인이 적지 않았지만 (물론 이러한 결정의 밑바탕에는 시오니즘이 깔려 있다) 다수의 아르헨티나 유대인은 현지 사회에 유연하게 적응하면서 성공을 이루어냈다. 시오니즘에도 불구하고 대부분의 유대인은 아르헨티나에서 이방인이기보다 영원히 정착하는 아르헨티나인이기를 원한다. 아르헨티나의 핵심적 유대인은 문화적으로 완전한 고립도 아니고, 완전한 동화도 아닌 유대계의 정체성과 상호 연대의 고리를 유지하면서 아르헨티나 사회에 참여하고 적응하는 방법을 찾았다.

라틴아메리카에서는 가톨릭이 지배적이지만 한편으로 강력한 반교회주의와 세속주의 경향도 함께 존재한다. 가톨릭은 기본적으로 반유대주의적이다. 하지만 중산층과 지식인 중심의 세속주의는 유대인에게 상대적으로 자유로운 공간을 허용했다. 또한 라틴아메리카의 유대인도 종교적 근본주의를 유지하기보다 세속주의적 입장에서 비종교적 유대성을 탐구하는 사람이 적지 않았다. 이로써 새로운 의미의 유대인 정체성이 성립되었으며, 이에 따라 미국과 달리 라틴아메리카에서는 시나고그가 유대계 삶의 중심이 되지 않았다. 유대계 공동체 조직도 종교적인 성격을 넘어 문화적·사회적 성격의 스포츠 클럽 같은 기구로 전환하면서 오히려 보다 많은 회원을 끌어들일 수 있었다.

제2차 세계대전 이후 시오니즘이 대세로 자리 잡고, 아르헨티나에서도 군사정권을 중심으로 반유대주의가 심화되면서 이스라엘로 이주하는 유대인이 적지 않았다. 하지만 대부분의 아르헨티나 유대인, 특히 아르헨티나에서 출생한 신세대 유대인은 종교적 근본주의보다 사회적·문화적 성격의 공동체 조직을 선호했다. 이러한 태도는 유대인이 현지 사회에 완전히 동화되는 것을 막으면서 동시에 그들 사이의 연대감을 형성하는 데 기여했다. 시나고그 중심에서 벗어나 엄격한 전통적 규범을 포기하고 세속화를 추진하는 이데올로기적 유연성은 더 많은 신세대 유대인을 유대인 조직에 끌어들였다. 새로운 유대인 조직은 중산층 이상의 수준에 맞게 건물을 다시 세우고, 신세대의 기대에 부응하는 다양한 문화적 서비스를 제공했다. 그들은 유대인의 언어, 종교적 관습, 의복, 행동 유형 등을 점진적으로 상실해갔다. 그렇지만 유대인 정체성을 잃고 아르헨티나 사회에 완전히 동화된 것은 아니다.

가톨릭이 지배하는 사회에서 아르헨티나의 유대인은 종교적 근본주의를 내세우지 않았으며 통합을 거부하지 않았다. 그들은 사회의 강력한 민족주의와 동질화 경향에 따른 반유대주의에 직면해 자신의 정체성을 유지하면서 전체 사회에 통합될 수 있는 방안으로 새로운 유대인 정체성을 추구하게 되었다. 이를 두고 쉬어스와 싱거는 그것이 문화적 동화assimilation도 고립isolation도 아닌 통합integration이라고 정의한다(Schers and Singer, 1977).

이와 관련해 1970년대에 진행된 설문 조사에서 아르헨티나 핵심적 유대인의 43%는 유대인 정체성을 유지하면서 아르헨티나 사회와의 통합을 원한다고 답했으며, 36%는 시오니즘에 따라 이스라엘로 이주해야 한다고 답했고, 18%는 유대교 전통을 지키면서 사회 참여는 가능한 한 최소화해야 한다고 답했다. 한편 3%는 유대인 전통을 버리고 아르헨티나 사회에 완전히 동화되어야 한다고 답했다(Schers and Singer, 1977: 253~254). 즉, 유대교 보수주의를 유지하려는 사람은 여전히 많지만, 40% 이상의 유대인들은 유연한 입장을 취해 유대인 정체성을 유지하면서 사회적 참여를 추구하는 통합의 길을 선호했다.

유대인 정체성을 포기하는 사람들: 유대주의보다 사회정의를 우선

이러한 통합에서 한 걸음 더 나아가 유대인 정체성을 포기하는 사람도 증가하고 있다. 유대인 중에서도 특히 좌파 지식인 그룹에서 이러한 세속화 경향이 강하게 나타났다. 이러한 행태는 대개 대학 생활을 거치면서 나타난다. 따라서 대학에 들어가는 젊은 유대인 수가 늘어감에 따라 유대인 공동체의 힘도 점차 약화되었다. 심지어 사회적 기대에 부응하려는 문화적 동화 과정은 유대인 공동체의 지적 리더십을 상실하게 만들기도 했다(Elkin, 1980: 224~225).

이러한 현상은 이미 1970년대부터 나타났다. 당시 부에노스아이레스 대학에서 유대인 비중은 거의 6분의 1에 달했다. 유대인은 다른 학생에 비해 사회 문제에 더욱 큰 관심을 가졌고, 이에 따라 대학 내 학생 자치 기구에서 유대인 비중은 그보다 더 컸다. 유대인 대학생의 이러한 정치적 활동은 이들을 유대인 공동체에서 멀어지게 하는 계기가 되었다. 그들은 유대주의를 사회정의의 걸림돌로 생각했다. 이제 그들에게 종교는 더 이상 중요한 가치가 아니었다. 그들은 종교보다 아르헨티나인으로서 아르헨티나 사회의 민주화와 정의를 실현하는 데 보다 큰 관심을 가지게 되었다(Weisbrot, 1976: 394).

그 결과 1970년 초 진행된 한 연구에 따르면 AMBA에 거주하는 약 9만 명의 젊은 유대인 가운데 유대인 조직에 참여하는 사람 비중은 10%도 되지 않는 것으로 나타났다. 특히 젊은이 중에서 대학에 다니는 사람들만 따로 놓고 보면 시오니즘 조직에 소속된 사람은 단지 4.3%였으며, 어떤 형태든 유대인 조직에 참여하는 사람도 5.8%에 불과한 것으로 나타났다(Kligsberg, 1971: 2).

신자유주의 이후 유대인 정체성을 포기하는 상류층 유대인

메넴 정부의 신자유주의 정책이 실시된 이후로는 보수적인 상류층 유대인 사이에서도 유대인 정체성을 포기하려는 경향이 나타나기 시작했다. 신자유주의 이후 부유한 유대인 그룹에서 유대인 학교보다 영어를 습득하고 인맥을 형성하는 데 도움이 되는 일반 명문 사립학교를 선호하는 현상이 두드러지기 시작했다. 상류층이 다니는 사립학교에 들어가기 위해서 유대인은 자신의 정체성을 포기해야 했다. 아르헨티나는 전통적으로 문화적 다원주의보다 통합적 민족주의 성향이 강하다. 따라서 아르헨티나의 주류 사회에 진입할 욕심이 있는 유대인은 무엇보다 유대인 정체성을 포기할 필요가 있었다.

아르헨티나의 유대인은 경제적 성과에 비해 사회적 지위는 낮다. 아르헨티나 상류사회에는 여전히 기업인과 상인에 대한 경시 풍조가 남아 있기 때문이다. 상류사회 진입의 외형적 상징으로서 자키 클럽Jockey Club 같은 상류층의 배타적인 사회 클럽에 가입하거나 전통 상류사회에 속한 가문과 혼인 관계를 맺는 일에서 유대인이라는 정체성은 부담스러운 대상이다. 여전히 유대인은 지주 과두 지배층이나 고위 성직자가 될 수 없고, 아랍계와 달리 군부에서도 배제된다. 이런 상황 아래 상류사회에 들어가려는 고소득층 유대인 사이에서 유대인 정체성을 포기하는 경향이 생겨났다.

이렇게 아르헨티나의 유대인은 각자 처한 상황의 필요에 따라 종교성을 고집하기보다 유연한 입장을 취해 유대인 정체성을 유지하면서 사회적 통합을 시도하거나, 유대인 정체성을 포기하는 방법을 선택했다. 이는 반유대주의가 강한 아르헨티나 같은 나라에서 생존과 성공을 위한 유효한 전략이었다.

문화적 다원주의와 유대인 정체성 회복 움직임

최근 젊은 층에서 유대인 정체성을 회복하려는 움직임이 다시 일어나고 있다. 이에 따라 유대인 공동체의 교육기관도 다시 증가하고 있다. 아르렌 페른 Arlene Fern 같은 현대식 유대 학교가 설립되었으며, 월프손 학교Instituto Wolfsohn 처럼 거의 방치되었던 과거의 유대 학교가 새롭게 탄생했다. 문화 활동도 증가하고 있다. 연극에서 유대인의 고전 작품과 이디시어를 사용하는 작품이 다시 상연되며, 유대인 공동체가 발간하는 출판물도 증가하고 있다. 게다가 정치적·종교적 목적이 아니더라도 시나고그에 보다 많은 사람이 참여하고 있다. 아르헨티나에서 거의 사라진 히브리어를 배우려는 움직임도 살아나고 있으며, 유대 율법에 따른 음식점과 슈퍼마켓인 '코셔kosher'도 늘어가고 있다.

즉, 문화적 다원주의가 강조되는 상황에서 어느 정도 사회적으로 자리를 잡은 유대인이 자신의 정체성을 다시 한 번 생각하게 된 것이다. 이렇듯 아르헨티나 유대인에게 정체성과 사회적 통합 문제는 항상 시대적 상황에 따른 유연한 선택의 문제다.

4) 공동체적 연대

앞서 살펴본 것처럼 아르헨티나 유대인 중에는 빈곤층에 속하는 사람도 있다. 사실 라틴아메리카 국가들 중에서 빈곤층에 속하는 유대인이 가장 많은 나라가 아르헨티나일 것이다. 이들의 존재가 거의 부각되지 않는 것은 이들이 유대인 공동체 조직의 보호를 받기 때문이다.

유대인 공동체는 다음과 같은 내용을 행동 수칙으로 삼는다.

> 유대인이 노예로 끌려가면 인근 유대인 사회에서 7년 안에 몸값을 지불해 찾아와야 하고, 자녀를 교육하지 못할 정도로 가난한 유대인을 방치하는 유대인 사회는 유대 율법에 위반되기 때문에 유대인이면 누구든 유대인 사회의 도움을 청하고 받을 권리가 있으며, 유대인 공동체는 독자적으로 유대인 자녀의 교육기관을 만들어 유지하고 경영해야 하며, 동시에 가난한 유대인 가정의 아이를 무료로 교육하고 인재로 양성하기 위한 장학제도를 운영해야 한다(홍익희, 2013: 218~219).

따라서 과거 이민자는 어떤 형태로든 유대인 정체성을 유지하는 것이 여러모로 도움이 되었다. 초기에 이민자가 농촌에 정착하는 과정에서 수행되었던 JCA의 역할은, 논쟁의 여지가 있음에도, 유대인이 경작할 토지를 확보하는 데 결정적인 기여를 했다. 그 후 상업이나 제조업으로 진출하는 과정에서 유대인 신용협동조합의 신용 제공 또한 이 분야에서 이루어진 유대인의 성공에 핵심적인 역할을 했다. 유대인들 가운데는 여전히 중산층에 들지 못하고 빈곤층에 속한 사람이 있지만 유대인 복지 기관의 지원으로 이들의 문제는 거의 부각되지 않는다. 율법에 따른 유대인의 공동체 정신과 연대감은 어려운 상황에서 유대인이 성공 기반을 마련할 수 있었던 중요한 요소가 되었다.

부유한 독일계 유대인 마우리시오 데 허쉬Mauricio de Hirsh 남작이 아쉬케나지의 이민을 돕기 위해 자비로 아르헨티나의 토지를 매입해 유대인 이민자에게 분배한 것이 바로 이러한 유대인의 공동체 정신의 산물이다. 덕분에 이민 초기부터 유대인은 다른 종족과 달리 자신의 토지를 경작할 수 있는 혜택을 누렸다.

이민 초기 농업에 종사한 유대인은 농업협동조합을 설립해 필요한 신용을 조달하고, 생산된 물건을 공동으로 판매하고, 농산물을 공동으로 가공해 부가 가치를 높이는 등 연대를 통해 효율성을 높였다. 나아가 농업협동조합은 농촌에서 잘 찾아볼 수 없는 병원을 공동의 힘으로 설립하는 등 복지 부문에도 기여했다. 농촌에서 유대인이 발전시킨 조합주의는 공동의 이해관계를 가진 농촌 공동체의 모델로 그 후 아르헨티나 농촌 발전을 위한 하나의 전형이 되었다(Feierstein, 2006: 84~87).

도시의 유대인 역시 공동체 정신에 따라 다양한 조직을 만들었다. 1841년 ≪더 주이시 크로니클The Jewish Chronicle≫이라는 최초의 유대인 신문을 발간했으며, 1885년에는 부에노스아이레스에 장례조합을 설립해 유대인을 위한 거대 공동묘지를 건립하기도 했다. 1891년에는 부에노스아이레스에 최초의 시나고그를 설립했다. 시나고그는 초기 이민자에게 공동체적 삶의 중심이 되었으며, 단순한 종교적 모임의 장소를 넘어 다양한 문화적·교육적 활동을 전개해 많은 유대인을 하나로 묶는 역할을 했다.

아르헨티나 유대인의 공동체적 연대에서 핵심적으로 기능한 기관은 1949년 장례조합을 대신해 설립된 AMIA다. 설립부터 지금까지 유대인 조직의 핵심으로 활동하고 있는 이 기관은 단순한 종교적 모임이 아니라 문화적·교육적·사회적 기능을 담당한다. 특히 교육을 위해 산하에 이스라엘 교육중앙위원회Consejo Central de Educación Israelita를 설립해 아르헨티나 유대인의 교육에 크게 기여하고 있다. 이렇듯 그들은 최근 종교적 성격의 조직보다 교육·문화 조직, 병원 같은 사회보장 조직, 이웃 공동체, 사회 스포츠 조직 등을 통해 공동체를 유지하고 상호 이익을 도모한다(Schers and Singer, 1977: 249).

이러한 유대인의 공동체 연대가 아르헨티나 전체 국민의 1%가 되지 않는
유대인의 삶의 수준을 전체 인구에 비해 현저하게 높은 수준으로 끌어올리는
데 기여했다는 사실에는 의심의 여지가 없다.

5. 교육, 도전 정신, 정체성의 유연화, 연대 의식을 통해 이룬
   아르헨티나 유대인의 성공 이야기

아르헨티나는 라틴아메리카 국가들 중에서 가장 많은 유대인 인구를 가진
국가다. 하지만 아르헨티나 유대인이 전체 인구에서 차지하는 비중은 크게 잡
아야 0.7% 정도다. 그런데도 아르헨티나에서 유대인은 중요한 권력 그룹으로
인식된다. 그들의 이러한 힘은 기본적으로 확고한 경제 기반에서 비롯된다.
아르헨티나의 유대인은 대부분 중산층에서 확고한 지위를 확보하고 있다. 물
론 고소득층에 속하는 사람도 많다. 유대인들 가운데 중산층 이상에 속하는
사람의 비중은 전체 인구의 중산층 이상 비중보다 월등히 높다.

이러한 경제 기반을 바탕으로 유대인은 정치적 참여도 점차 확대하고 있다.
특히 1980년대 초 민주화 이후 정치적 참여가 늘어났다. 증가한 그들의 정치
적 대표성 때문에 유대인이 인구 비중에 비해 과도한 대표성을 가진다고도 말
할 정도다. 실제로 경제나 교육 분야에서 유대인이 고위직을 차지하는 경우가
많다는 점을 고려하면 사실상 유대인이 이들 분야를 이끈다고 느낄 정도다.

그 외 방송, 대중문화, 언론 등에서도 유대인의 영향력은 매우 크다. 물론
작은 인구 비중 때문에 유대인이 두각을 나타내는 영역은 제한되지만 한편으
로는 그렇기 때문에 그 분야에서 유대인이 가진 힘이 더 크게 보이기도 한다.

유대인의 성공 요인은 무엇보다 교육이다. 유대인에게 교육은 하나의 신앙
적 의무다. 양질의 교육을 받을 수 없는 유대인 빈곤층에게 교육을 제공하는
것은 유대인 공동체의 의무이기도 하다. 이러한 교육적 수월성 덕분에 유대인

은 사업이나 전문직 진출에서 다른 종족에 비해 탁월한 성과를 낼 수 있었다.

이와 함께 비생산적인 전통 사업에 매이지 않고, 기존 지배층의 견제를 받지 않는 보다 생산적인 새로운 분야에 적극적으로 진출한 것도 유대인이 경제적으로 성공할 수 있었던 주요한 요인이다. 같은 맥락에서 임금노동자에 머물기보다 작더라도 위험 부담을 무릅쓰고 자신이 직접 경영하는 회사를 선호한 것도 성공의 중요한 요인이라고 할 수 있다.

반유대주의가 심각한 아르헨티나에서 유대인은 종교적 보수주의에 머물지 않고, 항상 유연한 입장에서 사회적 통합을 시도하거나, 필요할 경우 유대인 정체성을 과감히 포기했다. 이러한 유연한 입장은 아르헨티나의 유대인이 사회와 성공적으로 통합하는 데 중요한 역할을 했다.

마지막으로 공동체적 연대 의식 역시 유대인의 성공에 큰 기여를 했다. 유대인 공동체는 단순한 종교적 기관이 아니라 교육 및 사회복지 기관 역할을 했다. 이를 통해 유대인은 토지를 획득할 수 있었고, 필요한 자금을 구할 수 있었으며, 필요한 경우 교육을 받고 다양한 복지 혜택을 누릴 수도 있었다. 공동체적 연대야말로 유대인의 성공을 설명하는 마지막 요인임이 분명하다.

홍익희. 2013. 『유대인이야기: 그들은 어떻게 부의 역사를 만들었는가』. 행성비.

존슨, 폴(Paul Johnson). 2005. 『유대인의 역사 3: 홀로코스트와 시오니즘』. 김한성 옮김. 살림.

American Jewish Committee. 1960. "World Jewish Population." *American Jewish Year Book.* American Jewish Committee.

_____. 1970. "World Jewish Population." *American Jewish Year Book.* American Jewish Committee.

_____. 1984. "World Jewish Population." *American Jewish Year Book.* American Jewish Committee.

_____. 1995. "World Jewish Population." *American Jewish Year Book.* American Jewish Committee.

_____. 2005. "World Jewish Population." *American Jewish Year Book.* American Jewish Committee.

_____. 2012. "World Jewish Population." *American Jewish Year Book.* Springer.

Bircz, Julio. 2012. "Los judíos de hoy en la Argentina: Unas de cal y otras de arena." *Revista Piedra Libre*, February 1, No.52, pp. 8~9.

Catterberg, Edgardo and Nora Vanoli. 1994. *Argentine Attitudes toward Jews: Working Papers on Contemporary Anti-Semitism.* New York: The American Jewish Committee.

Della Pergola, Sergio. 2011. "¿Cuántos somos hoy? Investigación y narrativa sobre población judía en América Latina." Haim Avni, Judith Bokser Liwerant, Sergio Della Pergola et al(Coords.). *Pertenencia y alteridad. Judíos en/de América Latina: Cuarenta años de cambios.* Madrid: Iberoamericana, pp. 305~340.

_____. 2012. *World Jewish Population, 2012. CURRENT JEWISH POPULATION REPORTS.* Connecticut: Berman Institute – North American Jewish Data Bank.

Elkin, Judith Laikin. 1980. "Immigrants' Progress: The Socioeconomic Status of Jewish Communities Today." *Jews of the Latin American Republics.* Chapel Hill: The University of North Carolina Press, pp. 214~237.

_____. 2011. *The Jews of Latin America.* Ann Arbor, MI: University of Michigan Library.

Erdei, Ezequiel. 2011. "Demografía e identidad: A propósito del estudio de población judía en Buenos Aires." Haim Avni, Judith Bokser Liwerant, Sergio Della Pergola et al(Coords.). *Pertenencia y alteridad. Judíos en/de América Latina: Cuarenta años de cambios.* Madrid: Iberoamericana, pp. 341~363.

Feierstein, Ricardo. 2006. *Historia de los judíos argentinos, 3a. edición.* Argentina: Galerna.

Herszkowich, Enrique. 2003. *Historia de la comunidad judía argentina.* Buenos Aires: DAIA.

Jmelnizky, Adrián y Ezequiel Erdei. 2005. *La Población Judía de Buenos Aires: Estudio sociodemográfico.* Buenos Aires: AMIA.

Kligsberg, Bernardo. 1971. "La juventud judía en la Argentina." *Nueva Sión*, Informe Especial, septiembre.

Lewin, Boleslao. 1974. *La colectividad judía en la Argentina.* Buenos Aires: Alzamor Editores.

Metz, Allan. 1992. "Reluctant Partners: Juan Perón and the Jews of Argentina, 1946-1955." *Judaism*, September, pp. 378~394.

Schers, David and Hadassa Singer. 1977. "The Jewish Communities of Latin America: External and Internal Factors in their Development." *Jewish Social Studies*, Vol.39, Issue 3, Summer, pp. 241~258.

Segal, Bernard E. 1987. "Jews and the Argentine Center: A Middleman Minority." Judith Laikin Elkin and Gilbert W. Merkx(ed.). *The Jewish Presence in Latin America*. Winchester, MA: Allen & Unwin, pp. 201~217.

Shefler, Gil. 2011. 10.19. "Study reveals anti-Semitic sentiment in Argentine society." *The Jerusalem Post*.

Syrquin, Moshe. 1985. "The Economic Structure of Jews in Argentina and Other Latin American Countries." *Jewish Social Studies*, Vol.47, No.2, Spring, pp. 115~134.

Weisbrot, Robert. 1976. "Jews in Argentina Today." *Judaism*, September, pp. 390~401.

온라인 자료

Diario Popular. 2012. "Por primera vez, Argentina tiene en ejercicio una presidenta de origen judío." http://www.diariopopular.com.ar/notas/116432-por-primera-vez-argentina-tiene-ejercicio-una-presidenta-origen-judio

Halperin, Jorge. 2008. "La nueva derecha judía: Conversación con el rabino Daniel Goldman." *Página/12*, 27 de enero. https://www.pagina12.com.ar/diario/elpais/1-98057-2008-01-27.html

Joachim, M. 2009. "Los verdaderos dueños de Argentina." https://es.groups.yahoo.com/neo/groups/chile_l/conversations/messages/121158

Rein, Raanan .2010. "Perón fracasó en atraer el apoyo de sectores importantes de la comunidad judía argentina." http://www.espacioconvergencia.com.ar/2/index.php/comunitarias/1328-

The Guardian. 1999. "Jews targeted in Argentina's dirty war." http://www.theguardian.com/theguardian/1999/mar/24/guardianweekly.guardianweekly1

Wikipedia. "Law of Return." http://en.wikipedia.org/wiki/Law_of_Return

제8장 올리가르키아*에까지 진출한
브라질의 유대계

1. 브라질의 유대인

초기(1830~1889년)의 유대인 이민자: 세파르디,** 알자스로렌 지역 출신

독립 이후 페드로 1세 통치 아래의 브라질은 아메리카의 다른 스페인어 사용국에 비해 상대적으로 종교적 자유를 많이 허용했다. 브라질은 비록 로마 가톨릭을 국교로 삼았지만 헌법은 사적으로 다른 종교를 믿는 것을 허용했다. 또한 타 종교 신도 사이의 결혼도 허용되었다. 브라질은 농업의 다양성에 기여할 소규모 자작농을 육성하고, 브라질 인구의 백인화를 위해 유럽인의 이민을 적극적으로 받아들였다. 하지만 브라질의 노예제도 때문에 유럽인의 브라질 이주는 다른 스페인어 사용국에 비해 상대적으로 적었다.

따라서 이 시기에 브라질에 이주해 온 유대인은 많지 않다. 이때 들어온 유대인으로는 아프리카 모로코에서 아마존 지역으로 이주한, 스페인어를 사용

---

* '올리가르키아(oligarquía)'란 과두 지배층을 말한다.
** 이베리아 반도로 이주한 유대인의 후예. 스페인어의 방언인 라디노(ladino)를 사용한다.

하는 세파르디Sephardi가 있다. 아마존 지역에서 이들은 주로 수로를 이용한 상업을 통해 부를 축적할 수 있었다. 그들을 따라 아프리카, 시리아, 아라비아 등지의 세파르디들이 마나우스 같은 아마존 지역과 바이하, 세아라 같은 북동부 지역으로 들어왔다.

19세기 중반을 지나 동 페드로 2세 시대부터는 유럽의 유대인이 브라질로 이주하기 시작했다. 이 시기에 프랑스 알자스로렌 지방의 유대인은 주로 상파울루에 들어와 커피 농장을 운영했다. 리우데자네이루에 들어온 프랑스 유대인은 이 지역의 보석 거래를 지배했으며, 의약품, 사치재 등 다양한 물품의 수입을 주도했다. 유럽에서 온 유대인은 거주 지역의 정치에 적극적으로 참여했으며, 일부는 브라질 군부에 들어가기도 했다. 브라질은 아메리카의 다른 스페인어 사용국과 달리 군부에서도 유대인을 받아들였고, 이들은 군부 내 고위직까지 오를 수 있었다.

이 시기에 독일에서 온 유대인은 주로 양잠업이나 제조업, 건설업 등에 종사했다. 프랑스와 프러시아의 전쟁으로 알자스로렌 지역이 독일에 합병되자 이 지역의 보다 많은 유대인이 앞선 이민자와의 인연에 따라 브라질로 이주해 왔다. 이때 이미 상파울루의 유대인 정착지에 거주하는 유대인 수는 수백 명에 달했다. 이들은 주로 대학교수, 치과의사, 엔지니어, 예술가 등 전문직에 종사했으며, 브라질 사회에 문화적으로 동화되어 유대인 정체성을 포기했다.

이들 유대인이 브라질 사회에 문화적으로 동화된 것은 당시 지식인 사회에서 지배적이었던 실증주의 영향 때문이었다. 물질적인 번영을 위해 자본주의 발전에 호의적인 조건을 조성하는 것을 목표하는 실증주의는 교육을 통해 근대화된 기술 관료를 육성할 필요성을 강조했다. 동시에 반종교적인 실증주의는 국가와 교회의 분리, 종교의 자유 등을 주장했다. 이러한 지적 환경은 유대인에 우호적인 분위기를 형성했다. 이러한 분위기에서 유대인은 종교를 버리고 브라질 사회에 쉽게 동화되었다(Elkin, 2011: 43~44).

1889년에서 제1차 세계대전 이전 시기:

유대인 이민자의 비선호 이민국이었던 브라질

1890년대 유대인 이민은 수적으로 증가했고, 출신 지역도 다양했다. 이전 시기와 같이 북아프리카와 서유럽 출신 유대인도 계속 이주해 왔지만 그리스, 터키, 시리아, 레바논, 팔레스타인 같은 동부 지중해 연안 국가나 러시아를 비롯한 동유럽 국가의 유대인도 이주해 오기 시작했다. 이들은 이전의 이민자와 달리 상파울루, 리우데자네이루, 미나스제라이스 같은 도시에 자리 잡았다.

특히 1900년대에 들어 동유럽 출신 유대인의 이주가 본격화되었다. 이들은 주로 브라질 정부의 이주 계획에 따라 커피, 담배, 사탕수수 농장의 계약노동자 조건으로 들어왔다. 그러나 이들 대부분은 채무 노예노동 수준으로 매우 열악한 계약노동의 조건 때문에 농장에서 도망쳐 나와 행상에 종사하게 되었다. 이 시기에 동유럽 출신 유대인 여성은 주로 리오에서 매춘녀로 일하기도 했는데, 이는 아르헨티나 유대인의 매춘업 조직이 브라질로 진출한 결과다.*

일부 동유럽 출신의 아쉬케나지 가운데는 아르헨티나와 마찬가지로 JCA의 후원을 받아 이주해 온 사람도 있었다. 48가구 200여 명의 사람들이 브라질 남부 우루과이 국경 지역의 리오그란데도술 주에 마련된 정착지로 들어왔다. 이후 이들은 한 세대도 지나지 않아 주도인 포르토 알레그리로 이동해 행상인이 되거나 소규모 상점을 운영했다.

앞서 제7장에서 살펴보았듯이 JCA가 설립한 정착지는 비록 유대인 이민자에게 토지를 부여하는 등 여러 혜택을 부여했지만, 그곳의 삶은 농장에서의 채무 노예노동 수준보다 크게 나을 것이 없었다. 따라서 이 시기의 유대인은 브라질 정부의 희망과 달리 농촌 지역에 거주하기보다 대부분 도시로 나와 상업에 종사하게 되었다.

새로운 이민의 증가에도 불구하고 이 시기 브라질 유대인의 중심은 여전히

----

* 제7장 제4절 245쪽 '즈위 미그달'을 참고하라.

연도	이주 국가					
	미국	팔레스타인	아르헨티나	캐나다	남아공	브라질
1840~1880	200,000	10,000	2,000	1,600	4,000	500
1881~1900	675,000	25,000	25,000	10,500	23,000	1,000
1901~1914	1,346,400	30,000	87,614	95,300	21,377	8,750
1915~1920	76,450	15,000	3,503	10,450	907	2,000
1921~1925	280,283	60,765	39,713	14,400	4,630	7,139
1926~1930	54,998	10,179	33,721	15,300	10,044	22,296
1931~1935	17,986	147,502	12,700	4,200	4,507	13,075
1936~1939	79,819	75,510	14,789	900	5,300	10,600
1940~1942	70,954	35,000	4,500	800	2,000	6,000
합계	2,801,890	378,956	223,540	153,450	75,765	71,360

자료: Lestschinsky(1960: 1554).

북부나 북동부 지역의 세파르디였다. 특히 파라 주 벨렘 시에 있는 유대인 공동체에 소속된 사람들 수는 800여 명이나 되었다. 이후 아마존 지역의 주요 수익원인 고무 가격이 하락하면서 이 지역의 유대인도 리오나 상파울루 같은 대도시 또는 이웃한 베네수엘라의 카라카스 등으로 재이주할 수밖에 없었다.

어쨌든 이 시기(1901~1914년)에 유럽에서 브라질로 이주한 유대인 수는 약 8750명으로(〈표 8-1〉), 아르헨티나로 이주한 유대인 수 8만 7614명의 대략 10분의 1 수준이다. 1840년에서 1942년까지의 전체 이민자 수를 보더라도 브라질은 7만 1360명으로 아르헨티나의 22만 3540명의 3분의 1 수준에 불과하다. 이 시기 전 세계적으로 유럽 출신 유대인의 이주 국가 선호 순위에서 브라질은 미국, 팔레스타인, 아르헨티나, 캐나다, 남아공에 이어 6위를 차지한다.

상대적으로 느슨한 종교적 분위기와 유럽 출신 이민자를 끌어들이기 위한 국가 차원의 강력한 열망에도 불구하고 당시 브라질은 유럽 출신 유대인에게 상대적으로 덜 매력적인 곳이었다. 흑인 노예노동에 기반을 둔 재식농업의 유산이 남아 있던 브라질은 새로운 삶을 꿈꾸는 이민자에게 희망의 땅으로 보이지 않았던 것이다.

제1차 세계대전 이후 아쉬케나지의 이민: 유대인 이민의 중심국이 된 브라질

제1차 세계대전 이후 1925년까지 유대인의 절대적 다수는 미국을 향했다. 라틴아메리카 대륙에서는 아르헨티나가 유대인 이민자의 대부분을 흡수했다. 1921년부터는 미국이 이민법을 강화해 미국에 집중되던 유대인 이민자 일부가 라틴아메리카로 방향을 틀기 시작했다. 그런데도 이들 대부분은 차선책으로 아르헨티나를 선택했는데, 1921년에서 1925년 사이 약 4만 명의 유대인이 아르헨티나로 이주했다.

1924년부터는 아르헨티나도 이민을 제한했다. 이에 따라 유럽 출신 유대인 상당수가 브라질로 발길을 돌렸다. 따라서 1926년에서 1930년까지 브라질에 들어온 유대인 이민자 수는 2만 2296명으로 미국의 5만 4998명, 아르헨티나의 3만 3721명과 거의 비슷한 수준에 달했다(〈표 8-1〉). 이전 시기의 유대인 이민자들이 주로 세파르디였다면, 1920년대 브라질 유대인 이민자는 주로 폴란드, 우크라이나, 리투아니아, 베사라비아 등 동유럽 출신 아쉬케나지였다. 앞서 말했듯이 세파르디가 주로 아마존 지역으로 들어왔다면 이들은 주로 산업화가 시작되는 상파울루 같은 남동부 지역으로 이주해 왔다. 또 이전 시기의 유대인 이민이 개별적이고 산발적이었다면, 이 시기의 이민은 이민 기관의 지원에 따라 조직적으로 이루어졌다.

이들 대부분은 상파울루 시 동쪽의 봉 헤치루 구역에 정착했다. 이민 초기 이들의 삶은 매우 힘들었다. 당시 기록된 보고서에 따르면 이 구역에 거주하는 유대인 약 8천 명 가운데 90%가 매우 가난했으며, 열악한 주거 환경에서 살았고, 직업은 행상이었다. 1914년 이전 리우데자네이루에는 유대인 약 2천 명이 거주하고 있었는데 1920년대부터 폴란드 출신 유대인이 이 지역에 몰려들기 시작했다(Rozovsky Davidson, 1937: 23).

브라질은 아르헨티나에 비해 종교적으로 보다 관대했으며, 반유대주의도 거의 존재하지 않았다. 하지만 제툴리오 바르가스 정부가 들어선 1930년대부터 브라질의 이민정책에도 변화가 일어났다. 경제 근대화를 위해 유럽인 유입의 필요성을 강조했던 브라질은 이제 외국인의 사상적 영향력의 침투를 우려하면서 이들에게서 브라질 사회를 방어해야 한다는 입장을 취했다. 이러한 분위기는 이민정책에도 영향을 끼쳐 공산주의와 같이 '불건전한' 사상을 유입하는 것으로 의심받던 유대인의 이민이 제한되기 시작했다. 이에 따라 유대인의 브라질 이민도 1930년대 이래 전반적으로 감소하기 시작했다. 〈표 8-1〉에서 볼 수 있듯이 1931년에서 1935년 시기 브라질 유대인 이민자 수는 1만 3075명으로 전 시기의 2만 2296명보다 감소했다. 한편 같은 시기 아르헨티나의 유대인 이민자 수는 1만 2700명으로 급감했기 때문에 이 시기에 브라질로 들어온 유대인 이민자 수는 아르헨티나로 향한 유대인 이민자 수보다 더 많았다.

1930년대 유대인 이민의 특징은 나치의 박해를 피해 이주해 온 독일계 유대인이 많았다는 점이다. 이들 독일계 유대인은 대부분 제조업이나 상업 또는 전문직에서 숙련된 기술을 보유한 사람이었는데, 산업화가 시작되는 브라질에서 그들이 보유한 기술은 큰 이점으로 작용했다.

이들은 전통적 성향이 강한 동유럽 출신 유대인과 큰 차이를 보였다. 이들은 종교적으로 보다 자유로웠으며, 정치적으로도 시오니즘과 거리를 두었고, 문화적으로 브라질 사회에 동화되었다. 그들은 부유하든 가난하든 간에 봉혜치루에 거주하는 동유럽 출신 유대인을 멀리했으며, 삶이 아무리 힘들어도 폴란드계 유대인이 하는 매춘 같은 일에 빠져들지 않았다(Elkin, 2011: 94).

제2차 세계대전 이후 브라질이 이민법을 강화함에 따라 1956년까지 유대인의 이민은 단지 영주권을 가진 기존 이민자가 친지를 초청하는 소규모 수준에 머물렀다. 따라서 이러한 수준의 이민은 라틴아메리카 내 유대인 인구 증가에 큰 영향을 미치지 않았다.

최근 유대인의 브라질 이민: 중동전쟁을 피해온 세파르디

최근 브라질로 이민 온 유대인으로는 이집트에서 건너온 약 2만 명의 세파르디들이 있다. 1948년 이스라엘이 건국된 이후, 지속적으로 중동전쟁을 치르면서 이집트 정부는 자국에 거주하는 유대인을 억압했다. 이때 억압을 피해 약 2만 5천 명의 세파르디들이 이집트를 떠나게 되는데, 이들 중 약 2만 명이 브라질로 들어왔다. 이들은 프랑스어를 사용했는데, 프랑스어와 포르투갈어가 같은 라틴어 계통으로 유사성을 가지고 있었기 때문에 언어적으로 브라질 사회에 쉽게 적응할 수 있었다. 이 외에 이 시기에 이집트가 아닌 다른 중동 지역에 거주하던 유대인도 유사한 동기에서 비롯되어 브라질로 이주해 왔다. 이들은 주로 상파울루나 인접 항구도시 상투스에 정착했다.

중동 지역 출신 이민자 가운데는 포드나 필립스 같은 다국적기업에 종사했던 사람이 많았다. 이들은 브라질에 와서도 그러한 기업에 쉽게 들어갈 수 있었다. 의사, 엔지니어, 약사 같은 전문직 종사자도 현지에서 자격증을 다시 인증받아 동일한 분야에서 일할 수 있었다. 그렇지 못한 사람은 섬유 공장 같은 곳에서 일하면서 짧은 시간 안에 안정적인 기반을 마련할 수 있었다.

이들 중동 출신 세파르디 사이에는 현재 브라질 유대인 가운데 최고 부자인 조제프 사프라Joseph Safra와 모이제 사프라Moise Safra 형제,* 그 외 에드뭉두 사프디Edmundo Safdi 등이 있다.

브라질의 유대인 수: 전체 인구의 0.05%

미국유대인위원회의 평가에 따르면 2012년 1월 1일 기준 브라질의 핵심적 유대인 수는 9만 5300명이다. 브라질의 유대인 인구는 중동 세파르디의 이주에 따라 1967년 14만 명으로 정점에 이르렀다. 이후 1980년대 10만 명 수준으

---

* 사프라 형제는 중동의 레바논 베이루트 출신 유대인이다. 따라서 간혹 출신 지역에 따라 레바논계에 포함되기도 한다.

<표 8-2> 전 세계 핵심적 유대인 인구(2012)

국가	전체 인구(명)	핵심적 유대인 인구(명)	전체 인구에서 차지하는 비중(%)
이스라엘	7,837,500	5,901,100	74.32
미국	311,700,000	5,425,000	1.74
프랑스	63,340,000	480,000	0.76
캐나다	34,500,000	375,000	1.09
영국	62,920,000	291,000	0.46
러시아	142,800,000	194,000	0.14
아르헨티나	40,500,000	181,800	0.45
독일	81,800,000	119,000	0.15
오스트레일리아	22,700,000	112,000	0.49
브라질	196,700,000	95,300	0.05
남아공	50,500,000	70,200	0.14
우크라이나	45,700,000	67,000	0.15
헝가리	10,000,000	48,200	0.48
멕시코	114,800,000	39,200	0.03
벨기에	11,000,000	30,000	0.27
네덜란드	16,700,000	29,900	0.18
이탈리아	60,800,000	28,200	0.05
칠레	17,300,000	18,500	0.11

자료: Della Pergola(2012: 23).

로 감소하고, 1991년 8만 6416명까지 감소했다가, 다시 조금씩 증가해 2000년 8만 6828명에 이어, 2003년 9만 7천 명에 이르렀다. 그 후 다시 조금씩 감소해 현재는 9만 5300명 수준이다. 어쨌든 아르헨티나의 유대인 인구가 1967년 45만 명 수준에서 2012년 18만 1800명으로 급감한 것과 달리 브라질의 유대인 인구는 상대적으로 안정적이라고 할 수 있다(Della Pergola, 2012: 45).

이는 〈표 8-2〉에 나타난 것처럼 세계에서 핵심적 유대인 인구로는 순위가 열 번째이고, 라틴아메리카에서는 아르헨티나 다음으로 많다. 하지만 전체 인

제2부 라틴아메리카의 유대계

구에서 차지하는 비중은 0.05%로 〈표 8-2〉에 등장하는 국가 사이에서는 멕시코(0.03%) 다음으로 낮다.

브라질에서 유대인은 최대 도시인 상파울루에 약 절반인 4만 7286명이 살고 있고, 다음으로 리우데자네이루에 2만 5천~3만 명 정도, 세 번째로 남부의 히우그란지두술의 포르투 알레그리에 대략 1만~1만 2천 명 정도가 살고 있다. 이 외에도 유대인은 주로 미나스제라이스 주 벨로 오리존치, 남부 파라나 주 쿠리티바, 상파울루 주 상투스 등 주로 남부와 남동부 지역 대도시에 몰려 있다. 초기 이민자가 정착한 북부와 북동부 지역에는 헤시페 정도에 소수의 유대인이 거주하고 있을 뿐이다(Lesser and Reîn, 2008: 17~18).

2. 브라질 유대인의 영향력

20세기 초반 브라질로 이주한 유대인은 유럽에서 매우 불안정한 삶을 살던 사람들로, 대부분 거의 밑천 한 푼 없이 넘어왔다. 하지만 이들은 두 세대가 채 지나기 전에 대부분 경제적 부를 획득했을 뿐만 아니라 문화적·정치적으로도 브라질의 엘리트 사회에 진입할 수 있었다. 심지어 유럽에서는 단지 소수의 유대인만이 상류사회에 진입하고 나머지 다수는 사회 계층의 아래쪽에 머물렀던 것에 비해 브라질에서 유대인은 대부분 사회의 상류층에 오를 수 있었다. 이는 아르헨티나의 유대인이 경제적 성공에도 불구하고 사회적으로 상류사회에 진입하지 못해 중산층으로 남아 있는 것과도 비교된다. 따라서 브라질에서 유대인의 성공은 다른 어떤 라틴아메리카 국가에 비해서도 더 두드러진다고 할 수 있다.

브라질의 사회과학자 래트너는 브라질 유대인의 사회적·경제적 신분 이동에 대한 연구에서 소득, 교육 수준, 직업, 소비 패턴 등으로 볼 때 1970년대 말 브라질 유대인의 약 3분의 2가 상류층(개인소득과 국가 부의 약 50%를 차지하면

서 국가의 경제적·정치적 상황을 결정하는 엘리트 계층의 5%)에 속한다고 분석했
다(Rattner, 1987: 193).

나아가 브라질의 유대인은 문화 분야에서도 두드러지는데, 이는 단지 유대
인만을 위한 영역이 아니라 브라질 문화의 주류 영역에서 이루어낸 성과다.
정치적 영역에서도 유대인은 중앙정부는 물론이고 지방정부의 고위직에 올랐
을 뿐만 아니라 하원, 상원, 주의회, 시의회 등에 의원으로 선출되었다. 또한
아르헨티나와 달리 브라질의 유대인은 군부에서도 고위직에 오를 수 있었다.
이는 그들이 브라질 올리가르키아의 동맹자로서 또는 지지자로서 지배 권력
구조에 완전히 통합되었다는 것을 의미한다(Rattner, 1987: 199).

1) 경제적 영향력: 브라질의 과두 지배층에 진입한 유대계

클라빙-라페르 가문

초기 이민자들 가운데 가장 성공한 사람으로는 모세 에우카낭 라페르Moshe
Elkhanan Lafer가 있다. 리투아니아 출신 유대인으로 러시아제국의 억압을 피해
1885년 25세의 나이로 이민을 떠난 그는 영국을 거쳐 1889년 브라질 상파울
루에 도착했다. 마우리시우 클라빙Mauricio Klabin이라는 이름으로 개명한 그는
인쇄소 직공으로 출발해 현재 제조업, 상업, 농업, 부동산 등에 걸친 거대 기
업인 클라빙Klabin S. A.을 이룩했다.

그는 자리를 잡은 이후 일가친척을 브라질로 불러 모았는데 그중 일부는 클
라빙 성으로 바꿨고 일부는 라페르 성을 유지했다. 따라서 그의 가문은 클라
빙-라페르 가문으로 불린다. 일가친척 중에서 일찍 아버지를 여의고 삼촌인
마우리시우 집에서 아들처럼 살았던 조카 울프 클라빙Wolf Klabin은 1934년 파
라나 주에 제지 회사 인두스트리아스 클라빙 두 파라나Indústrias Klabin do Paraná
를 설립했다. 이 회사는 현재 라틴아메리카 최대의 종이·셀룰로스 제조 회사
로 성장했다. 그 외 클라빙 가문은 자동차 부품 회사 메타우 레비Metal Leve와

다이너스 신용카드, 클라빙 세라믹 등을 운영하고 있다.

이들은 경제적으로 성공했을 뿐만 아니라 문화 자선사업 등에서도 널리 이름이 알려져 있다. 또한 정치적으로도 성공했다. 친척 가운데 오라시우 라페르Horácio Lafer는 세 차례나 국회의원으로 선출되었으며, 헤툴리오 바르가스 정부에서 재무부 장관을, 쿠비체크 정부에서 외교부 장관을 지냈다. 또 그의 사촌 세우수 라페르Celso Lafer는 1991년 콜로르 지 멜로 정부와 엥히케 카르도수 정부에서 외교부 장관을 지냈다. 또 다른 친척인 이스하에우 클라빙Israel Klabin은 리우데자네이루 시장에 선출되었다. 이렇듯 클라빙-라페르 가문은 브라질에서 부와 권력을 모두 가진 가문으로 성장했다.

클레인 가문

클레인 가문의 최근 인물로는 폴란드 출신 이민자 후손인 사무에우 클레인Samuel Klein이 있다. 그는 브라질 최대의 소매 유통업체 카자스 바이아Casas Bahia를 운영하고 있다. 1952년 브라질로 이주한 그는 행상으로 시작해 거대 유통 기업을 이룩했다. 그는 대량 창고형 슈퍼마켓 전략을 펼쳐 브라질의 샘 월튼Sam Walton으로 불리기도 했다. 2013년 ≪포브스≫는 클레인 가문을 브라질 부자 순위에서 48위로 평가했고, 브라질의 인터넷 그룹 iG*는 그를 브라질의 가장 영향력 있는 인물 60인 가운데 19위로 선정했다.

미게우 크리그스네

나치 독일의 억압을 피해 볼리비아로 이주한 유대인 후손 미게우 크리그스네Miguel Krigsner는 브라질에서 남미에서 두 번째로 큰 화장품 회사 오 보치카리우O Boticário를 설립했다. 또한 그는 브라질 주요 환경 NGO 가운데 하나인 자연보호재단Fundação de Proteção à Natureza을 설립하기도 했다. 현재 그는 브라질

---

*   https://www.ig.com.br/

국적을 가지고 있으며, ≪포브스≫ 선정 브라질 부자 21위에 올라 있다.

에두아르두 사베링

에두아르두 사베링Eduardo Saverin은 페이스북 공동설립자이자 재정 담당 최고경영자CFO를 맡고 있다. 상파울루 태생이나 미국 국적을 가지고 있다. 현재는 미국 국적을 포기하고 싱가포르 영주권을 획득했다. 그는 ≪포브스≫ 선정 브라질 부자 순위 10위에 올라 있다.

제르망 에프로모비치

폴란드계 유대인 이민자 후손인 제르망 에프로모비치German Efromovich는 볼리비아 태생이나 브라질 국적을 취득했다. 14세이던 1964년부터 브라질 상파울루에 거주하면서 백과사전 판매원으로 시작해 에너지와 항공업 부문에서 거대 제국을 건설했다. 에너지 부문에서는 시너지 그룹Synergy Group을 보유하고, 항공업 부문에서는 콜롬비아 국영 항공사 아비앙카Avianca를 인수해 유명해졌다. 최근 아비앙카는 타카Taca와 합작해 현재 라틴아메리카에서 칠레-브라질 합작 항공사인 라탐LATAM 그룹에 이어 두 번째 위치를 차지한다. 현재 그는 에너지와 항공 산업을 넘어 전력, 조선, 의료 산업으로 사업 영역을 확장하고 있다. 룰라 대통령이 공부한 것으로 유명해진 학교 상 베르나르두 지 캄푸São Bernardo de Campo도 그의 소유다.

히카르두 셈레르

최근 주목받는 젊은 유대인 경영인으로는 히카르두 셈레르Ricardo Semler가 있다. 1959년 상파울루 태생인 그는 현재 산업기계를 생산하는 셍쿠Semco S. A.를 운영하고 있다. 셍쿠는 기업 조직과 산업 민주주의에서 급진적인 개혁을 실현하면서 유명해졌다. 그의 개혁적인 경영 방식은 세계적인 이목을 끌었다. 미국 시사 주간지 ≪타임Time≫은 그를 세계 100대 청년 리더로 선정했으며,

월스트리트 저널의 중남미판 ≪아메리카 에코노미아América Economia≫는 그를 1990년 올해의 라틴아메리카 기업인으로 선정하기도 했다. 그의 책『너의 테이블을 돌리면서Virando a Própia Mesa』는 브라질 역사상 비소설 부문 최대 베스트셀러가 되었으며, 영어판 번역본『마베릭Maverik』은 세계적인 베스트셀러가 되기도 했다.

사프라 가문

브라질의 유대인 기업인 가운데 가장 주목해야 할 사람들은 누구보다 사프라 가문이다. 현재 사프라 가문의 리더인 조제프Joseph는 ≪포브스≫ 선정 브라질 부자 순위 2위이자, 세계 순위 61위에 올라 있다. 사프라 가문의 뿌리는 시리아 알레포 시에서 시작된다. 사프라 가문은 상업적·금융적 재능을 발휘해 19세기에 이미 레바논의 베이루트, 터키의 이스탄불, 이집트의 알레산드리아 등에 지점을 둔 중동 지역 최대의 금융 제국을 건설했다.

조제프의 부친인 자코브Jacob는 초기에 레바논에 사무실을 개설했다. 자코브의 아들 4명 가운데 리더는 둘째인 1933년생 에드몬드Edmond였다. 그는 16세가 되던 1948년 사업 확장을 위해 이탈리아로 건너갔다가 1951년 이스라엘 건국으로 반유대주의가 심해지자 브라질로 이주했다. 처음에 그는 건축자재 수입업에 종사하다가, 1957년 가문의 전통을 이어받아 브라질에 사프라 은행Banco Safra을 설립하고 금융업에 뛰어들었다. 이후 1962년 자신의 몫을 동생들인 조제프와 모이제Moise에게 매각하고 유럽의 스위스로 재이주했다. 스위스에서 은행을 설립한 에드몬드는 그 후 1966년 뉴욕에 뉴욕 리퍼블릭 내셔널 뱅크Republic National Bank of NY를 설립했는데, 당시 미국에서 20위권 안에 드는 규모였다. 특히 리퍼블릭 은행은 금으로 명성을 쌓았는데, 국제 금시장에서 로스차일드 가문과 같은 수준의 영향력을 발휘했다. 리퍼블릭 은행은 미국과 유럽에 거주하는 유대인 백만장자들을 상대로 하는 프라이빗 뱅크 위주의 경영으로 잘 알려져 있다. 또한 사프라 가문의 금융기관은 세계에서 가장 영향력 있는 부자들의 돈을 관리하는 것으로 잘 알려져 있다. 이에 따라 한때 에드몬드는 비공식적으로 세계 제1 부자로 간주되기도 했다. 이후 파킨스 병을 앓게 된 에드몬드는 1999년 미국의 리퍼블릭 은행과 유럽의 사프라 리퍼블릭 지주회사Safra Republic Holding를 HSBC에 매각했다. 같은 해 에드몬드가 사망하자 유산은 그의 미망인인 브라질 기업가 집안 출신 릴리 사프라에게 상속되었다. 이로써 한때 그녀는 세계 10대 여성 부자에 선정되기도 했다.

에드몬드의 사후 그의 동생인 조제프와 모이제가 가업을 이어갔다. 그들은 브라질 10대 은행에 속하는 방코 사프라Banco Safra를 소유했으며, 인터넷 은행에도 주목해 사프라 넷 뱅킹Safra Net Banking을 설립하기도 했다. 해외에서는 이스라엘 4대 은행 가운데 하나인 퍼스트 내셔널 뱅크The First National Bank의 최대 주주이며, 뉴욕에서는 사프라 내셔널 뱅크Safra National Bank를, 유럽에서는 룩셈부르크에서 사프라 은행Banque Safra-Luxemburg을 운영하고 있다. 이들 은행은 리퍼블릭 은행과 마찬가지로 부자들만 상대하는 프라이빗 뱅크로 세계 부호들의 음성적·양성적 돈을 관리한다. 뉴욕의 사프라 내셔널 뱅크는 현재 조제프의 아들 자코브Jacob가 운영하고 있다. 펜실바니아 대학교 와튼 스쿨을 졸업한 그는 그룹의 미래를 이끌 지도자로 간주된다(Boechat, 2003: 99~108).

사프라 가문은 금융을 넘어 제조업에도 진출했다. 사프라 그룹Grupo Safra은 아라크루스 셀룰로스Aracruz Celulose를 설립해 유칼립투스 나무에서 추출한 원료로 만드는 셀룰로스의 세계 최대 생산자가 되었다. 그 외 이동통신업에도 진출해 북동부 지역의 BSE와 상파울루의 BCP를 운영하기도 했다.[*]

조제프의 여동생인 에브린Evelyn의 아들 나세르Nasser는 20년 동안 삼촌과 함께 일한 후 독립해 1990년 방코 엑셀Banco Excel을 설립했는데, 이를 브라질 10대 은행으로 성장시키기도 했다.[**] 결론적으로, 브라질에서 유대계의 수적 비

----

[*] 최근 사프라 그룹은 이동통신 사업을 카를로스 슬림의 아메리카 모빌에 매각했다.
[**] 방코 엑셀은 1998년 브라질 헤알화 위기 때 파산 위기를 맞아 스페인의 방코 빌바오 비스카

<표 8-3> 브라질의 대표적인 유대계 기업인

이름	주요 이력
클라빙-라페르 가문	- 라틴아메리카 최대의 종이·셀룰로스 제조 회사 포함 복합 제조 그룹 '클라빙사' 운영
사무에우 클레인	- 브라질 최대 소매 유통업체 '카자스 바이아' 운영 - 브라질에서 가장 영향력 있는 인물 18위
미게우 크리그스네	- 남미에서 두 번째 규모의 화장품 회사 '오 보치카리우' 운영 - 브라질 부자 순위 21위
에두아르두 사베링	- 미국 페이스북 공동 창업자, CFO - 브라질 부자 순위 10위
제르망 에프로모비치	- 에너지 기업 '시너지 그룹' 운영 - '아비앙카'를 인수해 중남미에서 두 번째로 큰 항공사로 육성
히카르두 셈레르	- 산업기계 생산 기업 '셍쿠' 운영 - ≪타임≫ 선정 세계 100대 청년 리더
사프라 가문	- 브라질의 '방코 사프라', 뉴욕의 '사프라 내셔널 뱅크' 등 세계 각지에 금융기관을 보유한 국제적인 금융 재벌 - 브라질 부자 순위 2위, 세계 순위 61위 - 최근 제조업과 통신업에도 진출

중은 아르헨티나에 비해 훨씬 작기 때문에 이들이 국가 전체에서 차지하는 영향력은 아르헨티나보다 떨어질지 모르지만, 상류층에 진입한 사람의 비중만을 놓고 보면 아르헨티나 유대계보다 브라질 유대계의 비중이 훨씬 더 크다.

2) 정치적 영향력: 인구 비중에 비해 높은 정치적 참여

유대계의 정치적 진출의 한계

라틴아메리카라는 정치 공간에서 유대계가 영향력을 행사하는 것은 쉬운 일이 아니다. 라틴아메리카에서 선거는 제대로 이루어지지 않고, 형식적으로

야(Banco Bilbao Vizcaya)에 매각되었다.

시행되는 경우에도 개인이나 소규모 그룹의 자격으로는 선거에 참여하는 것이 쉽지 않다. 따라서 어떤 나라 또는 어떤 지역에서도 수적으로 의미 있는 그룹이 아닌 유대계가 선거에서 효과적인 성과를 거두기는 쉽지 않다. 이익 단체에서도 기업인 연합을 제외한 군부, 지주 연합, 노조, 교회, 농민 조합 같은 조직에서 유대계는 거의 영향력을 가지고 있지 않다.

특히 이민 초기에 좌파 사상을 가졌던 브라질 유대인 상당수는 농민, 노동자와 연결 고리가 부족했기 때문에 그들이 가졌던 좌파 사상을 현지 노동자와 농민에게 쉽게 전파할 수 없었다. 이후 브라질에서 유대계는 중산층, 상류층으로 되어가는 상황에서 좌파 또는 포퓰리스트와 점차 멀어지기 시작했다. 심지어 유대인 정체성을 포기한 좌파 지식층 청년 유대인조차 기존 좌파에 의해 잘 받아들여지지 않았다.

고위 관직에 오른 유대계

정치적 지배층으로 향한 브라질 유대계의 진출은 상대적으로 활발했다. 라틴아메리카에서 유대인에게 가장 개방적이었던 브라질의 경우 경제적으로 성공한 라페르, 클라빙, 모제스, 블로흐Bloch, 레비Levy 가문의 사람들이 정치적으로도 장관이나 대통령 보좌관, 국영은행장 등으로 많이 등용되었다. 앞서 살펴본 대로 라페르 가문의 경우 오라시우는 쿠비체크 정부에서, 세우수는 콜로르 데 멜로 정부와 카르도수 정부에서 각각 외교부 장관을 지냈다. 또한, 경제적으로 성공한 가문 출신은 아니지만 폴란드 출신 유대인 후손인 벤자민 짐레르Benjamin Zymler는 2001년부터 브라질 감사원장직을 맡았다. 물리학자로 상파울루 대학 총장을 역임한 조제 골뎀베르그José Goldemberg는 교육부, 과학기술부, 환경부 장관을 모두 역임했다.

군부의 유대계

특이한 것은 정부 관료나 국가기관뿐만 아니라, 가장 보수적인 군부의 고위

장성으로도 유대인이 받아들여졌다는 점이다. 이는 군부와 대립 관계에 있던 아르헨티나 유대인과 가장 큰 차이점이다. 군부에서 가장 두드러지는 인물로는 육군 원수 (5성 장군에 오른) 발데마르 레비 카르도수Waldemar Levy Cardoso를 들 수 있다. 그른 알제리-모로코 출신 세파르디 유대인 후손으로 제2차 세계대전에서 연합군 일부로 참전한 브라질의 부대를 이끌었다. 이후 가톨릭으로 개종했으며, 퇴역 후에는 페트로브라스의 사장에 올랐다. 그는 브라질 군부의 가장 상징적인 인물 중 한 명이다.

아브라함 벤테스Abraham Bentes 또한 모로코 출신 세파르디 유대인 후손으로 육군 대장 4성 장군의 지위까지 올랐으며, 군 감찰감을 지냈다. 그 외에도 육군 장성까지 오른 유대인으로는 모이제스 차혼Moyses Chahon과 사무에우 키시스Samuel Kicis 등이 있다. 이렇듯 브라질에서 유대인은 군부에서 차별을 받기는커녕 최고위직까지 오를 수 있었다. 하지만 이들은 대부분 제2차 세계대전에 참전한 과거의 사람들이며, 최근 군부 내에서 부각되는 유대인은 없다.

선출직 유대인

정계에서도 하원의원을 비롯해 주의원, 시의원 등으로 활동한 유대인이 적지 않았다. 브라질 정계에서 가장 돋보이는 인물은 자이미 레르네르Jaime Lerner다. 폴란드 출신 유대인 후손으로 건축가이자 도시계획가인 그는 도시 건설 부문에서 탁월한 업적을 인정받아 1971년, 1979년, 1989년 세 차례에 걸쳐 쿠리치바 시장으로 당선되었으며, 나아가 1995년과 1999년에는 쿠리치바 시가 속한 파라나 주의 주지사로 두 차례 선출되었다. 그는 세계적으로 저명한 인물로 전 세계의 많은 도시 건설에 참여했는데, 대표적으로 콜롬비아 보고타의 트랜스밀레니오 교통 시스템이 그의 작품이다. 그는 2002년 세계건축가협회 회장으로도 선출되었다.

유대계 좌파 정치인

아르헨티나와 마찬가지로 브라질에도 유대계 좌파 정치 활동가가 적지 않았다. 대표적으로 폴란드 유대인 이민자 후손으로 대학 시절 트로츠키파 학생 운동을 주도하고, 1960년대 군사정권 반대 운동을 전개했던 클라라 안트Clara Ant가 있다. 그녀는 노동자당PT 소속으로 당의 재정 담당을 거쳐 룰라 대통령의 개인 보좌관을 지냈다. 사회학자로 브라질 여성 인권운동의 선구자로 간주되는 에바 알트만 블레이Eva Altman Blay는 브라질사회민주당 소속으로 브라질 최초의 여성 상원의원이 되었다. 우크라이나 출신 유대인 이민자 후손 레온시우 바스바움Leoncio Basbaum은 브라질 공산당 소속으로 브라질에서 가장 권위 있는 마르크스주의 역사가다. 독일 국적의 유대인 올가 베나리오 프레스테스Olga Benário Prestes*는 공산당 활동가로, 브라질 공산당 운동의 최고 지도자에 속하는 루이스 카를로스 프레스테스Luís Carlos Prestes의 아내이자 조력자로 활동하다가 1936년 체포되어 추방된 후 1942년 나치 수용소에서 사망했다.

폴란드 출신 유대인 이민자 후손인 마우리시우 발드만Mauricio Waldman은 브라질 환경운동의 선구자이자 브라질 아프리카학의 최고 권위자로 간주된다. 심리학자였던 야라 야벨베르그Yara Yavelberg는 군사정권에 반대하는 저항운동을 주도했다. 그녀는 군사정권 시절에 자살했다고 알려졌으나 최근 정부 요원에 의해 살해된 것으로 판명되었다. 역시 군사정권에 반대하는 저항운동에 참여했던 호세프 전 대통령은 당시 그녀의 친구였다. 호세프는 대통령 취임식에서 그녀에게 헌사를 바치기도 했다. 또한 상파울루 대학 심리학연구소는 그녀의 이름을 딴 연구 센터를 건립하기도 했다.

물론 브라질의 유대인은 아르헨티나의 유대인처럼 의미 있는 정치적 힘을 가지고 있지 않다. 하지만 브라질의 유대인이 전체 인구의 약 0.05%라는 사실을 감안하면 정치 영역에서 이루어진 이들의 성과는 결코 작은 것이 아니다.

---

* 해당 인물에 대한 자세한 설명은 496쪽 부록에 있는 영화 〈올가(Olga)〉의 내용을 참고하라.

이름	주요 이력
오라시우 라페르, 세우수 라페르	- 외교부 장관
발데마르 레비 카르도수	- 육군 원수, 페트로브라스 사장 - 브라질 군부의 상징적 인물
자이미 레르네르	- 쿠리치바 시장, 파라나 주지사
에바 알트만 블레이	- 브라질 최초 여성 상원의원, PSDB 소속

3) 문화적 영향력

언론 분야

1932년 우크라이나 키에프에서 이주해 온 아돌프 블로흐Adolpho Bloch는 브라질의 가장 영향력 있는 주간지 가운데 하나인 《만체테Manchete》를 소유하고 있다. 이 외에도 그는 잡지 25종과 라디오 방송국 6개, 텔레비전 채널 1개로 이루어진 방송사 레데 만체테Rede Manchete*를 소유한 브라질 방송 언론계의 가장 영향력 있는 인물에 속했다. 그의 오촌 조카 조나스 블로흐Jonas Bloch와 조나스의 딸 데보라Débora는 브라질의 유명 배우다.

문화·예술 분야: 〈거미 여인의 키스〉 영화감독 엑토르 바벤쿠

문화 분야에서 브라질의 유대인은 아르헨티나에 비해 상대적으로 영향력이 작아 보인다. 하지만 문학비평, 언론, 연예, 무용, 음악, 패션 디자인, 철학, 심리학 등에서 탁월한 인물을 많이 배출했다. 그중 가장 널리 알려진 인물로는 우리도 잘 아는 영화 〈거미 여인의 키스Kiss Of the Spider Woman〉**의 감독 엑토르 바벤쿠Hector Babenco가 있다. 그는 모친이 폴란드 출신 유대인 이민자로, 아

---

* 레데 만체테는 1999년 운영 위기로 텔레테베(Teleteve)사에 매각되었다.
** 해당 영화와 관련한 자세한 내용은 496쪽 부록을 참고하라.

이름	주요 이력
아돌프 블로흐	- 브라질의 가장 영향력 있는 주간지 ≪만체테≫ 운영 - 방송사 '레데 만체테' 운영
엑토르 바벤쿠	- 〈거미 여인의 키스〉 영화감독

르헨티나에서 태어났으나 브라질 국적을 취득했다. 또한, 모이제스 바움스테인Moisés Baumstein은 홀로그램에 관심이 많은 영화감독으로 과학과 예술의 접목을 시도한 업적 덕분에 브라질의 '르네상스 맨'으로 간주된다.

3. 브라질 유대인의 성공 요인

1) 브라질 유대인의 직업 구조

초기 이민자: 상업과 수공업에 종사

브라질로 이주한 초기 이민자들 중에는 농업에 종사하는 사람들이 적지 않았다. 그러나 농촌에 남거나 뒷날 다시 토지를 매입해 농업 부문에서 성공을 거둔 일부 유대인이 존재하는 아르헨티나와 달리 오늘날 브라질에서 농업에 종사하는 유대인은 거의 없다. 이민자로서 토지 획득을 위한 다양한 정치적·법적 제한이 있었고, 토지 역시 소수의 지주에게 집중되어 있었으며, 무엇보다 농업 부문의 생산성이 낮았기 때문에 진취적 성향의 유대인이 농업에 종사하는 것은 적절한 선택으로 간주되지 않았다.

초기 유대인 이민자 대부분은 도시에 거주하거나 지방에 거주하더라도 주로 행상 같은 상업이나 소규모 수공업에 종사했다. 수공업에 종사하는 유대인은 주로 아르헨티나에서처럼 유럽에서 획득한 기술을 활용해 가구 제조업, 재봉사, 제화공, 일반 가정용품 제조업, 시계공, 화장품 제조업자, 재단사, 이발사 등으로 일했다.

산업화 과정에서 제조업을 통해 상류사회 진입

브라질에서 유대인의 경제적 부상은 산업화 시기에 들어서면서 시작되었다. 농업 사회에서 제조업 사회로 향한 이전은 많은 사회적 변화를 가져왔다. 새로운 직업이 창출되었고 많은 일자리가 생겼다. 이는 많은 사람에게 신분 상승을 위한 무한한 기회를 제공했다. 그렇지만 브라질 사람 모두 이런 기회를 성공 발판으로 삼을 수 있었던 것은 아니다. 1950년대 이후 놀라운 경제 성장에도 불구하고 다수의 브라질 사람은 여전히 빈곤층에서 벗어나지 못했다.

급속한 경제적 팽창의 시기를 맞은 브라질 사회는 숙련된 노동력과 경영 능력을 가진 사람들, 효율적인 기업인과 상인을 필요로 했다. 이런 상황에서 역사적 전통과 고등 교육을 통해 적합한 자질을 보유한 유대인은 기회를 포착해 경제적 성공을 이루고 사회적으로 상류사회에 진입할 수 있었다.

제조업과 상업은 농업과 전통이 지배하는 경제사회구조에서 이민자의 사회적 신분 상승을 가능하게 하는 유일한 길이었다. 상파울루의 경우 조사 대상 기업 204개 가운데 172개, 즉 84.3%의 소유주가 이민자 또는 2세대 내의 이민자 후손이었다. 그중 약 22.7%가 중부 유럽(독일, 오스트리아, 체코슬로바키아, 헝가리 또는 동유럽 폴란드, 러시아, 루마니아) 출신 이민자였다. 중부 유럽이나 동부 유럽 이민자들 사이에서 유대인 비중이 매우 높았다는 점을 고려하면 브라질 산업화 과정에서 유대인의 참여 정도는 매우 높았던 것으로 짐작할 수 있다(Bresser Pereira, 1964: 94~95).

브라질로 이주하기 전 유대인은 주로 산업노동자, 수공예업자 또는 소규모 상인이었고, 일부는 부유한 계층의 은행인, 법률가였으며 다른 전문직에 종사하기도 했다. 따라서 이들에게 이민은 새로운 삶의 희망인 동시에 어떤 이들에게는 특권적인 삶의 상실이기도 했다. 어쨌든 브라질에 도착한 유대인 이민자는 대부분 상인이나 기업인 또는 전문 직업인으로서 성공의 길로 나아갈 수 있었다.

1930년대 이후 브라질 산업의 지속적인 발전은 이민자의 성공을 보다 쉽게 만들었다. 이민 오기 전 도시 환경에서 살았던 유대인은 산업사회에 쉽게 적응했다. 특히 제2차 세계대전 발발과 함께 나치의 탄압을 피해 독일에서 건너온 유대인이 산업화 과정에서 두각을 나타냈다. 이들은 대부분 유럽에 거주할 당시 제조업 부문에서 풍부한 사업 경험을 가진 사람들로서 브라질 산업의 활성화 시기와 맞물려 자신들의 경험을 충분히 발휘할 수 있었다. 유럽보다 공장 건설 등에 초기 자본이 훨씬 적게 드는 것도 큰 장점이었다.

브라질인 특유의 인종적인 관대함 또한 유대인의 사업적 성공에 중요한 요인이 되었다. 브라질 신흥 중산층은 유대인을 기꺼이 사업 파트너로 삼았다. 따라서 유대인은 브라질의 산업화 과정에서 섬유와 패션, 건축자재, 전기 설비 자재 분야 등에서 두각을 나타내기 시작했다. 또한 엘리베이터, 자기 배관 설비 자재, 종이, 신문 인쇄용지 등이 유대인에 의해 브라질에서 최초로 생산되기 시작했다. 심지어 건축 부문에서 유대인은 브라질 최초로 국내에서 생산되는 자재만을 이용해 3층 이상의 건물을 건설하기도 했다.

1964년 군부에 의해 시작된 브라질 경제의 '기적'은 자본주의 발전에 호의적인 환경을 제공했다. 이런 환경에서 유대인 기업인은 다른 라틴아메리카 국가의 유대인에 비해 가장 큰 성공을 거두었다. 놀라울 정도로 번영을 누린 브라질 유대인 기업가들의 경제적 성공은 1964년 군사정부의 산업화 정책과 함께 시작되었다고 해도 과언이 아니다.

경공업을 넘어 중공업으로 진출

여기서 한 가지 흥미로운 점은 주로 소비재 경공업에 머물렀던 아르헨티나 유대인과 달리 브라질의 유대인은 중공업 부문에도 적극적으로 진출해 성공을 거두었다는 것이다. 이는 자본재와 중간재 산업에서 동력이 부족한 아르헨

티나와 달리 브라질에서 중공업의 미래는 밝았기 때문이다. 브라질의 유대인
은 이런 경제적 기회를 적극적으로 포착했다. 이러한 경향은 중공업에 진출하
는 데 종족적 차별이 없던 멕시코에서도 똑같이 나타난다(Syrquin, 1985: 129).

이렇듯 유대인은 아르헨티나에서와 마찬가지로 산업화 과정에서 기존의 지
배층이 관심을 가지지 않는, 또 유럽에서의 풍부한 경험을 가지고 있는 영역
에 적극적으로 진출해 경제적 성공을 거둘 수 있었다. 특히, 유대인에게 상대
적으로 더 호의적이었던 브라질의 사회 조건을 바탕으로 다른 라틴아메리카
국가에 거주하는 유대인에 비해 더 큰 성공을 거둘 수 있었다.*

그 결과 오늘날에도 유대계는 브라질 산업의 다양한 분야에서, 특히 제지와
셀룰로오스, 자동차 부품, 카펫과 가구, 건축, 플라스틱, 기계와 전자, 컨설팅
등 분야에서 선두를 차지하거나 두각을 나타낸다.

한편 금융 부문에서 이루어진 발전은 제조업 분야와 달랐다. 제조업 부문과
달리 금융 부문의 국가정책은 유대인의 참여에 호의적이지 않았다. 브라질의
금융 부문에 진출한 유대계는 제조업에서와 달리 정치적 억압을 극복해야 했
다. 따라서 사프라 가문과 같이 금융 부문에서 성공을 거둔 유대인은 국가정
책의 도움을 받았다기보다 개인의 역량, 즉 이미 해외에서부터 가졌던 엄청난
자본력의 결과라고 보는 것이 타당하다.

유대계의 3분의 2는 기업 소유주 또는 자유 전문직

그 결과 1968~1969년 브라질 상파울루 지역에 거주하는 경제활동 가능 유
대계 인구의 직업 구조를 분석한 래트너의 자료에 따르면, 이들 중 27.3%가
기업 소유주였으며, 15.3%가 기업의 고위 경영자, 8.8%가 소규모 자영 수공
업자, 14.9%가 자유 전문직인 것으로 나타났다. 반면 단순 육체노동자 비율은
0.3%에 불과했다. 심지어 1978년 조사에서는 기업 소유주 비중이 35.6%, 자

---

* 해당 부분과 관련해서는 496쪽 부록에 있는 영화 〈위스키(Whisky)〉의 내용을 참고하라.

유 전문직 비중은 26.7%로 각각 증가했다. 이는 1970년대에 이미 브라질 유대계의 62.3%, 즉 거의 3분의 2가 기업 소유주 또는 자유 전문직 종사자라는 것을 보여준다(Rattner, 1987: 193).

유대인 직업 구조의 이러한 특징은 1960년대 브라질 전체 인구의 직업 구조와 비교하면 확실하게 두드러진다. 1960년 브라질 인구조사에 결과에 따르면 기업 소유주와 고위 경영자 비중은 전체 인구의 4.5%, 전문직 종사자는 단지 1.5%에 불과하고, 대부분 사람들이 농업이나 단순 육체노동에 종사하고 있었다(Elkin, 2011: 152).

2) 브라질 유대인의 교육

80%에 달하는 유대계의 높은 대학 진학률

시장의 기회는 누구에게나 공평하게 주어진다. 그렇지만 그러한 기회를 포착하는 것은 개인의 능력에 달려 있다. 높은 교육 수준을 가진 유대인은 그들의 전문성 덕분에 이러한 기회를 보다 쉽게 자기 것으로 만들 수 있었다.

유대인의 교육 수준은 다른 종족에 비해 상대적으로 높았다. 1968~1969년 인구조사에 따르면 유대인 어린이의 초·중학교 등록률은 100%로 나타났다. 20~24세 인구의 대학 등록률은 남자의 경우 78.6%, 여자의 경우 52%로, 전체의 경우 약 66%로 나타났다. 10년 후 1978년 상파울루 주 거주 유대인을 대상으로 한 조사에 따르면 대학 학위를 가진 유대계 비중은 이 지역 전체 유대계 가운데 20.4%(1968~1969년은 16%)인 데 비해 상파울루 주 전체 인구 가운데 대학 학위를 가진 사람의 비중은 고작 1.4%에 불과했다. 심지어 당시 18~25세 유대인의 약 80%가 고등교육기관에 등록되어 있었다(Rattner, 1987: 192).

비교적 최근인 1990년대 초반 포르투 알레그리에서 조사한 연구 역시 유대인이 상대적으로 높은 학력을 가지고 있음을 보여준다. 이 조사에 따르면 이 지역 유대인 55세 이상 가장의 33%가 대학 학위를 가지고 있으며, 41세 이하 가장의 77%가 대학 학위를 가진 것으로 나타났다(Brumer, 1994: 86). 당시 브라질의 대학 학령인구의 대학 등록률이 10% 초반이었던 것과 비교하면 유대인의 교육 수준은 전체 인구에 비해 상대적으로 매우 높음을 알 수 있다.

교육은 브라질에서도 이민자가 상류사회로 진입하기 위한 가장 중요한 길이었다. 하지만 당시 브라질 상황에서 이민자가 자녀에게 대학 교육을 받게 하는 것은 쉬운 일이 아니었다. 그렇지만 교육의 가치를 높이 평가하는 유대인 가족의 물질적·도덕적 지원은 유대인 후손에게 높은 수준의 교육을 가능하도록 만들었다.

물론 대학 교육을 통한 사회적 신분 상승이라는 방법은 비단 유대인에게만 해당되는 것은 아니다. 예를 들어 브라질의 일본계도 유대인과 같이 매우 높은 대학 등록률을 보였다. 따라서 높은 대학 등록률을 유대인만의 속성이라고 보기는 어렵다. 그렇지만 거의 80%에 달하는 대학 등록률이 브라질 유대인의 경제적·사회적 성공과 정치적·문화적 영향력을 설명하기 위해 반드시 언급되어야 할 중요한 요인이라는 것은 분명하다.

상대적으로 법조계 진출이 많은 브라질의 유대계

유대인이 주로 선택한 대학 전공은 전문직 진출을 위한 것이었다. 1960년대 상파울루 지역 유대인 대학생이 주로 선택한 전공을 살펴보면 공학 25%, 의학 13%, 경제학·경영학 11%, 법학이 11%를 차지한다(Rattner, 1970: 86). 포르투 알레그리 거주 유대인 대학생이 가장 많이 선택한 전공은 의학 21%, 공학 19%, 법학 11%, 경영학이 7.5%였다(Brumer, 1994: 88).

이러한 전공 선택 유형은 다른 라틴아메리카 국가에서도 유사하게 나타난다. 브라질만의 특징이라고 한다면 법학 전공자가 상대적으로 많다는 것이다. 라틴아메리카에서 법률가는 사회적으로 신뢰받는 사람이다. 또한 이들 사이에서 정계로 진출하는 일이 흔하다. 사실 이런 분야는 유대인에게 충분히 열려 있지 않다. 따라서 유대인들 가운데 법학 전공자 수는 타 전공자 수에 비해 상대적으로 적다. 다만 상대적으로 법조계로 진출하는 것이 쉬운 브라질에서 법학 전공자의 비중은 상대적으로 높았다. 그 결과 라틴아메리카 어떤 국가도 브라질만큼 유대계 법률가의 비중이 높지 않다(Elkin, 2011: 206).

브라질에서도 산업사회 발전과 더불어 인문학보다 공학, 경영학, 의학 등 근대의 전문직을 위한 전공을 선택하는 경향이 유대인 사이에서 뚜렷하게 나타났다. 외국인에 대한 편견과 견제에도 불구하고 전문직에 대한 사회적 수요가 더 크기 때문에 유대계는 교육을 통해 전문직으로 진출하고 나아가 사회의 상류층으로 들어갈 수 있었던 것이다.

3) 문화적 적응

상대적으로 약한 브라질의 반유대주의

아르헨티나와 달리 브라질에서는 강력한 반유대주의가 존재하지 않았다. 브라질의 경제성장 과정에서 유대인은 큰 차별을 받지도 않았다. 현대 브라질 사회에서도 유대인이나 소수 종족에 대한 조직적 반대 운동은 없었다. 경제, 사회, 정치 모든 분야에서 유대인의 부각은 그들이 브라질 현지 사회에 완전히 통합되었다는 추론을 가능하게 한다. 성숙된 자본주의로 발전하는 단계에서 유대인의 종교적·문화적·종족적 특성이 고도로 다각화된 경제 분야에 진출하는 데 걸림돌이 된 적은 없었다.

유대인으로서의 문화적 정체성보다 상류사회의 일원으로서 계급적 정체성 우선

자본축적의 논리 앞에서 유대인에게 인종, 종교, 민족성 같은 속성은 지속적으로 제한 요인이 되지 않았다. 물론 유대인이 브라질 주류 사회와 구별되는 자신들 고유 특성을 모두 포기했다는 것은 아니다. 하지만 그들은 사회적 신분 상승과 문화적 동화 과정에서 유대인 정체성을 유지하더라도 독특한 문화적 속성이나 관습 등은 포기했다. 그렇지만 유대인 그룹의 소속과 연대는 조직의 전통적 성격을 넘어 새로운 성격의 조직 기반 위에서 지속되었다.

정치적 이데올로기에서도 변화가 있었다. 경제적 부를 성취한 유대인들 사이에서는 리더십의 변화가 일어났다. 과거에는 부유하지만 교육 수준이 낮은 상인이 조직을 이끌었다면 최근에는 고등교육을 받은 전문직 종사자나 기업 경영인이 조직을 이끌고 있다. 하지만 이들 두 그룹은 혼인 등을 통해 하나의 그룹으로 통합되었다. 높은 교육을 받고, 경제적으로도 성공한 이들 유대인은 브라질 사회의 지배 엘리트 그룹에 진입하면서 정치적으로도 지배 엘리트 그룹의 사상과 가치를 받아들였다. 따라서 유대인 대부분은 이민 전 유럽에서 가졌던 진보적인 자유민주주의 사상을 포기했다. 지배 엘리트 그룹에 들어간 유대인은 보수화되었으며, 현상 유지를 옹호하는 정치적 입장을 가지게 되었다(Rattner, 1987: 197).

따라서 브라질에서 유대계가 상류사회에 진입하는 과정에서 유대인 정체성이 장애물이 된 적은 없었다. 주요 경제 영역에서, 개방적이고 동적인 사회 지배 계층에서 유대계는 유대인이라는 이유로 배척되지 않았다. 특히 가장 보수적인 군부도 석유 위기와 중동 국가에 대한 에너지 의존도의 심화에도 불구하고 실용적 차원에서 유대인 공동체에 차별을 가하지 않았다.*

오히려 유대인의 전통적 가치는 자본축적 과정에서 긍정적인 요인으로 작용했다. 브라질의 유대인도 사회적 성공 과정에서 종교적·문화적 정체성보다 계급적 정체성을 우선했다. 즉, 경제적 성취에 따라 그에 합당한 계급적 정체성을 적극적으로 받아들였다. 이들에게 종교적·문화적 속성은 부차적인 것이었다. 이러한 문화적 적응은 브라질의 유대인이 지배 엘리트 계급에 쉽게 동화되는 데 중요한 역할을 했다.

....

* 하지만 아르헨티나와 반대로 오히려 민주화 이후 언론의 자유 등의 영향으로 반유대주의가 일부 생겨나고, 친팔레스타인 그룹이 출현하기도 했다. 또한 1980년대 이후 외채 위기 등으로 경제적 어려움이 가중되면서 반유대주의가 심화되기도 했다.

<表 8-6> 통합에 대한 유대인 학생들의 태도(%)

구분	아르헨티나	브라질
동화	3	15
고립	18	6
이스라엘 이주	36	19
통합	43	60

자료: Schers and Singer(1977: 254).

문화적 동화나 사회적 통합에 적극적인 브라질의 유대계

브라질의 유대인은 아르헨티나의 유대인에 비해 문화적 동화나 사회적 통합에 유연한 태도를 보인다. 1977년 쉬어스와 싱거의 연구에 따르면 아르헨티나의 핵심적 유대인 3%가 문화적 동화(유대인이 분리된 그룹임을 중단하고 완전히 문화적으로 동화), 43%가 통합 유대인 정체성을 유지하면서 사회에 통합을 원한 반면, 브라질 유대인은 15%가 동화를, 60%가 통합을 원한 것으로 나타난다. 반면 고립(정신적으로 현지 사회와 분리되어 현지 삶에 거의 참여하지 않음)과 시오니즘에 따라 이스라엘로 이주를 원한 사람은 아르헨티나가 각각 18%, 36%였던 것에 비해, 브라질의 유대인은 6%, 19%에 불과했다.

브라질 유대계 내부의 세대 갈등

브라질 유대인 대부분은 지배 권력 그룹에 통합되어 혜택을 받는 동시에 해당 그룹을 완전히 지지하게 되었다. 브라질 지배 계층의 동맹자이자 지지자로서 유대인은 브라질 사회와 정치 체제를 변화시키려는 사회운동과는 거리를 두었다. 물론 군부의 권위주의 체제를 지지하는 유대계의 전반적 입장에 반대하는 유대계도 있었다. 특히 이러한 움직임은 유대계 내부의 세대 갈등으로 나타났다. 유대계 내부의 세대 갈등은 종족성 문제와도 얽히면서 매우 복잡한 양상을 띠게 되었다.*

1980년대 민주화 과정에서 남미 국가들은 이스라엘 정부의 강경한 입장에 반대해 제3세계주의에 입각한 친팔레스타인 정책을 외교정책의 기본 입장으로 삼았다. 또한 민주화 이후 제기된 경제정책의 변화도 유대인이 포함된 상류사회에 두려움으로 다가왔다. 이러한 상황에서 브라질의 유대인과 공동체 리더들은 민주화에 대해 애매모호한 입장을 취하게 되었다. 이렇게 유대인의 문화적 정체성과 정치적 입장은 시대적 상황에 따라 다양하게 전개되고 있다.

4. 아르헨티나의 유대계보다 사회적 지위가 더 높은 브라질의 유대계

브라질 유대계가 전체 인구에서 차지하는 비중은 매우 작다. 이는 아르헨티나에 비해서도 훨씬 더 작은 규모다. 따라서 브라질의 유대계는 부에노스아이레스에서 유대계가 가지는 정치적·경제적·문화적 분야의 지배적 영향력을 가지고 있지 않다.

하지만 브라질의 유대계는 아르헨티나와 달리 대부분 상류층의 지위를 누린다. 그들은 브라질 상류사회에 진입하는 데 큰 걸림돌을 가지지 않았다. 대표적인 사례가 가장 보수적인 조직인 군부에서 유대계가 최고위직까지 오른 것이다. 라페르 가문과 같이 경제적으로 성공한 유대계는 정치적으로나 사회적으로 브라질 사회의 핵심적인 지위까지 오를 수 있었다.

이는 브라질 사회가 아르헨티나 사회와 달리 반유대주의가 심하지 않았기 때문이기도 하지만, 한편으로는 브라질의 유대인이 문화적 정체성 문제에서 보다 유연한 입장을 취했기 때문이다.

경제적 분야에서 또 하나의 특징은 아르헨티나의 유대계가 제조업 부문에서 주로 경공업에 머문 반면, 브라질의 유대계는 중공업에도 진출했다는 점이

---

* 해당 부분과 관련해서는 496쪽 부록에 나와 있는 영화 〈우리 부모가 휴가를 떠난 해(O Ano Em Que Meus Pais Sairam De Ferias)〉의 내용을 참고하라.

다. 이는 브라질 중공업의 전망이 아르헨티나보다 좋았기 때문이다. 따라서 브라질의 유대계는 제조업에서 아르헨티나 유대계에 비해 더욱 큰 성공을 거둘 수 있었다. 사프라 가문과 같이 금융업에서 국제적으로 영향력 있는 유대인 가문이 라틴아메리카 진출을 위해 브라질을 선택한 것도 브라질 유대계의 위상을 올리는 데 크게 기여했다.

결론적으로 브라질 유대계가 수적으로 전체에서 차지하는 비중은 크지 않기 때문에 브라질 전체 사회에서 이들이 미치는 영향력은 그다지 크다고 할 수 없다. 그렇지만 브라질 유대계 대부분이 상류층에 속하면서 각각의 분야에서 핵심적인 역할을 수행하고 있는 것은 분명하다.

Boechat, Ricardo. 2003. "Moises y Joseph Safra. Constructores de imperios financieros." Gerardo Reyes(coord.). *Los dueños de Améric Latina*. México: Ediciones B, pp. 97~116.

Bresser Pereira, Luis Carlos. 1964. "Origenes étnicas e Sociais do Empresário Paulista." *Revista de Administrao de Empresas da Fundação Gehilio Vargas*, Vol.3, No.3, pp. 83~106.

Brumer, Anita. 1994. *Identidade em Mudança: Pesquisa Sociológica sobre os judeos de Rio Grande do Sul*. Pôrto Alegre: Federação Israelita do Rio Grande do Sul.

Della Pergola, Sergio. 2012. *World Jewish Population, 2012. CURRENT JEWISH POPULATION REPORTS*. Connecticut: Berman Institute – North American Jewish Data Bank.

Elkin, Judith Laikin. 2011. *The Jews of Latin America*. Ann Arbor, Mi: University Michigan Library.

Lesser, Jeffrey and Raanan Reîn. 2008. *Rethinking Jewish-Latin Americans*. Albuquerque: University of New Mexico Press.

Lestschinsky, Jacob. 1960. "Jewish Migrations, 1840-1956." Louis Finkelstein(ed.). *In the Jews: Their History, Culture, and Religion, Vol.2, 3rd(ed.)*. New York: Harper & Bros., pp. 1536~1596.

Rattner, Henrique. 1970. *Tradição e mudança: A Comunidade judaica em São Paulo*. São Paulo: Atica.

_____. 1987. "Economic and Social Mobility of Jews in Brazil." Judith Laikin Elkin and Gilbert W. Merk(ed.). *The Jewish Presence in Latin America*. Winchester, MA: Allen & Unwin, Inc., pp. 187~200.

Rozovsky Davidson, Cecilia. 1937. *Memo from Cecilia Rozovsky Davidson*. New York: American Joint Distribution Committee Archives.

Schers, David and Hadassa Singer. 1977. "The Jewish Communities of Latin America: External and Internal Factors in their Development." *Jewish Social Studies*, Vol.39, Issue 3, Summer, pp. 241~258.

Syrquin, Moshe. 1985. "The Economic Structure of Jews in Argentina and Other Latin American Countries." *Jewish Social Studies*, Vol.47, No.2, Spring, pp. 115~134.

제9장 좌파와 우파 사상을 모두 주도하는
멕시코의 유대계

1. 멕시코의 유대인

1) 유대인의 멕시코 이주

가톨릭 전통이 매우 강한 나라 멕시코

멕시코가 독립한 직후부터 집권했던 이투르비데 황제가 물러난 후 1824년 멕시코 공화국 헌법은 로마 가톨릭을 국교로 선언했으며, 다른 종교와 관련된 어떠한 언급도 없었다. 이와 같이 법적으로 자신들의 종교를 인정받지 못하고 국내 정치도 극도로 불안한 상황이었는데도 이 시기에 유대인 몇 명이 멕시코로 들어왔다. 이들 초기 유대인 이민자는, 로마 가톨릭 신자에게만 시민권을 부여하고, 여성이 교회 밖에서 결혼하는 것을 금지하는 법이 폐지된 1843년에야 비로소 시민권을 획득할 수 있었다.

1850년대 멕시코 귀화 기록에 나타나는 유대인은 10명이다. 이들 중 5명은 독일 출신이며, 3명은 프랑스 출신이고, 나머지는 각각 폴란드와 터키 출신이다. 이들은 멕시코 중부의 사카테카스와 대서양 항구도시 베라크루스 등 다양한 지역에 자리를 잡고서 주로 행상에 종사했다. 가톨릭이 아닌 다른 종교가 금지되어 있었기 때문에 그들은 유대교 의식을 가정에서 비밀리에 행했다.

1850년대 자유주의자들에 의한 개혁이 실시되었을 때 비가톨릭 신자에 대한 이민의 길도 확대되었다. 당시에는 주로 독일 출신 유대인이 많이 이주해 왔다. 1857년 자유주의자들에 의한 개혁법은 성직자와 군부의 특권을 무너뜨리고, 교회의 자산을 박탈해 교회의 정치적 권력을 붕괴하려 했다. 개혁법은 더 이상 로마 가톨릭을 국교로 언급하지 않았다.

그런데도 멕시코에서 유대인의 삶은 달라지지 않았다. 자유주의자의 집권이 멕시코 정치에 안정을 가져오지도 않았으며, 헌법 개정이 유대인에 대한 대중의 태도를 변화시키지도 않았다. 종교적으로 중립적인 헌법은 멕시코 유대인의 삶에 많은 차이를 가져오지 않았다. 따라서 당시 멕시코의 유대인 이민자는 유대인임을 드러내지 않았고, 여전히 겉으로는 가톨릭 신자인 것처럼 행동하며 종교의식 역시 비밀리에 행했다.

멕시코시티 같은 대도시의 상황은 지방에 비해 상대적으로 양호했다. 대도시에서 종교적 관용의 정도는 보다 컸기 때문에 1861년 멕시코시티에서는 유대인 약 100명이 종교와 자선이라는 목적을 위해 조직을 형성하기도 했다.

자유주의자들의 반종교적 태도

비록 자유주의자들이 이민자에게 상대적으로 더 호의적이기는 했지만, 베니토 후아레스 자유주의 공화국 정부 시기(1867~1877년)에 귀화한 유대인은 소수에 불과했다. 유대인의 행동도 여전히 제약을 받고 있었는데, 이는 법보다 두려움 때문이었다. 따라서 이 시기에 유대인 공동체는 거의 활성화되지 못했다. 멕시코시티에서 시나고그를 설립하려던 계획도 무산되었다.

자유주의 정부의 개혁법이 종교적 차이에 관용적이었다면, 보수주의의 저항과 외부 세력의 침략에 맞서 싸워야 했던 후아레스 정부의 자유주의는 오히려 반종교적이었다.* 실증주의와 물질적 진보를 중요시하는 이들에게 영적인 가치나 개인의 종교적 믿음을 존중할 여지는 많지 않았다. 모든 종교에 반감을 가진 자유주의 정부 아래에서 유대인이 종교의식을 공공연히 행하는 것은 불가능했다. 당시 그러한 행동은 정부의 반종교주의와 대중에 뿌리 깊은 가톨릭주의 양쪽의 공격을 피할 수 없었다.

디아스 정부 시기의 유대인 이민자

1877년 포르피리오 디아스 정부가 들어서자 실증주의는 더욱 강화되었다. 그 후 34년간 지속된 그의 독재 시기에 멕시코에서는 법과 질서가 강조되었고, 외국인 투자가 장려되었다. 자본과 경영 능력을 가진 외국인 투자가에게 국가를 개방하는 것은 경제 발전을 위해 필수라고 생각되었다. 이러한 환경 아래 멕시코시티와 같이 근대적인 지역에서 종교적 관용의 분위기가 확산되었다. 그 결과 1879년부터 유대인 이민자 수가 증가하기 시작했다. 이 시기 유대인 이민자는 대부분 프랑스 알자스 지방 출신이었다.

디아스 정부가 외국인의 이민에 우호적이었는데도, 당시 멕시코는 이민자가 선호하는 나라가 아니었다. 1891년부터 이주하기 시작한 대규모 러시아 출신 유대인 사이에서도 멕시코를 최종 정착지로 선택한 사람들은 거의 없었다. 세계적으로 유대인의 이민을 지원하는 마우리시오 데 허쉬 남작과 세계 금융계의 거물 하코브 시프Jacob Schiff가 추진한 러시아 출신 유대인의 멕시코 이주 계획도 멕시코의 임금 수준 등을 고려해 실패로 끝나고 말았다. 그 결과, 1900

---

* 19세기 라틴아메리카에서 교회와 국가 사이의 투쟁이 멕시코보다 더 심각한 나라는 없었다. 19세기 초에서 20세기 초 멕시코혁명 전까지 약 100년 동안 지속된 거대한 두 세력 사이의 전쟁이 오늘날 멕시코 민족의 특징을 형성하는 데 결정적인 요인이 되었다. 가톨릭교회의 완고한 태도 때문에 멕시코의 자유주의자들은 다른 라틴아메리카 국가의 자유주의자들과는 다른 특징을 가지게 되었다. 그들은 종교적 자유라는 대의보다 그것이 때때로 희생되더라도 교회 권력을 근절하는 데 역점을 두었다. 따라서 멕시코의 자유주의자는 종교적 자유를 보장하기보다 반종교적 태도를 취했다.

년 멕시코 전체 인구에서 유대인 이민자가 차지하는 비중은 0.42%에 불과했다. 10년 후 이 수치는 0.77%로 증가하는 데 그쳤다(Zárate Miguel, 1986: 62).

약 20년 후인 1910년 무렵 미국의 랍비인 마르틴 시엘롱카Martin Zielonka는 유대인의 새로운 정착지로 멕시코의 장점을 널리 홍보했는데, 여기에서 비롯되어 바하 칼리포니아에 유대인 조국을 건설하려 한다는 소문이 돌았다. 그러나 1910년 멕시코혁명의 발발, 그리고 이것에서 비롯된 멕시코 사회의 혼돈 때문에 모든 것이 무산되었다. 그런데도 제1차 세계대전 이전 정치적 불안을 피해 시리아 알레포 지역, 레바논 지역, 발칸 지역 출신 유대인이 소수이지만 멕시코로 이주해 왔다. 1917년에는 미국으로 이주했던 러시아 유대인들의 일부가 징집을 피해 멕시코로 이주한 기록이 있다(Lesser, 1972: 11).

2) 멕시코의 유대인 인구

이민 선호국이 아니었던 멕시코

멕시코는 전반적으로 이민자가 선호하는 국가가 아니었다. 따라서 제1차 세계대전 이전까지 유대인 소수만이 멕시코로 이주했다. 아르헨티나의 유대인 이민과 같이 집합적 이주 프로그램 같은 것도 없었고, 단지 소수의 사람들이 개별적으로 이주해 왔다. 당시 멕시코에는 제대로 된 유대인 공동체도 없었기 때문에 당시 멕시코의 유대인 수도 정확히 파악할 수 없다.

미국유대인위원회가 발표한 자료는 당시 멕시코의 유대인 인구를 8972명으로 계산한다. 이는 당시 아르헨티나의 유대인 인구수 3만 명과 비교해볼 때 훨씬 적은 수다(AJC, 1910: 193).

앞서 언급한대로 제1차 세계대전 이후 1921년부터 미국이 이민법을 강화해 미국에 집중되던 유대인 이민자 일부가 라틴아메리카로 방향을 틀기 시작했고, 이들 대부분은 아르헨티나를 선택했다. 아르헨티나 역시 이민을 제한하자 멕시코를 비롯한 다른 라틴아메리카 국가의 유대인 이민자 수가 증가했다. 하

<표 9-1〉 라틴아메리카 국가의 핵심적 유대인 수와 비중(2012)

국가	핵심적 유대인 인구(명)	전체 인구 대비 비중(%)
우루과이	17,300	0.51
아르헨티나	181,800	0.45
파나마	8,000	0.22
칠레	18,500	0.11
바하마	300	0.08
브라질	95,300	0.05
코스타리카	2,500	0.05
수리남	200	0.04
멕시코	39,200	0.03
베네수엘라	9,500	0.03

자료: Della Pergola(2012: 59).

지만 그들 상당수는 브라질을 더 선호했다. 이렇듯 멕시코는 한 번도 유대인의 이민 선호국이 된 적이 없었다. 따라서 멕시코에서 유대인 이민자 수는 급격하게 증가하지 않았다.

멕시코의 유대인 비중: 전체 인구의 0.03%

그 결과 2012년 기준 멕시코의 핵심적 유대인 인구는 3만 9200명으로 전체 인구의 0.03%에 불과하다. 이는 단순 수치로만 비교하면 라틴아메리카에서 아르헨티나(18만 1800명), 브라질(9만 5300명) 다음으로 세 번째이지만, 전체 인구에서 차지하는 비중으로 보면 0.03%로 베네수엘라와 함께 공동 9위를 차지한다. 멕시코 유대인의 지역적 분포를 보면 2000년에 조사된 멕시코의 유대인 인구 3만 9870명* 중 3만 7350명이 멕시코시티와 에스타도 데 메히코에 거주

---

* 이들 중 일부가 2000년 이후 미국이나 이스라엘로 재이주해 멕시코의 유대인 인구는 2012년 3만 9200명으로 조금 감소했다. 멕시코의 경우 제2차 세계대전 이후 유대인 인구의 유출입은 다른 라틴아메리카 국가에 비해 매우 적은 편이다.

하는 것으로 나타났다. 즉, 멕시코에 거주하는 유대인의 약 94%가 수도권에 거주하는 것이다.

2. 멕시코 유대인의 영향력

1) 경제적 영향력: 소수 엘리트 그룹들

멕시코 유대인이 경제적으로 부각된 때는 포르피리오 디아스 정부 시기다. 이 시기에 유대계 재무부 장관인 리만투어의 지원에 힘입어 유대인은 금융업, 광산업, 철도 건설 등에 참여했다. 그 외에 보석상, 잡화점 같은 상업이나 식당, 호텔 같은 서비스업 또는 유리나 시멘트 제조업 등에도 종사했다.

아차르 가문

현재 멕시코의 유대인 기업인들 중에서 가장 두드러지는 인물은 제조업에서 알프레도 아차르 투시에Alfredo Achar Tussie와 그의 아들 마르코스 아차르 레비Marcos Achar Levy다. 미국을 포함해 북미에서 네 번째로 큰 규모의 페인트 회사인 코멕스COMEX를 설립하고 경영해온* 아차르 투시에는 ≪멕시코의 리더들Revista Lideres Mexicanos≫이 매년 선정하는 멕시코의 가장 영향력 있는 300인 순위에서 2014년 기준 2위로 선정되었다(Revista Lideres Mexicanos 2014). 코멕스는 100% 멕시코 자본 회사로 약 2천 명의 사원을 보유하고 있으며, 중미와 남미까지 사업 영역을 확장했다. 알프레도는 자선사업으로도 잘 알려져 있는데, 그가 설립한 생산적 일자리 창출 재단Fundación Pro-empleo Productivo과 삶을 위한 재단Fundación Pro Vida은 각각 중소기업 육성과 저소득층 주거 환경 개선을 위

---

* 코멕스는 2014년 미국 최대 페인트 회사인 PPG에 매각되었다.

한 사업을 전개한다.

사바 가문

제조업에서 가장 두드러지는 유대인으로는 누구보다 사바Saba 가문을 들어야 한다. 시리아 출신 유대인 이삭 사바 라포울은 한때 멕시코 최고 부자 중한 명으로 간주되기도 했다.

한편 그의 아들 모이세스 사바Moisés Saba는 가문의 전통 사업을 계승하는 동시에 최근에는 이동통신 사업에 진출해 이동통신 회사 우네폰Unefon의 CEO를 맡고 있으며, 방송 사업에도 진출해 라디오 센트로Radio Centro의 지분 50%와 멕시코에서 두 번째로 큰 방송사 텔레비시온 아스테카Televisión Azteca의 지분 10%를 보유하고 있다.

또 다른 아들 마누엘 사바Manuel Saba는 의약품 유통업을 계승했다. 그는 브라질의 의약품 유통 체인점 드로가스밀Drogasmil과 칠레의 파르마시아스 아우마다Farmacias Ahumada를 인수해 현재 카사 사바를 라틴아메리카의 가장 큰 의약품 유통업체 가운데 하나로 성장시켰다. 이 외에도 그는 부동산, 금융, 항공, 통신 사업 등에도 참여하고 있다.

멕시코 섬유업을 지배하는 유대계 가문들

섬유업에서는 미겔 모이세스 사칼 스메크Miguel Moisés Sacal Smeke가 두드러진다. 그는 의류, 신발, 모자 제조업체로 유명한 인디진Indie Jean을 소유하고 있으며, 유명 의류 유통업체인 베르티고 부티크Vértigo Boutique, 그루포 인두스트리알 니노Grupo Industrial Nino, 사칼리Sacalli, 리플레이Replay 등을 운영하고 있다.

한편 라파엘 사가 칼라치Rafael Zaga Kalach는 멕시코 섬유업의 리더라고 할 수있는 사가 그룹Grupo Zaga과 란제리 산업의 선두 주자 비키 폼Vicky Form을 설립했으며, 이로써 멕시코 섬유업상공회의소CANAINTEX: Cámara Nacional de la Industria Textil회장을 맡았다. 라파엘은 멕시코 유대인공동체 중앙위원회Comité Central de la Comunidad Judía de México의 회장이기도 하다.

칼라치 가문의 라파엘 모이세스 칼라치 미즈라이Rafael Moisés Kalach Mizrahi는 1925년 설립된 가문의 섬유 유통업 회사 칼텍스Kaltex를, 방적에서 시작해 의류 제조까지 통합 생산 체계를 갖춘 멕시코 섬유업 최대 회사인 칼텍스 그룹 Grupo Kaltex으로 성장시켰다.

이를 통해 우리는 멕시코 섬유업에서 유대인의 지배력이 어느 정도인지 가늠할 수 있다. 심지어 이들 가문은 혼인을 통해 밀접히 연결되어 있다. 사가 가문은 같은 유대인인 칼라치 가문, 사바 가문과 결혼을 통해 관계를 형성함으로써 멕시코 내에서 최고의 유대인 가문으로 성장했다. 현재 두 가문의 혈통을 이어받은 호세 사가 사바José Zaga Saba는 비키 폼을 운영하고 있다.

유대계 전문 경영인들

전문 경영인으로는 주류 회사 바카르디Bacardi를 맡아 라틴아메리카 전체에서 기록적인 판매와 수익을 올린 이삭 체르토리브스키 쉬쿠르만Isaac Chertorivski Shkoorman이 있다. 그는 소비재 산업 컨설팅인 콘메히코CONMEXICO와 또 다른 컨설팅사 카사CAZA를 설립했으며, 멕시코광고위원회Consejo Nacional de la Publicidad 회장으로서 사회적으로 영향력 있는 다양한 공익광고 문구("마약에는 단지 '아니오'라고 말해요Di no a las Drogas", "오늘 내 차는 달리지 못한다Hoy no Circula",* "우리 모두 함께 수를 셉시다Todos Contamos")를 만들기도 했다. 또한 살리나스 고르타리, 에르네스토 세디요와 같은 전직 대통령들의 대중 소통 전략 자문위원을 맡기도 했다. 이에 따라 그는 ≪멕시코의 리더들≫이 선정한 멕시코의 가장 영향력 있는 인물 58위에 올랐다(Revista Líderes Mexicanos, 2014).

....

* 멕시코시티 대기오염 해소 방안으로 일주일에 한 번씩 차량 운행을 제한하는 프로그램.

이름	주요 이력
알프레도 아차르 투시에	- 멕시코 최대 페인트 회사 코멕스 경영주 - 멕시코의 가장 영향력 있는 인물 2위 선정
사바 가문	- 화학품 제조업, 금융업, 유통업, 호텔업, 방송업 등을 포함하는 'Xtra 그룹' 경영주 - 한때 멕시코 최대 부자 가문으로 선정 - 멕시코 최대 의약품 유통 회사 '카사 사바' 운영
미겔 모이세스 사칼 스메크	- 의류 등 제조업체 '인디진' 경영주 - 그 외 유명 의류 유통업체 운영
라파엘 사가 칼라치	- 멕시코 섬유업의 리더 '사가 그룹' 경영주 - 멕시코 섬유업상공회의소 회장
모이세스 칼라치 미즈라이	- 멕시코 섬유업 최대 통합 생산업체 '칼텍스 그룹' 경영주
이삭 체르토리브스키 쉬쿠르만	- 컨설팅사 운영 - 멕시코광고위원회 회장 - 멕시코의 영향력 있는 인물 58위 선정
다니엘 베커 펠드만	- 유대인 국제 자본과 연결 - '미펠' 은행의 경영주 - 멕시코의 영향력 있는 인물 32위 선정
미겔 골드스테인, 살로몬 코헨	- 유명 백화점 체인 '도리안' 설립

금융 분야의 유대계

멕시코의 금융업은 대부분 국가가 지배하고 있었고, 최근 민영화 과정에서는 아랍계 등이 주요 은행을 인수했다. 따라서 아르헨티나나 브라질에 비해 멕시코 금융업에서 유대인의 활약은 돋보이지 않는다. 어쨌든 금융업에서는 유대인 국제 금융자본과 연결된 다니엘 베커 펠드만Daniel Becker Feldman이 두드러진다. 하버드 비즈니스 스쿨을 졸업한 그는 유대계 국제 자본에 의해 설립된 뉴욕 리퍼블릭 내셔널 뱅크의 멕시코 지점장을 거쳐, 조부인 마이크 펠드만Mike Feldman이 자신의 성과 이름에서 각각 첫 자를 딴 이름으로 설립한 미펠Mifel 은행을 이어받아 현재 멕시코 전역에 지점 47개를 가진 은행으로 발전시켰다. 그는 현재 ≪멕시코의 리더들≫이 선정한 멕시코의 가장 영향력 있는 인물 32위에 올라 있다(Revista Líderes Mexicanos 2014).

그 외 유대계 기업인들

유통업에서 백화점 체인 도리안Dorian*을 공동으로 설립한 미겔 골드스테인Miguel Goldstein과 살로몬 코헨Salomón Cohen도 잘 알려진 유대계 기업인이다.

결론적으로 멕시코의 유대인은 소수임에도 불구하고 섬유업에서 지배적인 영향력을 가지고 있다. 그 외에 유통업(특히 의약품 유통), 금융업에 진출했으며, 최근에는 방송 사업이나 호텔업 등에도 진출하고 있다.

2) 정치적 영향력

디아스 정부를 주도한 기술 관료의 리더: 호세 이베스 리만투어

멕시코의 유대인은 포르피리오 디아스 정부 시기에 이미 정치적으로 중용되기 시작했다. 그중 가장 부각되는 인물은 포르피리오 디아스 정부의 2인자로 간주되었던 호세 이베스 리만투어José Yves Limantour다. 프랑스 출신 유대인인 리만투어는 금융적인 재능을 발휘해 디아스 정부의 재무부 장관을 맡아 재정 건전성을 달성하고 멕시코 경제를 안정시켰다. 나아가 외국인 투자를 적극적으로 유치해 경제 발전을 이룩하는 데도 기여했다. 그는 이른바 '과학자들cientificos'이라고 알려진 디아스 정부의 테크노크라트들의 정치적 리더로서 디아스의 계승자로 지명되기도 했다.

리만투어의 동시대 인물인 에두아르도 노에츨린Eduardo Noetzlin은 프랑스 금융 회사의 일원으로 멕시코에서 멕시코내셔널은행Banco Nacional de México을 설립했다. 멕시코내셔널은행은 디아스 정부 시기에 재무부의 오른팔 역할을 했다.

---

* 현재 도리안은 시어스 멕시코(Sears México)에 인수 합병되었다.

멕시코혁명 이후 반유대주의

멕시코혁명 이후 유대인은 정치의 장에서 멀어졌다. 제도혁명당이 주도적으로 지배하는 멕시코 정치에서 유대인이 발을 붙일 곳은 거의 없었다. 1975년 이후 미국 내 유대인이 영향력을 행사하면서 멕시코의 유대인과 멕시코의 정치적 지배 세력 사이의 관계가 회복되기 시작했다. 이들 사이에 사적 접근과 재정적 기여 등이 이루어지기 시작하면서 정부와 유대인 공동체의 관계가 많이 개선되었다. 하지만 대중적으로 멕시코에는 반유대주의가 여전히 강력하게 존재하고 있었기 때문에 사실상 유대인이 선거에서 성과를 거두는 것은 불가능했다. 또한 도시의 소수 종족에 불과한 유대인이 후견인주의가 지배하고 음모와 폭력이 판치는 멕시코 정치에서 선거를 통해 각 지역의 정치적 우두머리와 경쟁해서 이긴다는 것은 사실상 불가능했다.

신자유주의 이후 주요 유대계 고위 관료들

1980년대 말부터 신자유주의 경제가 확산되면서 미국과 연결 고리를 가진 멕시코의 유대인 기업인과 제조업자의 중요성이 새롭게 인식되기 시작했다. 나아가 유대계 기술 관료들이 정부 요직에 기용되기 시작했다. 1989년 살리나스 대통령 정부 출범 이후 미국에서 유학한 테크노크라트들이 대통령을 비롯해 정부의 요직을 차지하면서 이와 같은 능력을 가진 유대인도 정부의 주요 직책에 임명되기 시작했다. 특히 살리나스의 뒤를 이은 같은 제도혁명당 소속 에르네스토 세디요 정부에서 유대인이 많은 요직에 등용되었다. 이 중에는 토지개혁부 장관에 오른 아르투로 워만Arturo Warman, 재정지출부 차관에 오른 산티아고 레비Santiago Levy, 국제교역부 차관에 오른 하이메 사브루도프스키Jaime Zabludovsky, 통신부 차관에 오른 아론 디히테르Aaron Dichter, 정부의 관광 촉진 기구 포나투어Fonatur의 책임자에 오른 작케스 레고진스키Jaques Regozinsky 등이 있다. 또한 멕시코의 유명 지식인 가운데 한 명인 호세 울덴베르그José Woldenberg는 연방선거관리위원회 시민감시위원 6명 중 위원장으로 선정되기도 했다.

특히 워만은 살리나스 정부에서 핵심 이데올르그 역할을 하다가 세디요 정부 당시 장관에 등용되었으며, 산티아고 레비는 세디요 정부의 재무부 차관에 이어 미주개발은행BID의 부총재직에 올랐다. 또한 폴란드 출신 유대인 호세 울덴베르그는 정치적 역할 외에도 문화적으로도 영향력을 발휘했다. 그는 멕시코 국립대 정교수로서 멕시코 중도좌파 성향의 대표 잡지 ≪넥소스NEXOS≫의 편집국장이자 현재 멕시코 최대 일간지 ≪레포르마Reforma≫의 칼럼니스트로 활동하면서 멕시코의 여론 형성에 중요한 역할을 하고 있다.

국민행동당 정부의 유대계 고위 관료들

71년에 걸친 제도혁명당 정부의 장기 집권이 막을 내리고 우파인 국민행동당 정부가 출범한 이후에도 유대인은 정부 요직에 계속 기용되었다. 이들 중에서는 우선 비센테 폭스 정부의 외교부 장관을 맡은 호르헤 카스타네다Jorge Castañeda를 들 수 있다. 멕시코 국립대 교수이자 미국의 시사 주간지 ≪뉴스위크Newsweek≫의 유명 칼럼니스트인 그는 멕시코 중도 좌파의 최고 지식인 중한 명으로 간주된다. 그는 좌파 성향에도 불구하고 정권 교체라는 명분 아래 우파 성향의 국민행동당 소속의 폭스 정부에 참여했다. 호르헤의 부친인 같은 이름의 호르헤 카스타네다 알바레스Jorge Castañeda Álvarez도 미국 유대인들의 영향력 행사에 힘입어 제도혁명당 소속 로페스 포르티요 정부 아래 1979년에서 1982년까지 외교부 장관을 맡기도 했다. 특히 아들 카스타네다는 2004년 직접 대선 주자로 나서 잠시나마 선거 캠페인을 벌이기도 했다. 한편 하버드 대학 보건대학장을 지낸 홀리오 프랭크Julio Frank도 폭스 정부에서 보건부 장관을 지냈다.

폭스 대통령에 이어 또 다시 국민행동당 소속으로 대통령에 당선된 칼데론 정부에서는 살로몬 체르토리브스키 울덴베르그Salomón Chertorivski Woldenberg가 역시 보건부 장관에 임명되었다.

민주혁명당의 멕시코시티 지방정부를 주도하는 유대계

한편 민주혁명당의 로페스 오브라도르가 멕시코 시장에 당선되었을 때 많은 유대인이 그를 도와 지방정부의 내각에 참여했다. 그중에는 멕시코시티 지방정부의 환경부 장관을 하다가 2006년 대선에서 로페스 오브라도르의 대변인을 지낸 클라우디아 쉐인바움Claudia Scheinbaum, 경제발전부 장관을 지낸 제니 살티엘 코헨Jeny Saltiel Cohen이 있다. 또한 로페스 오브라도르에 이어 역시 민주혁명당 소속으로 멕시코 시장에 당선된 마르셀로 에브라르드Marcelo Ebrard도 유대인이다. 최근에는 만세라 멕시코시티 시장이 칼데론 정부에서 보건부 장관을 지낸 살로몬 체르토리브스키를 지방정부의 경제부 장관으로 임명했다. 이렇듯 중앙정부와 마찬가지로 멕시코시티 지방정부에서도 유대인은 중요한 역할을 하고 있다.

상대적으로 미진한 유대계의 선출직 진출

이렇게 중앙정부나 멕시코 지방정부의 주요 관직에 유대인이 많이 참여했는데도, 선출직에서 유대인의 활약은 그다지 크지 않다. 인구 비중이 매우 낮고, 반유대주의도 여전히 잠재되어 있는 멕시코에서 유대인이 선거에서 승리하는 것은 쉬운 일이 아니다. 그렇지만 최근 유대인 에스테르 콜레테니우크 Ester Koleteniuk와 동성애 운동가 다비드 라수David Razú가 멕시코 시의원으로 선출되어 선거의 장에서도 유대인이 성공할 수 있다는 가능성을 보여주었다. 이러한 사례는 멕시코 정치에서 유대인이 과거와 명백히 단절되고 있음을 보여주었다(Siegel, 1996: 226). 최근 멕시코시티 시장에 유대인이 선출된 것은 이러한 가능성이 실현되고 있다는 한 증거다.

3) 문화적 영향력

멕시코의 좌우 사상을 대변하는 유대계

멕시코의 유대인은 디아스 정부 시기에 이미 문화적 영향력을 행사하기 시작했다. 멕시코에서 유대인은 지식인 사회의 핵심이며, 언론에서도 영향력을 행사한다. 지식인 사회에서 가장 중요한 인물은 엔리케 크라우제Enrique Krauze다. 역사가이자 정치 평론가인 그는 1981년에서 1996년 사이 옥타비오 파스와 함께 멕시코, 나아가 라틴아메리카 전역에서 우파 사상의 대표 잡지 ≪부엘타Vuelta≫를 이끌었다. 이 때문에 그는 멕시코의 대표적인 우파 논객이 되었다. 1999년부터는 ≪부엘타≫를 계승한 ≪자유 문학Letras Libres≫을 발행하며, 멕시코 최대 방송국 텔레비사의 이사로 활동하고 있다.

우파에 엔리케 크라우제가 있다면 좌파에는 앞서 언급한 호르헤 카스타네다와 호세 울덴베르그가 있다. 호르헤 카스타네다는 멕시코 온건 좌파의 최대 이론가로 간주되며, 호세 울덴베르그는 1980년대와 1990년대 ≪부엘타≫와 함께 좌우 사상 논쟁을 벌인 좌파 사상의 최대 권위지 ≪넥소스≫의 편집장을 맡고 있다. 즉, 멕시코를 좌우 사상을 대변하는 두 잡지의 편집을 사실상 유대인이 책임지는 것이다.

그 외 지식인 사회에서 돋보이는 인물은 로돌포 스타벤하겐Rodolfo Stavenhagen이다. 독일계 유대인으로서 멕시코 국립 콜레히오 데 메히코Colegio de México의 교수인 그는 멕시코 최고 권위의 사회학자로서 원주민 인권운동과 관련해 세계적으로 알려져 있다. 한편 멕시코 종합병원Hospital General de México의 연구 책임자이자 국립의학아카데미 원장, 국립의학연구소 소장을 맡고 있는 다비드 케르세노비치David Kersenovich는 멕시코에서 가장 실력 있는 의사 중 한 명으로 간주된다.

언론에서 활약하는 유대계

언론에서도 유대인의 활동은 두드러진다. 우선 가장 주목할 만한 인물은 멕시코 최초의 뉴스 진행자로 불리는 하코보 사브루도프스키Jacobo Zabludovsky다. 폴란드 태생의 유대인인 그는 1971년에서 1998년까지 대략 30년 동안 텔레비사 최고의 뉴스 프로그램 〈베인테 쿠아트로 오라스24 Horas〉를 진행했다. 그의 은퇴는 멕시코 텔레비전 뉴스에 한 획을 긋는 사건으로까지 간주되었다. 그는 은퇴 후 유대인 소유 라디오 채널인 라디오 센트로에서 뉴스 프로그램을 진행하며, 또한 유대인 자본이 참여한 신문 ≪엘 우니베르살≫에 칼럼을 기고하고 있다. 그의 아들 아브라함 사브루도프스키Abraham Zabludovsky 역시 텔레비사에서 뉴스 프로그램을 진행했다.

≪엘 우니베르살≫과 함께 멕시코의 대표적 신문인 ≪엑셀시오르Excélsior≫의 칼럼니스트이자 〈라디오 포르물라Radio Fórmula〉, 〈포로TVFOROtv〉 같은 방송 프로그램을 진행하는 레오 주케르만Leo Zukermann도 유대인이다. 그는 언론계에서 펼친 광범위한 활동으로 멕시코에서 영향력 있는 인물 300위에 올랐다.

멕시코 언론상을 수상한 루이스 루비오Luis Lubio는 최근 멕시코에서 가장 영향력 있는 신문에 속하는 ≪레포르마≫, 미국의 ≪워싱턴 포스트≫, ≪월스트리트 저널≫, ≪로스앤젤레스 타임스≫ 등에 멕시코 정치, 경제, 국제 관계 등과 관련된 칼럼을 기고하고 있다. 그는 멕시코의 영향력 있는 인물 240위로 선정되었다.

문화·예술 분야의 유대계

멕시코 예술에서도 유대인의 존재감은 결코 작지 않다. 대표적인 인물로는 디에고 리베라의 부인이자 멕시코의 가장 유명한 페미니즘 화가 프리다 칼로Frida Kahlo가 있다. 최근 그녀의 일대기를 소재로 한 영화에 의해 그녀의 존재는 세계적으로 널리 알려졌다.

폴란드계 유대인 사비나 베르만Sabina Berman은 멕시코의 영향력 있는 인물

<표 9-3> 멕시코 문화계의 대표적 유대인

이름	주요 이력
엔리케 크라우제	- 멕시코 우파 사상의 대표 잡지 ≪부엘타≫ 발행 - 멕시코 우파 사상의 대표 논객
로돌포 스타벤하겐	- 원주민 인권운동과 관련해 세계적으로 유명한 멕시코의 대표적인 사회학자
다비드 케르세노비치	- 멕시코 의학계의 가장 영향력 있는 인물
하코보 사브루도프스키	- 텔레비사의 대표적인 뉴스 프로그램 진행자 - 멕시코 텔레비전 뉴스의 가장 영향력 있는 인물
레오 주케르만	- ≪엑셀시오르≫ 칼럼니스트 - 다양한 방송 프로그램 진행
루이스 루비오	- ≪레포르마≫, ≪월스트리트 저널≫ 등에 칼럼 기고
프리다 칼로	- 세계적으로 알려진 멕시코의 페미니스트 화가
사비나 베르만	- 멕시코 최고의 인기 드라마 작가
엘레나 포니아토스카	- 작가, 언론인, 세르반테스 상 수상

34위로 선정되면서 문화계에서 가장 영향력 있는 유대인 중 한 명으로 꼽혔다. 그녀는 아스테카 TV의 최고 인기 드라마 〈살랄라Sha La Lá〉의 작가로, 그 외에도 수많은 드라마의 대본을 썼으며, 많은 언론에 글을 기고하고 있다.

한편 2013년 스페인어권 최대 문학상인 세르반테스 상을 수상한 작가이자 언론인 엘레나 포니아토스카Elena Poniatowska도 유대인이다. 프랑스 귀족 가문 출신인 그녀는 정치적으로 좌파 성향을 가졌으며, 인권운동에 힘써 멕시코 지식인 사회에서 큰 영향력을 가진다. 2006년 대선에서는 로페스 오브라도르를 지지했으며, 2007년 마르셀로 에브라르드 멕시코시티 시장 아래에서 문화부 장관을 지내기도 했다.

이렇듯 문화계에서도 유대인은 비록 소수임에도 불구하고 좌우 사상계에서 핵심적인 역할을 수행했다. 또한 의학계나 사회학계에서도 가장 탁월한 지식인을 배출했다. 한편 언론계에서도 유대인은 텔레비사, ≪엘 우니베르살≫, ≪엑셀시오르≫, ≪레포르마≫ 등 주요 방송사와 신문에서 핵심적인 역할을 수행하고 있다. 예술계에서도 앞서 언급한 대표적 인물 외에 수많은 사람이 활약하고 있다.

3. 멕시코 유대인의 성공 요인

1) 문화적 적응: 사회적 계급에 따른 다양한 정체성

유대교에 집착하지 않는 부유한 프랑스 출신 유대인

포르피리오 디아스 정부 시절 멕시코로 이주한 유대인 대부분은 종교적 믿음을 크게 중요하게 생각하지 않는 프랑스 알자스 지방 출신이었다. 따라서 이들 중 상당수는 가톨릭 신자와 결혼하기도 했다. 또한 유대인 공동체를 조직하는 것이 현지 엘리트의 경멸과 가톨릭 신자의 적대감을 불러올 수 있었기 때문에 알자스 출신 유대인은 그러한 활동에도 큰 관심을 두지 않았다. 그들은 항상 삼가는 태도를 취했으며, 이러한 그들의 행동 양식은 그 후 멕시코 유대인의 지배적인 특징으로 남았다.[*]

멕시코 유대인의 이러한 특징 때문에 개인적 성공이라는 길에서 그들이 유대인이라는 이유로 차별받는 일은 많지 않았다. 따라서 앞서 살펴본 것처럼 이들은 19세기 말 포르피리오 디아스 정부 시절에 이미 권력의 핵심까지 도달할 수 있었다.

유대교를 실천하는 가난한 세파르디

프랑스 출신의 부유한 유대인과 달리 20세기 초반 행상을 업으로 삼은 가난

....

[*] 이 부분과 관련해서는 496쪽 부록에 있는 영화 〈노라 없는 5일(Cinco días sin Nora)〉의 내용을 참고하라.

한 사람이었던 아랍 지역 또는 스페인 출신 세파르디는 유대인 단체를 조직해 전통적인 종교 활동을 펼쳤다. 이에 따라 제1차 세계대전 무렵에는 멕시코시티에 세파르디의 시나고그가 설립되기도 했는데, 프랑스 출신의 부유한 유대인은 이들 단체와 전혀 접촉하지 않았다. 따라서 멕시코의 유대인 단체는 현지 문화에 동화된 프랑스 출신의 부유한 유대인과 유대교를 실천하는 가난한 스페인, 아랍 출신 유대인으로 완전히 분리되었다(Elkin, 2011: 40).

2) 직업 구조

유대인의 집단 농업 이주가 없었던 멕시코

다른 라틴아메리카 국가에서 초기 유대인 이민자 상당수는 농업에 종사했다. 특히 아르헨티나, 브라질, 우루과이, 도미니카공화국, 볼리비아 등에서는 많은 유대인이 농업에 종사했다. 이들은 주로 유대인이주연합의 지원 아래 집단으로 이주했으며, 라틴아메리카에서도 집단으로 농업에 종사했다. 그중 집단 농업 이주가 가장 활성화되었고, 오늘날까지 그 존재가 남아 있는 곳은 아르헨티나뿐이다. 멕시코에서 이러한 농업 이민은 거의 찾아볼 수 없다. 한때 바하 칼리포니아에 유대인의 새로운 조국을 건설하려는 기획은 시도 단계에서 포기되었다.

쉬르킨의 연구도 멕시코 유대인의 직업 구조에서 나타나는 이런 특징을 잘 보여준다. 1960년 아르헨티나 유대인 가운데 비1차 산업 종사자는 97.7%, 나머지 약 2.3%는 여전히 농업 같은 1차 산업에 종사하는 것으로 나타난 반면 1940년 멕시코 인구조사 결과 멕시코의 유대인 가운데 비1차 산업 종사자는 100%로, 이때 이미 멕시코에서 농업에 종사하는 유대인은 한 명도 없는 것으로 나타났다(Syrquin, 1985: 118).

행상이 된 가난한 유대인 이민자

19세기 말 멕시코로 이주한 프랑스 출신의 부유한 유대인과 달리 1924년에서 1929년 사이에 이주한 폴란드 또는 구소련 출신 이민자는 거의 극빈자 수준이었다. 따라서 미국의 유대인 자선단체 브네이 브리스B'nei B'rith는 멕시코시티와 베라크루스에 사무실을 열어 유대인 이민자가 직업을 찾고, 집을 구하고, 교육을 받고, 나아가 사업 자금을 빌릴 수 있도록 다양한 사회적 서비스를 제공하기도 했다.

당시 멕시코 상황에서 유대인 이민자가 제조업에 종사하는 것은 쉬운 일이 아니었다. 1920년대와 1930년대 멕시코 산업은 석유 산업과 광산업에 집중되어 있었다. 이들 분야에 뛰어들어 기업을 소유하기 위해서는 엄청난 자본이 필요했는데, 가난한 유대인 이민자에게 그것은 사실상 불가능한 일이었다. 이뿐만 아니라 유대인 이민자는 산업 노동자로서 일하는 것도 쉽지 않았다. 거의 패거리와 유사한 성격의 멕시코 노조가 유대인을 외국인으로 간주해 쉽게 받아들이지 않았기 때문이다. 섬유업 같은, 도시에 위치한 중소 규모의 제조업 회사는 임금이 매우 낮고 기업주나 노조 지도자와 거의 종속적인 관계를 유지해야 했기 때문에 독립적 성향의 유대인에게 어울리지 않았다.

따라서 유대인은 새로운 나라에서 생존하기 위해 독립적인 사업가로서 예전의 경험을 살려야 했다. 이를 위한 멕시코의 조건은 나쁘지 않았다. 유대인이 노동자나 농민이 되는 것을 제한했던 멕시코의 경제사회적 조건은 오히려 그들이 상인으로 나아가는 데 도움이 되었다. 농업이나 제조업과 달리 멕시코 현지인은 상업에 큰 관심을 가지지 않았기 때문에 새로운 이민자는 현지인과의 경쟁 없이 상업에 쉽게 뛰어들 수 있었다. 하지만 이를 위해서는 자본이 필요했기 때문에 초기 자본이 부족했던 유대인은 행상에 종사할 수밖에 없었다.

이러한 결과는 직업 구조로도 나타났다. 앞서 살펴본 쉬르킨의 연구에 따르면 1940년 당시 멕시코의 유대인 가운데 제조업 종사자는 15.6%에 불과한 반면, 상업 및 금융업 종사자는 68.3%로 나타났다(Syrquin, 1985: 118).

대공황 이후 반유대주의 확산과 상업의 포기

대공황 이후 1930년대부터 반유대주의가 심화되면서 행상도 시들해졌다. 대공황 이후 멕시코의 주요 수출품인 은 가격이 하락하고, 수천 명의 노동자가 미국에서 일자리를 잃고 귀국하는 등 멕시코의 경제 상황이 악화되었다. 그리고 이를 위한 배출구는 외국인에 대한 적대감으로 나타났다. 특히 종교와 문화가 다른 중국인과 유대인에게 적대감이 심했다. 언론은 유대인의 물건을 사지 말고, 멕시코 상인에게 물건을 사라는 식으로 공공연히 인종차별을 부추겼다. 이러한 심각한 상황에서 고립된 행상인의 안전은 더 이상 보장될 수 없었고, 따라서 유대인이 행상을 계속하기는 어려웠다.

게다가 1931년에는 멕시코 정부도 상업에 매우 까다로운 허가 규정을 부과했다. 그에 따라 유대인 상인 약 220명이 멕시코 시 최대 시장인 라구니야 시장에서 강제로 쫓겨나야만 했다. 그해 '상인의 날' 행사에는 반유대주의 슬로건이 등장했고, 그 과정에서 유대인 소유의 자동차 두 대가 파손되는 일이 발생했다. 물론 그러한 테러 행위는 그 후 경찰의 개입으로 사전 차단되었지만, 반유대주의는 지속되었다(Elkin, 2011: 144).

상업에서 밀려나 제조업과 전문직으로 진출

장기적으로 볼 때 유대인이 시장에서 쫓겨난 것은 오히려 그들에게 긍정적인 영향을 미쳤다. 그와 같은 사건의 영향으로 유대인은 새로운 직업을 찾게되었고, 새로운 직업은 그들에게 경제적으로 보다 큰 성공을 가져다주었기 때문이다. 유대인은 이러한 과정을 통해 대중의 종교적 광란을 피할 수도 있었다. 유대인 상인은 이제 거리의 상인에서 벗어나 고정된 곳에 상점을 내거나, 소규모 제조업에 투자하기 시작했다. 멕시코의 유대인은 수입대체산업화 정책에 따라 수입이 중단된 가구, 가죽제품, 플라스틱, 의약품, 스웨터, 양말 등 소비재를 생산하기 시작했다. 산업화에 호의적인 조건 아래에서 진취적인 정신과 유럽에서 얻은 제조업 경험, 기술을 가진 유대인은 멕시코 산업 발전에

<表 9-4> 멕시코 유대인의 직업 구조 변화(%)

직업 분야	1940년	1970년
비1차 산업	100	100
제조업	15.6	50.0
상업 및 금융업	68.3	33.0
서비스업	16.1	17.0

자료: Syrquin(1985: 118).

서 촉매제 역할을 담당했다. 제2차 세계대전을 거치면서 제조업에 종사하는 유대인 수는 크게 증가했다. 이제 그들은 점차 상업에서 벗어나 제조업과 전문직으로 진출하고 있었다.

따라서 1930년대 이후 멕시코 유대인의 직업 구조에 나타난 특징은 상업에서 제조업으로 향한 이동이라고 할 수 있다. 그 결과 전체 유대인 가운데 제조업 종사자는 1940년 15.6%에서 1970년 50%로 급증, 상업 및 금융업 종사자는 68.3%에서 33% 급감한 형태로 나타났다(<표 9-4>). 상업의 경우도 행상이나 소규모 상점 수준에서 고정된 점포를 소유한 대규모 상업으로 변모했다.

유대인의 전문직 진출의 결과는 <표 9-4>를 통해서 정확히 알 수는 없으나 1994년에 이루어진 또 다른 연구에 따르면 멕시코 유대인들 가운데 피고용자의 52.6%가 회사의 간부급이고, 26.7%는 전문직 종사자인 것으로 드러났다. 즉, 피고용자의 대략 80%가 간부급 또는 전문직인 셈이다. 이는 유대인 가운데 서비스직 종사자의 비중이 제조업 종사자 비중과 같이 획기적으로 증가하지는 않았지만, 서비스업 종사자 대부분은 간부급이나 전문직이라는 사실을 말해준다(Della Pergola and Lerner, 1995: 63).

3) 교육: 공교육을 대신한 유대인 교육기관

멕시코에서도 유대인이 사업에서 성공을 거두고 전문직으로 진출할 수 있던 것은 결국 교육의 힘이다. 유대인 이민자가 처음 멕시코에 도착했을 때 멕시코의 교육 환경은 매우 열악했다. 지금까지 교육을 전담하다시피 하던 교회가 교육에서 배제되고, 교회를 대신할 공교육은 아직 제대로 자리 잡지 못하고 있었다. 따라서 이민자는 각 종족에 따라 자신들의 학교를 설립하기 시작했고, 유대인도 예외는 아니었다. 1924년 멕시코시티에 최초의 유대인 학교인 이스라엘 학교Colegio Israelita가 설립되었다. 이 학교는 관련자들의 다양한 이데올로기 때문에 결국 여러 개의 학교로 분리되었다. 결과적으로 1955년 유대인 약 3200명이 이들 유대인 학교에 등록되어 있었다. 어쨌든 현재 멕시코의 유대인 학교 시스템은 유대인 디아스포라Diaspora 가운데 가장 잘 조직된 것으로 간주된다(Cimet de Singer, 1995: 203). 즉, 멕시코의 부실한 공교육을 보완하기 위해 자신의 종족을 위한 학교를 설립하고 후손들의 교육을 강화한 것이 멕시코 유대인이 전문직, 특히 문화영역에서 활약하는 데 크게 기여했다고 할 수 있다.

Cimet de Singer, Adina. 1995. "A War of Ideas: The Struggle for ideological Control of Jewish Schools in Mexico City, 1940-1951." *YIVO Annual*, No.22, pp. 203~208.

Della Pergola, Sergio. 2012. *World Jewish Population, 2012. CURRENT JEWISH POPULA- TION REPORTS*. Connecticut: Berman Institute - North American Jewish Data Bank.

Della Pergola, Sergio and Susana Lerner. 1995. *La población judía de México: perfil demográfico, social y cultura*. Jerusalem: Instituto Avraham Harman de Judaîsmo Contemporáneo, Universidad Hebrea de Jerusalén.

Elkin, Judith Laikin. 2011. *The Jews of Latin America*. Ann Arbor, MI: University of Michigan Library.

Krause, Corinee Azen. 1987. *Los judíos en México*. México: Universidad Iberoamericana.

Lesser, Harriet Sara. 1972. "A History of Jewish Community of Mexico city, 1912-1970. " *Ph. D Dissertation*. Jewish Theological Seminary and Columbia University.

Siegel, Dina. 1996. "Mexico." *American Jewish Year Book*, Vol.96, pp. 213~226.

Syrquin, Moshe. 1985. "The Economic Structure of Jews in Argentina and Other Latin American Countries." *Jewish Social Studies*, Vol.47, No.2, Spring, pp. 115~134.

Zárate Miguel, Guadalupe. 1986. *México y la diáspora judía*. México: Instituto Nacional de Antropologîa.

온라인 자료

American Jewish Committee. 1910. "American Jewish Year Book. Vol. 11(190191910)." http://www.ajcarchives.org/main.php?GroupingId=10042

Revista Lîderes Mexicanos. 2014. "Los 300 lîderes más influyentes de México." http://lideresmexicanos.com/300/

라틴아메리카의 동아시아계

제10장 브라질 농업에 혁신을 가져온
브라질의 일본계

1. 세계에서 가장 큰 일본계 해외 공동체를 형성하는 브라질의 일본계

일본인이 브라질에 처음 들어온 시기가 1908년임을 고려하면 일본인의 브라질 이민 역사가 100년을 넘어섰다는 것을 알 수 있다. 브라질은 일본인 이민자가 라틴아메리카에서 가장 선호하는 나라였다. 따라서 브라질은 일본인의 라틴아메리카 이주 초기부터 지금까지 전 시기를 통틀어 가장 많은 일본인 이민자가 유입된 나라다.* 브라질에 들어온 일본인 이민자 수는 자료에 따라, 조사된 시기에 따라 약간의 차이가 있지만 전체 약 25만 명 정도가 될 것으로

....

* 한 조사에 따르면 제2차 세계대전 이전 라틴아메리카 국가 가운데 가장 많은 일본인이 이주한 나라는 브라질(18만 8985명), 페루(3만 3070명), 멕시코(1만 4667명), 아르헨티나(5398명), 쿠바(616명), 칠레(538명), 파나마(456명), 볼리비아(222명) 순이다. 전후 1945년부터 1989년 사이에는 브라질(7만 1372명), 파라과이(9657명), 볼리비아(6357명), 페루(2615명), 도미니카공화국(1390명), 아르헨티나(1206명), 멕시코(671명), 칠레(14명) 순으로 이주가 이루어졌다(Kikumura-Yano, 2002). 즉, 제2차 세계대전 이전이나 이후 모두 브라질은 라틴아메리카에서 일본인이 가장 많이 이주한 나라다.

추정된다(Suzuki, 1964; Levy, 1974; IBGE, 2008).

19세기 말부터 외국인 이민이 거의 중단된 1972년까지 브라질 내 이민자 수는 총 535만 889명이었는데, 이들 중 일본인은 포르투갈인, 이탈리아인, 스페인인 다음으로 많은 수를 차지했다(Levy, 1974).*

브라질에 거주하는 일본계 인구는 일본계브라질인연구센터Centro de Estudos Nipo-Brasileiro의 조사에 따르면 2002년 기준 약 140만 명에 달할 것으로 평가된다(Centro de Estudos Nipobrasileiros, 2002). 여기에는 일본에 거주하는 일본계 브라질인 약 25만 명이 포함되어 있다(Sakurai, 2004: 137). 일본인의 브라질 이민 100주년을 기념해 조사된 비교적 최근의 자료는 브라질 내 일본계 인구를 140만 5685명이라고 공식적으로 발표했다. 이는 브라질 전체 인구의 약 0.8%에 해당한다(IBGE, 2008).

어쨌든 오늘날 약 150만 명 정도로 추정되는 라틴아메리카의 일본계 공동체 가운데 가장 큰 공동체는 브라질에 있다. 세계적으로도 브라질은 일본을 제외하고 가장 많은 일본계가 거주하는 나라다. 비록 페루가 라틴아메리카에서 일본인 이주 역사가 가장 오래된 나라이고, 또 일본계 대통령을 배출하기도 했지만 수적인 면에서 브라질의 일본계가 가지는 중요성은 압도적이다.

인구수 측면으로 보면 일본계는 브라질에서 포르투갈계, 이탈리아계, 스페인계, 아랍계 다음으로 중요한 이민자 그룹이지만 브라질 사회에서 일본인의 영향은 수적 비중을 넘어선다. 브라질의 일본계는 농업을 통해 이룬 탄탄한 경제 기반과 사회의 호의적인 인식을 바탕으로 현재 브라질의 문화, 정치, 학문 분야 등에서 두각을 나타낸다. 일본계 브라질인(니케이진Nikkei-jin)은 라틴아메리카의 주요 소수 이민자 그룹 가운데 가장 주목받는 종족에 속한다.

....

* 브라질 내 포르투갈인과 이탈리아인 이민자는 모두 합해 전체의 약 62%를 차지한다. 스페인인은 약 15% 정도. 일본인 이민자 비중은 그보다 훨씬 적은 약 3% 정도이며, 그다음으로 독일인 이민자가 비슷한 비중을 차지한다. 이후 순위는 시리아-레바논인 이민자가 차지하나, 이들의 비중은 일본인이나 독일인 이민자에 비해 훨씬 작다.

2. 일본인의 브라질 이민

1908~1924년: 커피 농장의 계약노동자

19세기 중반 일본은 메이지유신을 통해 근대화를 추구했다. 이 과정을 통해 일본의 산업은 비약적으로 발전했는데, 동시에 인구 증가율도 늘어나면서 산업 부문에서 노동력을 충분히 흡수할 수 없었다. 농촌에서도 분배된 토지의 재집중화 때문에 토지개혁이 실패로 돌아가면서 토지를 갖지 못한 농민들이 넘쳐났다.

이러한 상황에도 불구하고 일본 정부는 국민의 해외 이주를 적극적으로 추진하지 않았는데, 해외에서 거의 노예 상태로 일했던 중국인 쿨리들의 전례 때문이었다. 그런데도 1870년대에 정부의 허가를 받지 않은 노동자 100여 명이 하와이로 이주하기 시작했다. 그리고 1885년 일본 정부는 당시 하와이 왕국과 정식 협정을 맺어 2만 9천 명을 3년 계약노동자 조건으로 사탕수수 농장에 이주시켰다. 이를 계기로 일본인의 해외 이주가 본격화되었다. 당시 이민자는 주로 하와이의 사탕수수 농장이나 미국 서부 캘리포니아 주의 철도 건설 현장으로 갔다.

라틴아메리카 국가로 향한 이민은 1897년 멕시코를 시작으로, 1899년 페루, 1908년 브라질로 확대되었다. 브라질은 1889년 노예제 폐지 이후 당시 호황이었던 커피 농업에 필요한 노동력을 해방된 노예가 아니라 백인 이민자 유입을 통해 조달하려 했다. 브라질의 이러한 이민정책의 이면에는 흑인 노동자에 대한 불신과 함께 백인 인구의 유입으로 혼혈을 통해 흑인 인구를 소수화하려는 국가정책이 녹아 있었다.

노예제 폐지 이전에도 스페인과 포르투갈이 아닌 비이베리아계 이민으로 독일인, 이탈리아인 또는 중국인의 이민이 있었지만 이는 소수에 불과했다. 이민자의 브라질 유입은 노예제 폐지 이후 본격적으로 진행되었다. 처음에 비이베리아계로서 가장 많이 유입된 이민자는 이탈리아인이었다. 이후 20세기 들어 힘든 노동조건 때문에 이탈리아인 이민자 수가 감소하자 그 대안으로 일본인의 이민이 확대되었다.

브라질에서 최초로 일본인의 대규모 공식 이민이 이루어진 사례는 1908년 카사투마루Kazatu-maru라는 배를 타고 상파울루 주 산토스 항에 들어온 781명이다.* 이들은 커피 농장에 계약노동자 자격으로 들어왔다. 최소 6개월을 커피 농장에서 일하며 수확량에 따라 수당을 받는다는 조건이었다.

이때부터 일본인의 대규모 공식 이민이 시작되었지만 1920년대 중반까지는 이민이 본격적으로 전개되지 않았다. 이 시기에 일본인의 브라질 이민은 불규칙적으로 이루어졌다. 일본인의 브라질 이민이 처음 시작된 1908년부터 일본인 이민이 본격화되기 시작한 1924년까지 브라질의 일본인 이민자 수는 약 3만 명 정도에 머물렀다.

1924~1934년: 일본 정부의 주도 아래 본격화된 일본인의 브라질 이민

1924년 미국이 외국인 이민을 제한하면서 일본인의 미국 이민이 어려워지자 일본 정부는 대안으로 라틴아메리카를 주목했다. 일본 정부는 자국민의 라틴아메리카 이주를 체계적으로 지원하기 시작했다. 당시 라틴아메리카로 떠나는 일본인 이민자는 정부의 지원을 받아 거의 자비를 부담하지 않고도 이민이 가능했다. 일본인 이민자는 기존의 멕시코, 페루, 브라질 외에도 쿠바, 파나마, 콜롬비아, 파라과이 등지로 진출했다.

그중 브라질은 라틴아메리카에서 최우선 이민국으로 부각되었다. 세계 생산량의 60%를 차지하는 커피 농업이 여전히 호황이었기 때문에 브라질은 계속해서 노동력이 필요했다. 하지만 커피 농장주들은 일본인 이민자를 장기적

---

* 한 연구에 따르면 1908년 이전에도 일본인 약 20명이 개인 자격으로 브라질로 이주하는 모험을 단행한 사례가 있었다고 한다. 그들은 토지를 획득해 쌀농사를 지었으나 그 후 토지를 박탈당하면서 어려움에 처했다고 한다(Tsuchida, 1978, 119~123).

<표 10-1> 시기별 브라질로 이주한 일본인 수

연도	이민자 수(명)
1906~1910	1,714
1911~1915	13,371
1916~1920	13,576
1921~1925	11,350
1926~1930	59,564
1931~1935	72,661
1936~1941	16,750
1952~1955	7,715
1956~1960	29,727
1961~1965	9,488
1966~1970	2,753
1971~1975	1,992
1976~1980	1,352
1981~1985	411
1986~1990	171
1990~1993	48
총	242,643

자료: IBGE(2008).

으로 의존할 수 없는 노동력으로 인식했다. 초기의 일본인 이민자가 커피 농장에 남아 있기보다 조기에 독립해 자영농이 되었기 때문이다. 따라서 한때 상파울루 주는 일본인 이민에 지원을 중단하기도 했다. 그렇지만 대공황 이전까지 커피 산업은 계속해서 노동력을 필요로 했고, 일본인의 근면성과 엄격한 규율주의가 높이 평가받고 있었기 때문에 일본인의 이민은 지속될 수 있었다.

따라서 이때부터 세계 대공황 이후 민족주의 성향의 바르가스 정부가 이민을 제한하기 시작한 1934년까지 가장 많은 일본인이 브라질에 입국했다. 스즈키의 자료에 따르면 전 시기에 걸쳐 브라질로 이주한 일본인 총 약 25만 명 가운데 67%(약 16만 명)가 이 시기에 입국했다고 한다(Suzuki, 1969). 5년 단위로 계산한 IBGE의 공식 자료도 이와 크게 다르지는 않아 보인다.

　제2차 세계대전 이전 라틴아메리카로 이주한 일본인의 75%가 브라질로 향했다. 브라질에서 일본인 이민자 대부분은 남부의 파라나 주와 남동부의 상파울루 주에 자리 잡았다. 이 지역은 경작이 가능한 넓은 토지가 있었으며, 이민법도 호의적이었고, 커피 농업이나 그 후 산업화 등으로 노동력의 수요가 가장 많았다.

제2차 세계대전 이후: 오키나와 출신 이민자들

　제2차 세계대전으로 잠시 중단되었던 일본인의 브라질 이민은 전쟁이 끝나자 다시 시작되었다. 전후 라틴아메리카에서 일본인 이민이 의미 있는 숫자로 이루어진 나라는 브라질뿐이었다.

　전후 일본인의 브라질 이민은 1956년에서 1965년 사이에 집중되었다. 스즈키의 조사에 따르면 전후 1960년대 중반까지 브라질로 이민한 일본인 수는 3만 4439명이다(Suzuki, 1969). IBGE는 전후 1990년대 중반까지 브라질 내 일본인 이민자 수를 그보다 더 증가한 5만 3657명으로 발표했다(IBGE, 2008).[*]

　당시 이민자는 주로 오키나와 출신이었다. 이는 당시 오키나와를 점령해 군사기지를 설치했던 미 군정이 군사시설 부지 확보와 일자리 부족을 해소하기 위해 이 지역 사람들의 이주를 적극적으로 추진했기 때문이다.

　그러나 전후 다시 시작되었던 일본인 이주는 그 후 이루어진 일본 경제의 급속한 성장 때문에 1960년대 중반 이후로는 거의 중단되었다. 1960년대 중반 이후 브라질에 온 소수의 일본인 이민자는 일본 정부의 산하 조직인 일본국제협력기구JICA: Japanese International Cooperation Agency의 지원을 받아 건너왔다. 그들은 주로 농업 기업에서 이루어지는 경험에 관심이 있는 모험적인 젊은 청

---

[*]　앞서 살펴본 또 다른 자료는 전후 브라질의 일본인 이민자 수가 7만 명을 넘는 것으로 추산한다(Kikumura-Yano, 2002).

년들, 종교적인 임무로 온 사람들, 결혼 등의 이유로 온 사람들, 현지 진출 기업에 파견되어 정착한 사람들이었다.

상파울루 주와 파라나 주에 집중된 일본인 이민자

1950년 인구조사에 따르면 당시 일본인 이민자 35만 6641명 가운데 96.2%인 31만 6641명이 동남부 상파울루 주와 남부 파라나 주에 거주하는 것으로 나타난다. 특히 최초 정착지였던 상파울루 주에 여전히 일본인 상당수(84%)가 집중되어 있었다. 북부 지역이나 북동부 지역으로 일본인 이민자를 확산시키려는 브라질 정부의 노력은 별 성과를 거둘 수 없었다. 당시 브라질에 거주하는 일본인 중 단지 1% 이하만이 이 두 지역의 14개 주에 분산되어 있었을 뿐이다. 심지어 기후 조건이 좋아 목축업 등에 최적인 남부의 리오그란데도술 주나 리우데자네이루 주 또한 집단으로 함께 거주하는 것을 선호하는 일본인 이민자에게 매력적인 장소가 아니었다(Fujii and Lynn Smith, 1959).

이러한 지역적 집중 경향은 제2차 세계대전 이후에 들어온 신규 일본인 농업 이민자들이 북부나 북동부 지역으로 진출하면서 최근 상당히 완화되었다. 그렇지만, 여전히 상파울루 주와 파라나 주에 가장 많은 일본인이 거주한다. IBGE의 최근 통계를 보면 2000년 인구조사 기준 일본계 브라질인 140만 5685

〈표 10-2〉 브라질의 일본계 거주 지역(2000)

거주 지역	인구(명)	비중(%)
상파울루 주	693,495	49.3
파라나 주	143,588	10.2
바이아 주	78,449	5.6
미나스제라이스 주	75,449	5.4
기타	414,704	29.5
총	1,405,685	100.0

주: 기타에는 일본에 거주하는 니케이진 25만 명이 포함된다.
자료: IBGE(2008).

명 중 49.3%인 69만 3495명이 상파울루 주에 거주하며, 다음으로 10.2%인 14만 3588명이 파라나 주에 거주하는 것으로 나타났다. 두 주의 거주자를 합하면 여전히 59.5%로 높은 비중이지만, 과거와 같이 압도적이지는 않다. 그 대신 북동부의 바이아 주(7만 8449명, 5.6%), 남동부의 미나스제라이스 주(7만 5449명, 5.4%) 등에 많은 일본인이 거주하고 있다. 제2차 세계대전 이후 북부, 북동부, 중서부 지역에서 일본계 수는 증가 추세다. 어쨌든 브라질 전체에서 일본계 비중이 0.8%인 것에 비해 일본계가 집중된 상파울루 주에서는 1.9%, 파라나 주에서는 1.5%로 상대적으로 높은 비중을 차지한다(IBGE, 2008).

3. 브라질에서 일본인의 경제적 부상

커피 농장의 계약노동을 벗어나 자영농으로: 브라질 농업의 혁신 주도

1920년대와 1930년대에 브라질의 일본인 이민자는 대부분 2년 계약노동 조건으로 커피 농장에 왔다. 아프리카계 노예들이 담당했던 브라질 커피 농장의 노동은 노예 해방 이후 이탈리아, 스페인, 포르투갈 등 유럽 출신 이민자에 의해 대체되었으며, 그 후에는 일본인 이민자가 대신했다.

초기 이민자는 돈을 벌어 귀국하는 것이 목적이었는데, 그들의 귀국 목표는 쉽게 이루어지지 않았다. 무엇보다 기대한 만큼의 수익을 올릴 수 없었고, 농장의 가게에서 물건을 비싼 값에 구입해야 했기 때문에 목표한 돈을 모을 수 없었다.

그렇지만 주로 가족과 함께 온 일본인 이민자는 가족 모두 휴일도 없이 일을 하고 소득을 저축해 대부분 2년 안에 커피 농장에서 벗어나 자신의 직업을 선택할 수 있게 되었다. 커피 농장에서 일하는 일본인 이민자는 커피나무 사이에 채소, 콩과 같은 상품작물을 심거나, 커피 경작이 어려운 농장주 소유의 저지대 토지에서 농장주의 허락을 받아 쌀농사를 지어 자신들의 낮은 소득을 보완했다.

특히 1929년 대공황 이후 커피 산업이 위기에 처하자 이미 자본을 축적한 일본인들은 소규모 토지를 매입해 자영농이 되었다. 물론 이들이 구입한 토지는 현지인이 선호하지 않는 저지대의 땅이었다. 일본인은 이 땅에서 주로 상품작물을 재배했다. 일본인이 저지대의 땅을 구입해 상품작물 농업을 시작한 것은 이 농사가 초기 자본이 적게 들고 수확 기간도 짧았기 때문이다. 이에 따라 1939년에는 이미 일본인의 52.7%가 자신의 토지를 소유하게 되었다(Saito, 1961).

브라질은 라틴아메리카의 어떤 나라보다 농업 경쟁력이 있는 나라였다. 따라서 페루의 일본인 이민자와 달리 브라질의 일본인 이민자는 계약노동이 끝난 후에도 농촌을 떠나지 않고 그곳에 머물렀다.

브라질의 근대화 과정에서 이루어진 일본인 이민자의 가장 큰 기여는 라티푼디오latifundio 체제의 단일 작물 생산 농업에서 중소 규모의 다품종 생산 농업 체제로 이전하는 데 가장 큰 역할을 했다는 점이다. 이는 브라질인 모두가 인정하고 존중하는 일본인의 업적이다. 일본인 중소 자영농업자는 농업 생산, 유통의 혁신, 농산물 가공업의 발전 등을 통해 브라질 농업에 혁신을 가져왔다. 초기 일본인 이민자는 비록 일본에서 농사를 짓지 않았고, 또 브라질의 기후와 토양이 일본과 많이 달랐음에도 농촌에 남아 어려움을 효과적으로 극복해 최선의 결과를 도출할 수 있었다. 일본인에 대한 브라질 사람의 호의적인 시각은 농업에서 이룬 일본인 이민자의 혁신 때문이었다(Sakurai, 2004: 147).

브라질의 초기 일본인 이민자는 사회에 쉽게 동화되지 않는다는 의심스러운 눈초리에도 불구하고 농업을 통한 기여 덕분에 그러한 인식을 불식할 수 있었다. 초기 일본인 이민자에 대한 브라질 정부의 이러한 판단에 따라 전후 브라질은 많은 일본인 농업 이민자를 받아들였고, 이들은 기존의 남동부 지역을 벗어나 중서부, 북동부, 북부 아마존 지역, 남부 등 브라질 전역으로 진출했다.

집단 거주지 농업을 통해 중산층으로 부상

한편 이 시기에 일본 척식회사와 일본인 단체들은 공동 전략으로 일본인 집단 거주지colonias를 본격적으로 설립하기 시작했다. 사실 브라질에 일본인 집단 거주지가 처음 설립된 것은 1913년의 일이다. 그해 일본인 척식회사는 상파울루 주 남부 해안 지역에 최초로 일본인 집단 거주지를 건설했다. 이후 일본인 집단 거주지가 본격적으로 설립되기 시작한 것은 1920년대 들어 일본 정부의 재정 지원이 활성화되면서부터다.

제1차 세계대전이 종식될 무렵 일본 정부는 브라질 이주를 활성화하기 위해 기존 소규모 척식회사 3개를 하나로 통합하고 전폭적인 지원을 시작했다. 척식회사는 이민자 모집부터 수송, 현지 언어 및 관습 등 기초 교육, 자금 지원뿐만 아니라 현지에서 집단 거주지 건설을 위한 토지 매입, 배분, 그리고 생산과 판매에 필요한 하부구조 건설 등 필요한 모든 일을 처리했다. 또한 집단 거주지에는 학교가 설립되었고, 일본어 신문이 발행되었으며, 다양한 일본 전통문화 행사들이 개최되었다. 따라서 이들 집단 거주지는 귀국을 목표로 했던 초기의 일본인 이민자가 자신들의 문화적 정체성을 유지하면서 살아갈 수 있는 좋은 터전이 되었다. 이후 일본인 집단 거주지는 초기 일본인 이민자의 주요한 삶의 형태가 되었다.

실제 일본 정부는 브라질에 이민 지원 회사를 설립하고 당시 80만 달러를 대출해 상파울루 주와 파라나 주에 54만 1112에이커의 토지를 매입해 집단 거주지로 개발했다. 이 회사는 일본인 이민자에게 718달러당 60에이커*의 땅을 매입할 수 있도록 했다. 땅의 구입 비용은 무이자로 4년 거치 후 3년 상환 조건으로 대출이 가능했다.

이로써 1924년까지 상파울루 주 서쪽에 위치한 이구파에밸리Igupae Valley 지

---

* 60에이커는 약 24만 2천 제곱미터, 평수로는 7만 3450평이 된다. 거의 300마지기가 넘는 규모로, 과거 우리 기준에 따르면 그 정도의 땅을 소유한 자는 대지주급에 해당한다.

역의 세 도시(헤지스트루Registro, 세치바하스Sete Barras, 카수라Katsura)에 일본인 집단 거주지가 건설되었다. 이후 1934년까지 상파울루 주의 바스토스Bastos, 린스Lins, 바우루Bauru, 아라카투바Aracatuba, 티에테Tietê, 안드라디나Andradina, 알리안사Aliança 그리고 파라나 주의 론드리나Londrina, 트레스바하스Tres Barras 등에 집단 거주지가 추가적으로 건설되었다.

이러한 집단 거주지는 세 가지 유형으로 나뉜다. 첫 번째 유형은 대규모 핵심 집단 거주지núcleos colonias로 일본의 충분한 민간 또는 공적 기금의 지원을 통해 체계적으로 설립된 곳이다. 해당 거주지에는 모든 시설이 잘 갖추어졌고 잘 유지되었다. 신규 이민자뿐만 아니라 기존 이민자도 대부분 이러한 집단 거주지에 머물렀다. 가장 성공적인 사례는 상파울루 주 서부 지역의 바스토스에 있는 집단 거주지다. 두 번째 유형은 기존의 이민자에 의해 상파울루 주와 파라나 주 내륙의 삼림지대에 설립된 소규모 정착지다. 세 번째 유형은 일본인 민간 회사에 의해 북부 아마존 지역에 건설된 것들이다.

1930년대 일본인은 이들 집단 거주지에서 주로 면화를 비롯해 차를 재배하고 누에를 키웠다. 1931~1932년 사이 일본인은 상파울루 주 총 면화의 46.5%, 차의 75%, 누에고치의 57%를 생산하는 수준에 이르렀다. 이 외에도 그들은 쌀, 팥, 옥수수 등을 재배했다(Sakurai, 2004: 139).

집단 거주지 활성화의 영향으로 1940년 인구조사에 따르면 일본인 이민자의 85%가 여전히 농업에 종사하는 것으로 나타났으며, 이들의 생산성은 브라질 농민의 8배나 되었다. 그 결과 1%도 되지 않는 일본인이 브라질 전체 농산물 생산의 8%를 차지하게 되었으며(Masterson and Funada-Classen, 2004: 131), 1937년 무렵 일본인 이민자는 브라질 사회의 '중산층 농민'으로 성장하고 있었다(Masterson and Funada-Classen, 2004: 81).

협동조합을 통해 근교농업을 지배

일부 일본인들은 커피 농장이나 집단 거주지에서 벗어나 상파울루 시 인근에서 소규모 토지를 매입한 다음 야채나 과일을 재배하거나 가축을 키웠다. 이러한 근교농업은 당시 산업화로 팽창하는 도시의 수요에 따라 크게 성장할 수 있었다. 특히 당시 일본인의 감자 농업은 가장 번성하는 사업 가운데 하나였다.

일본인은 협동조합을 설립해 생산과 판매 과정을 보다 효율적으로 운영할 수 있었다. 협동조합은 집단 거주지의 척식회사와 마찬가지로 모든 생산과 판매 과정에 개입해 일본인 이민자의 농업을 효과적으로 운영했다. 대표적인 협동조합으로는 1927년에 설립된 코티아 농업협동조합CAC: Cooperativa Agrícola de Cotia이 있다. CAC는 처음에 감자의 생산과 판매를 원활하게 하기 위해 설립된 조직인데, 그 후 67년 동안 지속되어 다방면에서 일본인 이민자의 근교농업 발전에 큰 기여를 했다.

한때 CAC는 브라질 14개 주에서 2만 명의 회원을 자랑했다. 또한 라틴아메리카 전체에서 가장 성공한 농업 협동조합으로서 소득 기준으로 브라질에서 26번째 기업에 오르기도 했다(Masterson and Funada-Classen, 2004: 245).

일본인 이민에는 일본 정부의 조직적 지원이 뒷받침되었다. 일본 정부는 준국가기구라 할 수 있는 척식회사를 통해 집단 거주지 건설과 운영을 도왔으며, 집단 거주지에서 나와 근교농업을 하는 사람에게도 협동조합 설립 등을 지원했다. 이뿐만 아니라 본국에서 의사와 교육자를 파견해 현지 일본인의 교육과 보건 서비스 제공에 힘썼고, 농업 전문가를 파견해 낯선 환경에서 농업을 성공적으로 실현하는 데도 크게 기여했다. 이는 일본인 이민자가 일본과 전혀 다른 환경에서도 농업을 성공적으로 발전시킬 수 있었던 가장 중요한 요인이었다(Sakurai, 1999).

결과적으로 현재 일본인은 브라질 주요 도시에서 근교농업을 지배하고 있다. 가장 두드러진 예로 2002년 상파울루 주에서 소비되는 야채와 그 외 농산물 시장 공급 물량의 약 35%를 차지하는 모지다스크루지스Mogi das Cruzes 시의 생산자 2천 명 가운데 95%가 일본계다.* 상파울루 주 전체 야채 시장으로 보더라도 일본계가 전체 소비 물량의 대략 80%를 공급하고 있다(Sakurai, 2004: 148~149).

그들은 또한 북동부를 비롯한 브라질 전역으로 진출해 근교농업을 확산시켰다. 특히 북동부에서는 기본적인 채소 외에도 멜론 같은 열대 과일을 재배해 국내 수요는 물론 수출까지 하고 있으며, 사과 재배를 확산해 수입을 대체하는 것을 넘어서 현재 수출까지 가능하게 했다. 사바나 기후의 중서부 지역에서는 관개나 화학비료를 적절히 활용해 밀, 쌀, 옥수수, 대두, 커피 등을 생산함으로써 이 지역의 농업을 비옥한 남동부 지역과 경쟁할 수 있는 수준으로 끌어올리기도 했다.

그 밖에도 일본계는 마늘이나 후추 등을 도입해 국내 생산을 성공시켜 수입을 대체했으며, 최근에는 화훼 산업을 통해 새로운 수입원을 창출하기도 했다. 또한 오래전부터 양계장을 육성해 브라질의 계란 생산을 거의 장악하고 있다. 이 분야에서는 저콜레스테롤 계란을 개발하는 등의 혁신도 이루었다.

일본계의 농업 혁신은 비단 농업에서의 발전뿐만 아니라 브라질 사람의 식습관에도 영향을 미쳤다. 육류 위주의 식사를 하던 브라질 사람은 일본인의 근교농업의 영향으로 야채를 많이 먹는 새로운 식습관을 가지게 되었다. 브라질에서 미소나 두부와 같은 건강식이 일반화되었으며, 중산층은 스시나 사시미와 같은 생선도 많이 먹게 되었다.

도시 서비스업으로 진출

1930년대 말부터 일본인 이민자들 사이에서는 농업이 아니라 도시로 나가 서비스업에 종사하는 사람들이 조금씩 생겨났다. 이들이 도시로 이주한 가장 큰 이유는 자녀의 교육 문제였다.

초기에 이들은 적은 자본으로 사업을 시작해야 했기 때문에 주로 서비스업

---

* 2003년 모지다스크루지스 시의 시장으로 일본계가 선출되었다.

에 종사하게 되었다. 처음에 그들이 도시에서 주로 진출한 서비스업 분야는 상업, 목공업, 운수업, 미용업, 재봉업, 세탁업 등이었다. 그들은 이러한 분야에서 값싸고 질 좋은 서비스를 제공해 도시의 구매층을 확대했다. 이를 통해 얻는 수익은 크게 높지 않았지만 자녀 교육을 위해서는 충분했다.

도시 서비스업 가운데 일본인 이민자가 가장 많이 진출한 분야는 미용업이었다. 미용업은 특히 여성 노동력의 참여에 많은 도움을 주었다. 일본인은 전문 미용 학교를 설립하는 등 미용업에서 값싸고 질 좋은 서비스를 제공해 브라질의 중산층까지 이러한 서비스를 일상적으로 이용하게 만들었다. 나아가 샴푸, 로션, 드라이기 등 관련 상품을 생산하는 사업으로 발전시키기도 했다.

남자들은 주로 세탁소나 사진관 등을 운영했다. 한때 일본인 이민자가 운영하는 세탁소 수가 상파울루에서만 3천 개에 달했다. 이들은 배달 서비스를 개발했고, 영업과 세탁 및 다리미질 작업을 분리하는 등 사업의 효율성을 발전시켰다. 나아가 증기다리미 공장을 설립하기도 했다. 그들은 세탁인연합회를 설립해 도시로 이주하는 일본인과 신규 이민자의 정착에도 기여했다. 사진관을 운영하는 사람 역시 늘어나 상파울루에서 스튜디오나 기념일 현장에서 일본인 사진사를 보는 것은 흔한 일이 되었다.

나아가, 도시에서 많은 일본인이 약국을 열었다. 일본인이 운영하는 약국은 약을 처방하고, 제조하고, 주사까지 주었기 때문에 중산층 이하 거주지에서 일본인이 운영하는 약국은 1차 의료기관의 역할을 하기도 했다. 슈퍼마켓이 없던 시기에 이들 약국은 약 외에 생필품 판매도 함께 했다. 약국을 운영하는 일본인은 브라질의 공식 약사 면허가 없었기 때문에 약사 면허를 빌려서 영업하곤 했다. 하지만 점차 법이 엄격해지면서 일본인 약국은 사라져갔다. 한편 제2차 세계대전 이후 일본 전자제품이 수입되어 들어오면서 일본인 후손은 전자제품 수리업에 종사하기도 했다.

도시로 나온 일본인 이민자는 1980년대까지 주로 이러한 서비스업에 종사했다. 이후 1980년대부터 서비스업이 프랜차이즈화되고 새로운 기술 등이 도입되면서 일본인의 소규모 자영업 형태의 서비스업은 점차 침체되었다. 서비스업을 발전시키기 위해 현대화를 목표로 대규모 투자가 필요했지만, 고등교육을 받은 일본인의 후손은 더 이상 서비스업에 종사하는 것을 원하지 않았다. 따라서 서비스업에서 그러한 투자는 이루어지지 않았다. 후손들은 소규모 서비스업에 종사하기보다 국영기업 또는 민간 기업에 취업하거나 전문직으로 진출했다.

또한 브라질에서 좋은 직업을 가질 수 없던 후손들은 일본으로 일자리를 찾아 떠나기도 했다. 따라서 도시에서 일본인이 운영하던 소규모 서비스업은 거의 사라질 수밖에 없었다.[*]

일본의 브라질 투자 증대와 니케이진 고용

제2차 세계대전으로 거의 중단되었던 일본인의 브라질 이민은 앞서 살펴본 대로 1950년대 중반 이후 다시 본격화되었다. 당시 일본인 이민자는 크게 두 가지 성격에 따라 나뉜다. 하나는 전문적인 농민으로 브라질 정부의 전국 국토개발 특별 프로젝트에 참여한 사람들이다. 또 다른 부류는 산업 기술자로 일본의 자본과 기술 지원으로 설립된 브라질의 주요 국영기업이나 브라질에 진출한 일본 민간 기업에 종사할 목적으로 온 사람들이다.

브라질 정부는 수입대체산업화를 위해 중화학공업을 육성했다. 그중 일본의 자본과 기술을 들여와 설립한 주요 국영기업으로는 철강 산업의 우시미나스Usiminas, 조선업의 이지브라스Ishibrás, 광산업의 발레두히우도세Companía Vale do Rio Doce, 제지와 셀룰로오스 산업의 세니브라Cenibra 등이 있다. 일본은 국영기업에 주주로 참여하는 동시에 기술자를 파견했다. 한편 전자, 자동차 같은 산업에는 일본의 민간 기업도 많이 진출했다. 브라질에 투자한 대표적인 민간

---

[*] 이 부분과 관련해서는 496쪽 부록에 있는 영화 〈플라스틱 시티(Plastic city)〉의 내용을 참고하라.

기업으로는 1955년에 진출한 도요타 자동차를 비롯해, 1960년대와 1970년대 초에 들어온 도시바나 니폰 일렉트릭 같은 전자업체들이 있다. 또한 1970년대 에는 자원 개발을 위해 아마존의 거대한 알루미늄 제련소인 알루노르치Alunorte 에 49%의 지분 투자를 하기도 했다. 결과적으로 1951년에서 1990년 사이 브라질에서 이루어진 일본의 총 투자는 전체 라틴아메리카에서 이루어진 총 투자의 대략 절반이자 일본이 행한 총 해외투자의 3%에 해당하는 65억 달러에 달했다(Masterson and Funada-Classen, 2004: 244~245).

한편 이들 기업에는 본국인 일본에서 기술자들이 많이 파견되었지만 현지의 일본인 후손도 특별 채용되었다. 이러한 기업들은 브라질의 일본계에게 양질의 일자리를 제공해주었다. 따라서 일본의 자본과 기술의 브라질 진출은 현지 일본인 이민자에게 또 다른 힘의 원천이 되었다(Sakurai, 2004: 141).

4. 니케이진의 정치적·사회적·문화적 참여

교육을 통해 농민에서 전문직으로 진출

일본계의 정치적·사회적 참여의 확대는 주로 교육을 통해 이루어졌다. 많은 일본인 이민자가 자녀의 교육을 위해 도시로 이주했으며, 농촌에 남은 사람 역시 교육을 위해서 자녀를 도시로 내보냈다. 교육을 강조하는 것은 일본 문화의 전통 윤리였다.

교육 열의에 기반해 니케이진의 교육 성과는 매우 높았다. 한 예로 1988년 일본계브라질인연구센터가 조사한 바에 따르면 푸베스트Fuvest: Fundação Univer-sitária para o Vestibular* 시험의 상위 20명 가운데 30%를 일본계가 차지했다. 브

---

* 푸베스트 시험은 상파울루 대학이나 산타 카자 의학전문대학(Santa Casa Medical School) 같은 명문대에 입학하기 위해 필요한 시험으로 브라질에서 우수한 학생들이 가장 많이 보는

제3부 라틴아메리카의 동아시아계

라질 인구에서 일본계가 차지하는 비중이 0.8% 이하인 점을 고려하면 이는 매우 높은 수치다. 이뿐만 아니라 브라질 최고의 대학인 상파울루 대학의 학생 가운데 17%가 일본계였다(Centro de Estudos Nipo-Brasileiros, 1988).*

이러한 성과에 따라 니케이진은 변호사, 의사, 치과의사, 회계사, 간호사, 엔지니어, 교수 등 전문 분야로 활발히 진출했으며, 이로써 경제적 성공도 이룰 수 있었다. 결과적으로 1988년 조사된 니케이진의 직업 분포를 보면 전문직 기술직 종사자가 16%, 경영 사무직 종사자가 28%로 나타났다. 반면 농업이나 어업 종사자는 10%에 불과했다. 그 외 자영업이나 상업 종사자는 25%, 서비스업이나 제조업 종사자는 10%였다. 이러한 수치는 30년 전 1958년 조사에서 농업과 어업 종사자의 비율이 55.9%로 절대적으로 높은 비중을 차지한 반면 경영이나 사무직 또는 전문직이나 기술직 종사자 비율이 10% 수준에 머물렀던 것에 비하면 놀라운 변화다(Centro de Estudos Nipo-Brasileiros, 1988).

이러한 변화에 따라 1980년대에 들어서면서 브라질의 일본계를 더 이상 농민이라고 규정할 수 없게 되었다. 페루의 일본계가 농업에서 도시 서비스업 또는 전문직 사무직으로 이전한 것이 10년 만에 급격히 이루어졌다면 브라질에서는 80년에 걸쳐 서서히 그러한 변화가 이루어졌다.

문화영역의 니케이진: 브라질에 새로운 미술 조류를 형성한 '세이비 그룹'

무엇보다 브라질에서 니케이진이 가장 돋보이는 영역은 문화 분야다. 특히 미술 분야에서 브라질 추상화와 미니멀리즘에 기여한 일본 예술가들의 공로는 매우 크다. 회화 부문에서 마나부 마베Manabu Mabe와 조각 부문에서 토미 오타게Tomie Ohtake는 제2차 세계대전 이전부터 세이비 그룹Seibi-Kai을 조직해 브

시험이다. 매년 10만 명 이상이 이 시험을 본다.

* 따라서 브라질 학생들 사이에서는, 상파울루 대학에 들어가기 위해서는 시험에서 좋은 성적을 얻어야 할 뿐만 아니라 '일본인 한 명을 죽여야 한다'라는 농담까지 생겼다고 한다(Purcell and Immerman, 1992: 106~108).

〈사진 10-1〉 상파울루 시 금융 중심지 파울리스타
거리에 있는 토미 오타케의 조각 작품

© Rovena Rosa, Agência Brasil
자료: 위키피디아.

라질에서 일본의 문화적 뿌리를 가진 미적 조류를 형성했다. 이들은 제2차 세계대전 이후 상파울루 비엔날레와 다양한 국내외 개인전을 통해 두각을 나타내기 시작했다. 또한 1954년부터 브라질일본문화협회Sociedade Brasileira de Cultura Japonesa는 분쿄 BUNKYO 살롱을 통해 그와 같은 조류의 예술가들을 모으고 그들을 알리는 데 기여했다. 이를 통해 한곳에 모인 니케이진 예술가들은 브라질 미술사에 중요한 부분으로 자리 잡게 되었다. 그 외에도 미술 분야에서 니케이진은 도예나 종이접기 같은 부문에도 많은 기여를 했다.

니케이진이 두각을 나타낸 또 다른 영역은 영화계다. 넬슨 페레이라 도스 산토스, 글라베르 로샤와 같은 시네마 노보의 거장들의 조연출을 거친 티수카 야마사키Tisuka Yamasaki는 1980년 브라질 내 일본인 이민자를 다룬 영화 〈가이진: 리베르다지를 향한 길Gaijin: Os Caminhos da Liberdade〉*을 통해 칸 영화제 특별상을 수상했다. 이로써 그녀는 브라질 영화계의 주요 인물로 부상했다.

이 외에도 건축 분야에서 일본인은 모지다스크루지스 시와 상파울루 시 등에서 다양한 일본식 건축물을 건립해 브라질의 건축양식을 다양하게 하는 데 기여했다. 스포츠 분야에서는 유도를 브라질에 전파해 올림픽 메달까지 획득

---

* 이 영화의 자세한 내용은 496쪽 부록을 참고하라.

하게 하는 데 기여하기도 했다. 한편 대중문화 영역에서도 많은 니케이진이 연극배우, 가수, 모델, 영화배우 등으로 활발한 활동을 펼치고 있다.

이민 2세대에게는 삶이나 예술 활동에서 브라질 사회에 적응하는 것이 중요한 과제였다면, 이민 3세대 예술가에게는 현지 적응보다 오히려 자신이 기원한 일본 문화의 뿌리를 보다 완전히 이해하고 끌어안으려는 노력이 주된 과제가 되었다. 태평양전쟁에 대한 마음의 빚이 있었던 이민 2세대와 달리, 그러한 마음의 빚이 없는 3세대는 자유롭게 자신의 뿌리를 찾는 작업에 매진하고 있다(Masterson and Funada-Classen, 2004: 255).

연방 하원의원과 장관까지 오른 니케이진

초기 일본인 이민자의 자녀 교육에 대한 노력 덕분에 제2차 세계대전이 끝날 무렵부터 일본계 지식인 엘리트들이 탄생하기 시작했다. 1950년부터는 일본계가 많이 거주하는 지역을 중심으로 선거에 매번 일본계 후보들이 등장하기 시작했다. 후지모리 이전 페루의 일본계와는 달리 브라질의 일본계는 일찍부터 정치에 적극적으로 참여를 시도했다. 특히 1970년대 초반 군사정부 시기에 일본계의 정치적 참여가 본격화되기 시작했다.

그 결과 1950년에서 2003년 사이 상파울루 주, 파라나 주, 마토 그로소 주, 마토 그로소 도 술 주, 고이아스 주, 브라질리아 등에서 주의원과 연방 하원의원 47명이 배출되었다. 특히 2002년 선거 당시 브라질 전역에서 니케이진 후보 74명이 나와 상파울루 주와 파라나 주에서 연방 하원의원 2명과 마토 그로소 도 술 주에서 주의원 1명이 선출되기도 했다(Sakurai, 2004: 154).

특히 지방 기초 단체나 직업 단체에서 니케이진의 대표성은 더욱 활발하다. 이는 브라질에서 니케이진의 정치적 진출과 사회적 통합이 매우 진전되어 있음을 보여준다.

최근 니케이진 정치인들 가운데 가장 두드러지는 인물은 룰라 대통령 정부에서 장관급인 사회소통위원회 위원장을 지낸 루이스 구시켄Luis Gushiken이다.

그는 금융 노조 위원장 출신으로 PT당과 인연을 맺고, 1987년에서 1998년 사이 연방 하원의원으로 세 차례나 선출되었다. 또한 1989년, 1998년에는 룰라의 대선 캠페인의 선거본부장을 지내기도 했다.*

니케이진의 관계 진출도 적지 않았다. 그중 장관을 지낸 사람은 1969년 메디치 정부에서 산업통상부 장관이 된 파비오 야수다Fábio Yassuda, 1974년 게이세우Ernesto Geigel 정부에서 광업에너지부 장관이 된 변호사 출신 시게아키 우에키Shigueaki Ueki, 1989년 의사 출신으로 호세 사르네이 정부에서 보건부 장관이 된 세이고 쓰즈키Seigo Tsuzuki로 총 3명이 있다.

또한, 사법부에는 1964년 연방법원 노동부 판사로 임명된 호케 고마쭈Roque Komatsu와 상파울루 주 고등법원 판사를 지낸 가수오 와타나베Kazuo Watanabe가 있다. 군부에는 1987년 니케이진으로는 최초로 장성급에 오른 마사오 가와나미Masao Kawanami가 있으며, 외교관으로는 주한 브라질 대사를 지낸 에드문두 푸지타Edmundo Fujita와 공사를 지낸 파티마 게이코 이시타니Fátima Keiko Ishitani가 대표적이다.

학계와 지식인 그룹의 니케이진: 상파울루 대학 교수 가운데 5% 이상이 일본계

니케이진의 학계 진출도 적지 않다. 1986년의 한 조사에 따르면 상파울루 대학 교수 4909명 가운데 276명이 일본계였고, 그중에서 11명은 정교수였다. 1993년 실시된 조사에서는 정교수 수가 22명으로 증가했다(Araujo y Sakurai, 1987; Shima, 1995).

이들의 전공은 주로 공학, 간호학, 물리학, 생물학, 의학 등 주로 공학이나 의학계다. 물론 니케이진 가운데 인문학 전공자가 전혀 없는 것은 아니지만 브라질의 니케이진은 대부분 공학 또는 의학 전공으로 인문학에는 별 관심이 없다는 인식이 널리 퍼져 있다.

---

* 구시켄은 2013년 63세의 나이에 위암으로 사망했다.

작가로는 청소년 심리분석가로서 베스트셀러 작가의 반열에 오른 호베르투 신야시키Roberto Shinyashiki, 시인 호베르투 사이토Roberto Saito, 소설가 라우라 혼다 하세가와Laura Honda Hasegawa 등이 대중적으로 잘 알려져 있다.

언론계에도 많은 니케이진이 진출해 있다. 그중 가장 대표적인 인물로 일찍이 1950년대에 브라질의 대표 일간지 ≪폴라 지 상파울루Folha de São Paulo≫와 유명 잡지 ≪레알리다지Realidade≫의 편집을 맡았던 호세 야마시로José Yamasiro와 히데오 오나가Hideo Onaga 등을 들 수 있다.

5. 니케이진의 연대와 문화적 동화

일본인 이민자의 집단주의와 공동체적 연대

금의환향의 꿈이 점차 사라지자 일본인 이민자 1세대에게는 현지에 적응할 필요성이 생겼다. 물론 귀국이 생각처럼 쉽지 않았다고 해서 제2차 세계대전 이전의 일본인 이민자가 귀국을 완전히 포기한 것은 아니었다. 자신의 정체성을 유지하면서 현지 생활에 적응하기 위해 초기에 일본인은 대부분 집단 거주지에 모여 살면서 그들 사이의 연대를 강화했다. 그들은 브라질 국적으로 귀화하지 않았으며, 현지인과 동화되지 않기 위해 일본에서 신부를 데려오거나 현지 일본인 이민자 2세와 결혼했다. 이들은 브라질 국가 내의 또 다른 국가라고 할 수 있는 일본인만의 유기적 공동체를 설립했다.*

"5명의 일본인만 있으면 반드시 하나의 단체나 학교가 있다"라는 말처럼 일

---

* 실제로 브라질에 들어와 있는 다양한 국가의 이민자들 중에서 일본인 이민자의 현지 정착률은 현저하게 높았다. 1908년에서 1933년 사이 이민자들 가운데 브라질에 정착한 비율은 일본인 이민자가 93%로 압도적으로 높았으며, 다음으로 터키, 즉 아랍인 이민자가 53.22%, 스페인 51.05%, 포르투갈 42.0%, 독일 24.49%, 이탈리아가 12.82% 수준이었다(Brasil-Japan Cultural Association, 1991: 103~104).

본인이 있는 곳에는 항상 일본인 공동체가 설립되었다. 이러한 조직은 단체를 형성하는 것을 좋아하는 일본 문화의 산물이기도 하지만 이민자가 자신들의 여가 시간을 활용하는 장이기도 했다. 어쨌든 이러한 협회는 이민자의 집합적 정체성을 교육하고 유지하는 데 많은 기여를 했다. 일본인 집단 거주지나 협동조합 같은 단체는 제2차 세계대전 이전까지 일본인의 단합을 유지하는 데 큰 도움이 되었다. 사실 제2차 세계대전까지 브라질 사회에서 일본인 자산가나 유명 인사는 나타나지 않았지만 그들은 공동체 조직을 통해 경제 기반을 마련하고 브라질 사회의 적대감을 어느 정도 극복할 수 있었다.

일본 정부는 이민자에게 국가와 황실에 대한 충성을 강조하던 정책에서 벗어나 현지 귀화를 촉구했음에도 불구하고 제2차 세계대전 이전까지 브라질의 일본인 이민자들은 대부분 일본 국적을 포기하지 않았다. 오히려 일본의 군사적·국제적 위상이 높아지면서 이민자 1세대 사이에서는 민족주의가 고양되기도 했다.

일본인 이민자 사회에 대한 브라질의 억압

일본인 이민자의 공동체적 연대는 현지에서 삶을 살아가는 데 많은 도움이 되었지만, 한편으로는 민족주의와 배타성 때문에 브라질 사회에서 반일 감정을 야기하기도 했다. 브라질의 정치 엘리트들도 일본인 이민자들이 브라질 사회에 동화하지 않음을 우려했다. 특히 1930년대 초반 일본의 만주 정복 이후 군국주의화에 반대하는 브라질에서 일본인 배제운동이 보다 증가했다. 결국 1934년 바르가스 정부가 일본인 이민을 제한하는 법을 제정하기에 이르렀다.

바르가스 정부에서 시작된 브라질의 민족주의 정책과 이에 따른 일본인 이민자에 대한 억압은 1937년 일본이 제2차 세계대전 당시 추축국 편으로 참전하면서 보다 강화되었다. 바르가스 정부는 1937년 '국민화' 정책을 통해 외국인 이민자 후손이 모국어와 모국 문화를 배우는 것을 금지하고, 이들이 공교육을 통해 포르투갈어만을 말하도록 했다. 그에 따라 일본인, 독일인, 이탈리아인의 외국인 학교가 폐교되었으며, 공공장소에서 이들 나라의 언어를 사용하는 것이 금지되었다.

이러한 정책은 제2차 세계대전의 발발과 함께 강화되었다. 브라질이 연합국에 가입하면서 사실상 일본은 브라질의 적국이 되었다. 이에 따라 브라질 내 일본인 이민자들은 매우 어려운 상황에 놓이게 되었다.* 비록 현실적으로 브라질 정부가 미국처럼 일본인을 추방하거나 대규모 수용 시설에 가둘 수는 없었지만 일본인 공동체 지도자를 일시 구속하거나, 일본인 집회를 금지하거나, 일본인의 은행 계좌를 동결하거나, 일본인 가택을 수색하거나 하는 일들은 빈번하게 발생했다.

일본인이 발행하는 신문이나 정기간행물도 모두 금지되었기 때문에 일본인은 일본의 제국 본부가 주도하는 남미의 라디오 방송인 라디오 재팬Radio Japan을 통해 본국의 소식을 접할 수 있었다. 브라질 정부가 일본인에게 라디오를 몰수하는 등 방송 청취를 금지했으나 많은 일본인 이민자는 라디오를 몰래 감추어 은밀히 방송을 듣고 이민자 사회에 소식을 전달했다. 일본인은 브라질 정부의 통제 아래 이루어지는 전쟁 관련 뉴스를 믿지 않았으며 따라서 일본의 제국주의 방송의 과장된 뉴스에만 의존하게 되었다.

전후 일본인 이민자 사회 내부의 갈등: 신도 렌메이

전쟁이 끝난 후 일본인 이민자에 대한 브라질 정부의 억압은 사라졌으나 패전의 후유증은 일본인 이민자 사회 내부에서 발생했다. 제2차 세계대전과 브라질 정부의 억압에도 불구하고 집단 거주지 생활을 통해 라틴아메리카에서

---

* 브라질의 일본인 이민자들이 다른 라틴아메리카 국가에 비해 더 많은 탄압을 받았던 것은 제2차 세계대전에서 중립을 지켰던 칠레나 추축국에 더 가까웠던 아르헨티나와 달리 브라질이 연합국으로 직접 참전했기 때문이다. 이런 상황에서 황색 저널리즘은 일본인 집단 거주지의 무장한 사람들이 상파울루 시를 공격할 것이라고 떠들기도 했다. 이에 따라 일본인 이민자에 대한 브라질 정부의 억압도 점차 강화되어갔다.

일본 문화를 가장 잘 보전해온 브라질의 일본인 이민자 사회는 전쟁의 패배로 가장 큰 충격을 받았다. 특히 귀국의 꿈을 간직해왔던 또는 일본이 새로이 점령한 중국이나 동남아 등으로 재이주를 꿈꾸던 이민자 1세대 일부는 일본의 패배를 도저히 받아들일 수 없었다. 이들과 달리 브라질에서 경제적·사회적으로 어느 정도 자리를 잡았으며 자녀를 브라질 학교에서 교육시킨 이민자는 현실적으로 브라질 사회와 통합하기를 원했다. 이러한 입장 차이 때문에 일본인 이민자들 사이에서 갈등이 발생했다.

제2차 세계대전에서 일본의 패배를 믿지 않은 일부 이민자들은 '신도 렌메이Shindo Renmei, 신민의 길 동맹'라는 조직을 형성했다. 전 일본군 중령이 조직한 '신도 렌메이'의 조직원 수는 최소 5만 명에 이르렀다. 이 조직의 참여자들은 주로 전직 군인이나 광신적 민족주의자였는데 대부분 브라질에서 땅과 안정적인 직업을 가지지 못하거나 폭력에 이끌린 젊은 2세들이었다. 신도 렌메이는 자신들에 동의하지 않는 일본인 이민자를 공격하거나 살해했다. 이러한 폭력적 갈등은 전후 약 10년 동안, 즉 1955년까지 지속되었다. 그 결과 23명이 죽고, 147명이 다쳤으며 9건의 방화가 발생했다. 이러한 사태는 상황의 심각성을 인식한 브라질 정부의 개입으로 비로소 끝이 날 수 있었다(Moraes, 2000).*

전후 일본인의 브라질 사회 통합:
'천황의 신하'에서 일본계 브라질인 '니케이진'으로

제2차 세계대전 이후 신도 렌메이와 같은 현상의 발생에도 불구하고 브라질의 일본인 이민자들 다수는 현지 사회에 한층 더 통합되기 시작했다. 그들은 일본의 제2차 세계대전 패전을 계기로 지금까지 브라질에서 임시 체류자의 성격에서 벗어나 현지에 정착하는 새로운 삶의 비전을 추구하게 되었다.

----

* 브라질 정부는 가택 수색을 통해 무기나 군복 또는 황제 사진 등이 발견되면 체포 등의 처벌을 가했다.

이제 그들의 최대 목표는 자손들이 교육을 통해 현지 사회에 제대로 적응하는 것이었다. 따라서 자녀에게 낳은 교육 여건을 마련해주기를 원하는 부모는 농촌의 집단 거주지를 떠나 도시로 이주하기 시작했다. 도시로의 이주는 일본인이 브라질 사회에 통합되는 데 가장 중요한 계기가 되었다.

일본인 이민자들이 집단 거주지를 떠나 도시로 이주하면서 현지인과의 결혼 비율도 증가했다. 1988년 조사에 따르면 이민 2세대에서 타 종족과의 결혼 비율은 6.0%에 불과했던 것에 비해, 3세대에서는 그 비중은 40%, 4세대에서는 그보다 더 높은 60%로 증가했다. 타 종족과의 결혼 비중은 일본계 인구가 상대적으로 희박한 북부나 북동부 지역에서 많이 이루어졌다. 이 지역에서 타 종족과 결혼한 부부 비중은 전 세대 통틀어 70%대에 이르렀다. 반면 일본계 인구가 상대적으로 많고, 일본 이민자의 신규 유입도 지속되었던 상파울루와 파라나 주에서는 3세대와 4세대의 타 종족과의 결혼 비율 증가에도 불구하고 여전히 같은 종족끼리 결혼한 부부의 비율이 75%를 넘었다. 이 지역의 이민 1세나 2세 부모들은 여전히 자녀가 같은 종족끼리 결혼을 하도록 압력을 가했다(Centro de Estudos Nipobrasileiros, 1988). 어쨌든 타 종족과 이루어지는 결혼의 불가피한 증가는 시간이 지나면서 일본인 이민자의 현지 사회 통합이 점차 증가하고 있음을 말해준다.

제2차 세계대전 이전 일본인이 협동조합이나 협회 등을 통해 자신들의 이익을 추구하고 경제 기반을 마련할 수 있었다면, 이후에는 개별적인 교육과 사회적 통합을 통해 집단보다 개인 자격으로 경제적 부상과 사회적 신분 상승을 추구했다. 도시 서비스업이나 근교농업을 통해 중산층으로 부상한 일본인 이민자는 더 이상 '천황'의 신하가 아니라 브라질 시민이 되어갔다. 이렇게 새로운 이중 정체성을 형성한 일본인 이민자 2세와 3세는 일본계 브라질인, 즉 '니케이진'이라고 불리게 되었다.

니케이진의 브라질 사회 통합은 언어 사용에서도 나타난다. 1988년 조사에 따르면 당시 단지 일본어만 사용할 수 있는 사람 비중은 6%에 불과했다. 반면 오직 포르투갈어만을 사용하는 일본계 비중은 56%에 달했다. 그러나 상파울루나 파라나 주 내륙 또는 북부나 북동부 지역의 농촌에서는 오직 일본어만 사용하는 사람 비중은 21.7%, 오직 포르투갈어만 사용하는 사람 비중은 47%로 타 종족과의 혼인과 달리 언어 사용에서는 이 지역 출신의 현지화가 보다 느리게 진행되고 있음을 알 수 있다.

종교적으로도 니케이진의 현지화가 많이 진행되었는데, 그 예로 1980년대 말 일본계의 60%가 로마 가톨릭 신도였다는 점을 들 수 있다. 반면 일본 전통 종교라고 할 수 있는 신도나 불교 또는 일본의 신흥종교* 신자는 25% 정도였다. 일본의 전통 종교 또는 신흥종교 신자들은 도시보다 농촌에서 더 많이 나타난다(Centro de Estudos Nipobrasileiros, 1988).

일본계의 새로운 공동체 조직

현지화가 이루어졌지만 니케이진이 공동체 조직을 포기한 것은 아니었다. 제2차 세계대전 이후 집단 거주지를 떠나 상파울루나 파라나 주의 주요 도시로 분산된 니케이진은 그들 사이의 연대를 위해 각종 단체를 설립했다. 특히 1970년대 초반부터는 출신 지역, 직업, 출신 학교에 기반을 두거나 스포츠, 사회봉사, 헬스 케어, 문화 및 학술 활동 등을 목적으로 하는 조직이 많이 형성되었다.

대표적인 문화·학술 단체로는 니케이진 공동체의 문화·학술 단체로 1948년 설립된 일본계브라질인연구센터, 브라질 전국에 걸쳐 350개가 넘는 일본어 교육기관을 조직화하기 위해 1980년대 말 설립된 일본어연구센터Centro de Estudos do Lingua Japonesa, 일본 전통문화와 관련된 문화 활동을 조직화하기 위해

----

* 일본의 신흥종교들은 급속한 도시화 때문에 개인주의 경향이 증가하고 가족적 연대가 약화되어 개인의 정신적 웰빙(well-being)을 위한 필요성이 증가하는 상황에 맞춰 우후죽순으로 생겨났다. 이들 신흥종교는 해외에서 가장 많은 일본인이 거주하는 브라질에도 진출했는데, 그중 가장 큰 세력을 가진 종교는 'PL 교단'이다.

설립된 브라질일본문화협회(흔히 '분쿄'라 부름) 등이 있다. 의료, 스포츠, 사회봉사 관련 조직으로는 1984년 설립된 브라질-일본 병원Hospital Nipo-Brasileiro이 대표적이고 그 외에 수많은 야구 클럽이 있다. 이런 성격의 단체들은 브라질 내 일본인 이민자 사회가 농업 공동체에서 벗어나 다각화되었다는 것을 의미한다.

니케이진의 역이주: 데카세기

1980년대 이후 라틴아메리카 국가들은 외채 위기로 경제적인 어려움을 겪게 되었다. 경제적인 기적을 통해 강대국으로 등극하리라 기대했던 브라질의 꿈은 사라졌다. 라틴아메리카의 다른 나라들과 마찬가지로 브라질 역시 과도한 외채와 사회적 불평등 문제에서 벗어날 수 없었다.

반면 1980년대 일본 경제는 최고의 번영을 누렸다. 그런 가운데 인구 노령화와 일본 젊은이들의 힘든 일 기피 현상 때문에 일본 정부는 이민 노동자에게 문호를 개방할 수밖에 없었다. 이에 따른 1980년대 후반 이민법 개정 이후 라틴아메리카의 일본인 이민자 후손에게 역이주의 기회가 열렸다.

1980년대 중반 이후 브라질의 일본계는 낮은 일자리를 찾아 일본으로 역이주하기 시작했다. 일시적 이주자라는 의미의 일본어 '데카세기Dekasegui'라고 알려진 역이주자 수는 1989년 4159명에서 현재 약 25만 명 정도가 될 것으로 평가된다(Masterson and Funada-Classen, 2004: 256~257).

비록 6개월에서 3년짜리 방문 비자를 가진 일시적 이주자라고는 하지만 그들은 비자의 무제한 갱신이 가능했기 때문에 단기에 브라질로 영구 귀국하기보다 브라질과 일본을 왕래하는 순환적 이주를 통해 장기적으로 일본에 체류한다. 그들은 일본에서 가족과 함께 생활하면서, 그곳에서 직업을 가지고, 일본식 교육 시스템에 따라 자녀를 교육한다. 브라질을 떠나 완전히 일본에서 영구 체류하는 비율도 전체 역이주자의 20%에 달한다.

하지만 이들 일본계 브라질인(니케이진)은 부모의 영향으로 외국인 이민자들 가운데 상대적으로 일본 문화에 친숙함에도 불구하고 대부분은 일본말을 잘하지 못하며, 배우자 역시 일본인이 아닌 브라질 사람인 경우가 대부분이다. 이에 따라 이들이 일본 생활에 적응하는 것은 또 다른 정체성 문제로 부각된다.

비록 데카세기들이 다른 국가 출신 이민자들과 같이 현지 일본인이 하지 않는 힘든 육체노동에 종사하는 경우가 대부분이지만 이들이 같은 종족으로서 다른 동남아 이민자에 비해 나은 대접을 받은 것도 사실이다. 무엇보다 브라질의 10배에 달하는 높은 임금 수준은 이들을 일본으로 다시 오게 만드는 가장 결정적인 요인이다.

한편 경제적 측면에서 데카세기는 브라질 외화 획득의 중요한 원천이 되고 있다. 한 조사에 따르면 이들이 1985년에서 1999년 사이 브라질에 송금한 외화는 약 20억 달러에 달한다고 한다. 따라서 일본으로 이주한 사람들이 많은 브라질 도시에서는 자본의 유입으로 부동산과 자동차 판매가 증가하고, 그들의 자본에 힘입어 소규모 자영업을 시작하는 사람도 늘어났다(Mori, 2002).

이러한 긍정적 측면에도 불구하고 데카세기가 직면한 어려움도 적지 않다. 일본 기업은 외국인 노동자를 장기 고용계약보다 임시 계약직으로 활용하려 한다. 초기의 데카세기들이 임시직에서 보다 나은 조건으로 이직이 가능했다면, 최근의 데카세기들에게 그것은 쉬운 일이 아니다. 1980년대에는 일본계라는 이유로 데카세기들에게 특별 노동 비자를 제공하는 등 다른 동남아 이민자에 비해 혜택이 주어졌으나 일본 경제가 어려워진 지금 그들은 잉여노동 1순위로 의료보험 등의 혜택도 없이 힘든 '3D' 노동에 종사해야 하는 경우가 대부분이다. 또한 외모는 같은데 일본어는 잘 못하고 라틴 문화에 익숙한 데서 오는 이질감은 정체성의 혼돈을 초래했다. 따라서 이들은 일본 사회에 통합되지 못하고 자신들끼리 커뮤니티를 형성해 폐쇄적인 생활을 하고 있다. 또한 직장의 이동이 잦다 보니 자녀의 현지 적응 역시 쉽지 않다(케슬러, 2009).

일본에서 영구 체류를 결정한 니케이진에게 가장 어려운 문제는 무엇보다 일본 사회에 여전히 존재하는 배타성이다. 법은 이들을 외국인 노동자로 취급해 국내인보다 엄격한 제한과 구속을 가한다. 현지의 일본인은 이들을 '가짜 일본인'이라고 부르면서 이들이 일본인의 순수성을 해친다고 비난한다.

이런 모든 어려움에도 불구하고 니케이진은 브라질의 기회 부족보다 일본의 불편함을 더 선호한다. 브라질의 의사보다 높은 일본의 노동자 임금은 21세기에도 데카세기가 지속적으로 증가하는 이유다.

| 참고문헌 |

케슬러, 크리스티앙(Christian Kessler). 2009. "'닛케이진', 일본의 정체성을 뒤흔들다."
≪르 몽드 디플로마티크≫, 14호.

Araujo, Braz José y Celia Sakurai. 1987. "Descendentes de Japoneses Professores da
USP." *Cadernos de Política Comparada*, No. 1, pp. 95~108.

Brazil-Japan Cultural Association. 1991. *Brazil nihon imin 80 nenshi*. São Paulo,
Brasil: Toppan Press.

Centro de Estudos Nipo-Brasileiros. 1988. *Pesquisa da População de Descendentes de
Japoneses Residentes no Brasil 1987-1988*. São Paulo, Brasil: Centro de Estudos
Nipo-Brasileiros.

_____. 2002. *Pesquisa da comunidade nikkei*. São Paulo, Brasil: Centro de Estudos
Nipo-Brasileiros.

Fujii, Yukio and Thomas Lynn Smith. 1959. *The Acculturation of the Japanese
Immigrants in Brazil*. Gainesville: University of Florida Press.

IBGE. 2008. *Resistência & Integração: 100 anos de imigração japonesa no Brasil*.
Brasil: IBGE.

Kikumura-Yano, Akemi(ed.). 2002. *Encyclopedia of Japanese Descendants in the Americas*.
Walnut Creek, California: Altamira Press-Japanese American National Museum.

Levy, Maria Stella Ferreira. 1974. "O Papel da Migração Internacional na Evolução da
População Brasileira 1872-1972." *Revista de Saúde Pública*, No.8, pp. 49~90.

Masterson, Daniel M. and Sayaka Funada-Classen. 2004. *The Japanese in Latin
America*. Champaign, Illinois: University of Illinois Press.

Moraes, Fernando. 2000. *Corações Sujos. A Historia da Shindo Renmei*. São Paulo,
Brasil: Companhia das Letras.

Mori, Edson. 2002. "The Japanese-Brazilian Dekasegi Phenomenon: an economic perspective." *New Worlds, New Lives: Globalization and people of Japanese descent in the Americas and from Latin America in Japan.* Stanford, USA: Stanford University Press.

Purcell, Susan K. and Robert Immerman(ed.). 1992. *Japan and Latin America.* Boulder: Lynne Reinner.

Saito, Hiroshi. 1961. *O Japonês no Brasil. Estudos de mobilidade e fixação.* São Paulo, Brasil: Fundação de Escola de Sociologia e Política de São Paulo.

Sakurai, Célia. 1995. "A Fase Romântica da Política: os primeiros deputados nikkeis no Brasil." *Imigração e Política em São Paulo.* São Paulo, Brasil: Editora Sumaré / Fundação de Amparo à Pesquisa do Estado de São Paulo, pp. 127~176.

_____. 1999. "Imigração japonesa para o Brasil: um exemplo de Imigração tutelada." Boris Fausto(org.). *Fazer a América: A Imigração em Massa para a América Latina.* São Paulo, Brasil: Editora da Universidade de São Paulo, pp. 201~238.

_____. 2004. "De los primeros inmigrantes a los dekasegui." BID. *Cuando Oriente llegó a América: Contribuciones de inmigrantes chinos, japoneses y coreanos.* Washington D.C., USA: IDB, pp. 137~160.

Shima, Hisaki. 1995. *Cultivando as terras: os reflexos da imigração japonesa na Universidade de São Paulo.* São Paulo, Brasil: Pró-Reitoria de Cultura e Extensão Universitária/ Escola de Enfermagem.

Suzuki, Teiichi. 1964. *The Japanese Immigrant in Brazil.* Tokyo, Japan: Tokyo University Press.

_____. 1969. *The Japanese Immigrant in Brazil, Narrative Part.* Tokyo, Japan: Tokyo University Press.

Tsuchida, Nabuya. 1978. "The Japanese in Brazil, 1908-1941." Ph.D. diss.. University of California at Los Angeles.

제11장 후지모리 대통령 이후 주요 정치 세력이 된
페루의 일본계

1. 페루 일본계의 중요성

페루는 라틴아메리카 국가들 가운데 일본의 최초 수교국이자* 처음으로 일본인 이민자를 받아들인 나라다. 또한 1924년 일본인의 브라질 이민이 본격화되기 이전 라틴아메리카 국가 가운데 일본인이 가장 많이 이민한 나라이기도 하다. 현재 페루의 일본계 이민자 수는 약 9만 명으로 라틴아메리카에서 브라질 다음으로 많다. 비록 1980년대 이후 젊은 세대 상당수가 모국인 일본으로 건너갔지만, 페루에는 여전히 일본계의 핵심 세력이 남아 있다.

인구 비중뿐만 아니라 사회 다방면에서 그들의 영향력은 작지 않다. 이민 역사가 100년이 넘는 시점에서 페루의 일본계는 경제적 부상뿐만 아니라 사회 전반에 적극적으로 참여하고 있다. 특히 스포츠, 문학, 미술 같은 문화 분야에서 두각을 나타내며, 정치 참여도 활발하다. 이는 라틴아메리카에서 가장 반일 감정이 컸던 페루에서 이룬 성과이기 때문에 더욱 의미가 있다.

---

* 일본과 페루는 1873년에 수교했다.

특히 1990년 일본계 2세 후지모리가 대통령으로 선출된 일은 페루에서 일본계의 정치적 진출이 정점을 기록하는 사건이었다. 이로써 페루는 일본이 아닌 다른 나라에서 일본계가 대통령이 된 유일한 나라가 되었다.

2. 일본인의 페루 이주

제2차 세계대전 이전: 사탕수수 농장의 계약노동자

페루는 구아노 산업의 호황 이후 사탕수수와 면화 같은 상업 작물 농업이 확대되면서 많은 노동력이 필요했다. 독립 직후인 19세기 초반에는 노예제가 이 필요성을 충족시켜 주었는데, 이후 1854년 노예제가 폐지되고 20년 후에는 중국인 쿨리의 수입마저 금지되면서 페루는 새로운 노동력의 유입이 필요했다.* 이를 위해 페루는 대규모 유럽인 이민자들을 끌어들이려 했지만 실패했다. 칠레와의 '태평양전쟁'에서 패배한 이후 느린 경제 회복과 정치적 불안, 그리고 경작할 만한 토지 부족과 사회구조의 경직성** 등 때문에 페루는 남미의 남부 국가들과 달리 유럽 이민자를 대량으로 끌어들일 수 없었다. 페루의 사탕수수 농장의 환경은 브라질의 커피 농장의 환경과는 달랐다.***

....

* 노예제 폐지 무렵인 1847년부터 쿨리 유입이 금지되는 1874년까지 페루에 들어온 중국인 쿨리 수는 10만 명에 달했다. 이들의 노동력은 19세기 중반 페루의 구아노 산업을 지탱했다.

** 그나마 경작할 만한 땅은 해안의 재식농업 농장과 산악 지역의 아시엔다에 의해 거의 장악되어 있었다. 따라서 경작할 토지를 원하는 유럽 이민자에게 페루는 적절한 이민지가 아니었다.

*** 그런데도 1870년대 말까지 이탈리아인 약 7천 명이 페루에 들어왔으며, 그 수는 1908년에 최고 수준인 1만 3천 명에 달했다. 페루 정부는 그들이 농업 분야에서 일하기를 원했지만 당시 이 분야의 임금은 가장 가난한 이탈리아 사람조차 만족할 수 없는 수준이었기 때문에 그들은 주로 리마에서 행상 또는 호텔 짐꾼 등으로 일하거나, 형편이 나은 경우 소규모 상점 또는 음식점을 운영했다. 심지어 교육 수준이 높은 소수의 북부 이탈리아 출신 이민자는 이탈

1874년 쿨리의 계약노동제가 끝난 이후 페루의 사탕수수 농장주들은 쿨리를 농장에 묶어두려고 애썼지만 큰 성과를 거두지는 못했다. 반면 사탕수수 농업의 확대와 20세기 초 면화 농업의 호황으로 노동력 부족 문제는 심각한 상황에 이르렀다. 일본인의 페루 이민은 이러한 상황 아래 시작되었다.

일본인이 페루에 처음 이주한 시기는 1899년이다. 그해 4월 일본인 계약노동자 790명은 사쿠라 마루Sakura-maru라는 이름의 배를 타고 태평양의 카야오 항구에 도착했다.[*] 이들은 사탕수수 농장에서 일하며 매우 힘든 삶을 살았는데, 무엇보다 그들을 괴롭힌 것은 풍토병이었다. 말라리아, 황열병 등 다양한 풍토병 때문에 최초 이민자 가운데 143명이 1년 안에 사망한 것으로 알려져 있다(Masterson and Funada-Classen, 2004: 36). 그 밖에 언어 소통의 어려움, 노동조건에 대한 오해, 농장 상점에서의 구매 강요 문제 등으로 이들은 많은 어려움을 겪었다. 이에 따라 일부가 농장에서 도망치는 일도 있었다. 심지어 이들에 대해 적대감을 가진 현지 노동자에게 신체적 공격을 당하는 일도 적지 않았다.

최초 이민자들이 겪었던 이러한 고초에도 불구하고 페루 재식농업 농장주의 외국인 노동자 선호와 일본의 이주 회사 모리오카 컴퍼니의 노력으로 일본인의 페루 이주는 계속되었다. 이에 따라 4년 후 1903년 일본인 1070명이 대부분 계약노동자 자격으로 페루에 들어왔다.[**] 이들도 처음에는 사탕수수 농장에서 일했는데, 최초 이민자들과 달리 노동조건이 향상되었고, 부부가 함께

리아인 공동체의 리더로서 경제적 성공과 함께 정치적 영향력도 가지게 되었다. 20세기 초 그들은 페루의 섬유 무역과 식음료 사업을 장악하게 되었으며, 당시 4대 금융기관 중 3개를 설립하기도 했다. 설탕 제조업에 종사했던 라르코(Larco) 가문은 페루 최고 가문 가운데 하나로 성장하기도 했다.

[*] 이들 중 226명은 당시 아우구스토 레기아 대통령이 지분을 가진 영국인 소유의 카사블랑카 농원에서 일을 시작했다.

[**] 이들 중 184명은 자유노동자 자격이었다.

온 경우도 많았기 때문에 생활이 훨씬 안정적이었다.

1903년 두 번째 그룹이 들어온 후 6년 동안 일곱 번에 걸쳐 일본인 4330명이 페루에 도착했다. 1909년까지 페루에 들어온 일본인 이민자 수는 총 6065명이 되었다. 일본인의 브라질 이민이 본격적으로 이루어지는 1924년까지 페루에 이주한 일본인 수는 1만 8258명에 달했다(Morimoto, 1979).

이들 대부분은 해안 지역에 위치한 사탕수수 농장의 계약노동자 자격으로 페루에 들어왔다.* 사탕수수 농장의 계약 기간도 처음에는 4년이었지만 시간이 지나면서 2년, 심지어 나중에는 6개월로 줄어들었다. 계약 종료 후에는 재계약을 맺든 농장을 떠나든 자유였다. 대부분 농촌에 남은 브라질의 일본인 이민자와 달리 페루의 일본인 이민자들은 대부분 농장을 떠나 도시로 이주했다. 그것은 높지 않은 사탕수수 농장의 임금 때문이기도 했지만 브라질과 달리 이민자의 농촌 거주를 위한 본국 정부의 체계적인 지원이 없었기 때문이다. 계약 종료 이후에도 농촌에 남은 소수는 수익성이 좋은 면화 농업에 종사했다. 브라질에서와 마찬가지로 제2차 세계대전이 발발하기 전까지 일본인 이민자 대부분은 귀국을 목표하고 있었다.

일본인의 브라질 이민이 본격화된 1924년 이후 일본인의 페루 이민은 급감했다. 이때부터 일본인의 페루 이민은 먼저 들어와 정착한 친척이나 친구의 초청을 통한 경우 외에는 거의 없었다. 따라서 그 수도 많지 않았다. 초기 이민자들 사이에서는 더욱 낳은 기회를 찾아 볼리비아나 칠레 같은 인근 국가로 재이주하는 경우도 적지 않았다. 이뿐만 아니라 일본으로 귀국하는 경우도 많았다. 따라서 1940년 페루 내 일본인 이민자 수는 1924년까지 입국한 수보다 적은 1만 7638명으로 감소했다(Morimoto, 1979).**

....

* 당시 메이지 컴퍼니를 통해 들어온 이민자 1004명 가운데 일부는 볼리비아와의 국경 지대에 위치한 밀림에서 임금이 높은 고무 채취 노동에 종사하기도 했다.

** 또 다른 자료에 의하면 1936년 페루의 일본계 수는 약 2만 3천 명으로 페루 전체 외국인 수의 45%를 차지했다고 한다. 다음으로 많은 외국인은 중국인 7천 명, 그다음으로 훨씬 적은

이민 1세대는 현지의 열악한 노동조건 때문에 금의환향의 꿈이 점차 사라
지자 현지에 적응하기 시작했다. 하지만 이들은 현지인과 동화되기보다 일본
에서 신부를 데려오거나 현지 이민자 2세와 혼인 관계를 맺어 그들만의 유기
적인 공동체를 형성했다. 이러한 공동체적 연대는 현지에서 삶을 이어가는 데
많은 도움을 주는 동시에 배타성을 드러내 현지인들 사이에서 반일 감정을 야
기하기도 했다. 특히 동아시아에서 일본의 부상으로 이민자들의 자부심이 지
나쳐 지역사회의 반감을 심화하기도 했다.

제2차 세계대전 그리고 일본인 이민자의 추방과 탄압

제2차 세계대전이 이들의 삶에 미친 영향은 매우 크다. 제2차 세계대전 이
전에도 산체스 세로(1930~1933년)와 베나비데스(1933~1939년)의 두 군사정부
아래에서 일본인의 신규 이민이 제한되고 기존 이민자의 경제활동이 제한되
기도 했지만, 일본이 추축국으로 참전한 제2차 세계대전은 연합국 편에 섰던
페루에 거주하는 일본인 이민자에게 큰 피해를 주었다.

물론 제2차 세계대전 이전에도, 특히 베나비데스 군사정부는 일본이 아시
아에서 벌이는 영토 확장을 문제 삼아 반일 정책을 강화하고 농업이나 상업에
서 일본인의 경제활동 확장을 견제했다. 그 결과 1940년 리마 시에서 정치 세
력의 지원을 받은 그룹이 일본인들의 재산과 상점을 약탈하는 사태가 발생하
기도 했다.

그러나 결정적으로 1941년 일본이 진주만을 공습하고 제2차 세계대전에 추
축국으로 참전하게 되자 연합국 편이던 페루 정부는 일본인 이민자에 대한 억
압을 본격화했다. 그때부터 페루는 일본인, 독일인, 이탈리아인에게 재산 몰
수, 은행 계좌 동결, 해외 추방 등 다양한 제재 조치를 취하기 시작했다. 특히
일본인 탄압이 가장 심했다. 따라서 이 시기에 일본인 약 1800명이 페루에서

수이기는 하지만 이탈리아인, 영국인, 독일인 등이 있었다(Fukumoto, 1997: 240~241).

제3부 라틴아메리카의 동아시아계

추방되어 미국에 있는 수용소로 보내졌다(Morimoto y Araki, 2004: 254).*

현재 페루의 일본계

한편 페루에 남은 일본인 이민자는 패전으로 황폐화된 본국으로 돌아가는 꿈을 접고 페루에서 정착을 시도했다. 그들은 제2차 세계대전이 초래한 경제적 손실을 회복하기 위해 노력했으며, 그 일환으로 조직을 재정비하기 시작했다. 그러한 노력의 결과 1960년대부터, 특히 1970년대 페루의 일본인 이민자들 가운데는 경제적으로 다방면에서 두각을 나타내는 인물이 나타나기 시작했다. 특히 교육을 통해 전문직이나 문학 등의 예술 방면으로 진출한 사람이 늘어났다. 교육은 페루의 일본인 이민자에게도 중요한 사회적 신분 상승의 수단이 되었다. 이에 따라 일본인 이민자 사회 내부에서도 경제사회적 지위에 따라 차등화가 이루어졌다.

어쨌든 1991년 페루 내 일본계 수는 약 5만 5천 명 정도로 추산된다. 이는 1966년 인구조사의 3만 2002명, 1989년 인구조사의 4만 5644명과 비교하면 조금 더 증가한 수치다. 비록 일본계가 페루 전체 인구 2700만(2001년 기준)에서 차지하는 비중은 0.2% 정도에 불과하지만 일본계는 페루에서 가장 큰 이민자 종족을 형성하고 있다.

이들 중에는 이민 3세대가 전체의 48.82%로 가장 많고, 다음으로 2세대가 32.36%를 차지한다. 그다음은 4세대로 13.51%이고, 1세대는 약 5% 정도가 남아 있다. 5세대도 0.35%가 되는 것으로 조사되었다. 이들의 95%는 페루 태생으로 페루 국적을 가지고 있다(Morimoto, 1991).

지역별 분포(〈표 11-1〉)를 보면 페루 거주 일본인 이민자들의 84.33%가 리

---

* 이는 제2차 세계대전 시기 라틴아메리카에서 미국으로 추방된 일본인 전체의 80%를 차지한다. 이때 미국으로 추방된 페루의 일본인들 가운데 전후 페루로 돌아온 사람은 불과 100명 정도에 지나지 않는다. 나머지 대부분은 미군 포로와의 교환 명목으로 일본으로 보내졌다.

〈표 11-1〉 페루 일본계의 지역별 분포(1989)

지역	인구(명)	비중(%)
리마	38,492	84.33
라리베르타드	1,633	3.58
마드레 데 디오스	856	1.87
람 바예케	759	1.66
후닌	726	1.59
앙카쉬	677	1.48
이카	457	1.00
산마르틴	404	0.88
로레토	401	0.88
아레키파	357	0.78
피우라	293	0.64
우카얄리	205	0.45
쿠스코	117	0.26
우아누쿠	109	0.24
모케구아	39	0.08
아야쿠초	36	0.08
타크나	30	0.06
툼베스	20	0.04
카하마르카	10	0.02
세로 데 파스코	2	0.00
푸노	-	-
거주지 불명	22	0.05
전체	45,644	99.97

자료: Morimoto(1991).

마 시와 리마 주에 거주하는 것으로 나타났다. 특히, 리마 시의 라빅토리아La Victoria 구역에 가장 많은 일본계가 거주한다. 1900년대 초의 상황처럼 오늘날에도 리마 시에는 일본계가 운영하는 소규모 상점이 많이 있다. 이들 대부분은 미라플로레스 구역 같은 리마의 중산층 거주지에 있다. 또한 리마에는 일본계 문화센터와 박물관이 있고, 일본어 신문과 잡지가 발행되고 있다.

제3부 라틴아메리카의 동아시아계

리마 이외의 지역 가운데 가장 많은 일본인이 거주하는 지역은 3.58%(1633명)가 살고 있는 태평양 연안의 라리베르타드La Libertad 주다. 반면 안데스 산악 지역의 중심 도시가 있는 아야쿠초, 쿠스코, 푸노 등에 거주하는 일본인은 거의 없다.

3. 페루 일본계의 경제적 부상

사탕수수 농장의 계약노동자에서 면화 농장의 주인으로: 오카다의 사례

사탕수수 농장의 계약노동이 끝난 일본인 이민자는 1908년부터, 특히 1914년에서 1919년 사이 리마 주, 우아랄 시에 위치한 찬카이 밸리의 면화 농장으로 몰렸다. 일본인 이민자가 이곳으로 모여든 것은 제1차 세계대전의 발발로 면화 수요가 급증하면서 면화 농장의 임금이 사탕수수 농장에 비해 높았기 때문이다.

1920년대에 일본인 이민자 대다수가 도시로 이주한 반면 일부는 농촌에 남아서 면화 농업에 종사했다. 그들은 처음에 페루 지주들의 토지를 임대해 소작농으로 면화 농업을 시작했는데, 점차 자신 소유의 농장으로 발전시켰다. 그들은 생산과 농장 운영의 근대화, 농장 노동조건과 농장 생활의 개선을 통해 페루의 면화 농업을 획기적으로 발전시켰다. 그들은 농업에 기계를 도입하고, 농작물을 개발하고, 토지를 개간하고, 관개시설을 개선하고, 전기를 도입하고, 농장 노동자들이 거주하는 가정에 상수도 시설을 갖추고, 학교와 문화시설을 건립하는 등 페루 농촌에 새로운 바람을 몰고 왔다.

이러한 과정에서 가장 두드러진 역할을 한 일본인 이민자는 이쿠마쓰 오카다Ikumatsu Okada와 그의 동업자인 하쓰사부로 모토니시Hatsusaburo Motonishi였다. 1903년 페루에 이주해 온 두 번째 일본인 이민자 그룹에 속했던 오카다는 사탕수수 계약노동에서 곧바로 벗어나 리마 북쪽의 우아랄 지역에서 면화 재배를 위한 소작농을 시작했다. 1912년에는 농장을 구입했으며, 짧은 시간에 찬카이 밸리 면화 농업을 대표하는 기업인이자 일본인 최대 지주로 성장했다. 찬카이 밸리에서 많은 일본인 이민자는 소작농으로 면화를 재배해 수확물을 오카다 회사에 납품하거나, 오카다 회사에 소속된 사무원 또는 영업직으로 일했다. 이후 오카다 회사 소속 영업 사원들의 활동이 확대되면서 일본인은 중국인 상인이 장악하던 우아랄 시의 상권까지 손에 넣게 되었다.

1930년대에는 찬카이 밸리 면화 농업에 오카다 외에 다른 일본 자본이 유입되어 찬카이 밸리 농장 19개 가운데 6개는 오카다, 3개는 다른 일본 자본이 차지하게 되었다. 이로써 일본인은 찬카이 밸리 전체 경작지의 51%, 전체 생산의 41%를 차지하게 되었다(Matos Mar, 1976).

이 외에도 오카다 회사는 면방직 제조업에도 진출했으며, 기름 공장을 설립하고, 잡화 도매상점을 운영하는 등 사업을 다각화해나갔다. 그 결과 히로히토 일왕이 오카다에게 표창을 수여했으며, 페루 대통령이 농업의 성공 사례로 그의 농장을 방문하기도 했다. 한편으로 이들은 일본인의 경제적 영향력 증대를 견제하는 지역의 경쟁자에게 질시의 대상이 되기도 했다.

결국 1941년 일본의 제2차 세계대전 참전과 함께 당시 일본인에 대한 페루 정부의 억압 정책이 실시되면서 오카다는 모든 재산을 몰수당하고 미국의 수용소로 추방당했다. 그의 추방과 함께 페루 내 일본인 이민자의 농업 활동도 거의 막을 내리게 되었다.

도시에서의 서비스업: 리마의 이발사가 된 일본인 이민자

정부 차원으로 농촌 집단 거주지를 지원했던 일본인의 브라질 이민과 달리 페루에서 일본인은 사탕수수 계약노동이 끝나면 대부분 리마 같은 대도시로 이주했다. 당시 계약노동이 끝난 일본인은 앞서 살펴본 것처럼 찬카이 밸리로 이동해 면화 농업에 종사하거나 대부분 리마나 카야오 같은 대도시로 이동해 서비스업에 진출했다. 사탕수수 농장의 계약노동 이민이 중지된 이후 주로 앞서 자리 잡은 친지나 친구의 부름을 통해 이주 온 일본인은 처음부터 농장에서 일하지 않고 바로 리마에 정착했다. 그들은 리마에서 친지나 친구와 함께 자영업에 종사했다.

당시 페루의 수도 리마에는 19세기 말부터 이탈리아인, 중국인 등 외국인 이민자들이 집중되어 있었고, 여기에 20세기 초 일본인이 합류했다. 이들은 주로 상업 같은 서비스업 활동을 통해 도시의 중산층으로 성장했으며, 리마의 근대화에도 크게 기여했다.

일본인이 리마에 본격적으로 몰려들기 시작한 것은 1914년부터다. 이때부터 리마에는 일본인이 운영하는 상점이 급증했다. 그러한 상점은 대부분 이탈리아인과 중국인 소유의 상점을 인수한 것이다. 1914년 이전 리마에서 일본인이 운영하던 잡화점과 식료품점 수가 각각 4개와 28개에 불과했다면, 1920년 일본인 상점 수는 2388개, 4년 후인 1924년에는 3844개로 급증했다. 한편 일본인은 상업뿐만 아니라 이발소 같은 서비스업에도 많이 진출했다. 1904년 처음 일본인 이발소가 리마에서 문을 연 이후 1924년 그 수는 130개로 늘어났다. 1907년에는 '리마일본인이발사협회'를 조직하기도 했다. 당시 리마 시 전체 이발소 수(176개)를 고려하면 리마 내 이발소는 대부분 일본인이 운영하고 있었다고 해도 과언이 아니다(Morimoto y Araki, 2004: 259).

결과적으로 1934년 이미 페루의 일본인 이민자는 브라질과 달리 63.5%가 농업이 아닌 3차 산업에 종사하고 있었다(〈표 11-2〉). 이때 농업에 종사하는 일본인 이민자 비중은 28.0%에 불과했다. 농업에 종사하는 사람 수는 그 후에도 지속적으로 감소해 1980년에는 11.8%까지 하락했다. 반면 3차 산업 종사자는 1960년대와 1970년대에 각각 70%, 80%까지 증가했다가 1980년대에 여전히 60%대를 유지하고 있었다. 제조업 종사자는 1934년 8.4%에서 1940년대 13.7%까지 증가했다가 1980년대에 11.3% 수준을 유지하고 있었다.

페루의 일본인 이민자들이 도시로 나와 종사한 3차 산업의 업종은 소매 식료품 가게, 소규모 카페, 식당, 이발소 같은 소규모 자영업에서 리마 중심가의

〈표 11-2〉 페루 일본계 경제활동 인구의 산업 부문별 종사 비율 추이(%)

산업 부문	1934	1940	1966	1970	1980
농업	28.0	21.2	9.34	8.9	11.8
수산업	-	1.8	10.19	5.4	2.9
제조업	8.4	13.7	10.36	5.1	11.3
3차 산업	63.5	60.2	70.11	80.5	67.2
상업	-	-	25.45	-	32.2
서비스업	-	-	44.66	-	35.0
무응답	-	2.9	-	-	6.7
총	99.9	99.8	100.00	99.9	99.9

자료: Morimoto(1981, 1999).

대규모 의류 가게, 수출입까지 다양했다. 서비스업 진출에 필요한 초기 자본
은 '계tanomoshi'를 통해 확보할 수 있었다. '계'는 일본인 이민자들이 초기 사업
의 자본을 마련하는 데 결정적인 역할을 했다. 도시의 일본인 자영업자는 저
렴한 가격, 신속한 서비스, 친절, 영업시간의 확대 등의 전략으로 리마의 현지
소비자를 만족시킬 수 있었다. 이런 방법을 통해 페루의 일본인 이민자들 대
부분은 결국 도시 중산층으로 성장할 수 있었다.

상업에서 가장 성공한 일본계로 카를로스 시요테루 이라오카Carlos Chiyoteru
Hiraoka가 있다. 1936년 페루에 입국한 그는 처음부터 리마에 있는 일본인 상점
에서 일했다. 이후 아야쿠초로 이동해 또 다른 일본인 상점에서 일했는데, 제2
차 세계대전의 영향으로 상점이 폐업되자 저축해둔 돈을 이용해 1941년 자신
의 상점을 개업했다. 그는 페루 현지인과 결혼했기 때문에 아내의 이름으로
상점을 열어 전쟁 중 일본인에 대한 탄압을 피할 수 있었다. 고객 존중, 친절,
저렴한 가격, 신속 공급 등으로 사업을 일으킨 그는 잡화에서 시작해 의류, 철
물, 건축자재, 가구, 사냥용 무기, 가전제품, 장난감 등으로 취급 품목을 다양
화했다. 이러한 과정을 통해 이라오카사는 아야쿠초 시에서 가장 규모가 큰

상점으로 성장했다. 그는 이 경제 기반을 통해 1959년에는 아야쿠초 인근의 우안타 시에서 시장으로 선출되기도 했다. 1962년에는 리마에 있는 9층 빌딩을 매입하고, 1972년 그 빌딩에 이라오카 상사를 설립해 리마로 진출했다. 가전제품, 시계, 카메라, 컴퓨터 등을 다루는 이라오카 상사는 현재 리마에서만 판매점 3개를 보유하고 있으며, OEM 방식으로 고유 브랜드도 가지고 있다. 또한 다양한 다국적 가전 기업의 국내 판매권을 보유하고 있는데, 이에 따라 현재 이라오카사는 페루 국내 가전제품 유통시장의 약 20%를 점유하고 있다 (Miramoto y Araki, 2004: 264).

제조업 진출: 페루 유리 산업을 지배

초기 일본인 이민자 가운데 제조업에서 가장 성공한 인물에는 신타로 도미나가Shintaro Tominaga가 있다. 목수였던 그는 페루에 온 최초의 일본인 이민자 그룹에 속한다. 그는 계약노동자로 일하면서 저축한 돈으로 1903년 막 개설된 철도 노선과 연결된 리마의 빅토리아 구역에 목공소를 열었다. 그리고 6년 만에 그는 가구 공장을 설립했다. 1916년에는 리마의 이키토스 가에 대규모 토지를 매입해 고무제품을 생산하는 제2 공장을 설립했다. 제1차 세계대전에 따른 가격 상승에 힘입어 그가 생산하는 고무 타이어는 큰 수익을 올렸다. 1920년대에 그는 제련과 건설업 등에도 진출해 사업을 다각화했다. 숙련된 일본인 목수와 석공을 기반으로 삼은 그의 건설 회사는 페루의 대통령궁을 건설하는 계약을 따내기도 했다. 그는 페루의 일본계 공동체에서 가장 존경받는 인물 중 한 명이 되었다.

앞서 말했듯이, 제2차 세계대전은 페루의 일본인 이민자에게 큰 시련을 가져다주었는데, 대부분이 추방되거나 남아 있더라도 재산을 몰수당했다. 추방되지 않고 페루에 남은 일본인은 전후 밑바닥부터 다시 경제활동을 시작해야 했다.

일본계 대부분이 도시에서 3차 산업에 종사하는 동안 일부는 일반적인 경향에서 벗어나 새로운 사업에 뛰어들었다. 이들은 일본과의 무역을 통한 대규모 수출입 사업으로 진출하거나, 일본 기술을 도입해 제조업으로 진출하기도 했다.

제조업은 특히 후안 벨라스코 알바라도 정부(1968~1975년)의 수입대체산업화 정책에 힘입어 성장 기회를 잡을 수 있었다. 당시 일본계가 진출한 제조업 분야는 자전거 조립, 세라믹 식기, 유리, 플라스틱 건축자재, 장난감, 나사 등 금속 부품, 의류 제조, 어분 생산 등이었다(Morimoto y Araki, 2004).

하지만 제조업은 정부 정책에 따라 경기 기복이 심했다. 정부의 정책 변화에 따라 일본계 제조업체 상당수가 사라지거나 새로 생겨나기도 했다. 게다가 제조업에서는 결국 경쟁력 있는 일부 업체만이 살아남을 수 있었다. 그 결과 1989년 일본계 기업 또는 자영업 총 4823개 가운데 48%가 상업, 44%가 서비스업이고, 제조업은 7% 수준에 머물렀다(Morimoto, 1991).

특히 1990년대에는 후지모리 정부의 개방에 따른 다국적기업과의 경쟁, 긴축정책에 따른 소비 축소의 영향으로 소규모 상업, 서비스업이 문을 닫고 경쟁력 없는 제조업체가 붕괴했다. 일본계도 예외는 아니었다. 사업에 실패한 일본계 상당수는 일자리를 찾아 일본으로 가기도 했다.

한편 자신의 사업을 전문화해 어려운 상황에서도 살아남은 일본계 기업도 적지 않았다. 이들 기업은 1990년대의 경쟁과 소비 위축이라는 상황을 전문화와 기술혁신을 통해 극복했으며, 또한 이를 사업 확장의 계기로 삼았다. 제조업 분야의 대표적 기업으로는 푸루카와사Corporación Furukawa, 미야사토사 Corporación Miyasato, 마쓰시타 그룹Grupo Matusita, 산페르난두 그룹Grupo San Fernando 등이 있다.

푸루카와사를 설립한 미쓰요시 푸루카와Mitsuyosi Furukawa는 1932년 형의 초청으로 페루에 들어왔다. 처음에는 농사를 지었는데, 이후 유리 장사로 독립해 1950년 유리 공장을 설립했다. 뒷날 그의 2세들이 사업을 전문화, 다각화해 오늘날 수출입, 유리 제조업, 알루미늄 제조업 등으로 사업 영역을 확대했다. 푸루카와사는 현재 브라질 국내 건축용 알루미늄 시장의 70%, 건축·자동차용 유리 시장의 33%를 장악하고, 나아가 중남미 국가까지 수출하고 있다.

유리 제조업 부문에는 푸루카와사 외에 또 다른 일본계인 미야사토사도 있다. 미야사토사를 설립한 가메키치 미야사토Kamekichi Miyasato는 1919년 페루에 입국해 사탕수수 농장에서 일하다가 1931년 카야오 항에 페루 최초의 유리 공장을 설립했다. 사실상 페루에서 일본계 유리 제조업의 원조라고 할 수 있다. 이 분야에 종사하는 다른 일본계들은 처음에 그의 회사에서 일하다 독립한 사람들이다. 현재 미야사토사는 페루의 건축·자동차용 보안 유리 시장의 대략 40~60%를 점유하고 있다. 따라서 또 다른 일본계 회사와 함께 3대 일본계 기업이 페루 유리 시장의 대부분을 장악한다고 해도 과언이 아니다(Moromoto y Araki, 2004: 263).

플라스틱 건축자재 부문에서도 일본계 기업의 활약은 두드러진다. 현재 마쓰시타 그룹은 페루 플라스틱 건축자재 시장의 약 40%를 점유하고 있다. 마쓰시타 그룹 설립자인 에밀리오 히데오 마쓰시타Emilio Hideo Matsushita는 1937년 리마에 들어와 처음부터 철물점에서 일했다. 1950년에는 리마에 '카사 마쓰시타Casa Matsushita'를 설립해 건축자재 판매업을 시작했다. 이후 1960년 건축자재 제조업으로 진출해 건축자재의 제조와 판매를 병행하는 그룹을 설립했다. 제조업 부문에서는 가스온수기, 에어컨, 건축용 파이프 등을 주로 제조했다. 그중 특히 1961년 설립한 플라스틱 상하수도관 제조 회사는 예전의 비싼 금속관을 대체하는 데 성공해 마쓰시타가 그룹으로 성장하는 데 큰 기여를 했다. 마쓰시타 그룹은 1990년대 다국적기업의 진출에 따른 경쟁의 심화에도 불구하고 살아남아 여전히 페루 플라스틱 건축자재 시장의 강자로 남아 있다.

산페르난두사는 농업에 기반을 둔 제조업 회사로 성장했다. 산페르난두사를 설립한 소이치 이케다Soichi Ikeda는 1926년 삼촌의 초대로 페루에 들어와 많은 일본인이 거주하는 리마 인근의 태평양 연안 도시 우아랄에 간장과 미소 같은 일본인을 위한 식료품 제조 공장을 설립했다. 이후 제2차 세계대전 당시 전 재산을 몰수당하고 미국으로 추방되었다가 다시 페루로 돌아와 삼촌에게서 조그만 토지를 임대해 꽃이나 딸기를 재배하고 가축을 키웠다. 거듭된 실패 끝에 1970년 소고기 수입과 소비 제한 정책으로 사업 성장의 기회를 잡았다. 1976년에는 국내산업육성 정책에 힘입어 제분소 몰리노스 마요Molinos Mayo를 설립해 큰 이익을 보았다. 이를 통해 현재 산페르난두 그룹은 농식품업에서 45개의 회사를 거느리는 페루 최대 일본계 기업으로 성장했다. 산페르난두 그룹은 현재 닭, 돼지, 칠면조, 소시지 생산과 유통 부문에서 페루 1위, 계란 생산과 유통에서는 페루 2위의 그룹으로 성장했으며, 대두 시장에서도 페루의 기후에 맞는 대두 생산을 위해 유전자 개발 프로그램 등에 투자하고 있다.

전문직으로 진출하는 일본계

1989년의 조사에 따르면 조사 대상 4만 5644명 중 전문직 종사자는 1754명으로 전체의 약 4% 정도가 되는 것으로 나타났다. 그중 의사는 250명이며, 엔지니어가 300명, 교사, 회계사, 약사가 각각 비슷한 수를 차지했다. 특히 최근에는 변호사, 건축가, 경제학자, 치과의사 등도 점차 증가하는 추세다. 페루 일본계의 전문직 진출은 과거에는 상대적으로 높은 교육 수준에도 불구하고 반일 감정 등으로 쉽지 않았다. 최근에는 반일 감정이 약화되고, 일본계가 높은 교육 수준을 유지해 전문직 진출 추세가 증가하는 경향이다(Masterson and Funada-Classen, 2004: 235).

일본으로 재이주

1980년대 페루 경제는 다른 라틴아메리카 국가와 마찬가지로 심각한 위기에 직면했다. 반면 일본은 경제성장에 따라 노동력이 필요했다. 특히 1989년 일본 정부는 개정 이민법을 통해 라틴아메리카로 이주한 일본인 후손이 일본으로 재이주하는 데 특혜를 부여했다. 이에 따라 페루의 일본계 수천 명이 일본으로 이주했다. 오늘날 일본 경제 상황의 악화에도 불구하고 이러한 현상은 높은 페루와 일본의 임금 격차의 영향으로 지금까지 지속되고 있다. 심지어 페루 현지인 사이에서도 일본으로 이주하는 사람이 많이 나타나고 있다. 따라서 현재 일본에는 일본계와 비일본계를 합해 페루 국적자가 약 5만 명 정도 거주하는 것으로 추정된다. 이들이 페루로 보내는 송금 액수는 세계 각국에 있는 페루 국적자가 보내는 해외 송금 중에서 가장 큰 액수다(Del Castillo, 1999).

4. 페루 일본계의 정치적 진출

후지모리 대통령 이전: 반일 감정과 일본계의 저자세

경제적 부상만큼이나 일본계의 정치적 진출도 많이 이루어졌다. 페루의 일본계가 정치적으로 가장 많이 진출한 영역은 시장직이다. 1951년 당시 리마 주 찬카이 시에서 일본인 이민자 2세인 페르난도 세가미Fernando Segami가 시장으로 선출된 이후 아야쿠초 주 우안타 시, 리마 시 푸엔테 피에드라 구역, 리마 주 카네테 시, 후닌 주 하울라 시, 리마 시 수르키요 구역, 산마르틴 주 타라포토 시 등에서 일본계 시장이 배출되었다. 특히 아야쿠초 주 우안타 시에서는 두 번에 걸쳐 일본계 시장이 탄생하기도 했다. 산마르틴 주 타라포토 시의 시장에 당선되었던 에두아르도 야시무라Eduardo Yashimura는 민중행동당PAC의 벨라운데 테리 정부(1980~1984년)에서 여당 소속 상원의원이 되기도 했다. 그 외 중앙 정치에 참여한 일본계로는 민주화 이후 1978년 제헌의회 의원으로 선출된 기독교민중당PPC 소속 마누엘 가와시타Manuel Kawashita가 있다.

일본계의 이러한 정치적 참여에도 불구하고 사실 1990년대 이전에 일본계는 과거 인종차별 등을 고려해 저자세를 유지하면서 정치적 참여 역시 활발하게 하지 않았다. 다수의 원주민이 존재하고, 백인이 지배하는 페루에서 소수 종족인 일본계가 정치에 참여하는 것은 쉬운 일이 아니었다. 게다가 페루에서 일본계는 수차례에 걸쳐 차별을 받았다. 특히 제2차 세계대전 발발 이후 미국이, 라틴아메리카 국가들이 연합국을 지원하도록 만들기 위해 추축국 출신 이민자를 반란 가능 세력으로 몰아가면서 페루에서도 일본계를 적대시하는 분위기가 조장되었다. 그 결과 1940년 5월에는 600명이 넘는 일본계의 집과 상점이 약탈당하고 방화되는 사건이 발생하기도 했다. 이로써 일본인 10명이 사망하고, 수십 명이 다쳤다. 페루의 경찰은 이러한 사태를 지켜만 보고 있었다.

일본의 진주만 공습 이후 페루 정부는 일본인의 재산을 동결하고 몰수했다. 일본인 3명 이상의 집회를 금지했으며, 일본어 신문을 폐간하고, 일본인 학교도 폐교했다. 모든 일본인은 블랙리스트blacklist에 올랐다. 1942년에는 일본계 페루인 1771명이 미국으로 추방되어 수용소에 보내졌다. 이때 라틴아메리카 전 지역에서 미국으로 추방된 일본계 수는 2118명으로 그중 페루에서 온 사람이 전체의 84%를 차지했다.* 페루의 일본계를 제외한 다른 지역의 일본계는 전쟁이 끝나자 바로 석방되었지만 페루의 일본계는 1946년까지 수용소에 남아 있었다. 석방된 이후 이들 대부분은 일본으로 돌아가거나 미국에 체류했다. 페루로 재입국이 허용된 사람은 단지 79명에 불과했다(Kushner, 2001: 31).

제2차 세계대전 이후 페루에 남아 있던 일본계는 약 1만 명 정도였다. 이들은 전후 황폐해진 일본으로 귀국하는 것을 포기하고 페루에 계속 머물렀다. 한편 페루의 반일 감정은 전후에도 일정 기간 유지되었다. 따라서 페루의 일본계는 계속 저자세를 유지할 수밖에 없었다. 그들은 인종차별이 다시 일어날 것을 우려해 후손들을 현지 문화에 적극적으로 동화시켰다.

후지모리의 등장과 일본계의 정치적 참여 활성화

페루의 일본계가 중앙 정치에 본격적으로 진출하기 시작한 시기는 1990년 알베르토 후지모리가 대통령에 당선되면서부터다. 후지모리는 대통령에 당선

---

* 페루, 에콰도르, 파나마를 제외한 다른 라틴아메리카 국가는 미국이 시도하는 일본계 주요 인물 추방 제안을 거부했다.

된 이후 일본계 4명을 각료 수준의 직위에 임명했다. 이로써 일본계는 1990년 대 페루 중앙 정치의 주요 세력으로 부상했다.

후지모리와 일본계가 중앙 정치에 진출할 수 있던 것은 페루 사회가 인식하는 일본계에 대한 긍정적인 이미지가 크게 작용했기 때문이다. 과거 페루 사회에서 일본계가 비록 차별을 받기는 했지만 항상 부정적으로 비쳐진 것은 아니었다. 페루에서 일본계는 전반적으로 정직하고 근면한 종족으로 인식된다. 페루에 진출한 도요타 자동차에 대한 이미지처럼 일본인에 대한 이미지도 신뢰성을 획득했다. 클럽이나 학교에서 일본계가 종종 회계를 담당하는 것은 그런 신뢰성을 인정받기 때문이다. 즉, 일본 상품에 대한 신뢰성이 일본 사람에 대한 신뢰로 발전한 것이다.

후지모리는 일본계의 이런 이미지를 적극적으로 활용했다. 그는 선거 캠페인의 표어를 일본계의 이미지와 유사한 '정직, 기술, 일'로 정했다. 또한 그는 '치노'*라는 친숙하지만 다소 경멸적인 호칭도 기꺼이 받아들였다. 이를 통해 그는 자신을 그렇게 부르는 사람들에게 보다 쉽게 다가갈 수 있었다. 동시에 그는 종종 전통 원주민 복장을 하고 선거 캠페인에 나서 페루 인구의 80%를 넘는 원주민과 혼혈인에게 친숙하게 다가가고자 했다. 이러한 전략은 부유한 백인 후보 마리오 바르가스 요사와의 경쟁에서 매우 효과적이었다.

후지모리가 소수 이민자 종족 출신으로 인종적 한계를 극복하고 대통령으로 당선될 수 있던 것에 대해 박윤주는 다음과 같이 분석한다.

> 원주민, 백인, 메스티소로 구성되어 인종 갈등의 잠재성이 큰 페루 사회에서 후지모리는 소수의 일본계 이주민 2세라는 단점을 오히려 장점으로 만드는 데 성공함으로써 대통령에 당선될 수 있었다. 후지모리는, 원주민과 소외된 메스티소들에게는 자신이 이민자 2세로서 겪었던 어려움과 일본계로서

---

* 중국인을 의미하지만 동북아 사람 대부분을 그렇게 부른다.

원주민 문화와의 유사성을 강조함으로써 그들의 거부감을 극복하고, 백인들에게는 자신의 일본 문화 뿌리를 강조해 자신이 원주민이나 소외된 메스티소가 아니라는 메시지를 전달함으로써 백인 기득권층의 위협감과 저항심을 완화했다. 이런 전략을 통해 후지모리는 원주민과 백인 그리고 메스티소 사이의 갈등이 첨예한 상황에서 '가장 이상적인 소수 인종의 후보'가 될 수 있었다(박윤주, 2011).

일본계가 정치 영역에 성공적으로 진출한 데는 그들의 다양한 사회적 봉사 활동도 중요한 기반이 되었다. 일본계의 집합적 사회 활동 가운데 가장 두드러지는 것은 의료봉사 활동이다. 일본계 조직의 후원으로 설립된 엠마누엘 협회Asociación Enmanuel와 이 협회의 주도로 리마와 우아랄 시 등에 설립된 엠마누엘 종합병원, 헤수스 마리아 종합병원, 사쿠라 종합병원 등은 페루 현지인에게 양질의 의료 서비스를 제공해 대중이 일본계에 대해 호의적인 이미지를 가지는 데 큰 기여를 했다. 일본계의 사회적 기여 이미지는 일본계 정치인들의 중요한 자산이 되었다. 이를 기반으로 페루의 일본계는 다양한 사회운동과 정당 활동에 활발히 참여해 정계로 나아갈 수 있었다.

후지모리 추방 이후에도 계속되는 일본계의 정치적 영향력

알베르토 후지모리 전 대통령과 함께 부상한 일본계 정치 세력은 후지모리의 추방 이후에도 여전히 강력한 영향력을 행사한다. 알베르토 후지모리의 딸 게이코 후지모리Keiko Fujimori는 2011년 대선에서 후지모리주의자들을 결집해 '2011년의 힘Fuerza 2011'이라는 정치 세력을 조직해 대선 후보로 출마했다. 1차 투표에서 23.6%의 득표율을 얻어 2위로 결선 투표에 진출했고, 여기서 오얀타 우말라 전 대통령과 맞서 비록 패배했지만 48.6%를 득표했다. '2011년의 힘'은 당시 총선에서도 37석을 차지해 47석을 차지한 여당인 '페루 승리 당Gana Perú'에 이어 두 번째로 큰 정치 세력을 형성했다.

'2011년의 힘'에는 게이코뿐만 아니라 하버드 대학 석사 출신으로 1993년 후지모리 쿠데타 이후 소집된 제헌의회 의장을 지내고, 후지모리 정부에서 교통통신부 장관, 에너지광업부 장관, 국무총리를 역임한 또 다른 일본계 하이메 요시야마 다나카Jaime Yoshiyama Tanaka도 있다. 그는 2011년 대선에서 '2011년의 힘'의 제2 부통령 후보로 나서기도 했다.

후지모리 전 대통령의 동생이자 변호사인 산티아고 후지모리Santiago Fujimori 는 2006년 대선에서 후지모리주의자들이 설립한 조직 '미래를 위한 동맹Alianza para el Futuro'*의 제1 부통령 후보로 출마했다. 그는 그해 총선에서 게이코와 함께 리마 시를 대표하는 국회의원으로 선출되었다.

그 밖에도 '2011년의 힘'**에는 라리베르타드 시를 대표하는 라몬 고바시가와Ramón Kobashigawa와 리마 시를 대표하는 후지모리 전 대통령의 아들 겐지Kenji 후지모리 같은 일본계 의원 2명이 더 있다.

반후지모리파 일본계의 정치적 참여

일본계가 모두 후지모리를 통해 단합된 것은 아니었다. 부유한 계층의 일본계는 페루의 일반 상류층과 마찬가지로 후지모리의 포퓰리스트 정책을 비판했다. 또한 그의 밀어붙이기식 성향을 비일본적이라고 비난했다. 1990년 대선을 앞두고 일본계를 대상으로 실시된 여론조사에서 25%는 여전히 페루에서 일본계 대통령이 나오는 것은 이르다고 답했다. 그들이 보기에 후지모리는 아직 준비가 되지 않았으며, 따라서 그는 실패할 수밖에 없고, 그럴 경우 페루에서 그나마 회복된 일본계 이미지가 다시 악화될 것을 우려했다. 이러한 성향의 일본계 3명은 후지모리의 경쟁 상대인 마리오 바르가스 요사의 선거 연

---

* 2006년 대선에서 '미래를 위한 동맹'의 대통령 후보 마르타 차베스(Martha Chávez)는 4위를 차지하는 데 그쳤다.

** 현재 공식 명칭은 '민중의 힘(Fuerza Popolar)'으로 변경되었다.

합인 민주전선FREDEMO: Frente Democrático 소속으로 국회의원 선거에 나서기도 했다(Kushner, 2001: 32).

후지모리의 당선 이후 페루의 일본계는 자부심을 느꼈지만 한편으로 일본계에 대한 인종주의의 부활을 두려워했다. 실제로 후지모리 대통령 당선 이후 반대파에 의해 그러한 시도가 이루어졌다. 그들은 영부인의 '납작한 얼굴'을 언급했으며, 일본계가 과거에 매춘 사업을 벌이거나 빈곤층을 착취했다고 비난했다. 마침내 일본인 여행객 3명이 살해되는 사건이 발생했고, 일본 대사관 인근에서 폭파 사건이 발생하기도 했다. 페루 경제의 어려움과 이러한 반일 감정의 부활로 1988년 1천여 명 수준이던 일본계의 일본 재이주자 수는 2001년 1만 5천 명 수준으로 증가했다(Kushner, 2001: 32).

2000년 대선에서 알레한드로 톨레도 후보는 후지모리 정부의 실패를 인종 차별적 공격으로 몰고 갔다. 그는 중앙 정치에 참여한 일본계를 '동양인 마피아'라고 지칭하면서 '범죄자인 일본인(후지모리와 그의 동료들)'에게 권력을 다시 주어서는 안 된다고 주장했다. 그리고 자신을 도시화된 원주민 '촐로cholo'라고 지칭하면서, '촐로 yes, 치노 no'라는 인종차별적 성격의 선거 캠페인을 벌였다. 그 결과, 당시 대선과 함께 실시된 총선에서 일본계 여러 명이 출마했으나 후지모리와 이혼한 전처 수사나 히구치Susana Higuchi를 제외한 모든 일본계가 낙선하고 말았다.

수사나 히구치는 후지모리가 대통령에 당선된 이후 일본계 내부의 정책 방향에 대한 차이 문제로 남편과 사이가 멀어졌다. 후지모리는 수사나의 친정 친지들이 일본에서 기증된 의류를 개인적으로 판매했다고 비판했다. 이를 계기로 두 사람은 1994년 이혼에 이르게 되었다. 그 후 그녀는 후지모리 반대파 소속으로 의회 진출을 시도했으나 당시 후지모리 정부의 방해로 출마조차 하지 못했다. 이후 2000년 총선에서 그녀는 후지모리 반대파 정당 소속으로 출마했는데, 후지모리주의자 일본계들이 모두 선거에서 패배한 것과 달리, 당당히 국회의원으로 선출되었다.

　제3부 라틴아메리카의 동아시아계

또 다른 반후지모리 일본계 정치인으로는 대표적으로 아우구스토 미야시로 야마시로Augusto Miyashiro Yamashiro와 라파엘 야마시로Rafael Yamashiro가 있다. 아우구스토 미야시로 야마시로는 '우리들은 페루Somos Perú' 소속으로, 2009년부터 수석 부의장을 맡고 있다. '우리들은 페루'의 후보는 1995년 리마 시장 선거에서 후지모리파의 핵심 인물인 요시야마와 경쟁해서 그를 떨어트리고 당선되었으며, 2000년 대선에서는 3위를 차지한 다음 결선 투표에서 후지모리 대신 알레한드로 톨레도 후보를 지지했었다. 아우구스토 미야시로 야마시로 자신은 1999년부터 지금까지 네 번에 걸쳐 리마 남부의 중산층 구역인 초리요스의 시장(구청장)을 지냈다.

라파엘 야마시로는 기업가 집안 출신으로 2006년 이카Ica 시에서 기독교민중당Partido Popular Cristiano 소속으로 국회의원에 선출되어, 국회에서 제3 부의장과 경제위원회 의장을 역임했다. 그 후 그는 기독교민중당의 사무총장이자 2인자가 되었다. 기독교민중당은 2011년 대선에서 우말라와 게이코 후지모리에 이은 제3의 후보 페드로 파블로 쿡진스키Pedro Pablo Kuczynski를 지원했다. 이후 그는 리마 메트로폴리탄 지역 시의원으로 활동을 이어갔다.

이 외에 관료가 된 일본계를 대표하는 인물은 마르코 미야시로Marco Miyashiro다. 그는 일본계로는 드물게 경찰에 들어가 반테러 엘리트 경찰인 GEIN을 설립하는 데 기여하고, 좌파 게릴라 조직 '빛나는 길Sendero Luminoso'의 리더 아비마엘 구스만을 체포하는 일에 공을 세웠다. 이를 통해 그는 페루 경찰청장까지 올랐다.

5. 페루 일본계의 문화적 기여

페루 일본계의 문화적 정체성

페루의 일본계는 일본인 학교, 일본어 신문과 잡지, 일본계 협회 등을 통해 자신들의 정체성을 유지하고, 종족 내 연합을 이루고자 노력했다. 리마에 소재하는 일본계 학교(라 유니온 협동조합 학교Colegio Cooperativa de la Unión, 니케이 센터 상급 학교Centro Nikkei de Estudios Superiores)는 스페인어와 일본어 2개 국어를 필수로 하고 있으며, 다양한 일본 문화와 스포츠(주로 일본인이 페루에 도입한 야구) 클럽을 운영해 일본계 정체성을 유지하려 한다.

일본어와 스페인어 2개 언어로 발행되는 신문과 잡지(대표적으로 ≪엘 라폰El Japón≫, ≪엘 디아El Día≫, ≪엘 니세이El Nisei≫, ≪푸지Fuji≫, ≪푸엔테Puente≫ 등), 일본계 지식인 학술 단체 등은 최근에 활동을 강화하고 있다. 주로 페루에 거주하는 일본계 공동체와 모국인 일본의 소식을 전하는 이들 신문과 잡지는 후지모리 대통령 당선 이후 과거 어느 때보다 더 활발히 운영되고 있다.

한편 일본계 협회의 활동은 점차 약화되는 경향이 있다. 대표적으로 페루일본인협회Japanese Association of Peru 회원 수는 1970년대 이래 지속적으로 감소하고 있다. 이는 미주 지역의 다른 국가들은 물론이고 페루의 일본계도 세대가 내려갈수록 타 종족과의 결혼이 잦아지면서 일본의 문화적 특징을 상실하고, 매우 이질적인 그룹으로 변모해가기 때문이다. 실제로 오늘날 페루 일본계의 약 32%만이 일본의 문화적 정체성을 유지하는 '핵심적 그룹'에 속하며, 나머지 28% 정도는 이러한 정체성 없이 일본계와 '가족적 연결 고리'만을 가진 그룹이고, 나머지 약 40%는 일본계 혈통이지만 일본계로서 어떤 사회적 네트워크도 가지지 않는 사람들이다(Masterson and Funada-Classen, 2004: 236).

따라서 현재 페루일본인협회에는 페루 일본계의 약 25% 정도만이 가입되어 있다. 여기에 참여하는 사람들은 일본인 특유의 긴밀한 관계를 형성한다. 특히 리마 시가 아닌 지방(예를 들어 람바예케와 치클라요) 소도시에 거주하는 일본계는 대도시보다 한층 더 조직화된 단체를 형성하고 있다. 이들은 공제조합 같은 형태로 조직을 형성하고 상호부조를 통해 조직을 활성화한다.

나아가 페루의 일본계는 아메리카 지역 전체의 일본계와도 유대를 강화한다. 미주 지역의 일본계는 1981년 멕시코에서 최초로 컨퍼런스를 개최한 이후

2년마다 각국을 돌아가며 모임을 개최하고 있다. 페루는 1983년에 이어 1995년 자국에서 미국과 캐나다를 포함한 미주 대륙 전체의 일본계 대회를 주최했다. 이러한 대륙 전체의 모임을 통해 일본계는 공동의 문화적 연대를 형성하고 각국에서의 경험을 공유한다.

페루 일본계의 문화적 기여: 세계인의 입맛을 사로잡는 퓨전 음식 개발

페루의 일본계 가운데는 경제적·정치적 영역에서 거둔 성과 외에 문화 분야에서도 두각을 나타내는 사람들이 적지 않다. 특히 스포츠, 문학, 미술 부문에서 일본계의 활약은 돋보인다. 그중 미술 부문에는 20세기 페루 최고의 화가 가운데 한 명으로 간주되는 틸사 쓰치야Tilsa Tsuchiya를 비롯한 많은 일본계화가가 있다. 문학 부문에는 페루 시에 아시아 감성을 부여해 페루문학사를 통틀어 가장 위대한 시인 가운데 한 명으로 꼽히는 호세 와타나베José Watanabe를 비롯해 많은 작가가 있다. 스포츠 부문에는 특이하게 페루의 대표 투우사로 리카르도 미쓰유우Ricardo Mitsuyu가 있다. 그를 비롯해 투우, 축구, 골프, 당구 등에서 유명한 선수 가운데 일본계가 적지 않다. 지식인 그룹에서는 스페인어로 발행하는 일본계 대중잡지 ≪다리Puente≫의 사장이자 편집장 알레한드로 다마시로Alejandro Tamashiro가 대표적인 일본계다.

페루 문화에서 일본인의 가장 큰 기여가 이루어진 부문은 무엇보다 페루 음식이다. 페루 음식의 특징은 다양한 문화의 영향을 받은 다양한 요리의 뷔페와 같다는 점이다. 이러한 페루 음식의 다양성에 가장 많은 영향을 준 것이 바로 일본 요리다. 생선과 해산물이 풍부하고 이를 바탕으로 한 음식이 많은 페루에 역시 생선과 해산물을 주로 먹는 일본인의 식문화가 가미되어 특유의 퓨전 요리들이 생겨났다. 페루를 대표하는 음식인 세비체가 오늘의 모습을 갖추게 된 데도 일본인의 기여가 있었다. 살짝 찌는 방식을 통해 생선을 소스에 담그는 시간을 줄여 세비체의 신선도를 높인 것은 일본인의 영향이라고 할 수 있다.

세비체뿐만 아니라 일본인은 생선과 해물에 페루 고유의 식자재(라임, 옥수수, 유카, 감자, 페루 고추 아히 등)를 사용하는 다양한 퓨전 요리를 개발했다. 일본 요리의 우아함과 섬세함에다 페루 식재료의 신선함과 다양함 그리고 강한 향신료의 맛이 조화를 이뤄 페루 음식은 세계를 사로잡는 맛이 되었다.

대표적으로 도쿄 일식집에서 일하다 일본계 페루 기업인의 초청으로 페루에 들어와 일식집을 개업한 노부 마쓰히사Nobu Matsuhisa의 사례를 들 수 있다. 페루에서 일식집 마쓰에이Matsuei를 연 그는 부족한 일본 전통 식자재를 대신해 현지 식자재를 사용해서 다양한 퓨전 음식을 개발했다. 그 후 그는 미국 비버리힐스에 '마쓰히사'라는 일식집을 개업해 퓨전 일식을 소개함으로써 로버트 드 니로 같은 유명 영화인들의 입맛을 사로잡았다. 이를 계기로 그는 로버트 드 니로와 합작해 '노부'라는 이름으로 지점을 전 세계로 확장하기도 했다.

노부 마쓰히사 외에도 페루에는 앙헬리카 사사키Angélica Sasaki, 로시타 이무라Rosita Yimura, 도시로 고니시Toshiro Konishi, 미쓰하루 쓰무라Mitsuharu Tsumura 등 일본과 페루의 퓨전 요리로 유명한 요리사가 많다.

| 참고문헌 |

박윤주. 2011. 「페루 아시아계 이주민의 정치적 성공과 인종 갈등: 후지모리 사례를 중심
  으로」. ≪중남미연구≫, 30권, 1호, 121~138쪽.

Del Castillo, Álvaro. 1999. *Los Peruanos en Japón*. Tokio, Japón: Gendaikikakushitsu
  Publishers.

Fukumoto, Mary. 1997. *Hacia un nuevo sol. Japoneses y sus descendientes en el
  Perú*. Lima: Asociación Peruano-Japonesa del Perú.

Kushner, Eve. 2001. "Japanese-Peruvians: Reviled and Respected. The Paradoxical
  Place of Peru's Nikkei." *NACLA Report on the Americas*, Vol.XXXV, No.2,
  September/October, pp. 29~32.

Masterson Daniel M. and Sayaka Funada-Classen. 2004. *The Japanese in Latin
  America*. Chicago: University of Illinois Press.

Matos Mar, José. 1976. *Yanaconaje y reforma agraria en el Perú*. Lima, Perú: Instituto
  de Estudios Peruanos.

Morimoto, Amelia. 1979. *Los inmigrantes japoneses en el Perú*. Lima, Perú: Univer-
  sidad Nacional Agraria.

_____. 1981. "La comunidad de origen japonés en el Perú: Población y ocupación."
  Informe de Investigación. Lima, Perú: Fundación Ford, Área de Población.

_____. 1991. *Población de origen japonés en el Perú: Perfil actual*. Lima, Perú:
  Comisión Conmemorativa del Nonagésimo Aniversario de la Inmigración
  Japonesa al Perú(Censo Nacional Nikkei de 1989).

_____. 1999. *Los japoneses y sus descendientes en el Perú*. Lima, Perú: Fondo
  Editorial del Congreso de la República.

Morimoto, Amelia and Raúl Araki. 2004. "Empresarios nikkei." BID. *Cuando Oriente llegó a América: Contribuciones de inmigrantes chinos, japoneses y coreanos.* Washington D.C.: IDB, pp. 253~274.

The Commission on Wartime Relocation and Internment of Civilians. 1982. *Personal justice denied.* Washington D.C., USA: Government Printing Office.

제12장 페루 사회의 강력한 종족이 된
중국인 쿨리의 후손

1. 페루 중국계의 중요성

페루에서 중국인 이민 역사는 150년이 넘었다. 19세기 중국인 쿨리 약 10만 명이 유입된 이래 20세기에도 비록 규모는 줄었지만 지속적으로 중국인 이민 자가 유입되었다. 20세기 들어 페루에 이주한 중국인은 19세기 쿨리와는 달리 신분이 자유로운 자발적 이민자였다. 특히 1903년에서 1908년 사이 중국인 1만 1742명이 페루에 들어온 사례가 있다. 그 후 대규모 이주는 없었지만 중국 인의 페루 이주는 양국의 우호적 관계를 바탕으로 꾸준히 지속되었다.

그 결과 현재 페루에서 혼혈 중국인 후손까지 포함한 중국계 비중은 전체 인구의 약 10% 정도가 될 것으로 추정하기도 한다. 해외의 중국인 통계를 보면 현재 페루에 거주하는 중국인 수는 130만 명으로 전 세계적으로 인도네시아(700만), 태국(700만), 말레이시아(640만), 미국(380만), 싱가포르(360만) 다음으로 여섯 번째다.* 당연히 남미에서는 페루에 가장 많은 중국인이 거주하고

....

* 다음으로는 캐나다(130만), 베트남(130만), 필리핀(120만), 미얀마(110만), 러시아(100만),

있다(Statista, 2015).

이런 수적 비중뿐만 아니라 페루 문화와 경제, 정치 등에서 이들 중국계의 영향력은 매우 크다. 대표적으로 얼마 전까지 페루 최대의 유통업체를 중국계가 운영했고, 1990년대 이후 중국계 국무총리가 2명 배출되었으며, 수많은 중국계 국회의원이 있다. 그중에는 대통령 후보로 나온 사람도 있다. 문화적 영향은 음식에서와 같이 명백히 드러나는 것도 있지만, 지금은 페루의 민족문화에 흡수되어 잘 드러나지 않는 것이 대부분이다.

2. 중국인 쿨리

노예제 폐지의 대안으로 유입된 쿨리

중국인의 페루 이주는 식민지 시대에 시작되었다. 당시 스페인의 식민지로 필리핀에 거주했던 소수의 중국인 화상들('상글레이sangley'라 불린다)이 페루 해안 지역으로 이주한 기록이 있다. 하지만 이들은 극히 소수였고, 이주가 지속적이지도 않았기 때문에 오늘날 큰 의미는 없다.

중국인의 페루 이주가 본격적으로 시작된 시기는 1849년 쿨리의 유입 이후다. 자유주의를 표방하는 대지주였던 도밍고 엘리아스Domingo Elias는 1848년 이른바 '중국인 법Ley China'이라고 불리는 법률을 통과시켜 중국에서 계약노동자를 유입하는 길을 터놓았다. 그 후 1849년부터 쿨리 유입이 중단된 1874년까지 25년 동안 쿨리 9만 1052명이 페루에 유입되었다(van der Hoef, 2015: 21). 이는 라틴아메리카에서 쿠바 다음으로 많은 수다.*

캄보디아(80만), 일본(70만), 호주(70만), 대한민국(70만), 영국(50만), 남아공(40만), 브라질(20만), 이탈리아(20만), 프랑스(20만), 스페인(10만), 독일(10만) 순이다. 일부 자료에는 베네수엘라에 약 40만 명의 중국계가 거주한다고 하지만 이를 인정하는 사람은 많지 않다.
* 19세기 쿠바에 유입된 중국인 쿨리 수는 12만 4793명이었다(413쪽 〈표 13-1〉 참고).

19세기에 쿠바로 이주한 사람들은 대부분 중국 남부 지방의 광둥 성 출신이 었다. 당시에 이 지역 사람들은 영국과의 아편전쟁(1839~1842년), 태평천국의 난(1860~1864년), 하카족hakkas*과 푼티족puntis** 사이의 전쟁 같은 정치적 소용돌이에 휘말려 있었다. 또한 정치적 불안정과 함께 외국 제품의 대량 유입으로 국내 산업은 어려움에 직면했다. 이런 상황은 이 지역 주민을 대대적으로 해외로 이주하게 만들었다.

한편 19세기에 들어 노예무역과 노예제가 점차 폐지되었다. 1808년 영국이 노예무역을 금지했고, 1815년에는 포르투갈이, 1820년에는 스페인이 노예무역을 금지했다. 페루에서는 1818년 3월 18일 흑인 노예 341명이 들어온 것을 마지막으로 더 이상 흑인 노예가 유입되지 않았다(Romero Pintado, 1994).

중국인 쿨리는 노예무역 금지에 따른 노동력 부족을 대체했다. 농업과 서비스 부문에서 부족한 노동력을 확보하기 위해 페루는 국가 차원에서 쿨리의 유입을 시도했다. 노예무역이 중단된 상황에서 쿨리 무역은 충분히 수지가 맞는 사업이었기 때문에 이 시기에 유럽인뿐만 아니라 페루인도 쿨리 무역에 적극적으로 가담했다.

중국인 쿨리의 유입이 노예무역처럼 보이지 않게 하기 위해 쿨리 무역업자들은 승선하기 전 계약서에 그들의 자필 서명을 받았다. 그러나 스페인어, 중국어, 때로는 포르투갈어로 인쇄된 이 계약서에는 쿨리의 의무 조항만이 명시되어 있었다. 즉, 계약서에도 불구하고 쿨리의 삶은 노예와 다를 바 없었지만, 어쨌든 계약서의 존재는 노예무역이 금지된 상황에서 쿨리 무역을 가능하게

---

* 중국 북부 지역 출신으로 남쪽 지역으로 남하한 부족. 광둥어와 다른 고대 중국어의 일종인 하카어를 사용한다. 객가족(客家族)이라고도 하는 하카족은 광둥 성 등 중국 남부의 4개 성과 동남아, 대만 등에 거주하는 한족의 일파다. 특히 동남아 화인들의 3분의 1이 하카족이다. 하카족은 중국의 유대인으로 불리기도 한다. 중국 국민당의 쑨원(손문), 중국 공산당의 덩샤오핑, 싱가포르의 리콴유, 대만 총통을 지낸 리덩후이 등이 모두 하카족이다.
** 광둥 성 지역의 원주민. 광둥어를 사용한다.

만든 중요한 방편이 되었다.

19세기 페루 경제의 핵심 쿨리: 사탕수수와 면화 농장에서 구아노 채취까지

19세기 페루에 유입된 중국인 쿨리의 계약서에는 8년이라는 의무 노동기간
이 정해져 있었다. 계약 기간에 농장주는 일 년에 옷 두 벌과 모포 하나를 노
동자에게 제공하고, 매일 750그램의 쌀과 식재료를 공급해야 했다. 병에 걸렸
을 때는 의료 서비스와 약품도 제공해야 했다. 급료로는 매주 1달러를 지불하
고, 음력설에는 3일 휴가를 보장해주어야 했다. 계약 종료 후에는 자유의 몸이
되는 쿨리를 증명하는 증명서를 발급해주어야 했다.

계약서에 따르면 쿨리는 주로 사탕수수와 면화 농장에서 일하는 것으로 되
어 있었다. 물론 실제로 농장주가 시키는 일은 거의 무엇이든 해야 했지만, 계
약서상으로 그들은 당시 페루의 주요 산업인 구아노 채취에 강제로 동원될 수
없었다. 하지만 점차 더 많은 중국인이 구아노 채취에 동원되기 시작했다. 친
차스 섬을 비롯해 구아노 채취가 주로 이루어지던 페루 연안의 섬에서 중국인
쿨리는 점차 기존의 흑인 노예, 죄수 노동자, 일확천금을 노리는 페루와 칠레
사람을 대신하기 시작했다. 예를 들어 1853년 친차스 섬에 있는 중국인 쿨리
수는 588명이었는데 1867년에는 750명에 달했다. 이는 당시 그 섬에 있던 전
체 노동자 1천여 명의 70%가 넘는 비중이다. 즉, 당시 페루의 주요 산업인 구
아노 채취에서 중국인 쿨리는 중요한 노동력이 되었다(Rodríguez Pastor, 2004:
117~118).

중국인 쿨리들은 19세기 페루의 부를 창출하는 가장 중요한 부문인 사탕수
수와 면화 수출 농업, 구아노 광업 모두에 필요한 노동력이었다. 만약 쿨리가
없었다면 19세기 후반 페루 경제는 다른 길을 갈 수밖에 없었을 것이다. 그 외
에도 쿨리는 철도 건설 사업에 동원되거나 기존의 흑인 노예들이 담당했던 부
유한 가정의 하인 역할까지 대신했다. 이렇듯 쿨리는 안데스 산악 지역 원주
민의 노동력이 본격적으로 활용되기 전까지 다방면에 걸쳐 노예를 대신해 거

의 노예와 같은 조건으로 페루 산업에 필요한 노동력이 되었다.

1876년 실시된 인구조사 통계를 보면 당시 등록된 페루 거주 중국인 수가 4만 9956명(일부 자료에서는 5만 8343명)으로 나타난다. 1849년에서 1876년 사이 페루에 들어온 중국인 쿨리 수(약 10만 명)가 거의 절반으로 줄어든 것은 그들 다수가 힘든 노동, 학대, 혹사, 질병 등으로 사망하거나 자살했기 때문이다. 이는 중국인 쿨리의 삶이 노예와 마찬가지로 얼마나 힘들었는지를 잘 말해준다(Lausent-Herrera, 2010: 143).

3. 상업 분야의 중국인

중국인의 상업 진출: 소규모 상점에서 무역업까지

수 세기 전부터 해외로 진출한 중국인이 주로 종사한 직업은 상업이었다. 해외로 이주한 중국인은 상업을 통해 자본을 축적하는 뛰어난 능력을 가지고 있었다. 그들은 소득을 저축할 줄 알았고, 그것을 사업에 투자하고, 사업을 효과적으로 경영할 줄 알았다. 그들은 진취적인 정신을 가지고 있었고, 게다가 검소함과 인내심도 탁월했다.*

----

* 현대 라틴아메리카 문학을 대표하는 작가로 페루 태생으로서 칠레 국적을 가진 이사벨 아옌데는 그의 소설『운명의 딸(Hija de la fortuna)』에서 19세기 골드러시(gold rush) 당시 샌프란시스코에 거주하는 중국인에 대한 이미지를 다음과 같이 묘사한다. "양키들은 인내심이 부족했다. 팀을 짜서 일할 줄 몰랐으며, 무질서와 탐욕이 늘 그들 영혼을 지배했다. 멕시코인들과 칠레인들은 광산에 대해서는 잘 알았지만 낭비가 심했다. 오리건 사람들과 러시아인들은 술 마시고 싸우는 데 시간을 낭비했다. 반면 중국인들은 검소했기 때문에 아무리 보잘것 없는 것에서도 늘 이익을 얻어냈다. 그들은 술도 많이 마시지 않았으며, 푸념도 하지 않고 개미처럼 쉬지 않고 열심히 일만 했다. 서양 사람들은 중국인들의 성공에 분노를 느꼈다"(아옌데, 2007: 2권 53). 이는 샌프란시스코 거주 중국인에 대한 작가 개인의 묘사이지만, 당시 페루를 포함한 아메리카 전역에서의 중국인에 대한 일반적인 인식을 잘 반영한다고 할 수

페루에 이주한 중국인도 이러한 상업적 재능을 발휘했다. 그들 상당수는 상업적 재능과 경쟁력, 조직 능력과 창조력, 신속한 현지 적응력 등을 발휘해 상업적으로 성공을 거둘 수 있었다. 그들은 페루의 시기적·지역적·경제적 상황을 누구보다 빨리 파악했으며, 이에 따라 가장 적절한 상업 활동을 전개했다. 그들은 19세기 아마존 지역의 고무의 상업화부터 리마 중심부의 수출입까지 다양한 영역에서 다양한 방식의 상업 활동을 전개했다.

실제 페루 중국인 이민자의 상업 활동은 19세기 계약노동 시기에 이미 시작되었다. 일부 쿨리들은 그들이 일하는 농장 내부에서 같은 중국인에게 상업 거래를 시도했다. 계약이 끝난 중국인들 가운데는 그러한 활동의 연장선에서 아시엔다 농장주의 허가를 받아 농장 내부에서 장사를 하는 사람도 있었다. '탐베로스tamberos'*라고 불린 이들은 20세기 초까지 존재했다.

계약서에 명시된 의무 노동이 끝난 쿨리 수만 명은 각자의 형편에 따라 행상이 되거나 개인 또는 단체로 상점을 개업하기도 했다. 또한 대부업, 도박장 사업, 아편 판매업 같은 모험적인 사업에 뛰어드는 사람도 있었다.

그들의 사업은 주로 도시나 항구 마을, 해안 지역의 농장 주변에서 이루어졌다. 한편으로는 안데스 산악 지역이나 동부 아마존 지역으로 진출한 사람도 있었다. 이들은 이 지역에 거주하는 원주민과의 교역을 통해 그들의 전통적인 물물교환 방식을 화폐교환 방식으로 전환하는 역할을 하기도 했다.

19세기 중국인 쿨리는 반노예적 상황에도 불구하고 전통 식생활, 복장, 약품, 종교 생활 등을 상당 부분 유지했다. 따라서 이에 필요한 생산품의 수요가 지속되었으며, 이를 충족하기 위한 홍콩, 광둥, 캘리포니아 등지와의 해외 거래가 활성화되었다. 그 결과 페루의 해안 지역에는 이러한 거래를 위한 수많은 상점이 생겨났다. 이후 무역 활성화로 해안 지역의 상업이 발전하면서 중

있다.
* 'tambo'는 케추아어로, 농업 지역에 있는 작은 상점을 의미한다.

국인의 사업은 급속히 성장했다.

이에 따라 해외 무역에 종사하는 중국인도 증가했다. 대표적으로 1896년 문을 연 '파우 룽Pow Lung 상사'와 1872년 개업한 '윙 온 총Wing On Chong 상사'는 중국뿐만 아니라 미국이나 유럽 등지에서 물품을 수입하고, 나아가 페루 현지의 생산물을 수출했다. 이러한 무역 회사들이 수입한 물건은 페루에 거주하는 중국인뿐만 아니라 페루 현지인에게도 판매되어 수요층이 확대되었다. 페루에서 상사를 통한 무역업은 중국인 후손에 의해 지금까지 유지되고 있다.

한편 페루에 남기로 결정한 쿨리는 상업 외에도 다양한 분야로 진출했다. 특히 숙박업, 생선 가게 또는 정육점 같은 자영업에 많은 중국인이 진출했다. 이들은 앞서 해외 무역에 종사하는 사람과 비교해 훨씬 소규모의 자영업자들이었다. 이들은 언제나 페루 현지인과 접촉하면서 우정과 신뢰 관계를 형성했다. 이러한 신뢰를 바탕으로 신용거래도 활성화되었다. 소규모 자영업은 페루에 정착한 쿨리뿐만 아니라 그 후에 자발적으로 이주한 중국인 이민자들 사이에도 널리 확산되었다. 이에 따라 페루의 마을 구석구석까지 중국인 자영업자가 없는 곳이 없을 정도가 되었다. 물론 중국인의 존재는 현지인과의 충돌을 야기했고, 지금까지 이러한 갈등은 부분적으로 지속되고 있다.

페루의 상권을 주도하는 '길모퉁이 중국인'

1920년대에는 이미 자본을 축적해 부유층이 된 중국인이 나타나는데, 이들은 주로 리마에 거주했다. 지방에서도 중국인은 지역의 상권을 장악하기 시작했다. 또 이러한 경제적 성공을 바탕으로 사회적으로나 정치적으로 영향력을 행사하기 시작했다. 1930년대부터 1950년대까지 리마 시 주요 지역에는 길모퉁이마다 중국인 상점이 있을 정도였다. 이런 길모퉁이에 상점을 가진 중국인 상인은 '길모퉁이의 중국인chinos de la esquina'으로 불렸다. 이렇듯 20세기 중반까지 페루에서 중국인은 해안의 대도시나 안데스 지역의 작은 마을까지 사실상 상업 활동을 주도했다. 페루의 상업에서 중국인의 주도권은 후손에게 이어져 현재까지 지속되고 있다.

중국인의 상업적 성공에서 무엇보다 중요한 것은 그들 사이의 연대였다. 중국인은 출신 지역, 가문, 결혼 등을 통한 인척 관계를 기반으로 조직을 형성하고, 이를 바탕으로 상호 신뢰에 바탕을 둔 전국 유통망을 형성할 수 있었다. 따라서 해안 도시의 수출입 업자와 내륙 도시의 소매업자 사이에 공고한 유통망이 생겨났다. 신뢰에 바탕을 둔 유통망은 중국인이 상업에서 성공할 수 있었던 중요한 요인이 되었다.

이런 유통망이 가장 잘 발달된 전형적 사례가 북부 지역의 도시 체펜Chepén이다. 체펜은 헤케테페케Jequetepeque 중심의 해안 지역 경제와 카하마르카 중심의 내륙 지역 경제를 연결하는 중간 상업 도시로 발전했다. 이러한 발전에서 중국인이 핵심적인 역할을 수행한 결과 19세기부터 체펜은 '작은 광저우Cantón chico'라고 불렸다. 체펜 외에도 리마를 제외한 많은 해안 도시(찬카이-우아랄-아우카야마 지역, 파티빌카-수페-바란카 지역, 우아우라-사얀-우아초 지역, 나스카-인헤니오-팔파 지역, 피스코-우마이 지역)에서 중국인의 경제적 진출이 확대되었다. 이에 따라 해안 도시에서 중국화가 이루어졌다. 중국인의 페루 해안 도시로의 진출은 단순히 경제적 영역을 벗어나 사회 전반에 변화를 야기했다.

나아가 중국인은 연대를 통해 비단 상업뿐만 아니라 관련된 다양한 산업에 진출할 수 있었다. 중국인은 자신들이 소비하는 쌀과 같은 농산물을 스스로 재배하기 시작했고, 일부에서는 그들 사이의 신용 대출 등을 시작으로 금융업으로 진출하는 사람도 나타났다.

세계화 시대 페루의 중국계

1970년대부터 중국인의 페루 이주는 급격히 감소했다. 현지에 거주하는 중국인도 점차 노령화되었다. 따라서 중국인의 전통적인 단체도 많이 사라져갔다. 그들이 운영하던 사업체도 중국인이 아닌 사람에게 넘어가거나 폐업되는 경우가 적지 않았다.

현지에서 태어난 중국인 후손* 가운데는 대학을 졸업하고 전문직을 선택하는 사람이 증가했다. 페루의 유명 패션 디자이너 수미 쿠한Sumy Kuján 같은 사람들이 신세대 중국계를 대표한다. 그들은 페루인이지만 중국계로서 자신의 뿌리에 많은 관심을 가진다. 그 외에 축구, 테니스 또는 가라테와 같은 스포츠, 소설이나 시와 같은 문화, 인류학이나 고고학 같은 학문, TV와 신문과 같은 언론 또는 방송 등의 분야에서 활약하는 중국계도 적지 않다.

한편 계속 사업을 하는 사람들은 대부분 여전히 부모 세대와 마찬가지로 수출업과 상업에 종사하거나 중국 음식점인 치파스chifas를 운영한다. 이들은 부모와 함께 기존 사업을 계속 유지하거나, 독자적으로 운영하기도 한다. 요식업에서 가장 두드러지는 인물로는 이사벨 웡 바르가스Isabel Wong Vargas가 있다. 그녀가 운영하는 식당인 라 칼레타La Caleta는 리마 최고의 해산물 식당 가운데 하나로 선정되기도 했다.

제조업으로 진출한 중국계도 있다. 이들은 1980년대 경제 위기와 그 후 세계화의 영향으로 글로벌 경쟁력이 부족한 페루의 제조업이 붕괴하는 과정에서 많은 어려움을 겪었다. 현재 중국계가 운영하는 제조업 기업 가운데 살아남은 대표 기업으로는 최고 품질의 면 의류를 제조하는 풀 코튼Full Cotton사, 수입 신발과의 경쟁에도 불구하고 시장점유율을 확대한 칼사도 칼리몬드Calzado Calimond사가 있다.

경제 분야에서 중국계가 가장 두각을 나타내는 분야는 역시 유통업이다. 유통업에서 중국계를 대표하는 기업은 E. 웡 그룹Grupo E. Wong이다. E. 웡 그룹은 1930년대에 페루에 이주한 에라스모 웡Erasmo Wong에 의해 설립되었다. 1942년 그는 페루 리마의 중상류층 거주 지역인 산이시드로San Isidro에 식료품점을 개점하면서 본격적으로 유통업에 뛰어들었다. 그 후 다양한 전공으로 대학 교

----

* 이들은 '투산(tusán)'이라고 불린다. '투산'은 '토생(土生)'이라는 뜻으로 페루에서 태어난 중국인 후손을 말한다.

육을 마친 그의 자녀 에라스모 윙 루Erasmo Wong Lu, 에프라인 윙Efrain Wong과 함께 1983년부터 슈퍼마켓 사업에 뛰어들면서 본격적으로 성장하기 시작했다. 1995년에는 리마에만 슈퍼마켓 5개 지점을 열었고, 2000년대 중반에는 리마에만 윙 슈퍼마켓 12개, 메트로Metro라는 이름의 대형 슈퍼마켓 9개, 역시 메트로라는 이름의 중소형 슈퍼마켓 6개* 등 점포 총 27개를 거느리면서 시장점유율 40%를 넘어섰다.**

리마 사람들은 매년 7월 페루 국경일에 윙 그룹이 개최하는 화려한 불꽃놀이로 이루어진 국경일 퍼레이드를 매우 좋아한다. 이런 과정을 통해 페루인이 윙이라는 브랜드에 가지는 신뢰는 놀라울 정도다. 이로써 윙 가문은 페루 기업계의 상징적인 성姓이 되기도 했다.

4. 중국계의 정체성과 정치적 참여

혼혈을 통한 '인혜르토스'의 탄생

쿨리는 경제적으로 안정을 이루어가면서 동시에 현지인과의 혼인을 통해 가족을 형성하기 시작했다. 19세기 페루에 이주한 중국인 가운데 여성 비율은 1%에도 미치지 못했기 때문에 현지인과의 결혼은 불가피했다. 계약 기간 내내 아시엔다에서 일하는 중국인은 사실상 현지 여성과의 접촉이 어려웠다. 반면 대도시인 리마의 가정에서 하인으로 일하는 중국인의 경우 행동이 보다 자유로웠으며, 일찍부터 현지인과 가정을 이루기 시작했다. 따라서 1850년대에 이미 리마를 중심으로 중국인과 페루인 사이에 혼혈인 자녀가 탄생했다. 중국인의 결혼 대상은 주로 빈곤 계층의 원주민이거나 혼혈인이었다.

....

* 윙은 주로 중상류층 지역, 메트로는 중하류층 지역 거주자를 소비자층으로 삼는다.
** 슈퍼마켓 체인 기업 윙사는 2007년 칠레 유통 기업 센코수드(Cencosud)에 매각되었다.

농촌 지역에서 중국인이 현지 여성과 가정을 이루는 것은 도시에서보다 어려웠다. 하지만 1880년대부터 안데스 지역의 젊은 원주민 여성이 해안 지역의 아시엔다에 계절적 노동자로 유입되면서 중국인과 원주민 사이의 결혼이 많이 이루어졌다. 중국인은 아프리카계 여성보다 원주민 여성을 선호했다.

1850년대부터 이미 혼혈이 이루어졌는데도, 부정적인 시각 때문에 페루 사회에서 이들 존재는 정식으로 인정되지 않았다. 19세기에는 이들을 부르는 용어도 없었다. 페루 사회는 이들의 혼혈을 인정하지 않았기 때문에 그들에게는 원주민과 스페인 사람 사이의 혼혈을 부르는 이름인 '메스티소'라는 용어를 적용하지 않았다. 언론이나 공문서에서 그들이, 접목된 나무라는 의미의 '인헤르토스injertos'라고 불리기 시작한 시기는 20세기부터다.*

계약노동에서 벗어난 쿨리의 중국 정체성 회복 노력

계약에서 벗어난 쿨리는 어려운 상황에서도 농장 생활을 하는 동안 잃어버린 중국 정체성을 회복하고자 했다. 그들은 가급적 인헤르타를 신부로 맞이해 최소한의 중국식 가정을 꾸리고, 이를 통해 중국 정체성과 전통을 유지하려 했다. 또한 그들은 페루 도착 시 받아들인 스페인식 이름 대신 원래의 중국 이름도 다시 찾고자 했다. 그들은 중국어를 다시 사용하기 시작했고, 음력설이나 황제 생일 같은 경축일 행사를 다시 거행했으며, 전통적인 종교 활동을 하고, 자신이 선호하는 정치조직에 가담하고, 중국어 신문을 발행하고, 중국인 학교를 설립하고, 중국 음식을 요리해 먹고, 아편이나 마작 같은 전통 놀이를

---

* 농업 위주의 삶을 반영하는 이 용어가 이들 혼혈인을 비하하는 의미로 사용된 것은 아니다. 그런데도 중국인 공동체 안에서 인헤르토스의 위상은 가장 낮았다. 중국인 공동체 내부에서 가장 높은 위치를 차지하는 사람은 중국 태생의 중국인이고, 다음이 부모가 모두 중국인으로 페루에서 태어난 사람, 그다음이 중국인 아버지와 인헤르타(injerta, 인헤르토스의 여성 단수형) 사이에 태어난 사람, 그리고 가장 마지막이 중국인 아버지와 페루 현지 원주민 사이에서 태어난 인헤르토스였다(Lausent-Herrera, 2010: 147~148).

다시 시작했다.

나아가, 조직화도 이루어졌다. 해방된 쿨리들은 출생지, 가문, 직업, 종교, 정치 성향 등에 따라 다양한 그룹을 형성했다. 상호부조를 위한 계 모임도 중요한 조직 형태였다. 1868년에는 출생지별 조직인 우이관Huiguan, 會館이 페루에서 최초로 설립되었다.

19세기 후반 중국인 공동체는 페루 전역으로 확산되었다. 중국인이 존재하는 마을에는 어김없이 이러한 공동체가 설립되었다. 페루 전역에 걸쳐 중국인 공동체 수는 수백 개에 달했는데, 특히 해안 지역에 많았다. 1886년 리마에는 이들 조직의 중앙 본부가 설립되었다. 중국인 상호부조단체 중앙협회Sociedad Central de Beneficencia China 또는 중국어로 Tonhuy Chongkoc로 명명된 이 단체는 지금까지 페루 중국인의 연대 조직으로 존재한다. 오늘날 이 단체가 위치한 리마의 카폰 가Calle del Capón에는 차이나타운이 형성되어 있다. 중국 음식점과 중국인의 거주지가 밀집된 리마의 차이나타운은 지금도 페루 중국인 공동체의 구심점 역할을 하고 있다(Rodrîguez Pastor, 2004: 119).

한편 그들은 현지 문화에 적응하기 위한 노력도 게을리하지 않았다. 그들은 현지의 법적·행정적 조건에서 어떻게 행동하는 것이 최선인지를 배웠다. 종교적으로는 가톨릭으로 개종했으며, 중국의 성 대신 현지의 성을 받아들이기도 했다. 페루 음식을 먹고 페루 음악을 즐기기 시작했다. 의복도 전통 복장을 버리고 서구식 복장으로 바꿔 입었다.

새로운 이민자 유입과 중국인 공동체 내부의 갈등:
신규 이민자 vs. 투산·인헤르토스

6만 3917명으로 최대에 달했던 페루의 중국인 인구는 쿨리 유입이 중단된 1874년부터 지속적으로 감소해 1903년에 최소 수준에 이르렀다. 이후 1903년부터 1937년까지 중국인 2만 2993명이 공식적으로 재유입되었다(McKeown, 1996: 63). 이는 대부분 농업 발전과 아마존 개발을 위해 일본을 포함한 아시아의 노동력을 적극적으로 유입하려던 레기아 정부(1910~1930년)의 정책 때문이었다.*

이들 새로운 이주자는 과거 쿨리와 달리 자발적 이민자였으며, 이들 중에는 홍콩이나 캘리포니아에서 부를 축적해 페루에 투자할 목적으로 온 사람도 적지 않았다. 이들은 주로 사탕수수나 면화 등 수출 농업에 투자했고, 보험 또는 해운 회사를 운영하기도 했다. 이들은 지역의 과두 지배층과 정치적·경제적 비전을 공유하면서 부르주아계급처럼 행동했다.

새로 유입된 이민자는 쿨리를 대신해 중국인 상호부조단체 중앙협회 같은 공동체의 주도권을 행사하기 시작했다. 따라서 이들과 쿨리 후손인 '투산', 혼혈인 '인헤르토스' 사이에 갈등이 야기되었다.

중국인과 '인헤르타' 사이에서 태어나 중국에서 교육받은 알프레도 창Alfredo Chong은 ≪오리엔탈Oriental≫이라는 잡지를 통해 투산에 의한 새로운 페루식 중국 문화를 창출하고자 했다. 이를 기반으로 그는 중국인 공동체를 주도하는 신규 이민자 중심의 중국 태생 '법적 중국인' 그룹에 대응해 인헤르토스를 포함한 투산의 공동체를 형성하려 했다.

이들 투산 그룹은 1931년부터 대공황과 독재 정권의 영향으로 페루에서 중국인의 상황이 어려워졌는데도, 중국인 차별에 대해 적극적으로 반대하지 않는 법적 중국인 그룹을 강력히 비판했다. 또한 투산과 인헤르토스를 무시하는 이들에게 문제를 제기하고 중국 대사에게 자신들에 대해서도 더 많은 관심을 가져줄 것을 요구했다.

한편 일본과의 전쟁에 직면해 있던 중국 정부는 투산과 인헤르토스의 지지가 필요했다. 따라서 중국 대사관은 그들을 중국인 공동체의 일원으로 끌어들

---

* 1930년 레기아 정부가 막을 내린 이후 중국인 이민은 월 20명으로 제한되었다. 이민의 제한에도 불구하고 페루 현지 중국인과 결혼하려는 중국 여성의 이주는 에콰도르와의 국경을 통해 불법으로 계속 이어졌다.

이기 위해 그들의 요구를 적극적으로 수용하기 시작했다. 페루의 중국인 공동체는 중국 태생의 법적 중국인 그룹과 투산과 인헤르토스 그룹과의 강력한 연합을 추구했다.

하지만 제2차 세계대전이 끝난 후 중국에 인민민주주의 공화국이 들어서고, 페루에서는 중국인에 대한 차별과 공격이 사라지자 중국인 통합 공동체는 다시 흔들리기 시작했다. 이제 페루의 중국계는 중국인 공동체 아래의 통합보다 자녀를 현지 학교에 보내고, 종교적으로 가톨릭을 받아들이는 등 현지 적응에 많은 관심을 가지게 되었다.

투산의 주도권 장악과 정치적 참여

전후 페루 정부는 중국인의 이주를 금지하거나 제한했다. 1958년 신이민법은 연 150명으로 중국인 가족 이민을 제한했다. 이민 조건이 매우 까다로웠기 때문에 실제로 1965년에는 단지 중국인 33명만이 합법적인 방법을 통해 페루에 들어올 수 있었다(Ho, 1967; Lausent-Herrera, 2010: 159 재인용). 그러나 여러 불법적인 방식을 통해서도 중국인의 페루 이주가 이루어졌기 때문에 전후 얼마나 많은 중국인이 페루로 이주했는지 그 정확한 수를 파악하기는 어렵다.

'법적 중국인'은 연령이 높아지면서 스스로 공동체 조직에서 물러나기 시작했다. 이에 따라 페루의 중국인 공동체에서는 투산이 주도적인 역할을 담당하게 되었다. 한편 '인헤르토스'라는 표현도 사라지기 시작했다. 대신 투산이 혼혈의 후손까지 포함하는 통합 개념으로 널리 사용되기 시작했다.

투산은 페루에서 자신의 미래를 찾기 시작했다. 전후 그들은 '법적 중국인'과 마찬가지로 전통적 상업에서 벗어나 제조업, 농업, 어업 등 다양한 분야로 투자를 확대했다.* 수입대체산업화에 따른 국내기업육성 정책에 따라 무역업은 사양길로 접어든 반면 제조업, 농업 등에 투자한 기업은 크게 성장할 수

---

* 광업 분야는 여전히 지역의 과두 지배층과 서구 거대 자본의 몫이었다.

있었다. 한편 일부에서는 기업 활동에서 벗어나 전문직으로 진출하는 사람도 생겨났다.

1960년대에 들어 일부 투산 가운데 정치에 참여하는 사람도 생겨났다.* 이 시기에 정치에 적극 개입한 투산으로는 페루의 저명한 철학자로 꼽히는 빅토르 리-카리요Victor Li-Carrillo와 역사학자이자 인류학자로 유명한 에밀리오 초이 마Emilio Choy Ma가 있다. 특히 에밀리오 초이 마는 중국인 공동체가 중국 공산화에 반대하고, 대만을 지지하며, 반공주의 성향을 강하게 보이는 데 비해 페루 역사와 인류학을 마르크스주의자 입장에서 재해석하는 혁신적인 모습을 보여주기도 했다.

1968년 좌파 성향의 벨라스코 정부가 들어서면서 토지개혁, 기업 국유화, 수입 제한, 중화 인민민주주의 공화국과의 관계 개선 등의 정책을 펼치자 카스트로 이후 쿠바의 중국인이 그랬던 것처럼 페루의 중국인도 미국이나 캐나다로 재이주하는 경우가 많았다. 페루에 남은 중국인도 차이나타운을 떠나 나은 조건을 가진 지역으로 이주했으며, 중국 식당도 중산층 거주 지역으로 자리를 옮겼다. 공동체 조직에서는 대만과 가까웠던 리더들이 조직을 떠나고, 중화 인민민주주의 공화국에 동조하는 사람들이 주도권을 잡았다. 전체적으로 중국인 공동체에서도 공동체 의식은 사라지고 개인주의가 팽배했다.

1980년대 들어 민주화와 함께 투산의 정치적 참여도 확대되었다. 1978년 기독교민중당의 루벤 창 가마라Rubén Chang Gamarra는 민주화를 위한 제헌의회에 참여했다. 민주화 이후 치러진 1980년의 선거에서는 중국인 공동체 소속 회원 가운데 7명이 국회의원으로 선출되었다. 대표적으로 루벤 창과 에우헤

---

* 투산으로서 페루 정치에 최초로 참여한 사람은 페드로 줄렌(Pedro Zulen)이다. 중국인 상인 아버지와 페루인 어머니 사이에서 태어난 '인헤르토'인 그는 1900년대 초반 중부 안데스 지역의 하우하 시에서 국회의원으로 당선되었다. 1920년대에는 1920년대 세대 지식인 그룹의 핵심 멤버로 원주민 옹호 운동을 사실상 주도했다. 그는 태생적(법적) 중국인이 지배하는 중국인 공동체의 구애에도 불구하고 그들과는 거리를 두고 정치 활동을 전개했다.

니오 창 크루스Eugenio Chang Cruz는 APRA당 소속으로, 에르네스토 라오 로하스 Ernesto Lao Rojas는 여당인 민중행동당AP 소속으로 각각 당선되었다. 에르네스토 라오 로하스의 지역구는 아마존 유역인 로레토Loreto로, 이는 중국계가 아마존 지역에서도 정치적 영향력을 가지고 있음을 보여준다. 1985년 선거에서는 엔리케 웡 푸하다Enrique Wong-Pujada가 카야오에서 국회의원으로 선출되었다. 엔리케 웡은 APRA 소속으로 지금도 국회의원으로 활동하고 있다. 2011년 대선에서는 우말라 대통령, 게이코 후지모리 후보와 함께 제3 후보로 경쟁했던 쿡진스키가 주도한 '대변화를 위한 동맹Alianza para el Gran Cambio'에 소속되었다.

한편 1982년 설립되어 1990년대 중반까지 마오이스트 농촌 게릴라 '빛나는 길'과 함께 페루 정치를 혼돈에 빠뜨렸던 도시 게릴라 투팍 아마루Tupac Amaru를 설립한 사람도 중국인 쿨리 후손 빅토르 폴라이 캄포스Victor Polay Campos다. 그의 부친인 빅토르 폴라이 리스코Victor Polay Risco 또한 APRA의 공동 설립자로 국회 교육위원장을 지냈다.

한편 이 시기에 투산은 중국인 공동체의 주도권을 장악했지만 조직화하는 과정에서 어려움을 겪었다. 투산을 대변하는 잡지 ≪오리엔탈≫의 편집장 알프레도 창은 투산뿐만 아니라 신규 이민자까지 포함하는 페루-중국문화센터 CCPCH: Cemtro Cultural Peruano Chino 건립을 주장했다. CCPCH는 1981년 8월 30일에 공식적으로 문을 열었지만 그들이 목표했던 레크리에이션 센터를 건립하는 일은 토지를 매입했음에도 페루의 경제 상황 때문에 실현될 수 없었다. 이 프로젝트는 2000년대에 들어서 비로소 비야 투산Villa Tusan이라는 이름으로 실현되어 현재 페루 중국계의 레크리에이션 공간으로 활용되고 있다.

1980년대 이후 신규 이민자의 유입

1990년대 들어 일본계인 후지모리가 대통령에 당선되면서 페루와 아시아의 관계에도 변화가 일어났다. 일본은 페루와 보다 가까워졌고, 대만도 그러한 기회를 활용하려 했다. 1980년대 중반 개혁과 개방 이후 점점 더 많은 중국인이 해외로 이주하기를 원했다. 대만과 홍콩의 마피아들은 페루에 정착을 원하는 중국인 투자자에게 2만 달러에 페루 국적을 제공하는 새로운 이민법을 활용해 유령 회사를 설립하고 합법성의 명분 아래 중국인의 불법 이민을 조장했다.

1980년대 이후 페루에 들어온 중국인 이주자 수를 정확하게 파악하는 것은 불가능하다. 1981년 인구조사에서 투산이 아닌 태생적 중국인 수는 1714명으로 나타났다. 이는 1940년의 1만 9915명에 비해 많이 감소된 수준이다. 하지만 정부 공식 통계DIGEMIN에 따르면 1990년에서 2003년 사이 페루 국적으로 귀화한 중국인 수는 1만 8604명에 달했다(Lausent-Herrera, 2010: 168).

여기에 통계에서 누락된 불법 이민자까지 고려하면 그 수는 훨씬 더 많을 것으로 추정된다. 2000년대에 페루는 미국이나 캐나다로 가려는 중국인의 기착지 역할을 했다. 엘 티엠포El Tiempo에 따르면 2003년에서 2006년 사이 중국인 1만 5128명이 입국했는데, 그중 1만 3730명이 재이주하고 1398명이 페루에 정착했다고 한다. 재이주자들은 주로 코스타리카 또는 니카라과로 가서 중미 사람들이 이용하는 불법 경로를 따라 미국으로 들어가거나, 푸노에서 볼리비아를 거쳐 아르헨티나 또는 브라질로 간 다음 유럽으로 들어갔다(El Tiempo, 2007).

어쨌든 1980년대 이후 페루에 이주한 신규 이민자의 삶은 쉽지 않았다. 국적 취득과 여행 경비 지불에 사용된 빚을 갚기까지 그들은 매우 힘든 생활을 해야 했다. 빚에서 해방된 후 그들은 주로 중국 음식점 치파를 개업했다. 그들은 차이나타운을 벗어나 리마의 모든 지역에 치파를 개업했고, 게릴라 활동이 주춤해지자 지방까지 진출했다.

이들의 일부는 자본을 축적해 가구점 또는 중국 음식 공장을 설립하거나, 호텔 또는 카지노 사업에 뛰어들었다. 이들은 중국어를 사용하고, 태생적 중국인이라는 특징에 따라 중국인 공동체에 쉽게 적응했으며, 나아가 전통적 조직에서 책임 있는 자리를 차지하기 시작했다.

현재 이들 새로운 이민자 그룹은 크게 네 그룹으로 나뉜다. 첫 번째 그룹은 광둥 성 출신 이민자들이다. 이들은 이민 초기 빚을 갚기 위해 많은 어려움을 겪었지만 현재 상당수는 경제 기반을 공고히 했다. 이들 대부분은 식당이나 리마 근교에서 소규모 제조업에 종사한다. 대표 인물로는 현재 리마의 대표적인 중국 식당으로 꼽히는 와 록Wa Lok 레스토랑을 운영하는 알란 창Alan Chang이 있다. 이들 중 일부는 대만에 우호적이었던 구세대를 대신해 우이관의 리더가 되거나 중국인 상호부조단체 중앙협회 이사회 회원이 되어 페루 내에서 160년 이상의 역사를 가진 중국인 이민자의 전통을 이어가고 있다. 이들은 실용주의 노선에 따라 기존 공동체가 가졌던 전통을 과감히 극복하고, 대외적으로도 중국 대사관과 밀접한 관계를 갖는 일에 힘쓰고 있다.

두 번째는 푸젠 성 출신들이다. 1980년대 말부터 페루에 입국한 이들은 주로 미국으로 가기 위해서 불법 네트워크를 통해 페루에 왔다가 정착한 사람들이다. 이들은 차이나타운으로 진출해 기존 광둥 성 출신 그룹과 갈등을 일으켰다. 마피아와 같은 조직의 활동 방식 때문에 이들은 기존 공동체 조직에 위협이 되었다. 따라서 기존의 공동체 조직과 통합을 이루지 못했다.

세 번째 그룹은 주로 중부 내륙 지역(후베이 성, 안후이 성, 쓰촨 성) 출신이다. 대부분 페루에 진출한 중국 기업의 근로자로 들어와 페루에 정착한 사람들로 구성되어 있다. 이들은 소수이나 가장 교육 수준이 높다. 따라서 주로 제조업이나 컴퓨터 장비 등을 수입하는 일을 한다.

마지막 그룹에 속하는 사람들은 출신 지역과 상관없이 위조 신분증명서와 만료된 여권을 가지고 있는 불법 이민자들이다. 이들은 대부분 미국이나 캐나다로 떠나기를 원하지만 경비를 마련하지 못해 페루에 머물고 있다. 이들은 우이관이나 중국인 상호부조단체 중앙협회의 도움도 받지 못하기 때문에 주로 세계복음전도 중국인조직센터CCCOWE: Chinese Coordination Center for World Evangelization 같은 기독교 단체에 접근한다(Lausent-Herrera, 2010: 174~177).

제3부 라틴아메리카의 동아시아계

여전히 중국인 공동체의 주도권을 쥐고 있는 투산의 정치적 참여

신규 이민자의 증가와 경제적 부상에도 불구하고 페루에서 중국인 공동체의 주도권은 여전히 투산이 쥐고 있다. 또한 경제적 성공을 이룬 투산은 페루의 정계와 학계 등으로도 활발히 진출했다.

이 시기를 대표하는 투산 지식인으로는 케임브리지 대학 역사학 교수 셀리아 우브래딩Celia Wu-Brading, 뉴욕 시립대 문학 교수 에우헤니오 창 로드리게스Eugenio Chang Rodriguez, 산마르틴 데 포레스 대학 총장 호세 안토니오 창 에스코베도José Antonio Chang Escobedo 등이 있다.

후지모리 정부가 출범하면서 정치적 참여도 더욱 활발히 이루어졌다. 후지모리 정부에 참여한 투산 정치인으로는 산업부 장관과 국회의장을 거쳐 총리까지 지낸 빅토르 조이 웨이Victor Joy Way,* 후지모리 정부 초대 대통령부 장관을 지낸 호르헤 라우 콩Jorge Lau Kong, 후지모리주의 최고 리더 가운데 한 명으로 국회의장을 지내고 리마 시 국회의원에 당선된 마르타 차베스Martha Chavez, 국회 재경위 위원장과 국회 부의장을 지낸 루이스 창 칭Luis Chang Ching이 있으며, 그 외에도 루이스 알베르토 추 루비오Luis Alberto Chu Rubio, 후안 카를로스 람Juan Carlos Lam 같은 국회의원이 있다. 이렇듯 후지모리 정부 시절 투산은 일본인 이민자 후손과 함께 정치에 적극적으로 참여할 수 있는 기회를 가졌다.

알란 가르시아 정부에서도 투산의 정치적 참여는 두드러졌다. 대표적으로 앞서 언급한 호세 안토니오 창은 교육부 장관을 거쳐 국무총리를 겸직했다. 그는 빅토르 조이 웨이에 이어 투산으로는 두 번째로 국무총리가 되었다. 훌리오 창 산체스Julio Chang Sánchez는 외교부 APEC 국장을 맡아 2008년 리마에서 개최된 APEC 정상회담을 성공적으로 이끌었다.

그 외에 중요한 투산 정치인으로는 움베르토 레이 선Humberto Lay Sun이 있다.

---

* 그는 후지모리 정부가 몰락한 이후 중국 제약 회사의 브로커로 활동했다는 죄목으로 수감되었다.

그는 페루 최고령 국회의원이었으며 국회 윤리위원회 의장을 지냈다. 2005년
에는 개신교 리더들과 함께 민족중흥당Partido de Restauración Nacional을 설립하고
대통령 후보로 나서 6위를 차지했다. 2011년 대선에서는 쿡진스키 후보와 동
맹을 맺어 그를 지지했으며, 2016년 대선 때는 출마를 선언하기도 했다.

중국인 공동체에서도 1999년 중국인 이민 150주년 기념식을 주도한 사람은
에라스모 웡 루 같은 젊은 투산 기업인과 지식인이었다. 그들은 기존 중국인
상호부조단체 중앙협회나 CCPCH 대신 자신들이 주도하는 친목 단체 페루중
국인협회APCH: Asiciación Peruano China를 조직했다.

투산의 새로운 정체성 형성: '화의(Huayi)'

APCH는 중국의 경제적 부상과 페루에 중국 기업의 진출이 점차 확대되는
상황에서 기존 조직의 무기력함을 벗어나 중국과 투산 사이에 적극적인 관계
를 형성하기 위해 조직되었다. 이들은 세계화 시대에 중국과 페루의 관계에서
중재자 역할을 맡기 위해 자신들의 정체성을 다시 설정할 필요가 있었다. 따
라서 APCH는 태생적 중국인이 주도하는 조직보다 중국인 공동체의 전통을
보전하는 데 더 많은 관심을 가졌다. 결국 이 조직의 목적은 중국의 전형적인
관시关系 문화를 형성하는 것이었다.

특히 세계화 시대에 투산은 페루와 중국 사이에 이루어지는 교역의 선봉에
서 주역이 되고자 했으며, 나아가 아시아와 페루의 교역 확대에도 앞장서고자
했다. 이를 위해 그들은 페루에 대규모 중국인 공동체의 존재를 널리 알리고,
한편으로 젊은 투산은 APCH의 청년 조직을 통해 인적 관계를 형성하려 했다.

이런 정신에 따라 젊은 투산들은 APCH의 후원을 받아 '용의 후손들herederos
de dragón'이라는 모임을 조직했다. 이는 중국과 회원들 사이의 관계망 형성뿐
만 아니라 성공한 투산 기업가나 공직자들이 자손 세대에게 경험을 전수해주
는 데도 큰 기여를 했다. 따라서 젊은 투산에게 이러한 모임에 들어가는 것은
관시를 형성하는 것을 비롯해 다양한 특권을 누릴 수 있다는 것을 의미했다.

하지만 APCH 청년 조직의 경우 1980년대 이후 이주한 신규 이민자의 자녀, 중국계 혼혈인의 자녀, 또는 오래 전에 이주한 중국인 이민자 2~3세대 자녀로서 중국 이름을 가지지 않고 중국말도 하지 못하는 사람들 사이에서 정통성 논란이 빚어졌다. 자신들이 페루 현지인보다 우월하다는 신규 중국인 이민자들의 민족의식이 갈등의 주된 요인이었다. 그들은 혼혈의 중국계를 투산이라 부를 수 없다고 주장했다. 이는 1931년 무렵 혼혈의 후손 모두를 투산에 포함하려 했던 생각과는 상반된다.

한편 최근 페루의 투산은 페루 중국계에 한정된 의미인 투산 정체성을 넘어 해외의 중국인 후손을 통칭하는 광범위한 의미의 '화의' 정체성에 접근하고 있다. 이를 위해 중국 대사관도 투산에게 중국어와 중국 문화를 교육하는 데 관심을 가지기 시작했다.

5. 페루 중국인의 문화적 영향: 치파스와 '로모 살타도'

페루에서 중국인의 존재와 영향력을 가장 상징적으로 보여주는 것은 '치파'로 상징되는 중국 음식이다. 치파는 '쌀을 먹다'라는 뜻의 광둥어 치판chifán에서 왔다. 오늘날 페루에서 치파는 중국 음식점을 의미한다. 페루에서 중국 음식은 대부분 혼혈인 중국인 후손을 통해서 처음 전파되었다. 남자가 요리하는 관습이 있는 중국인 가정에서 중국인 후손은 아버지를 통해 자연스럽게 중국 요리에 친숙해졌다.

한편 계약노동에서 벗어난 중국인들 중에서는 페루 현지인 가정에서 하인으로 일하는 경우가 많았다. 1900년대 페루의 웬만한 중산층 가정이라면 대부분 중국인 하인 1명 정도는 데리고 있을 정도였다. 페루 가정에서 일한 중국인은 그들 자녀의 교육과 인성 형성에 영향을 미쳤을 뿐만 아니라 성인을 포함해 페루 가정 구성원 모두의 미각에도 영향을 주었다.

〈사진 12-1〉 로모 살타도

ⓒ Dtarazona
자료: 위키피디아.

중국인이 개업한 소규모 식당fonda도 페루인의 입맛에 많은 영향을 주었다. 이런 소규모 식당은 19세기부터 생겨났는데 그때까지만 해도 중국 음식이 널리 퍼지지 않았다. 따라서 처음에 이들 식당은 중국 음식을 주종으로 하지 않았다. 이후 때때로 제공하는 중국 음식이 페루인의 입맛을 사로잡기 시작했는데, 이것이 치파의 기원이 되었다. 폰다가 치파로 불리기 시작한 것은 1930년대부터다. 그 후 치파는 대대적으로 확산되었고, 오늘날에는 페루 어디를 가도 볼 수 있는 수준으로 발전했다. 페루에서 중국 음식에 대한 소비는 날로 증가해 고급스러운 치파부터 서민적 수준의 치파까지 다양한 형태의 치파가 생겨났다. 대형 쇼핑센터의 푸드코트부터 길거리 삼륜차 식당까지 중국 음식은 이제 페루인의 일상이 되었다. 일반 가정에서도 중국 음식을 흔히 요리해 먹는다. 따라서 시장이나 슈퍼마켓 어디를 가도 중국 음식을 위한 식재료를 판매하는 곳을 볼 수 있다.

한편 페루의 중국 음식은 현지 음식과 결합해 오늘날 퓨전 음식으로 페루 음식의 정체성을 형성했다. 대표 사례가 소고기를 잘게 찢어 다양한 야채와 요리해 밥과 감자튀김을 함께 제공하는 '로모 살타도lomo saltado'다. 밥과 고기를 잘게 찢는 방식은 명백히 중국 음식의 영향이다. 치파에서 기원한 로모 살타도는 현재 페루를 대표하는 음식이 되었다.

또한 중국 음식의 페루화도 이루어졌는데, 페루의 중국 음식에는 안데스의 대표 산물인 키누아나 페루를 대표하는 소스인 아히aji. 고추가 주종인 매운 소스가 들어가는 것들이 있다. 쌀을 먹는 방법도 현지에 맞게 다양하게 변화되었다. 이렇듯 중국 음식은 페루 현지 음식과 다양한 결합을 통해 페루의 식습관을 변화시켰다. 페루 문화에서 가장 큰 중국인의 영향은 바로 음식 문화에서 찾을 수 있다.

6. 라틴아메리카에서 가장 영향력 있는 4대 소수 종족이 된 페루의 중국계

페루는 19세기 쿠바 다음으로 많은 중국인 쿨리가 유입된 나라다. 게다가 쿠바와 달리 20세기 들어서도 중국인 이민자가 다양한 경로를 통해 지속적으로 대량 유입되었기 때문에 현재 페루는 라틴아메리카에서 가장 많은 중국계가 거주하는 나라가 되었다. 전체 인구에서 차지하는 비중도 약 4% 정도로 무시하지 못할 수준이다.

또한 그들은 투산이라는 페루 중국계의 독특한 정체성을 형성해 전통을 유지해왔다. 이는 쿠바 중국계 후손이 중국계 정체성을 거의 상실하고 흑인 또는 물라토 정체성을 가지게 된 점과도 비교된다. 이는 중국인의 지속적인 유입이 있었기 때문에 가능한 일이었다.

중국계가 페루 사회에 미친 영향도 매우 크다. 가장 두드러지는 것은 음식 문화에서 나타나는 중국의 영향이다. 페루의 중국인은 페루인의 입맛을 사로잡아 페루의 식문화를 상당 부분 바꾸어놓았다. 페루 음식이 다른 라틴아메리카 국가에 비해 두드러지고 다양한 이유는 바로 이러한 중국과 일본 음식 문화의 영향이다.

경제적으로도 페루의 중국계는 다양한 분야에서 영향력을 발휘한다. 상업이나 요식업을 통해 부를 축적한 페루의 중국계는 경제적으로 영향력 있는 소수 종족으로 성장했다. 특히 유통업에서 중국계는 상징적인 존재가 되기도 했다. 최근 페루와 중국 사이에 교류가 확대되면서 이들 관계에서 페루의 중국계는 중심적인 역할을 맡고자 한다.

정치적으로도 1980년대 민주화 이후 페루 중국계의 진출이 활발해졌다. 특히 APRA나 후지모리파 내에서 중국계 역할은 매우 활발하다. 중국계 국무총리도 2명이나 배출되었다. 심지어 페루를 대표하는 좌파 게릴라 조직 가운데 하나를 주도한 사람도 중국계였다.

결과적으로 페루의 중국계는 멕시코의 레바논계, 브라질의 일본계, 아르헨티나의 유대계와 함께 라틴아메리카에서 대표적으로 영향력 있는 소수 종족으로 간주된다.

| 참고문헌 |

아옌데, 이사벨(Isabel Allende). 2007. 『운명의 딸 1~2』. 권미선 옮김. 민음사.

Ho, Mingchung. 1967. *Manual de la colonia china en el Perú*. Lima.

Lausent-Herrera, Isabelle. 2010. "Tusans (Tusheng) and the changing chinese commu-
   nity in Peru." Walton Look Lai and Tan Chee-Beng(eds.). *The Chinese in Latin
   America and the Caribbean*. The Netherlands: Brill, pp. 143~183.

McKeown, Adam. 1996. "Inmigración china al Perú, 1904-1937; Exclusión y negoci-
   ación." *Histórica*, Vol.XX, No.1, julio, pp. 59~91.

Rodrîguez Pastor, Humberto. 2004. "Perú. Presencia china e identidad nacional." BID.
   Cuando Oriente llegó a América: Contribuciones de inmigrantes chinos. japones-
   es y coreanos, Washington, D.C.: BID, pp. 115~134.

Romero Pintado, Fernando. 1994. *Safari africano y compra y venta de esclavos para el
   Perú (1412-1818)*. Lima: Instituto de Estudios Peruanos y Universidad Nacional
   San Cristóbal de Huamanga.

Van der Hoef, Dexter. 2015. *El chino de la esquina. Identidad y relaciones entre
   inmigrantes provenientes de tres siglos de inmigración sinoperuana en Lima*.
   Tesis de maestrîa, Paîses Bajos: Universidad de Leiden.

온라인 자료

El Tiempo. 2007. "Decir que en Lima (Perú) hay un chino en cada esquina no es exagerado."
   El Tiempo, 21 de abril. http://www.eltiempo.com/archivo/documento/CMS-3522
   871

Statista. 2015. "Countries with the largest number of overseas Chinese." http://www.statista.
   com/statistics/279530/countries-with-the-largest-number-of-overseas-chinese/

제13장 라틴아메리카 최다 쿨리 유입국 쿠바를 중심으로, 카리브 국가의 중국계

1. 카리브, 특히 쿠바에서 중국계의 중요성과 의미

쿠바는 라틴아메리카에서 가장 많은 쿨리가 유입된 나라다. 19세기 라틴아메리카로 이주한 중국인 쿨리는 주로 카리브 지역과 페루에 집중되었다. 카리브 지역에서도 특히 쿠바에 가장 많은 쿨리가 유입되었다. 1847년에서 1874년까지 쿠바에 이주한 중국인 쿨리는 약 12만 5천 명으로 추정된다. 라틴아메리카에서 쿠바 다음으로 중국인 쿨리가 많았던 나라는 페루로 약 10만 명 정도였다. 심지어 쿠바에는 쿨리뿐만 아니라 19세기 후반에서 20세기 전반에 걸쳐 미국이나 중국 등에서 자발적 이민자가 많이 이주해 왔다.

물론 많은 태생적 중국인이 1959년 카스트로 혁명 이후 쿠바를 떠났고, 남아 있는 사람들은 대부분 혼혈을 이루었기 때문에 현재 쿠바에 거주하는 태생적 중국인 수는 수백 명에 불과하다. 그런데도 카리브 국가, 특히 쿠바에서 중국인의 유산은 결코 적지 않다.

무엇보다 주목할 만한 것은 중국인이 쿠바의 인종 다양성에 미친 영향이다. 현재 쿠바에는 중국인의 피를 물려받은 중국계 수가 약 11만 4240명 정도로 추정되지만, 많게는 쿠바인의 약 25%가 많든 적든 중국인의 피를 가지고 있다고 말해진다(Wikipedia, 2015).

중국인의 이러한 존재감 때문에 마카오 출신 중국인 후손으로 쿠바의 유명 작가인 세베로 사르두이Severo Sarduy는 쿠바를 형성한 세 축으로 스페인, 아프리카, 중국을 지목하기도 했다(Sarduy, 1994).

쿠바의 차이나타운은 이미 19세기부터 세계적으로 널리 알려졌다. 그 존재는 "아바나를 떠날 때Cuando salí de la Habana"로 시작되는 '아바네라habanera' 풍의 스페인의 유명한 노래 「라 팔로마La Paloma」로도 잘 알려져 있다.* 20세기 초까지 쿠바 아바나의 차이나타운은 미국 샌프란시스코의 차이나타운과 함께 미주 대륙에서 가장 큰 차이나타운이었다.**

정치적으로도 카리브 지역에서 중국인의 존재는 두드러진다. 가이아나, 수리남, 트리니다드토바고에서는 중국계 대통령이 나왔으며, 자메이카에서도 그들의 정치적 영향력은 매우 크다. 쿠바에서는 19세기 쿠바 독립 전쟁에서 중요한 역할을 수행한 중국인 덕분에 일부 중국계 리더들이 쿠바의 '민족적 영웅'으로 간주되기도 했다. 일부 중국계는 카스트로의 혁명에도 적극적으로 참

---

* 이 곡은 스페인 작곡가 세바스티안 이라디에르(Sebastián Iradier)가 1861년 쿠바를 여행한 다음 작곡한 것으로, 가사는 다음과 같은 내용으로 이루어져 있다. "아, 중국 여인이여, 나에게 당신의 사랑을 주오, 내가 사는 곳으로 나와 함께 갑시다, 중국 여인이여(Ay chinita que si, ay que darme tu amor, Ay que vente conmigo chinita, a donde vivo yo)."

** 쿠바에서 중국인의 존재는 최근 미국에서 소설로도 다루어졌다. 2003년 출판된 크리스티나 가르시아(Cristina Garcìa)의 소설 『원숭이 사냥(Monkey Hunting)』은 1857년 쿠바에 온 중국인 쿨리 첸 팬(Chen Pan)의 가족사를 통해 쿠바 중국인 이민자의 힘든 이민과 정착 과정, 경제적 부상, 현지인과의 혼혈, 정체성 형성 등의 문제를 보여준다. 이 소설에서 흥미로운 것은 현재 쿠바에 존재하는 흑인과의 혼혈을 통해 태어난 중국인 후손이 대부분 흑인 정체성을 가지는 반면, 19세기 중국인 첸 팬과 사실상 결혼한 노예 출신의 물라토 루크레시아는 오히려 자신의 정체성을 중국인에서 찾았다는 점이다. 이를 통해 그녀는 사회적 신분 상승을 꾀할 수 있었다. 이는 중국인 공동체가 거의 사라진 현재의 쿠바에서 중국계 후손이 모친 계열의 흑인 정체성에 보다 더 큰 관심을 가지는 것과 대조된다.

여해 혁명정부에서 중요한 역할을 맡았다.

카리브의 중국계는 정치적 영역뿐만 아니라 문화 방면에서도 두각을 나타
낸다. 자메이카의 레게나 트리니다드토바고의 칼립소에서 중국계가 차지하는
영향력은 매우 크다. 미술 방면에서도 세계적인 명성을 얻은 중국계 화가들이
있다. 그 외 대중문화에서도 카리브 중국인의 활약은 돋보인다.

카리브의 중국계는 문화적 동화와 사회적 통합을 통해 현지 사회의 한 부분
이 되었지만 최근 이들 사이에 중국계 정체성을 찾으려는 움직임이 일어나고
있다. 이러한 현상은 태생적 중국인은 물론이고 현지인과의 혼혈이 이루어진
중국계 후손에게도 해당된다. 물론 이러한 움직임은 중국의 부상과 밀접히 연
결된다. 특히 쿠바의 중국계는 중국의 부상과 함께 중국과 쿠바의 관계가 활
성화되자 자신들의 중국계 정체성을 찾는 데 관심을 보이고 있다. 이런 점에
서도 쿠바를 비롯한 카리브 지역의 중국계는 새롭게 주목받을 만하다.

2. 중국인의 카리브 지역 이민

19세기 카리브 지역에서 흑인 노예를 대신한 중국인 쿨리(1847~1874년)

카리브 지역은 스페인뿐만 아니라 영국, 프랑스, 네덜란드 등 다양한 유럽
국가의 식민지가 공존하는 곳이었다. 대규모 원주민 문명이 존재하지 않았던
카리브 지역에서 정복 이전에 있었던 원주민 약 300만 명은 정복 과정에서 살
해되거나, 전염병에 걸리거나, 혼혈이 이루어져 그 수가 약 10분의 1로 감소했
다. 따라서 이 지역의 노동력은 아프리카에서 수입된 노예에 의존할 수밖에
없었다. 특히 중세적 아시엔다보다 수출을 위한 대규모 재식농업이 발전했던
이 지역에서 흑인 노예에 대한 노동력 의존도는 아메리카 다른 어느 지역보다
높았다.

19세기 초부터 노예무역 금지 조치들이 취해지자 카리브 지역에 식민지를

가지고 있던 유럽 국가들은 아프리카 노예를 대신할 새로운 노동력에 관심을 가지게 되었다. 특히 노예무역 금지를 주도했던 영국인은 대안을 이미 가지고 있었다. 1806년 영국은 카리브 지역에 있는 식민지 트리니다드에 취소 불가능한 장기 계약이라는 형태로 중국인 노동자 192명을 유입하는 실험을 진행했다(Hu-DeHart, 2004: 16).

1830년대 카리브의 영국, 프랑스, 네덜란드 식민지에서 노예제가 폐지되자 영국은 본격적으로 그들의 아시아 식민지(인도, 파키스탄, 방글라데시, 스리랑카)에서 노동자를 장기 계약 형태로 데려오기 시작했다. 이들이 바로 쿨리라 불리는 사람들이었다. 노예에서 해방된 흑인들이 대부분 농장을 떠나 자신의 공동체를 설립해 자급자족 생활을 했기 때문에 이들 농장에서 새로운 노동력에 대한 필요성은 절박했다. 이에 따라 1837년에서 1917년까지 아시아계 쿨리 약 50만 명이 5년 장기 계약노동이라는 조건으로 카리브의 영국 식민지(주로 트리니다드, 가이아나)로 유입되었다(Hu-DeHart, 2004: 16).

한편 스페인의 식민지였던 쿠바는 1986년까지 노예제를 폐지하지 않았다. 하지만 사탕수수 생산 증가와 노예무역 금지에 따른 노예노동력의 비용 증가 등의 이유로 쿨리를 유입할 수밖에 없었다. 실제 1850년에서 1868년 사이 쿠바의 사탕수수 생산이 세 배로 증가하는 동안 노예무역 금지 조치의 영향으로 성인 남자 노예의 가격은 1830년 300~400페소에서 1855년 1천 페소 이상으로 급등하고 있었다.* 게다가 쿠바의 백인 지배 계층은 너무 많은 흑인 노예의 유입으로 쿠바가 '또 다른 아이티Haïti'가 될 지도 모른다는 우려도 하고 있었다. 이런 상황에서 계약금(약 400 페소)과 임금(8년간 약 384 페소)을 합해 1천 페소 이하의 비용이 드는 중국인 쿨리의 유입은 쿠바 사탕수수 농장주들에게

....

* 카리브 지역에 있던 영국과 프랑스 식민지에서 노예 반란이나 정치적 불안의 영향으로 사탕수수 산업이 많이 약화된 반면 쿠바의 사탕수수 산업이 호황을 맞이한 것은 상대적으로 안정된 식민지 체제를 바탕으로 산업이 활성화될 수 있었기 때문이다.

매력적인 선택이었다. 따라서 1865년 무렵에는 사탕수수 농장에 필요한 노동력의 약 75% 정도가 중국인 쿨리로 대체되었다(Waters, 2011).

중국의 사정 또한 이민이 불가피했다. 18세기 말에서 19세기 초 중국은 인구가 폭발적으로 증가하기 시작했다. 이에 따라 인구 증가와 식량 생산 증가 사이에 불균형이 생겨나 사회 폭동이 발발하는 등 사회적으로 많은 어려움을 겪었다. 또한 유럽 제품의 수입으로 직물 같은 전통 직업이 사라지기 시작했다. 이러한 상황에 처한 중국인에게 이민은 유일한 탈출구였다.

이런 상황에서 최초의 쿨리가 들어오게 되는 1847년부터 쿨리 무역이 금지되는 1874년까지 중국인 쿨리 약 12만 5천 명이 쿠바에 유입되었다. 쿠바에 최초로 들어온 중국인 쿨리는 1847년 6월 3일 스페인 배 오켄도Oquendo호를 타고 온 206명이었다. 그 후 1853년 기항지가, 영국이 통제하던 중국 남부의 아모이Amoy에서 상대적으로 느슨한 포르투갈 통제 아래의 마카오로 바뀌면서 쿨리의 이주가 본격화되었다.

특히, 노예무역이 급감한 1865년 이후* 마지막 9년(1865~1874년) 동안 쿠바로 이주한 쿨리의 50%를 넘는 6만 4500명이 이주해 왔다(〈표 13-1〉). 더욱이, 1866년과 1867년에는 각각 1만 2391명, 1만 4263명이 이주해 쿠바의 쿨리 유입이 정점에 이르렀다. 한편 이 시기에 쿠바를 향해 중국을 떠난 사람은 총 14만 명이 넘었으나 오는 과정에서 상당수가 열악한 여행 환경으로 사망했기 때문에 실제로 쿠바에 도착한 중국인의 수는 그보다 훨씬 적은 것으로 나타난다(Hu-DeHart, 2004: 20).

이들은 대부분 중국 남부의 광둥 성과 푸젠 성 출신이거나 대만 등에 거주하던 하카족이었다. 따라서 이들은 크게 광둥어를 말하는 사람과 하카어를 말

---

* 19세기 쿠바의 노예 수입은 1859년 3만 473명으로 정점에 이르렀다가 지속적으로 감소했다. 1865년 145명으로 급감한 이후 1866년 1443명을 마지막으로 막을 내렸다(Hu-DeHart, 2004: 21).

〈표 13-1〉 19세기 카리브 지역에 유입된 중국인 쿨리

식민지		도착지에서 하선한 사람(명)	출발지에서 승선한 사람(명)
영국 식민지	자메이카	1,152	1,196
	가이아나	13,539	14,127
	트리니다드	2,837	2,982
	벨리스	434	480
네덜란드 식민지	수리남	2,640	-
프랑스 식민지	과달루페 등	1,000(추정)	-
스페인 식민지	쿠바	124,793	141,291

자료: Hu-DeHart(2004: 17).

하는 사람으로 구분되었다.

반면 가이아나, 트리니다드, 자메이카, 벨리스, 바하마 등 영국령 식민지나, 수리남 같은 네덜란드 식민지, 과달루페나 프랑스령 가이아나 같은 프랑스 식민지에는 인도나 인도네시아 등 아시아 식민지에서 쿨리가 유입되었다. 따라서 이들 지역에 유입된 중국인 쿨리 수는 상대적으로 적었다. 영국령 식민지에 유입된 중국인 쿨리 수는 모두 합해 약 1만 8천 명 정도에 불과했으며, 네덜란드와 프랑스 식민지에서는 각각 몇 천 명 수준에 불과했다(〈표 13-1〉).

1880년대 말 이후 카리브 지역으로 향한 중국인의 자발적 이민

1874년 쿠바에서 쿨리 무역이 중단된 이후 멈추었던 중국인의 카리브 국가 유입은 1882년 미국이 중국인 이민자의 유입을 금지하자 다시 시작되었다. 미국으로 향한 이민이 어려워진 중국인은 카리브 국가를 포함해 다양한 라틴아메리카 국가로 들어가기 시작했다. 이들 대부분은 앞선 시기의 쿨리와 달리 자발적 이민자였다. 그들의 이주 규모는 상대적으로 크지 않았지만 1930년대 대공황의 영향이 미칠 때까지 지속되었다. 물론 대공황 이후에도 1940년대까지 미국 진출을 목표한 중국인이 미국과 가까운 카리브 국가로 이주한 경우가

있었지만 그 규모 역시 크지 않았다.

물론 쿨리 무역이 중단되기 이전에도 중국인의 자발적 이주 사례는 있었다. 1865년에서 1875년 사이 미국에 거주하던 중국인 약 5천 명이 쿠바로 재이주했다. 1848년부터 1873년 사이 미국으로 이주한 중국인 수는 쿠바로 이주한 중국인 쿨리 수와 비슷했다. 미국으로 이주한 중국인은 미 서부의 금광이나 대륙 횡단철도 건설 현장에서 노동자로 일했다. 1860년대 말 미 서부의 골드러시가 끝나고, 1869년 철도 건설이 완료되고, 1873년 결국 금융 위기가 발생하자 미국에서 중국인에 대한 차별과 폭력이 심화되었다. 이런 상황에서 일부 중국인들은 새로운 기회를 찾아 쿠바로 다시 떠났다.

19세기 후반에는 아메리카 대륙 안에서 중국인의 재이주가 활발하게 전개되었다. 특히 캘리포니아, 멕시코, 페루 등지에 있던 많은 중국인이 상업에 종사하기 위해 쿠바로 재이주했으며, 좋은 경제적 기회를 찾아 가이아나에서 자메이카와 트리니다드로, 또 운하 건설 노동자로 일하기 위해 자메이카나 트리니다드에서 파나마로 이주하는 경우가 많았다.

신규 이민자의 유입에도 불구하고 쿠바의 경우 중국인 수는 1869년 6만 명을 정점으로 점차 감소했다. 1874년 쿨리 유입이 중단되고, 상당수가 쿠바 독립 전쟁에 참여해 사망하고, 힘든 농장 생활이 초래한 질병과 기근으로 사망하면서 19세기 말 쿠바의 중국인 수는 이미 1만 5천 명 정도로 감소했다.*

게다가 1898년 쿠바가 스페인에게서 독립한 후 사실상 쿠바를 지배했던 미국은 1902년 군정 포고령을 통해 모든 중국인의 쿠바 이주를 금지했다. 이러한 정책은 제2차 세계대전 당시 일본과의 전쟁을 위해 미국이 중국과 손을 잡으면서 완전히 폐지되었다. 그전에도 미국에 의한 중국인의 쿠바 이주 금지

....

* 앞의 〈표 13-1〉에서 나타나듯이 쿠바에 유입된 쿨리는 이미 이동 과정에서 약 12% 정도(1만 6498명)가 사망했고, 도착한 사람들 중에서도 약 50~55% 정도가 열악한 노동환경 때문에 계약 기간인 8년이 지나기 전에 사망했다(Waters, 2011).

정책은 1917년 제1차 세계대전 당시 사탕수수 생산 증대의 필요성에 따라 5년 간 유보되기도 했다. 이때 대규모의 중국인이 쿠바로 이주했다. 그 후에도 제 2차 세계대전이 발발하기 전까지 중국인의 쿠바 이주는 공식적으로 허용되지 않았지만 학생, 관광객, 장수 등의 신분으로 입국해 눌러앉는 사람도 적지 않았다. 이에 따라 쿠바의 중국인 수는 다시 증가해 1931년 거의 2만 5천 명에 이르렀다. 이들에 의해 양차 대전 사이에 아바나에서 중국 문화와 예술이 가 장 화려한 꽃을 피웠다.

오늘날 카리브 지역의 중국인

1960년대 이후 카리브 지역의 영국 식민지들이 독립하고, 카리브 지역에서 좌파 민족주의 또는 흑인 민족주의가 대두되자 많은 태생적 중국인은 영국, 미국, 캐나다 등지로 재이주했다. 특히 1959년 쿠바에서 피델 카스트로의 혁 명이 성공하고, 사유재산의 국유화가 시작되자 쿠바에 남아 있던 태생적 중국 인들 대다수가 미국이나 푸에르토리코로 떠났다.

따라서 현재 쿠바를 비롯해 카리브 국가에 남아 있는 태생적 중국인은 거의 없다. 쿠바에 남아 있는 태생적 중국인 수는 많아야 몇 백 명 정도일 것으로 추정된다. 따라서 아바나의 차이나타운은 '중국인 없는 차이나타운'이 되었다. 현재 카리브에 남아 있는 중국계는 대부분 현지에서 혼혈을 통해 출생한 중국 인 후손이다. 특히 쿠바와 자메이카에 아프리카계와 중국인 사이에서 태어난 후손들이 많이 존재한다.*

이러한 혼혈인 중국계 후손 수를 정확히 파악하는 것은 매우 힘들다. 다만

---

* 카리브 지역에서 이루어진 중국인의 혼혈은 남녀 성비의 지나친 불균형 때문이었다. 예컨대 19세기 쿠바에 유입된 중국인 쿨리 12만 4793명 가운데 여성의 수는 불과 3천 명(2.5%)밖에 되지 않았다. 이렇듯 중국인 쿨리의 남녀 성비 불균형이 매우 심했기 때문에 중국인의 혼혈 은 불가피했다. 또한 쿨리로서 중국인의 신분이 낮았기 때문에 혼혈은 주로 흑인 여성과 이 루어졌다.

현재 쿠바에 약 11만 4천 명, 수리남에 약 6만 명, 자메이카에 약 3만 명, 도미니카공화국에 약 1만 명, 트리니다드토바고에 약 4천 명, 가이아나에 약 2700명, 벨리즈에 약 700명 정도가 있는 것으로 추정된다(Wikipedia, 2015).

그러나 이 수치는 어느 정도 과장된 측면이 있다. 물론 거의 200년에 가까운 카리브 지역의 중국인 이민 역사에서 다양한 혼혈이 이루어졌음을 가정할 때 그러한 수치가 전혀 근거 없는 것은 아니다. 오히려 중국인의 피가 조금이라도 섞인 사람까지 모두 고려하면 그 수는 훨씬 더 많을 수도 있다. 하지만 보다 의미 있는 자료에 따르면 2002년 쿠바의 대표 중국인 사교 클럽 '카지노 중화Casino Chung Wah'에 등록된 회원 수는 2866명이고, 그중 태생적 중국인 수는 314명이라고 한다(Jiménez Rojas, 2007; López, 2010: 224에서 재인용). 이들은 현재 아바나에서 중국인 단체 12개와 중국인 클럽 1개를 가지고 있다. 단체 12개 가운데 8개는 씨족 중심 단체이며, 2개는 지역 중심 단체, 2개는 정치적 성향의 단체다(Consuegra Sanfiel, 2009: 71).

3. 사탕수수 농장의 쿨리에서 상인으로

노예와 다를 바 없는 쿨리

같은 동아시아의 일본인과 한국인의 이민이 자발적으로 이루어진 데 반해 중국인 쿨리의 이주는 거의 강제적으로 이루어졌다. 북미로 이주한 중국인이 주로 광둥 성의 비옥한 지역의 농민 출신인 반면, 카리브 국가로 이주한 쿨리는 주로 해안 지역의 빈곤층 출신이었다. 그들은 스스로 계약서에 서명했다고는 하지만 거의 계약이 강요되다시피 했고, 계약 조건도 처음에 말한 것과는 완전히 달랐다.

1847년 처음 쿠바에 도착한 중국인들은 10명씩 나뉘어 주요 농장과 철도 회사에 배치되었다. 그 후 1874년까지 쿠바에 유입된 쿨리는 대부분 사탕수수 농장에 배분되어 노예무역의 종식에 따른 쿠바 사탕수수 산업의 부족한 노동력을 대체했다. 쿠바의 중국인 쿨리는 계약노동자였음에도 사실상 기존에 존재하던 노예제 시스템에 그대로 끌려들어 갔다. 그들은 쿠바에 도착하자마자 과거 노예가 농장에 팔려 가듯이 여러 농장으로 배분되었으며, 그곳에서 아프리카 노예와 같이 일하고 노예와 동등하게 취급받았다. 계약노동제는 노예제에서 자유노동제로 넘어가는 중간 단계에 있었지만 계약노동자는 거의 노예와 같은 취급을 받았다(Hu-DeHart, 2010: 69).

19세기 카리브 지역에서 중국인의 경제활동 상황은 그 지역을 식민 통치하는 나라에 따라 조금씩 달랐다. 쿨리의 이주가 대량으로 이루어졌고, 계약도 엄격하게 준수되던 스페인의 식민지 쿠바에서 중국인은 1880년대까지 재식농업의 주요 노동력으로 남아 있었다. 반면 가이아나, 트리니다드, 특히 자메이카 같은 영국의 식민지에서 쿨리는 도착한 지 얼마 지나지 않아 농장을 떠났으며, 도시로 이동해 상업에 종사했다.

계약 기간 도중에 농장에서 도망치는 쿨리는 '치노스 시마로네스chinos cima-rrones*'라 불리며 도망친 노예와 똑같은 엄벌에 처해졌다. 따라서 중국인 쿨리는 제3의 인종임에도 기존의 흑과 백으로 양분된 카리브의 인종적 계급 구도에서 흑인의 지위에 그대로 흡수되었다. 심지어 계약 기간이 지난 후에도 중국인 쿨리는 무기한 계약 연장을 강요받았다. 결론적으로 쿨리 노동 시스템은 노예제를 연장하기 위해 위장된 제도에 불과했다(Jiménez Pastrana, 1983).

그러나 중국인의 인종적 정체성은 보다 유연했다. 그들은 흑인과 같은 그룹에 속해 살아가면서도 구분이 세밀하지 않은 인구조사에서 흑인과 백인 가운데 백인을 선택하는 경우가 적지 않았다. 중국인 쿨리는 법적 신분상 분명히 노예와 다른 '자유인'이자 '자발적 이주민'이었다. 따라서 중국인 상당수는 자

---

* '시마로네스'는 원래 야생으로 도망친 가축을 의미하는데, 노예제 시기에 도망친 흑인 노예를 '시마로네스'라 불렀다.

신의 인종적 정체성을 백인으로 규정했으며, 일부는 백인 여자와 결혼하거나 세례 또는 결혼식을 백인 구역에서 올리기도 했다.

한편 거의 노예와 같이 취급되거나 더 가혹하게 다루어지기도 했지만 법적으로 자유인의 신분을 가졌던 중국인은 노예였던 흑인에게 새로운 희망을 보여주었다. 노동 계약이 끝나고 농장 가까이에서 백인이 아닌 또 다른 자유인으로 살아가는 중국인 공동체는 백인 농장주와 정부 당국에게 당혹스러운 존재가 되었다. 이들은 이러한 중국인이 노예를 선동할 수 있다는 점을 우려하기도 했다.

결론적으로 19세기 쿠바의 쿨리는 대부분 노예와 같은 대우를 받았지만, 노예와 다른 신분으로 새로운 변화의 가능성을 보여주기도 했다.

카리브 지역 내 영국 식민지의 중국인 상인: 트리니다드, 가이아나, 자메이카

쿠바의 쿨리는 엄격한 계약에 묶여 농장의 비참한 조건에 따라 일할 수밖에 없었다. 하지만 트리니다드, 가이아나, 자메이카 같은 영국령 카리브 식민지의 중국인 쿨리는 계약 기간이 끝나기도 전에 농장에서 벗어나 상업에 종사하기 시작했다.

트리니다드의 중국인은 1850년대부터 작은 밭에서 재배한 야채를 길거리에서 파는 상업 활동을 시작했다. 1880년대에는 과일과 야채를 파는 중국인의 가게가 트리니다드 전역으로 확산되었다. 특히 소규모 카카오 생산업자와의 거래를 통해 대금을 카카오로 받음으로써 이들 생산업자와 카카오 수출업자 사이의 중개상 역할을 맡기도 했다. 심지어 존 아추에John Achue 같은 중국인은 직접 카카오 농장을 인수해 운영하기도 했다.

대규모 수출입은 여전히 영국인이나 스코틀랜드인이 장악하고 있었지만 트리니다드에 들어온 3천 명 미만의 중국인들은 19세기 말에 이미 상업에서 성공한 소수 종족 지위에 올라 있었다.

가이아나에 들어온 중국인 약 1만 4천 명은 처음에 계약노동자로서 거의 노예와 같은 생활을 했다. 처음에 이들의 계약 기간은 5년으로 길었지만 이후 점차 줄어들었다. 어쨌든 계약 기간의 만료로 1870년대에는 더 이상 재식농업 농장에서 일하는 중국인 노동자는 없었다. 농장을 떠난 중국인 가운데는 정부가 기독교 공동체 설립을 위해 제공하는 땅을 부여받아 자영농이 되거나 숯 사업에 뛰어든 사람도 있었다. 하지만 대부분은 조지타운 같은 대도시에 거주하면서 식료품 가게를 운영하거나 정육점, 이발소, 세탁소 등을 운영했다. 운송업 또한 중국인이 선택한 주요 사업이었다. 이런 과정을 통해 가이아나의 중국인도 경제적 성공을 이룰 수 있었다.

상업을 통해 중국인이 가장 큰 성공을 거둔 곳은 자메이카였다. 자메이카에 들어온 중국인 1천여 명은 5년 계약에도 불구하고 일찌감치 농장을 떠나 대도시에서 상업에 종사하기 시작했다. 이후 1860년대에서 1880년대 사이 트리니다드와 가이아나에서 도망쳐온 중국인의 영향으로 자메이카의 중국인 수는 두 배로 증가했다.

이들은 주로 킹스턴 같은 대도시에 거주하면서 상업 활동을 펼쳤다. 반면 노예제에서 해방된 흑인은 비옥한 자메이카의 토지에서 소규모 농업을 전개하는 자영농이 되어 상업에 관심을 두지 않았다. 19세기 후반 자메이카 경제는 인구 성장, 노예 해방, 바나나 수출의 호황으로 소비 시장이 확대되고 있었다. 이런 상황에서 중국인은 바나나 농장에서 일하는 농민과 도시의 저임금 노동자를 대상으로 하는 소매업을 통해 경제적으로 부상했다.

이러한 경제적 기회를 통해 20세기에 자메이카는 중국인의 자발적 이민이 가장 많은 카리브 국가가 되었다. 따라서 1911년 2111명이던 자메이카의 중국인 수는, 1925년 3366명, 1943년에는 6879명이 되었다. 물론 자메이카 전체 인구에서 중국인이 차지하는 비중은 1%가 되지 않는다. 그렇지만 1925년 자메이카 중국인 2명 중 1명은 식료품 소매업에 종사하고 있었고, 자메이카 전체 식료품 소매업의 30%를 중국인이 차지했다. 20세기 초반 자메이카에서 중국인은 '식료품 장사'와 동일어로 인식될 정도였다(Johnson, 1983).

이들은 소매업에서 차지한 지배적 위치를 활용해 식료품 도매업까지 진출했다. 그들은 국내에서 경작된 물건뿐만 아니라 해외에서 생산된 물품까지 수입해 공급하기 시작했다. 중국인은 그들 사이의 도소매 상점 네트워크를 통해 식료품 수입업에서도 사실상 독점적 지배를 누리게 되었다. 1946년의 조사에 따르면 킹스턴에 있는 식료품 도매점 14개 가운데 10개가 중국인 소유였으며, 약 10년 후(1954년)의 조사에서는 도매점 48개 가운데 38개가 중국인 소유인 것으로 나타났다. 그중에서 한 도매점은 자메이카 전체 식료품 수입의 10%를 차지하기도 했다. 이들 중국인 상인은 식료품 외에 술, 약품, 장난감, 향수 등을 수입해 사업을 다각화했다. 심지어 제조업까지 진출해 탄산음료 제조업, 비누 제조업, 제과점 등을 하는 중국인도 생겨났다. 특히 1954년 자메이카 전체 제과점 187개 가운데 141개가 중국인이 운영하는 것이었다. 이는 실제로 자메이카의 모든 도시에 중국인 제과점이 하나씩 있었다는 것을 의미한다. 식료품 소매업에서 중국인이 차지하는 비중도 80%로 증가했다. 결과적으로 이 시기에 전체 인구의 1%도 되지 않는 중국인은 자메이카 전체 상점의 10% 정도를 소유하고 있었다(Chang, 1956).

자메이카에서 중국인이 상업적으로 성공할 수 있던 요인으로는 단골 고객 확보, 식료품 저장 기술 도입, 물품 구매를 위한 빈곤층에 신용 제공, 배달 같은 서비스 혁신 등 판매 기법의 향상도 중요했지만 무엇보다 중국인들 사이의 연대를 기반으로 한 도소매업 네트워크가 가장 중요했다.

광둥어를 사용하는 푼티족과 하카어를 사용하는 하카족이 서로 경쟁했던 쿠바의 중국인 사회와 달리 하카족이 지배적이었던 자메이카의 중국인은 종족적 동질성을 기반으로 하나의 그룹으로서 집합적 이익을 추구할 수 있었다. 그들은 새로 사업을 시작하는 중국인에게 신용을 제공하고, 다양한 상호부조 조직을 형성하고, 공동체 학교를 설립하고, 신문을 발행하며, 빈곤한 사람 또는 노인이나 병약자를 돌보는 기관을 설립했다. 또한 상공회의소를 설립하는 등 다양한 종족적 연대를 통해 발전할 수 있었다.

1972년 사회민주주의 성향의 마이클 만리Michael Manley 정부 이후 자메이카의 태생적 중국인은 대부분 자메이카를 떠났다. 하지만 중국계 후손 가운데 현재 자메이카를 대표하는 기업인에 속하는 마이클 리친Michael Lee-Chin 같은 사람도 있다. 1951년생으로 중국인 아버지와 아프리카계 어머니 사이에서 태어난 그는 언론, 관광, 헬스 케어, 통신, 금융 서비스 부문에서 기업을 소유한 민간 투자 회사인 포틀랜드 지주회사Portland Holdings Inc.의 설립자이자 회장이다. 현재 그는 자메이카에서 가장 부유한 사람 중 한 명이기도 하다.

그 외 다른 카리브 국가의 중국계 기업인으로는 트리니다드토바고의 가장 부유한 기업인에 속하는 칼턴 맥Carlton Mack이 있다. 한편 네덜란드 식민지였던 수리남에도 경제적으로 가장 영향력 있는 중국계 친 아 지Tjin-A-Djie 가문이 있다. 이들은 1800년대에 수리남에 들어와 일찍부터 재식농업을 통해 기반을 닦고, 그 후 제과점, 식료품점, 수출입 사업, 교육 사업 등으로 영역을 넓혀 현재 수리남 경제계에서 영향력 있는 가문이 되었다.

쿠바의 중국인 상인

쿠바에서 최초로 상업에 종사한 사람은 1865년에서 1875년 사이 미국에서 건너온 약 5천 명의 중국인들이다. 이들은 자발적 이민자로 사탕수수 농장의 쿨리와는 다른 사회적 신분을 가지고 있었다. '칼리포르니아노스californianos'라 불린 이들은 대부분 상인이었고, 이미 필요한 자본도 가지고 있었다.

이들의 도착으로 하바나의 차이나타운은 무역, 상업, 금융의 중심지가 되었고, 19세기 말에 이미 아메리카에서 샌프란시스코 다음으로 큰 차이나타운이 되었다. 나아가 이들은 사탕수수 농장도 소유하게 되었는데 1899년 쿠바에는 이미 중국인 소유의 사탕수수 농장이 42곳이나 있었다(Waters, 2011). 1893년 칼리포르니아노스는 샌프란시스코에 이어 두 번째로 쿠바에 해외 거주 중국인들의 사교 클럽인 '카지노 중화'를 설립했다.

이들이 쿠바에 진출하면서 쿠바의 중국인 사회에는 계급 차별화가 이루어졌다. 부유한 칼리포르니아노스는 쿨리 출신 이민자를 필요에 따라 항만 노동자, 농업 노동자, 건설 노동자로 고용하기도 했다.

20세기 들어 쿠바로 자발적으로 이주한 중국인도 대부분 상업에 종사했다. 계약노동이 끝난 쿨리도 도시로 나와 상업에 뛰어들었다. 따라서 20세기 초반에는 쿠바에서도 사탕수수 농장과 설탕 공장을 소유한 일부 중국인을 예외로 하면 농업에 종사하는 중국인은 거의 없었다. 이 무렵에는 쿠바의 중국인도 대부분 자메이카의 중국인과 마찬가지로 무역 또는 상업에 종사하거나 차이나타운에서 음식점, 세탁소, 제과점, 양복점, 제화점, 시계 수리점, 사진관 등을 운영했다.

그 결과 1930년대 중국인의 상점이 집중되어 있던 쿠바의 차이나타운은 당시 아바나에서 가장 활성화되고 흥미로운 상업 중심지가 되었다. 중국인 상공회의소의 한 조사에 따르면 1932년 쿠바 전역에서 중국인이 운영하는 사업체 수는 4천 개에 달했다고 한다*(Waters, 2011).

또 다른 조사에 따르면 1927년 아바나에 있는 중국인 소유의 식료품점 수는 63개, 세탁소는 293개, 과일·야채 가게는 535개였고, 1950년대 중반에는 식료품점이 277개로 증가한 반면 세탁소, 과일·야채 가게는 각각 130개, 173개로 줄었다. 이는 대공황 이후 1930년대를 거치면서 그들의 사업이 식료품점으로 집중되었음을 말해준다(Herrera Jerez and Castillo Santana, 2003: 151~152).

하지만 쿠바혁명 이후 1961년 중류층 이상의 쿠바인이 미국으로 망명의 길

....

* 당시 쿠바의 중국인 사회에서는 삼합회와 국민당파 사이에 주도권 분쟁이 있었다. 삼합회는 주로 중국인 공동체의 서민층에서 세력을 확산해 1928년에는 회원이 약 1만 명에 달했다. 한편 국민당파는 1911년 청제국의 붕괴 이후 해외에 설립된 국민당 지부(쿠바에서는 1921년 설립)를 중심으로 모인 중국인들이다. 이 두 단체는 해외 중국인들 사이에서 세력을 확장하기 위해 경쟁했다. 한편 국공합작 시기에 좌파 그룹들은 국민당파와 연합했으나 장제스가 국민당에서 공산주의자를 추방하자 쿠바에서도 국민당에서 나와 자신들만의 노동자 농민 조직을 설립했다. 좌파 중국인들 일부는 쿠바의 공산당에 가입했다(López, 2010: 213~214).

을 떠날 때 이 대열에는 중국인도 다수 포함되어 있었다. 1968년 개인 상점의
국유화 정책으로 쿠바에서 5만 7천 개의 소규모 자영업이 사라질 때도 많은
중국인이 미국 등으로 이주했다. 이때 '카지노 중화' 회원 142명이 중국으로
귀국하거나 미국 등으로 재이주했다. 쿠바에 거주하던 중국인이 미국으로 재
이주함에 따라 현재 플로리다의 쿠바인 집중 지역 데이드 카운티Dade County에
는 쿠바 출신 중국계 약 3천 명 정도가 거주한다. 이는 데이드 카운티 전체 인
구의 약 1%에 해당된다. 한편 혁명 이후 쿠바에 남은 중국인들은 대부분 국가
소유 상점의 종업원으로 변모했다(López, 2010: 221).

4. 카리브 국가에서 중국계의 정치적 참여

중국인 쿨리의 독립운동 참여

쿨리의 계약노동이 끝나갈 무렵인 1868년 쿠바에서는 독립 전쟁이 시작되
었다. 이때 혼란한 틈을 타 중국인 쿨리의 약 20%가 농장을 탈출했고, 이들 중
수천 명이 독립군에 가담했다. 흑인과 중국인은 독립이 결국 개인의 자유를
가져다줄 것으로 생각하고 백인과 함께 이 전쟁에 적극적으로 가담했다. 따라
서 쿠바의 독립 전쟁은 식민지 지배를 종식하는 전쟁이자, 동시에 노예제와
계약제 노동의 폐지를 위한 투쟁으로 발전했다.

1874년 독립군에서 중국인 비중은 전방 전투부대원 약 7천 명 중 2천여 명
이나 될 정도로 높았다. 후방 지원부대에서도 중국인 비중은 컸다. 처음에 중
국인은 대부분 막시모 고메스Máximo Gómez나 안토니오 마세오Antonio Maceo 같은
백인 지도자 아래로 들어갔으나 차츰 자신들만의 부대를 편성하기 시작했다.
호세 톨론José Talón, 호세 부José Bu, 호세 퐁José Fong, 안드레스 카오Andres Cao 같
은 중국인은 지휘자가 되기도 했다. 이들 중심의 중국인 부대는 1873년 쿠바
동부 만사니요 시 침투 전투에서 큰 공을 세우는 등 당시 쿠바의 독립 전쟁에

서 중요한 역할을 수행했다.

1878년 독립 전쟁은 비록 실패로 끝나고 말았지만 전쟁에 참여했던 중국인은 스페인 왕실의 현실 인식에 따른 양보로 계약노동에서 자유를 획득할 수 있었다. 심지어 독립군의 대대장이었던 호세 부와 중대장이었던 호세 톨론 같은 리더급 중국인은 탁월한 리더십을 인정받아 '민족적 영웅'으로 간주되었다. 그 결과 호세 부와 호세 톨론은 1898년 쿠바 독립 이후 제정된 1901년의 헌법에서 외국 태생으로는 드물게 쿠바 대통령으로 선출될 수 있는 권리를 부여받았다. 외국 태생으로서 이러한 권리를 획득한 사람은 이들 외에 2명이 더 있을 뿐이다(Waters, 2011).

이뿐만 아니라 쿠바에서는 독립 전쟁에서 활약한 중국인의 공을 기념하기 위해 오벨리스크obelisk가 건립되기도 했다. 이렇듯 19세기에 중국인 쿨리는 쿠바의 인종 형성뿐만 아니라 정치적 과정에서도 중요한 족적을 남겼다.

쿠바혁명에 참여한 중국인: 쿠바 공산당 정치국 위원이 된 모이세스 시오 웡

쿠바혁명이 일어나기 훨씬 이전 마차도 독재 정권을 상대로 한 투쟁에서도 중국인의 존재는 드러났다. 대표 인물로는 호세 웡José Wong이 있다. 1898년 광둥 성 광저우 출생인 그는 1920년대 초반 쿠바로 이주했다. 이미 중국에서 청 제국 종식을 목표한 투쟁을 경험했던 그는 쿠바로 이주한 후 1925년에 훌리오 안토니오 메야Julio Antonio Mella와 함께 쿠바 반제국주의 동맹Liga Anti-Imperialista을 결성했고, 곧이어 새로이 설립된 쿠바 공산당에 가입했다. 1927년에는 쿠바의 중국인 노동자와 농민 보호를 위한 혁명 동맹을 설립해 마차도 독재에 반대하는 투쟁에 참여했다. 그는 1930년에 체포되어 마차도의 명령으로 살해되었다.

1952년부터 시작된 바티스타 독재에 반대하는 카스트로의 혁명운동에 대해서 쿠바의 중국인은 자신이 처한 사회적 신분에 따라 찬반으로 분리되었다. 부유한 중국인 기업가는 바티스타를 지지한 반면, 젊은 층은 주로 카스트로의 혁명운동을 지지했다. 이러한 젊은 중국인들 가운데는 혁명에 적극 참여한 사람도 있었는데 모이세스 시오 웡Moisés Sío Wong, 아르만도 초이Armando Choy, 구스타보 추이Gustavo Chui가 바로 그들이다.

이들은 각각 다른 지역 출신이고 상이한 개성과 가족 배경을 가지고 있었지만 모두 미국이 지원하는 바티스타 독재에 반대하는 무장 투쟁에 참여했다는 공통점이 있다. 그들은 카스트로의 7월 26일 운동에 가입했으며, 동부와 중부에서 카스트로의 혁명군 활동에 참여했다.

1959년 쿠바혁명이 성공한 직후 중국인 공동체와 혁명정부의 사이는 나쁘지 않았다. 하지만 1960년 쿠바 혁명정부가 대만과 관계를 끊고 중화인민공화국과 외교 관계를 맺으면서 이들의 관계는 악화되었다. 하지만 노동자, 농민, 학생이 주축이 된 좌파 성향의 중국인들은 '쿠바 중국인 신민주주의동맹Alianza Nueva Democracia China en Cuba'을 설립해 쿠바혁명을 적극적으로 지지했다. 나아가 그들은 19세기 독립 전쟁에서 '자유의 전사'로서 싸웠던 중국인의 전통을 이어받아 쿠바혁명을 방어하기 위해 민병대를 조직했다. 그들은 전국의 혁명 민병대 아래 중국인의 '호세 웡 대대'를 조직했다.

중국인 민병대는 1960년 10월 국민당 쿠바 지부와 카지노 중화의 통제권을 확보하고, 조직의 건물에 중화인민공화국의 국기를 내걸었다. 그들은 차이나타운에서 매춘, 도박, 아편을 추방했다. 사회 전체적으로 혁명은 고용, 교육 등 모든 공적 활동에서 흑인과 중국인에 대한 차별을 불법화했으며, 중국인 공동체 내부에서도 부유한 중국인의 지배가 사라졌다.

1968년에는 아바나와 오리엔테를 중심으로 혁명을 지지하는 중국인들이 '쿠바 중국인 사회주의동맹Alianza Socialista China de Cuba'을 조직했다. 지금까지 이 단체는 쿠바에서 가장 중요한 중국계 정치조직으로 남아 있다.

쿠바혁명에 적극적으로 참여했던 중국인들 가운데는 혁명군의 장군직까지 오른 사람도 3명이나 있다. 그중에서 모이세스 시오 웡은 장군을 넘어, 쿠바 공산당 정치국 위원과 인민회의 의원을 지내기도 했다. 부모가 중국에서 이주해 온 태생적 중국인으로서 '중국 원자재로 쿠바에서 만들어진 사람'으로 간주되던 그는 2010년 사망하기까지 '쿠바-중국 우호협회' 회장을 지내기도 했다. 그는 전 세계의 중국인 이주자들 가운데 정치적으로 가장 두드러진 인물로 간주된다.

그 외 카리브 국가의 중국계 정치인

쿠바 다음으로 중국계가 가장 많은 것으로 알려진 카리브 국가는 수리남이다. 수리남의 중국계 인구는 최대 6만 명으로 전체 인구 약 50만 명의 10%를 넘는다. 인구 비중으로만 보면 라틴아메리카에서 가장 높다. 수리남에는 1980년대 초 대통령을 지낸 헨크 친 아 센Henk Chin A Sen을 비롯해 수많은 중국계 정치인과 각료들이 있다.

중국계 약 3만 명이 거주하는 자메이카에서도 중국계의 정치 진출은 돋보인다. 대표적인 인물로는 자메이카에서 여성으로는 최초로 주요 정당인 자메이카 노동당의 당수가 된 로스 레온Rose Leon이 있다. 그녀 외에도 2007년에서 2011년 사이 하원의장을 지낸 델로이 척Delroy Chuck과 1982부터 1984년까지 수도인 킹스턴의 시장을 지낸 콜린 얍삼Colleen Yap-Sam이 중국계다. 이 외에도 자메이카에는 각료와 상·하원의원을 지낸 중국계가 적지 않다.

중국계 약 4천 명이 거주하는 트리니다드토바고에서도 중국계의 정계 진출은 돋보인다. 대표적인 인물로는 트리니다드토바고 역사상 최초로 백인이 아닌 다른 인종으로 총독에 오른 솔로몬 호초이Solomon Hochoy가 있다. 그는 자메이카 태생이지만 트리니다드에 와서 성장했으며 영국이 통치하던 시기의 마지막 총독이 되었다. 1962년 독립 이후에도 그는 영연방 트리니다드토바고의 최초 총독이 되었다. 그 외에도 2003년에서 2013년 사이 트리니다드토바고 4대 대통령을 지낸 조지 맥스웰 리처즈George Maxwell Richards와 상원의장을 지낸 마이클 윌리엄스Michael Williams도 중국계로 알려져 있다. 이 외에도 상원의원, 각료, 시장 등을 지낸 수많은 중국계 정치인이 있다.

가이아나에서는 중국계가 몇 천 명에 불과한데도 중국계 대통령이 배출되었다. 1970년에서 1980년 사이 가이아나 독립 이후 하카족 출신 중국계 아서정Arthur Chung이 최초의 대통령이 되었다. 비록 그는 실질 권력이 없는 상징적 대통령에 불과했지만* 비아시아권 국가에서는 최초의 중국계 대통령이었다.

5. 시노포비아와 좌파 민족주의

영국의 식민지 국가에서 발생한 시노포비아(sinophobia)**

중국인 쿨리의 이주와 달리 19세기 후반 이후 시작된 중국인의 자발적 이주는 국가 계획에 따라 이루어지지 않았다. 이들은 노동력이 필요한 재식농업 농장에서 일하지 않고, 대부분 도시에서 상업이나 자영업에 종사했다. 따라서 라틴아메리카의 지식인과 정치인은 이들을 사회를 위한 바람직한 존재로 인식하지 않았다. 19세기 후반 이후 라틴아메리카 국가 대부분은 중국인의 이주를 금지하거나, 중국인 이민자를 차별하고, 법적으로 보호하지도 않았다.

중국인이 주로 재식농업 농장에서 일했던 쿠바와 달리 일찍이 도시로 나와 상업에 종사한 중국인이 많았던 카리브의 영국 식민지 국가에서는 중국인에 대한 적대감이 일찍부터 야기되기 시작했다.

트리니다드토바고에서 중국인은 19세기 말에 이미 상업으로 진출해 자리를 잡았다. 실제로 중국인이 상업에서 독점적 지위를 누리지는 않았지만 비즈

니스에서 이루어지는 중국인의 비윤리적 행위를 문제 삼아 불만이 나오기 시작했다. 하지만 이때까지만 해도 중국인의 상업적 부상에 대한 반감이 심각한 대규모 폭력 사태로 전개되지는 않았다.

쿨리로 들어온 중국인 이민자가 계약 만료 후 조지타운이나 뉴암스테르담 같은 대도시에서 소규모 식료품점, 운송 서비스업, 소규모 자영업에 종사했던 가이아나에서도 중국인을 대상으로 소규모 폭력은 산발적으로 있었지만 소수 인종으로서 중국인에 대한 지속적인 대규모 폭력 사태는 발생하지 않았다.

하지만 중국인의 상업적 부상이 현지의 크리오요를 위협하는 수준에 이르렀던 자메이카에서 중국인 대상의 폭력 사태는 심각한 수준까지 이르렀다. 앞서 살펴본 것처럼 자메이카 전체 인구의 1%가 되지 않는 중국인들이 전체 상업에서 차지하는 비중은 매우 높았다. 이에 따라 현지 크리오요의 반감도 컸다. 그 결과 자메이카의 중국인은 두 번에 걸쳐 심각한 폭력 사태를 경험해야만 했다.

하지만 중국인의 부상에 대한 크리오요의 우려에도 불구하고 그것이 직접 시노포비아를 야기하지는 않았다. 자메이카에서 중국인과 현지 크리오요의 관계는 복잡한 양상을 띠고 있었다. 크리오요는 주로 농업이나 대규모 수출업에 종사했고 소규모 상업에 진출한 사람은 거의 없었다. 따라서 크리오요는 중국인의 소비자이지 경쟁자가 아니었다. 중국인은 수도인 킹스턴의 크리오요 수출업자와 흑인 농민 사이에서 중개하는 역할을 했다. 따라서 사실상 크리오요와 중국인은 경쟁 관계가 아니라 상생 관계였다.

하지만 경제적 위기의 순간에 이들 관계는 달라졌다. 경제적으로 어려운 시기에 크리오요 지배층은 중국인을 희생양으로 삼았다. 그들은 중국인이 능숙한 솜씨로 부정행위를 저지르고, 신용 판매나 저가 판매 등을 통해 기존 상인을 위협하고, 불순물을 섞거나 부패한 음식을 판매한다는 등의 문제를 제기해 시노포비아를 부추겼다.

이러한 분위기에서 평소 중국인 상인과 친밀하게 지내던 혼혈인 또는 흑인 노동계급의 고객들은 갑자기 적대적으로 변모했다. 제1차 세계대전은 식량 수입의 감소와 이에 따른 식량 가격의 상승을 초래했다. 현지인들은 1918년 이러한 경제적 어려움의 원인으로 중국인을 지목해 식량을 많이 보유하고 있던 중국인 상점을 약탈하거나 방화했다. 나아가 중국인에게 육체적 위해를 가했으며, 자메이카를 떠나라고 위협했다. 심지어 지역의 하위 경찰도 이러한 폭력 사태에 가담했다.

그 후로도 중국인에 대한 폭력 사태가 산발적으로 발생하는 등 중국인과 현지인 사이의 관계는 불안정했다. 특히 대공황 이후 1930년에는 중국인 추방 운동이 전개되었다. 1933년에는 중국인 이주가 금지되었고, 1938년에는 다시 폭동이 발생했다. 다만 1938년 폭동이 1918년의 폭력 사태와 다른 점은 전자의 경우 폭력 행위가 중국인만이 아닌 모든 외국인 상인을 대상으로 삼았다는 것이다.

어쨌든 멕시코에서와 달리* 자메이카의 중국인은 시노포비아와 폭력 사태에도 불구하고 자메이카를 떠나지 않았다. 왜냐하면 당시 자메이카의 중국인은 오랜 이민 역사에서 이루어진 혼혈을 통해 이미 자메이카 사회에 문화적으로 동화되고 사회적으로 통합되어 있었기 때문이다.** 따라서 중국인의 자메

---

* 멕시코에서 시노포비아는 가장 잔혹한 인명 살상을 초래했다. 마데로의 혁명군이 1911년 북부 도시 토레온으로 진입하기 직전 폭도들은 이 마을에 거주했던 중국인 303명을 살해했다. 이는 미주 대륙 전체를 통틀어 단일 사건으로는 중국인에 대한 가장 심각한 폭력 사건이었다. 또한 1930년대 카르데나스 정부 아래에서 민중민족주의는 시노포비아를 활용했다. 이는 독일의 반유대주의와 유사한 형태로 진행되었다. 물론 중국인과 함께 상업을 장악해나가던 레바논인과 유대인도 공격을 받았지만 이들은 실제로 추방되지는 않았다. 따라서 멕시코에서 카르데나스 민중민족주의의 가장 큰 희생양은 결국 중국인이었다. 반면 이 시기를 극복하고 멕시코에 남은 레바논인과 유대인은 현재 멕시코 최대의 경제 세력으로 성장했다.

** 중국인 여성의 비율이 절대적으로 낮았기 때문에 쿠바와 마찬가지로 자메이카에서도 중국인들의 혼혈은 일찍부터 이루어졌다. 그 결과 1943년 무렵 자메이카에 거주하는 중국계 1만 2천 명 중에서 54%가 순수한 중국인이고, 나머지 45%는 현지 물라토와 결혼을 통해 태어난 혼혈인이었다(Lind, 1958).

이카 소매업 지배도 지속되었다.

하지만 중산층 또는 소상업 부르주아지로서 중국인의 지위는 1962년 자메이카가 영국에서 독립한 이후 1972년 사회민주주의 성향의 좌파 마이클 만리 정부가 들어서자 완전히 달라졌다. 만리 정부가 사회주의 정책을 시행하면서 앞서 1959년 쿠바혁명의 사례를 지켜보았던 자메이카의 중국인들은 과거 대공황 때보다 더 큰 경제적 위협을 느꼈다. 따라서 쿠바의 부유한 중국인이 카스트로 이후 쿠바를 떠난 것처럼 자메이카의 부유한 중국인도 자본주의 시장 경제에 친화적인 곳을 찾아 미국이나 캐나다 등지로 떠났다(Hu-DeHart, 2010: 80~82).

쿠바의 시노포비아

쿠바에서도 시노포비아는 존재했으나 다른 라틴아메리카 국가에 비해 그 정도가 약했다. 그것은 앞서 살펴본 쿠바의 독립 전쟁에서 이루어진 중국인의 희생과 기여 때문이다.

백인과 흑인에 이어 중국인 이민자가 대량으로 유입된 쿠바에서는 인종 사이에 독특한 관계가 형성되었다. 백인 농장주는 중국인 쿨리를 흑인 노예와 같이 취급했지만 중국인은 자신들이 흑인과 노예가 아님을 주장했다. 백인 농장주도 중국인의 이러한 입장을 어느 정도 받아들였다. 한 예로 노예에서 해방된 흑인이 백인 농장주에게서 중국인을 계약노동자로 소유하려 했을 때, 중국인이 자신은 흑인보다 인종적으로 우수하기 때문에 계약을 받아들일 수 없다고 주장하자 쿠바 당국은 중국인의 주장을 받아들여 그 계약을 무효로 만들었다. 쿠바 당국은 '유색인(흑인)'이 아시아의 쿨리에 대해 백인이 누리는 것과 같은 우월감을 가질 수 없다고 말했다.

쿠바에서 중국인에 대해 흑인 노예가 느끼는 시각은 그들의 특별한 생활 방식에 대한 약간의 호기심과 조심스러움은 있었지만 아편하는 습관을 제외하고는 특별한 반감이나 경멸은 없었다.

농장의 힘든 노동조건 때문에 중국인이 개별적으로 또는 집단적으로 자살, 방화, 태업, 도주 등의 문제를 야기하고, 계약 조건과 관련된 법적 문제를 야기하는 것과 같은 인종 사이의 갈등은 있었지만 이러한 갈등도 계약노동제의 종식과 함께 사라졌다.

특히 쿠바의 중국인들은 앞서 언급한 대로 스페인으로부터의 독립 전쟁에 적극적으로 가담했다. '중국인 반도叛徒들chinos mambises'이라 불렸던 이들은 독립전쟁에 기여한 공헌 덕분에 민족적 영웅으로 간주되었다. 그들은 쿠바 현지인들에게 "중국계 쿠바인 중에는 …… 가 없었다"라는 찬사를 받기도 했다. 이러한 일을 통해 쿠바에서 중국인들에 대한 반감은 그다지 크지 않았다.

쿠바의 시노포비아는 다른 카리브 국가들에 비해 크지 않았지만 쿠바혁명 이후에는 쿠바의 태생적 중국인도 대부분 쿠바를 떠났다. 이는 명백히 경제적 이유 때문이었다. 카리브 지역에서 태생적 중국인은 시노포비아에도 불구하고 자신의 경제적 터전을 떠나지는 않았다. 하지만 사회주의 성향의 정부가 들어서고 자신들의 자산이 위협받자 대부분 경제활동이 자유로운 곳을 찾아 재이주의 길을 떠났다.

6. 문화 분야의 중국계

현재 카리브 국가에 존재하는 중국계 혼혈의 후손은 문화 분야에서 탁월한 재능을 보여주고 있다. 2001년 노벨 문학상을 수상한 트리니다드토바고 출생 인도계 천재 소설가 비디아다르 네이폴Vidiadhar Naipaul*을 차치하더라도, 역시 트리니다드토바고 출신 중국계인 에우헨 첸Eugen Chen은 카카오 농장의 소유주

....

* 옥스퍼드 대학 영문학과를 졸업한 그는 영국에 거주한다. 그의 대표 소설 『미겔 스트리트 (Miguel Street)』는 조국 트리니다드의 실상을 이야기한다.

이자 변호사로서 1911년 중국 쑨원이 주도한 신해혁명에 참가하기도 한 저명한 지식인이다.

자메이카 출신 중국계로는 레게 분야에서 세계적으로 가장 큰 음반 회사 가운데 하나를 설립한 빈센트 '랜디' 친Vincent Randy Chin이 있다. 그는 이미 사망했지만, 현재 그의 부인과 자녀들(클라이브 친Clive Chin)이 운영하는 이 음반 회사는 레게의 전설로 통하는 수많은 음반을 제작했으며, 지금까지 그래미상 수상자를 배출하고 있다.

그 외에도 자메이카 음악에서 중국계의 활약은 돋보인다. 버니 리Bunny Lee로 더 잘 알려진 에드워드 오술리번 리Edward O'Sullivan Lee 또한 자메이카 음반산업계에서 가장 영향력 있는 인물 중 한 명으로 손꼽힌다. 대중적인 인기를 누리는 레게 뮤지션 숀 폴Sean Paul도 어머니가 영국인과 중국인 사이의 혼혈이다. 이들 외에도 자메이카에는 수많은 중국계 뮤지션이 있다.

모델이나 배우 중에도 중국계가 적지 않은데, 대표적으로 인기 남자 모델 타이슨 백포드Tyson Beckford는 어머니가 아프리카-중국계 자메이카인이다. 세계적으로 유명한 영국 국적의 여성 모델인 나오미 캠벨Naomi Campbell도 부계 쪽 할머니가 중국인으로 아프리카-중국계 자메이카 출신이다.

시각 예술 분야에는 아프리카계와 중국인의 혼혈인 앨버트 총Albert Chong이 있다. 세계적인 명성을 가진 사진예술가로 활동하고 있는 그는 1958년 자메이카에서 출생했다. 현재 미국에 거주하면서 창작 활동과 함께 뉴욕 시각예술학교School of Visual Arts 등에서 교육 활동도 펼치고 있다. 그는 아프리카계 자메이카인 정체성을 가지고 있으나 중국인 아버지에 대해서도 자랑스럽게 생각한다. 그는 자신의 뿌리와 정체성과 관련된 작품을 생산하고 있다.

트리니다드토바고에도 미술, 음악, 시각디자인, 스포츠 등에서 활약하는 중국계가 많다. 특히 칼립소에서 중국계의 활약이 돋보이고, 모델이나 미인 대회에서 수상한 중국계도 적지 않다. 도미니카공화국에는 유명 테니스 선수인 중국계가 있다.

쿠바의 문화영역에서도 중국계의 활약은 두드러진다. 사실 쿠바에서 중국인의 사회적·문화적 영향력은 카리브의 다른 어떤 국가들과는 비교할 수 없을 정도로 크다. 쿠바 중국인의 경험을 소설로 쓴 크리스티나 가르시아Cristina García는 "쿠바 문화에서 중국인의 하위문화가 차지하는 비중이 얼마나 큰지 쿠바 밖의 사람들은 절대 모르지만 쿠바 사람들은 그것을 너무나 당연하다고 생각한다"라고 말한다(Atlantic Unbound, 2003).

문화영역의 중국계 쿠바인 가운데 대표적인 인물로는 전위주의 소설가 세베로 사르두이가 있다. 스페인인, 아프리카인, 중국인의 피를 모두 받은 혼혈인으로서 그는 젊은 시절 아바나 차이나타운의 색다른 매력에 사로잡혔으며, 그 후 자주 차이나타운을 글의 소재로 삼았다. 나아가 그는 자신의 정체성을 넘어 쿠바 문화에 미친 중국 문화의 영향을 강조했다. 그는 쿠바 문화의 세 축으로 스페인, 아프리카와 함께 중국을 지적했는데, 이는 쿠바인의 피에 흐르는 중국인 피에 대한 대중 의식을 반영한 것이기도 하다.

또한 중국인의 피가 섞인 대표적인 쿠바 예술가로는 시인 레히노 페드로소Regino Pedroso와 화가 윌프레도 람이 있다. 노동계급에 관한 시를 쓰는 유명 민중 시인 페드로소는 중국을 방문해 조상의 땅에 대한 열정적인 시를 쓰기도 했다. 쿠바 최고의 시인으로 추앙받는 니콜라스 기옌Nicolás Guillén은, 페드로소가 피상적으로 드러나는 중국인은 아니지만 그의 내면 깊은 곳에 깊이를 알 수 없는 중국인의 심성이 살아 있음을 지적한 바 있다.

중국계 쿠바인 예술가 가운데 가장 유명한 인물은 아마 윌프레도 람일 것이다. 세계적인 명성을 가진 현대 미술가 람은 다인종 사회 쿠바를 회화로 구현해 현대 쿠바 미술을 대표하는 화가가 되었다. 중국인 아버지와 흑인 어머니 사이에서 태어난 그는 21세까지 중국인 국적을 가지고 있었다. 그는 어린 시절 중국 문화와 가깝게 지냈는데도 실제로 그의 정체성에 가장 큰 영향을 준 사람은 쿠바 아프리카계 종교인 산테리아의 주술사였던 그의 이모였다고 한다. 따라서 그의 작품에서 중국 문화의 영향을 찾는 것은 쉽지 않다. 그의 방

〈사진 13-1〉 윌프레도 람과 그의 그림

ⓒ Jose Gomez

자료: Jose Gomez-Sicre Photographic Archives.

에는 항상 중국인 아버지의 사진이 걸려 있지만, 그는 자신에게 아버지는 항상 미스터리mystery한 인물이라고 말한다. 그리고 자신의 혈관에 중국인의 피가 흐르고 있음을 인정하지만, 자신이 중국인이라고 느껴본 적은 한 번도 없다고 말했다. 그는 자신이 중국인이기에 앞서 쿠바인임을 강조한다(Núñez Jiménez, 1982).

혼혈의 중국계 쿠바인 예술가로는 윌프레도 람 외에도 얏센 장Yat-Sen Chang 같은 다수의 저명한 무용수, 화가, 사진작가, 그래픽 디자이너, 피아니스트 등이 있다.

7. 카리브 국가에서 중국인의 문화적 영향과 중국계 정체성

쿠바 속의 중국

쿠바혁명 이후 중국어를 말하는 태생적 중국인들이 대부분 쿠바를 떠나면서 현재 쿠바에 남은 태생적 중국인 수는 몇 백 명에 불과하다. 따라서 100년 이상 역사를 가진 중국어 신문 역시 독자 부족으로 폐간되었다.

하지만 중국인이 쿠바 문화에 미친 영향은 결코 작지 않다. 무엇보다 쿠바 음식에 미친 중국 음식의 영향은 매우 크다. 농장에서 계약노동을 끝낸 중국인 쿨리는 주로 도시로 나와 식료품 가게와 식당 등을 운영했다. 이러한 과정에서 쿠바 음식에 중국 요리의 재료와 기법이 많이 더해졌다.

인종적으로 보면, 중국인 쿨리의 남녀 성비는 지나치게 불균형을 이루었기 때문에 이들은 대부분 현지인과 결혼해 쿠바의 인종 구성을 다양하게 만들었다. 이들은 주로 아프리카계 여성과 결혼했고, 이를 통해 태어난 혼혈의 후손은 대부분 아프리카계 정체성을 가지고 현지 사회에 동화되었다.

음악에서도 중국 문화의 영향이 엿보인다. 쿠바 음악에서 사용되는 주요 악기 가운데 하나인 '코르네타 치나corneta china*'가 대표적인 사례다. 또한 한때 쿠바에서 중국 가극도 큰 인기를 누렸다. 지금도 아바나 시 차이나타운에서는 우슈武術를 연습하는 수많은 쿠바인을 볼 수 있다.

쿠바 혼종 문화의 한 부분으로서 중국 정체성 탐구: 차이나타운 복원 사업

최근 쿠바와 중국의 관계가 향상되면서 현지 문화에 동화된 혼혈 중국인들 사이에서도 중국의 뿌리를 찾으려는 노력이 전개되고 있다. 혁명 이후 카스트로 정부가 소련과의 관계를 강화하고, 또 소련이 중국과 갈등을 빚자 쿠바와 중국의 관계도 소원해졌다. 그러나 1991년 소련이 붕괴되고 지원이 중단되자 쿠바와 중국의 새로운 접촉이 시도되었다. 1993년 당시 중국의 주석인 장쩌민이 쿠바를 방문하고, 1994년에는 피델 카스트로가 중국을 방문했다. 이에 앞서 1992년에는 중국계 모이세스 시오 웡의 주도로 중국-쿠바 우호협회가 만들어졌다. 현재 중국은 베네수엘라에 이어 쿠바의 두 번째 무역 상대국이다.

중국은 이러한 관계 개선의 일환으로 유서 깊은 아바나 차이나타운의 복원 사업을 지원하고 있다. 쿠바에 남은 태생적 중국인 수가 적기 때문에 이러한 사업은 혼혈 중국인 후손에 의해 이루어지고 있다. 차이나타운 복원을 위해

---

* 한국 악기인 태평소처럼 생긴 중국식 트럼펫.

그들은 차이나타운 복원 촉진 그룹Grupo Promotor del Barrio Chino을 조직하고, 차이나타운 내 중국 식료품점, 음식점, 미장원 등을 운영하며, 중국식 건물과 박물관 등을 건립했다. 그 밖에도 중국예술전통문화센터 건립, 중국어와 중국 문화 학교 설립, 중국 무술 클럽, 전통 중국 의술 클리닉, 노인 회관, 중국 축제, 중국어 신문 발행, 중국계 쿠바인 공동체 잡지 발간 등 다양한 사업을 벌였다. 이러한 과정을 통해 중국계 쿠바인은 자신의 중국계 정체성을 다시 주목하게 되었다.

2006년부터는 쿠바 정부가 차이나타운 복원 사업을 주도하고 있다. 쿠바 혁명정부는 인종적 구분을 거부하고 있기 때문에 차이나타운 복원 사업 역시 쿠바 민족의 복합적 정체성이라는 차원에서 이루어지고 있다. 즉, 중국계 쿠바인은 차이나타운 복원 사업을 통해 중국계 정체성을 복원하기보다 다양한 문화의 혼종이라는 형태로 쿠바 정체성을 탐구하고 있는 것이다. 쿠바에서 중국인의 역사는 통합적인 쿠바 민족 역사의 한 부분으로 존재한다(López, 2010: 226~227).

정부 주도의 프로젝트와 관련해서 태생적 중국인은 물론 회의적인 입장을 보인다. 그들은 여기에서 태생적 중국인이 배제되거나 단순히 상품화되고 있다고 생각한다. 그들은 국가가 주도하는 차이나타운의 문화적 복원보다 그곳에서 자유롭게 사업할 수 있는 자율권을 달라고 주장한다. 그들은 그것이 진정한 차이나타운의 복원이라고 주장한다.

어쨌든 현재 차이나타운 복원 사업은 국가, 혼혈 중국계 후손, 태생적 중국인 사이의 협상에 따라 전개되고 있다. 무엇보다 이 사업에서 나오는 경제적·문화적 혜택이 적지 않기 때문에 중국인의 피가 조금이나마 섞인 사람조차 이 사업에 참여하려 한다.

중국계 정체성 회복의 의미

차이나타운 복원 사업에 대한 혼혈 중국계의 관심에도 불구하고 실제로 쿠바에서 중국계 정체성을 가지는 것은 매우 복잡한 의미를 지닌다. 광범위한 중국계 쿠바인들 내부에서도 미묘한 인종 차별은 여전히 존재한다. 따라서 이들은 상황과 이해관계에 따라 중국인, 흑인 또는 백인, 쿠바인 정체성을 유연하게 취한다.

쿠바혁명 이후 제도적 차원에서 인종 차별은 사라졌으나 실제 사회에서 피부색에 따른 인종 차별은 완전히 극복되지 않았다. 게다가 최근 쿠바가 시장경제로 개혁과 개방을 시도하면서 인종에 따른 차이가 다시 부각되고 있다. 태생적 중국인은 여전히 '외국인'으로 간주되고, 쿠바 태생의 중국계 혼혈 후손은 쿠바에 이미 존재하는 백인과 흑인의 인종 범주에 따라 나뉜다. 즉, 쿠바 태생의 혼혈 중국계의 정체성은 백인과 흑인의 정체성으로 구분된다. 중국계 가운데 백인으로 구분되는 사람과 흑인으로 구분되는 사람 사이의 차이는 알게 모르게 매우 크다.

특히, 개혁으로 관광 사업이 활성화된 이후 흑인에 대한 차별이 커졌는데, 이러한 상황에서 혼혈 중국계 가운데 흑인으로 구분되는 사람들 중 일부는 오히려 중국계 정체성을 가짐으로써 흑인의 지위에서 벗어나려고 시도하기도 한다. 이런 과정은 쿠바 사회에 존재하는 흑백의 이분법적 정체성 구도에 아시아-아프리카 정체성을 더해 쿠바의 종족적 정체성을 보다 다양하게 만들 것이다(López, 2010: 230~232).

매년 교육을 목적으로 중국 학생 1천여 명이 쿠바에 입국하고, 중국인 관광객 수천 명이 몰려오는 상황에서 중국계 쿠바인은 중국 정체성을 가지고 북경어(쿠바 이민자들은 대부분 광둥 성 같은 남부 출신으로 광둥어를 사용했다)를 배워 이를 이용함으로써 경제적 이익을 얻을 수 있다. 즉, 중국계 정체성에 전혀 관심이 없던 혼혈 중국계는 이제 문화적·경제적 혜택 때문에 적극적으로 관심을 가지게 되었다. 앞으로 중국과의 교류가 확대될수록 이러한 경향은 강화될 것이다.

Chang, Ching Chieh. 1956. "The Chinese in Latin America. A Preliminary Geograph-
ical Survey with Special Reference to Cuba and Jamaica." *Tesis de Doctorado.*
University of Maryland.

Consuegra Sanfiel, Alberto. 2009. "Las sociedades chinas de La Habana. Una mirada
histórica desde presente." *Humania del Sur,* Año 4, No.7, julio-diciembre, pp.
65~81.

Garcîa, Cristina. 2003. *Monkey Hunting.* New York: Knof.

Herrera Jerez, Miriana and Mario Castillo Santana. 2003. *De la memoria a la vida pú
blica: identidades, espacios y jerarquîas de los chinos en la Habana republicana
(1902-1968).* Havana: Centro de Investigación y Desarrollo de la Cultura Cubana
Juan Marinello.

Hu-DeHart, Evelyn. 2004. "El Caribe. Los culîes, los tenderos y sus descendientes."
BID. *Cuando Oriente llegó a América. Contribuciones de inmigrantes chinos,
japoneses y coreanos.* Washington, D.C.: BID, pp. 15~34.

_____. 2010. "Indispensable Enemy or Convenient Scapegoat? A Critical Examination
of Sinophobia in Latin America and the Caribbean, 1870s to 1930s." Walton Look
Lai and Tan Chee-Beng(ed.). *The Chinese in Latin America and the Caribbean.*
The Netherlands: Brill, pp. 65~102.

Jiménez Pastrana, Juan. 1983. *Los chinos en la historia de Cuba, 1847-1930.* La
Habana: Ed. Ciencias Sociales.

Jiménez Rojas, Yanet. 2007. *Las sociedades chinas: pasado y presente.* Habana: Casa
de Altos Estudios Don Fernando Ortiz.

Johnson, Howard. 1983. "The Anti-Chinese Riots of 1918 in Jamaica." *Inmigrants and*

Minorities, Vol.2, No.1, pp. 53~64.

Lind, Andrew. 1958. "Adjustments Patterns Among the Jamaican Chinese." *Social and Economic Studies*, Vol.7, No.2, pp. 152~160.

López, Kathleen. 2010. "The Revitalization of Havana's Chinatown: Invoking Chinese Cuban History." Walton Look Lai and Tan Chee-Beng(ed.). *The Chinese in Latin America and the Caribbean*. The Netherlands: Brill, pp. 211~236.

Núñez Jiménez, Antonio. 1982. *Wilfredo Lam*. La Habana: Letrs Cubanas.

Sarduy, Severo. 1994. *From Cuba with a Song*. Los Angeles: Sun An Moon Press.

온라인 자료

Atlantic Unbound. 2003. "The Nature of Inheritance. A Conversation with Cristina García." www.theatlantic.com

Waters, Mary-Alice. 2011. "The Unique History of Chinese in Cuba: from independence wars to socialist revolution." *The Militant*, Vol.75, No.30, August 22. http://www.themilitant.com/2011/7530/753050.html

Wikipedia. 2015. "Chinese Caribbean." https://en.wikipedia.org/wiki/Chinese_Caribbean

제14장 라틴아메리카의 마지막 아시아계 이민자, 브라질과 아르헨티나의 한인

1. 라틴아메리카에서 한인의 의미

라틴아메리카에서 한국인의 이민은 같은 아시아계인 아랍인, 유대인, 중국인, 일본인에 비해 훨씬 늦게 시작되었다. 다른 아시아계의 라틴아메리카 이민 역사가 최소 100년을 넘은 것에 비해 한국인의 이민 역사는 이제 겨우 50년이 되었을 뿐이다. 이민자 수도 그들에 비해 상대적으로 적다.

그런데도 아르헨티나, 브라질 등에서 한국인은 짧은 시기에 경제적으로 가장 성공한 이민자 그룹으로 분류된다. 브라질에서 한인은 봉제업을 기반으로 한 의류 사업을 통해 '봉헤치루Bom Retiro의 신화'를 이루었고, 아르헨티나에서는 대표적인 의류 상권인 온세Once와 아베자네다Avellaneda 구역을 장악해 '한인현상fenómeno coreano'을 만들어냈다. 사실상 이제 한인은 유대인과 아랍인에 이어 섬유업의 생산과 판매를 지배하는 종족이 되었다. 브라질과 아르헨티나에서 이룬 한인의 경제적 성과는 가장 짧은 기간에 이루어졌다는 점에서 다른 어떤 이민자 종족에 비해 성공적인 결과였다고 할 수 있다.

반면 경제적 부상에도 불구하고 다른 아시아계와 비교해서 한인의 전문직 또는 정치적 진출은 아직 미약한 수준이다. 물론 판사나 검사 같은 공직에 진출한 한인 후손이 생겨났고, 의사, 변호사, 교수 등 전문직 진출이 증가하고 있으며, 문화 분야에서도 현지 사회의 인정을 받는 탁월한 인물이 배출되고는 있지만 한인의 전체적인 영향력은 아직 다른 아시아계에 비해 매우 떨어진다.

2. 소수 종족으로서 한국인

라틴아메리카의 한국인

중남미에 거주하는 한국인 '재외 동포' 수는 2013년 기준 11만 1156명으로 전체 재외 동포 701만 2492명의 1.59%에 불과하다.* 하지만 국가별로 보면 중남미의 동포가 브라질, 아르헨티나, 과테말라, 멕시코에 집중되어 있기 때문에 이들 나라의 동포 수가 다른 나라의 동포 수에 비해 결코 적은 편이라고는 할 수 없다.

브라질의 동포 수는 다수의 재외 동포가 거주하는 국가 순위에서 중국, 미국, 일본, 캐나다, 러시아, 우즈베키스탄, 호주, 카자흐스탄, 필리핀, 베트남에 이어 11위이고, 아르헨티나는 16위, 과테말라는 23위, 멕시코는 24위이다. 어쨌든 중남미 재외 동포의 약 87%가 이들 4개국에 집중되어 있다. 특히 브라질에만 44.54%가 집중되어 있으며, 심지어 그중 상파울루에 중남미 전체 이민자의 43.6%가 몰려 있다. 따라서 중남미 전체 재외 동포의 거의 절반이 상파울루에 거주한다고 해도 과언이 아니다.

그런데도 이들 국가에서 한국인이 차지하는 비율은 전체 인구의 0.1%가 되지 않을 정도로 낮다. 인구 비중을 고려하면 거의 의미 없는 수준이다. 중남미

---

* 전체 재외 동포 수는 2007년 704만 1684명에서 약간 감소한 것에 비해, 중남미의 재외 동포 수는 2007년 10만 7594명에 비해 약간 증가했다.

<表 14-1> 중남미의 재외 동포 수(2013)

국가		재외 동포 수(명)	백분율(%)
총계		111,156	100
브라질	상파울루 주	48,468	43.60
	나머지 지역	1,043	0.94
	소계	49,511	44.54
아르헨티나		22,580	20.31
과테말라		12,918	11.62
멕시코		11,364	10.22
파라과이		5,126	4.61
칠레		2,575	2.32
페루		1,337	1.20
에콰도르		930	0.84
콜롬비아		890	0.80
니카라과		648	0.58

주: 10개국 순서는 동포 수가 많은 순이다.
자료: 외교부(2013: 20).

의 한국인 대부분이 집중되어 있는 상파울루와 부에노스아이레스 지역만 놓고 보더라도 한인 수는 지역 전체 인구의 각각 0.4%, 0.7% 정도에 불과하다. 이는 브라질 전체 인구의 약 5%를 차지하는 아랍계나 부에노스아이레스 시의 약 6%를 차지하는 유대계에 비해 매우 작은 규모다. 심지어 브라질 전체 인구의 0.8%에 달하는 일본계에 비해서도 훨씬 작은 규모다.

물론 이러한 한국인 재외 동포 수는 아랍계나 유대계, 일본계, 중국계에 비해 보수적으로 계산된 측면이 있다. 왜냐하면 국적에 기반을 둔 한국의 재외 동포에 대한 정의가 상대적으로 제한적이기 때문이다. 법무부 '재외 동포의 출입국과 법적 지위에 관한 법률(재외 동포법)' 제2조 '정의' 항목을 보면 재외 동포란 아래의 두 항목에 속하는 경우를 말한다.

　　① 대한민국의 국민으로서 외국의 영주권을 취득한 자 또는 영주할 목적

　　　　　　제3부 라틴아메리카의 동아시아계

으로 외국에 거주하고 있는 자("재외국민")

②대한민국의 국적을 보유하였던 자(대한민국정부 수립 전에 국외로 이
주한 동포를 포함한다) 또는 그 직계비속으로서 외국국적을 취득한 자
중 대통령령으로 정하는 자("외국국적동포")

혈통 또는 문화적·종교적 정체성을 중시하는 유대계나 출신 지역에 따라
광범위하게 정체성을 규정하는 아랍계와 달리 국적 보유 여부를 중시하는 한
국의 재외 동포 분류는 그 범위가 상대적으로 제한적일 수밖에 없다. 예를 들
어 유대계는 부모나 조부모 중 한 명이라도 유대인 혈통을 가진 사람으로서
스스로 유대인 정체성을 주장하면 과거의 국적 소유 여부와 관계없이 모두 유
대인으로 간주한다. 아랍계 또한 중동 지역 출신자 후손이라면 광범위하게 아
랍계로 규정한다. 즉, 이들의 종족적 정체성의 범위는 한국의 재외 동포 정의
에 비해 훨씬 광범위하다.

어쨌든 중남미의 한인이 집중된 브라질과 아르헨티나에서조차 수적 측면에
서 한인은 다른 아시아계 종족에 비해 상대적으로 영향력 있는 종족이라고 볼
수 없다.

새로운 경향: 미국, 캐나다, 멕시코 또는 한국으로 재이주

1980년대에 들어 외채 문제로 이른바 '잃어버린 10년'을 겪게 된 라틴아메
리카 국가들은 이제 이민 유입국에서 이민 유출국이 되었다. 브라질인이 유럽
이나 미국, 캐나다 등으로 이주하는 상황에서 브라질에 거주하는 한인이 그러
한 흐름에 예외일 수는 없었다. 브라질 내 한인의 재이주는 1990년대 들어서
도 지속되었으며, 특히 1998년 헤알화 위기 때 더욱 심화되었다.

하지만 브라질 한인의 재이주는 대규모로 발생하지 않았다. 또한 한국이나
인근 국가 등에서 지속적으로 유입되는 수도 많았기 때문에 위기 이전과 이후
에 브라질 내 한인 수는 큰 차이를 보이지 않는다. 1997년 브라질 한인 수는 4

만 4201명에서 2005년 5만 296명으로 오히려 14% 정도 증가했다(외교통상부, 2005). 2013년 기준 브라질 한인 수는 4만 9511명으로, 2005년에 비해 약간 감소했지만 비슷한 수준을 유지하고 있다.

1989년 아르헨티나에서도 알폰신 정부의 아우스트랄 플랜Austral Plan* 실패 이후 인플레이션 심화 등 경제가 위기에 처하자 한인은 미국이나 캐나다 또는 한국으로 재이주를 시작했다. 특히 2001년 아르헨티나 경제 위기 이후 역대 최대 규모의 재이주가 발생했다. 이에 따라 아르헨티나 한인 수는 1999년 3만 1248명에서 2003년 1만 5500명으로 50% 정도가 급감했다. 이것의 영향으로 아르헨티나에서 한인 상가가 밀집해 있던 온세 또는 아베자네다에서는 문을 닫는 상점이 늘어났다. 이때 아르헨티나 한인 상당수가 멕시코로 이주했기 때문에 멕시코 한인 수는 1999년 2379명에서 2001년 한때 1만 9500명으로 급증하기도 했다(외교통상부, 2005). 그러나 그 후 아르헨티나 경제가 다시 호전되면서 떠났던 이민자들이 돌아오기 시작했다. 특히 멕시코로 떠났던 아르헨티나 한인 대다수는 다시 아르헨티나로 돌아왔다. 따라서 아르헨티나 한인 수도 조금씩 증가해 2013년에는 2만 2580명이 되었다.

3. 실패가 예정된 농업 이민

가장 짧은 이민 역사를 가진 한인: 1963년 브라질 농업 이민으로 시작

한국인의 중남미 이민은 1905년 멕시코 유카탄 반도로 이주한 1033명에서 시작되었다. 그들은 4년 계약노동자 자격으로 에네켕 농장에 들어왔다. 계약

----

* 외채 위기와 인플레이션을 극복하기 위해 IMF의 신자유주의 처방을 대신해 적용된 구조주의적 안정화 정책이다. 아우스트랄은 새로운 화폐의 이름이다. 미온적 처방으로 인플레이션을 잡는 데 실패했고 그 후로는 아르헨티나도 결국 IMF의 안정화 정책을 받아들였다.

노동제는 1874년 중남미에서도 중국인 쿨리 무역이 중단된 이후 사실상 종식된 상태였다. 따라서 19세기 후반 이후 멕시코를 비롯한 중남미 국가로 향한 아시아계의 이주는 대부분 자발적인 성격을 띠었다.

하지만 한국인의 유카탄 이주는 19세기 쿨리의 계약노동제와 유사한 형태로 이루어졌다. 따라서 20세기 초 쿠바의 사탕수수 농장주들은 유카탄에서 계약이 만료된 이들을 기꺼이 쿠바로 재유입하려 했다. 1905년에 이루어진 계약노동제에 따른 이주는, 비록 계약 기간이 다소 짧아졌다고는 하지만, (19세기 페루와 카리브 지역 국가에서 중국인 쿨리의 계약 기간은 대부분 8년 정도였다) 그 당시 대부분 중남미 국가에서 진행된 이민의 성격과는 다른 예외적인 경우였다.

따라서 거의 사기에 가까웠던 멕시코 계약노동제 이민은 지속되지 못하고 첫 회에 그치고 말았다. 그 후 오랫동안 한국인의 중남미 이주는 중단되었다. 한국인의 중남미 이주가 다시 시작된 것은 한참 후의 일이다. 한국인이 본격적으로 이주한 시기는 다른 아시아계에 비해 훨씬 늦게 시작되었다. 아랍인이나 유대인은 물론 중국인이나 일본인도 이미 19세기에 중남미로 이주를 시작한 것에 비해 한국인의 공식적 이주가 시작된 시점은 불과 1960년대 초의 일이다. 따라서 2013년에야 브라질의 한인은 겨우 이민 50주년 기념식을 가졌으며, 아르헨티나 한인은 2015년에 이민 50주년 기념식을 가졌다. 아랍인, 중국인, 유대인에 비해 중남미 이주가 상대적으로 늦었던 일본인 역시 2008년에 브라질 이주 100주년 기념식을 개최한 사례와 비교하면 중남미에서 한인의 이민 역사는 다른 아시아계에 비해 매우 짧다.

1956년 남한도 북한도 아닌 제3세계를 선택한 한국인 전쟁 포로 50명이 브라질에 입국한 사례가 있지만 공식적으로 한국인이 브라질로 처음 이주한 시기는 1963년이다. 당시 군사 정변 이후 설립된 군사정권은 인구 과밀을 해소하고 군 내부의 소외 세력을 정리하는 차원에서 해외 이주 정책을 적극적으로 추진했다(손정수, 2007: 143).

당시 미국 이민은 이민자 수가 엄격히 제한되어 있었기 때문에 브라질이 한인의 새로운 이민국으로 각광받기 시작했다. 당시 브라질은 산업화가 본격적으로 전개되는 등 경제가 활성화되고 있었다. 또한 브라질은 처음에 이전 일본인의 성공적인 이민의 영향으로 같은 동아시아인인 한국인의 이민에도 긍정적인 시각을 가지고 있었다. 1959년 중남미 국가 중 브라질이 최초로 한국과 수교했으며, 1962년에는 주 브라질 한국 대사관이 설치되었다. 이런 조건에서 1963년 한국인 17세대의 92명이 농업 이민 자격으로 브라질에 입국했다. 이는 중남미에서 이루어진 한국인 최초의 공식 이민이었다.

한편 아르헨티나에서 한국인의 이민이 공식적으로 이루어진 시기는 브라질보다 2년 늦은 1965년이었다.* 1965년 10월 14일 한국인 13가구가 정부 간 협약에 따라 농업 이민 형태로 아르헨티나에 입국했다. 역사적으로 아르헨티나는 유럽인의 이민을 더 선호했다. 동아시아인의 이주에 대해서는 중남미 국가들 중에서 가장 비우호적이었다. 따라서 아르헨티나의 중국인 이민자 수는 브라질은 물론이고 콜롬비아, 파나마, 페루, 베네수엘라보다 적고, 일본인 이민자 수도 브라질, 페루, 멕시코보다 적다. 그런데도 광대한 미개척지를 소유한 아르헨티나는 농업 이민에 한해서, 비록 까다로운 조건을 제시했지만, 한국인에게 특별히 제한을 두지는 않았다. 한국인의 아르헨티나 이주도 이러한 배경에서 시작될 수 있었다.

준비 없이 이루어진 브라질 농업 이민

한국인의 브라질 농업 이민은 1963년 1차 이민단 이후 1968년 브라질 정부가 한국인의 농업 이민을 금지하기까지 다섯 차례에 걸쳐 이루어졌다. 한인의 브라질 이민은 1920년대 일본인 이민단에 포함되어 브라질로 간 일본 국적의

------

* 1950년 이전 아르헨티나에는 한국인 남성 2명과 여성 1명이 거주했다고 한다. 1956년에서 1957년 사이에는 제3세계를 원한 전쟁 포로 가운데 12명이 아르헨티나에 입국한 바 있다(이교범, 1992).

한인 김수조 개인 차원의 이민 사업 목적과 5·16 군사 정변 이후 정부 차원에서 추진한 이민 정책이 어우러져 진행되었다.

현지에서 이민을 추진했던 김수조는 사전 기반 시설을 준비하지 않은 채 단지 정착지로서 불모지를 매매하려고만 했다. 따라서 이 사실을 안 1차 이민단은 개척지에 가보지도 않고 뿔뿔이 흩어졌다. 그들은 일본인 농장에서 일하거나 자본을 가진 사람들은 상파울루 인근에 토지를 매입해 자영농을 시작했다.

1차 이민을 희망한 116세대 중 먼저 떠난 17세대를 제외한 나머지 세대로 구성된 2차 집단 농업 이민 역시 정착지의 열악한 상황 때문에 실패했다. 이민자들은 농업을 시도해보기도 전에 선금까지 지불한 농장을 포기하고 도시인 상파울루 시에 정착했다. 상파울루 내 브라질 한인 사회도 이들을 중심으로 시작되었다.

3차와 4차 이민도 이민 중재를 통해 돈을 벌려는 사람과 농업 개척이 목적이라기보다 한국 출국 자체가 목적이었던 사람의 필요가 맞아 떨어져 정착지 조건과 토지 소유권에 대한 사전 조사 없이 이루어졌다. 따라서 이들 역시 결국 본래의 목표인 농업 이민을 성공적으로 이룰 수 없었다.

국제가톨릭이민협회 한국 지부가 주도한 5차 이민도 전체적으로 성공적이라고는 할 수 없지만, 그중 일부인 17가구가 파라나 주, 티바히Tibagi 시, 산타마리아의 농장에 정착해 토지 소유권을 인정받고, 협동조합을 설립하고, 상파울루 시 백화점 등에 한국 음식 식재료도 공급하는 등 부분적인 성공을 거두었다(Freitas, 2004: 300).

정부 주도로 척식회사의 체계적 지원 아래 충분한 사전 조사 후 집단 거주지를 매입하고, 이를 이민자에게 무상으로 배분하고, 하부구조까지 갖춰져 있던 일본인의 농업 이민과 달리 한인의 브라질 농업 이민은 거의 아무런 준비 없이 이루어졌다. 따라서 브라질 농업 이민의 실패는 이미 예정되어 있었다고 해도 과언이 아니다.

5차에 걸친 한국인의 집단 농업 이민이 원래 목적과는 달리 진행되자 결국

1968년 브라질 정부는 한국인의 농업 이민을 금지했다.

황무지 개척에 역부족이었던 아르헨티나 농업 이민

브라질 농업 이민이 현지 한인의 사업 목적과 정부 차원의 정책에 따라 이루어졌다면, 아르헨티나 이민은 브라질보다 아르헨티나를 선호한 한인이 민간 차원으로 세계기독교봉사회 한국 지부를 통해 아르헨티나 정부와 교섭함으로써 시작되었다. 따라서 정착지 땅을 매입해야 했던 브라질 이민과 달리 아르헨티나에서는 정부가 무상 임대하는 조건으로 개척지를 제공했다. 따라서 이민 초기 개척지에 대한 아르헨티나 이민자의 원망은 브라질만큼 크지는 않았다(손정수, 2007: 148).

하지만 농사를 짓기 위한 조건은 브라질에 비해 별반 다르지 않았다. 브라질과 달리 아르헨티나 이민은 사전에 이민 단원에게 기술 교육도 실시하고, 농업이나 의료 전문 인력 영입도 시도하는 등 나름대로 준비했지만 결과는 크게 다르지 않았다. 물론 브라질과 달리 1965년 10월 14일 아르헨티나로 이주한 한국인 최초 이민자 13가구는 현지 정부가 제공한 리오 네그로 주 포모나 시의 라마르케 농장에 가서 농업을 시도하기는 했다. 하지만 한국에서 가져온 손수레, 곡괭이, 삽, 호미만으로 광활한 황무지를 개척하는 것은 사실상 무리였다. 자금 부족과 주변 환경에 대한 무지도 실패의 주요한 요인이었다. 한국 대사관의 지원으로 개척 장비를 구입하고, 현지 정부에게서 트랙터도 지원받았지만 그것마저 역부족이었다. 따라서 아르헨티나의 한인 이민자도 결국 농업에 실패하고 인근 농장에서 날품을 팔거나 도시로 이주할 수밖에 없었다.

그 후 1966년 부산 출신 이민자 7세대가 라마르케에 입주해 공동 영농 형태로 토마토 등을 재배했으나 역시 만족할 만한 수익을 올릴 수는 없었다. 이들 역시 황무지에서 수익성 있는 농업을 발전시키기에는 역부족이었다. 1968년에는 해외개발공사 주도로 영농 기술자를 포함한 이민단이 구성되어 마찬가지로 라마르케 농장에 투입되었으나 역시 수익성 부족으로 단원들의 기대를 충족하지 못했다. 1971년 해외개발공사는 부에노스아이레스에 청과물 도매상점을 열어 라마르케 농장의 생산품을 직거래하는 방식을 통해 수익성을 높이려는 시도를 했으나 수확에서의 문제, 개발공사와의 불화 등으로 성공을 거두지 못했다. 결국 일부만 라마르케 농장에 남고 대부분 부에노스아이레스로 재이주하면서 사실상 아르헨티나의 농업 이민도 실패로 돌아가고 말았다.

결론적으로 브라질 농업 이민의 경우 사실상 농사를 짓기 어려운 땅을 이민자에게 넘기려는 이민업자의 농간이 실패의 주요한 요인이었다면, 아르헨티나의 경우 농업의 채산성 부족이 문제였다. 브라질과 아르헨티나 모두 농업이 발전하고 이 분야에서 국제적 경쟁력을 가진 나라이지만 이는 대규모 수출 농업에 해당하는 이야기이고, 소규모 자본의 농업인 경우 채산성이 매우 떨어진다. 따라서 이러한 형태의 농업 붕괴는 비단 한국인뿐만 아니라 현지인에게도 불가피한 현상이었다. 물론 브라질의 일본계처럼 도시 근교농업을 성공적으로 이룬 경우도 있지만, 이는 오히려 예외적인 경우라고 할 수 있다.

물론 한국인의 농업 이민 실패에는 농업에 대한 이민자의 의지 부족과 "노다지 꿈"이라는 요인도 작용했다(손정수, 2007: 166). 이민자 대부분이 농사 경험이 없는 도시 출신의 상인 또는 군인 출신으로 애당초 농업에 대한 확고한 의지와 준비가 없었다. 게다가 정부의 체계적인 지원도 없이, 민간 차원에서 소규모 자본으로 시작되었기 때문에 남미 농업 이민의 실패는 이미 예견되어 있었다고 해도 과언이 아니다. 오히려 열악한 농업을 과감히 버리고, 일찌감치 도시로 나와 새로운 살길을 찾아간 것은 이민자 입장에서 올바른 선택이었는지도 모른다.

4. 가장 짧은 시기에 이룩한 경제적 성공

브라질: 봉헤치루의 신화

농업 이민이 중단된 이후에도 한인의 브라질 이민은 계속되었다. 1970년 브라질에 한국해외개발공사* 지사가 설립되었으며, 이를 통해 태권도 사범 또는 대학 졸업자 약 1400명이 노동계약으로 브라질로 이주했다. 이들 중에는 남대문 시장이나 동대문 시장에서 전문 의류업에 종사했던 사람도 있었는데, 이들은 브라질에서 한인의 의류업이 발전하는 데 밑거름이 되었다. 그러나 이러한 노동계약을 통한 이주도 1972년 브라질 정부의 금지 조치로 중단되었다.

그 후에도 한국인의 이주는 계속되었는데, 불법적인 방법으로 인근 파라과이나 볼리비아를 통해 브라질이나 아르헨티나로 들어왔다.** 한 조사에 따르면 1980년 브라질 정부가 불법 이민자를 사면할 당시 상파울루 주에만 불법 외국인 거주자 1만 5351명이 있었는데, 그중에서 파라과이를 통해 이주한 한국인 수만 4500명에 달했다고 한다. 1988년에도 브라질 정부는 불법 이민자에게 임시 영주권을 부여해주었는데, 이때도 한국인 약 4천 명이 혜택을 받았다(Choi, 1991; Freitas, 2004: 300에서 재인용).

발행 부수 기준으로 브라질 최대 잡지인 ≪베자Veja≫는 1998년 "브라질 내 한국인들의 수수께끼O enigma dos coreanos no Brasil"라는 제목을 단 기사에서 연방 경찰의 계산을 인용해 브라질에 합법적 이민자 4만 5천 명 외에 불법 이민자 3만 5천 명이 거주한다고 말했다. 그리고 그중 상당수는 여전히 한국인이라고 했다(Veja, 1998).

한인 불법 이민자는 브라질 내 한인의 이미지에 부정적인 영향을 주었지만

---

* 한국인의 해외 이주나 해외 취업 등을 지원하기 위해 1965년에 설립되었으나 1991년부터는 저개발국 무상 협력을 지원하는 외교부 산하 기관으로 재편되었다.
** 한국 정부 역시 불법 이민 문제를 해결하고, 한국인에 대한 부정적 이미지를 불식하기 위해 1977년 자국민의 남미 이민을 금지했다.

한편으로 값싼 동족 노동력을 제공해 한인의 의류업이 발전하는 데 크게 기여했다.* 물론 불법 이민자도 처음에는 한인의 공장이나 상점에서 일했지만 얼마 지나지 않아 대부분 어떤 방법으로든 자신의 사업체를 운영했다.

어쨌든 농장 생활을 포기하고 상파울루에 모여들었던 브라질 한인 이민자들은 대부분 의류업을 통해 성장했다. 물론 처음에는 담배 가게, 야채 가게, 소규모 상점, 식료품 가게 등 개인 자영업(상업)에 종사했다. 1970년대 중반까지는 대규모 슈퍼마켓이 없었기 때문에 이런 소규모 상점이 번성할 수 있었다. 1970년 중반 이후부터는 의류 제조와 판매가 한인의 주된 사업이 되었다.

초기 의류 사업은 일본인이 주로 거주하는 리베르다지 주변에서 시작되었다. 처음에 그들은 의류 생산업자와 소매업자 사이의 중개상인으로 시작했으나, 곧 재봉틀을 마련해 가내공업 형태의 봉제업을 시작했다. 그들은 가내공업으로 의류를 제조해 행상을 통해 판매했다.

한인이 단기간에 경제적으로 부상할 수 있었던 주요한 요인 가운데 하나는 그들이 누구 밑에서 일하기보다 작은 규모라도 스스로 주인이 되어 자신의 사업을 운영했다는 점이다. 한인이 자영업을 시작하는 데 중요한 역할을 한 것은 '계'다. '계'는 한인회, 교회와 함께 한인 공동체의 중요한 구심점이었다. 현지 은행에서 신용을 획득하는 것이 쉽지 않았던 한인은 주로 한인들 사이의 계를 통해 자영업에 필요한 자본을 마련할 수 있었다. 즉, 계는 한인이 다른 사람에게 종속되어 일하지 않고 대부분 자영업으로 나아가는 데 결정적인 기여를 했다.

1960년대 말부터 유대인이 장악하고 있던 봉헤치루나 아랍인이 장악하고 있던 브라스Brás로 한인이 진출하기 시작했다. 이 구역은 상파울루 시외버스 터미널, 기차역과 가까운 지역으로, 여기서 물건을 뗀 후 내륙 지역에 판매하는 유대인 상인과 아랍인 상인이 붐비는 곳이다. 처음에 한인의 의류 제조업

----

* 브라질 언론은 이를 두고 동족 '노예'라고 비판하기도 했다.

은 유대인이나 아랍인 상인에게 물건을 납품하는 수준이었다. 이후 1960년대부터 유대인과 아랍인이 고급 브랜드 의류나 건설업 등으로 사업을 이전하고, 또 그들의 후손이 대학 졸업 후 전문직에 진출해 부모의 의류 제조업을 물려받지 않음으로써 이 분야는 한인에게 점차 이전되었다. 한인은 봉제업(현지에서는 '제품'이라고 함)을 통해 자본을 축적하고, 이를 기반으로 상점을 개업해 판매에 직접 뛰어들었다. 그 결과 1990년대에 한인의 90%가 의류 제조나 판매업에 종사했으며, 2000년대에 들어서도 약 70%가 의류 관련 사업에 종사하고 있었다(Freitas, 2004: 302~304).

게다가 유대인이 고급 주거 지역으로 이사하면서 유대인이 지배적이던 봉헤치루는 점차 한인 타운으로 변모해갔다. 단지 한인 의류 상점만 있었던 봉헤치루는 이제 한국 식료품점, 한국 식당, 한국 제품 판매점 등이 밀집된 진정한 한인 타운이 되었다. 이에 따라 2010년 상파울루 지방정부는 봉헤치루를 한인 타운으로 공식 지정했다. 이는 인구 170만 명 이상으로 브라질 사회에 깊이 뿌리 내린 일본인이 집중된 '리베르다지'를 일본인 타운으로 지정한 것에 이어서 두 번째로 소수 종족의 타운을 지정한 사례였다. 즉, 브라질 당국에 의해 상파울루에서 한인의 존재가 공식적으로 인정된 것이다.

의류 산업에서 한인은 지속적인 혁신과 과감한 투자를 통해 경쟁력을 유지했다. 1980년대 후반부터는 상가 건물도 매입하기 시작했다. 이전까지 상가 건물의 소유주는 대부분 유대인이었는데, 점차 한인이 그 상가들을 매입하기 시작했다. 나아가, 새로운 상가를 건설하기도 했다. 봉헤치루 상가의 높은 임대료 때문에 한인들이 인근 지역에 직접 설립한 루스Luz 쇼핑센터에는 100여 개의 의류 상가와 식당이 입점해 있다. 이 중 80% 이상은 한인 소유의 상점이다. 이들 상가에서는 주로 점포를 소유한 한인이 매장을 직접 운영한다. 이렇게 한인의 사업은 가격경쟁력 유지 차원에서도 이점을 가질 수 있었다.

한인의 의류 제조업은 혁신을 통해 이전에는 고급 쇼핑센터에서만 판매되던 최신 유행의 고급 의류를 직접 제조함으로써 대중화되기 시작했다. 한인은 자신들이 제조한 상품이 가격뿐만 아니라 질적 측면에서도 우수함을 알리기 위해 끊임없이 노력했다. 예컨대, 이원규가 운영하는 패션 기업 콜린스Collins 는 연 매출 1억 달러 이상을 올리는 브라질 패션 산업의 선두 주자가 되었다. 나아가 중간 판매상을 없애고 소매상과 직거래를 통해 유통망을 혁신했다. 특히 2000년대부터 한인은 고급 패션 의류의 생산과 판매에 집중하기 위해 봉헤치루의 상점을 높은 천장과 화려한 쇼윈도show window로 개조해 진정한 명품 상가로 변모시켰다.

한인 1.5세대 또는 2세대 상당수는 현지에서 대학 졸업 후 전문직을 선택하기보다 부모의 사업을 물려받았다. 최금좌는 이러한 과정이 브라질 한인 의류업의 발전에 크게 기여했다고 주장한다.

> 1980년대 브라질은 '잃어버린 10년'이라는 재정적 위기를 겪었지만, 재브라질 한인 사회는 이 시기에 오히려 성장하였다. 왜냐하면 전문직으로 진출해 있던 1.5세들이 구조 조정의 첫 번째 대상으로 직장을 잃고, 한인 사회에 흡수되었기 때문이다. 이들의 제품업 진출은 한인 사회의 번영을 가져왔다(최금좌, 2007: 223).

이들은 노동 집약적인 봉제업을 하청으로 해결하고 자신들은 주로 디자인과 재단, 판매에 집중했다. 특히 세계적인 최신 트렌드를 파악해 유행에 맞는 패션 상품을 개발했다. 계절이 다른 유럽, 미국, 한국 시장에서 유행했던 상품이 6개월 후 그대로 브라질 시장에 등장했다. 첨단 기술을 도입하기 위한 투자도 확대했다. 이를 통해 단순 의류 제조업뿐만 아니라 방적, 제직, 염색 등 섬유업의 다방면으로 사업 영역을 확대했다.

이뿐만 아니라 미주 지역의 한인 의류업자와 네트워크를 형성하고, 메르코수르Mercosur*를 계기로 수출도 확대했다. 그들은 인근에 위치한 볼리비아, 파라과이, 아르헨티나, 페루 등 라틴아메리카 국가들을 비롯해 유럽에까지 원단을 수출했다.

그 결과 1990년대 이후 한인은 사실상 유대인과 아랍인을 대신해 브라질의 섬유 산업을 지배하기 시작했다. 재브라질상공회의소에 따르면 한인은 2004년 당시 브라질 여성 의류의 60%, 원단의 40%를 생산했으며, 봉헤치루 상권의 65%(2천 개 중 1300대), 브라스 상권의 33.3%를 장악했다고 한다(재브라질상공회의소, 2004; 최금좌, 2013: 49에서 재인용).

결국 브라질의 한인이 짧은 시기에 경제적 성공을 거둘 수 있었던 이유는 무엇보다 원래의 이민 목적이었던 수익성 낮은 농업을 과감히 포기하고, 도시로 나가 자신들이 가장 잘할 수 있는 업종을 선택한 것이다. 게다가 한인은 특유의 성실성을 무기로 이민 초기에 가내공업 수준의 의류 봉제업을 통해 자본을 축적할 수 있었다. 한인 불법 이민자가 계속 유입되어 값싸고 성실한 동족노동력을 쉽게 공급받을 수 있었던 것도 초기 노동 집약적인 봉제업이 성공하는 데 중요한 요인이 되었다. 나아가 한인이 단순한 하청업에 머물지 않고 의류의 유통과 판매에 직접 뛰어든 것도 성공의 또 다른 중요한 요인이다. 이는 의류 분야에서 유대인과 아랍인을 대신해 한인이 주도권을 장악하는 데 크게 기여했다. 마지막으로 현지에서 대학을 졸업한 1.5세대의 의류 산업 진출은 브라질 한인의 의류 사업이 확대 발전하는 데 결정적인 기여를 했다. 이들은 기술 혁신과 첨단 기술 도입, 사업 다각화 등에 집중적으로 투자해 브라질 한인의 의류 사업을 획기적으로 발전시키는 데 중요한 역할을 했다.

아르헨티나: 아베자네다의 '한인 현상'

초기 이민자의 농업 실패에도 불구하고 1983년까지 아르헨티나로 향한 한

---

* 메르코수르는 '남미공동시장(Mercado Común del Sur)'의 약자로 1991년 브라질, 아르헨티나, 파라과이, 우루과이 4개국의 관세동맹 형태로 시작했다. 지금은 베네수엘라와 볼리비아를 더해 6개국이 회원국으로 가입되어 있다.

국인의 농업 이민은 계속되었다. 그들은 과일 재배, 양계장 등 다양한 시도를 했으나 결국 실패하고 대부분 도시로 이주했다. 부에노스아이레스에 온 한국 인은 버스 노선을 따 속칭 '109촌'이라 불리는 리바다비아Rivadavia 구역에 자리 잡았다. 여기서 한국인은 집에서 가내공업 수준의 봉제나 편물을 시작했다. 이 지역은 초기 한인 이민자의 거주지인 동시에 일터가 되었다.

당시 아르헨티나의 의류 상권은 유대인이 장악하고 있었다. 따라서 이민 초 기에 한인은 대부분 유대인의 하도급으로 스웨터, 블라우스, 와이셔츠 등을 만드는 편물이나 봉제업에 종사했다. 자금력이 부족한 당시 한인이 노동 집약 적인 업종을 선택한 것은 적절했다. 유대인은 재봉틀이나 편물기로 밤낮없이 일하는 가내공업 형태의 한국인의 작업 시스템을 선호했다. 한인의 대표자가 일을 받아 오면 옷의 색깔과 모형에 따라 각각의 집으로 작업을 나눠 효율적 으로 실행했다. 한인의 근면성은 당시 열악한 조건에서 살아남기 위한 필수 조건이었다. 또한 '계'와 같은 공동체 연대망은 초기 자본 형성에 중요한 역할 을 했다. 당시 아르헨티나에서는 임금 상승의 영향으로 노동 집약적인 편물, 봉제업이 사양화되고 있었는데 한국인 이민자의 유입은 사양화되고 있던 아 르헨티나의 의류 산업에 새로운 변화를 가져다주었다(Bialogorski, 2004: 283).

이에 따라 1978년 당시 아르헨티나 거주 한인 약 5천 명 가운데 48%가 편 물업, 28%가 봉제업에 종사한 것으로 나타난다. 처음에는 편물업이 압도적이 었지만 점차 봉제업이 대등한 수준으로 발전했다(서성철, 2007: 269).

하지만 얼마 지나지 않아 일부 경험과 자본을 축적한 한인들이 직접 기업을 설립하고 자체 판매망을 확보했다. 이로써 한인의 봉제업은 유대인의 하도급 수준에서 벗어날 수 있었고 한인들 사이에서도 하도급 생산과 소매 판매망이 형성되었다. 이후 여전히 많은 한인이 봉제업에 종사했는데, 일이 많아지면서 아르헨티나 현지인이나 볼리비아의 불법 이민자를 고용하기도 했다.

아르헨티나에서 한인의 봉제업은 1980년대 중반 이후 한인의 투자 이민이 증가하면서 획기적으로 발전했다. 당시 아르헨티나 정부는 한국인의 농업 이민을 금지하고, 대신에 투자 이민을 허용했다. 투자 이민은 당시 돈으로 3만 달러를 아르헨티나 은행 뉴욕 지점에 입금할 경우 허용되었다. 그 결과, 1980년에서 1988년 사이 한국인 1만 1336명이 아르헨티나로 이주해 왔다. 그들 대부분은 1984년과 1988년 사이에 이주했는데, 이후 이들이 가족을 속속 불러들이면서 1990년대 한때 아르헨티나 한인 수는 4만 명에 달했다(Bialogorski, 2004: 280).

이들을 통해 한인의 봉제업에 새로운 기술이 도입되고, 투자가 증대했다. 또 현지에서 교육받은 이민 1.5세대가 사업에 뛰어들면서 현지 시장에 대한 인식과 전문 경영 방식이 이식되었다. 1970년대 후반부터는 의류 중심 상가가 밀집한 온세 지역으로 진출해 의류 판매에도 직접 뛰어들었다. 이로써 한인의 봉제업은 새로운 전기를 맞이하게 되었다. 가내공업 수준의 한인의 봉제업은 이제 방적과 제직을 포함해 방직, 도소매 유통까지 아우르는 통합적 섬유·의류 산업으로 발전했다.

한인 섬유업 발전의 대표 사례로 김홍렬은 원단 제조업체 아메수드Amesud를 설립해 첨단 기계에 집중적으로 투자함으로써 아르헨티나 최고 수준의 첨단 원단을 생산하는 기업으로 발전시켰다. 현재 아메수드는 푸마, 나이키 등의 세계적인 스포츠웨어 업체에 납품하면서 원단 제조업(방직) 분야에서 연 매출 400억 원가량을 기록하는 아르헨티나 최대 기업으로 성장했다. 아르헨티나 의류 관련 산업의 40% 이상을 담당하는 한인들에게 아메수드는 한인이 단순 봉제업과 의류 판매를 넘어 섬유업 전반으로 진출하는 계기가 되었다. 대량생산 체제와 방직부터 의류 제조, 판매까지 통합 구조가 형성되어 비용이 절감되었고, 이를 통한 가격 하락으로 대중적인 수요를 확대할 수 있었다. 게다가 가격경쟁력을 넘어 질을 향상하고 현지 취향에 맞는 디자인 개발을 통해 시장 경쟁력을 확보했다. 이로써 한인이 생산하는 의류는 아르헨티나의 서민층을 넘어 중산층까지 소비층을 확대했다.

당시 한인의 80% 이상이 섬유업의 생산과 유통에 종사했다. 그들은 전통적으로 유대인과 아랍인 상권인 온세 구역에 진출해 이 지역을 '한인의 온세Once coreano'로 만들었다. 이뿐만 아니라 한인 상점들이 새로 진출한 아베자네다 가는 부에노스아이레스의 주요 상권으로 성장했다. 1970년대까지 조용한 주거지였던 아베자네다 가는 한국인에 의해 40구역에 달하는 대규모 상업 중심지이자 '아르헨티나 섬유 산업의 최대 중심지'로 발전했다(Clarin, 2003).

2002년 당시 한국인이 운영하는 의류 상점 수는 온세에 240개, 아베자네다 가가 있는 플로레스 구역에 477개가 존재했다. 즉, 이들 지역 상점의 약 40%가 한국인 소유다(Bialogorski, 2004: 286).

아르헨티나에서 한인 사회는 경제적으로 크게 성장했으며, 이에 따라 아르헨티나인들 사이에서는 '한국인의 침략invasión coreana'이라는 말이 회자되기 시작했다. 특히 아르헨티나에서 한인은 그 수가 훨씬 많은 일본인이나, 비슷한 수의 대만 출신 중국인보다 훨씬 더 큰 존재감을 보여주었다. 따라서 현지에서는 '한인 현상'이라는 말이 나오기도 했다.

한편 1990년대 이후 한인의 의류 제조업은 이들 아래서 일하던 볼리비아인들이 독립해 직접 의류를 제조하고 판매하기 시작하면서 도전에 직면하기도 했다. 이뿐만 아니라 중국의 저가 의류제품이 수입되어 위기에 처했다. 하지만 한인은 첨단 기술을 적용하고 자본을 집중적으로 투자해 지금까지 경쟁력을 유지하고 있다. 한인의 중소 섬유 기업들은 디자인과 재단 등을 디지털화하고, 현지 소비자의 취향에 맞는 질 좋은 제품을 생산한다. 한인이 제조하는 의류는 이제 대형 쇼핑센터에서 판매되는 브랜드 제품으로 성장했다.

사업 영역의 다각화

2000년대에 들어서도 브라질이나 아르헨티나 한인들 대부분은 여전히 섬유업에 종사했다. 하지만 한국의 전자나 자동차 기업이 현지에 진출하면서 최근에는 현지 판매 대리점을 운영하거나, 무역과 관련된 통관 물류에 종사하거나, 모국의 경쟁력을 기반으로 전자 산업에 진출하거나 그 외 금융, 액세서리,

호텔 사업 등 다양한 방면으로 진출해 두각을 나타내기 시작했다.

섬유가 아닌 브라질의 제조업에서 박영무는 이민 초기 장인의 양계장 사업을 돕다가 봉제업에 이어 전자 부품을 수입했는데, 현재는 산업용 배터리를 전문으로 생산하는 연 매출 2억 달러 이상의 전자 기업 유니코바Unicoba를 운영하고 있다. 윤형구는 브라질 CCTV 매출의 50% 이상을 차지하는 보안업체 텍보스Tecvoz를 설립해 운영하고 있다. 한편 아르헨티나에서 섬유가 아닌 다른 제조업에 종사하는 한인은 브라질에 비해 그 수가 적지만 최도선 같은 사람은 가전제품 제조업체 피바디Peabody를 설립해 성공적으로 운영하고 있다.

상파울루 경영대학 출신 이재호는 액세서리 회사를 설립했다. 그는 1990년대 초 중국 음식점 진진Jin-Jin으로 시작해, 2002년에는 모라나Morana라는 액세서리 회사를 세워 창립 4년 만에 브라질 전역에 체인점 60개를 가진 회사로 성장시켰다. 또한 포르투갈, 미국, 스페인 등 해외로도 진출했다. 모라나, 발로네Baloné, 진진 웍Jin-Jin Wok, 진진 스시Jin-Jin Sushi, 리틀 도쿄Little Tokyo, 마이 샌드위치My Sandwich 등의 브랜드를 소유한 그의 오르나투스 그룹Grupo Ornatus은 2013년 한 해에만 체인점 81개를 새로 열었으며, 브라질 전역에 걸쳐 체인점 352개를 가지고 있다. 2013년 연 매출은 1억 5천만 달러에 달했다(남미로 닷컴, 2014).

서비스업에서 조순은 브라질 통관 회사에 재직했던 경험을 바탕으로 상품 수출, 통관, 창고, 물류를 통합한 종합 무역업체 시드맥스Sidmex를 설립해 연 매출 5억 달러를 기록하는 브라질 무역업계 10위권 기업으로 성장시켰다. 호텔업에 진출한 한인도 있는데, 봉혜치루에 프린스 타워 호텔을 설립한 신상희가 그 예다. 그녀는 방적 회사인 코레피오스Korefios를 통해 자본을 축적했고, 이를 바탕으로 호텔업까지 진출했다. 금융업으로 진출한 사람도 있었는데, 브라질에 거주하는 유무학은 한인의 투자금을 모아 1995년에 어음할인 위주의 GWI 팩토링 금융사GWI Factoring Ltda.를 설립해 한때 자산 5억 달러 수준의 자산 운영 회사GWI FIA로 성장시켰다. 이 회사에 돈을 맡기는 사람은 대부분 한인인데, 2000년대 중반부터 미국 금융 위기 발생 전까지 엄청난 수익률을 올려 한때 브라질 한인들 사이에서 신화적인 존재로 떠올랐다고 한다. 이 회사는 미국에서 발생한 금융 위기로 큰 타격을 받았음에도 불구하고 2009년에는 한미은행의 지분을 9.9%까지 보유하면서 인수를 시도하기도 했다.

최근 한인의 의류업은 동족 간의 경쟁 심화, 브라질과 아르헨티나의 인건비 인상에 따른 제품 원가 상승, 볼리비아나 페루 출신 이민자의 봉제업 진출과 중국 상품 유입 등이 초래한 경쟁력 감소로 어려움을 겪고 있다. 따라서 생산한 제품을 직접 판매하기보다 대형 유통업체에 납품하는 형태로 전환하는 경우가 생겼으며, 일부는 지방으로 이주해 다른 사업에 종사하는 경우도 생겨났다. 특히 브라질 한인들 가운데 일부는 북동부 지역으로 이동해 반찬 가게, 소형 슈퍼마켓, 식당 등 소규모 자영업을 운영하기도 했다.

이런 상황에서 아르헨티나의 한인은 섬유업을 넘어 새로운 분야로 진출하기 위해 한국의 '창조 경제'를 모델로 삼아 벤처 창업을 위한 방법을 모색하고 있다(박채순, 2015).

최근 동포 네트워크의 중요성을 인식한 중남미 한인들은 동포 기업인들의 모임을 형성하기 시작했다. 이에 따라 2015년 4월 아르헨티나의 부에노스아이레스에서는 제1차 중남미 한상대회가 개최되기도 했다. 중남미 국가 사이에 역내 교류가 점차 증가함에 따라 아랍계나 유대계는 이러한 시도를 일찍부터 시작했다. 따라서 중남미 한인들의 네트워크 형성 노력은 늦은 감이 있다. 하지만 지금이라도 그러한 시도가 이루어진 것은 의미가 크다. 이러한 네트워크는 중남미 한인들 사이의 협력뿐만 아니라 한국과 중남미를 잇는 연결 고리도 될 것이다.

5. 경제적 성공에 비해 미약한 정치적·사회적 참여

전문직 진출

1990년대 브라질과 아르헨티나의 한인들 대부분은 여전히 의류 관련 사업에 종사하고 있었지만 1.5세대를 중심으로 전문직으로 진출하는 사람도 생겨났다. 그들이 선호하는 분야는 주로 의사, 변호사 또는 섬유 디자인, 경제학, 건축학과 같은 쪽이었다.

한인의 높은 교육열은 전문직 진출에 긍정적인 요인이 되었다. 브라질과 아르헨티나에서 한인의 교육열은 어느 다른 종족보다 높았다. 한인은 비싼 학비를 감수하고 자녀를 명문 사립학교에 보내거나 외국으로 유학을 보낸다. 브라질 상파울루 대학 입시에서 가장 우수한 성적을 거두는 학교 가운데 하나인 반데이란치스의 학생 가운데 15%가 한인 후손이다. 1992년 기준 브라질 최고 학교인 상파울루 주립대학에 등록된 한국 국적의 학생 수는 143명이었다. 국적이 브라질로 된 한인 후손까지 합하면 그 수는 더 늘어날 것으로 본다(최금좌, 2007: 238~239).

하지만 아직까지 현지에서 이들 한인의 전문직 진출은 경제적 성공에 비해 그다지 두드러지지 않는다. 대학을 졸업해 전문직에 진출하더라도 살아남기가 쉽지 않고, 급여도 사업을 통해 버는 것보다 훨씬 낮기 때문에 직장을 포기하고 사업에 뛰어드는 경우가 흔했다. 현지어에 능통하고 전문 지식을 가진 한인 후손이 전문직을 포기하고 의류업에 뛰어들면서 한인의 의류업이 발전하는 데는 도움이 되었지만, 한편으로 한인의 전문직이나 정계로의 진출은 약화될 수밖에 없었다.

그런데도 전문직으로 진출해 성공 가능성을 보여준 사례는 있다. 특히 높은 교육열을 반영해 법조계와 의료계로 진출한 한인이 많다. 많은 한인 변호사가 있지만 그중 브라질 이민자 1.5세인 이규순은 상파울루 대학 법학과를 졸업하고 1996년 파라나 주 검사 시험에 합격해 브라질 내 한인 최초의 검사가 되었

제3부 라틴아메리카의 동아시아계

다. 그 후 1999년에는 한인 최초로 연방 법원 판사로 임명되었다. 나아가 그녀는 한인 최초로 브라질 연방 대법관이 될 것으로 기대된다. 김윤정은 2003년 24세에 검사 시험에 합격해 앞서 이규순의 최연소(25세) 합격 기록을 경신했다. 그녀는 현재 상파울루에 있는 유일한 동양인 검사다. 그녀는 공무원 비리 조사에서 맹활약하는 등 법조인으로서 성장 가능성을 보여주고 있다. 이들의 성장은 한인 동포가 브라질 주류 사회에 진입하는 데 시금석이 될 것이다.

언론 분야로 진출한 한인도 생겨났다. 브라질의 한국계 언론인 카타리나 홍 Catarina Hong은 브라질에서 두 번째 규모를 자랑하는 방송사이자 수익 면에서 미국의 ABC, CBS, NBC 그리고 브라질의 글로보에 이어 세계 5위를 차지하는 헤지 레코드Rede Record사에서 일한다. 아르헨티나에서는 두 번째로 큰 규모를 자랑하는 방송국 텔레페에서 아나운서가 된 황진이가 있다.

이들은 모두 이민자의 후손으로 언어의 장벽을 넘어 전문직으로 진출한 드문 사례들이다. 경제적 성공에도 불구하고 현지 사회에 완전히 뿌리를 내리지 못한 브라질과 아르헨티나의 한인이 현지 사회의 중심에 진입하는 데 이들은 선구자적 역할을 하고 있다.

문화 분야에서의 활약

브라질과 아르헨티나에서 한인은 무술 분야에서 두각을 나타내고 있다. 대표적으로 십팔기 도장을 운영하면서 아르헨티나 전국에 걸쳐 7만 명 이상의 제자를 길러낸 아르헨티나 무술의 살아 있는 전설 유수남이 있다. 그는 일반인뿐만 아니라 아르헨티나의 군과 경찰의 교육까지 맡고 있다. 그는 단순히 무술을 가르치는 것이 아니라 무술을 통해 동양의 철학까지 전파한다. 현재 그는 세계십팔기연맹 회장으로서 아르헨티나뿐만 아니라 브라질, 칠레, 파라과이, 우루과이, 스페인, 이탈리아, 미국까지 세력을 확산하고 있다.

아르헨티나에서 한인 무술의 중심이 십팔기라면 브라질에서는 태권도의 진출이 돋보인다. 브라질에서 태권도는 1970년 조상민에 의해 도입되어 30년 만에 그 나라에서 최고로 인기 있는 동양 무술이 되었다. 그는 1970년 8월 리베르다지에서 처음으로 태권도 도장을 설립한 이래 현재 브라질 전역에 약 1천 개 이상의 도장과 수강생 약 15만 명 이상을 보유하고 있다. 상파울루에만 태권도 도장 수가 400개에 달한다. 이뿐만 아니라 군과 경찰, 검찰 등에도 태권도를 전파하고 있다. 브라질 태권도는 올림픽에서 메달을 따는 수준까지 성장했다.

문화 분야에서 또 한 가지 주목할 만한 것은 아르헨티나의 조형미술 분야에서 한인의 진출이 두드러진다는 점이다. 대표 인물로는 홍익대학교 조소과를 졸업한 김윤신이 있다. 그녀는 1983년 아르헨티나로 이주해 조각가로 이름을 알렸고, 2008년에는 자신의 이름을 딴 김윤신 미술관을 설립했다. 현재 그의 제자이자 한인회 부회장을 맡고 있는 김란이 관장으로 있는 이 미술관은 부에노스아이레스의 대표 미술관 가운데 하나로 성장했다. 이 공간은 현지 문화와 한국 문화의 접촉의 장을 마련해 한인이 현지 사회에 통합하고 적응하는 데 크게 기여하고 있다.

1976년에 이주한 조용화는 현지 미술 학교를 졸업하고 한국 문화와 관련된 작품을 발표해 아르헨티나에서 주목받는 작가가 되었다. 그의 작품은 아르헨티나 최고 수준의 갤러리에서 전시되고 있다. 1971년에 이주한 박성길은 수묵화를 통해 아르헨티나에서 한국 전통 미술을 구현하고 있다. 그의 작품은 현지의 디자인, 그래픽, 삽화 등에 널리 사용된다.

이후 1997년에는 김윤신이 주도해 한국미술아카데미Academia de Artes Plásticas Coreana가 설립되었다. 이 기관은 한국의료센터, 국민은행 부에노스아이레스 지점, 또는 현지 유명 갤러리에서 한인 개인 또는 단체 전시회를 지속적으로 개최하면서 아르헨티나인이 쉽게 접할 수 없는 독특한 예술 세계를 보여준다. 이는 예술을 통해 한인이 현지 주류 사회와 교류할 수 있는 유용한 장이 되고 있다.

최근 브라질에서 한인은 작가(교포 1.5세 이규석의 『고GO』라는 작품은 2009년 브라질 연방 정부의 교육부에서 청소년 권장 도서로 선정되었다), 영화감독, 사진작가, 미술가 등으로 존재감을 드러내고 있다. 브라질 문화에서 펼쳐지는 일본계의 활약에 비추어 볼 때 앞으로 이들 역시 역량을 충분히 발휘할 수 있을 것이다.

정치적 참여

중남미에서 한인의 정치적 참여는 경제적 성공과 문화 분야에서 나타나는 활약에 비해 아직 상대적으로 매우 미약하다. 중남미 전체를 통틀어 한인의 고위 선출직 진출 사례는 페루 친차마요 시의 정홍원 시장이 거의 유일하다. 친차마요 시는 페루 리마에서 300킬로미터 이상 떨어진 인구 20만 명을 보유한 작은 도시이지만, 그는 중남미에 거주하는 한인으로는 최초로 2011년에 시장으로 선출되었고, 2014년에는 재선에도 성공했다.

브라질에서는 이민 초기부터 시의원에 도전한 사람들이 있었지만 아직까지 어느 누구도 성공을 거두지 못했다. 그러나 브라질 한인의 정계 진출 시도는 여전히 지속되고 있고, 따라서 머지않아 브라질 한인 사회에서도 정계 진출에 성공한 사례가 나타날 것으로 기대된다.

아르헨티나에서도 정계에 도전하는 한인이 있다. 2013년 김 알레한드로 변호사는 교포 2세로는 최초로 집권 여당FpV의 후보로 부에노스아이레스 시의원에 도전했다. 지방인 투크만 주에서 건축자재 판매업에 종사하는 한인 1.5세 백두진은 페론주의 계열 정당의 후보로 연방 하원의원에 도전하기도 했다. 아르헨티나에서도 정계에 진출하려는 한인의 노력은 곧 결실을 맺을 수 있을 것으로 보인다.

최근에는 부에노스아이레스 법대를 졸업한 한인 2세 변겨례가 마크리 정부의 문화부 차관보에 올랐다. 그는 1987년생으로 현재 29세에 불과하다. 20세인 그의 남동생 변결은 대통령궁의 대통령 연설문 작성 팀에서 일하고 있다. 이들 사례는 한인의 고위직 진출이 먼 미래의 일만은 아님을 보여준다.

한인의 정계 진출은 현지에서 한인의 지위 향상과 이익 보호, 최근에는 특히 치안 문제 해결을 위해 반드시 필요한 도전이다. 그런데도 한인의 정계 진출이 아직 성과를 내지 못한 것은 무엇보다 다른 종족에 비해 이민 역사가 상대적으로 길지 않고, 또 현지 사회 통합 정도가 상대적으로 약하기 때문이다. 게다가 한인 후손이 정계 진출이라는 어려운 도전보다 부모가 운영하는 수익성 높은 사업에 안주하려는 경향이 강하기 때문이기도 하다.

6. 현지 사회의 차별과 통합

현지 사회의 차별과 한인에 대한 부정적 인식

라틴아메리카에서 아시아계라고 할 수 있는 아랍인, 유대인, 한국인, 일본인, 중국인은 스페인 같은 유럽 출신의 이탈리아계, 독일계와 달리 모두 이민 초기에는 편견과 차별의 대상이 되었다. 아랍계는 '떠돌이 행상 터키인'으로, 유대인은 '고리대금업자 러시아인',* 한국인과 일본인 그리고 중국인은 한데 묶여 '쿨리 치노'로 불렸다. 특히 한국인은 경제적으로 급속도로 부상했고, 현지 사회에 통합도 제대로 하지 않았기 때문에 이들에 대한 현지 사회의 부정적 인식은 더욱 커졌다.

과거 아르헨티나 현지 사회에서 한인에 대한 인상은 상당히 부정적이었다. 1999년 유대인위원회의 조사에 따르면 아르헨티나인이 '이웃으로 삼고 싶지 않은 외국인' 조사에서 집시가 43%로 1위, 한국인이 26%로 2위를 차지했다고 한다.** 나아가 1998년 신문 ≪엘 클라린El Clarín≫에 따르면 한인에 대한 부정

---

* 브라질이나 아르헨티나에 온 유대인 대부분은 러시아와 동구에서 온 아쉬케나지다.
** 그다음 순위로 페루인이 25%로 3위, 파라과이인이 19%로 4위, 유대인이 15%로 5위, 이탈리아인이 5%로 6위를 차지했다.

적 인식의 원인으로 첫째로 '배타성·폐쇄성(25.4%)', 둘째로 '불결함(15.2%)', 셋째로 '노동 착취(11.3%)', 넷째로 '상권 장악(10.4%)'이 지적되었다(AJC, 1999; El Clarín, 1998; 서성철, 2007: 284~285에서 재인용).

이러한 부정적 인식은 상당 부분 한인이 단기간에 경제적 성공을 거둔 것에 대한 질시 때문이기도 하다. 특히 한인을, 동족의 불법 체류자를 '노예'처럼 착취하는 민족으로 매도하는 것은 지나친 인식이다. 하지만 한인의 행태가 그러한 인식을 자초한 측면도 있다. 특히 조사에서도 나타나듯이 한인이 현지 사회에 통합되지 않고 폐쇄적으로 현지 사회의 주변에 머문 것은 부정적 인식의 가장 큰 요인이라고 할 수 있다.

현지 사회로 통합

아르헨티나의 한인은 이민 역사가 짧기 때문에 아직 한국인 정체성을 강하게 유지하는 편이다. 1세대나 1.5세대는 물론이고, 현지에서 태어나 현지 학교를 다니는 2세들 사이에서도 한국어를 사용하는 비중이 높다. 따라서 이민 역사가 오래된 아랍계, 유대계에 비해 현지 사회와의 통합 수준은 상대적으로 낮다.

하지만 한 종족의 사회 통합 문제는 단순히 이민 역사의 길고 짧음과 연관되지 않는다. 사회 통합에 중요한 요소로 작용하는 것은 각 종족의 문화적 특성이다. 예를 들어 출신지별 정체성을 강조하는 아랍계는 국가로서의 민족적 정체성이 강하지 않기 때문에 내부 단합은 강력하게 유지되었지만 현지 사회에 쉽게 통합되었다. 종교적 정체성을 강조하는 유대계는 아랍계와 같이 국가적 정체성은 약하지만 종교적으로 배타적 성격이 강해 아랍계보다 통합이 쉽지 않았다. 한편 영토적·민족적 정체성이 강한 한국인은 이주 후에도 고국과 지속적으로 관계를 가지고 접촉한다. 이러한 한인의 강한 민족성은 현지 사회와 통합하는 데 가장 큰 걸림돌이 되었다(Bialogorski, 1999~2000: 121).

혼인 관계에서도 초기 아랍계 이민자들은 남성 혼자 온 경우가 많았기 때문에 다른 종족과의 혼인이 많이 이루어졌다. 하지만 유대계와 한국인은 처음부터 가족 이민이 대부분이었기 때문에 종족 내 결혼이 주를 이루었다. 브라질의 한인 사이에서도 종족 내 혼인이 대세를 이루었다. 의류업계가 한 지역에 몰려 있고, 사업상 서로 연결되어 있다 보니 한인들 사이의 혼인이 자연스럽게 이루어졌다. 이러한 현상은 아랍계에 비해 한국인의 현지 사회 통합이 느린 또 다른 중요한 원인이다.

종교적으로도 가톨릭이 대부분이었던 아랍계보다 유대인이나 한국인의 현지 사회와의 통합이 쉽지 않았다. 중남미로 이주한 아랍계 중 무슬림은 소수에 불과했다. 무슬림은 자녀에게 아랍어 교육을 강조했지만, 나머지 대부분 아랍계는 1930년대 무렵에 이미 아랍어를 잊어버렸다. 하지만 유대인은 고유의 종족 언어를 강조했으며, 한인의 경우에도 아직까지 후손에게 한국어를 교육하려는 경향이 강하다.

게다가 한인은 삶의 영역도 주로 종족 내부에서 이루어졌다. 특정 지역에 집중적으로 거주하고, 공동체 내부의 노동 시스템을 가지며, 같은 종족만이 다니는 교회, 스포츠 클럽, 단체 내에서 활동한다. 따라서 한인은 현지 사회와 통합하기보다 그들만의 배타적인 삶을 누리는 경우가 많다. 유대계에서도 폐쇄적인 삶을 지향하는 경우가 있기는 하지만 상당수 유대계는 그러한 삶을 거부하고 현지 사회에 통합되었다. 아랍계는 대부분 현지 사회에 완전히 통합된 삶을 이어가는데, 그들의 존재는 성이나 이름, 직업, 식습관 등을 통해 드러날 뿐이다.

2008년 브라질에 거주하는 한인 2세 고등학생을 대상으로 한 설문 조사 결과는 한인 후손들이 여전히 현지 사회에 완전히 통합되지 않았음을 보여준다 (Korean Studies Group, 2009). 조사 대상자의 56%는 자신이 여전히 브라질 사람이기보다 한국인이라고 생각한다. 그렇게 생각하는 이유는 가족적 배경이 46%, 문화적 영향이 27%, 한국인과의 친밀감이 24%였다. 즉, 브라질의 한인 후손은 자신들의 정체성을 규정하는 데 브라질에서 태어난 것보다 문화적·가

제3부 라틴아메리카의 동아시아계

족적 영향력을 더 중요하게 생각한다. 학교에서는 친구의 67%가 한국인이며, 심지어 학교 밖에서는 친구의 90%가 한국인이라고 답했다. 브라질 친구와 일주일에 열 번 이상 만나는 사람은 11%에 불과한데, 한국인과 그렇게 하는 사람은 75%였다. 즉, 브라질 한인 후손의 활동이 여전히 주로 종족 안에서 이루어지고 있는 것이다.

이들 중 한국어를 전혀 못하는 사람은 3%에 불과했으며, 52% 이상은 중급 이상 수준의 한국어를 구사한다. 한국어를 주로 사용하는 곳은 가정과 교회다. 가정과 함께 교회는 한국인의 '자발적 분리self-segregation'적 삶의 중심 역할을 한다. 조사 대상자의 89%가 교회(94%가 개신교, 6%가 가톨릭)에 간다고 답했는데, 이들은 교회에서 한국어를 배우고, 주말 시간 대부분을 한국인과 만나며, 브라질 사람과 다른 엄격한 한국식 도덕 교육을 받는다. 65%가 매일 한국 음식을 먹고, 51%가 매일 한국 음악을 듣는다고 답했으며, 심지어 매일 한국 드라마와 영화를 본다는 사람도 22%에 달했다.

브라질 사람에 의해 차별당한 적이 있다고 느끼는 사람의 비중도 66%에 달했다. 이들은 차별의 이유로 주로 종족성과 문화적 차이를, 차별을 받은 장소로는 학교와 공공기관을 꼽았다. 한국을 방문한 사람의 비중도 61%에 달했으며, 한국에 대한 인상도 싫었다거나 매우 싫었다는 경우는 각각 2%에 불과하고, 좋았다거나 매우 좋았다는 경우는 각각 54%, 42%에 달했다. 한편 브라질에서의 삶에 만족하는 사람은 92%를 넘었으며, 브라질로 이주한 부모의 선택을 잘했다고 생각하는 사람도 85%를 넘었다. 하지만 다른 나라로 이주하기를 원하는 사람도 57%에 달했다. 흥미로운 것은 그들이 원하는 새로운 이주 국가가 한국이 아니라 미국, 캐나다, 유럽 같은 지역이라는 점이다. 한국으로 재이주를 원하는 사람은 14%에 불과했다.

이러한 결과는 모순적으로 보이기도 하지만 브라질 한인의 전반적인 정서를 나타낸다. 그들은 모국을 좋아하지만 브라질 이주와 여기에서의 삶에도 만족한다. 하지만 보다 나은 삶의 조건을 위해 선진국으로 이주할 생각도 있다.

즉, 이주자로서 브라질에서 이루어지는 삶에 만족하지만, 현지에 완전히 뿌리 내리지 못하고 더 좋은 조건을 찾아 떠날 수 있음을 말한다.

한인 1.5세대는 현지 언어를 습득하고, 학교를 통해 현지인과 관계를 맺고, 현지 문화와의 접촉을 통해 폐쇄성을 극복하면서 현지 사회에 점차 통합되기 시작했다. 1.5세대와 2세대 일부에서는 현지 문화와의 동화를 통해 전문직 등 으로 진출하는 경우도 생겼다.

하지만 이들도 사회의 편견과 차별에 부딪히면서 현지 사회에 통합하려는 시도를 포기하기도 한다. 한국인이 통합을 원하는데도 현지 사회가 이를 거부 하는 것 역시 통합을 막는 주요한 요인이다. 따라서 1.5세대와 2세대 상당수 는 그러한 장벽에 부딪히면서 부모 세대와 마찬가지로 한인 공동체의 폐쇄적 인 삶을 선호하게 된다.

어쨌든 현지에서 살아가는 한 그들은 한인 정체성을 유지하면서 현지 사회 에 통합되는 어려운 과정을 겪어야 한다. 한인이 자신의 것만을 내세우지 않 고 통합 과정을 성공적으로 실현해간다면 한국인 고유의 특성과 현지의 특성 을 겸비한 다민족 사회의 진정한 신인류로 재탄생할 수 있을 것이다. '브라질 의 한국인', '아르헨티나의 한국인'이 아닌 '브라질레아노' 또는 '한국계 아르헨 티나인'의 정체성을 형성하는 일은 이들이 당면한 주요 과제다.

한인에 대한 이미지 제고

1990년대부터 삼성전자, LG, 포스코, 현대자동차 등 한국 대기업들이 브라 질에 진출하면서, 기존에 수입되던 한국 상품이 브라질 국내에서 생산되기 시 작했다. 이는 브라질 산업의 생산 증가와 고용 창출에 크게 기여했으며, 이에 따라 동시에 한인의 위상도 올라갔다.

브라질에서 한국인의 이미지는 특히 2002년 월드컵 이후 크게 변했다. 축 구를 좋아하는 브라질 사람이 텔레비전을 통해 본 한국인의 열광적인 응원 모 습은 기존 한국인에 대한 이미지를 완전히 바꾸어놓았다. 그동안 일만 하는 줄 알았던 한국인의 이미지가 축제를 즐길 줄 아는 사람이라는 이미지로 바뀌었다. 따라서 이때부터 한국인을 '아시아의 라틴계latinos de Asia'라고 부르기도 했다*(Freitas, 2004: 309).

한인에 비판적이던 현지 언론의 태도도 최근 들어 많이 바뀌었다. 2004년에 ≪베자≫는 한인의 경제적 성공 요인에 대해 의구심을 여전히 떨쳐버리지 않으면서도 그들의 경제적 성공이 미치는 영향력을 말미암아 한인을 '신상파울루 주민neo-paulistanos'으로 인정할 수밖에 없음을 언급했다(Veja, 2004; 최금좌, 2007: 216~217에서 재인용).

또한, 한인은 이미지 개선을 위해 다양한 사회봉사 활동을 펼치고 있다. 이러한 활동은 주로 한인회나 종교 단체를 통해 이루어진다. 종교 단체는 대부분 기독교 계열이다. 종교 단체는 한인의 정착을 돕고, 나아가 현지인을 대상으로 빈곤층 어린이 무상 급식, 미혼모 수용 시설 운영, 의류·식품 제공 등의 봉사 활동을 펼치면서 한인의 위상과 이미지 제고에 기여하고 있다.

* 이 부분과 관련해서는 496쪽 부록에 있는 영화 〈향가(Una canción coreana)〉 관련 설명을 참고하라.

| 참고문헌 |

서성철. 2007. 「아르헨티나 한인 이민사」. 국사편찬위원회. 『중남미 한인의 역사』. 국사
    편찬위원회, 261~287쪽.

손정수. 2007. 「1960년대 남미 농업 이민: 브라질, 아르헨티나, 파라과이」. 국사편찬위원
    회. 『중남미 한인의 역사』. 국사편찬위원회, 138~172쪽.

외교통상부. 2005. 『재외 동포현황 2005』. 외교통상부.

외교부. 2013. 『재외 동포현황 2013』. 외교부.

이교범. 1992. 『아르헨티나 한인 이민 25년사』. 선영사.

최금좌. 2007. 「신자유주의 시대 재브라질 한인 사회의 성격과 전망」. 국사편찬위원회.
    『중남미 한인의 역사』. 국사편찬위원회, 214~260쪽.

_____. 2013. 「브라질 한국이민 50주년을 맞이하며」. ≪트랜스라틴≫, 23호, 3월, 48~58쪽.

Bialogorski, Mirta. 1999~2000. "Coreanos, judîos, árabes en la Argentina: tres
    modalidades diferenciales de inserción social y simbólica." Revista Chilena de
    Antropologîa, No.15, pp. 119~130.

_____. 2004. "Argentina. Logros de una inmigración reciente." BID. Cuando Oriente
    llegó a América: Contribuciones de inmigrantes chinos, japoneses y coreanos.
    Washington D.C.: BID, pp. 277~296.

Choi, Keum Joa. 1991. "Além de Arco-îris: A Imigração Coreana no Brasil." Disser-
    tação(Mestrado em História). Faculdade de Filosofia, Letras e Ciencias Humanas,
    Universidade de São Paulo.

Clarîn. 2003. "La calle Avellaneda no para de crecer." 29 de marzo.

Freitas, Sônia Maria de. 2004. "Corea en el barrio de Bom Retiro." BID. Cuando
    Oriente llegó a América: Contribuciones de inmigrantes chinos, japoneses y
    coreanos. Washington D.C.: BID, pp. 297~311.

Korean Studies Group. 2009. *The Second Generation of Koreans in Brazil: A Portrait*. Los Angeles, CA: UCLA Center for Korean Studis.

Veja. 1998.5.13. "O enigma dos coreanos no Brasil".
____. 2004.12.1. "Muito Além do Bom Retiro".

온라인 자료

남미로 닷컴. 2014. "브라질과 세계시장에서 선전하는 한국인 이재호씨." http://www. nammiro.com

박채순. 2015. "새로운 길을 개척하는 아르헨티나 한인 동포 부부." ≪브레이크뉴스≫. http://www.breaknews.com

|결론|

종족별 이민 시기와 목적, 주요 출신 지역

라틴아메리카에서 아시아계의 이민이 본격화된 것은 19세기 말부터다. 중국계는 그보다 빠른 19세기 중반에 이미 노예를 대신해 쿨리로 유입되었다. 따라서 중국인은 아메리카 대륙에서 원주민, 이베리아인, 아프리카인 다음으로 이주를 시작한 종족이라고 할 수 있다. 아랍계와 유대계가 대규모로 이주하기 시작한 것은 라틴아메리카에서 유럽인의 이주가 본격화된 시기와 비슷한 19세기 말부터다. 일본계의 이주는 그보다 늦은 20세기 초부터 시작되었으며, 한국인의 이주는 가장 늦은 1960년대부터 본격화되었다. 즉, 한국인은 라틴아메리카로 이주한 아시아계 가운데 가장 최근의 종족이라 할 수 있다.

각 종족의 이민 목적에도 차이가 있다. 19세기 중국인들은 대부분 수출 농업 농장의 계약노동자인 쿨리로 유입되었으며, 일본인은 계약노동자로 유입되다가 이후에는 농업 개발을 목적으로 유입되었다. 한국인은 처음에는 황무지 개발 등 농업 개발을 목적으로 이주했지만, 이후에는 투자 이민이 주가 되었다. 반면 아랍인과 유대인은 처음부터 자율적 이민으로 시작되었다.

각 종족별로 이민자의 출신지를 살펴보면 아랍계 대부분은 당시 출신 지역을 지배하던 오스만제국의 여권을 가지고 있었다. 따라서 대부분 '터키인'으로 불렸지만 실제 터키인은 많지 않았고 대부분 시리아, 레바논, 팔레스타인 출신이다. 국가별로 살펴보면 멕시코, 에콰도르로 이주한 아랍인 대부분은 레바논 출신이었다. 특히 에콰도르에서 레바논 출신은 전체 아랍계의 80% 이상을 차지한다. 칠레와 중미 지역의 아랍계는 대부분 팔레스타인 출신이다. 칠레 아랍계 가운데 팔레스타인계 비중은 60%를 넘는다. 쿠바의 경우 레바논계가 45%로 다수를 차지하지만 팔레스타인계도 33% 정도 된다. 한편 브라질, 아르헨티나에는 전반적으로 시리아계가 많다. 특히 아르헨티나의 경우 시리아계가 전체 아랍계의 78%가 된다. 브라질의 경우 시리아계가 대부분이지만 지역에 따라 포스두이구아수와 같이 파라과이와 인접한 브라질의 국경도시에 들어온 아랍계는 대부분 레바논 출신 무슬림이었다.

<표 결론-1> 라틴아메리카 아시아계 이민 현황 비교

구분	아랍계	유대계	동아시아계		
			중국계	일본계	한국계
이민 시기	19세기 말	19세기 말	19세기 중반	20세기 초	1960년대 이후
이민 목적	자율적	자율적	쿨리	계약노동에서 농업 개발로	농업 개발에서 투자 이민으로
출신 지역	레바논, 시리아, 팔레스타인	소련 및 동구 국가	광둥 성, 푸젠 성, 대만	제2차 세계대전 이후 주로 오키나와	다양한 지역

19세기 초 라틴아메리카로 이주한 유대인들 가운데는 세파르디도 있었지만, 19세기 말에서 20세기 초 유대인 이민이 본격화되던 시기에 이주한 유대인들은 대부분 구소련을 비롯해 동구권에서 온 아쉬케나지였다.

동아시아계 이민자의 출신 지역에서 눈에 띄는 점은 제2차 세계대전 이후 브라질로 이민한 일본인들이 대부분 오키나와 출신이라는 것이다. 한편 중국인 쿨리들 대부분은 중국 남부 지역 광둥 성과 푸젠 성 출신이거나 대만 등에 거주하던 하카족이다.

종족별 주요 이민국

라틴아메리카에서 아시아계 인구는 상대적으로 다른 종족에 비해 많지 않다. 브라질의 아랍계와 파나마의 중국계를 제외하고 어느 나라에서도 아시아계는 전체 인구의 5%를 넘지 않는다.

게다가 라틴아메리카에서 동아시아계가 이주한 나라는 몇 개 국가에 집중된다. 중국계 거의 대부분은 페루에 거주하며, 일본계는 브라질에 집중되어 있다. 브라질은 라틴아메리카에서 일본인 이민자가 가장 선호하는 나라였다. 브라질에 거주하는 일본계 수는 다른 라틴아메리카 국가에 거주하는 일본계 수를 모두 합한 것보다 열 배 정도 더 많다. 브라질은 지구상에서 일본 다음으로 일본인이 많이 사는 나라가 되었다. 물론 페루에도 일본계가 다수 거주하지만 브라질에 거주하는 일본계에 비하면 아주 적은 수에 불과하다. 또한, 페루 전체 인구에서 일본계가 차지하는 비중은 3% 정도로 브라질의 일본계 비중(0.7%)보다 높지만 절대 수에서는 브라질의 일본계 수에 훨씬 못 미친다. 페루의 경우 중국계와 일본계를 합하면 이들 두 동아시아계가 전체 인구에서 차지하는 비중은 7%를 넘어선다. 페루는 라틴아메리카에서 쿠바 다음으로 중국인 쿨리가 많이 유입된 나라이기도 하다. 현재 페루의 중국계 수는 약 130만 명으로 전체 인구의 약 4% 정도를 차지하는 것으로 추정된다. 따라서 페루는 라틴아메리카에서 동아시아계 인구의 비중이 가장 높은 나라다. 페루에서 최초로 동아시아계(일본계) 대통령이 탄생한 것은 우연이 아니다.

중국인 쿨리는 페루 외에도 카리브 지역 국가에 많이 유입되었다. 쿠바에만 12만 4793명이 유입되었다. 이는 라틴아메리카에서 가장 많은 중국인 쿨리가 이주한 사례다. 따라서 한때 아바나의 차이나타운은 아메리카 대륙에서 샌프란시스코 다음으로 규모가 컸다. 또한 현재 쿠바인의 3분의 1은 많든 적든 중국인 피가 흐른다고도 한다. 하지만 쿠바의 명실상부한 중국계 후손은 최대로 계산해도 11만 4천 명 정도로 추정될 뿐이다. 중국인 사교 클럽에 등록된 회원 수는 2866명에 불과하고, 태생적 중국인은 그보다 훨씬 적은 314명이다. 사실상 아바나의 차이나타운도 '중국인 없는 차이나타운'이 되었다.

한편 라틴아메리카에 있는 한인 재외 동포들 대부분은 브라질과 아르헨티나에 거주한다. 라틴아메리카에 거주하는 한국인 재외 동포는 약 11만 명인데, 그중 브라질에 거주하는 사람이 45%, 아르헨티나에 거주하는 사람이 20% 정도다. 그런데도 두 나라에서 아직 한인 수는 일본계나 중국계에 비해 소수에 불과하다. 전체 인구에서 차지하는 비중도 매우 작다.

유대계도 한인과 같이 주로 아르헨티나와 브라질에 집중되어 있다. 특히 브라질보다 아르헨티나에 더 많은 유대계가 거주한다. 아르헨티나에서 유대계가 전체 인구에서 차지하는 비중은 1% 이하이지만, 이들 대부분이 부에노스아이레스에 집중되어 있기 때문에 이 지역에서 유대계가 차지하는 비중은 전체 인구의 약 6% 정도가 된다. 이러한 인구 비중만으로도 부에노스아이레스 지역에서 유대계의 존재감을 짐작할 수 있다.

브라질은 상대적으로 종교에 관대했기 때문에 19세기 초 이미 유대인이 브라질에 들어온 사례가 있었다. 하지만 종교적 관대함에도 불구하고 노예제의 유산이 남아 있었기 때문에 19세기 말 이민이 본격화된 시점에도 브라질은 아르헨티나에 비해 유대인이 선호하는 이민국이 아니었다. 제1차 세계대전 이후 아르헨티나가 유대인 이민을 제한하자 브라질이 유대인 이민의 새로운 대안으로 떠올랐다. 하지만 현재 브라질의 유대인 수는 약 9만 5천 명 정도로 전체 인구에서 차지하는 비중은 0.05%에 불과하다.

멕시코 또한 가톨릭 전통이 강하고, 자유주의 정부는 반종교적이었으며, 멕시코혁명 등 정치적 혼란이 극심했기 때문에 브라질과 마찬가지로 유대인이 선호하는 이민국이 아니었다. 따라서 현재 멕시코에는 유대인 약 3만 9천 명 정도가 거주하고, 전체에서 차지하는 비중도 0.03%에 불과하다.

한편 아랍계는 다른 아시아계에 비해 다양한 국가에 광범위하게 거주한다. 그렇지만 역시나 브라질과 아르헨티나에 가장 많은 수가 거주한다. 특히 브라질의 아랍계 인구는 많게 잡으면 약 1500만 명으로 전체 인구의 약 8%에 달한다고 추정되기도 한다. 아랍인의 브라질 이주는 다른 라틴아메리카 국가 이주와 마찬가지로 1890년대부터 시작해 1904년에서 1913년 사이에 집중되었지만, 다른 라틴아메리카 국가에서와 달리 20세기 중반 이후에도 지속되었다. 비교적 최근에 이루어진 아랍인 이주는 가까운 사람을 끌어들이는 '유인망' 연쇄 이주를 통해 이루어졌다. 이런 과정을 통해 브라질은 현재 시리아를 제외하고 세계에서 가장 많은 시리아계가 거주하는 나라가 되었다.

아르헨티나에 거주하는 아랍계는 많게는 약 130만 명으로 전체 인구의 3% 정도다. 멕시코에도 아르헨티나와 비슷한 수의 아랍계가 존재하지만 전체 인구에서 차지하는 비중은 1%가 되지 않는다. 칠레에는 약 80만 명 정도의 아랍계가 거주하는 것으로 추정되는데, 칠레 전체 인구가 상대적으로 적기 때문에 전체 인구에서 아랍계가 차지하는 비중은 5%를 넘어선다. 따라서 라틴아메리카 국가 중에서 아랍계 비중이 가장 높은 나라는 브라질과 칠레다. 브라질의 아랍계 수를 다소 과장된 수치로 본다면 아랍계 비중은 칠레가 가장 높다.

페루, 볼리비아 같은 안데스 국가에서는 동아시아계의 이민이 많았다. 한편으로 이들 국가는 아랍인이나 유대인이 선호하는 이민국이 아니었다. 따라서 이들 나라에서 아랍인과 유대인 수는 매우 적다. 중미에는 미국이나 멕시코로 들어가지 못한 팔레스타인계가 유입되었다. 특히 1906년 온두라스 정부가 이민법 제정을 통해 아랍인의 이민을 받아들이면서 중미로 온 아랍계 이민자 대부분이 온두라스로 이주했다. 그 후 1920년대에 가족과 친지를 끌어들이는 연쇄 이민이 활발히 이루어졌다. 특히 1987년에서 1993년 사이, 2000년 이후 팔레스타인의 정세 불안으로 팔레스타인 사람 다수가 온두라스로 이주했다. 현재 온두라스의 팔레스타인계는 많게는 약 20만 명으로 전체 인구의 2.5% 정도가 된다. 그 밖에 중미에서 엘살바도르에 약 5만 명 정도의 팔레스타인계가 거주하며, 코스타리카에 약 500명 정도의 레바논계가 거주하는 것으로 파악된다.

카리브 국가에도 아랍계가 거주하는데, 특히 쿠바에 최대 4만 명 정도가 거주하는 것으로 추정된다. 쿠바의 아랍계는 다른 나라에서와 달리 공간적으로 집중되어 있지 않고 전역에 퍼져 있다. 혁명 이후 부유한 레바논계는 거의 재이주했으며, 남아 있는 아랍계는 대부분 종족적 정체성을 포기한 상태다.

아시아계 이민자의 주요 거주 지역

이민자는 모국을 떠나 삶을 이어가는 모험을 시작했지만, 정작 현지에서는 여러 사정 때문에 같은 종족끼리 모여 사는 경향이 있다. 아랍계는 멕시코에서 유카탄 주와 멕시코시티에, 에콰도르에서는 항구도시 과야킬에, 브라질에서는 상파울루 시의 베인치신쿠 데 마르수와 파라과이와의 국경도시 포스 두

이구아수 시에 주로 거주한다. 아르헨티나의 아랍계는 주로 수도 부에노스아이레스에 거주하지만 칠레와 교역에 유리한 북서부 지역에도 많이 진출해 있다. 특히 이 지역은 유럽계가 많이 진출하지 않은 지역이기 때문에 아랍계가 비록 수는 많지 않지만 경제적으로는 물론 정치적으로도 주도권을 행사한다. 그들은 지역적 정치 기반을 바탕으로 결국 중앙 정치에서도 대통령을 배출하는 등 두각을 나타내게 된다. 칠레의 아랍계는 수도인 산티아고 시의 레콜레타와 파르나토 구역에 집단적으로 거주하고 있다. 중미에서는 온두라스에 가장 많은 아랍계가 거주하는데 온두라스 수도인 테구시갈파와 북부 공업도시 산페드로술라에 전체 아랍계의 약 90%가 거주한다.

유대계는 앞서 언급한 대로 아르헨티나에서는 부에노스아이레스에 집중되어 있으며, 브라질에서는 상파울루 시의 봉헤치루가 한때 대표적인 집단 거주지였다. 현재 이 지역은 한인이 유대인의 사업을 이어받으면서 한인의 집단 거주지가 되었다. 멕시코에는 특별히 유대계가 집중된 지역은 없으나 대부분 멕시코시티에 거주하며, 북동부 공업도시에서 경제 기반을 바탕으로 영향력을 행사한다.

일본계는 브라질에서 주로 상파울루 시나 파라나 주에 거주하는데 상파울루 시의 리베르다지에는 일본인 타운이 건설되었다. 페루에서는 일본계 80% 이상이 리마 시에 거주하며, 특히 리마 시의 라빅토리아 구역은 일본계가 가장 많이 거주하는 구역이다. 한편 페루의 중국계는 대도시는 물론 안데스 지역의 작은 마을까지 광범위하게 퍼져 있으며, 카리브 지역에서는 쿠바, 자메이카 등지에 많은 중국인 후손이 거주한다.

한인은 대도시인 상파울루 시, 부에노스아이레스 시, 멕시코시티에 집중되어 있다. 라틴아메리카에 거주하는 재외 동포의 44%가 브라질의 상파울루 시에 거주한다. 특히 최근 상파울루 시 봉헤치루에는 한인 타운이 건설되기도 했다. 아르헨티나에서는 아베자네다가 한인 경제활동의 중심지다.

〈표 결론-2〉 라틴아메리카 아시아계의 주요 이민국과 대표 거주 지역

종족	국가	도시	대표 거주 지역
아랍계	멕시코	멕시코시티, 유카탄 반도	-
	에콰도르	과야킬	-
	브라질	상파울루 시	베인치신쿠 데 마르수
		포스 두 이구아수	-
	칠레	산티아고 데 칠레	레콜레타, 파르나토
	아르헨티나	부에노스아이레스 지역, 북서부 지역	-
	온두라스	테구시갈파, 산페드로술라	-
유대계	아르헨티나	부에노스아이레스	-
	브라질	상파울루	봉헤치루
	멕시코	멕시코시티, 북동부 공업지역	-
일본계	브라질	상파울루 시	리베르다지
		파라나 주	-
	페루	리마	라빅토리아
중국계	페루	리마	-
	쿠바	아바나	-
한국계	브라질	상파울루 시	봉헤치루
	아르헨티나	부에노스아이레스	아베자네다

경제적 부상과 성공 요인

　라틴아메리카에서 아랍계가 경제적으로 부상한 분야는 나라마다 큰 차이가 없다. 에콰도르의 아랍인처럼 처음부터 자본력이 풍부한 사람들이 들어와 수입상을 시작한 경우도 있었지만 아랍인들 대부분은 초기에 행상으로 시작해 돈을 모으고 그 돈으로 상점을 개업했다. 당시 라틴아메리카 경제의 중심이었던 농업이 아니라 보다 수익성이 높은 상업에 종사한 것은 그들이 경제적으로 부상할 수 있었던 중요한 요인이 되었다.

　특히 그들은 상업에서 할부판매 제도와 종족 네트워크를 통해 사업을 성장시킬 수 있었다. 같은 종족 내에서 서로 경쟁하기보다 같은 종족의 사람을

사업 파트너로 삼아 상호 신뢰를 바탕으로 함께 성장할 수 있었다. 결국 상업은 초기 아랍계의 자본축적의 출발점이었다. 한때 세계 제1 부자까지 올랐던 멕시코의 카를로스 슬림의 기반 역시 지금도 멕시코 전역의 목 좋은 곳이면 어디서나 볼 수 있는 소규모 백화점 산본스였다.

한편 아랍계가 경제적으로 오늘날의 위치에 오를 수 있었던 것은 결국 섬유업에서의 성공 덕분이었다. 상업을 통해 자본을 축적한 아랍계들은 대부분 제조업으로 진출했다. 특히 섬유업 분야에서 두각을 나타냈다. 라틴아메리카에서는 19세기에 이미 멕시코, 아르헨티나 등 일부 국가에서 섬유업이 발전한 사례가 있었다. 그러나 19세기 말 1차 생산품 수출 경제가 활성화되면서 초기의 섬유업은 시장 개방과 함께 거의 소멸되었다. 한편 세계 대공황 이후 미국의 보호주의 강화와 함께 라틴아메리카에서도 보호무역주의의 일환으로 수입대체산업화가 전개되면서 내수용 제조업이 육성되었고, 그 대표 분야가 섬유업이었다. 아랍계는 이런 기회를 잘 포착했고, 이를 통해 유대계와 함께 라틴아메리카의 섬유업을 사실상 지배할 수 있었다. 중미의 경우에는 1979년 니카라과 혁명 이후 1980년대 미국의 카리브유역정책이 시행되면서 섬유업 발전의 기회가 생겼는데, 아랍계는 이 기회를 잘 포착해 경제적 부상의 발판으로 삼을 수 있었다.

외채 위기 이후 신자유주의 유입으로 시장이 개방되고 제조업이 위기에 처하자 아랍계 상당수는 제조업을 포기하고 금융업으로 진출했다. 처음부터 여러 형태로 자본의 운영 경험이 풍부한 아랍계에게 금융업은 낯선 분야가 아니었다. 따라서 아랍계는 금융업에서도 큰 성공을 거둘 수 있었다. 특히 멕시코, 에콰도르, 칠레 등에서 아랍계의 금융업 진출이 눈에 띈다.

상업, 섬유업, 금융업과 함께 아랍계가 가장 많이 진출한 분야는 언론이다. 아랍계의 언론 진출은 수익성보다 자신들의 사회적 위치를 공고히 하는 수단으로 필요했기 때문이다. 특히 아랍계는 칠레의 양대 언론 그룹 가운데 하나를 소유하는 수준에 이르렀다. 멕시코의 아랍계도 언론에서 큰 영향력을 가지고 있다.

한 가지 특이한 것은 멕시코 아랍계의 통신업 진출이다. 레바논계인 카를로스 슬림은 1990년대 초 멕시코가 민영화를 가속할 당시 정부와의 밀접한 신뢰 관계를 바탕으로 국영통신회사를 인수해 세계 제1 부자로 나아가는 획기적인 계기를 마련할 수 있었다. 이렇듯 아랍계는 라틴아메리카의 정치·경제 상황의 변화에 잘 적응하면서 항상 그 속에서 기회를 찾아 한 단계씩 더 나아가는 발판을 마련했다.

유대인의 경우에는 상업을 시도했지만 반유대주의 때문에 일찌감치 포기하고 제조업이나 금융업에 진출한 사례가 많았다. 멕시코에서는 북부 공업도시인 몬테레이를 중심으로 제조업에서 두각을 나타내기 시작했고, 브라질에서는 단순 섬유업 같은 경공업 수준을 넘어 중공업까지 진출해 상류 지배층에 오를 수 있었다. 아르헨티나에서는 상호신용협동조합 같은 소규모 금융업을 통해 금융업에서 확고한 위치를 확보했다. 브라질에는 사프라 가문과 같이 국제적으로 영향력 있는 유대인 금융자본가들이 들어와 브라질 금융에서 확고한 위치를 확보했다. 또한 아랍계와 마찬가지로 유대인들도 언론으로 진출해 막강한 영향력을 확보하게 되었다. 특히 멕시코와 아르헨티나 언론에서 유대계의 영향력은 매우 크다.

아랍인과 유대인들이 수익성 낮은 농업 대신 처음부터 상업이나 제조업에 주로 진출했던 반면 일본인들은 당초 이민 목적에 따라 농업에 종사했다. 그들은 대규모 토지를 소유한 재식농업이 아니라 내수를 위한 다품종 생산의 자영 농업을 통해 중산층으로 부상할 수 있었다. 특히 브라질에서 일본인은 상파울루 같은 대도시의 근교농업을 발전시켜 브라질 사람들의 식습관을 바꿔 놓기도 했다.

반면 페루의 일본인들은 농장의 계약노동자로 들어왔으나 계약 종료 이후 브라질에서와 같이 농업에 종사한 사람은 거의 없었다. 그들은 도시로 나와 상업, 이발소와 같은 서비스업에 종사했다. 그리고 1960년대에 페루도 수입대

<표 결론-3> 아시아계의 경제적 성공 분야와 성공 요인

종족	국가	성공 분야	성공 요인
아랍계	멕시코	섬유업, 통신업, 금융업, 언론	- 수익성 낮은 농업보다 상업 치중 - 할부판매 시스템 개발 - 신뢰 기반 종족 연대를 통한 네트워크 형성 - 수입대체산업화 시기 섬유업 등 제조업에 과감한 투자
	에콰도르	수입업, 제조업, 금융업	
	브라질	섬유 유통 및 제조	
	칠레	섬유업, 금융업, 언론	
	아르헨티나	섬유 유통 및 제조	
	온두라스	섬유업	
유대계	아르헨티나	금융업, 언론	- 농업보다 수익성 높은 상업 종사 - 라틴아메리카의 엘리트 그룹이 관심을 두지 않는 분야 적극 진출 - 교육 강조
	브라질	중공업	
	멕시코	제조업, 언론	
일본계	브라질	근교농업	- 농업에 대한 정부의 체계적 지원
	페루	상업, 서비스업, 제조업(건축자재)	
중국계	페루	제조업(면 의류, 신발), 유통업	- 종족 네트워크 활용 - 농업보다 상업이나 제조업 집중
	카리브 지역	자메이카의 식료품업	
한국계	브라질	섬유업	- 신기술 도입 등 혁신 주도 - 유통에서 방적, 제직까지 통합망 구축
	아르헨티나	섬유업	

체산업화를 추진할 당시 제조업에 뛰어들어 성공을 거두었다. 그들은 라틴아메리카 전역에 걸쳐 아랍계나 유대계가 장악한 섬유업보다는 건축자재 제조업 등에서 특히 두각을 나타냈다.

페루의 중국계도 주로 상업에 종사했다. '길모퉁이 중국인'이라는 말이 있을 정도로 대도시 어느 곳에나 중국인 상점이 있었고, '치파스'라는 중국 음식점은 지금까지 페루 어느 동네를 가도 만날 수 있다. 그 결과 최근까지 페루의 중국인은 유통업에서 페루 최대의 기업을 소유하기도 했다. 카리브의 중국인도 쿨리에서 벗어나 식료품 가게, 무역업 등을 통해 자본을 축적했다.

한편 한인들은 초기에 대부분 농업 개발 이민으로 왔지만 일본인과 달리 농업에 종사하는 사람들은 처음부터 거의 없었다. 그 대신 대부분 섬유업에 종사하면서 경제적 부를 이룰 수 있었다. 브라질의 '봉혜치루의 신화', 아르헨티나 아베자네다의 '한인 현상'이 모두 그러한 결과를 말해준다. 한인들은 이제 브라질과 아르헨티나에서 과거의 아랍계와 유대계를 대신해 섬유업의 생산부터 유통까지 장악하게 되었다고 해도 과언이 아니다.

물론 동아시아계인 일본계, 중국계, 한인은 아직 유대계나 아랍계처럼 금융업에서 크게 두각을 나타내지 않는다. 언론에서도 이들의 영향력은 아직 상대적으로 크지 않다. 하지만 축적된 자본의 힘을 바탕으로 동아시아계 역시 이들 분야에 더 많이 진출할 수 있을 것이다.

정치적 영향력

아랍계는 아시아계 가운데 정치적으로 가장 탁월한 성공을 거둔 종족이다. 실제로 아랍계는 에콰도르, 아르헨티나, 온두라스, 엘살바도르, 그리고 가장 최근에 브라질에서 대통령을 배출했다. 아시아계 종족에서 대통령을 배출한 종족은 아랍계와 일본계뿐이다.

아랍계가 정치적으로 가장 성공을 거둔 나라는 역시 아르헨티나다. 아르헨티나에서 아랍계는 경제적으로 비록 돋보이는 인물을 배출하지는 못했지만 정치적 성공은 돋보인다. 아르헨티나의 아랍계는 주로 페론과의 연결을 통해 정치에 입문했다. 특히 북서부 지역의 일부 아랍계 가문들(라리오하 주의 메넴 가문, 카타마르카 주의 사아디 가문, 네우켄 주의 사파그 가문)은 페로니즘의 후견인 정치와 파격적인 행보를 통해 각 주의 지방 정치를 지배하고 나아가 중앙 정치에 진출해 대통령을 배출하기도 했다. 이뿐만 아니라 아르헨티나의 아랍계는 유대계와 달리 페론주의와 함께 아르헨티나 정치의 두 축을 형성하는 군부에도 진출해 핵심적인 역할을 수행함으로써 군부가 개입된 역사적인 순간마다 주요한 역할을 담당했다.

에콰도르에서도 아랍계는 정치적으로 크게 영향력을 발휘했다. 에콰도르의 레바논계는 종족적 연대보다 가문 중심의 정치를 전개했다. 따라서 가문의 전통에 따라 레바논계는 좌파에서 우파까지 다양한 정치적 스펙트럼을 가지고 있다. 특히 전통 엘리트에 도전하는 포퓰리즘은 사실상 레바논계가 주도했다. 이에 따라 그들은 대통령 2명과 부통령 1명을 배출했으며, 에콰도르 정치의 핵심 세력으로 부상했다. 특히 에콰도르의 경제 수도이자 그들의 경제활동 거점인 과야킬에서 레바논계는 시장직을 거의 독점하다시피 하고 있다.

중미에서도 아랍계의 정치적 진출은 눈에 띈다. 온두라스에서는 플로레스 파쿠세가 자유당 후보로 대통령에 당선되었으며, 온두라스 권력의 핵심인 군부의 고위직에도 팔레스타인계의 진출이 많았다. 엘살바도르에서는 좌익 게릴라 FMLN의 리더 사픽 한달과 우파 대통령이었던 안토니오 사카가 모두 팔레스타인계다. 즉, 좌파와 우파의 대표 정치인 중 한 명이 팔레스타인계였다. 그 외 국회의원, 장관 등 다수의 팔레스타인계 정치인이 있다. 쿠바에서도 혁명 이전에 아랍계는 다수의 국회의원을 배출했으며, 쿠바혁명에 참여한 아랍계도 있다. 따라서 혁명정부에서도 아랍계는 중요한 역할을 담당했다.

반면 혁명 가문이 지배하는 멕시코와 보수 성향이 강한 칠레에서 아랍계는 경제적 성공에 비해 정치적 진출은 활발하지 못했다. 혁명 가문이 정치를 지배하는 멕시코에서 이민자가 정치적 영향력을 가진다는 것은 쉽지 않다. 하지만 경제적 부를 바탕으로 멕시코의 레바논계는 막후에서 정치적으로 가장 영향력 있는 종족이 되었다. 최근 레바논계는 장관 같은 고위 관직에도 진출했으며, 주지사나 주요 도시의 시장으로 선출되기 시작했다. 칠레에서 아랍계의 정치적 진출 성과는 지금까지 상·하원의원 몇 명과 다수의 시장을 배출한 것이 전부다.

브라질의 시리아계는 종족적 연대보다 개인 성향에 따라 다양한 정당에 가입했다. 특히 그들은 브라질사회민주당에서 중심적인 역할을 하고 있다. 아랍계가 많이 거주하는 상파울루 시에서는 시의원의 20%가 아랍계였고, 1980년대 민주화 이후 시장 9명 중 3명이 시리아-레바논계일 정도로 사실상 상파울루 시의 정치를 주도하고 있다. 브라질민주운동당 소속 테메르는 호세프의 탄핵으로 부통령에서 대통령이 되었다. 한편 상파울루 시장을 지낸 말루프의 경우에서 알 수 있듯이, 후견인주의 정치에 익숙한 아랍계 정치인은 라틴아메리카 정치 문화에서 효과를 거두었지만 동시에 부패의 상징이 되기도 했다.

유대인도 인구 비중에 비해 과도한 정치적 영향력을 가지고 있다. 아르헨티나에서 페론주의와 함께 중산층을 대변하는 주요 정당인 급진시민연합에서는 한때 '급진 시나고그'라 불릴 정도로 유대인이 지배적인 영향력을 가졌다. 심지어 페론당 내부에서도 경제나 외교 등 요직은 유대인이 맡는 경우가 많았다. 특히 부에노스아이레스 시에서 유대인의 정치적 영향력은 매우 크다. 그 예로 현재 부에노스아이레스 시 상원의원 3명 중 2명이 유대계다. 반면 아랍계와 달리 유대인은 아르헨티나 정치의 한 축인 군부와는 상극이다. 과거 군사정권 시절 유대인은 최대 희생자였다.

브라질에서도 유대인은 주지사, 장관, 군 최고위직 등 다양한 분야에 진출했다. 멕시코에서 유대인은 19세기 말 포르피리오 디아스 정권 시기 '과학자들'이라 불리는 기술 관료 그룹의 리더인 리만투어를 시작으로 최근 신자유주의 시대에 고위 관료로 많이 등용되고 있다. 특히 민주혁명당이 멕시코시티 지방정부를 차지했을 때 유대인이 주도적인 역할을 수행했다. 반면 유대계의 선출직 진출은 아직 미약하다.

동아시아계의 정치적 진출은 아랍계나 유대계에 비해 아직 미약하다. 인구도 적고 외모 등에서 오는 이질성이 여전히 크기 때문이다. 하지만 일본계의 경우 브라질에서 연방 하원의원과 장관을 배출했으며, 페루에서는 대통령을 배출하기도 했다. 사실 페루에서 후지모리 대통령 이전까지 일본계는 인종차별 등을 심하게 겪으면서 저자세를 유지했다. 따라서 지방 도시의 시장이나 리마 시의 구청장 정도가 정계 진출의 전부였다. 하지만 후지모리가 대통령에 당선된 이후 일본계의 정치적 참여가 활발하게 전개되면서 정치적 영향력을 점차 확대해나가고 있다. 현재 페루의 일본계는 크게 후지모리의 포퓰리즘에 반대하는 부유층 일본계와 후지모리를 지지하는 무리로 나뉘어 페루 정치를 주도하는 그룹으로 성장했다. 최근 대선에서 후지모리의 딸 게이코가 아깝게 패배한 사례도 그들의 정치적 영향력을 잘 보여준다.

페루에서 중국계는 현지인과의 혼혈로 태어난 후손 중심으로 활발하게 정치 참여가 이루어지고 있다. 특히 1980년대 민주화 이후 중국인 공동체에 소속된 사람들 가운데 국회의원이 7명이나 배출되었다. 심지어 1990년대 중반까지 페루에서 활약한 도시 게릴라 투팍아마루의 설립자도 중국인 쿨리의 후손이다. 일본계 후지모리가 대통령에 당선된 이후 중국계의 정치적 참여도 더욱 활발해지면서 국무총리 1명, 장관 1명과 다수의 국회의원을 배출했다. 중국계는 후지모리 세력에서 중요한 역할을 담당하고 있다. 라틴아메리카에서 한국인 최초로 페루에서 시장에 당선된 인물도 후지모리파에 속한다. 나아가 중국계는 후지모리 이후 2기 알란 가르시아 정부에서도 국무총리 1명을 배출했으며, 심지어 직접 대통령 후보로 출마하기도 했다.

쿠바에서 중국인 쿨리는 쿠바의 독립이 자신들의 계약노동을 종식할 수 있을 것이라고 생각해 쿠바 독립 전쟁에 적극적으로 가담했다. 쿠바 독립 전쟁 당시 전투부대원 7천 명 가운데 중국인이 자그마치 2천 명이나 되었다. 따라서 중국인들 중에서는 독립 전쟁의 리더가 된 사람도 있었다. 그들은 쿠바 독립의 '민족적 영웅'으로 간주되기도 했다. 카스트로 혁명 당시 중국인은 사회적 신분에 따라 각각 다른 입장을 취했다. 부유층은 혁명에 반대했으나 젊은 층에서는 쿠바혁명에 적극적으로 참여한 사람도 많았다. 이들 중에는 쿠바혁명군의 장군 지위까지 오른 사람도 3명이나 되었다. 그중 모이세스 시오 웡 같은 사람은 쿠바의 핵심 지배 세력인 쿠바 공산당 정치국 위원이 되기도 했다. 그 밖에 카리브 지역의 수리남, 가이아나, 트리니다드토바고에서도 중국계 대통령이 나왔으며, 자메이카에서는 주요 정당인 노동당의 당수와 하원의장, 수도 킹스턴의 시장이 배출되었다.

일본계나 중국계에 비해 한인의 정치적 진출은 미약하다. 브라질과 아르헨티나에서는 시의원조차 배출되지 않았다. 한인의 이민 역사가 짧고, 이민자 수가 적으며, 사회적 통합의 수준도 낮고, 학력이 높은 사람은 정치나 전문직 보다 수익성 좋은 비즈니스에 진출하는 경향이 크기 때문이다. 그런데도 브라 질에서는 법조계에 진출해 연방 법원의 판사가 된 사람이 있으며, 최근 아르 헨티나에서도 문화부 차관에 오르는 등 점차 정치적 진출을 확대해가고 있다.

사회적·문화적 진출

아시아계 가운데 문화 방면에서 가장 두각을 나타내는 종족은 유대계다. 아 르헨티나에서 유대계는 방송, 영화, 연극, 클래식, 학계 등에서 존재감을 드러 내고 있다. '아르헨티나 텔레비전 방송의 아버지'라 불리며 아르헨티나 최대 방송국 가운데 하나인 '텔레페'를 소유한 사람도 유대인이다. 또한 언론에서도 유대인은 중심적인 역할을 담당한다. 브라질에서도 언론계와 영화계에서 두 각을 나타낸다. 또한 멕시코 지식층에서 유대인이 차지하는 영향력은 매우 크 다. 유대인은 좌파와 우파 사상을 대변하는 잡지를 사실상 이끌어가면서 멕시 코 지식인 사회의 핵심 세력이 되었다. 그 외에도 언론, 문화 분야 등에서 성 과를 보이고 있다.

동아시아계 중에서는 브라질의 일본계가 미술과 영화 부문에서 두각을 나 타낸다. 특히 미술 분야에서 일본계는 일본의 미와 브라질의 미를 혼합한 독 특한 미술 세계를 소개해 브라질 미술에 새로운 조류를 만들어내기도 했다. 카리브 지역 국가의 문화에서는 중국계가 두각을 나타낸다. 자메이카에서 중 국계는 레게 제작자나 뮤지션으로 탁월함을 보여주고 있으며, 쿠바에서는 미 술, 문학, 사진 등의 분야에서 활약이 돋보인다. 특히 쿠바의 중국계 윌프레도 람은 다인종 사회 쿠바를 회화로 표현해 세계적인 명성을 얻었다. 한편 한인 은 동양 무술에서 탁월함을 보여주었다. 브라질에서는 태권도, 아르헨티나에 서는 십팔기를 통해 각국의 동양 무술계를 장악하고 있다. 그 외 아르헨티나 에서 한인은 미술 분야에서도 존재감을 드러내고 있다.

〈표 결론-4〉 라틴아메리카에서 아시아계의 경제적·정치적·문화적 영향력 비교

종족	국가	경제적 영향력	정치적 영향력	문화적 영향력
아랍계	멕시코	매우 큼 (세계 제1 부자 배출)	큼	작음
	에콰도르	매우 큼	매우 큼 (대통령 배출, 과야킬 정치 주도)	매우 작음
	브라질	큼	큼	작음
	칠레	매우 큼 (칠레 경제를 지배하는 3대 종족)	매우 작음	작음
	아르헨티나	큼	매우 큼 (대통령 배출, 서북부 지역 지방 정치 지배)	작음
	중미	큼 (온두라스 경제 주도)	매우 큼(대통령 배출)	매우 작음
유대계	아르헨티나	큼	매우 큼(UCR 주도)	매우 큼
	브라질	큼	작음	큼
	멕시코	큼	큼	매우 큼 (지식층 주도)
일본계	브라질	작음	작음	큼
	페루	작음	매우 큼(대통령 배출)	작음
중국계	페루	큼	작음	큼 (음식 문화)
	카리브 지역	큼	큼 (일부 국가 대통령 배출)	큼 (윌프레도 람)
한국계	브라질	작음	매우 작음	매우 작음
	아르헨티나	작음	매우 작음	작음

　　유대계나 동아시아계에 비해 문화 분야에서 아랍계의 존재감은 크게 드러
나지 않는다. 아랍계의 경제적·정치적 영향력에 비해 문화적 영향력은 상대
적으로 미약하다. 문화 분야에서 아랍계의 활약은 멕시코의 문학, 영화, 스포
츠에서 두각을 나타내는 정도다.

종족적 정체성과 현지 사회 통합

라틴아메리카에 이주한 아랍계는 대부분 시리아와 레바논 출신인데, 이들 대부분은 19세기 말 이주 당시 오스만제국 소속이었다. 따라서 시리아, 레바논이라는 민족적 정체성은 약했고, 대신 출신지와 종교 등이 민족성보다 자신의 정체성을 말하는 데 적절했다. 예컨대 당시 아랍계 이주자는 대부분 현지에서 '터키인'으로 불렸지만 정작 자신들은 지역과 종교를 합한 '파르보Farbo의 동방정교도', '야브루드Yabrud의 무슬림', '하마Hama의 프로테스탄트', '홈스Homs의 드루즈파'라는 방식으로 정체성을 구분했다. 따라서 아랍계는 민족적 정체성이 약했고, 종교적으로도 대부분 가톨릭이었기 때문에 다른 종족에 비해 현지 사회에 쉽게 통합될 수 있었다.

라틴아메리카의 아랍계가 대부분 로마 가톨릭의 분파인 마론파이거나 동방정교도였지만 아르헨티나와 브라질의 경우 무슬림의 이주도 적지 않았다. 브라질의 파라과이와 국경도시 포스두이구아수의 레바논계는 대부분 무슬림이었다. 특히 아르헨티나에는 가장 많은 아랍계 무슬림이 존재한다. 아르헨티나의 아랍계는 다른 나라에서와 마찬가지로 대부분 가톨릭이지만 무슬림 비중이 상대적으로 크다. 아르헨티나의 무슬림 수는 최소 5만에서 최대 50만으로 라틴아메리카에서 가장 많은 무슬림 인구다. 따라서 이들이 라틴아메리카 무슬림 단체를 주도하고 있다. 브라질의 무슬림 수는 약 3만 5천 명 정도다.

이들은 시리아 또는 레바논이라는 종족적 정체성에서 벗어나 정치적으로 아랍 정체성을 강화하고 있다. 아르헨티나의 아랍계는 무슬림 비중이 가장 크고, 반서구적 입장을 취하는 시리아 출신인 시리아계가 상대적으로 많기 때문에 라틴아메리카에서 가장 아랍민족주의 성향이 강하다. 이 때문에 이스라엘 건립 문제로 역시 아르헨티나에서 강력한 영향력을 가진 유대계와 갈등이 심화되었다. 1990년대 아르헨티나에서는 유대계 단체를 대상으로 한 최악의 테러 사건이 발생하기도 했다. 최근 이들의 갈등은 다소 잠잠하나 그 불씨는 항상 살아 있다.

어쨌든 아랍계는 아시아계 이주민들 중에서 현지 사회와의 통합이 가장 잘 이루어졌다. 특히 1930년대 이후 중동에서 오는 이주가 중단되고, 시리아나 레바논과의 관계가 단절되면서 라틴아메리카 아랍계의 현지 사회 통합은 보다 가속화되었다. 하지만 출신 지역 단위의 지역별 정체성을 유지해 같은 지역 출신 아랍계 사이에는 가족 같은 동질감이 유지되고 있기도 하다.

국가별로 살펴보면 현재 멕시코의 레바논계는 계층에 따라 다른 정체성을 보여준다. 예를 들어 상류층은 사업상의 필요 등에 따라 '페니키아의 후손' 정체성을 강화하는 경향이 있다. 반면 중산층 이하는 현지 사회에 완전히 통합되어 멕시코인 정체성을 가진다. 브라질의 시리아-레바논계도 기본적으로 백인 가톨릭교도 정체성을 추구하지만 최근 아랍 정체성을 다시 강화하려는 움직임이 일고 있다.

멕시코, 브라질, 에콰도르처럼 성공한 경제인이 많은 나라에서는 레바논계를 중심으로 성공 기업인의 자부심과 대륙 아랍계의 사업상 연대를 위해 페니키아 후손 정체성을 강화하려는 움직임이 있다. 반면 엘리트 그룹의 보수적·배타적 성격이 강한 칠레에서 아랍계는 경제적 성공에도 불구하고 차별을 받기 때문에 이 나라의 팔레스타인계는 아랍계 정체성을 강화하기보다 주로 출신지별 정체성 또는 가족적 일체감을 강조하는 경향이 있다. 아르헨티나의 아랍계는 무슬림의 영향으로 종족적 정체성보다 정치적 성향의 아랍민족주의를 강조하는 경향이 있다.

중미에서도 아랍계는 현지 사회에 완전히 통합되었지만 최근 아랍 정체성 강화와 함께 종족적 연대를 다시 강화하려는 움직임이 일고 있다. 엘살바도르에서도 경제적으로 성공한 팔레스타인계가 같은 지역에 모여 살면서 종족 내 연대를 강화하고 전통문화와 관습을 유지하고 있다.

한편 유대계는 아랍계와 마찬가지로 민족적 정체성은 약하지만, 종교적 배타성은 매우 강하다. 게다가 시오니즘 등의 영향으로 현지 사회와의 통합은 아랍계만큼 적극적으로 진행되지 않았다. 하지만 유대인들 중에는 유대인 정체성을 포기하고 현지 사회에 적극적으로 통합하려는 사람도 상당수 있다.

아르헨티나는 라틴아메리카에서 반유대주의가 가장 강한 나라에 속한다. 따라서 유대인들 가운데 세속적으로 유대인 정체성을 추구하면서 사회적으로 현지와 통합하려는 사람이 늘어났다. 게다가 국가 발전과 사회정의를 우선해 유대인 정체성을 포기하려는 사람도 생겨났다. 특히 부모 모두 유대인인 경우보다 부모 중 한쪽만 유대인인 경우 유대인 정체성을 포기하는 비율이 높게 나타난다. 현재 아르헨티나의 전체 유대계 중에서 유대인 정체성을 포기한 사람의 비중은 약 3분의 1 정도다.

반면 반유대주의가 거의 없는 브라질에서 유대인은 유대인 정체성을 내세우기보다 상류사회의 일원으로 계급적 정체성을 우선하는 경향이 있다. 이들은 문화적 동화와 사회적 통합에 매우 적극적이다.

멕시코 유대인은 크게 출신 지역과 사회적 신분에 따라 정체성이 나뉜다. 부유한 프랑스 출신 유대인은 유대교에 크게 집착하지 않는 반면, 스페인과 아랍 지역 출신의 세파르디는 유대교를 철저히 실천한다.

일본인은 집단주의 성향이 강하고, 강력한 종족 공동체를 형성하기 때문에 사회 통합이 쉽지 않았다. 게다가 일본이 추축국에 가입하면서 연합국에 가입한 브라질에서 탄압을 받기도 했다. 하지만 제2차 세계대전 기간에 이루어진 일본인에 대한 탄압은 페루에 비해 브라질에서 그 정도가 훨씬 약했기 때문에 현지 사회에 보다 원활하게 적응할 수 있었다. 나아가 최근 브라질의 일본계는 다른 종족과 혼인이 늘어나면서 일본계 라틴아메리카인(니케이진)으로 재탄생하고 있다.

페루 일본계에서도 세대가 이어질수록 종족 외 혼인이 빈번해지면서 정체성이 모호해진 사람이 점차 많아지고 있다. 현재 페루에는 일본인의 피만 일부 가질 뿐 일본 정체성과는 아무런 관련도 없는 사람이 전체 일본계의 40%를 넘는다. 따라서 페루일본인협회의 회원 수도 점차적으로 감소하고 있다. 하지만 최근 미주 대륙 전체의 일본계 네트워크 형성 등 일본계 정체성이 강화되

<표 결론-5> 아시아계의 현지 사회 통합 분석

종족	국가	현지 사회 통합 정도	통합 방해 요인				
			인종 (외모)	종교	민족성	종족 내 결혼	모국어 교육
아랍계	멕시코	높음	없음	없음	약함	약함	약함
	에콰도르	높음	없음	없음	약함	약함	약함
	브라질	높음	없음	약함	약함	약함	약함
	칠레	높음	없음	없음	없음	약함	약함
	아르헨티나	조금 높음	없음	조금 강함	조금 강함	약함	약함
	중미	높음	없음	없음	약함	약함	약함
유대계	아르헨티나	조금 높음	없음	강함	약함	조금 강함	조금 강함
	브라질	조금 높음	없음	강함	약함	조금 강함	조금 강함
	멕시코	조금 높음	없음	강함	약함	조금 강함	조금 강함
일본계	브라질	조금 높음	강함	약함	강함	조금 강함	조금 강함
	페루	조금 높음	강함	약함	강함	조금 강함	약함
중국계	페루	높음	조금 강함	약함	약함	약함	약함
	카리브 지역	높음	약함	약함	약함	약함	약함
한국계	브라질	낮음	강함	조금 강함	강함	조금 강함	조금 강함
	아르헨티나	낮음	강함	조금 강함	강함	조금 강함	조금 강함

고 대륙 단위로 연대 움직임이 커지고 있는 것도 사실이다.

페루의 중국인 쿨리는 중국인 여성 인구의 부족 때문에 일찍이 현지인과의 혼혈을 이루었다. '인혜르토스'라 불리는 혼혈 중국인은 계약노동에서 벗어난 후 중국 정체성 회복을 위해 리마 시에 차이나타운을 설립하기도 했다. 혼혈은 아니지만 현지에서 태어난 중국인 후손은 '투산'이라 불리는데, 이들은 중국 정체성 회복을 통해 투산을 넘어 해외 거주 중국인을 의미하는 '화의' 정체성에 접근하고 있다. 이들은 정체성 회복 노력은 물론이고 중국과의 관계 형성에도 주도적으로 나서고 있다. 따라서 페루에서는 현재 투산과 인혜르토스 그리고 1900년대 이후, 특히 1990년대 이후 최근에 이주해 온 신규 중국인 이민자 사이에 중국인 공동체의 주도권을 놓고 갈등이 심하다.

카리브 지역 국가에서 중국계 쿨리는 초기에 아프리카계 노예와 같은 대접을 받았지만 신분은 자유인이었다. 흑백으로 양분된 사회에서 중국계는 주로 흑인으로 분류되었지만, 개별적으로 백인 정체성을 추구한 중국인도 있었다. 카리브 지역의 중국계는 혼혈의 영향으로 중국인 정체성을 대부분 상실했다. 그런데도 최근 중국과의 관계 개선으로 교역이 확대됨에 따라 중국 정체성을 다시 회복하려는 움직임이 일고 있다. 하지만 이러한 정체성의 회복도 결국 혼종 문화의 부분으로서만 가능할 뿐이다. 그렇지만 앞으로도 카리브 지역의 중국계는 중국계 정체성에 보다 많은 관심을 가지게 될 것이다.

한인은 다른 아시아계 종족에 비해 현지 통합의 정도가 매우 낮다. 그 이유는 무엇보다 짧은 이민 역사, 강한 민족적 정체성, 이민 후에도 고국과 관계 지속, 종족 내 혼인 선호 경향, 가족 이민의 높은 비중, 폐쇄적인 공동체 삶 유지, 교회 등을 통해 자발적으로 분리된 삶 유지, 한인에 대한 현지 사회의 차별 등이다. 하지만 최근 한인 후손 가운데는 한국을 좋아하지만 현지에서 이루어지는 삶에 만족한다는 사람이 더 많다. 이들은 현지 사회와 점차 통합하면서 한국계 브라질인, 한국계 아르헨티나인으로서 정체성을 발전시켜나갈 것이다.

〈동포 할릴(El baisano Jalil)〉

1942, 멕시코, 호아킨 파르다베(Joaquín Pardavé) · 로베르토 가발돈(Roberto Gavaldón), 자막 없음

경제적 부를 획득했는데도 멕시코 상류사회에 진입할 수 없었던 레바논 이민자인 주인공 할릴 파라드가 다양한 노력을 통해 결국 멕시코 사회에 통합되어가는 과정을 보여주는 영화다. 단순히 '출세 지향적인 외국인'으로만 여겨지던 멕시코의 레바논계는 이 영화를 통해 멕시코 사회에 진정으로 통합될 수 있는 계기를 마련했다.

〈에덴의 악마들(Los Demonios del Eden)〉

2007, 멕시코, 안레한드라 이슬라스(Alejandra Islas), 한글 자막

2008년 국내 EBS 국제다큐멘터리 페스티벌에서도 상영된 이 다큐멘터리는 멕시코 언론인 리디아 카초가 멕시코 최고 휴양도시 칸쿤에서 발생한 레바논계 기업인 잔 수카르 쿠리의 아동 성폭행 사실을 책으로 폭로한 것에서 시작된다. 이에 대응해 레바논계 동료 기업인 카밀 나시프와 그와 연결된 멕시코 정치인들이 그녀를 침묵시키려는 다양한 공작을 펼친다. 이 다큐멘터리는 멕시코에서 정경 유착과 부패를 통해 상류층으로 부상한 일부 레바논계 기업인들의 일탈 행위를 비판적으로 보여준다.

〈아버지의 왼편(Lavoura Arcaica)〉

2001, 브라질, 루이즈 페르난도 카발로(Luiz Fernando Carvalho), 영어 자막

레바논계 브라질인 작가 하두앙 나사르(Raduan Nassar)의 소설을 원작으로 한 영화. 포르투갈어 원제는 '고풍스러운 그 농촌 마을(Lavoura Arcaica)'이다. 영화는 브라질 북동부 지역에 이민 온 레바논 이민자 가족 이야기를 담고 있다. 브라질에서 레바논계는 대부분 처음부터 도시로 나가 상업에 종사했지만, 일부는 농촌에 남아 대가족을 이루고 자신들의 전통을 유지하

며 살아갔다. 이 영화는 그런 가족 안에서 일어나는 근친상간에 대한 동경, 도덕적 죄, 이에 따른 가족의 갈등을 그리고 있다. 가부장적인 아버지는 권위주의와 질서를 상징한다. 그는 가족에 대한 책임이라는 명분으로 자신의 힘을 보다 강화한다. 반면 자유와 황홀함을 추구하는 아들은 그러한 갈망을 여동생을 향한 사랑으로 드러낸다. 이는 금기에 대한 도전이자, 권위에 대한 도전이다. 원작 소설은 집필 당시 브라질 군부 정권의 권위주의를 간접적으로 비판하고 있지만, 그보다 우리는 이 소설과 영화를 통해 이민 이후에도 자신들 고유의 전통과 문화를 이어가며 고립적인 삶을 사는 레바논 가족의 모습을 엿볼 수 있다.

〈올가(Olga)〉
2004, 브라질, 제이미 몬자딤(Jayme Monjardim), 한글 자막

페르난두 모라이스(Fernando Morais)가 쓴 전기 『올가: 혁명가이자 순교자(Olga: Revolutionary and martyr)』(1985)를 원작으로 한 영화. 유대계 독일인 올가는 브라질 공산당 최고 지도자 카를로스 프레스테스의 아내로, 브라질 공산당의 1935년 반란에 참가했다가 체포되어 나치 치하의 독일로 추방되었고 1942년 수용소에서 사망했다. 이 영화는 브라질 공산당 운동에서 나타나는 유대인의 영향력과 함께, 1930년대 브라질의 사회적 혼란과 그에 대응하는 헤툴리오 바르가스 정권의 파시스트적인 측면을 보여주고 있어 매우 흥미롭다.

〈거미 여인의 키스(Kiss of the Spider Woman)〉
1985, 미국 · 브라질, 헥터 바벤코(Hector Babenco), 한글 자막

라틴아메리카의 아시아계를 다룬 영화이기보다 그들에 속하는, 아르헨티나 태생으로 브라질 국적을 취득한 유대계 감독 엑토르 바벤쿠(원어 발음)의 영화다. 이 영화는 동성애자인 몰리나와 공산주의자 혁명가인 발렌틴이 교도소의 같은 수용실에서 함께 지내면서 일어나는 일을 다룬다. 처음에는 서로 이해하지 못했지만 시간이 점차 지나면서 서로를 이해하게 되는 그들의 모습을 통해 진보주의 사상의 계급 정치에서 정체성 정치로의 이전을 보여준다.

〈위스키(Whisky)〉
2004, 우루과이, 후안 파블로 레벨라(Juan Pablo Rebella) · 파블로 스톨(Pablo Stoll), 한글 자막

2004년 칸영화제 국제영화비평가상을 수상한 영화. 우루과이 영화의 재발견이라고도 평가된다. 우루과이에서 전통 양말 공장을 운영하는 형 자코브와 브라질로 넘어가 더 큰 성공을 거둔

동생 에르만을 통해 두 국가에서 서로 다른 운명을 걷게 되는 유대인 형제의 모습을 보여준다. 남미로 이주한 유대인들은 섬유업을 통해 경제적 기반을 마련했는데, 브라질과 우루과이 양국에서 이들의 운명은 다르게 전개된다. 최신 기계를 도입해 최상의 제품을 생산하고 이웃 국가에 수출까지 하는 브라질 제조업의 현실과 오래된 기계를 사용하며 품질이 떨어지는 물건을 생산하는 우루과이 제조업의 현실이 이들 두 유대인 형제의 모습을 통해 상징적으로 비교된다. 심지어 무뚝뚝한 성격의 자코브와 매우 열정적이고 밝은 성격의 에르만을 통해 거주하는 나라의 상황에 따라 유대인 형제가 서로 다른 성격을 가지게 되는 모습도 매우 흥미롭다.

〈우리 부모가 휴가를 떠난 해(O Ano Em Que Meus Pais Sairam De Ferias)〉
2006, 브라질, 카오 햄부르게르(Cao Hamburger), 한글 자막

2006년 브라질 최고영화상을 수상한 수작이며, 2007년 베를린 국제영화제 경쟁 부문에도 진출한 영화다. 브라질에서 유대인 정체성을 포기하고 공산주의자가 된 마우로의 아버지와 상파울루 유대인의 집단 거주지였던 봉헤치루에 살면서 여전히 유대인 전통을 유지하는 옆집 할아버지 솔로몬의 모습을 통해 1970년대 브라질 유대인 사회의 다양한 모습을 보여준다. 유대인 혈통을 이어받은 옆집 할아버지 솔로몬은 유대인 전통인 할례도 치르지 않은 마우로가 군사정권의 박해로 쫓기는 부모에 의해 혼자 남는 신세가 되자 유대교의 상부상조 전통에 따라 그를 돌봐주고, 어머니도 만나게 도와준다. 이러한 과정에서 마우로는 유대인 정체성에 다가서게 되었고, 결국 할아버지와 헤어지는 순간에는 유대인 전통 모자를 쓰게 된다.

〈노라 없는 5일(Cinco días sin Nora)〉
2008, 멕시코, 마리아나 체닐로(Mariana Chenillo), 한글 자막

주인공 호세는 노라의 남편으로 유대인 혈통이지만 무신론자다. 그러나 그녀의 아내 노라는 유대교 전통에 충실한 사람이다. 그런 점이 맞지 않아 20년 전에 이혼한 부부는 서로 맞은 편 아파트에 거주한다. 유대인 축제인 유월절을 앞둔 어느 날 노라는 의도적으로 유월절을 위한 음식을 준비해두고 지인들을 초청한 뒤 자살로 생을 마감한다. 소식을 전해들은 랍비는 유대교 의식에 따라 장례를 준비하지만 평소 극성스러운 아내에 대해 불만이 많았던 무신론자인 남편은 장례를 빨리 치르기 위해 가톨릭 전통에 따른 장례를 시도한다. 하지만 결국 죽은 아내의 진심을 알게 된 남편은 용서와 화해를 통해 아내에 대한 반감을 해소하고 유대교식으로 장례를 무사히 치르게 된다. 이 영화는 멕시코에서 여전히 유대교 전통을 유지하면서 살아가는 사람들과 무신론자가 된 유대인들 사이의 존재와 갈등을 동시에 보여주면서, 또한 이들과 멕시코 현지 사회와의 화해와 공존의 모습을 그리고 있다.

〈플라스틱 시티(Plastic city)〉
2008, 일본 · 브라질, 유릭와이(余力爲), 한글 자막

브라질 상파울루의 리베르다지는 동양인들이 가장 많이 거주하는 곳이다. 그곳에서 중국계 유다와 일본계 키린은 짝퉁 제조업을 통해 경제적 성공을 거두었다. 그리고 흑인 등 브라질의 하류층 사람들을 조직해 폭력 집단을 형성하기도 했다. 그러나 세계화 이후 밀려드는 값싼 중국 제품에 의해 내수 시장에 의존하던 그들의 질 낮은 짝퉁 제품은 위기를 맞게 되고, 또 한때 그들이 의지했던 브라질 정치인과 경찰에게 배신당하면서 성공 신화는 무너진다. 한때 브라질은 일본인 이민자에게 유토피아 같은 나라였다. 그러나 최근 도시로 이주한 일본인 이민자 후손에게 브라질은 더 이상 유토피아가 아니다. 그들에게 브라질은 부패와 폭력이 난무하는 악의 도시, 즉 플라스틱 시티가 되어버렸다. 결국 유다와 키린은 아마존의 원시적 삶에서 새로운 이상향을 찾는다.

〈가이진: 리베르다지를 향한 길(Gaijin—Os Caminhos da Liberdade)〉
1980, 브라질, 티수카 야마사키(Tisuka Yamasaki), 자막 없음

야마사키 감독의 데뷔작. 1908년 브라질 상파우루 인근 산타 로자 커피 농장에 이민 온 일본인들이 겪었던 이민 초기 삶의 애환을 그리고 있다. 야마사키 감독은 이 영화에 이어 2005년 속편인 〈가이진 2: 있는 그대로의 나를 사랑하자(Gaijin 2: Ama-me como sou)〉를 만들었다. 이 영화는, 1908년에 이민 온 사람들 대부분이 충분한 돈을 벌어 일본으로 귀국하기를 원했지만, 돈이 부족하고 제2차 세계대전이 발생하면서 귀국이 어려워지자 결국 브라질에 뿌리를 내리게 되는 과정을 보여준다. 영화 속에서 현지 스페인계와 결혼한 초기 일본인 이민자의 손녀는 경제 개방에 의해 남편의 사업이 어려워지자 일자리를 찾아 일본 고베로 떠나는 남편을 따라 나선다. 결국 일본인 이민자들이 꿈꾸었던 귀국은 손녀 세대에 와서야 비로소 특이한 형태로 이루어진다. 그러나 이미 브라질화된 그녀와 남편이 겪는 일본에서의 삶도 결코 만만치는 않다. 이 두 편의 영화를 통해 야마사키 감독은 브라질에서 이루어진 일본인 이민자들의 삶의 역사를 잘 보여주었다. 나아가, 브라질 현지인들이 일본계의 문화와 삶을 이해하는 데도 큰 기여를 했다.

〈향가(Una canción coreana)〉
2014, 아르헨티나, 구스타보 타리오(Gustavo Tarrío) · 야엘 투스나이델(Yael Tujsnaider), 자막 없음

2명의 젊은 아르헨티나인 감독이, 한인 1.5세로 아르헨티나 한인 1호 성악가이자 영화 제목과 같은 이름의 식당을 운영하고 있는 소프라노 정안나 씨를 소재로 만든 영화다. 이 영화는 그녀를 중심으로 아르헨티나 한인의 일상, 종교 생활, 음악 활동 등을 다루고 있다. 2014년 부에노스아이레스 독립영화제(BAFICI)에 출품되었으며, 이 영화를 계기로 정안나 씨는 아르헨티나 여성지 ≪소피아≫에 "바호 플로레스의 별(Una estrella en el Bajo Flores)"이라는 제목으로 소개되기도 했다. 멕시코의 레바논계가 〈동포 할릴〉, 브라질의 일본계가 〈가이진〉으로 이민국에서 자신들의 이미지를 개선할 수 있었듯이, 이 영화는 다양한 문화적 수단을 통해 한인의 이미지를 개선하는 데 출발 선상에 있다.

〈현실의 춤(La danza de la realidad)〉
2013, 칠레, 알레한드로 조도로프스키(Alejandro Jodorowsky), 한글 자막

칠레 태생의 유대계 감독 조도로프스키의 작품이다. 컬트계의 전설로 꼽히는 그는 칠레에서 보낸 유년기에 대한 자서전을 원작으로 이 영화를 만들었다. 이 영화를 통해 그는 어린 시절 칠레에서 유대인이라는 이방인으로서 겪었던 삶의 다양한 이야기를 보여준다. 동구권에서 이주해 온 아쉬케나지로 여성 의류점을 운영하던 그의 아버지는 공산주의자인데, 스탈린을 숭배해 당시 칠레의 파시스트 정부인 이바네스 정권을 타도하기 위해 노력한다. 하지만 조도로프스키의 눈에는 스탈린, 이바네스, 그의 아버지 모두 권위주의를 상징하는 인물이라는 점에서 다르지 않다.

김기현

한국외국어대학교 스페인어학과를 졸업하고, 멕시코국립자치대학교(UNAM) 정치사회과학대학에서 중남미지역학 석사·박사학위를 받았다. 현재 선문대학교 스페인어중남미학과 교수로 재직하고 있으며, 동 대학교 중남미연구소장직을 맡고 있다. 대외적으로 외교부 정책자문위원과 한국연구재단 중남미 지역 분야 전문위원 활동을 하고 있으며, 최근에는 2018년부터 임기가 시작되는 한국라틴아메리카학회 차기 회장으로 선임되었다. 주요 저서로는 『라틴아메리카 인종과 정치』(2012), 『중남미 엘리트 집단 특성에 관한 연구』(4인 공저, 2012), 『라틴아메리카 경제의 이해』(2인 공저, 2011)가 있고, 주요 역서로는 『쿠바: 경제적·사회적 변화와 사회주의의 미래』(2014), 『라틴아메리카 자본주의 발달사』(2009) 등이 있다.

한울아카데미 1974

라틴아메리카의 아시아계

라틴아메리카로 이주한 아시아계 종족 이야기

© 김기현, 2017

지은이 **김기현** | 펴낸이 **김종수** | 펴낸곳 **한울엠플러스(주)** | 편집책임 **배유진** | 편집 **김초록**

초판 1쇄 인쇄 **2017년 3월 14일** | 초판 1쇄 발행 **2017년 3월 24일**

주소 **10881 경기도 파주시 광인사길 153 한울시소빌딩 3층** | 전화 **031-955-0655** | 팩스 **031-955-0656**

홈페이지 **www.hanulmplus.kr** | 등록번호 **제406-2015-000143호**

Printed in Korea.

ISBN 978-89-460-5974-0 93300 (양장)
   978-89-460-6309-9 93300 (학생판)

* 책값은 겉표지에 표시되어 있습니다.

* 이 책은 강의를 위한 학생용 교재를 따로 준비했습니다. 강의 교재로 사용하실 때에는 본사로 연락해주시기 바랍니다.